Thomas Schwietring
Was ist Gesellschaft?

Thomas Schwietring

Was ist Gesellschaft?

Einführung in soziologische Grundbegriffe

UVK Verlagsgesellschaft mbH · Konstanz

Gesellschaft [ist] das jeweils umfassendste
System menschlichen Zusammenlebens. Über
weitere einschränkende Merkmale besteht
kein Einverständnis.
Niklas Luhmann (1978: 267)

Sonderdruck für die Landeszentralen für politische Bildung

 **Zentralen für
politische Bildung**

Bibliografische Information Der Deutschen Bibliothek
Die Deutsche Bibliothek verzeichnet diese Publikation in der Deutschen Nationalbibliografie;
detaillierte bibliografische Daten sind im Internet über <http://dnb.ddb.de> abrufbar.

© Originalausgabe erschienen bei UTB:
UVK Verlagsgesellschaft mbH, Konstanz und München 2011 (ISBN 978-3-8252-8430-5)

Einband: Susanne Fuellhaas, Konstanz
Einbandfoto: Daniel Sambraus, London
Lektorat: Nico Schröder, Hamburg
Satz und Layout: Claudia Wild, Konstanz
Druck: fgb · freiburger graphische betriebe, Freiburg

UVK Verlagsgesellschaft mbH
Schützenstr. 24 · D-78462 Konstanz
Tel. 07531-9053-0 · Fax 07531-9053-98
www.uvk.de

Inhaltsübersicht

Ein detailliertes Inhaltsverzeichnis findet sich auf der nächsten Seite sowie zu Beginn der einzelnen Kapitel.

Detailliertes Inhaltsverzeichnis

Vorwort

»Die Dinge mit anderen Augen sehen.« Das Fazit eines Studenten am Ende einer meiner einführenden Vorlesungen benennt das Anliegen dieses Buches. Es geht darum, Gesellschaft zu verstehen und den eigenen Blick auf unterschiedlichste soziale Phänomene zu schulen.

Anhand zahlreicher Beispiele wird in diesem Buch ein breites Spektrum an Themen behandelt und eine Vielfalt an soziologischen Einsichten fundiert und anschaulich dargestellt. Großer Wert wird dabei auf ein Verständnis von Zusammenhängen gelegt. Zugleich werden wichtige Begriffe, Erkenntnisse und Theorien der Soziologie vorgestellt, angewandt und gegeneinander abgewogen. Der Schwerpunkt liegt dabei stets auf der Sache. Damit richtet es sich sowohl an jene, die sich allgemein für Gesellschaft interessieren, als auch an jene, die nach einer Einführung in das Fach Soziologie suchen.

Das Buch ist entlang von Fragen gegliedert, die man an Gesellschaft stellen kann. Die einzelnen Kapitel sind durch Querverweise miteinander verknüpft und zusätzlich durch ein ausführliches Register erschlossen.

Gesellschaft wandelt sich ständig, und mit ihr wandelt sich das wissenschaftliche Denken über Gesellschaft. Erkenntnis darf nicht stehen bleiben, und Wissenschaft bedeutet Neugier. Wenn dieses Buch diese Haltung vermitteln und zur eigenen Auseinandersetzung anregen kann, hat es sein Ziel erreicht.

Kassel, im Juni 2011

Was ist Gesellschaft? | 1

Alle benutzen den Begriff der Gesellschaft. Doch was genau ist Gesellschaft? Wann und wo begegnet uns Gesellschaft? Was wissen wir über Gesellschaft? Und wie wirkt sich das, was wir zu wissen glauben, auf unser Handeln aus? Ist Gesellschaft nur eine alltägliche Redeweise? Oder gibt es eine präzise Bedeutung?

Gesellschaft, Vergesellschaftung, Gemeinschaft, soziale Wirklichkeit

Einführung: Gesellschaft als die Welt des Menschen | 1.1

Wenige Erfahrungen prägen unser alltägliches Leben mit einer solchen Selbstverständlichkeit wie die Tatsache, dass wir in Gesellschaft leben. Alle haben Auffassungen davon, wie Gesellschaft ist und wie sie sein sollte. Wir üben Kritik oder haben Erwartungen an Gesellschaft. Und dennoch: Wer könnte spontan die Frage, was Gesellschaft ist, präzise beantworten? Gesellschaft ist allgegenwärtig, und doch ist sie schwer greifbar. Wir erfahren sie als Normalität, zugleich aber als etwas Unübersichtliches, als hartnäckige Gewohnheit, als Herausforderung, bisweilen auch als Ärgernis oder als Zwang. Wir fühlen uns manchmal als Teil von Gesellschaft, manchmal aber auch fremd ihr gegenüber. Doch Gesellschaft hat keine greifbare Gestalt, und es ist nicht leicht zu sagen, was genau Gesellschaft ausmacht und wo sie ihren Ort hat.

Gesellschaft als schwer greifbare Normalität

> **Gesellschaft** – engl. *society*, frz. *société*. Althochdeutsch *giselliscaft/gisellascaft* als Kollektiv-
> form zu *gesellio*, Raum- oder Hausgenosse, was sich wiederum vom althochdeutschen *sal*,
> Raum, Unterkunft, herleitet; gemeint ist also eine eng begrenzte Gemeinschaft konkreter
> Personen. Unter dem Einfluss des lateinischen *societas* erhielt der Begriff Gesellschaft auch
> eine rechtliche Bedeutung als förmlicher, vertragsgebundener Zusammenschluss einer
> Mehrzahl von Personen. In der Neuzeit wurde *society* und *société* in der englischen bzw.
> französischen Philosophie im Sinn von »gesittete, zivilisierte Menschheit« benutzt, was sich
> auch auf den deutschen Begriff Gesellschaft (»bessere Gesellschaft«) übertrug. Einer abstrak-
> ten und umfassenden Bedeutung näherte sich der Ausdruck Gesellschaft erst im 18. Jahr-
> hundert unter dem Einfluss der u. a. von Adam Ferguson geprägten Vorstellung einer *civil
> society*, einer Gesamtheit aller Bürger, sowie von Jean-Jacques Rousseaus Verwendung von
> *société* als dem quasi-vertraglichen Zusammenschluss aller Bürgerinnen und Bürger. Um eine
> sozialwissenschaftliche Definition wird seit der Entstehung dieser Disziplin im 19. Jahrhun-
> dert gerungen, ohne dass es gelungen wäre, diesen Begriff, den jeder im Alltag zu verstehen
> scheint, verbindlich, umfassend und eindeutig zu bestimmen.

1.1.1 | Einführung: Ist Gesellschaft sichtbar?

Auf den Einbänden soziologischer Lehr- oder Einführungsbücher (so auch auf
diesem) werden gerne Menschengruppen abgebildet, um das Thema des Buches
und damit den Gegenstand der Soziologie zu veranschaulichen: die Gesellschaft.
Man sieht Passanten beim Überqueren einer Straße, Menschen beim Einkauf
oder beim Bummeln in einer Fußgängerzone, dichten Verkehr, Demonstrati-
onszüge vor einer Stadtkulisse oder eine Zuschauermenge in einem Fußballsta-
dion. Solche Bilder sind uns vertraut, weil sie unserer alltäglichen Erfahrung
entsprechen. Aber was genau sieht man auf ihnen? Sieht man Gesellschaft? Sieht
man wichtige Aspekte von Gesellschaft oder nur beiläufige? Kann man Gesell-

*Gesellschaft
im Alltag*
schaft überhaupt sehen? Erfährt man durch das, was man sieht, etwas über die
wesentlichen und wichtigen gesellschaftlichen Prozesse? Kann man in diesen
alltäglichen Szenen wirklich das sehen, was unseren Alltag prägt und unser
gewöhnliches Denken, Wünschen und Handeln bestimmt? Und kann man die
Kräfte und Strukturen erkennen, die im Hintergrund wirken? Was genau ist das
Gesellschaftliche an den Situationen, die wir beobachten? Sind die Menschen,
die wir vor uns sehen, überhaupt das Wesentliche an der Gesellschaft? Was ist es
sonst? Und sind wir selbst Teil der Gesellschaft oder stehen wir ihr eher gegenüber? (Vgl. Kapitel 2)

Und wo endet Gesellschaft? Ist es möglich, die Grenze zu bestimmen, an der
Gesellschaft aufhört? Gibt es Sachverhalte, die nicht gesellschaftlich sind? Und
wenn es sie gibt, sind diese dann wirklich ohne Bedeutung für eine Gesellschaft?
(Vgl. Kapitel 3)

Gesellschaft und die Deutung des eigenen Selbst | 1.1.2

Bevor wir einen professionellen Blick auf den Begriff der Gesellschaft werfen, ist es aufschlussreich, bei unserem alltäglichen Verständnis zu beginnen. Unser Verhältnis zur Gesellschaft ist offenbar ambivalent. Auf der einen Seite sprechen wir ständig über Aspekte von Gesellschaft, über Politik, Öffentlichkeit, bürgerschaftliches Engagement, gesellschaftliche Werte oder Ziele, über Integration, Bildung, Zusammenhalt und Wandel, über Ungleichheit und Ausgrenzung, Arm und Reich, Regeln und Konventionen und vieles mehr. Es gibt kaum etwas in unserem alltäglichen Leben, das wir uns ohne eine direkte oder indirekte Bezugnahme auf Gesellschaft erklären würden, auch wenn uns das nicht immer bewusst ist. Das Bewusstsein von Gesellschaft und die Thematisierung gesellschaftlicher Sachverhalte gehören zu den selbstverständlichen Elementen der Selbstdeutung von Menschen in *modernen Gesellschaften*. Auf der anderen Seite begreifen sich Menschen in modernen Gesellschaften in hohem Maß als autonome, selbstbestimmte Individuen. Das Streben nach Unabhängigkeit, Individualität und Selbstverwirklichung bildet den Kern des Selbstbildes moderner Subjekte. Beide Sichtweisen stehen offenkundig in einem Widerspruch oder zumindest einem Spannungsverhältnis zueinander. Doch sie hängen auch zusammen.

Thematisierung von Gesellschaft

Beide Vorstellungen – die Allgegenwart von Gesellschaft und unser Selbstbild als autonome Individuen – sind typisch moderne Auffassungen. Im überwiegenden Teil der Geschichte haben sich Menschen durch den Bezug auf transzendente, göttliche Mächte, auf die Natur, auf die Unveränderlichkeit des Vertrauten oder, zu Beginn der Aufklärung, auf die individuelle Vernunft definiert. Die Idee der Gesellschaft als eigenständig wirksame Kraft fehlte im überwiegenden Teil der Geschichte des menschlichen Denkens (vgl. 6.2 und 6.3). Auf der Seite des Individuums herrschte die Vorstellung, dass die bzw. der Einzelne durch Geburt, also die Herkunft oder die Zugehörigkeit zu einer Familie oder zu einer kulturell definierten Gruppe, charakterisiert sei. Es fehlte die heute alles durchdringende Idee des individualisierten, sich aus sich selbst heraus erschaffenden Selbst, oder sie war zumindest sehr viel weniger dominant als in modernen Gesellschaften.

An diesem historischen Rückblick lassen sich drei Beobachtungen festmachen. Erstens sind beide Vorstellungen – die der Gesellschaft wie die des Individuums – das Ergebnis eines geschichtlichen Wandels. Und dieser geschichtliche Wandel ist zugleich gesellschaftlich, weil nur durch Gesellschaft etwas über die Lebensspanne eines einzelnen Menschen hinaus Gestalt annehmen kann. Zweitens sind die beiden Vorstellungen selbst ein gesellschaftlich wirksames Faktum, weil sie dem menschlichen Denken in der Moderne eine bestimmte Richtung geben und Menschen dazu bewegen, ihr Handeln stets auch unter gesellschaftlichen Aspekten (als Voraussetzungen und als Folgen des eigenen Tuns) zu betrachten. Und drittens stehen die jeweiligen Vorstellungen über den Charakter der Welt (als gesellschaftlich oder nicht) auf der einen und über das Wesen des Menschen (als individuelles Subjekt) auf der anderen Seite in einer Wechselwirkung zueinander. Der alten Auffassung, dass die Welt von Natur aus oder

Gesellschaft und Individuum

durch göttlichen Willen auf eine bestimmte Art gestaltet sei, entspricht die Auffassung, dass jede/r Einzelne durch seine Herkunft, seine Zugehörigkeit und seinen festen Ort in dieser Welt bestimmt ist. In der Moderne hingegen entspricht die Vorstellung, dass die Wirklichkeit eine im Wesentlichen vom Menschen gemachte gesellschaftliche Wirklichkeit ist, der Auffassung, dass das Individuum nicht festgelegt ist (auch nicht durch die Gesellschaft), sondern nach Freiheit und Eigenständigkeit streben kann und muss; dass es andererseits aber auf Gesellschaft angewiesen ist, um zu einem freien Individuum zu werden (vgl. hierzu ausführlich Kapitel 4 und 10).

Wenn man über Gesellschaft redet, sollte man vom ersten Moment an daher beides zusammen in den Blick nehmen: Gesellschaft als die gesellschaftliche Wirklichkeit, die uns umgibt, und uns selbst als Individuen, die wir in dieser Gesellschaft leben und durch die in ihr verfügbaren Möglichkeiten und Vorstellungen in unserer Sicht auf die Welt, aber auch in unserem Blick auf uns selbst geprägt sind. Dementsprechend wird in diesem Buch von Gesellschaft und gesellschaftlicher Wirklichkeit, zugleich aber auch vom Menschen als einem gesellschaftlichen Wesen die Rede sein.

1.1.3 | Gesellschaft als allgegenwärtige Tatsache

Es ist nur zu deutlich, wie sehr wir im täglichen Leben auf andere Menschen angewiesen sind und vom Zusammenleben abhängen. Dies beginnt bei scheinbar trivialen Alltäglichkeiten. Niemand versorgt sich selbst, sondern wir alle versuchen, Geld zu verdienen, um uns damit alle jene Dinge zu kaufen, die wir zum Lebensunterhalt benötigen oder uns wünschen. Dass wir für unsere Arbeit mit Zahlen bedruckte Zettel oder sogar bloß eine virtuelle Zahl, die uns der Bildschirm eines Bankautomaten anzeigt, erhalten, erscheint uns ebenso normal wie die umgekehrte Tatsache, dass uns Menschen reale Dinge dafür übergeben, dass wir ihnen jene bedruckten Zettel, vulgo: Geldscheine, weiterreichen. Dass ein beliebiges Lebensmittelgeschäft sich mit Tausenden von Produkten füllt, die von Zehntausenden Menschen an den verschiedensten Orten hergestellt, verpackt und dann bis in das Regal vor uns transportiert worden sind, ist eine gesellschaftliche Tatsache von enormer Tragweite, die wir für gewöhnlich aber nicht bemerkenswert finden, sondern als schlichte Normalität übersehen. Es ist ein Geschehen, das in allen seinen Verzweigungen von niemandem geplant und kontrolliert wird, zu dem jeder der daran Beteiligten aber gleichwohl mit seinem

Krisen machen Gesellschaft sichtbar

Tun beiträgt. Wie voraussetzungsvoll und potenziell gefährdet das Geschehen als Ganzes ist, wird jedoch deutlich, wenn wir uns Gesellschaften oder historische Zeiträume vor Augen führen, in denen es nicht funktioniert: Gesellschaften in Wirtschaftskrisen, in Kriegs- oder Nachkriegszeiten oder Länder der sogenannten Zweiten und Dritten Welt. Die Welt der Waren ist nur ein konkreter Fall, der sich auf einen kleinen Ausschnitt von Realität bezieht. Gesellschaft ist jedoch auch dort im Spiel, wo wir es gerade nicht vermuten, wie sich an vielen Beispielen zeigen wird.

Andererseits muss man sich jedoch unbedingt davor hüten, von »der Gesellschaft« zu reden, so als handele es sich um eine feste und in sich geschlossene Tatsache. »Gesellschaft« ist eine Bezeichnung für ein komplexes Geschehen voller Verzweigungen und Widersprüche. Dahinter steht kein leitendes Prinzip, keine zentrale Macht, keine übergreifende Ordnung. Gesellschaft besteht aus zählebigen, aber auch aus flüchtigen Elementen, aus offensichtlichen Zusammenhängen und aus unerwarteten und schwer durchschaubaren Mechanismen (vgl. 1.2).

Trugbilder | 1.1.4

Im Alltag verwenden wir eine Reihe von Annahmen und geläufigen Begriffen, um uns Gesellschaft zu erklären. Häufig tun wir dies in Form von Begriffspaaren, von denen die eine Seite einen wünschenswerten, die andere Seite einen problematischen Zustand anzuzeigen scheint: Ordnung/Unordnung, Integration/Desintegration, Stabilität/Wandel. Doch diese Begriffe führen in die Irre. Sie sind selbst eher ein Ausdruck gesellschaftlich geprägter Wunschvorstellungen, die typisch für eine bestimmte Zeit und ein soziales Umfeld sind, als dass sie inhaltlich sinnvolle Auskunft über allgemeine gesellschaftliche Mechanismen geben würden.

falsche Gegensätze

Ein zweites verbreitetes Trugbild von Gesellschaft rührt daher, dass gesellschaftliche Phänomene zumeist dann zum Thema werden, wenn ein Problem auftritt. Das Soziale erscheint häufig in Gestalt sogenannter sozialer Probleme: Armut, Konflikte, Gewalt, abweichendes Verhalten. Typischerweise wird dann nach den sogenannten gesellschaftlichen Ursachen gefragt, und dabei schwingt zugleich die Annahme mit, dass es sich um Defizite gesellschaftlicher Ordnung handeln müsse.

Ein drittes Trugbild besteht darin, die aktuell gegebenen Verhältnisse als selbstverständliche Normalität zu erachten. Jede Veränderung erscheint dann tendenziell als Problem, während das Überkommene und Gegebene aufgrund seiner oberflächlichen Vertrautheit für unproblematisch gehalten wird. Eine ähnliche Haltung tritt auch beim Blick auf andere Gesellschaften, Kulturen und Lebensverhältnisse zu Tage. Das Andere erscheint als das Erklärungsbedürftige, während man für die Erklärungsbedürftigkeit des Eigenen blind ist.

Normalität der Gegenwart als Täuschung

Zu derartigen Alltagsvorstellungen und Trugbildern muss man Distanz gewinnen, wenn man Gesellschaft verstehen möchte. Man muss sehen lernen, dass das vermeintlich Unproblematische und Normale ebenso gesellschaftlich ist wie das Problematische. Konformität und alltägliche Ruhe sind eine ebenso erklärungsbedürftige gesellschaftliche Tatsache wie Protest oder »Abweichung«, und (scheinbare) Stabilität ist ebenso wenig selbsterklärend wie ein Aufstand oder eine Revolution, eine überraschende Neuerung oder ein schrittweise verlaufender sozialer Wandel. Man kann nach den Gründen für die Protestbewegungen in Tunesien und Ägypten Anfang 2011 fragen, man kann aber auch fragen, warum die Menschen ihre jeweiligen Regime so lange ertrugen, und Letzteres ist vielleicht sogar der interessantere Sachverhalt. In der Unordnung gilt es, die

Ordnung zu entdecken, und sowohl Integration als auch Desintegration müssen als voraussetzungsvolle gesellschaftliche Prozesse begriffen werden. Soziale Konflikte meinen nicht das Fehlen gesellschaftlicher Beziehungen, sondern sie sind im Gegenteil Ausdruck intensiver sozialer Interaktion. Dauerhafte Konflikte können sogar als Stützen sozialer Ordnung fungieren.

Alle diese Aspekte werden im Laufe des Buches ausführlich zum Thema werden. Der Weg, auf dem dieses erste Kapitel die allgemeine Frage »Was ist Gesellschaft?« zu beantworten versucht, besteht darin, ihre Tragweite auszuleuchten, indem es sie durch eine Reihe konkreterer Fragen ersetzt.

1.2 | Gesellschaft, Vergesellschaftung oder Gemeinschaft?

Eine erste Möglichkeit, die Frage »Was ist Gesellschaft?« zu beantworten, besteht darin, den Begriff Gesellschaft von anderen Begriffen zu unterscheiden und ihn so genauer zu bestimmen.

Dabei ist zu beachten, dass man den Begriff Gesellschaft auf verschiedenen Ebenen verwenden kann. Auf der allgemeinsten Ebene bezeichnet er, wie im Motto des Buches, menschliches Zusammenleben. Was alles darunter fällt, wird sich später zeigen. Man kann den Begriff Gesellschaft aber auch in konkreteren Bedeutungen verwenden, etwa indem man verschiedene Arten von Gesellschaft unterscheidet und eine davon als »Gesellschaft« und eine andere als »Gemeinschaft« bezeichnet. Und man kann das Substantiv »Gesellschaft« als solches infrage stellen, weil es den Anschein erweckt, es gebe irgendwo da draußen ein greifbares Ding namens Gesellschaft. Wenn aber »Gesellschaft« der Name für das praktische Zusammenleben sein soll, dann wäre es doch vielleicht treffender von »Vergesellschaftung« zu sprechen, um deutlich zu machen, dass es um ein lebendiges Verhältnis und nicht um einen festen Gegenstand geht. Schließlich kann man fragen, ob es eine Gesellschaft oder viele Gesellschaften gibt, ob es Sinn ergibt, sich Gesellschaften als etwas nach außen begrenztes vorzustellen, und ob man immer nur in einer Gesellschaft lebt (vgl. Kapitel 3).

1.2.1 | Gesellschaft oder Vergesellschaftung?

Einen Teil der Schwierigkeit, die Frage »Was ist Gesellschaft?« zu beantworten, handelt man sich durch die Fragestellung ein. Denn das Substantiv »Gesellschaft« suggeriert, dass es sich um eine greifbare und definierbare Sache handelt. Genau aus diesem Grund hat es seit den Anfängen der Soziologie immer auch Kritik am Begriff »Gesellschaft« gegeben, bis hin zu der Forderung, lieber auf ihn zu verzichten.

Manche soziologische Autoren haben sich hingegen genau für die Assoziation von Gesellschaft mit einem greifbaren Gegenstand starkgemacht, indem sie betonten, Gesellschaft sei ebenso ein objektiver Tatbestand wie es physikalische Tatbestände seien. Schließlich existiere Gesellschaft, ob man es selbst wolle oder nicht. Und man könne mit ihr in Konflikt geraten, an ihr scheitern oder von ihr bestraft werden. Dieser Gedanke wird in Kapitel 2 genauer erörtert.

Hier interessiert uns zunächst das Gegenargument. In klassischer Form vertrat es Georg Simmel (1858–1918), einer der Autoren aus der Gründergeneration der Soziologie. Simmel schlug vor, statt von Gesellschaft lieber von Vergesellschaftung zu reden, weil hierdurch die »stündlich und lebenslang hin und her gehenden Wechselwirkungen« zwischen Menschen treffender zum Ausdruck kommen als durch das Wort »Gesellschaft« (Simmel 1983 [1917]: 38).

> Gesellschaft in ihrem fortwährend sich realisierenden Leben bedeutet immer, dass die Einzelnen vermöge gegenseitiger Beeinflussung und Bestimmung verknüpft sind. Sie ist also etwas Funktionelles, etwas, was die Individuen tun und leiden, und ihrem Grundcharakter nach sollte man nicht von Gesellschaft, sondern von Vergesellschaftung sprechen. Gesellschaft ist dann nur der Name für einen Umkreis von Individuen, die durch derartig sich auswirkende Wechselbeziehungen aneinander gebunden sind. (ebd.: 38 f.)

»Gesellschaft« oder »Vergesellschaftung« ist nicht nur eine Frage der Wortwahl, sondern eine Unterscheidung mit weitreichenden Konsequenzen. Es geht darum, ob Gesellschaft als Tatsache *besteht* oder ob sie *geschieht*. Letztlich geht es nicht um die Bezeichnungen »Gesellschaft« oder »Vergesellschaftung«, sondern um die Haltung, mit der man an eine Beschreibung des Sozialen herangeht: als eine gegebene Struktur, als Faktum – oder als etwas, das sich ereignet, das unablässig von Menschen gemacht wird. Je nachdem wird man Unterschiedliches zu sehen bekommen.

Betrachtet man Gesellschaft als etwas Bestehendes, fällt der Blick beispielsweise auf strukturelle Merkmale wie soziale Schichten, soziale Rollen oder Institutionen. Geht man hingegen von Vergesellschaftung als einem unablässigen Geschehen aus, zeichnet sich ein lebendigeres Bild des Sozialen als Handeln und Interagieren.

Gesellschaft und Gemeinschaft   1.2.2

Gesellschaft lässt sich noch in eine andere Richtung abgrenzen. Zu den frühesten soziologischen Begriffsbildungen gehört das Begriffspaar »Gemeinschaft« und »Gesellschaft«. Es steht für eine umfassende Diagnose moderner im Kontrast zu früheren Gesellschaften. Die Entstehung moderner Gesellschaften lässt sich nämlich beschreiben als Entwicklung von Gesellschaften des Typus *Gemeinschaft* bzw. *Vergemeinschaftung* hin zu Gesellschaften vom Typus *Gesellschaft* bzw. *Vergesellschaftung*.

Die begriffliche Unterscheidung geht zurück auf das Buch »Gemeinschaft und Gesellschaft« von Ferdinand Tönnies (1855–1936) (Tönnies 1972 [1887]).

Gesellschaft geschieht

von Gemeinschaft zu Gesellschaft

In systematisierter Form findet sich die Unterscheidung auch bei Max Weber (1864–1920), dem Autor, der als erster systematisch »soziologische Grundbegriffe« formuliert hat (Weber 1972 [1921–22]: 21 f.).

Gemeinschaften

Als Gemeinschaft werden in dieser Unterscheidung urwüchsige Formen von Vergesellschaftung bezeichnet, beispielsweise Großfamilien, Verwandtschaftsgruppen, Stämme oder Sippen (Gruppen von verwandten Familien). Sie sind meist von überschaubarer Größe und werden von ihren Mitgliedern als »natürliche« Art des Zusammenlebens begriffen. Die Zugehörigkeit ist durch die Herkunft und die Geburt vorgegeben. Wenn es überhaupt einen Wechsel in eine andere Gemeinschaft gibt, beispielsweise durch Heirat in eine andere Stammesgruppe, dann ist das meist mit aufwendigen Ritualen verbunden und mit einem weitgehenden Abbruch der Beziehungen zur bisherigen Gemeinschaft. Denn eine soziale Bindung vom Typus »Gemeinschaft« ist sehr eng und umfasst typischerweise das gesamte Individuum. In strenger Form kann man daher nicht mehreren Gemeinschaften zugleich angehören. Dementsprechend erstreckt sich die Zugehörigkeit auch auf alle Facetten des individuellen Lebens. Und das einzelne Individuum ist seinerseits durch seine Zugehörigkeit definiert.

Die Merkmale der Vergemeinschaftung lassen sich an jenen Gemeinschaften, die es auch in modernen Gesellschaften noch gibt, zumindest vom Prinzip her wiedererkennen: der Familie. Familienmitglieder sind – ungeachtet aller Vielfalt und Veränderungen der Familienformen – im Allgemeinen umfassend solidarisch, haben keine oder kaum Geheimnisse voreinander, sie verbringen ihr Leben gemeinsam (man kann beispielsweise als Kind nicht aus seiner Familie austreten), und die bzw. der Einzelne ist bis in seine Intimsphäre hinein Teil dieser Gemeinschaft. Auch diese Art von Gemeinschaft ist in ihrer reinen Form in Auflösung begriffen: Großfamilien agieren kaum noch als praktische Solidargemeinschaft, und auch in der Kleinfamilie können Ehen geschieden werden, und mit Blick auf die Möglichkeit einer Scheidung werden gleich zu Beginn Eheverträge geschlossen, die die wechselseitige Haftung einschränken.

enge Einbindung

Moderne Gesellschaften unterscheiden sich grundlegend von Gemeinschaften. Es sind größere, abstrakte Gebilde, in denen die Mitglieder sehr viel loser miteinander verbunden sind, und zwar häufig nicht als individuelle Personen, sondern nur als Trägerinnen oder Träger von Funktionen. Die Mitgliedschaft und Zugehörigkeit von Individuen zu modernen Gesellschaften gleicht eher einer vertraglichen Vereinbarung, wie man sie im Berufsleben als Mitarbeiter einer Firma eingeht. Es ist keine symbiotische Mitgliedschaft, sondern eine mit klar umrissenen Rechten und Pflichten, und jeder Einzelne steht immer teils innerhalb und teils außerhalb der jeweiligen Gesellschaft, weil er ihr ja nur mit einem Teil seiner Person, eben als Träger einer Funktion, angehört. Ein ähnliches Vertragsverhältnis gilt für die moderne Auffassung von Staatsangehörigkeit, die sich auf klare Rechte und Pflichten als Staatsbürger/in erstreckt, aber darüber hinaus die Freiheit des Individuums nicht antastet. Diese Auffassung einer nur teilweisen Zugehörigkeit und Bindung an eine Gruppe entspricht dem modernen Begriff des Individuums, das sich nicht primär durch seine Zugehö-

Gesellschaft als Vertragsverhältnis

rigkeit zu einer Gemeinschaft, sondern durch seine Individualität, also als ein eigenes Selbst, definiert.

Unter Gesellschaften wird in dieser Unterscheidung also ein Typus von Vergesellschaftung verstanden, der dem Typus »Gemeinschaft« in allen Punkten entgegengesetzt ist. Wenn eine Familie oder eine enge, langjährige Freundschaft ein Beispiel für Vergemeinschaftung wäre, dann wäre die typisch moderne Form der Berufstätigkeit als Angestellter ein Beispiel für Vergesellschaftung. Ein Arbeitsvertrag regelt Leistung und Gegenleistung, wie Arbeitszeit oder Gehalt. Weiter gehende persönliche Verpflichtungen zwischen Arbeitgeber/in und Arbeitnehmer/in ergeben sich daraus nicht. Den Vertrag und damit die Zugehörigkeit zu einer Firma kann man jederzeit kündigen, und außerhalb der Arbeitszeit enden auch Zugehörigkeit und Verantwortung. Selbst die Arbeitgeber sind als Eigentümer einer Firma, etwa im Rahmen einer GmbH, nur innerhalb klarer rechtlicher Grenzen mit ihrem Betrieb verbunden.

Gemeinschaften kann man als eine entwicklungsgeschichtlich ältere Form von Vergesellschaftung begreifen. Beide Formen lassen sich aber auch als allgemeine reine Typen (Idealtypen) mit bestimmten Merkmalen beschreiben. Dann kann man auch Beispiele für Vergemeinschaftungen in modernen Gesellschaften entdecken, oder man kann Mischformen beschreiben, etwa wenn langjäh-

Gegensätze und Mischformen

Gemeinschaft und Gesellschaft: typische Merkmale

Gemeinschaft	Gesellschaft
Merkmale	
<ul><li>affektuelle, persönliche Bindung</li><li>Genosse, »Bruder«/»Schwester«, Untertan Zugehörigkeit mit allen Aspekten der Person umfassende, lebenslange Zugehörigkeit aufgrund von Herkunft</li><li>unbegrenzte Solidarität aller Angehörigen</li><li>persönliche Abhängigkeit</li><li>Konsens</li><li>geteilte Überzeugungen, Werte und Sitten</li></ul>	<ul><li>rationaler Zusammenschluss</li><li>Bürger/in, formelles Mitglied, Vertragspartner/in</li><li>Mitgliedschaft beschränkt auf einzelne Aspekte der Person, Anonymität</li><li>Zugehörigkeit durch (vertragliche) Übereinkunft; Eintritt/Austritt möglich</li><li>vertraglich festgelegte Rechte und Pflichten der Mitglieder</li><li>öffentlicher Interessenkonflikt</li></ul>
Beispiele	
<ul><li>Familie, Verwandtschaft</li><li>ethnische oder religiöse Gemeinschaften</li><li>traditionale, agrarische, ständisch, feudal organisierte Gesellschaften</li><li>Vorstellung eines »Volkes«, einer Ethnie oder einer Religion als Grundlage eines Staates</li></ul>	<ul><li>Vertragsverhältnisse (»GmbH«)</li><li>Zweckverbände moderner Nationalstaat, demokratische, industrialisierte Gesellschaft usw.</li><li>Staatsbürgerschaft unabhängig von persönlichen Merkmalen</li><li>Mitgliedschaft aufgrund von Bürgerrechten und bürgerlichen Freiheiten</li></ul>

Die in der Tabelle beschriebenen Merkmale beziehen sich auf begrifflich »reine Typen«, wie sie bei Max Weber in Paragraf 9 seiner soziologischen Grundbegriffe entwickelt werden (Weber 1972 [1921–22]: 21 f.), wobei die Typologie gegenüber der Webers hier etwas erweitert wird. Viele reale Formen von Vergesellschaftung nähern sich einem der beiden Typen nur mehr oder minder an und enthalten sowohl Elemente von Vergemeinschaftung als auch von Vergesellschaftung.

rige Arbeitskollegen eine Solidarität entwickeln, die über das vertraglich vereinbarte Arbeitsverhältnis hinausgeht.

Die Unterscheidung von Gemeinschaft und Gesellschaft hat praktische und politische Konsequenzen, wenn man sie auf die Ebene eines Staates anwendet. Ein Staat kann sich auf eine Vorstellung von Gemeinschaft oder auf eine Vorstellung von Gesellschaft gründen. Davon wiederum hängt ab, wie ein solcher Staat die Möglichkeit der Mitgliedschaft definiert und wie das Verhältnis zwischen dem Staat und seinen Mitgliedern aufgefasst wird (vgl. 3.3).

1.2.3 | Gesellschaft oder Gesellschaften

Die Frage »Was ist Gesellschaft?« verwendet den Singular. Aber mit welchem Recht? Alltagssprachlich sprechen wir von »der Gesellschaft«, in der wir leben. Aber ist das richtig? Leben wir nur in einer Gesellschaft? Und umgekehrt: Leben wir in der ganzen Gesellschaft?

begrenzter eigener Blick   Unser eigenes Umfeld, unsere Lebensverhältnisse sind uns vertraut. Wir kennen Menschen aus vergleichbaren sozialen Milieus, mit vergleichbaren Lebensstilen und in vergleichbaren sozialen Lagen, und diese soziale Umwelt sehen wir als unsere Normalität. Vielleicht haben wir auch Freunde und Bekannte aus anderen Milieus oder mit einem anderen kulturellen Hintergrund. Ganz sicher aber gibt es in der Gesellschaft, in der wir leben, Milieus und Lebensstile oder auch Berufe, in die wir so gut wie keinen Einblick haben und deren genaue Lebensumstände wir uns kaum vorstellen können. Bestenfalls haben wir Bilder aus dem Fernsehen vor Augen, was bedeutet, dass wir so gut wie nichts wirklich darüber wissen. Es gibt also in der Gesellschaft, in der wir leben, sehr viel mehr Lebensverhältnisse als unsere eigenen.

Von der Gesellschaft im Singular zu sprechen, suggeriert somit ein zu großes Maß an Einheit und Eindeutigkeit. Man kann in ein und derselben Gesellschaft leben und praktisch in jeder Hinsicht ein anderes Leben führen und in gewissem Umfang in einer anderen Wirklichkeit leben.

Umgekehrt lebt jeder Einzelne möglicherweise in sehr verschiedenen Gesellschaften. Wenn wir eine Partnerin oder einen Partner haben, kann dessen Familie möglicherweise so verschieden von unserer eigenen sein, dass sich unsere Eltern ratlos gegenüberstehen. Für immer mehr Menschen ist es auch selbstverständlich, mehr als eine Sprache zu sprechen und zumindest für einige Zeit in einem anderen Land zu leben, beispielsweise als Austauschschüler oder als Studentin. Möglicherweise beginnt man dabei, sich in einem anderen Land in einigen Aspekten besonders heimisch zu fühlen. Inwiefern kann man also sagen, man lebe in einer Gesellschaft?

Gesellschaften in Bewegung | 1.2.4

Ein anderer Aspekt betrifft die Tatsache, dass Menschen nicht fixiert an einem Ort leben, sondern dass zum Menschen ganz wesentlich die Bewegung gehört und damit auch der Wechsel zwischen Orten und sozialen Zusammenhängen. Würde man sich Gesellschaft also als ein fixiertes, statisches Gebilde vorstellen, läge dem ein verzerrtes Menschenbild zugrunde und folglich auch ein Missverständnis von Gesellschaften.

In der alltäglichen öffentlichen oder politischen Diskussion entsteht manchmal der Eindruck, dass das Leben an nur einem Ort die Normalität sei und der Umzug oder die Migration zwischen Orten eine erklärungsbedürftige Ausnahme. Aber Menschen waren immer sowohl sesshaft als auch in Bewegung. Es gibt verschiedenste Formen von Mobilität, und sie nimmt insgesamt stetig zu. Doch es ist falsch zu unterstellen, es hätte jemals Gesellschaften ohne Mobilität und Bewegung gegeben. Es spricht sogar vieles dafür, die Sicht auf Sesshaftigkeit und Mobilität umzudrehen. Dann wäre nicht die Mobilität das Erklärungsbedürftige, sondern die Sesshaftigkeit. Warum bleiben Menschen an einem Ort, der keine guten Lebensbedingungen für sie bietet? Ist das Ausharren in einer solchen Situation nicht erklärungsbedürftiger als der Wegzug?

Mobilität als Normalität

Binnenmigration in Deutschland im Jahr 2008
Fort- und Zuzüge nach Bundesländern

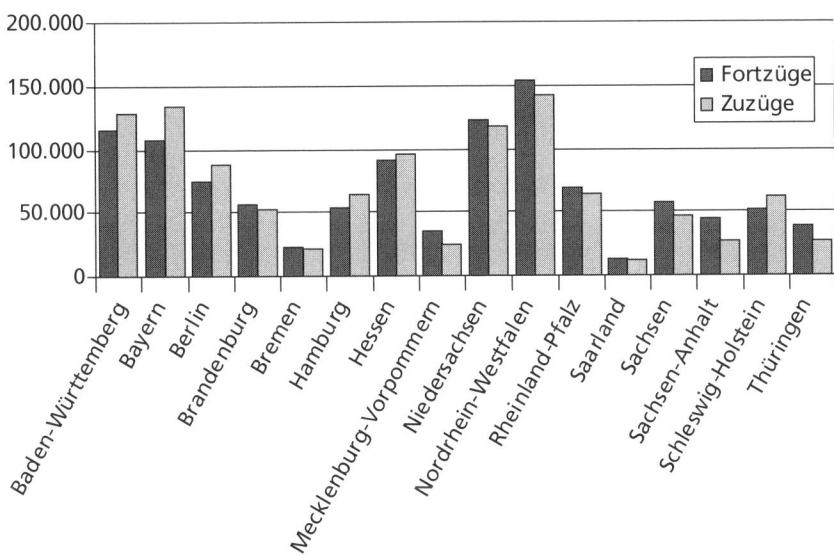

Datenquelle: Bundesamt für Statistik: Statistisches Jahrbuch 2010; eigene Grafik.

Die Grafik zeigt die Zahl der Umzüge zwischen den Bundesländern. Im Jahr 2008 wanderten insgesamt 1.103.884 Menschen zwischen verschiedenen Bundesländern. Darüber hinaus erfasst die Statistik 2.533.874 Umzüge innerhalb der einzelnen Bundesländer.

Ins Auge sticht zumeist die Veränderung, in diesem Fall die Bewegung. Wenn Menschen beispielsweise Regionen in den neuen Bundesländern verlassen, in denen es an Arbeitsplätzen mangelt, wird diese Mobilität thematisiert. Dabei ist es ebenso erklärungsbedürftig, warum Menschen einen Ort nicht verlassen, der ihnen keine Perspektive bietet.

Mobilität und Migration

Die Soziologie verwendet die Begriffe Mobilität und Migration. Unter *Mobilität* werden sowohl Bewegungen im Raum als auch zwischen den Schichten einer Gesellschaft verstanden (zur *sozialen Mobilität* vgl. Kapitel 8). *Migration* bezeichnet eine dauerhafte Verlagerung des Wohnortes, wobei unter Migration sowohl Wanderungen über Staatsgrenzen hinweg (*Immigration* und *Emigration*) als auch innerhalb staatlicher Grenzen (*Binnenmigration*) verstanden werden. Nicht darunter fallen Urlaubsreisen oder andere kurzfristige Formen. Hingegen kann sich der Begriff sowohl auf freiwillige wie auf unfreiwillige (Flucht, Vertreibung) Migration beziehen. Diese begrifflichen Unterscheidungen sind nützlich, die Realität ist jedoch komplizierter.

vielfältige Formen von Migration

Eine überkommene Auffassung versteht Migration als einmaligen Vorgang, als Umzug von einem Ort zu einem anderen, der mit der Lösung aus einem sozialen Kontext und dem Niederlassen und Einfügen in ein neues soziales Umfeld verbunden ist. Schon lange hat sich aber gezeigt, dass diese Vorstellung zu naiv ist. In der Realität finden sich immer mehr Mischformen von zeitlich begrenzter Migration, dem dauerhaften Leben an mehreren Orten oder der wiederholten Migration. Immer mehr Menschen studieren oder arbeiten einige Jahre in einem anderen Land, oder sie arbeiten nach dem Studium in einem dritten; sie pendeln zwischen dem Leben mit ihrer Familie in einem und ihrer Arbeit in einem anderen Land, oder sie verlassen ihre Familie, um sie überhaupt versorgen zu können, und gehen dorthin, wo ihre Arbeitskraft gebraucht wird; oder aber Menschen, die ihr Leben an einem Ort verbracht haben, lassen sich erst im Ruhestand an einem anderen Ort nieder.

Migration wird für immer mehr Menschen ein Teil ihres Lebens und für alle Gesellschaften immer wichtiger. Bezogen auf den Begriff der Gesellschaft geht es aber nicht nur um eine faktisch stattfindende Entwicklung, die man berücksichtigen muss, um die Gegenwart zu verstehen. Es geht vor allem darum, Mobilität und Migration nicht als Ausnahme, sondern als normale Tatsache zu begreifen. Blickt man in größeren historischen Zeiträumen zurück, ist die

Bewegung im Raum

Bewegung von Menschen im Raum immer eine Normalität gewesen. Diese Einsicht wurde von der Vorstellung überlagert, Gesellschaften seien räumlich fixierte Gebilde, und die Menschen darin würden von sich aus an einem Ort haften. Aber es spricht nichts für diese Auffassung, die sich trotzdem hartnäckig hält. Im Gegenteil, Menschen sind immer sowohl sesshaft als auch auf Wanderschaft gewesen. Menschen bewegen sich nicht nur, weil sie müssen, sondern auch, weil sie wollen. Manchmal brauchen sie dafür nicht einmal einen besonderen Grund, sondern folgen einfach einem Bedürfnis. Man muss nicht auf die stetig steigenden Zahlen von Urlaubsreisen verweisen. Für die allermeisten Menschen gilt, dass sie Reisen und die Möglichkeit zur räumlichen Veränderung genießen.

Gesellschaft in Bewegung: Zahl der Ein- und Auswanderungen
nach und aus Deutschland 1975–2008

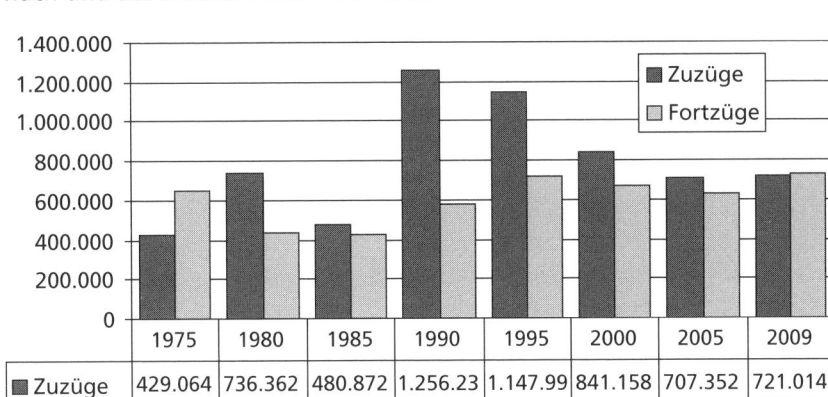

	1975	1980	1985	1990	1995	2000	2005	2009
■ Zuzüge	429.064	736.362	480.872	1.256.23	1.147.99	841.158	707.352	721.014
☐ Fortzüge	652.966	439.571	425.313	574.371	718.219	674.038	628.399	733.796

Datenquelle: Statistisches Bundesamt, www.destatis.de/genesis, 31.3.2011 eigene Berechnungen
und Grafik

Die Tabelle soll nur einen selektiven Eindruck der Ein- und Auswanderungen vermitteln. Bei den
relativ hohen Zahlen von Zuzügen in der ersten Hälfte der 1990er Jahre handelt es sich insbesondere um deutschstämmige Spätaussiedler aus Osteuropa und den Staaten der ehemaligen UdSSR.
Addiert man die Zahlen aller Ein- bzw. Auswanderung zwischen 1975 und 2009, erhält man eine
Zahl von jeweils über 20 Millionen.

Aus dieser Perspektive ist die Möglichkeit, sich frei zu bewegen, ein menschli-
ches Recht und zugleich ein kostbares Gut, das allerdings ungleich verteilt ist.
Den Menschen als ein Wesen in Bewegung und Gesellschaften als dynamische
Gebilde zu begreifen, ist in jedem Fall eine große Herausforderung.

Es sind natürlich nicht nur die Menschen, die in Bewegung sind, sondern noch
viel mehr sind es die Dinge und Informationen. Wir benutzen elektronische
Geräte, die in den USA entwickelt und in einem asiatischen Land gebaut wurden. Die Hotline dafür befindet sich in Indien. Und die Rohstoffe für die Plati-
nen wurden – unter menschenunwürdigen Bedingungen – in einem afrikanischen Land abgebaut. Wenn wir sie wegwerfen, besteht die Chance, dass sie in
ein anderes afrikanisches Land gelangen, wo die Bauteile in einem offenen Feuer
unter freiem Himmel und unter Freisetzung giftiger Dämpfe eingeschmolzen
werden, sodass man die enthaltenen Metalle als Rohstoffe zurückgewinnt, die
dann mit einem älteren Modell eines französischen oder deutschen Autos zu
einem Sammelplatz transportiert werden. Im Autoradio läuft dazu möglicherweise Musik aus Lateinamerika oder aus dem Studio eines multinationalen
Musikkonzerns.

Alle diese Überlegungen lassen sich in der Frage zusammenfassen, wo die Gesellschaft endet, in der wir leben. Mit welcher Begründung kann man (noch) von

Artefakte und
Informationen

der »eigenen« im Gegensatz zu anderen Gesellschaften reden? Ist es überhaupt noch plausibel, verschiedene Gesellschaften voneinander zu unterscheiden? Müsste man nicht zu wesentlich dynamischeren Vorstellungen des Zusammenlebens kommen? Kapitel 3 wird diese Fragen wieder aufnehmen.

1.3 | Lektüreanregungen

Bade, Klaus J./Emmer, Pieter C./Lucassen, Leo/Oltmer, Jochen (Hrsg.) (2007): Enzyklopädie Migration in Europa. Vom 17. Jahrhundert bis zur Gegenwart, Paderborn/München
Ein Buch zum Stöbern, um sich einen Eindruck von der historischen Vielfalt von Migration und bewegten Gesellschaften zu machen.

Han, Petrus (2006): Theorien zur internationalen Migration. Ausgewählte interdisziplinäre Migrationstheorien und ihre zentralen Aussagen, Stuttgart
Eine Einführung in konkrete Theorien der Migration; geeignet, wenn man sich in dieses Thema vertiefen möchte.

Simmel, Georg (1992 [1908]): Soziologie. Untersuchungen über die Formen der Vergesellschaftung, Frankfurt a. M. [= Georg Simmel Gesamtausgabe, Bd. 11]
Simmels umfangreiches Buch befasst sich mit allen erdenklichen »Formen der Vergesellschaftung«: Raum und Grenze, Schmuck und Geheimnis, Über- und Unterordnung. Er deutet sie stets als »Wechselwirkungen« zwischen Menschen, ganz so, wie das mit dem Begriff der »Vergesellschaftung« in diesem Kapitel vorgestellt wurde. Es ist ein anspruchsvolles Buch, das aber den Blick auf Gesellschaft an zahllosen Beispielen schult.

1.4 | Fragen zum Verständnis und zur Reflexion

- Überlegen Sie sich Beispiele für Vergemeinschaftungen und Vergesellschaftungen in der Gegenwart?
- Welche Anteile von Gemeinschaft und Gesellschaft gibt es in typischen Sozialformen der Gegenwart wie Musikszenen, Bürgerbewegungen, Fangruppen?
- Inwiefern kann man sagen, dass Gesellschaft »geschieht«?

Besteht eine Gesellschaft aus Menschen? | 2

Im vorhergehenden Kapitel war unter anderem von Gesellschaft als Vergesellschaftung oder Vergemeinschaftung die Rede, und es wurde ganz selbstverständlich vorausgesetzt, dass Gesellschaften aus Menschen bestehen. In diesem Kapitel geht es um zwei Fragen, die an dieser Selbstverständlichkeit rütteln. Zum einen erleben Menschen Gesellschaft als etwas, das »mehr« ist als nur eine Ansammlung von Menschen, als etwas, das gegenüber dem Willen des Einzelnen eine scheinbar objektive Macht entfalten kann. Und zum anderen lässt sich fragen, ob Gesellschaften nur aus Menschen bestehen: Sind nicht auch beispielsweise materielle Objekte, Geld oder Technik wirkungsmächtige Elemente von Gesellschaft?

Gesellschaft, Gruppe, Staat, Nationalstaat, soziale Tatsache, Wandel, Sanktion, Intersubjektivität, Ordnung, Emergenz

Die Frage ist nur auf den ersten Blick naiv und überflüssig. Selbstverständlich gäbe es ohne Menschen keine Gesellschaft. Aber andererseits sind Gesellschaften nicht von bestimmten Mitgliedern abhängig. Dieser Gedanke lässt sich gut veranschaulichen, wenn man sich eine überschaubare Form von Gesellschaft ansieht: eine Gruppe. Von dort aus lässt sich die Frage vertiefen, inwiefern eine Gesellschaft mehr und daher etwas anderes ist als die Summe ihrer (augenblicklichen) Mitglieder.

2.1 | Gruppen und ihre Mitglieder

Der Begriff der Gruppe ist in der Alltagssprache, aber auch in der Soziologie mehrdeutig: Er kann eine zufällige Ansammlung von Menschen meinen, eine mehr oder minder verbindlich zusammengeschlossene Vereinigung oder eine unübersehbar große Zahl von Menschen, die in einer eher anonymen Beziehung zueinander stehen. Und manchmal spricht man auch davon, jemand gehöre zu einer Gruppe von Personen, wenn man nur ausdrücken will, dass er ein bestimmtes Merkmal aufweist und deshalb einer Kategorie zugerechnet wird, etwa zur Gruppe der Schüler oder der Studentinnen.

Auch in der Soziologie kann der Akzent auf verschiedene Aspekte gelegt werden, aber zumeist wird eine Gruppe als eine überschaubare Zahl von Personen definiert, die von sich selbst und den anderen Mitgliedern wissen, dass sie zu dieser Gruppe gehören. Die Gruppenmitglieder weisen also ein Bewusstsein ihrer Zusammengehörig oder ein Wir-Gefühl auf. Entscheidend an dieser Definition ist also, dass sich die Gruppenmitglieder selbst als Mitglieder verstehen. Dafür ist es aber nicht erforderlich, dass sie sich alle gegenseitig kennen.

Im Fall der Gruppe als einer Art Miniaturgesellschaft scheint somit eindeutig zu sein, dass sie aus Personen besteht. Was ist jedoch, wenn Personen aus einer Gruppe austreten und andere dafür eintreten? Offenbar besteht die Gruppe fort, auch wenn die konkreten Mitglieder wechseln. Nehmen wir eine Fußballmannschaft, bei der von Saison zu Saison einige neue Spieler antreten. Aus Sicht der Fans bleibt es die gleiche Mannschaft, auch wenn nach wenigen Jahren kein Spieler der ursprünglichen Mannschaft mehr auf dem Platz steht. Möglicherweise hat sie sogar über die ganze Zeit eine charakteristische Art des Spiels bewahrt. In einem erweiterten Sinn gilt Ähnliches für größere Gesellschaften, etwa Nationalstaaten. Durch Geburt und Tod, aber auch Zu- und Abwanderung kommen ständig neue Personen hinzu, während andere ausscheiden. Man könnte sogar sagen, dass ein Wechsel der Mitglieder notwendig ist, damit die Gruppe oder die Gesellschaft fortbesteht und »lebendig« bleibt.

Es ist klar, dass ein Wechsel der Mitglieder immer auch einen Wandel in einer Gruppe und langfristig auch in einer Gesellschaft mit sich bringt. Eine Hobby-Fußballmannschaft löst sich unter Umständen ganz auf, wenn nach und nach die Mitspieler nicht mehr zum Training erscheinen. Doch das ist ein Grenzfall. In allen anderen Fällen kann man die Frage stellen, was es ist, das eine Gruppe oder auch eine Gesellschaft ausmacht und das sie ungeachtet des Wechsels der Mitglieder aufrechterhält.

Konkret kann eine Gruppe beispielsweise bestimmte Positionen vorsehen, etwa die des Trainers, des Torwarts und des Kassenwarts im Fall eines Fußball-

Wechsel der Mitglieder

vereins. Die Positionen können von verschiedenen Personen ausgefüllt werden, aber als Position bleiben sie bestehen, unabhängig davon, welche Person sie jeweils einnimmt. Eine Gruppe, die keine solche Positionen kennt, sondern stark von den Mitgliedern als Personen abhängt, etwa ein Freundeskreis, würde den Verlust einzelner Mitglieder nicht ohne Weiteres ersetzen können.

Je größer eine Gruppe ist und je klarer sich formelle oder informelle Positionen ausgebildet haben, desto weniger Einfluss hat das Ausscheiden eines Mitglieds oder der Eintritt eines neuen auf das, was die Gruppe ausmacht. In einer sehr großen Gruppe, beispielsweise einer Gewerkschaft oder einem Nationalstaat, können sogar sehr einflussreiche Mitglieder, etwa ein Vorsitzender oder eine Ministerin, wechseln, ohne dass sich an der Struktur der Gesellschaft und ihrer Funktionsweise etwas ändert.

Zusammenfassend kann man sagen, dass eine Gruppe ebenso wie eine Gesellschaft selbstverständlich aus Menschen besteht. Aber als ein soziales Gefüge scheint sie dennoch aus mehr zu bestehen als aus ihren wechselnden Mitgliedern – aus etwas Andauerndem. Was genau ist dieses Andauernde?

| Positionen und Funktionen

Gesellschaft als objektive Tatsache | 2.2

Besonders bei einigen frühen Soziologen herrschte die Überzeugung, dass mit dem Begriff der Gesellschaft als einer greifbaren Realität die Idee der Soziologie als einer Wissenschaft vom sozialen Zusammenleben steht und fällt (vgl. dazu auch Kapitel 4). Gesellschaft, davon waren sie überzeugt, müsse eine eigenständige und feste Realität sein, die ebenso klaren Regelmäßigkeiten folgt wie die materielle, die sogenannte natürliche Welt. Dazu müsse man sich das Gesellschaftliche, so dachten sie, als unabhängig vom psychischen Erleben der Individuen vorstellen. Blickt man zurück auf die Geschichte der Gesellschaftswissenschaften, lässt sich diese als ein Ringen um eben diese Frage verstehen, was genau Gesellschaft sei.

Diese Suche nach Gesellschaft als einer objektiven Tatsache entspricht durchaus einigen Erfahrungen, die wir im Alltag machen können. Persönlich und subjektiv kann ich beispielsweise ein Verhalten für richtig und gut begründet halten, muss dann aber feststellen, dass mir von verschiedenen Seiten Reaktionen entgegenschlagen, die gegenüber meinem eigenen Wollen eine recht heftige Widerstandskraft entfalten. Etwa wenn ich aus mir wichtig erscheinenden Gründen nicht in der Schule erscheine; wenn ich aus persönlicher Not etwas in einem Laden »mitgehen lasse«; wenn ich in meinem bequemem Trainingsanzug auf dem Abi-Ball oder in meinem schicken Strandkleid beim Bewerbungsgespräch erscheine; oder wenn ich mich spontan und ohne »Papiere« in ein Flugzeug in die USA oder nach Russland setze. Selbst wenn ich danach einem freundlichen Beamten oder später meinen Freunden mein Verhalten erklären und verständlich machen kann, werden sie mich darauf hinweisen, dass man so etwas »nicht machen kann«. Und sie haben dabei offenbar eine anonyme, aber allgemein geltende Erwartung im Sinn, die auch dann Bestand hat, wenn sie

| Erfahrung von Gesellschaft

persönlich unter Umständen bereit wären, meine Sicht auf die Sache zu akzeptieren. Genau diese Haltung: »Ich verstehe Dich ja, aber *die anderen …*«, drückt den kritischen Punkt aus. Es sind anonyme, allgemeinen Erwartungen, die quasi jeder zu kennen glaubt und spürt, und zwar auch (und gerade) dann, wenn sie oder er diese Erwartungen oder Überzeugungen selbst nicht teilt. Sie können einen Eindruck davon geben, was mit dieser objektiven Tatsache der »Gesellschaft« gemeint sein könnte, die unabhängig vom Willen Einzelner existiert.

Zwang sozialer
Tatsachen

In der Anfangszeit der Soziologie waren es Erlebnisse und Beobachtungen dieser Art, die Émile Durkheim (1858–1917), den maßgeblichen Begründer der Soziologie in Frankreich, dazu brachten, von *sozialen Tatsachen* (*faits sociaux*) zu sprechen, deren Merkmal ein objektiver »Zwang« sei, den sie auf das Handeln von Menschen ausüben. Durkheim verstand unter sozialen Tatsachen sehr verschiedene Gegebenheiten: etwa die jeweilige Sprache, soziale Werte und Normen, Religionen und Weltanschauungen, aber auch das Geld, womit sowohl die Gültigkeit einer konkreten Währung als auch die Idee des Geldes schlechthin gemeint ist. Ein weiteres Merkmal sozialer Tatsachen sind für Durkheim die Sanktionen, die diejenigen treffen, die von Erwartungen abweichen oder gegen Regeln verstoßen. Das können offizielle rechtliche Sanktionen sein, etwa im Fall von Diebstahl, aber ebenso informelle Sanktionen: spöttische Blicke, Ablehnung in einem Bewerbungsgespräch oder schärfere Formen der Missachtung und sozialen Ausgrenzung. Man wird zumindest als verwirrt angesehen werden, wenn man darauf besteht, eine selbst erfundene Zeichensprache statt der allgemein üblichen zu verwenden, oder wenn man versucht, hübsche selbst bemalte Geldscheine in einem Supermarkt vorzulegen.

Beispiel Geld

Geld in seiner modernen Form ist ein anschauliches Beispiel für eine soziale Tatsache, die unabhängig von unserem individuellen Willen zu bestehen scheint. Moderne Geldwährungen beruhen auf einem reinen Nominalwert. Ein an sich wertloses Stück Papier mit einer aufgedruckten Zahl stellt diesen Wert bloß dar, weil und solange es von allen Beteiligten als Tauschmittel mit einem bestimmten Wert anerkannt wird. Die Vorstellung des Wertes ist häufig so stark verankert, dass uns Geldscheine einer bestimmten Währung tatsächlich als etwas Wertvolles erscheinen. Die Gefahr, dass dieses Papier in einer Inflation oder einer Währungsreform seinen Wert verlieren könnte, liegt so lange außerhalb des Vorstellbaren, bis man es tatsächlich erlebt.

Émile Durkheim über Gesellschaft als soziale Tatsache

Das Zeichensystem, dessen ich mich bediene, um meine Gedanken auszudrücken, das Münzsystem, in dem ich meine Schulden zahle […] führen ein von dem Gebrauche, den ich von ihnen mache, unabhängiges Leben. Das eben Gesagte kann für jeden einzelnen Aspekt des gesellschaftlichen Lebens wiederholt werden. Wir finden also besondere Arten des Handelns, Denkens, Fühlens, deren wesentliche Eigentümlichkeit darin besteht, dass sie außerhalb des individuellen Bewusstseins existieren.

Diese Typen des Verhaltens und des Denkens stehen nicht nur außerhalb des Individuums, sie sind auch mit einer gebieterischen Macht ausgestattet, kraft deren sie sich einem jeden aufdrängen, er mag wollen oder nicht.

> Ein soziologischer Tatbestand ist jede mehr oder minder festgelegte Art des Handelns, die die Fähigkeit besitzt, auf den Einzelnen einen äußeren Zwang auszuüben; oder auch, die im Bereiche einer gegebenen Gesellschaft allgemein auftritt, wobei sie ein von ihren individuellen Äußerungen unabhängiges Eigenleben besitzt.
>
> Es ist ein Zustand der Gruppe, der sich bei den Einzelnen wiederholt, weil er sich ihnen aufdrängt. Er ist in jedem Teil, weil er im Ganzen ist, und er ist nicht im Ganzen, weil er in den Teilen ist.
>
> *(Durkheim 1961 [1895]: 105, 114, 111)*

Soziale Tatsachen treten nicht nur als äußerliche Sanktionen unseres Verhaltens auf, sondern in den meisten Fällen greifen sie viel früher. Wir kommen gar nicht erst auf die Idee zu bestimmten Handlungen, weil wir sie für ausgeschlossen halten. Oder aber wir richten unser Handeln so ein, dass es nach außen eine konforme Fassade wahrt.

Sprache als soziale Tatsache | 2.2.1

Besonders eindringlich lässt sich Durkheims Vorstellung einer sozialen Tatsache an der Sprache verdeutlichen. Sprache ist eine grundlegende soziale Tatsache, die Gesellschaft überhaupt erst ermöglicht. Und sie ist eine komplexe soziale Tatsache, was dabei hilft, zu naive Vorstellungen von vornherein zu vermeiden.

Sprachen können aussterben, wenn niemand sie mehr spricht. Aber der Normalfall ist, dass Menschen in dem Maß Mitglied einer Gesellschaft werden, in dem sie die übliche Sprache erlernen. Ohne Sprachkenntnisse ist man in den einfachsten Situationen handlungsunfähig. Und komplexe Überlegungen können wir erst dann anstellen, wenn wir in der Lage sind, sie auszudrücken. Auch im Verhältnis zu uns selbst führen wir in Gedanken ein Gespräch, das auf Sprache angewiesen ist. Erst wenn wir ein diffuses Empfinden für uns selbst etwa als »Liebe« oder »Eifersucht« bezeichnen können, sind wir in der Lage, uns über uns selbst Klarheit zu verschaffen.

Sprache als soziale Tatsache gibt also Regeln (zum Beispiel für die richtigen Begriffe) vor, aber sie tut dies nicht einfach, indem sie verbietet und einschränkt, sondern indem sie etwas ermöglicht. Mit der Menge an Worten und grammatischen Konstruktionen steigt die Zahl der Ausdrucksmöglichkeiten. Die Regeln schränken also nicht einfach ein, sondern erweitern die Handlungs- oder sogar Empfindungsmöglichkeiten, indem sie eine Struktur vorgeben.

Regeln schaffen Möglichkeiten

Zwänge, Entlastungen und Möglichkeiten | 2.2.2

Durkheims Betonung des Zwangscharakters sozialer Tatsachen richtet den Blick einseitig auf die von ihnen ausgehenden Einschränkungen. Doch Erwartungen, Regeln, allgemein geteilte Deutungen oder Symbole fordern nicht nur ein bestimmtes Verhalten und unterbinden damit andere Handlungen, sondern sie

Zwänge können
entlasten

bieten, indem sie in einer gegebenen Situation eine Auswahl des Möglichen und Erwartbaren bereitstellen, auch Sicherheit und erleichtern auf diese Weise das Zusammenleben erheblich. Sie regeln das Handeln nicht nur so, dass Konflikte reduziert werden, sondern sie entlasten jeden Einzelnen auch davon, eine soziale Situation erst unter zahllosen Gesichtspunkten einschätzen und bewerten zu müssen, bevor ein eigenes Handeln möglich wird. In vielen alltäglichen Situationen mögen beispielsweise bestimmte Konventionen lästig oder überkommen erscheinen. Aber wenn man sich eine Situation ohne Konventionen und geteilte Erwartungen vorstellt, müsste jede Kommunikationssituation quasi bei null beginnen. Im Extremfall damit, dass man sich überhaupt auf eine gemeinsame Sprache verständigt. Und auch das würde ja schon wieder eine Sprache voraussetzen. Zugespitzt könnte man sagen, geteilte Erwartungen und Deutungsmuster, Regeln und Verbindlichkeiten *ermöglichen* ein Zusammenleben und ein Handeln in sozialen Situationen überhaupt erst, und zwar in einem sehr viel grundsätzlicheren Sinn, als es in der herkömmlichen Auffassung von Regeln als Geboten und Verboten für anständiges Verhalten gemeint ist. Sie schaffen erst die Wirklichkeit, in der sich Menschen bewegen. Und dazu gehört selbstverständlich auch die Möglichkeit, bestimmte Erwartungen und Konventionen abzulehnen, dagegen zu opponieren, Wünsche zu entwickeln oder eine konkrete Alternative entgegenzusetzen.

Noch belastender als eine Situation, in der man darunter leidet, etwas nicht tun zu dürfen, was man gern tun würde, sind wohl solche Fälle, in denen völlig unklar ist, was man überhaupt tun kann oder will. Auf einer einfachen Ebene sind solche Momente der Hilflosigkeit sicher allen vertraut, die sich auf Reisen in einem anderen kulturellen Kontext bewegt haben, wo eine scheinbar alltägliche Situation plötzlich zu einem Problem werden kann. Soziale Erwartungen sind, mit einem Wort, nicht bloß zwanghaft und restriktiv, sondern sie erleichtern, orientieren und entlasten auch.

2.3 | Regeln und ihre Geltung

Durkheim hat mit seinem Begriff der sozialen Tatsachen eine Seite sozialer Realität besonders stark hervorgehoben: die der Objektivität. Bestimmte gesellschaftliche Strukturen existieren, und sie reproduzieren sich, egal mit welchen Intentionen Menschen sich in ihnen bewegen. Bestimmte Regeln gelten und haben Auswirkungen, egal wie ich persönlich zu dieser Regel stehe. Doch worin genau besteht die allgemeine Geltung?

Erwartungen

Einerseits erleben wir diese Quasi-Objektivität gerade dann, wenn wir innerlich etwas anderes wollen, wenn also die objektive Realität mit unserer persönlichen Freiheit kollidiert. Andererseits kann ich, wenn ich mich bestimmten Erwartungen füge, von denen ich annehme, dass sie an mich gerichtet werden, das mit einer inneren Distanz tun. In den einführenden Beispielen wurde betont, dass Menschen ein Widerstreben angesichts gesellschaftlicher Regeln oder Erwartungen empfinden können. Jeder kennt das Gefühl, sich nur deshalb an eine Regel oder eine (vermutete) Erwartung zu halten, um Ärger oder Mühe zu vermeiden, obwohl man sich innerlich etwas anderes wünscht. Das hebt die objektive Existenz der Regel nicht auf, relativiert ihre Geltung und Wirkung aber in einem entscheidenden Punkt.

Außerdem gibt es in komplexen modernen Gesellschaften eine schier unendliche Zahl an Erwartungen und Regeln, die in bestimmten Situationen, in Gruppen oder Milieus verbreitet sind und als relevant und gültig angesehen werden, während sie in anderen Kontexten irrelevant oder sogar unbekannt sind. Das beginnt bei ganz simplen Beispielen des Benehmens, wenn man etwa in einem angesagten Club unter gleichaltrigen Freunden Bier aus der Flasche trinkt und auf möglichst lässige Weise »abhängt«. Ein solches Benehmen ist hier nicht nur erlaubt, sondern geradezu gefordert. Aber wäre das gleiche Verhalten auf der förmlichen Feier zum Firmenjubiläum des elterlichen Schuhgeschäfts akzeptabel? Oder ginge es vielleicht auch da gerade so durch, solange man es mit der Rolle eines aufmüpfigen Schülers verknüpft und dadurch rechtfertigt – und somit in gewisser Weise doch wieder eine allgemeine Erwartung erfüllt, wenn auch eine andere?

Vielfalt und Widersprüchlichkeit von Regeln | 2.3.1

Mehr oder minder verbindliche soziale Erwartungen sind einerseits allgegenwärtig, andererseits bilden sie kein homogenes System, sondern ihre Geltung ist relativ und vom jeweiligen sozialen Kontext und den jeweils relevanten Bezugspersonen abhängig. In der Soziologie wird daher manchmal der Begriff der *Bezugsgruppe* für jenen Kreis von Personen verwendet, auf deren Achtung oder Missachtung wir besonderen Wert legen. Der Begriff bringt zum Ausdruck, dass Anerkennung oder Sanktionen immer mit Bezug auf eine mehr oder minder klar abgegrenzte Gruppe und zumeist nicht bezogen auf »die Gesellschaft« schlechthin gelten. In einer Gruppe von Punks in der Innenstadt kommt den skeptischen oder abschätzigen Blicken oder Bemerkungen der Passanten keine wichtige Rolle im Sinne sozialer Sanktionen zu, eher werden sie als Bestätigung wahrgenommen. Entscheidend ist, sich an die Regeln und Erwartungen der eigenen Gruppe hinsichtlich Kleidung, Benehmen oder gruppeneigener Ehrvorstellungen zu halten, weil es sich hier um die relevante Bezugsgruppe handelt, auf deren Anerkennung man Wert legt.

Orientierung an Bezugsgruppe

Das Prinzip der Bezugsgruppe gilt natürlich nicht nur für jugendliche Protestkulturen (die sich wiederum von Generation zu Generation in ihren Erkennungszeichen unterscheiden), sondern auch in ganz anderen Kontexten. Hierbei fallen die sozialen Erwartungen und die geforderte Anpassung hinsichtlich Aussehen und Verhalten jeweils sehr unterschiedlich aus: etwa unter Studierenden der Soziologie, unter Abgeordneten im Bundestag, am Wochenende im Fußballverein oder beim wöchentlichen Kaffeekränzchen älterer Damen.

Wichtig ist, die relative Eigenständigkeit und intersubjektive Verbindlichkeit sozialer Regeln, Erwartungen oder Ordnungen nicht mit Absolutheit oder *Allge-*

Geltung ist relativ

meingültigkeit zu verwechseln. Man sollte also nicht glauben, es sei das Merkmal einer Gesellschaft, dass ein bestimmter Satz von Regeln, Werten oder Normen universell gelte und gerade dies die Gesellschaft ausmache. Ganz im Gegenteil, es ist typisch, dass wir uns im Laufe unseres Lebens und oft sogar innerhalb des gleichen Tages in ganz verschiedenen sozialen Kreisen bewegen und mit sehr unterschiedlichen Erwartungen konfrontiert sind, die nichts miteinander zu tun haben, die sich deutlich voneinander unterscheiden oder die sich sogar widersprechen, die in dem jeweiligen Kontext aber ihre Gültigkeit besitzen. Diese Vielfalt und auch Widersprüchlichkeit gehört ebenso zur sozialen Realität wie das Prinzip der relativen Verbindlichkeit und scheinbaren Objektivität von Regeln und Erwartungen (vgl. dazu auch Abschnitt 7.3.5 über Rollen).

2.3.2 | Wandelbarkeit

Als weiterer Aspekt kommt die Wandelbarkeit der Regeln hinzu. Zwischen der Regelförmigkeit von Verhaltenserwartungen und der prinzipiellen Wandelbarkeit von Regeln besteht ein ständiges Spannungsverhältnis. Wenn man von Regeln als Merkmal sozialer Ordnung spricht, dann kann mit Regelhaftigkeit und Objektivität nicht gemeint sein, dass es sich um unumstößliche oder starre Regeln handelt. Wenn von Regeln die Rede ist, dann geht es um den *intersubjektiven Charakter* wechselseitiger Erwartungen (*Erwartungserwartungen*), die wie Orientierungsmuster funktionieren. Aber es geht nicht darum, ihnen eine zwanghafte Gültigkeit und starre Unveränderlichkeit zu unterstellen. Gerade indem Regeln angewandt werden, werden sie ständig neu interpretiert. Dabei verändern sie sich notwendigerweise. Sie können vergessen, umgedeutet und ironisiert werden. Einzelne Regelverstöße können eine Verschärfung von Regeln nach sich ziehen. Häufigere Verstöße können eine Regel aber auch ganz überflüssig erscheinen lassen.

Anwendung bedeutet Auslegung

Es ist schwer, ein konkretes Beispiel für regelförmige Erwartungen zu finden, die über längere Zeiträume keinen Wandel erfahren haben. Im Bereich moralischer Richtlinien, etwa mit Blick auf Partnerschaft und Sexualität, zeigt sich im Rückblick auf das 20. Jahrhundert ein enormer Wandel. Strenge Moralvorstellungen lockern sich durch eine jüngere Generation oder durch das Leben in Städten. Doch der Wandel kann auch in die umgekehrte Richtung verlaufen. Die liberalen Sitten einiger Akteure führen vielleicht dazu, dass andere ihre moralischen Anforderungen nun erst recht verschärft beachten oder sogar neue Regeln erfinden, um sich abzugrenzen.

Wandel von Erwartungen

Entscheidend ist, auch eine Forcierung von Regeln als Prozess des Wandels zu betrachten, durch den etwas Neues geschaffen wird. Gerade dann, wenn eine Gruppe etwas als Tradition bezeichnet und sich auf einen Punkt in der Vergangenheit beruft, schafft sie in Wirklichkeit oft etwas Neues. Denn eine Vergangenheit wirkt nie aus sich selbst heraus, sondern entscheidend sind die gegenwärtigen Gründe für die (Neu-)Orientierung an einem ausgewählten Punkt oder Element der (behaupteten) Vergangenheit. Beispielsweise ist im Bereich

Tradition als Neuerung

religiöser Lebensführung im historischen Rückblick zu beobachten, dass diejenigen, die für sich beanspruchen, sich treu an eine »authentische« Überlieferung zu halten, häufig untereinander in Streit um die »echte« authentische Auslegung geraten und sich darüber in verschiedene Gruppierungen aufspalten. Das zeigt, dass das Prädikat »authentisch« keine Eigenschaft einer Regel oder Überlieferung als solcher ist, sondern ein Attribut, das die Akteure ihrem eigenen gegenwärtigen Handeln und ihrer eigenen gegenwärtigen Auslegung jener Regel zuschreiben. Das, was jeweils als »authentisch« gilt, wandelt sich dementsprechend im Laufe der Zeit.

Verbote und Anreize   2.3.3

Es wäre einseitig, sich regelförmige soziale Tatsachen, die Belohnungen oder Sanktionen nach sich ziehen können, nur als Verbote und Einschränkungen vorzustellen. Regeln können auch die Form von *Anreizen* haben, die ein Handeln oder den Wunsch nach einem Erlebnis oder einem Besitz als erstrebenswert erscheinen lassen, beispielsweise weil man sich von einer Handlung erhofft, sie werde Anerkennung und Prestige oder einfach innere Befriedigung erbringen.

Dieser Mechanismus lässt sich in den verschiedensten Zusammenhängen und auf ganz unterschiedlichen Ebenen beobachten. Ein »cooles Auftreten«, wie es in einer Gruppe von Jugendlichen gefordert ist, wäre ein Beispiel. Man handelt nicht aus Angst vor negativen Konsequenzen, sondern ebenso sehr, weil das Erwartete als etwas Erstrebenswertes erscheint, das man von sich aus erreichen möchte. Ziele und Anreize können sogar wirksamer und in ihren Konsequenzen weiter reichend sein als Verbote.

Ungeachtet der Frage, ob es um ein Verbot oder einen Anreiz geht, könnte man sagen, dass man etwas quasi Objektives vor sich hat, das, wie Durkheim schrieb, »eine gebieterische Macht« ausübt und das als kollektives Merkmal in einer Gruppe wirken kann, in der es gilt.

Intersubjektivität oder objektive Ordnung?   2.3.4

Der Aspekt der *Geltung* von Erwartungen und Regeln lässt sich noch vertiefen. Worin genau besteht diese Geltung? Insbesondere: Welchen Charakter hat diese Geltung, wenn man zugleich die zuvor ausgeführten Punkte berücksichtigt: die subjektive Freiheit, gegen die wahrgenommenen Erwartungen zu verstoßen, die Vielfalt und mögliche Widersprüchlichkeit und die Wandelbarkeit der Regeln in der Zeit? Wie kann man erklären, dass bestimmte Regeln in einer Gesellschaft und zu einer bestimmten Zeit gelten und für wichtig erachtet werden, zu einer anderen Zeit oder in einer anderen Gesellschaft aber nicht? Wie kann sich die Geltung ändern? Und worauf genau beruht sie?

Durkheim erkannte mit der Objektivität und dem Zwangscharakter sozialer Tatsachen einen wichtigen Punkt. Aber er ahnte noch kaum, in welchem Aus-

Wandel, Vielfalt,
Widersprüch-
lichkeit

maß der *Wandel*, die *Vielfalt* und auch die *Widersprüchlichkeit* von Erwartungen, Regeln und Überzeugungen zu einem Wesensmerkmal moderner Gesellschaften werden würden. Er überschätzte offensichtlich das Maß an gesamtgesellschaftlicher Einheit, das durch soziale Regeln hergestellt werden kann und muss. Denn den allgemeinen Regeln stehen immer auch besondere, gruppenbezogene Regeln oder Regeln für bestimmte Situationen oder Rollen gegenüber, die sich ergänzen, aber auch sich widersprechen oder ausschließen können. Im Einzelnen wird dies in Kapitel 7 noch Thema sein, wo es darum geht, was die Einheit einer Gesellschaft ausmacht.

Durkheim hielt um 1900 die einheitliche Geltung von Regeln und Werten für sehr wichtig hinsichtlich des Bestehens einer Gesellschaft. Dies lässt sich aus heutiger Sicht durch die Erfahrung des dramatischen sozialen Wandels der entstehenden modernen Gesellschaften erklären, deren Züge Durkheim und seinen Zeitgenossen neu und beunruhigend erschienen. Durkheim war überzeugt, dass diesem Wandel eine Stabilität gegenüberstehen müsse, wenn die modernen Gesellschaften nicht zerbrechen sollten. Zu Beginn des 21. Jahrhunderts, wo wir uns an die Erfahrung rapiden Wandels gewöhnt haben, und angesichts der heutigen Gesellschaften, in denen verschiedene soziale Kreise, Milieus, Kulturen und Generationen wie selbstverständlich nebeneinander existieren, mutet die Forderung nach Allgemeinverbindlichkeit naiv, vielleicht sogar etwas erschreckend zwanghaft an. Und die Soziologie hat inzwischen gelernt, dass Gesellschaften nicht homogen sein müssen, um auf Dauer bestehen und effizient

Stabilität
durch Wandel

funktionieren zu können. Gerade Vielfalt und Dynamik ermöglicht es vielen Menschen, ein selbstbestimmtes Leben zu führen, und das kann wiederum integrierend wirken.

Das 20. Jahrhundert hat auch Beispiele für zerfallende Gesellschaften, Krisen, Bürgerkriege und dauerhafte Konflikte geliefert. Doch ethnisch, national oder religiös fundierte Konflikte sind typischerweise gerade nicht durch einen Mangel an Erwartungen und Regeln gekennzeichnet, sondern im Gegenteil durch ein restriktives Bemühen um ihre Durchsetzung.

Vorerst kann hier nur allgemein diskutiert werden, wie genau die Geltung, und Verbindlichkeit einer Regel zu verstehen ist. Entscheidend ist, dass zwischen dem Anspruch auf eine überindividuelle Verbindlichkeit, der mit sozialen Erwartungen, Regeln und Überzeugungen zwangsläufig einhergeht, und ihrer möglichen Vielfalt, Gegensätzlichkeit oder gar Konflikthaftigkeit kein logischer Widerspruch besteht. Soziale Erwartungen oder Regeln, egal welcher Art, sind deshalb *sozial*, weil es sich um *geteilte Erwartungen* handelt. Nur weil sie einen Anspruch auf eine gewisse Allgemeingültigkeit erheben, funktionieren sie als soziale Regeln, wie stark oder schwach dieser Anspruch auch ausgeprägt sein mag oder wie energisch und vollständig er in der Praxis durchgesetzt wird. Ohne Anspruch auf Verbindlichkeit hätten wir es nicht mit einer Regel zu tun. Man könnte auch umgekehrt sagen, dass *jede Regel zwangsläufig einen sozialen Charakter hat*, weil sie eben nur dadurch zu einer Regel wird, dass sie für mehrere Personen gelten will. Entscheidend ist, daraus in keiner Weise ableiten zu können, es müsse in einer Gesellschaft ein homogenes System von Regeln, Erwartungen oder Überzeugungen geben. Ganz im Gegenteil. Manchmal entstehen verbindliche Erwartungen gerade daraus, dass sich eine Gruppe von einer Mehrheit abgrenzen will. Etwa in den oben genannten Beispielen oder auch in den typischen Umgangsformen und Kleidungsstilen der jeweiligen Jugend, der es einerseits um Abgrenzung gegenüber Älteren, andererseits aber auch um die Einhaltung bestimmter Stile und Konventionen innerhalb dieser Abgrenzung geht. Nur wenn es sich um einen wiedererkennbaren Stil handelt, kann er überhaupt als Abgrenzungsmerkmal funktionieren.

bewusste Abgrenzung

Nur wenn Regeln ein Mindestmaß an intersubjektiver Geltung aufweisen, also sozial sind, funktionieren sie als solche. Doch das bedeutet nicht, dass sie allgemeinverbindlich, objektiv oder Teil einer kohärenten, widerspruchsfreien Ordnung sind. Und es bedeutet insbesondere auch nicht, dass Gesellschaften auf eine solch widerspruchsfreie Ordnung angewiesen sind, um bestehen zu können.

Ordnungsbildung als Emergenz | 2.4

Auf Basis der bisherigen anschaulichen Erörterungen kann man zu einem abstrakteren Argument gelangen. Stellen wir uns eine Gruppe Jugendlicher vor, die sich täglich am späteren Nachmittag an einem bestimmten Ort, einer Bushaltestelle oder einem Winkel im Stadtpark, zusammenfindet. Solche Gruppen und Treffpunkte lassen sich in fast allen kleineren Städten und Orten beobachten. Zu Beginn mag ein zufälliges Zusammentreffen gestanden haben. Es entstand eine Regelmäßigkeit, die zur Gewohnheit wurde, an der sich nach und nach auch neue Jugendliche orientieren, die in das entsprechende Alter kommen. Die Verfestigung der Gewohnheit ist beispielsweise daran zu erkennen, dass einzelne Jugendliche am nächsten Tag in der Schule gefragt werden, warum sie »gestern nicht da waren«. An diesem Punkt wird klar, dass eine auf Erwartungen gestützte Regel entstanden ist. Einem neu zugezogenen Jugendlichen kann dies auch als Tatsache vermittelt werden: »Wenn Du dazugehören willst, wir treffen uns immer so gegen fünf.« Die Jugendlichen, auf die das zufällige Treffen ursprünglich zurückging, haben inzwischen vielleicht den Ort verlassen oder interessieren sich nicht mehr für die Treffen, weil sie eine Ausbildung machen oder sich lieber mit einer festen Freundin oder einem festen Freund treffen. Die regelmäßige Zusammenkunft aber hat sich zu einer Art verfestigten Wirklichkeit, zu einer sozialen Tatsache entwickelt, die von den einzelnen Jugendlichen unabhängig weiterexistiert.

Verfestigung von Gewohnheiten

Das einfache Beispiel soll überleiten zu dem angekündigten abstrakten Argument: dem der *Emergenz*. Niemand hat Regeln für die täglichen Treffen aufgestellt. Aus anfänglichen Zufällen sind gegenseitige Erwartungen geworden, die sich immer mehr verfestigt haben und die gegenüber jedem neu Hinzukommenden als feste Tatsachen erscheinen.

2.4.1 | Die Entstehung von Bedeutung als emergente Ordnung

Bedeutung
beruht auf
Erwartung

Was am Beispiel im Miniaturformat durchgespielt wurde, gilt in größerem Maßstab und über sehr viel längere Zeiträume beispielsweise auch für den elementaren Mechanismus der Vergesellschaftung: die Entstehung einer Sprache aus zunächst zufälligen Lauten oder Zeichen, die aber nach und nach mit bestimmten Erwartungen, also mit Bedeutungen verknüpft wurden. Den Ursprung von sprachlichen Bedeutungen darf man sich dabei nicht als die Absicht eines Einzelnen vorstellen, etwas auszudrücken. Denn das würde voraussetzen, dass der Einzelne bereits über Bedeutungen und Aussageabsichten *vor* Entstehung einer Sprache verfügt hätte. Viel eher muss man sich die Entstehung von sprachlichen Zeichen als eine sich allmählich einspielende Gewohnheit vorstellen, bestimmte Sachverhalte mit bestimmten Lauten oder Gesten zu verbinden. Daraus entwickelte sich nach und nach eine regelmäßige Erwartung und schließlich eine feste Bedeutung, die auch von Außenstehenden übernommen wird. Voraussetzung dafür ist ein soziales Zusammenspiel, in dem das Tun des Einen durch Andere beobachtet und *als etwas Bedeutsames* interpretiert wird. Bedeutung ist im Kern etwas Intersubjektives, und sie konnte nur aus dem Zusammenspiel *zwischen* einer Mehrzahl von Individuen entstehen. Letztlich beruht jede *Bedeutung* auf *wechselseitigen Erwartungen*, die eine Geste oder einen Laut überhaupt erst mit Bedeutung aufladen und es möglich machen, sie *als Bedeutung* zu verwenden.

2.4.2 | Emergenz

Emergenz als
universelles
Prinzip

Die Idee der *Emergenz*, die hier verdeutlicht werden soll, besagt, dass aus dem Zusammenspiel von Teilen mehr entsteht als jedes Teil für sich oder eine bloße Summe der Teile ergeben hätten. Anders gesagt: Es geht darum, dass sich auf verschiedenen Ebenen von Wirklichkeit jeweils neue Phänomene und Eigenschaften herausbilden können, die in den Elementen der darunter liegenden, aus denen sich die jeweils neue Ebene zusammensetzt, nicht enthalten sind. Dieses Phänomen bezeichnen verschiedene Wissenschaften als *Emergenz*.

In der neuzeitlichen Wissenschaft seit der Renaissance hatte sich die Auffassung entwickelt, man müsse einen Sachverhalt, um ihn zu verstehen, in die Teile zerlegen, aus denen er besteht. Diese Vorstellung, dass die Wahrheit über das Wesen der Wirklichkeit in der Tiefe der Elemente liege, ist später etwa durch die Verbreitung des Mikroskops noch gefördert worden, mit dem man immer kleinere Bausteine der Wirklichkeit entdecken konnte. Sie findet sich in den unterschiedlichsten Wissenschaften: in medizinischen Autopsien, chemischen Analysen, der Suche nach Elementarteilchen in der Physik oder der Beschreibung basaler Verhaltensantriebe in der Psychologie. Noch in der Mitte des 20. Jahrhunderts schnitt man beispielsweise Gehirne von gestorbenen Wissenschaftlern in feine Scheiben, um durch das Zerlegen den Ursprung ihrer Intelligenz zu entdecken.

Das Konzept der *Emergenz* argumentiert genau in die entgegengesetzte Richtung. Mit ihm verbindet sich ein fundamentaler Umbruch im Verständnis von Wirklichkeit. Um beispielsweise die Lebendigkeit eines Lebewesens zu verstehen, hilft es nicht, dieses Lebewesen in seine Organe und die Organe wiederum in ihre Zellen zu zerlegen. Das Leben lässt sich nur als emergenter Sachverhalt begreifen, der in den Organen, Zellen und anderen Bestandteilen eines Lebewesens nicht enthalten ist. Ähnliches gilt für das Bewusstsein. Die Vorstellungen, die unser Bewusstsein bilden, sind nicht in den Nervenzellen enthalten, aus denen das Gehirn besteht. Sie bilden eine eigenständige Ebene von Wirklichkeit. Es kommt nicht auf die Bestandteile, sondern auf den Zusammenhang, die Verknüpfung und Aktivität an. Bewusstsein ist zwar auf das Vorhandensein von Nervenzellen angewiesen. Würden die Nervenzellen absterben, würde sich auch das Bewusstsein auflösen. Doch das bedeutet nicht, dass man aus den Nervenzellen die Inhalte des Bewusstseins ableiten oder vorhersagen könnte.

Die Formulierung, das Ganze sei mehr als die Summe seiner Teile, beschreibt das Phänomen der Emergenz nicht erschöpfend. Emergenz meint, dass sich aus dem Zusammenspiel der Teile nicht nur ein quantitatives Mehr, sondern etwas qualitativ Neues und anderes ergibt. Die Frage ist nun, in welcher Weise man das, was etwa für das Leben gegenüber den Organen oder für das Bewusstsein gegenüber den Nervenzellen gilt, auch auf Gesellschaft übertragen kann. In welcher Weise kann man sagen, Gesellschaft sei eine emergente Wirklichkeit gegenüber ihren Bestandteilen, den Menschen? Und worin besteht genau diese Emergenz und mit welchen Begriffen lässt sie sich beschreiben?

Sprung zu qualitativ Neuem

Bei der Frage, auf welche Weise Gesellschaft als objektive und vielleicht zwangsförmige Tatsache verstanden werden kann und ob Gesellschaft *aus Menschen besteht*, ging es um genau die Emergenz von Gesellschaft, die sich gegenüber ihren Bestandteilen (unter anderem den Menschen) verselbstständigt. Welche Begriffe die Soziologie im Einzelnen entwickelt hat, um die Emergenz von Gesellschaft zu beschreiben, behandelt Kapitel 7 »Wie entsteht Ordnung?«. An dieser Stelle ging es zunächst darum, den allgemeinen Mechanismus und damit ein anspruchsvolleres Verständnis von Gesellschaft vorzustellen.

Anonyme Funktionszusammenhänge | 2.5

In den vorangegangenen Abschnitten wurde Durkheims Begriff der sozialen Tatsachen als Ausgangspunkt genommen, um zu diskutieren, wie man sich überhaupt die Entstehung von Gesellschaft als »objektive« Tatsache vorstellen kann. Es wurden bewusst überschaubare und dadurch anschauliche Beispiele benutzt, um Fragen von allgemeiner Bedeutung zu erörtern. Moderne, komplexe Gesellschaften sind hingegen dadurch geprägt, dass sie unüberschaubar sind, dass das Erreichen einfacher Ziele (etwa einen Beruf auszuüben) lange Ketten von Handlungen und Entscheidungen erfordert, die sich über Jahre erstrecken können, und dass umgekehrt eine relativ einfache Handlung oder Entscheidung kaum absehbare und unerwartete Konsequenzen haben kann.

lange Handlungsketten, unabsehbare Folgen

Durkheim ging es um die Erfahrung von Gesellschaft als moralischem Zwang und als objektiv gültige Regel. Heute kommt eine andere Erfahrung von Gesellschaft hinzu. Es ist die Erfahrung von anonymen, undurchschaubaren Mechanismen, auf deren Abläufe und Funktionsweisen man keinen Einfluss nehmen kann. Räder scheinen sich in Bewegung zu setzen, die vom Einzelnen Reaktionen erfordern, und es scheint manchmal schwer, die Folgen der eigenen Entscheidungen abzuschätzen und die eigenen Ziele zu erreichen, egal wie sehr man sich anstrengt. Auch diese Erfahrung kann den Eindruck erzeugen, Gesellschaft sei eine unumstößliche und objektive Tatsache.

Beispiel Studienziel — Zum Beispiel finden es viele junge Menschen nach dem Ende ihrer Schulzeit schwer, sich für eine Ausbildung und ein Berufsziel zu entscheiden. Bei Umfragen unter Studienanfängerinnen und Studienanfängern der Soziologie und Politikwissenschaft beispielsweise zeigt sich, dass die Mehrheit sich nicht sicher ist, ob das gewählte Fach das richtige ist und mit welchem Ziel man es genau studiert. Hierin spiegelt sich auch das Gefühl, das eigene Leben schwer planen und nicht absehen zu können, welche Entscheidungen mittelfristig welche Folgen haben werden. Gleichzeitig besteht aber die Notwendigkeit, langfristige Entscheidungen zu treffen. Etwa deshalb, weil spezialisierte Berufe jahrelange Ausbildungen erfordern.

Beide Seiten, einerseits die Unabsehbarkeit der Folgen und die Ungewissheit des Erfolgs und andererseits die Notwendigkeit, sich auf anspruchsvolle und langfristige Pläne festlegen und unabsehbar viele Einzelschritte bewältigen zu müssen, um ein entferntes Ziel zu erreichen, kann man als typische Merkmale moderner Gesellschaften ansehen. Moderne Gesellschaften treten dem Einzelnen als ein schwer durchschaubares Gefüge komplizierter Anforderungen gegenüber. Die Unübersichtlichkeit der in einem Studium zu erbringenden Leistungen, die nötig sind, um einige Jahre später zu einem Abschluss zu gelangen, ist noch ein relativ harmloses Beispiel. Diese Erfahrung unterscheidet sich von derjenigen, die Durkheim bewegte, aber auch sie läuft darauf hinaus, Gesellschaft als ein objektives, durch Einzelne kaum beeinflussbares Geschehen zu erfahren.

2.5.1 | Industriegesellschaften und Arbeitsteilung

Eine im Kern ähnliche Gesellschaftsdiagnose findet sich sogar schon vor Durkheims systematischer Fragestellung. Sie stammt von einem anderen Autor, der ebenfalls zu den sogenannten Klassikern der Soziologie gehört: Karl Marx (1818–1883). Marx war in der Hochphase der Industrialisierung damit konfrontiert, dass eine immer größere Mengen an Gütern produzierende Gesellschaft die elementaren Lebensbedürfnisse eines erheblichen Teils ihrer Mitglieder nicht oder kaum erfüllte. Das Proletariat, wie Marx die lohnabhängige Arbeiterschaft nannte, die einen breiten Teil der Bevölkerung bildete, lebte trotz pausenloser Arbeit in Elend. Die Arbeiter in den Bergwerken und Fabriken erzeugten einen Wohlstand, von dem sie selbst nicht profitierten. Und obwohl sie die Mehrheit der Bevölkerung stellten, hatten sie offenbar keinen Einfluss auf die Funktionsweise der kapitalistischen Industriegesellschaft und waren nicht in der Lage, diese zu ihren Gunsten zu ändern. Die arbeitsteilige Produktion, so Marx' Diagnose, habe dazu geführt, dass die arbeitenden Menschen keinen Bezug mehr zu den Produkten ihrer Arbeit hatten. Und diese *Entfremdung* habe sich auf das Verhältnis der Menschen zueinander und zur Gesellschaft übertragen.

Entfremdung durch Arbeitsteilung

Unzweifelhaft schuf die Klasse der Arbeiter (und bedingt auch Arbeiterinnen; siehe zum Wandel der Geschlechterverhältnisse in der Industrialisierung ausführlich Abschnitt 10.6) mit ihrer Arbeit genau die gesellschaftlichen Verhältnisse, unter denen sie litt. Doch diesen Zusammenhang konnten sie nicht durchschauen und ihn daher nicht ändern. Marx sah seine Aufgabe darin, das Proletariat über sich selbst und über die gesellschaftlichen Verhältnisse aufzuklären. Durch revolutionäre Veränderungen sollten das Elend und die Entfremdung aufgehoben werden. Man muss diesen praktisch-politischen Konsequenzen nicht zustimmen, um das Prinzip der Marx'schen Diagnose aufzugreifen.

Den Begriff der *Entfremdung* aus Marx' Analyse kann man verallgemeinern und auch für eine Beschreibung gegenwärtiger gesellschaftlicher Verhältnisse benutzen. Marx verstand unter Entfremdung die konkreten Produktionsverhältnisse seiner Zeit und glaubte – mit einer erstaunlichen Naivität –, den Ungerechtigkeitsmechanismus der kapitalistischen Industriegesellschaften des 19. Jahrhunderts durchschaut zu haben und ihn beseitigen zu können. Heute müsste man den Begriff der Entfremdung eher darauf beziehen, dass Gesellschaft den handelnden Menschen als etwas erscheint, das sie nicht mehr durchschauen und steuern können, sondern das sie hinnehmen müssen. Je komplexer eine Gesellschaft funktioniert und in je mehr wechselseitigen Abhängigkeiten ihre spezialisierten Teile stehen, desto schwieriger ist es, erfolgreiche Strategien für ein eigenes Handeln zu entwerfen oder auch nur die Folgen des eigenen Handelns abzusehen.

unabsehbare Handlungsfolgen

Diese Unüberschaubarkeit gilt nicht nur für die besitz- und einflusslosen Klassen, die Marx seinerzeit im Auge hatte, sondern auch für diejenigen, die sich in gehobenen sozialen Positionen oder an vermeintlich relevanten Schaltstellen befinden und die über Reichtum oder politische Macht verfügen. Typischerweise agieren auch ein leitender Manager oder eine politische Funktionsträgerin in einer Situation, in der ihr Handeln durch Zwänge geleitet wird, die nicht unter ihrer Kontrolle stehen, und in der die Konsequenzen des eigenen Handelns kaum absehbar sind.

In der Soziologie sind diese Entwicklung und ihre Effekte unter verschiedenen Gesichtspunkten erörtert worden. Der Begriff der Entfremdung wurde beispielsweise von Joachim Israel (1920–2001) zu einer Diagnose bürokratisierter Gesellschaften weiterentwickelt (Israel 1985). Jürgen Habermas (geb. 1929) formuliert mit der »Entkopplung von System und Lebenswelt« einen ähnlichen Gedanken (Habermas 1981, Bd. 2:171–293). In ihrer unmittelbaren Lebenswelt erfahren sich die Individuen demnach als aktive Teilnehmer und Gestalter. In modernen Gesellschaften stehen sie jedoch zunehmend einer Systemebene aus technischer Maschinerie, abstrakten Funktionssystemen und Sachzwängen gegenüber, die die Lebenswelt »kolonialisieren« (ebd. 292).

Bürokratisierung

James S. Coleman (1926–1995) spricht von einer *asymmetrischen Gesellschaft*, in der die individuellen Akteure zunehmend mächtigen und dennoch schwer zu greifenden »korporative Akteuren« gegenüberstehen: Firmen, Behörden, Verbänden (Coleman 1986). Wobei diese korporativen Akteure selbst für diejenigen, die in ihnen und für sie arbeiten, undurchschaubar sein können. Als Beispiele könnte

korporative Akteure

man sich ein Studentensekretariat, ein Arbeitsamt oder ein Versicherungsunternehmen denken. Hat man beispielsweise eine Hausratversicherung abgeschlossen und versucht nun, einen Schaden durch eine defekte Waschmaschine durch die Versicherung begleichen zu lassen, kann man die Erfahrung machen, nie einen Ansprechpartner zu finden, der persönlich etwas entscheiden kann. Besonders dann, wenn es zum Streit kommt, beispielsweise weil die Versicherung den Schaden nicht vollständig bezahlen möchte, ist die Versicherung als korporativer Akteur gegenüber einem Einzelnen zugleich mächtig und ungreifbar. Die Mitarbeiter der Versicherung haben Befugnisse und Zuständigkeiten und können nicht einfach eigenmächtig entscheiden. Trotzdem handelt der korporative Akteur als Ganzes und seine Entscheidungen haben Konsequenzen. Korporative Akteure in dieser Art sind eine typischer Erscheinung moderner Gesellschaften.

Komplexität, Unsicherheit und Freiheit

Offen bleibt bei diesen kritischen Analysen allerdings, wie man sich eine komplexe moderne Gesellschaft anders vorstellen könnte. Im Gegensatz zu Marx' Vorstellung gibt es sicher keinen einfachen Ausweg. Außerdem ist zu bedenken, dass gerade die Komplexität für den Einzelnen nicht nur Unsicherheit, sondern auch sehr viele Wahlmöglichkeiten und Freiheiten mit sich bringt. Die Diagnosen liefern zudem eine weitere Antwort auf unsere Frage, ob Gesellschaft aus Menschen besteht. Die gesellschaftlichen Zusammenhänge können so kompliziert werden, dass ein Handeln neben den gewollten Folgen immer auch ungewollte und unerwartete Nebenfolgen hat. Überhaupt wird es immer schwieriger, die Mechanismen von Gesellschaft zu durchschauen oder gar zu beeinflussen. Zwar existieren auch komplexe Gesellschaften nicht ohne Menschen, doch die Funktionszusammenhänge können sich gegenüber den Intentionen und Interessen der Menschen verselbstständigen.

Wie dies geschieht und wie man es soziologisch analysieren kann, wird Thema von Kapitel 7 sein. Für den Moment ist als Ergebnis festzuhalten, dass sich Gesellschaft gegenüber den Menschen, die sie mit ihrem Handeln hervorbringen, auf mehreren Ebenen verselbstständigen kann. Nicht etwa deshalb, weil Gesellschaften ohne Menschen bestehen könnten, sondern weil die Konsequenzen des eigenen Handelns über das hinausreichen können, was Menschen selbst entscheiden und absehen können.

2.5.2 | Funktionale Differenzierung

Spezialisierung

Das Prinzip der Arbeitsteilung ist in Industriegesellschaften nicht auf die Produktion und allgemein das Wirtschaftsleben beschränkt geblieben, sondern es hat sich auf sämtliche Sphären des sozialen Lebens ausgebreitet. In praktisch allen Lebensbereichen ist es zur Spezialisierung von Tätigkeiten, Zuständigkeiten und Kenntnissen gekommen: Ob in der Medizin, der Verwaltung, der Erziehung, der Musik oder Wissenschaft – die Ausdifferenzierung schreitet immer weiter voran. Besonders deutlich wird dies unter anderem an der Wissensproduktion, die sich in immer mehr Spezialdisziplinen aufspaltet, was angesichts der Zunahme an Wissen auch unvermeidlich ist.

Arbeitsteilung und Spezialisierung bringen es mit sich, dass lange Ketten von einzelnen Schritten ineinander greifen. Je weiter dieses Prinzip fortschreitet, desto schwerer ist es, an einer Stelle aus der Kette auszubrechen oder eigenmächtig einen Ablauf zu ändern. Im Geflecht von Anforderungen und Funktionen kommt es darauf an, dass die entsprechende Stelle ausgefüllt wird. Welche Person einer bestimmten Aufgabe nachkommt, ist für den Ablauf insgesamt ohne Bedeutung. Personen können wechseln, ohne dass sich am Geschehen insgesamt etwas ändert. Die Arbeitsteilung und Spezialisierung hat sich damit gegenüber den einzelnen Akteuren verselbstständigt. Ab einem gewissen Punkt gewinnt sie eine Dynamik, die sich selbst verstärkt. Fortan ist es beispielsweise notwendig, einen spezialisierten Beruf zu erlernen, also die Anforderungen der Arbeitsteilung zu erfüllen, wenn man einen Platz im Erwerbsleben finden möchte.

Die Spezialisierung und ausufernde Vermehrung von Teilschritten ist nicht die einzige Entwicklung, die aus der Arbeitsteilung hervorgegangen ist. Es gibt auch ein übergreifendes Muster der *Differenzierung*, das nicht zu unendlich vielen und immer feiner abgestuften Spezialisierungen geführt hat, sondern zur Ausbildung beständiger Sphären, die sich gegeneinander abgrenzen, nach innen aber gemäß ihrer eigenen Logik effizient und stabil funktionieren.

Die vielleicht erste Sphäre, die sich ausdifferenzierte, war die neuzeitliche Wissenschaft. Differenzierung bedeutet in diesem Fall, dass sie sich unabhängig machte von religiösen Überzeugungen oder herrscherlichen Anordnungen. Als Wissenschaft sollte fortan nur gelten, was nach wissenschaftlichen Kriterien als Erklärung gilt und überprüfbar ist. Das Merkmal der Differenzierung ist, dass man nun zwar über alle erdenklichen Themen forschen konnte, dass dies aber nach wissenschaftlichen Methoden funktionieren musste. Wenn jemand versuchte, seine Erkenntnisse mit religiösem Glauben oder mit autoritärer Macht zu begründen, konnte das nicht mehr als Wissenschaft gelten. Es ist also eine sehr stabile Struktur entstanden, die darauf beruht, dass die Wissenschaft allein entscheidet, was als wissenschaftlich gilt.

Eine vergleichbare Differenzierung vollzog sich auch für andere Sphären: für das Recht, das begann, sich nur noch auf geschriebene Gesetze zu stützen; für die Politik, die in demokratisch verfassten Wahlen von der Zuteilung von Macht durch eine Mehrheit abhängig wurde und sich nicht mehr auf den Besitz von Wahrheit oder religiösen Glauben als Grundlage von Herrschaft berufen konnte.

Diese *funktionale Differenzierung* hat dazu geführt, dass Funktionsbereiche entstanden sind, die relativ unabhängig voneinander und gemäß ihrer jeweils eigenen Logik funktionieren. Sind solche Sphären einmal fest etabliert, zeigen sie zugleich ein sehr hohes Maß an Stabilität und Flexibilität. Für moderne Gesellschaften ist die Fortentwicklung von Arbeitsteilung zu funktionaler Differenzierung das möglicherweise charakteristische Merkmal, das die Struktur dieser Art von Gesellschaften trägt (vgl. ausführlich dazu Kapitel 7).

Mit Blick auf die Frage, ob Gesellschaften aus Menschen entstehen, wird erkennbar, dass mit der funktionalen Differenzierung eine Struktur entstanden

Differenzierung steigert Effizienz

Eigenlogik von Funktionsbereichen

ist, die Menschen einerseits einen Rahmen vorgibt, ihnen andererseits aber völlige Freiheit des Handelns lässt. So kann man sich über beliebige Sachverhalte rechtlich streiten, aber man muss es stets nach Recht und Gesetz tun. Oder man kann sein Leben der Forschung an sehr speziellen Themen widmen, aber indem man dies tut, muss man sich zugleich an die Regeln der Wissenschaft halten. Es ist also eine strukturelle Ebene entstanden, die die Absichten und Handlungen der Einzelnen überwölbt und ordnet.

Wenn man anerkennt, dass genau diese Struktur das prägende Merkmal moderner Gesellschaften ist, dann ist man zu einem Punkt gelangt, an dem die Struktur als etwas Prägenderes erscheint als die individuellen Handlungen, die in ihrem Rahmen stattfinden. Gesellschaften bestehen demnach aus Menschen, aber eben auch aus von ihnen unabhängigen Strukturen.

2.5.3 | Technik als Akteur und Teil von Gesellschaft

Bisher haben wir Gesellschaft als Vergesellschaftung von Menschen oder als Gefüge aus abstrakten Strukturen diskutiert. Läuft man aber beispielsweise durch eine europäische Großstadt, dann sticht noch ein weiterer Bestandteil von Gesellschaft ins Auge: die Vielfalt der technischen Gerätschaften. Autos und elektrische Beleuchtung, Handys und Videobildschirme, Fotoapparate und Hörgeräte, Klimaanlagen und Fahrstühle. Moderne Gesellschaften sind Gesellschaften voller Technik, und damit stellt sich die Frage, welchen Stellenwert Technik in der Gesellschaft hat.

Das Alltagsverständnis hält Technik für den Gegensatz zur menschlichen Gesellschaft, weil sie materiell und nicht belebt oder »menschlich« ist. Aber diese Sichtweise ergibt wenig Sinn. Und aus soziologischer Sicht war Technik immer schon ein Teil von Gesellschaft.

Sinn der Technik   Eine klassische Definition Max Webers aus der Anfangszeit der Soziologie lautet, dass Werkzeuge und Technik durch die Zwecke und Absichten der Nutzer definiert seien.

> Jedes Artefakt, z. B. eine »Maschine«, ist lediglich aus dem Sinn deutbar und verständlich, den menschliches Handeln (von möglicherweise sehr verschiedener Zielrichtung) der Herstellung und Verwendung dieses Artefakts verlieh (oder verleihen wollte); ohne Zurückgreifen auf ihn bleibt sie gänzlich unverständlich. (Weber, Max 1972 [1921–22]: 3)

Ein und derselbe Gegenstand kann demnach je nach Gebrauch zu etwas ganz anderem werden. So kann ich einen angespitzten Bleistift als Schreibwerkzeug, als Waffe oder auch als magischen Gegenstand betrachten. Ein Auto kann ich zur Fortbewegung benutzen, ich kann es aber auch als Statussymbol oder zur Stützung meines Selbstwertgefühls kaufen. Diese Auffassung ist plausibel, jedoch kann man das Verhältnis von Technik und subjektiven Motiven auch genau andersherum betrachten.

Im historischen Rückblick ist es üblich, Gesellschaften danach einzuteilen, durch welche Art der Technik sie hauptsächlich geprägt sind: Jäger- und Sammlergesellschaften, nach der neolithischen Revolution dann Ackerbau und Viehzucht, d. h. Sesshaftigkeit, feste Siedlungen und alle sich daraus ergebenen Folgen. Später dann Bronzezeit und Eisenzeit, die Nutzung von Wasserkraft, viel später die Erfindung von Schusswaffen, die eine neuartige Befestigung von Städten und eine andere Art der Kriegsführung nach sich zog. Natürlich die Mechanisierung, die durch Dampfkraft angetriebene Industrialisierung, die zweite industrielle Revolution durch Elektrizität, die dritte, petrochemische industrielle Revolution, schließlich die Digitalisierung und der Übergang zur Informationsgesellschaft durch die elektronische Datenverarbeitung.

Mit jeder dieser technischen Errungenschaften wurde nicht einfach ein technisches Problem gelöst oder die Effizienz von ohnehin stattfindenden Tätigkeiten gesteigert. Neue technologische Stufen ermöglichten oder erzwangen sogar neue Formen der Vergesellschaftung, der Produktion und schließlich der gesamten Lebensweise. Technik ist somit sicher nicht das andere der Gesellschaft, sondern Technik ist eine Form des Handelns, eine *Praxis*, die aus menschlichem Handeln und aus Gesellschaften heraus entstanden ist und nun ihrerseits das Handeln von Menschen und damit auch Gesellschaften prägt. Eine Unterscheidung beispielsweise zwischen Sozialem und Technischem ergibt daher keinen Sinn.

Technik ermöglicht Gesellschaft

Diese Auffassung wird in einigen aktuellen Theorien über technische, materielle oder natürliche Artefakte radikalisiert. Es ist nicht mehr allein der menschliche Gebrauch, der beispielsweise einem technischen Artefakt eine Bedeutung verleiht, sondern Menschen wie Dinge bilden ein *Netzwerk* und sind in gewisser Weise beide als *Akteure* daran beteiligt, dass es zu einer Handlung kommt und wie diese Handlung verläuft. Keiner der beteiligten Akteure, weder Menschen noch technische Artefakte, könnte eine Handlung allein vollbringen. Das Argument ist unmittelbar plausibel, und es lassen sich viele anschauliche Beispiele finden: Mein Herd ist daran beteiligt, dass ich Spaghetti koche, der Zug und der Fahrplan sind an meiner Reise beteiligt, machen sie möglich, sorgen für Verspätung und strukturieren durch den Fahrplan meinen Tag. Man könnte also fragen, ob sich in solchen Situationen wirklich scharf zwischen dem handelnden Subjekt und dem behandelten Objekt unterscheiden lässt. Alles Handeln ist immer schon in lange Ketten von Absichten, Zielen und Möglichkeiten eingebunden, die sich kaum unabhängig von den materiellen und technischen Voraussetzungen denken lassen.

Besonders Michel Callon (geb. 1945) und Bruno Latour (geb. 1947) haben die Auffassung von Akteur-Netzwerken vorangetrieben (Latour 1995, 2007; Callon/Latour 2006; Belliger/Krieger 2006). Mit ihrer *Akteur-Netzwerk-Theorie* beziehen sie sich aber nicht nur auf die komplexen technischen Artefakte und Systeme moderner Gesellschaften, sondern weisen auch darauf hin, dass materielle Artefakte immer schon einen Anteil am menschlichen Handeln und damit an Gesellschaft hatten. Wie im historischen Rückblick angedeutet, ist eine sesshafte Gesellschaft untrennbar mit den Techniken und Gerätschaften des Acker-

Können Artefakte handeln?

baus verbunden, und bis ins Detail sind in die Handlung des Ackerbestellens technische Dinge, Natur und menschliches Tun untrennbar verflochten.

Latour, Callon und andere haben diesen Gedanken immer weiter vertieft. So wie jemand nur zum Jäger wird, wenn er eine Waffe hat, oder zur Schriftstellerin, wenn es Schrift und Papier gibt, kann man sagen, dass alle beteiligten Einheiten nur in ihrer wechselseitigen Abhängigkeit, im *Netzwerk*, zu dem werden, was sie sind bzw. als was sie erscheinen. Dieser Gedanke wiederum, dass Menschen sich nicht einfach zu Gesellschaften zusammenschließen, sondern dass es Menschen nur *in Gesellschaft* gibt (sowohl in evolutionärer Sicht als auch in Geburt und Biografie jedes Einzelnen), ist eine grundlegende Einsicht, die hier aber auf die materiellen und technischen Bestandteile von Gesellschaft erweitert wird.

2.6 | Geschichtlichkeit

Thema dieses Kapitels ist die Frage, ob Gesellschaften aus Menschen bestehen oder ob sie sich gegenüber den Menschen, die in ihr leben, verselbstständigen und eine eigene, objektive Wirklichkeit bilden. Ungeachtet aller Differenzierungen haftet der Redeweise von Gesellschaft als einer objektiven Wirklichkeit etwas Metaphysisches an. Wir haben den Sachverhalt umkreist und die damit verbundenen Erfahrungen beschrieben. Aber es fällt immer noch schwer, die Objektivität der Gesellschaft konkret zu verorten und genau zu benennen, worin ihre Substanz besteht. Und die Erfahrung der Objektivität ist schwer in Einklang zu bringen mit den anderen diskutierten Elementen: der subjektiven Distanz und Freiheit und der offensichtlichen Wandelbarkeit.

Das Rätsel löst sich, wenn man eine etwas distanziertere Position bezieht und anstatt den Blick auf die je aktuelle Gesellschaft und ihre Funktionsweise zu richten, über ihre *Geschichtlichkeit* nachdenkt. Geschichtlichkeit bedeutet: Gesellschaft beginnt nie bei null. Die Erfahrung von Gesellschaft als eine objektive Tatsache hat damit zu tun, dass Menschen bei ihrer Geburt immer in eine schon bestehende Gesellschaft hineingeboren werden, die sie nicht selbst geschaffen haben. Sie finden etwas vor, in dem sie sich fortan zurechtfinden müssen, inklusive aller Lebenschancen und Einschränkungen. Die Ordnung der Gesellschaft, in die ein Mensch hineingeboren wird, ist nicht wirklich objektiv, aber sie existiert immer schon, wenn wir als Einzelne dazukommen. Ihre schlichte Faktizität lässt sie als etwas Objektives und Geltendes erscheinen. Sie stellt sich als etwas Fertiges dar, einfach weil sie bereits vorhanden ist, nicht weil sie in sich abgeschlossen oder geordnet wäre.

Menschen sind in diese Geschichtlichkeit eingebettet. Verdeutlichen lässt sich das an einem einfachen Gedankenexperiment. Es macht einen großen Unterschied, wann jemand geboren wird. Würde ein und derselbe Mensch beispielsweise im Jahr 1740, 1960 oder 2009 auf die Welt kommen, würde er zu einer jeweils völlig anderen Person werden. Wenn er in Europa im Jahr 1740 auf die Welt gekommen wäre, hätte er sich zu jemand ganz anderem mit anderen Zielen,

nie bei null beginnen ...

Überzeugungen und Sehnsüchten entwickelt, als wenn er im Jahr 1960 oder im
Jahr 2009 geboren worden wäre. Gleichwohl hätten er stets seine Gesellschaft als
»normale«, »objektive« Realität empfunden. Menschliche Hoffnungen und
Wünsche sind jeweils von dem geprägt, was Menschen als wirklich und möglich
erfahren und was sie für vorstellbar halten. Menschen überschreiten mit ihrem
Wollen immer das, was sie vorfinden. Aber dieses Überschreiten ist kein willkür-
liches. Es bewegt sich in einem Horizont des Möglichen und Vorstellbaren. Im
Jahr 1740 konnte eine Überschreitung darin bestehen, an Religion zu zweifeln
oder über Demokratie und die Gleichheit der Frauen gegenüber den Männern
nachzudenken; aber man konnte sich keine Weltkriege, keine Europäische
Union und kein Drei-Liter-Auto vorstellen. Menschen teilen mit der Gesellschaft das Merkmal der Geschichtlichkeit. Sie sind nicht festgelegt auf eine, sondern können in den verschiedensten Gesellschaften aufwachsen und sich in sie
einleben. Sie werden damit Teil der geschichtlichen Gesellschaft, in der sie leben.

Doch Geschichtlichkeit bedeutet nicht nur, dass etwas die Lebensspanne
jedes Einzelnen überdauert, sondern Geschichtlichkeit umfasst noch einen
zweiten Aspekt. Gerade dadurch, dass Menschen jeweils neu und völlig offen in
eine gegebene Wirklichkeit hineingeboren werden, sind sie gezwungen, sich als   ... aber stets
Subjekte diese Wirklichkeit anzueignen und sich mit ihr auseinanderzusetzen.   neu anfangen
Diese Aneignung impliziert aber notwendig ein Verändern. Niemand über-
nimmt das Vorgefundene, sondern indem wir es zu unserem Eigenen machen,
schaffen wir etwas Neues, auch ohne es zu wollen oder zu bemerken. Wären
Menschen unsterblich, würde sich ihre Welt und ihre Gesellschaft nicht so verändern, wie sie es tatsächlich getan hat und tut.

Auf diese Weise erklärt Geschichtlichkeit beides zugleich: Das zeitliche Über-   Geschichtlichkeit
dauern verschafft dem Vorgefundenen gegenüber dem Einzelnen den Schein   als Erklärung
einer »normalen« Wirklichkeit. Und zugleich ist jedes individuelle Leben ein
Neuanfang, der Unberechenbarkeit und Wandel mit sich bringt.

Erst im heutigen Rückblick erscheinen uns vergangene Wirklichkeiten als
etwas Flüchtiges, das von der Zeit aufgelöst worden ist. Gegenüber unserer eigenen Gegenwart ist es aber sehr schwer, diese Haltung zu entwickeln. Genau das
zu versuchen, ist aber notwendig, um Gesellschaft verstehen zu können.

Mit dem Begriff der Geschichtlichkeit lässt sich folgendes Paradox beschreiben: Die gesellschaftliche Wirklichkeit ist aus dem Handeln und der Arbeit von
Menschen hervorgegangen und wird fortwährend durch ihr Tun verändert.
Gleichzeitig ist sie aber gegenwärtig nicht beliebig gestaltbar, entspricht das
gesellschaftliche Geschehen nicht den Intentionen der handelnden Menschen
und bezeichnet Gesellschaft einen offenen Prozess. Dieser Prozess reicht über
die Absichten, Wünsche und Erwartungen der Menschen hinaus und ist in
gewisser Weise zugleich von ihrem Wollen und Tun abhängig und unabhängig.

In jeder Gegenwart erscheint Gesellschaft als das fertig Vorgefundene, Unabdingbare und unüberschaubar Eigenmächtige. Das gilt vielleicht besonders für
komplexe moderne Gesellschaften, es gilt vom Prinzip her aber für jeden Typus
von Gesellschaft. In einer geschichtlichen Perspektive löst sich diese Unvermeid-
lichkeit auf, und sichtbar wird eine langfristige Entwicklung, die nicht notwen-

dig so verlaufen musste, wie sie verlief, und die weder absehbar noch intendiert war, die aber die jeweilige Gegenwart verständlich erscheinen lässt. Und zwar verständlich dadurch, dass sie auf lange Sicht aus menschlichem Handeln hervorgegangen ist.

2.7 | Fazit

menschliches Handeln und Gesellschaft

Das Verhältnis von Menschen und Gesellschaften ist paradox. Ohne Menschen würde es keine Gesellschaften geben. Aus Sicht der Soziologie, die dieses Verhältnis zu analysieren versucht, ergeben sich zwei widersprüchliche, aber gleichermaßen notwendige Einsichten.

Einerseits: Gesellschaft ist mehr als die in ihr lebenden Menschen, mehr als ihr Handeln, ihr Wissen, ihre Intentionen und Absichten. Es gibt emergente soziale Sachverhalte und Zusammenhänge, die eine eigenständige Macht und Dynamik entfalten. Die beteiligten Menschen können wechseln, die Strukturen dauern fort. Andererseits: Es ist die Grundidee der Soziologie, dass alle Aspekte menschlichen Zusammenlebens, alle kulturellen Formen und Bedeutungen letztlich auf das Handeln von Menschen zurückgeführt werden können, dass sie in geschichtlicher Sicht aus dem Handeln von Menschen und dem Zusammenspiel von Handlungen hervorgegangen sein müssen.

Für den Widerspruch zwischen diesen beiden Einsichten gibt es keine einfache Lösung. Aber genau darauf beruht der Reiz einer Wissenschaft, die es mit der menschlichen Wirklichkeit als der Wirklichkeit eines Wesens zu tun hat, das durch Offenheit und Freiheit gekennzeichnet ist.

2.8 | Lektüreanregungen

Coleman, James S. (1986): Die asymmetrische Gesellschaft. Vom Aufwachsen mit unpersönlichen Systemen, Weinheim/Basel
Coleman beschreibt, dass Menschen in modernen Gesellschaften immer häufiger korporativen Akteuren gegenüberstehen: Banken, Rentenversicherungen, Versandhändlern. Für die Handlungsfähigkeit, die Rechte und Freiheit des Einzelnen stellt das ein Problem dar, insbesondere, wenn man von klein auf in ein solch asymmetrisches Verhältnis hineinwächst.

Elias, Norbert (1987): Die Gesellschaft der Individuen, in: ders.: Die Gesellschaft der Individuen, Frankfurt a. M., S. 15–98
In diesem sehr schönen Text voller historischer Anschauungsbeispiele reflektiert Elias das Verhältnis von Individuen und Gesellschaft. Später entwickelt er auf Grundlage dieser Überlegungen seinen Begriff der »Figuration«, mit dem er versucht, das Denken im Gegensatz »Individuum oder Gesellschaft« zu überwinden. Sein Argument ist, dass es sowohl Individuen als auch Gesellschaft nur in Figurationen gibt. Lesenswert sind auch die anderen Aufsätze des Bandes.

Latour, Bruno (1995): Wir sind nie modern gewesen. Versuch einer symmetrischen Anthropologie, Berlin
Latour erhebt technische Artefakte in den Status von Akteuren. Seiner Meinung nach bilden sie zusammen mit menschlichen Akteuren Netzwerke und sind auf diese Weise praktisch ebenbürtig an Handlungen beteiligt. Zwischen ihnen herrscht eine Symmetrie.

Miller, Daniel (2010): Der Trost der Dinge, Frankfurt a. M.

Miller ist ein britischer Ethnograf, der in einer Londoner Straße eine Feldstudie dazu durchgeführt hat, wie Menschen mit Dingen leben und wie sie ihr Leben mithilfe von Dingen ordnen. Das Buch präsentiert eine Auswahl der Beobachtungen und Interviews.

Schroer, Markus (2001): Das Individuum der Gesellschaft. Synchrone und diachrone Theorieperspektiven, Frankfurt a. M.

Eine neuere Übersicht über eine große Zahl an soziologischen Konzeptionen des Verhältnisses von Individuum und Gesellschaft.

Schimank, Uwe/Volkmann, Ute (1999): Gesellschaftliche Differenzierung, Bielefeld

Eine knappe Einführung in die wichtigsten Theorien sozialer Differenzierung.

Fragen zum Verständnis und zur Reflexion | 2.9

- Was spricht dafür, Gesellschaft als eine objektiv gegebene Wirklichkeit aufzufassen?
- Was spricht dagegen, Gesellschaft als eine objektiv gegebene Wirklichkeit aufzufassen?
- Wenn Sie an einen freien Vormittag denken, den Sie in Ihrer Wohnung verbringen, mit wem und mit was gehen Sie an diesem Vormittag Interaktionen ein und welchen Anteil daran haben Technik und materielle Dinge?

Hat eine Gesellschaft Grenzen? | 3

Noch immer ist es verbreitet, unter »Gesellschaft« die Bevölkerung eines National-staates zu verstehen. Doch ist das plausibel? Was macht aus soziologischer Sicht die Einheit einer solch großen Gruppe, wie es die Bevölkerung eines Staates ist, als Gesellschaft aus? Wo lassen sich angesichts wachsender globaler Verflechtung, Mobi-lität und Migration Grenzen einer Gesellschaft ziehen? Während diese Fragen dar-auf zielen, ob die Abgrenzung einzelner Gesellschaften gegenüber einer Weltgesell-schaft noch plausibel ist, lässt sich der Gesellschaftsbegriff auch in die andere Richtung infrage stellen. Menschen leben normalerweise in viel kleineren, konkreten Kontexten, Netzen und Gruppen, die sie als ihre soziale Umwelt erleben. Was ist also eine Gesellschaft?

Raum und Grenze, Nation und Nationalstaat, Weltgesellschaft, Globalisie-rung, Inklusion und Exklusion, Mobilität und Migration, Transnationali-sierung und transnationale Räume, Netzwerke, Gesellschaftstheorie

3.1 | Einheit und Grenze

Im vorangegangenen Kapitel wurde vor der Gefahr gewarnt, sich soziale Tatsachen als dingliche Gegenstände vorzustellen. Ebenso wurde gegen die Vorstellung argumentiert, Gesellschaften seien in sich homogen, geordnet oder klar geregelt, und dies sei eine notwendige Voraussetzung dafür, dass ein gesellschaftliches Zusammenleben funktionieren könne. In diesem Kapitel geht es um die Kritik an einer weiteren ordnenden und limitierenden Vorstellung von Gesellschaft, nämlich der, Gesellschaft habe eine klare Grenze. Am deutlichsten drückt sich dies in einer zweiten Auffassung aus, nämlich der, Gesellschaft sei identisch mit einem eingegrenzten Territorium.

Grenze als Metapher

Die Vorstellung der Grenze tritt in verschiedener Gestalt auf. Wenn man etwa von »verschiedenen Gesellschaften« spricht oder davon, jemand komme neu in eine Gesellschaft hinein, so wie man durch eine Tür in ein Haus geht, dann schwingt dabei mit, dass es zwischen Gesellschaften Grenzen gibt, die etwas einzäunen und die man überqueren kann wie die Grenzlinie zwischen zwei Staaten. Aber wo verlaufen die Grenzen einer Gesellschaft? Und worin bestehen sie? Oder, radikaler gefragt: Haben Gesellschaften wirklich Grenzen?

Zugehörigkeit

Die Redeweise des »neu Hineinkommens in eine Gesellschaft« zeigt, dass sich hinter dem Bild der räumlichen Grenze auch die Frage der Zugehörigkeit verbergen kann. Wenn Gesellschaften eine Grenze haben, müsste sich auch bestimmen lassen, wer (und was) zur Gesellschaft gehört und wer nicht. Kann eine Grenze also auch innerhalb eines Territoriums verlaufen, indem sie anwesende Menschen ein- oder ausschließt? Man kann die Frage nach der Grenze offenbar in mehrerer Hinsicht stellen: als Frage nach der Ausdehnung und Reichweite von Gesellschaft, als Frage nach der Abgrenzung zwischen mehreren Gesellschaften oder als Frage der Zugehörigkeit zu einer Gesellschaft.

Grenze und Territorium sind räumliche Kategorien. Es liegt nahe, sich in diesem Zusammenhang auch Gedanken über Nähe und Ferne oder, allgemeiner gesagt, über den Raum und die Bedeutung der räumlichen Struktur einer Gesellschaft zu machen.

Schließlich könnte man die Frage nach der Grenze aber noch in einem weiteren Sinn auffassen. Nämlich als Frage danach, wie tief das Gesellschaftliche in das einzelne Subjekt hineinreicht und ob es einen Bereich des Außergesellschaftlichen in Gesellschaften gibt.

3.2 | Räumliche Grenzen: Haben Gesellschaften ein Territorium?

Im Alltag verwenden wir den Begriff Gesellschaft oft in Verbindung mit einem nationalen Attribut. Wir sprechen von der deutschen oder der französischen Gesellschaft. Es gibt tatsächlich eine Reihe guter Gründe für die Vorstellung, Gesellschaften seien national und territorial begrenzte räumliche Gebilde. Prägende Aspekte von Gesellschaften werden in einem nationalstaatlichen Rahmen organisiert: demokratische Selbstbestimmung, politische Herrschaft, Gesetzgebung, die Hoheit über Steuern, sozialstaatliche Umverteilung, Bildungszertifikate, nationale Medien wie Zeitungen und Fernsehen und noch immer auch Teile der Wirtschaft. Schon allein die verschiedenen Sprachen liefern ein Argument dafür, Gesellschaften als voneinander abgegrenzte Gebilde aufzufassen und mit Nationalstaaten gleichzusetzen.

Doch dem stehen andere Tatsachen gegenüber. Insbesondere Wirtschaft und Warenproduktion sind global so stark verflochten, dass viele alltägliche Produkte im Zuge von Rohstofferzeugung, Produktion und Verkauf die gesamte Welt umrunden, und das mindestens seit Beginn des 20. Jahrhunderts (Osterhammel/Petersson 2003). Unternehmen siedeln ihre juristischen Hauptsitze in anderen Ländern an als ihre materielle Produktion, oder sie verteilen ihre Tochterunternehmen auf viele Staaten. Die Call-Center von Computerherstellern und weiteren Branchen befinden sich in anderen Ländern oder gar auf anderen Kontinenten als die Kunden, die dort anrufen. Für die Kommunikation mittels elektronischer Medien spielen räumliche Distanzen keine Rolle mehr. Telekommunikation verbindet Menschen an verschiedenen Orten simultan. Das Fernsehen berichtet schon lange mit Livebildern über Ereignisse überall auf der Welt und fördert den Eindruck, alle Menschen würden in einer gemeinsamen Gegenwart leben. Und mit dem Internet kann jede und jeder Informationen nicht nur empfangen, sondern dezentral und theoretisch von jedem Ort der Welt aus verbreiten. Besonders in den Weblogs der Blogosphäre, in den »sozialen Netzwerken« wie Facebook und MySpace oder auf Videoportalen wie YouTube findet eine alltägliche Kommunikation und Vergesellschaftung statt, die an keinen Ort mehr gebunden ist und für die der reale Lebensort der Kommunizierenden unerheblich geworden ist.

Dies alles bedeutet jedoch nicht, dass sich Lebensverhältnisse global angleichen. Im Gegenteil, die durch Prozesse der Globalisierung angestoßenen Veränderungen können sehr verschieden sein, und Menschen können auf unterschiedliche Art darauf reagieren und lokale Strategien und Lebensweisen entwickeln, die sich aus dem globalen Kontext ergeben (Dürrschmidt/Taylor 2007).

Gesellschaft und Nationalstaat | 3.2.1

Viele Missverständnisse und Vereinfachungen in der Auffassung von Gesellschaft rühren daher, dass die gesellschaftliche Lebenswirklichkeit von Menschen aus rechtlichen, institutionellen und anderen Gründen durch einen nationalstaatlichen Rahmen bestimmt wird. Dies verführt dazu, einen *Nationalstaat* (etwa die Bundesrepublik Deutschland) mit einer nationalen Gesellschaft (der deutschen Bevölkerung) gleichzusetzen und als Konsequenz daraus die Begriffe Gesellschaft und Staat zu vermischen. Aus diesem Irrtum ergeben sich Konsequenzen, die vielen Einsichten im Wege stehen, wenn man eine Gesellschaft analysieren möchte.

Nationalstaat

globaler
Warenfluss

Internet

Zum einen ist es nicht einfach, eine Gesellschaft durch Kriterien der (nationalen) Zugehörigkeit zu definieren und so zu tun, als gehörten nur die offiziell registrierten Bürger zu einer Gesellschaft (vgl. Abschnitt 3.3). Zum anderen stehen Staat und Gesellschaft in einem komplizierten Verhältnis zueinander. Sie sind keinesfalls identisch, doch ebenso wenig sind sie unabhängig voneinander.

Der *Nationalstaat* und der Begriff der *Nation* sind nicht deshalb eine relevante gesellschaftliche Gegebenheit, weil sie tatsächlich die Grenzen von Gesellschaft definieren, sondern sie sind es, weil sie eine Deutung von Gesellschaft liefern, auf die sich Menschen beziehen und mit der sie sich identifizieren oder nicht identifizieren können. Diese Deutung wiederum haben Menschen selbst hervorgebracht. Im historischen Rückblick zeigt sich, wie sich die Idee der Nation im 19. Jahrhundert verbreitet und die Menschen dazu gebracht hat, sich als Bürger gemeinsam gegen die überkommene fürstliche Herrschaft zu formieren und einen republikanischen Nationalstaat anstelle einer monarchisch-feudalen Unterordnung zu fordern und zu verwirklichen.

Idee der Nation Dabei erlebt die *Idee der Nation* im Laufe des 19. Jahrhunderts eine folgenreiche Verschiebung. Zu Beginn ist der Begriff der Nation eng mit der Vorstellung von Bürgerrechten, Gleichheit, Demokratie und einer republikanischen Staatsordnung verbunden. Mit Hilfe der Idee der Nation begriffen sich die Menschen nicht länger als Untertanen, sondern als Angehörige einer auf Gleichheit und Selbstbestimmung begründeten Gesellschaft. In dieser ersten Phase standen die nationalen Bewegungen verschiedener Länder nicht in Konflikt miteinander, sondern solidarisierten sich im Zeichen der gemeinsamen Idee über die entstehenden nationalen Grenzen hinweg. Und auch nach innen war der Begriff nicht exklusiv, sondern vom Prinzip her offen für alle, die sich der nationalen Bewegung anschließen wollten. Diese anfängliche Deutung des Nationenbegriffs verschob sich generell im Laufe des 19. Jahrhunderts, insbesondere in Deutschland.

und ihr Wandel Er entwickelte sich zu einem gegen andere Nationen gerichteten Nationalismus, der nach außen eine aggressive Abgrenzung und nach innen eine nationale Homogenität propagierte. Von einer zunächst überwiegend demokratischen Kraft wandelte sich die Idee der Nation zu einer gegen äußere wie innere Feindbilder gerichteten Ideologie. Nach dem Scheitern einer demokratisch-republikanischen Revolution in Deutschland vollzog sich die nationale Einigung als autoritärer Akt von oben und mündete in der Gründung eines Kaiserreichs statt einer Republik. Die historische Entstehung eines deutschen Nationalstaates ist als »deutscher Sonderweg« bezeichnet worden, der sich von der gescheiterten Demokratisierung bis hin zur nationalsozialistischen Vorstellung einer »völkischen« Nation erstreckt. Doch die Verschiebungen zwischen Nation und Nationalismus wirkten sich nicht nur in Deutschland aus. Bis heute sind beide Facetten auf widersprüchliche Weise verknüpft: die Idee der Nation als Rahmen für demokratische Selbstbestimmung und ein aggressiver Nationalismus, der sich in Kriegen und Bürgerkriegen entlädt.

Ursprünglich zielte die Idee der Nation also auf eine neuartige Begründung eines Staates. Diejenigen, die sich zu einer Nation zusammenschlossen, schufen die Grundlage, um sich in Form eines imaginären Vertrages eine Verfassung und einen rechtlichen Rahmen zu geben. Dementsprechend sind die Konzeptionen von Staatlichkeit und Rechtsstaat bis heute stark an die Vorstellung eines nationalen Staates gebunden.

Der Staatsbegriff an sich ist jedoch nicht auf die Idee der Nation angewiesen. Er hat vor allem Bedeutung mit Blick auf die Begründung einer rechtlichen Ordnung. Das Kriterium für den modernen Staat sind die Verfassung und die im Verfassungsrahmen angesiedelte gesetzliche Ordnung. Die zentrale Begründungsfigur für die staatliche Verfassung ist die eines Vertrages, den alle Individuen (in der Realität vermittelt über Delegierte einer verfassungsgebenden Versammlung) miteinander schließen. Durch den Vertrag werden aus freien Individuen die Bürger eines Staates mit allen sich daraus ergebenden Rechten und Pflichten. Sie unterwerfen sich der staatlichen verfassungsmäßigen Ordnung, erhalten dafür aber den Schutz des Staates und die Garantie bestimmter festgelegter Rechte. Neben dem Schutz der körperlichen Unversehrtheit, der Persönlichkeit und des Eigentums kann auch eine gegenseitige soziale Absicherung Teil dieser Rechte sein. In Sozialstaaten ist die soziale Sicherheit ein wichtiger Aspekt, der die Legitimität der staatlichen Ordnung untermauert.

Sowohl rechtstheoretisch als auch aus soziologischer Sicht gibt es Rechte nur innerhalb eines Staates. Aus rechtstheoretischer Sicht beruhen alle rechtlichen Regelungen auf einer Vereinbarung und können daher nur für jene gelten, die sich dieser Vereinbarung anschließen. Zahlreiche Rechte gelten daher nur für die jeweiligen Bürger eines Staates, weil sie im Besitz der Staatsbürgerschaft sind. Auf welche praktischen Probleme diese Begründung unter den Bedingungen einer sehr mobilen Gesellschaft stößt, zeigt sich im nächsten Kapitel. Eine Alternative zur vertragstheoretischen Begründungsfigur ist die Idee der allgemeinen Menschenrechte als Basis für universelle Rechte aller Menschen, jedoch erstrecken sie sich nur auf bestimmte Bereiche. Soziologisch gesehen ergibt es nur dann Sinn, von einem Recht zu sprechen, wenn eine staatliche Macht existiert, die dieses Recht durchsetzt. Wo ein Recht nicht erzwungen werden kann, zum Beispiel mit Hilfe einer Justiz, existiert nüchtern betrachtet kein Recht.

Dieser allgemeine Staatsbegriff als Verfassungs-, Rechts- und Sozialstaat ist nicht logisch notwendig an einen nationalen Rahmen gebunden. Als Ergebnis der faktischen geschichtlichen Entwicklung ist er aber auf eine sehr wirkungsmächtige Weise mit der Idee der Nation verknüpft. Und diese Verknüpfung hat sich von Europa aus über den gesamten Globus verbreitet und sowohl Demokratie als auch blutige Auseinandersetzungen bewirkt.

Heute gibt es eine Reihe von Möglichkeiten, das Prinzip des Nationalstaates infrage zu stellen. Historisch kann man die geschichtliche Kontingenz (die Nicht-Notwendigkeit) der Idee des Nationalen herausarbeiten. Im geschichtlichen Rückblick zeigt sich außerdem, wie kurz die Phase der Nationalstaaten ist. Politisch kann man die Problematik nationalistischer Konflikte hervorheben. Empirisch kann man auf die Schwierigkeit oder Unmöglichkeit verweisen, aktuelle wirtschaftliche, ökologische und rechtliche Fragen durch nationale Gesetzgebung zu lösen. Und aus soziologischer Sicht kann man fragen, ob eine Analyse von Gesellschaft überhaupt noch sinnvoll ist, wenn man den Blick allein auf einen nationalen Ausschnitt richtet, und welche Alternativen es gibt (vgl. den folgenden Abschnitt). Doch diese Kritik ändert nichts an der fortgesetzten faktischen Wirksamkeit der historisch entstandenen Idee des nationalen Staates, und auch nichts daran, dass sie die alltägliche Vorstellung von Gesellschaft geprägt hat und immer noch zu einem erheblichen Teil prägt.

Entscheidend ist aber, diesen Unterschied zu betrachten. Die nationalstaatliche Struktur ist kein natürlicher Rahmen von Gesellschaft, sondern eine historisch entstandene Form, in der sich Gesellschaften organisiert haben. Allerdings hat der nationale Rahmen nie alle Aspekte von Gesellschaften umfasst. Heute tut er das gewiss nicht mehr. Weil unsere Alltagsvorstellung von Gesellschaft in vielerlei Hinsicht aber durch die Idee der Nation geprägt ist, werden entsprechende Deutungen und Handlungsweisen befördert, die sich an dieser Vorstellung orientieren. Das wiederum ist ein Faktum, das man bei der Analyse von Gesellschaften beachten muss.

3.2.2 | Globalisierung oder Weltgesellschaft?

Globalisierung als Strategie

Unter dem Begriff der Globalisierung wird seit mehr als zwanzig Jahren über gesellschaftliche Veränderungen diskutiert. Ursprünglich bezog sich der Begriff auf einen ökonomischen Wandel. Genau genommen entstand der Begriff als Bezeichnung für eine betriebswirtschaftliche Strategie, die Standorte eines Unternehmens so auf verschiedene Staaten zu verteilen, dass man die Vorteile der jeweiligen nationalen Standorte maximal miteinander verbinden oder gegeneinander ausspielen kann.

Die globalen ökonomischen Verflechtungen, die Aufteilung der Tätigkeitsbereiche einer Firma auf verschiedene Staaten und die Verlagerung der Produktion an Standorte mit geringeren Produktionskosten (Löhne, Arbeitsschutz, Umweltschutzauflagen et cetera) lösten das wirtschaftliche Geschehen aus dem Rahmen der Nationalstaaten. In der Konsequenz bedeutete die transnationale Tätigkeit von Wirtschaftsunternehmen eine Entkoppelung der Wirtschaft von den Rechtsordnungen und politischen Entscheidungen, die weiter an den nationalstaatlichen Rahmen gebunden blieben. Ein Unternehmen kann sich den nationalen rechtlichen und sozialstaatlichen Vorgaben und den demokratisch-politischen Prozessen entziehen, indem es Standorte in andere Regionen verlagert oder mit der Verlagerung droht. Dieser Mechanismus ist der Grund, warum man vom Bedeutungsverlust des Nationalstaates angesichts der Globalisierung spricht. Denn Recht und sozialstaatliche Absicherungen sind nicht in gleicher Weise globalisiert worden wie das wirtschaftliche Handeln. Im Gegenteil, die nationalen Rechtsordnungen sind der ökonomischen Globalisierung durch die Abschaffung von Zöllen, Handelsbeschränkungen und Währungsgrenzen gefolgt, haben damit zugleich aber die eigenen nationalen (und demokratischen) rechtlichen und politischen Einflussmöglichkeiten weiter beschränkt.

Die ökonomische Globalisierung wirkt auf die einzelnen Gesellschaften zurück, indem sie Handlungs- und Anpassungszwänge erzeugt. Daneben gibt es weitere Globalisierungsprozesse, die teils an die ökonomische Globalisierung anknüpfen, teils eigenständig verlaufen. Allen voran sind das natürlich ökologische Folgen. Auf die Bedeutung globaler Kommunikation wurde bereits hingewiesen. Zu den Folgen globaler Produktion gehört auch, dass sich durch normierte Produkte und die weltweite Verbreitung kultureller Güter die Lebensstile und Moden weltweit aneinander angleichen.

Globalisierung bringt aber auch Gegenbewegungen und gegenläufige Tendenzen hervor. Etwa regionale oder kulturelle Abgrenzungen als bewusste Reaktion auf globale kulturelle Einflüsse, also Regionalisierung als Folge von Globalisierung. Regionale Faktoren können durch die Globalisierung sogar an Bedeutung gewinnen, etwa als Standorte für die Produktion, als Rohstofflieferanten oder als Finanzzentren. Es kommt zu neuen Formen globaler Arbeitsteilung. Die räumliche Ordnung der Gesellschaft wird durch Globalisierung also nicht einfach unwichtiger, sondern sie gewinnt eine neue Gestalt. Aus dem Nebeneinander mehr oder minder autarker nationalstaatlicher Einheiten wird ein globales Geflecht von Knotenpunkten und Abhängigkeiten (Castells 2003; Urry 2000). Auch globale Netze benötigen Standorte, und wenn es nur die Standorte von Internetservern, Kraftwerken für deren Stromversorgung und Fabriken für die Herstellung der notwendigen Chips sind. neue räumliche Strukturen

Denkbar ist aber auch, dass sich globale Gliederungen und Abgrenzungen ergeben, die nicht mehr räumlich strukturiert sind. In den globalen Metropolen ballen sich die Extreme von Reichtum und Armut auf engstem Raum. Und trotzdem kommen die Bewohner der verschiedenen Klassen kaum miteinander in Berührung (es sei denn in Form von Dienstleistungsverhältnissen, etwa im Haushalt), und ihre Lebenswelten sind strikt gegeneinander abgeschottet (Sassen 1997).

Weltsystem, Weltgesellschaft oder globale Netzwerke? | 3.2.3

Schon in den 1970er Jahren entwickelte Immanuel Wallerstein (geb. 1930) eine historische Theorie, die die seit dem 16. Jahrhundert entstehenden globalen Verflechtungen als Weltsystem beschreibt. Seine These ist, dass es im Zuge der europäischen Expansion zur Herausbildung einer Struktur von Zentrum und Peripherie kam, in deren Verlauf das europäisch-nordamerikanische Zentrum Ressourcen an sich zog und andere Teile der Welt als Peripherien in Abhängigkeit hielt. Im Laufe der weiteren Entwicklung bildete sich auch eine Semiperipherie heraus, die die Kontrolle der Peripherie vermittelt und davon selbst profitiert. Im 20. Jahrhundert ist es freilich zu einer Verlagerung und Vervielfältigung von Zentren gekommen, wobei die prinzipielle Struktur, dass der globale Austausch nach dem Muster von Zentrum und Peripherie organisiert ist, erhalten blieb. Wallersteins Theorie wurde kontinuierlich weiterentwickelt, und ebenso anhaltend sind kritische Einwände an den deterministischen Argumenten darin hervorgebracht worden. Denn indem die Abhängigkeit der Peripherie vom Zentrum in den Mittelpunkt gerückt wird, geraten unter anderem die autonomen Zentrum und Peripherie

Handlungsmöglichkeiten, Entscheidungen und Fehlentscheidungen innerhalb der Peripherie aus dem Blick. Außerdem konzentriert sich die Theorie auf die Dimension der wirtschaftlichen Verflechtungen, wofür es gute Gründe gibt, wodurch sie aber letztlich eine eindimensionale Theorie ist. In jedem Fall zeigt Wallersteins Weltsystemtheorie, dass man die Untersuchung von Globalisierungsprozessen nicht erst mit dem Aufkommen des Begriffs Globalisierung in der zweiten Hälfte des 20. Jahrhunderts ansetzen darf, sondern viel früher beginnen muss.

Nationalstaat in der Globalisierung
Auch die Frage, ob der nationalstaatliche Rahmen von Gesellschaften unwichtiger wird oder verschwindet, ist nicht so einfach zu beantworten, wie das manche Parolen der Globalisierung unterstellen. In einigen Lebensbereichen nimmt die Bedeutung des Staates und damit des nationalstaatlichen Rahmens von Gesellschaft zu. In anderen verschwindet sie tatsächlich. So werden die nationalen rechtlichen Regelungen für manche Lebensbereiche immer detaillierter. Und besonders im sozialstaatlichen Bereich, zum Beispiel im Gesundheitswesen und bei der Altersvorsorge, sind Menschen stark auf nationalstaatlich organisierte Regelungen angewiesen. Gerade bei der Abschirmung vor Risiken der Globalisierung, etwa im Fall von Arbeitslosigkeit und sozialer Unterstützung, gewinnt der Nationalstaat infolge der Globalisierung sogar an Bedeutung (Albrow 1998; Sassen 2009).

Während ein Teil der globalen Bevölkerung im Zuge der ökonomischen Globalisierung immer mobiler wird, in verschiedenen Ländern arbeitet und vielleicht bereits das Studium in mehreren Ländern absolviert, bleiben andere Teile an einen bestimmten Ort gebunden. Es wird also weniger eindeutig, wer zur Bevölkerung eines Territoriums gerechnet oder als Mitglied eines Staatswesens betrachtet werden kann. Manche Begriffe zur Beschreibung von Gesellschaft und die mit ihnen verbundenen Vorstellungen verlieren dadurch ihre Plausibilität und müssen neu überdacht werden. Das gilt besonders hinsichtlich sozialer Ungleichheit, die nach wie vor zumeist innerhalb von Nationalstaaten gemessen und bestenfalls zwischen verschiedenen Nationalstaaten verglichen wird (siehe auch Kapitel 8).

Weltgesellschaft
Ein soziologisches Konzept, das auf die Globalisierung antwortet, ist das der *Weltgesellschaft*. Es wirft die Frage auf, ob man angesichts global verflochtener Auswirkungen lokaler Ereignisse nicht viel konsequenter in einem weltgesellschaftlichen Bezugsrahmen denken muss. Es gibt gute Gründe, die Vorstellung, es bestünden mehrere unabhängige Gesellschaften nebeneinander, infrage zu stellen und stattdessen eher den globalen Austausch und die Abhängigkeiten ins Auge zu fassen. Die Atomkatastrophe im japanischen Fukushima im März 2011 hat nicht nur wegen der Strahlenbelastung globale Auswirkungen, sondern die Stilllegung der Produktion einer Chipfabrik im stark betroffenen Gebiet kann zum Produktionsstop von Autos in Frankreich, Deutschland oder Brasilien führen, weil ein Bauteil nicht mehr geliefert wird. Die durch faule Immobilienkredite in den USA 2007 ausgelöste Finanzkrise brachte nicht nur weltweit Banken in Schwierigkeiten, sondern löste als Folge Rezessionen, Firmenpleiten oder Entlassungen in unterschiedlichsten Staaten aus. Die Wahl Barack Obamas zum

Präsidenten der Vereinigten Staaten 2009 und konkret seine Rede in Ägypten im gleichen Jahr können als begünstigender Faktor für die Volksbewegung in Tunesien im Januar 2011 gesehen werden, die ihrerseits nicht nur ähnliche Bewegungen in Nachbarländern angestoßen, sondern auch autoritäre Regime in ganz anderen Erdteilen alarmiert hat.

In dem Maß, wie sich globale Netzwerke ausbreiten und über die Struktur nationaler Staaten legen, kommt es nicht mehr darauf an, wo man lebt, sondern wie man in diese Netzwerke eingebunden ist. Beispielsweise ob man über eine Kreditkarte oder Zugang zu Kommunikationsnetzen verfügt, Ausweisdokumente, die das Reisen ermöglichen, Anschluss an ein Gesundheitsversorgungssystem oder Bildungszertifikate und eine Sozialversicherungsnummer, die den Zugang zum Arbeitsmarkt gewährleisten. Meist geht der fehlende Zugang zu einem dieser Netze auch mit dem Fehlen von Zugangsmöglichkeiten zu anderen Netzen einher, sodass die Betroffenen mehrfach exkludiert sind.

Netzwerke als neue Raumstruktur

Verliert oder gewinnt der Nationalstaat an Bedeutung? | 3.2.4

Andererseits ist für viele Menschen ein regionaler oder nationaler Kontext nach wie vor ein wichtiger Bezugsrahmen, in dem sie sich selbst verorten. Die widersprüchlichen Entwicklungen, die hier bewusst in ihrer Gegensätzlichkeit dargestellt werden, lassen sich nicht durch eine einheitliche Theorie auflösen. Sinnvoller ist es, sorgfältig zwischen verschiedenen Aspekten und Prozessen zu unterscheiden. Der britische Soziologie Roland Robertson (1992) hat eine Reihe von Begriffen geprägt, die aufschlussreiche Unterscheidungen vornehmen. Als *Globalisierung* (*globalization*) bezeichnet er die faktischen globalen Austauschprozesse, den Fluss von Energie, Rohstoffen, Waren und Finanzen sowie die globale Arbeitsteilung. Als *Globalität* (*globality*) bezeichnet er hingegen das handlungswirksame Bewusstsein von Prozessen der Globalisierung, soweit es in der Lebenswelt und im Alltag von Menschen eine Rolle spielt. Es macht einen Unterschied, ob Menschen ihre eigene soziale Lage im Verhältnis zu dem lokalen oder nationalen Lebensniveau einschätzen oder sie im globalen Vergleich betrachten. Vielleicht messen Menschen in wohlhabenden Industrieländern ihre Lebensumstände weniger in einem globalen Maßstab, als dies Menschen aus ärmeren Weltregionen tun, die sich mit ihren Hoffnungen und Wünschen an den Industrieländern orientieren. Die Unterscheidung von Globalisierung und Globalität ist in jedem Fall analytisch interessant, weil selbst Menschen, die in global tätigen Firmen oder Organisationen arbeiten, lebensweltlich das globale Geschehen immer von einem bestimmten Ort aus betrachten. Die faktischen, materiellen Globalisierungsprozesse müssen mit dem alltäglichen Bewusstsein ganz und gar nicht identisch sein. Arbeitnehmer und Gewerkschaftsvertreter fordern beispielsweise immer wieder, die eigene nationale Wirtschaft zu stärken und vor billigen Importen zu schützen. Dass gerade die deutsche Wirtschaft zu wesentlichen Teilen von Exporten lebt, spielt in solchen Forderungen keine Rolle. Die faktische ökonomische Globalisierung und

Globalisierung, Globalität, Globalismus

das Bewusstsein davon, wie es sich in alltäglichen Handlungsorientierungen findet, können sehr unterschiedlich ausfallen.

Robertson unterscheidet als dritten Aspekt den *Globalismus* (*globalism*). Damit meint er alle bewusst auf die Globalisierung gerichteten oder auf sie reagierenden politischen Strategien. Hierzu gehören für ihn sowohl wirtschafts- und finanzpolitische Maßnahmen, die den globalen Handel fördern sollen, als auch lokale oder regionale Gegenreaktionen gegen die Globalisierung, die als Antwort auf Erfahrungen der Globalisierung in irgendeiner Form das Eigene hervorkehren oder Abgrenzungen vornehmen. Das Wesen solcher kultureller Gegenbewegungen, die bewusst auf Abgrenzung setzen und eine eigene Sonderidentität forcieren, ist, genau besehen, nicht die Bewahrung von etwas, das bereits zuvor bestanden hat, sondern es wird etwas Neues geschaffen, das erst durch seinen negativen Bezug auf die Globalisierung seine Gestalt erhält.

Glokalisierung | Die verschieden Aspekte fallen zusammen im Begriff der *Glokalisierung* (*glocalization*). Damit meint Robertson (1995), dass die Prozesse der Globalisierung sich lokal sehr vielfältig auswirken und lokal höchst unterschiedliche Reaktionen, Handlungsstrategien und kulturelle Verarbeitungen auslösen können. Doch diese lokalen Verarbeitungen werden ihrerseits ausgelöst durch und geprägt von Prozessen der Globalisierung, und zwar gerade auch dann, wenn es sich um radikale Gegenbewegungen handelt. Beide sind also nur im wechselseitigen Verhältnis zu verstehen. Es wäre daher viel zu einfach, Globalisierung als einen global einheitlichen und vereinheitlichenden Prozess aufzufassen.

3.2.5 | Grenzen, Grenzregime und Grenzräume

Aus den Argumenten der vorangegangenen Abschnitte ergibt sich, dass das Verhältnis von Gesellschaften und Territorien oder Grenzen widersprüchlich ist. Das wird insbesondere deutlich, wenn man sich überlegt, ob eine Grenze eine Gesellschaft wirklich begrenzt oder was genau eine Grenze bewirkt.

Grenzen erzeugen Interaktion | Jede Grenzziehung bezieht sich auf das, was jenseits der Grenze liegt und durch sie ausgeschlossen wird. Eine Grenze ist keine Unterbindung von Interaktionen über die Grenze hinweg, sondern sie erzwingt im Gegenteil eine ständige Auseinandersetzung mit dem, was jenseits von ihr liegt, denn nur dadurch wird sie zur Grenze. Durch die Grenzsetzung erhält diese Auseinandersetzung eine nach innen gerichtete Form. Eine Grenze ist also immer zugleich nach außen und nach innen gerichtet.

Nationale Grenzen beispielsweise sind nie Grenzen in dem Sinn gewesen, dass das menschliche Handeln an ihnen endete und soziale Beziehungen abgeschnitten wurden. Gesellschaftliche Prozesse können gerade durch Grenzziehungen oder durch die Überwindung von Grenzen angestoßen werden. Das gilt in historischer Sicht, da gerade an den Grenzen von Herrschaftsgebieten Umschlagplätze und Handelsstädte entstanden, und die Grenze die gesellschaftlichen Prozesse beförderte, indem sie sie kanalisierte. Und es gilt selbst für eine extreme Form von Grenzziehung, wie sie die von 1961 bis 1989 bestehende Berliner

Mauer darstellte. Nicht nur wurde auf beiden Seiten dieser Grenze ein enormer bürokratischer Aufwand getrieben, um sie zu verwalten, es entstanden auch spezifische Formen der Kommunikation. Bestimmte Waren gewannen besondere Bedeutung, weil sie selten waren oder geschmuggelt werden mussten. Das, was jenseits der Grenze geschah, beschäftigte die Menschen gerade deshalb, weil es nicht zu erreichen war. Und die DDR entwickelte ein Geschäftsmodell, das auf der Grenze beruhte und darin bestand, inhaftierte Personen durch die Bundesrepublik freikaufen zu lassen, faktisch also einen Handel mit den eigenen Bürgern zu treiben.

Was als Grenze gilt und wie Grenzen gehandhabt werden, ist kein geografisches Faktum. Es ist Ausdruck von Interaktionen und Entscheidungen, also das Ergebnis gesellschaftlicher Prozesse, nicht aber deren Voraussetzung. Auf den Punkt gebracht: Gesellschaften haben keine (natürlichen) Grenzen, auch wenn sie diese Fiktion oft als Instrument benutzen. Sondern Gesellschaften erzeugen Grenzen, und indem sie dies tun, konstituieren sie sich selbst. Die Grenze dient als Spiegel, in dem sich Gesellschaften zwar nicht erkennen, aber immerhin definieren können. Eine Grenze dient der Selbstbeschreibung einer Gesellschaft, weil leichter festzulegen ist, wo die Grenzen einer Gesellschaft liegen und wer oder was nicht dazugehören soll, als sich darüber zu verständigen, auf welche inhaltlichen Gemeinsamkeiten man eine Gesellschaft bauen möchte.

> Grenze
> als Spiegel

Anschaulich lässt sich das erkennen, wenn man die Veränderung von Grenzen im Zuge der Globalisierung betrachtet. Grenzen werden unwichtiger und wichtiger zugleich. Alte Kriterien von Grenzziehungen lösen sich auf, neue gewinnen an Bedeutung. Und zusammen mit den Grenzziehungen werden Unterscheidungen getroffen, beispielsweise zwischen Zugehörigen und nicht Zugehörigen oder zwischen Menschen und Gütern, die Grenzen passieren oder nicht passieren dürfen. Man kann sogar sagen, dass Grenzen im Zuge der Globalisierung insgesamt nicht unwichtiger, sondern wichtiger geworden sind. Denn Grenzen erhalten das Gefälle der Löhne und Arbeitsbedingungen zwischen armen und reichen Ländern aufrecht, das die Grundlage des globalen Handels bildet. Während Kapital und Waren weitgehend frei zirkulieren, wird die rigide und selektive Kontrolle der Mobilität von Menschen zu einem immer wichtigeren Thema.

> Grenzen werden
> unwichtiger *und*
> wichtiger

Ähnliches gilt für Prozesse der transnationalen Integration, beispielsweise die Einigung Europas. Auf der einen Seite finden sich die Öffnung der Grenzen zwischen den europäischen Staaten, besonders im sogenannten Schengen-Raum, die Vereinheitlichung von gesetzlichen Regelungen, eine einheitliche Währung für etliche Mitgliedsländer und die Einigung auf gemeinsame Arbeitssprachen in der Europäischen Union. Auf der anderen Seite wird mit großem Aufwand die Grenze der Europäischen Union nach außen reglementiert: detaillierte Einreisebestimmungen, rigide Einwanderungs- und Asylgesetzgebung, penible Kontrollen auf Flughäfen und eine militärische und gewaltsame Abschottung der Grenzen, besonders im Süden.

Die immer schnelleren und billigeren technischen Verkehrsmittel und die gestiegenen Mobilitätschancen von Menschen relativieren Distanzen und Grenzen. Doch ebenso kann man beobachten, dass Grenzziehungen und Grenzkontrollen als Reaktion auf die gestiegene Mobilität verschärft werden. Neben der faktischen Mobilität ist es vor allem die globale Kommunikation über Fernsehen und Internet, die über Grenzen hinweg die Welt zu einem einzigen Ort macht. Sobald Menschen jedoch darauf mit dem Bedürfnis reagieren, aus den ärmeren in die wohlhabenden Regionen der Welt umzusiedeln, entstehen Konflikte, auf die es noch keine plausiblen Antworten gibt.

3.2.6 | Raum als symbolische Ordnung

Die Überlegungen zur Globalisierung und Weltgesellschaft einerseits und zur Grenze andererseits haben das Thema des Raums aufgeworfen. Auch jenseits der Globalisierung ist der *soziale Raum* ein gesellschaftlich und damit soziologisch relevantes Thema. Durch die Globalisierung sind Fragen des Raumes und der Grenzen sogar stärker ins Bewusstsein gerückt. Etwa weil sich in globalem Maßstab Zentren bilden, in denen Millionen von Menschen leben und sich Kommunikations- und Warenströme konzentrieren und sich auch in einer weltweit vernetzten Gesellschaft eine räumliche Ordnung einstellt (Castells 2003). Dies

Knoten im globalen Netz können die *global cities* (Brenner/Abu-Lughod 2006) sein, in denen sich globale Netze und Ströme verknoten und sich zugleich ein immer größerer Teil der Bevölkerung konzentriert, insbesondere von Schwellen- und Entwicklungsländern. Andere Regionen werden von ihren Bewohnerinnen und Bewohnern hingegen nach und nach verlassen. Ehemalige Industrieregionen, gerade auch in den Industriestaaten, verfallen, beispielsweise die früheren Standorte der Autoindustrie in den USA wie Detroit oder Chicago. Und auch in den ostdeutschen Bundesländern gibt es Regionen, in denen die Bevölkerung kontinuierlich schrumpft und es schwierig ist, eine Infrastruktur aus Geschäften, Schulen oder Krankenhäusern aufrechtzuerhalten.

Dies alles macht deutlich, dass die räumliche Ordnung einer Gesellschaft nicht das Produkt natürlicher oder geografischer Gegebenheiten ist, sondern dass Raum eine symbolische Ordnung darstellt, in der sich soziale Verhältnisse ausdrücken (Löw 2001; Schroer 2006).

3.2.7 | Vergesellschaftungen jenseits territorialer Grenzen

Wenn räumliche Vorstellungen die Gliederung von heutigen Gesellschaften nicht mehr angemessen beschreiben, dann stellt sich die Frage, welche Alternativen es dafür gibt. Eine Möglichkeit ist, sich den konkreten Formen von Vergesellschaftungen über Grenzen hinweg zuzuwenden. Wir haben bereits gesehen,

Grenzräume dass Nationalstaaten und Globalisierung keine einander ausschließenden Alternativen sind, und die eigentlich interessanten Phänomene ergeben sich aus den neuen Formen der Vergesellschaftung, die weder national noch global sind. Solche *transnationalen Vergesellschaftungen* sind oftmals regional. Sie entwickeln sich über Grenzen hinweg, zugleich aber bilden existierende Grenzen eine Voraussetzung für diese grenzübergreifenden Formen. Es entstehen *Grenzräume* als eigener Typus transnationaler Vergesellschaftung.

Menschen nutzen beispielsweise die Chancen, die sich durch ein Armuts- und Reichtumsgefälle angrenzender Staaten ergeben, indem das Arbeitsleben auf der einen und das private Leben auf der anderen Seite der Grenze stattfindet. So entwickeln sich transnationale Arbeitsmärkte, wie das beispielsweise zwischen Mexiko und den USA, zwischen Polen und Deutschland oder Bangladesch, Nepal und Indien auf der einen und den Staaten am arabischen Golf auf der anderen Seite geschieht.

Auch frühere Epochen kannten Wanderarbeiter und Emigration aufgrund mangelnder Arbeits- und Einkommenschancen, beispielsweise die Emigration aus Irland und Italien in die USA im 19. Jahrhundert. Neu ist, dass es zu keiner dauerhaften Arbeitsmigration kommt, sondern sich ein Leben an mehreren Standorten über Sprachräume und Grenzen hinweg einstellt, ein Pendeln als Lebensform. Neu ist auch, dass sich diese transnationalen Arbeitsmärkte zu einem großen Anteil an Frauen richten, die als Haushaltsangestellte und als Betreuerinnen von Kindern und pflegebedürftigen Menschen arbeiten (Hess/ Lenz 2001; Glorius 2007). Gerade zwischen Ost- und Westeuropa oder Mexiko und den USA kommt es zu dem Phänomen, dass Frauen in einem anderen Land einer bezahlten Arbeit nachgehen, während ihre Familie und die einkommenslosen Männer weiter im Herkunftsland leben, weil nach männlicher Arbeitskraft keine vergleichbare Nachfrage besteht.

Arbeitsmigration in historischer Perspektive

Wer gehört dazu? Zugehörigkeit als innere Grenze

3.3

Unter dem Begriff der Grenze wurde erörtert, ob Gesellschaft durch einen räumlichen Rahmen definiert ist. Grenzziehungen gibt es aber auch in symbolischer Hinsicht, als Grenzen innerhalb von Gesellschaften. Sie entstehen, indem rechtlich, politisch oder symbolisch über Mitgliedschaft, Zugehörigkeit und Teilhabe entschieden wird. Vor allem geschieht dies natürlich durch die Zuerkennung der Staatsbürgerschaft oder von Aufenthalts- und Arbeitsrechten. Im Alltagsdenken und im politischen Streit ist es üblich, solche inneren Grenzen zu ziehen, aber ist es – soziologisch betrachtet – plausibel, zwischen Menschen, die zu einer Gesellschaft gehören, und jenen, die nicht dazu gehören zu unterscheiden?

Staatsbürgerschaft und Teilhabe

Die Bevölkerung der Gesellschaft

3.3.1

Im Jahr 2000 wurde im Berliner Reichstagsgebäude, dem Sitz des Bundestages, ein Kunstwerk von Hans Haacke mit dem Titel »Der Bevölkerung« eingeweiht (www.derbevoelkerung.de). Es reagiert auf den Schriftzug »Dem deutschen Volke«, der über dem Westportal des Reichstages angebracht ist. Das Kunstwerk wirft die Frage auf, wen die gewählten Parlamentarierinnen und Parlamentarier vertreten, wer das *demos* ist, in dessen Namen die parlamentarische Demokratie hier ihren Sitz hat. Das Gebäude wurde zu Zeiten des Deutschen Kaiserreichs (1871–1918) als Parlamentssitz errichtet, wobei das dortige Parlament gegenüber dem Kaiser allerdings nur eingeschränkte Befugnisse hatte. Der Schriftzug »Dem deutschen Volke« wurde erst 1916, gut zwanzig Jahre nach der Einweihung, an dem Gebäude angebracht. Dieser Schritt galt als ein Politikum, als kleines symbolisches Zugeständnis des Kaisers an ein ansatzweise parlamentarisch-demokratisches Verständnis von Herrschaft. Er hatte aber auch eine nationale Komponente, denn dieser Schritt erfolgte mitten im Ersten Weltkrieg und sollte den nationalen Zusammenhalt fördern.

»Volk« als problematischer Begriff

Der deutsche Begriff »Volk« hat eine schwierige Geschichte. Volk lässt sich einerseits im politischen Sinn von Volksherrschaft, Demokratie, also als Herrschaft aller, verstehen. Es lässt sich andererseits aber auch in einem nationalistischen oder sogar rassistischen Sinn als ein bestimmtes Volk in (feindlicher) Abgrenzung von anderen verstehen. In der deutschen Geschichte wurde die zweite Bedeutung durch die völkische Ideologie einer »Volksreinheit« und durch das wahnhafte Vorhaben einer Vernichtung von »Volksfeinden« auf eine perverse Spitze getrieben. Das macht es schwierig, den Begriff Volk heute unbedarft zu verwenden. Das Kunstwerk von Hans Haacke hat aber nicht nur diese historische Dimension, sondern es wirft auch die aktuelle politische Frage auf, wer von den demokratischen »Volksvertretern« tatsächlich vertreten wird und wer nicht, etwa mit Blick auf das Wahlrecht, also das Recht zur politischen Beteiligung, von Einwanderern, die teils seit Jahrzehnten am ökonomischen und kulturellen Leben teilnehmen.

3.3.2 | Staatsbürgerschaft

Staatsbürgerschaftsrecht

Das deutsche Staatsangehörigkeitsrecht bildete lange Zeit einen Sonderfall im Vergleich zu anderen Staaten. »Deutsche« bzw. »Deutscher« im rechtlichen Sinn konnte man nur durch Geburt werden, das heißt, mindestens ein Elternteil musste deutsch gewesen sein. Dieses »ius sanguinis« (Blutrecht) bedeutete für Immigranten, selbst für solche, die als sogenannte Gastarbeiter seit den 1950er Jahren bis zum Anwerbestopp 1973 angeworben worden waren und Jahrzehnte in Deutschland gelebt und gearbeitet hatten, und ebenso für ihre in Deutschland geborenen Kinder, dass sie in rechtlicher Hinsicht nicht als deutsche Staatsbürger anerkannt wurden und sich nur unter strengen Voraussetzungen einbürgern lassen konnten. Andere Staaten sahen leichtere Möglichkeiten vor, die jeweilige Staatsbürgerschaft auf Antrag zu erwerben. Vor allem aber stützen die meisten Staaten ihre Vorstellung von Staatsbürgern nicht auf die Abstammung, sondern auf den Ort der Geburt (»ius soli«), so etwa Frankreich. Wer demnach auf dem Territorium eines Staates geboren wird, hat das Recht, als Bürger dieses Staates anerkannt zu werden. Im Jahr 2000 wurde auch das deutsche Staatsangehörigkeitsrecht in diesem Sinn erweitert. In Deutschland geborene Kinder von Immigrierten, die mindestens seit acht Jahren rechtmäßig im Land leben, haben nun ein Recht auf die deutsche Staatsbürgerschaft. Umstritten ist aber weiterhin die sich daraus ergebende Frage, ob eine Person mehr als eine Staatsbürgerschaft besitzen kann. Auch dieser Punkt wird von verschiedenen Staaten unterschiedlich gehandhabt.

Zugehörigkeit, Identifikation und Anerkennung | 3.3.3

Das Staatsangehörigkeitsrecht beruht zunächst auf einer rechtlichen und politischen Entscheidung. Doch es lässt sich auch soziologisch betrachten, und es hat wichtige gesellschaftliche Auswirkungen. Zum einen lassen sich rechtliche Regelungen als Ausdruck bestimmter Deutungen von Wirklichkeit verstehen, die in eine formal-juristische Gestalt gegossen worden sind. Beispielsweise kann man nach den historischen und symbolischen Gründen dafür fragen, dass Deutschland zwar jahrzehntelang Arbeitsimmigration gefördert hat, zugleich aber an einem außergewöhnlich restriktiven Staatsbürgerschaftsrecht festhielt.

Zum anderen aber sind die gesellschaftlichen Auswirkungen rechtlicher Regelungen bedeutsam. Ist es realistisch, von einem Immigranten, dem nicht die Staatsangehörigkeit und damit ein politisches Mitbestimmungsrecht zugestanden wird, zu erwarten, dass er sich mit der Gesellschaft, in der arbeitet, identifiziert und sich auf diese Weise in sie integriert? Rechtliche Regelungen schaffen einen Rahmen, der von den handelnden Menschen gedeutet und mit Sinn gefüllt wird. Sie sind somit Teil der symbolischen Konstruktion einer Wirklichkeit, zu der auch Fragen der Identifikation, Zugehörigkeit und Teilhabe gehören.

Zugehörigkeit ist aus soziologischer Sicht keine feste Eigenschaft, die einer Person quasi von Natur aus zukommt oder nicht. Vielmehr ist sie, wie alle anderen Aspekte sozialer Wirklichkeit auch, das Resultat von Deutungsprozessen der Beteiligten. Auf der einen Seite ist sie eine Frage des Dazugehörenwollens, also der eigenen *Identifikation* mit einer Gruppe oder Gesellschaft. Und auf der anderen Seite ist Zugehörigkeit eine Frage der *Anerkennung* durch diejenigen, die sich bereits als zugehörig fühlen können. Und konkret manifestiert sich Zugehörigkeit in den faktischen und rechtlichen Möglichkeiten der Teilhabe.

Der Fremde | 3.3.4

Die soziale Konstruktion von Zugehörigkeit und Fremdheit, also die Relativität sozialer Positionen, kommt sehr schön in einem kurzen Text von Georg Simmel zum Ausdruck, seinem »Exkurs über den Fremden«, der sich in seiner »Soziologie« im Kapitel über den Raum und die räumliche Ordnung der Gesellschaft findet (Simmel 1992 [1908]: 764–771).

Für Simmel sind es nicht die persönlichen Eigenschaften, die eine Person zu einem Fremden machen, und Fremdheit ist auch nichts, das einen Menschen von einer Gruppe trennt. Der Bewohner eines anderen Planeten ist nicht wirk-

symbolische
Konstruktion von
Zugehörigkeit

lich ein Fremder, solange er nicht in Kontakt mit Erdbewohnern kommt. Zum Fremden wird jemand erst in dem Moment, in dem er zu einem Teil der Gruppe wird, die ihn als Fremden behandelt. Fremdsein bedeutet, so Simmel, »dass der Ferne nah ist«. Fremdheit meint folglich keinen Ausschluss aus einer Gruppe, sondern ist eine Wechselwirkung mit den anderen Gruppenmitgliedern, eine Form der Zugehörigkeit zu einer Gruppe, wenn auch unter negativen Vorzeichen. Denn erst durch die Beziehung zur Gruppe wird der Fremde zum Fremden.

Das Simmelsche Argument läst sich gut an einer kleinen Parabel veranschaulichen, die in einem Zugabteil mit sechs Sitzplätzen spielt. In den leeren Zug steigen zwei Passagiere und machen es sich im Abteil bequem, indem sie ihr Gepäck auf den Sitzen verteilen und damit einvernehmlich den Raum als ihr Territorium markieren. Am nächsten Bahnhof steigt ein weiterer Passagier zu, der nach einem Platz fragt und damit von der flüchtigen Gesellschaft der zwei bereits vorhandenen Passagiere als störender Neuankömmling empfunden wird, weil sie für ihn einen Teil ihres Gepäcks zur Seite räumen müssen. Einmal eingestiegen, breitet auch er sein Gepäck im verbliebenen Raum aus. Wenn wiederum einen Bahnhof weiter nun noch ein Passagier zusteigt, entsteht plötzlich eine Solidarität zwischen den drei bisherigen Passagieren, die durch die Verteilung ihres Gepäcks und vielleicht auch durch nicht gerade einladende Blicke versuchen, dem Zugestiegenen zu suggerieren, »ihr« Abteil sei bereits besetzt.

Der jeweils Hinzukommende gerät in die Rolle des Fremden, der in eine Gesellschaft eindringt. Einmal angekommen, wechselt die Rolle jedoch, und er solidarisiert sich mit den Platzinhabern gegen jeden weiteren Zusteigenden. Bezeichnenderweise findet der Rollenwechsel erst in dem Moment statt, in dem ein neuer »Fremder« hinzukommt.

Worum es Simmel geht, ist, dass Fremdheit kein persönliches Merkmal der Zusteigenden ist, etwa aufgrund ihrer Kleidung oder Sprache, sondern das Ergebnis einer sozialen Konstellation. Wer fremd und wer zugehörig ist, ist somit keine Frage der Person selbst, sondern der jeweils aktuellen Wechselwirkung zwischen Personen.

3.4 | Kann man Gesellschaft verlassen?

Viele Überlegungen darüber, was Gesellschaft ist, lassen sich anhand eines einfachen Gedankenexperimentes anschaulich klären: Kann man Gesellschaft verlassen?

Selbstverständlich kann man räumlich umziehen, beispielsweise in eine Gesellschaft, in der eine andere Sprache vorherrscht. Aber das ist nicht gemeint. Es geht um die Frage, ob man sich überhaupt aus der Gesellschaft zurückziehen kann. Welche Situationen sind vorstellbar? Und was genau passiert, wenn man es versucht?

Nach einer anstrengenden oder konfliktreichen Woche kann man beispielsweise das Bedürfnis haben, allein zu sein. Man kann einen Abend lang allein bei sich zu Hause sein wollen, für ein oder zwei Tage allein ans Meer fahren oder drei Wochen allein durch die australische Wüste wandern. Nehmen wir an, wir wollten wirklich allein sein, wir würden also die Gesellschaft auch durch keine Hintertür hereinlassen und auf Fernsehen, Radio, Telefon und Internet als Kommunikationsmittel verzichten. Strikt genommen dürften wir natürlich auch keine Musik hören und kein Buch lesen. Doch wie ist es um Strom und Heizung bestellt? Lassen wir einmal außen vor, dass das »ans Meer fahren« eine Menge an Infrastruktur voraussetzt (Züge, Straßen, Tankstellen, Straßenkarten et cetera), so ist doch klar, dass es schon in praktischer Hinsicht schwierig ist, Gesellschaft zu verlassen.

Nehmen wir aber an, es würde uns gelingen, uns für einige Zeit zurückzuziehen, um uns ganz mit uns selbst zu beschäftigen und unsere Gedanken in ein Tagebuch zu schreiben. Doch auch hier zeichnen sich sofort wieder Einwände ab: die Schriftzeichen und die Worte, die wir benutzen, stammen nicht von uns selbst. Und noch grundsätzlicher: Das Bedürfnis, sich zurückzuziehen und sich mit sich selbst zu beschäftigen, hat es unserem Wissen nach nicht in allen Epochen und in allen Kulturen in gleicher Weise gegeben. Es ist hingegen typisch für den Gefühlshaushalt des modernen Menschen. Zu diesem Gefühlshaushalt des modernen Ich mit seiner starken Betonung von Individualität und Autonomie gehört auch das Bedürfnis, hin und wieder »ganz bei sich« zu sein. Doch dieses Bedürfnis ist, ebenso wie die psychische Struktur des modernen Selbst, ein historisches und damit gesellschaftliches Resultat. In dieses moderne Selbst sind viele Faktoren eingegangen, unter anderem die protestantische Gewissensethik und Innerlichkeit, die literarische Gefühls- und Ausdruckswelt der Romantik inklusive ihren bis heute prägenden medialen Popularisierungen sowie die Techniken der zivilisierten Selbstkontrolle, die sich Menschen im Laufe der Neuzeit angeeignet haben. Gerade in den Momenten, wo ein Mensch glaubt, ganz besonders er selbst und bei sich zu sein, ist er das Ergebnis geschichtlicher und gesellschaftlicher Bedingungen. Das würde auch dann gelten, wenn ein Mensch sich als Einsiedler dauerhaft aus einer Gesellschaft zurückzöge. Er kann die Gesellschaft in sich, durch die er überhaupt zu dem werden konnte, was er ist, nicht abschütteln. Die Frage, ob man Gesellschaft verlassen kann, ergibt also insofern keinen Sinn, als Gesellschaft kein bloß äußerlicher Zusammenhang ist, sondern sich im Menschen selbst spiegelt.

Die Möglichkeit zum Rückzug aus Gesellschaft hat aber auch eine praktische Seite. In ihrem Essay »A room for one's own« von 1928, der von Frauen und Literatur handeln soll, stellt Virginia Woolf lapidar fest, dass Literatur davon abhängt, ob man ein eigenes Zimmer hat, dessen Tür man hinter sich schließen kann. Genau das haben Frauen lange Zeit nicht zur Verfügung gehabt, und hierin sah Woolf den Grund, warum es in der Literaturgeschichte so viel weniger Autorinnen als Autoren gab. Die geschlechtsspezifisch unterschiedliche Chance zum Rückzug ist ein Stück realer Sozialgeschichte, auch diesseits literarischer Schöpfung. Während Männer in Form ihrer Werkstatt oder ihres Arbeitsplatzes zumindest in gewisser Weise einen Raum für sich selbst zur Verfügung hatten, war der Raum der Frau typischerweise zugleich der Raum, in dem sich

Individualisierung als gesellschaftliche Errungenschaft

Blick nach Innen

alle Familienmitglieder trafen. Auch ganz praktisch gibt es also Hindernisse für die Möglichkeit, Gesellschaft zu verlassen.

Zeitreisen

Die Schwierigkeiten, die damit verbunden sind, eine Gesellschaft zu verlassen, zeigen sich auch an einem anderen Gedankenexperiment, nämlich der Zeitreise. Was wäre, wenn ein Mensch plötzlich in eine andere Zeit versetzt würde, beispielsweise aus unserer Gegenwart zurück in das 11. oder 12. Jahrhundert oder umgekehrt. Einige Schriftsteller haben mit diesem Gedanken experimentiert, beispielsweise Mark Twain und H. G. Wells. Doch diese fantastischen Zeitreisen tun zumeist so, als hätten sich nur Äußerlichkeiten und der technische Komfort geändert. Würden wir tatsächlich eine Zeitreise unternehmen, wäre es nicht nur unser Körper, der mit der anderen Nahrung nicht zurechtkäme, während wir die Gerüche und Umgangsformen abstoßend fänden und mit Krankheiten und Parasiten zu kämpfen hätten, gegen die uns die Abwehrkräfte fehlen. Das meiste um uns herum wäre uns unverständlich, auch dann, wenn wir mit der Sprache leidlich zurechtkämen. Und wir wären kaum in der Lage, den Anforderungen der Gesellschaft, in die wir versetzt worden sind, gerecht zu werden. Dabei würde auch keine moderne Technik helfen, die wir zufällig bei uns haben.

Individuum durch Gesellschaft

Menschen sind auf eine Art in die Gesellschaft eingepasst, in der sie leben, dass es vielleicht überhaupt sinnlos ist, von »dem Menschen« unabhängig von der Gesellschaft zu sprechen, in der er lebt. Beide Seiten sind so ineinander verflochten, dass sie nur im Zusammenhang zu begreifen sind. Oder, wie der deutsch-britische Soziologe Norbert Elias (1897–1990) immer wieder betont hat, die Begriffe Individuum und Gesellschaft sind nur Abstraktionen, die es isoliert eigentlich gar nicht gibt, die für uns aber zu unverzichtbaren Denkgewohnheiten geworden sind (Elias 1987).

Eine wirkliche Klarheit über das Verhältnis von Individuum und Gesellschaft vermag man erst dann zu gewinnen, wenn man das beständige Werden von Individuen inmitten einer Gesellschaft, wenn man den Individualisierungsprozess in die Theorie der Gesellschaft mit einbezieht. […] Es gibt keinen Nullpunkt der gesellschaftlichen Bezogenheit des Einzelnen, keinen »Anfang« oder Einschnitt, an dem er als ein verflechtungsfreies Wesen gleichsam von außen an die Gesellschaft herantritt, um sich nachträglich mit anderen Menschen zu verbinden […]. Diese Geschichte, dieses Menschengeflecht ist in ihm gegenwärtig und durch ihn repräsentiert, ob er nun aktuell in Beziehungen zu anderen steht oder ob er allein ist, tätig inmitten einer Großstadt oder tausend Meilen von seiner Gesellschaft entfernt als Schiffbrüchiger auf einer Insel. (Elias 1987: 45, 47 f.)

3.4.1 | Anonymität als soziale Beziehung

Im Alltag sprechen wir zwar davon, bestimmte Menschen würden außerhalb der Gesellschaft stehen, aber es ist natürlich klar, dass das nur eine alltagssprachliche Ausdrucksweise ist, die ein bestimmtes, geregeltes und vermeintlich anständiges

gesellschaftliches Leben meint und nicht ein gesellschaftliches Leben schlechthin. So werden gerade die Lebensumstände von Menschen in Randsituationen
durch die gesellschaftlichen Rahmenbedingungen bestimmt, in denen sie leben.
Also beispielsweise das Leben einer vereinsamten Rentnerin in einer anonymen
Hochhaussiedlung oder eines Arbeitslosen, dessen Einkommen nicht ausreicht,
um am gesellschaftlichen Leben teilnehmen zu können, und der aus Scham oder
Verzweiflung seine Wohnung kaum mehr verlässt. Ihr Lebenslauf ist, wenn auch
in negativem Sinn, durch und durch von der Gesellschaft abhängig, in der sie
leben. Das gilt erst recht für andere Existenzformen, von denen die Alltagssprache zwar behauptet, sie würden außerhalb der Gesellschaft leben, deren Lebensweise aber in Wirklichkeit nur durch die gesellschaftlichen Bezüge möglich ist.
So ist beispielsweise das Leben von Obdachlosen in großen Städten ganz und gar
auf ihr Umfeld eingestellt: nur eine große Stadt bietet die Chance zum Leben in
Anonymität, stellt Schlafplätze und belebte Straßen zum Betteln bereit und pro-
duziert Abfälle, mit deren Hilfe sich ein Leben fristen lässt. Erst recht gilt das für
Formen der Kriminalität, die nur in Gesellschaft möglich sind. Ein Drogendea-
ler wäre kein Dealer ohne seine Konsumenten, und nur die Räume der Großstadt schaffen die nötigen Voraussetzungen für sein Tun. Auch ein Leben in
Anonymität ist in einer modernen Großstadt viel leichter als anderswo. Auch   **Anonymität
das ist vermeintlich ein Rückzug aus der Gesellschaft. Aber genau betrachtet   durch mehr
meinen wir damit ja nicht den einsamen Bergbauern, von dem jeder im Dorf   Gesellschaft**
unten genau weiß, wer er ist und den man seit Kindesbeinen an kennt, sondern
ein anonymes Leben funktioniert nur in den komplexen Bezügen einer Großstadt. Nur hier gibt es die Möglichkeit, dicht neben anderen Menschen zu leben,
ohne sie zu kennen oder selbst bekannt zu sein. Diese Voraussetzungen aber sind
offensichtlich wiederum hochgradig gesellschaftlich bedingt und nur durch das
Ineinandergreifen vielfältiger Funktionssysteme einer Gesellschaft möglich.

Exkurs: Gibt es »Gesellschaftstheorie«? | 3.5

Der Begriff Gesellschaft, wie er in diesem Kapitel diskutiert wurde, birgt eine
Reihe von Schwierigkeiten. Diese Schwierigkeiten bündeln sich besonders deutlich in der Frage, ob es so etwas wie eine *Theorie der Gesellschaft* geben kann.
   Die Bezeichnung »Gesellschaftstheorie« steht in den Gesellschaften nicht für
irgendeine theoretische Erklärung oder Deutung gesellschaftlicher Teilaspekte
oder konkreter sozialer Prozesse. Sie steht vielmehr für eine Theorie, die das   **Selbstbeschrei-
Funktionsprinzip, die Entwicklungsrichtung und die treibenden Kräfte eines   bung von
bestimmten Typus von Gesellschaft insgesamt zu erklären versucht. Das setzt   Gesellschaft**
voraus, dass zwischen den prägenden Mechanismen und ihren bloßen Auswir-
kungen oder Nebenaspekten unterschieden wird. Und es impliziert, dass sich
Gesellschaftstheorien jeweils auf einen bestimmten Typus von Gesellschaften
beziehen, beispielsweise Industriegesellschaften, kapitalistische oder feudale
Gesellschaften, wobei bereits in den Bezeichnungen der Keim einer Theorie
über die prägenden Strukturen der jeweiligen Gesellschaft angelegt ist.

3.5.1 | Kapitalismus, Industriegesellschaft, Modernisierung

Bedeutung des Wirtschaftens

Ein bis heute diskutiertes Modell einer Gesellschaftstheorie ist die von Karl Marx (1818–1883) begründete Analyse kapitalistischer Gesellschaften. Für sie steht die Art des Wirtschaftens, also die spezifische Art, wie die Arbeit organisiert ist, durch die sich Gesellschaften mit ihren Lebensgrundlagen versorgen, im Zentrum der Theorie. Marx bezeichnet dies als die *Produktionsverhältnisse*, wobei unter diesem Begriff sowohl die technischen Möglichkeiten als auch die Art der Arbeitsteilung sowie das Eigentum an den Produktionsmitteln gemeint sind. Seine Theorie entstand im Angesicht der sich entwickelnden Industriegesellschaften, wobei die Dampfkraft und die maschinelle Produktion ein enorm hohes Maß an Arbeitsteilung erzwangen. Der Arbeiter hatte als ein Rädchen innerhalb einer großen industriellen Maschinerie bestimmte Handgriffe zu verrichten. Entscheidend war aus Marx' Sicht allerdings, dass der Besitz der aufwendigen und teuren Anlagen viel Kapital erforderte und sich die Gesellschaft fortschreitend in einen Gegensatz zwischen kapitalbesitzenden Unternehmern und abhängigen Lohnarbeitern entwickelte. Sehr allgemein gesprochen, prognostizierte Marx, dass sich die weitere Entwicklung kapitalistischer Gesellschaften durch die Verwertungslogik des investierten Kapitals und den Zwang zur Profitmaximierung ergeben werde. Alle anderen gesellschaftlichen Teilaspekte würden nach und nach in die Logik des Kapitals einbezogen und dadurch geformt, sie und letztlich auch die Menschen selbst würden zu »Waren« innerhalb einer umfassenden kapitalistischen Gesellschaft werden.

Eine von mehreren möglichen Gegenpositionen formuliert die in der Mitte des 20. Jahrhunderts entstandene *Konvergenztheorie*. Während sich die seit der Revolution von 1917 in Russland etablierte sowjetische Gesellschaftsordnung auf Marx berief und sich ausdrücklich als Gegenmodell zu den kapitalistischen Gesellschaften Westeuropas und der Vereinigten Staaten begriff, hob die Konvergenztheorie die Gemeinsamkeit beider Systeme hervor, weil beide auf industrielle Produktion, Wachstum und Modernisierung konzentriert seien. Pitirim A. Sorokin (1889–1968), der zunächst an der Russischen Revolution von 1917 mitgewirkt hatte und zu Beginn der 1920er Jahre in die USA geflohen war, prognostizierte, dass sich die unterschiedlichen gesellschaftlichen Ordnungen ungeachtet der politisch-weltanschaulichen Differenzen angesichts der treibenden und prägenden Kraft der industriellen Produktionsweise

Modernisierungstheorie

mittelfristig einander angleichen würden. Die sogenannte *Modernisierungstheorie* griff diesen Gedanken auf (vgl. Lahusen/Stark 2000). In der Konvergenz- und Modernisierungstheorie werden nicht die *kapitalistischen* Eigentumsverhältnisse, sondern wird die *industrielle* Produktionsweise als die zentrale gesellschaftliche Triebkraft angesehen. Die beiden Diagnosen lassen sich dementsprechend in den Begriffen »Kapitalismus« oder »Industriegesellschaft« bündeln, zwischen denen zu Zeiten des Kalten Krieges hitzige (politische) Auseinandersetzungen geführt wurden. Heute könnte man den Blick mit einer ähnlichen Fragestellung auf die wirtschaftliche und politische Entwicklung der Volksrepublik China richten.

Es geht hier nicht darum, die Analysen und Prognosen von Marx oder dessen Gegenpositionen im Detail darzustellen und deren jeweilige Vorhersagen auf ihre Stichhaltigkeit zu prüfen. Besonders die Marx'sche Theorie soll als Beispiel dienen, um die Reichweite und den Deutungsanspruch einer umfassenden Gesellschaftstheorie zu veranschaulichen. Vor diesem Hintergrund lässt sich dann die Frage aufwerfen, ob eine Gesellschaftstheorie mit einem derartigen Anspruch angesichts immer komplexerer, vielgestaltiger und global verflochtener gesellschaftlicher Prozesse und Differenzierungen überhaupt noch möglich ist. Gibt es *den* zentralen Mechanismus oder Faktor, der als die eigentlich treibende Kraft hinter den sichtbaren gesellschaftlichen Phänomenen steht? Oder ist der Anspruch vermessen, Gesellschaften mit einer Theorie aus einem Guss erklären zu wollen und ihnen dabei eine Abhängigkeit von nur einem leitenden Prinzip zu unterstellen?

Auch die umgekehrte Frage lässt sich stellen: Können die Gesellschaftswissenschaften auf eine Gesellschaftstheorie verzichten und sich beispielsweise auf konkrete empirische Studien über ungleiche Bildungschancen oder die konkreten Folgen einer technischen Innovation beschränken?

Auch eine Theorie, die begründet, warum es keine einheitliche Gesellschaftstheorie mehr geben kann oder die die Unumkehrbarkeit der gesellschaftlichen Differenzierung als den prägenden Mechanismus ansieht, könnte in gewisser Weise selbst eine Gesellschaftstheorie sein. Wobei im Einzelnen zu fragen wäre, wie weit der Deutungsanspruch der jeweiligen Theorien tatsächlich reicht und was sich durch ihren Ansatz erklären lässt.

Gesellschaftsdiagnosen und Gesellschaftsbegriffe　　　| 3.5.2

Solche Fragen sind konkret an die zahlreichen Gesellschaftsdiagnosen zu stellen, die die Soziologie hervorgebracht hat und die ihre jeweiligen Einsichten gerne in einem bestimmten Gesellschaftsbegriff wie in eine Art Markenname bündeln. Nach »kapitalistischer Gesellschaft« oder »Industriegesellschaft« sind das beispielsweise die säkulare Gesellschaft, die moderne Gesellschaft, die postindustrielle oder später die postmoderne Gesellschaft, die individualisierte Gesellschaft, die funktional differenzierte Gesellschaft, die Risikogesellschaft, die Erlebnisgesellschaft, die Informationsgesellschaft oder die Weltgesellschaft (Kneer/Nassehi/Schroer 1997, 2001). Zumeist handelt es sich dabei eher um *Gesellschaftsdiagnosen*, die einzelne Entwicklungen herausheben, als um Gesellschaftstheorien im umfassenden Sinn.

Aspekte
moderner
Gesellschaften

Gesellschaftsbegriffe als Gesellschaftsdiagnosen

Agrargesellschaft	Der Begriff zielt auf die Landwirtschaft als Produktions- und Lebensweise, die das Leben eines Großteils der Bevölkerung bestimmt. Agrargesellschaften sind typischerweise Naturalwirtschaften, auch Abgaben werden in Form von Naturalien und nicht in Geld geleistet. Das unterstützt die Sesshaftigkeit der Bevölkerung, die zugleich durch die rechtliche Verfassung erzwungen wird (*Feudalgesellschaft*). Das Leben der Bevölkerungsmehrheit ist durch traditionale Ordnungen geprägt, Schrift wird kaum benutzt. In Europa entwickelte sich seit der Frühen Neuzeit eine kleine (»adelige«) Oberschicht, die aufgrund der Abgaben von der Arbeit entbunden war und kulturelle Leistungen hervorbringen konnte.
Industrie-gesellschaft	Im Zentrum des seit dem Ende des 18. Jahrhunderts entstandenen Gesellschaftstyps stehen Produktion und Lohnarbeit. Dementsprechend sind Industriegesellschaften durch Geldwirtschaft geprägt. Wenn man den Schwerpunkt auf die durch die industrielle Produktion beförderte Eigentumsform legt, kann man von *kapitalistischen Gesellschaften* sprechen. Wenn man den Blick auf die Spaltung der von Lohnarbeitern und Kapitalbesitzern gekennzeichnete Sozialstruktur richtet, von einer *Klassengesellschaft*. Zur Industrialisierung gehört ein umfassender Wandel der Lebensformen, eine *Urbanisierung* und Herauslösung von Menschen aus traditionalen Zusammenhängen und, sobald das materielle Elend der frühen Industrialisierung überwunden war, eine breite *Individualisierung*.
Mittelstands-/ Mittelschichts-gesellschaft	Bereits in den 1920er Jahren diagnostizierte Theodor Geiger (1949) eine »Klassengesellschaft im Schmelztiegel« und das Entstehen eines neuen Mittelstandes. In den 1950er Jahren prägte Helmut Schelsky (1953) den Begriff der »nivellierten Mittelschichtsgesellschaft«. Zur Zeit des Wirtschaftswunders schien die Mehrheit der Bevölkerung ein gehobenes Wohlstandsniveau in der Mitte der Schichtungspyramide erreicht zu haben.
Zwei-Drittel-Gesellschaft	Seit den 1970er Jahren geht die Entwicklung der Einkommen und der Sozialstruktur wieder weg von der Mittelschichtsgesellschaft. Die Schere zwischen hohen und niedrigen Einkommen öffnet sich. Während zwei Drittel der Gesellschaft in Wohlstand leben, erschien ein Drittel durch langfristige Arbeitslosigkeit von der Entwicklung abgekoppelt. Aktuell ist eher die Rede von »Unterschichten« und »Exklusion«, um auf einen Teil der Bevölkerung hinzuweisen, der nicht in das Arbeitsleben der Wohlstands- und Konsumgesellschaft integriert ist.
Postindustrielle Gesellschaft	In den 1970er Jahren von Daniel Bell (1975) und Alain Touraine (1972) geprägter Begriff, mit dem nicht nur gemeint ist, dass sich der Schwerpunkt weg von der industriellen Produktion von Gütern (also der Beseitigung von Knappheit) und hin zu Dienstleistungen (*Dienstleistungsgesellschaft*) und Informationen verlagert. Die Berufsstruktur wandelt sich hin zu höher qualifizierten Tätigkeiten. Und eine allgemeine Sättigung mit materiellen Gütern geht einher mit einem Wertewandel von materialistischen zu postmaterialistischen Einstellungen, wie ihn Ronald Inglehart (1989) beschrieben hat.
Informations-gesellschaft	Ebenfalls in den 1970er Jahren entstandener Begriff, der darauf abhebt, dass Informationen im weitesten Sinn zu den wichtigsten Gütern der Gesellschaft werden. Als Folge wurden gegensätzliche Konsequenzen abgeleitet. Einerseits lässt sich Information ohne Kosten vervielfältigen, es würde also zu einer Vermehrung und Verbreitung von Wohlstand kommen. Andererseits wurde erwartet, dass sich eine neue Informationselite bildet, die demokratisch schwer zu kontrollieren ist.
Risiko-gesellschaft	Mitte der 1980er Jahre prägte Ulrich Beck (geb. 1944) den Begriff der Risikogesellschaft. Er beschreibt zunehmende Risiken im Lebenslauf, die von den Individuen bewältigt werden müssen. So garantiert eine gute Ausbildung oder eine einmal erreichte Karriereposition nicht, dass diese dauerhaft erhalten bleibt. Praktisch aus jeder sozialen Position ist ein sozialer Absturz möglich.
Erlebnis-gesellschaft	Als Konsequenz des Wertewandels von materiellen zu postmateriellen Einstellungen (siehe postindustrielle Gesellschaft) und als Fortsetzung der Individualisierung diagnostizierte Gerhard Schulze zu Beginn der 1990er Jahre den Begriff »Erlebnisgesellschaft«, um eine Gesellschaft zu beschreiben, in der ein symbolisch inszenierter Lebensstil und das Leben in kulturell definierten Milieus gegenüber rein materiell definierten sozialen Schichten immer wichtiger werden (Schulze 1992).

Fazit: Gesellschaft geschieht | 3.6

Wir haben die Frage, was Gesellschaft ist, auf verschiedene Art umkreist. Wir haben gesehen, dass Gesellschaft als vertraute alltägliche Lebenswelt verstanden werden kann. Wir haben aber auch erörtert, inwiefern sich Gesellschaft gegenüber den Menschen, aus denen sie besteht, verselbstständigen kann. Und schließlich haben wir diskutiert, ob Gesellschaften über ein Territorium oder durch ihre Grenzen definierbar sind.

Bei allen Einzelfragen ging es darum, zu einfache Vorstellungen von Gesellschaft als einem festen, klar umrissenen Gegenstand zu hinterfragen. Im Rückblick liegt der Fehler vielleicht bereits in der Frage, was Gesellschaft *ist*. Denn offensichtlich *ist* Gesellschaft gar nicht in dem gleichen Sinn etwas wie ein materieller Gegenstand, eine Farbe oder die Temperatur in einem Raum. Das Wörtchen *ist* suggeriert ein *Bestehen*, so wie ein materielles Ding besteht. Aber vielleicht besteht Gesellschaft gar nicht, sondern *ereignet* sich als fortlaufende Interaktion zwischen Menschen und kann sich dementsprechend schnell verändern.

Eines der Anliegen der folgenden Kapitel ist, Begriffe und Modelle vorzustellen, die diesem besonderen Charakter von Gesellschaft als einer dynamischen Verflechtung gerecht werden. Zugleich sollen diejenigen unter den zu behandelnden Begriffen und Erklärungen kritisiert werden, die ein Geschehen vorschnell verdinglichen, indem sie es als starren Sachverhalt etikettieren.

Lektüreanregungen | 3.7

Albrow, Martin (2007): Das globale Zeitalter, Frankfurt a. M.
Albrow setzt sich differenziert mit dem Verhältnis von Nationalstaat und Globalisierung auseinander. Für ihn verschwindet der Nationalstaat im globalen Zeitalter nicht einfach, sondern er verliert und gewinnt zugleich an Bedeutung. Die erste Auflage erschien unter dem als Frage gemeinten Titel »Abschied vom Nationalstaat«.

Dünne, Jörg/Günzel, Stephan (Hrsg.) (2006): Raumtheorie. Grundlagentexte aus Philosophie und Kulturwissenschaften, Frankfurt a. M.
Sammelband mit einem umfangreichen Spektrum von Textauszügen aus verschiedenen Wissenschaften zum Thema Raum und räumliche Ordnung.

Dürrschmidt, Jörg (2002): Globalisierung, Bielefeld
Ein guter Überblick über die wichtigsten soziologischen Theorien der Globalisierung.

Eigmüller, Monika/Vobruba, Georg (Hrsg.): Grenzsoziologie. Die politische Strukturierung des Raumes, Wiesbaden 2006
Der Band legt die Perspektive nicht auf Nationalstaaten oder Globalisierung, sondern fragt allgemein nach den Formen und Konsequenzen von Grenzziehungen.

Heintz, Bettina/Münch, Richard/Tyrell, Hartmann (Hrsg.) (2005): Weltgesellschaft. Theoretische Zugänge und empirische Analysen, Stuttgart
Der Band entfaltet das Argument, dass Gesellschaft nur noch als Weltgesellschaft gedacht werden kann.

Hess, Sabine/Lenz, Ramona (Hrsg.) (2001): Geschlecht und Globalisierung. Ein kulturwissen-schaftlicher Streifzug durch transnationale Räume, Frankfurt a. M.
Ein Sammelband mit konkreten Studien, unter anderem zu transnationalen Dienstleistungen in Haushalten, aber auch zu anderen Auswirkungen von Globalisierung auf Geschlechterverhältnisse.

Huffschmid, Jörg (Hrsg.) (2004): Die Privatisierung der Welt. Hintergründe, Folgen, Gegenstrate-gien. Reader des wissenschaftlichen Beirats von Attac, Hamburg
Ein Reader mit Hintergrundtexten zu den Anliegen der Globalisierungskritik.

Lutz, Helma (2008): Vom Weltmarkt in den Privathaushalt. Die neuen Dienstmädchen im Zeital-ter der Globalisierung, 2., überarb. Aufl. Opladen/Farmington Hills
Der Band analysiert anhand einer Reihe globaler Fälle die Transnationalisierung am Beispiel von »haushaltsnahen Dienstleistungen«.

Schroer, Markus (2006): Räume, Orte, Grenzen. Auf dem Weg zu einer Soziologie des Raums, Frankfurt a. M.
Markus Schroer bietet eine Systematisierung von theoretischen Ansätzen und Begriffen.

Simmel, Georg (1992 [1908]): Der Raum und die räumlichen Ordnungen der Gesellschaft, in: ders.: Soziologie. Untersuchungen über die Formen der Vergesellschaftung, Frankfurt a. M. 1992, S. 687–790
In diesem klassischen Text stellt Simmel dar, dass räumliche Ordnungen das Resultat sozialer Wech-selwirkungen zwischen den Beteiligten sind. Sie sind keine materielle Gegebenheit, sondern symboli-sche Ordnungen, die sozial erzeugt werden und dann ihrerseits Auswirkungen auf das soziale Gesche-hen haben. Das Kapitel enthält auch den »Exkurs über den Fremden« (S. 764–771), der im Text zitiert wird.

3.8 | Fragen zum Verständnis und zur Reflexion

- Für wie plausibel halten Sie es, heute Gesellschaften noch als nationale Gesell-schaften statt als Teil einer Weltgesellschaft zu begreifen? Welche Gründe sprechen dagegen und welche sprechen dafür?
- Versuchen Sie herauszufinden, wie viele Staaten und Weltregionen konkret an der Herstellung Ihres Mobiltelefons (von der Rohstoffgewinnung über die technische Entwicklung, die Herstellung der Produktionsanlagen, die Pro-duktion der Einzelteile, die Montage und Verpackung des fertigen Gerätes, das Erstellen der Bedienungsanleitung, das Bereitstellen einer Hotline bis hin zur Werbung für das Produkt) beteiligt sind.
- Denken Sie an eine Situation, in der Sie das Gefühl haben, sich aus »der« Gesellschaft zurückziehen oder sich gegen »die« Gesellschaft stellen zu wol-len. Wie plausibel ist es, dass Ihnen das tatsächlich gelingt?
- Halten Sie eine umfassende Theorie moderner Gesellschaften für möglich? Welche Aspekte müssten dabei berücksichtigt werden? Was gewinnt man durch umfassende Gesellschaftstheorien? Was genau gerät möglicherweise aus dem Blick?

Wie ist Gesellschaft möglich? | 4

Auf den ersten Blick ist dies eine sonderbare Frage, denn offensichtlich gibt es ja Gesellschaften aller Art. Es ist sogar eher umgekehrt, dass wir keinen Menschen finden werden, der nicht in Gesellschaft lebt. Und dennoch lässt sich aus ihrer Beantwortung etwas über den Begriff der Gesellschaft lernen. Und zwar nicht zuletzt deshalb, weil man die Frage stets zusammen mit ihrem Spiegelbild, »Wie sind selbstbestimmte, freie Subjekte möglich?«, stellen muss. Deutlich wird an diesen Fragen, wie eng die Auffassungen vom Wesen des Menschen und vom Wesen der Gesellschaft zusammenhängen.

Subjektivität, Intersubjektivität, Sozialität, Sozialisation, Weltoffenheit, Philosophische Anthropologie, Arbeit, Institution, soziokulturelle Evolution, Geschichtlichkeit, Natalität

Einführung | 4.1

Die Überschrift dieses Kapitels ist von einem der Klassiker der Soziologie entlehnt, sie stammt aus Georg Simmels (1858–1918) »Soziologie« von 1908. Bevor Simmel in das eigentliche Thema seines Buches, die *Formen der Vergesellschaftung*, einsteigt, wirft er in einem Exkurs die Frage auf, wie Gesellschaft überhaupt möglich ist (Simmel 1992 [1908]: 42–61). Bei der Beschäftigung mit dieser Frage lässt sich sehr viel lernen.

Natürlich ist eine naive Antwort auf die Frage möglich: Wenn eine gewisse Zahl von Menschen zusammenkommt, hat man eine Gesellschaft. Die Vorstellung, Gesellschaft meine nichts anderes als »eine Gruppe von Menschen« und soziale Prozesse seien schlicht das, was nun einmal geschieht, wenn eine Gruppe von Menschen miteinander kommuniziert, handelt oder interagiert, ist aber bei Weitem zu einfach.

Die naive Antwort geht davon aus, dass freie, intelligente und mit einem subjektiven Willen ausgestattete Menschen bereits gegeben sind, die dann zufällig oder aus freien Stücken zusammenkommen oder nicht. Die Idee, der Einzelne sei bereits für sich ein vollständiges Subjekt und könne dann wahlweise in Kontakt zu anderen treten oder den Kontakt meiden, geht von einem schweren Irrtum aus. Eine solche Auffassung entspricht zwar unserem alltäglichen Selbstbewusstsein: Wir fühlen uns ganz für uns als Subjekte, sehen die Welt scheinbar von einem Standpunkt in unserem Inneren heraus und sind überzeugt, dass es in uns eine Wahrheit gibt, die unser Innerstes und Eigenstes ist. Daran ist etwas Wahres, zugleich liegt darin aber auch ein Irrtum. Denn überraschenderweise teilen wir innerste Erfahrungen und Antriebe oftmals mit Menschen, die mit uns in derselben Zeit und derselben Gesellschaft leben. Jedenfalls bleibt in diesem subjektiven Selbstbild offen, woher dieses Innerste kommt und wie es sich entwickeln konnte. Denn wenn nicht jede und jeder Einzelne von uns in Gesellschaft aufgewachsen wäre, würden wir uns nie zu den Subjekten entwickelt haben, als die wir uns empfinden.

Sozialität Menschliche Subjekte kann es nur *in* und *durch* Gesellschaft geben. Und diese Sozialität erstreckt sich nicht nur auf Äußerlichkeiten und auf die Fähigkeit, soziale Beziehungen einzugehen, sondern gerade auch das, was uns als unsere persönlichsten und subjektivsten Seiten erscheinen mag, unsere Wünsche und Fantasien, haben sich nur in Gesellschaft entwickeln können. Natürlich handelt es sich um unsere jeweils eigenen Fantasien, doch es ist auffällig, wie Menschen in einer Epochen jeweils ähnliche Sehnsüchte und Ziele entwickelt haben, die sich von anderen Epochen unterscheiden. Mehr noch, die Tatsache, dass wir überhaupt Wesen mit der Fähigkeit zum Wünschen, Hoffen, Entscheiden und Handeln sind, ist untrennbar damit verbunden, dass wir gesellschaftliche Wesen sind.

4.1.1 | Gibt es isolierte Subjektivität?

Das 18. Jahrhundert, in dem sich langsam der Begriff der Gesellschaft ausbildete (vgl. 6.2 u. 6.3), war fasziniert von der Vorstellung, ein neugeborenes Kind würde – aus Versehen oder Absicht – im Wald ausgesetzt und allein von Tieren aufgezogen. Erzählungen über solche »Wolfskinder« finden sich sowohl in der Literatur als auch in pädagogischen und philosophischen Schriften (Malson/Itard/Mannoni 1972). Es ging um die Frage, wie ein Mensch in seinem Verhalten, seiner Sprache und seinem Denken beschaffen sein würde, der ganz frei von den Einflüssen der Gesellschaft aufgewachsen ist. Es herrschten unterschiedliche Auffassungen hierzu. Viele hegten die Vorstellung, auf diese Weise werde das Wesen des Menschen, seine »wahre Natur« zum Vorschein kommen. Manche hofften auch, auf diese Weise die ursprüngliche Sprache des Menschen entdecken zu können. Andere hingegen ahnten recht deutlich, dass das Kind, wenn es überhaupt überlebte, eher zu einem wilden Tier als zu einem Menschen heranwachsen würde.

Letzteres führt zum entscheidenden Punkt. Der Mensch, der außerhalb aller Gesellschaft aufwächst, entwickelt sich nicht zu einem besonders freien und kreativen Individuum, das sich unbeschränkt von gesellschaftlichem Regelwerk entfalten kann. Im Gegenteil, es bleibt ein dumpfes, sprachloses, fantasieloses Lebewesen, dem alles das fehlen würde, was wir als die besonderen menschlichen Eigenschaften ansehen. Die Intelligenz, die Sprache, den Verstand und gerade auch die Kreativität, die Subjektivität und selbst die geheimen Sehnsüchte und Wünsche entwickeln Menschen, weil sie in Gesellschaft leben. *kein Mensch ohne Gesellschaft*

Das bedeutet gerade nicht, dass Menschen durch die Gesellschaft auf plumpe Weise geprägt oder dass ihnen bestimmte Eigenschaften aufgezwungen würden. Sondern umgekehrt: Erst das Leben in Gesellschaft, die Interaktion, macht die Entwicklung von Subjektivität möglich. Und zwar eine Subjektivität, die sich dann wieder von Gesellschaft lösen oder sich sogar gegen sie stellen kann.

Der Irrtum des Gedankenexperiments mit den Wolfskindern bestand darin, einen falschen Gegensatz zu zeichnen, der einerseits das freie Individuum mit seinem Willen und seinen Bedürfnissen sieht und auf der anderen Seite die Gesellschaft mit ihren Regeln und Zwängen, die das Individuum einschränken. Doch es handelt sich um keinen Gegensatz, sondern um ein komplementäres Verhältnis: Nur in einer menschlichen Gesellschaft kann sich das Individuum mit seiner Subjektivität und Freiheit entfalten. Und umgekehrt kann nur aus freien und subjektiv eigenständigen Individuen eine komplexe Gesellschaft entstehen.

Das bedeutet natürlich nicht, dass es keine sozialen Zwänge gibt. Es bedeutet, dass die Gesellschaft zugleich Freiheit schafft und Zwänge auferlegt, dass sie gleichermaßen die Entwicklung subjektiver Wünsche ermöglicht und die Erfüllung dieser Wünsche hemmt. Oder, noch zugespitzter: Nur aus dem Wechselspiel der Generierung und Hemmung von Wünschen entsteht ein Subjekt. Diesen widersprüchlichen und dialektischen Zusammenhang formuliert beispielsweise Sigmund Freud (1856–1939) sehr anschaulich in seinem Essay »Über das Unbehagen in der Kultur« (Freud 1999 [1930]), und zwar unabhängig davon, ob man sich dabei auf das psychoanalytische Denken einlässt oder nicht. Freuds Argument ist, dass wir an den Zwängen und Verboten unserer Kultur leiden, weil wir glauben, unsere Bedürfnisse nicht frei ausleben zu können. Dabei übersehen wir aber, dass eben diese verfeinerten Bedürfnisse und gesteigerten Wünsche überhaupt erst das Produkt jener Kultur sind, in der wir leben. *Subjektivität und Freiheit*

4.2 | Gesellschaft, Subjektivität und Sozialität

In der Leitfrage des Kapitels erscheint Gesellschaft als dasjenige, was erklärt werden muss. So als könnte der Mensch als individuelles Wesen vorausgesetzt werden und als müsste man sein Zusammenleben in mehr oder minder komplexen Gruppen als einen darauf aufbauenden, unwahrscheinlichen und erklärungsbedürftigen nächsten Entwicklungsschritt betrachten. Dies ist die klassische Herangehensweise der politischen Philosophie, die vom freien und bereits voll entwickelten Menschen im Naturzustand ausgeht und dann die Frage nach einer gerechten und stabilen politischen Ordnung stellt. Aus Sicht der Soziologie geht diese Art der Fragestellung jedoch von einer falschen Vorannahme aus, nämlich der, dass es den Menschen als freies Subjekt bereits *vor* der Entwicklung von Gesellschaft gibt.

irriger Naturzustand

Man muss die Leitfrage des Kapitels daher immer zusammen mit der umgekehrten Frage stellen: Wie sind individuelle, freie und handlungsfähige Subjekte möglich? Die Kombination der zwei Fragen macht eine Antwort erforderlich, die nicht eines von beiden, Subjektivität oder Gesellschaft, voraussetzt, sondern erklärt, wie beides zugleich entstehen konnte, und zwar nur in wechselseitiger Abhängigkeit.

Eine Antwort auf die doppelte Frage ist aus zwei Perspektiven möglich: einmal mit Blick auf die Individuen, die zu einer gegebenen Zeit eine Gesellschaft bilden; und einmal als Frage nach der langfristigen Genese, danach, wie mach sich eine geschichtliche Entwicklung von Subjekten und Gesellschaft überhaupt vorstellen kann.

4.2.1 | Sozialisation

Aus Sicht des Individuums gibt es einen notwendigen Zusammenhang zwischen Subjektivität und Sozialität bzw. Gesellschaftlichkeit. Die Soziologie hat sich an diesem notwendigen Zusammenspiel immer wieder abgearbeitet und immer neue Modelle und Begriffe dafür entworfen. Sie finden sich vor allem in den grundlegenden Konzeptionen der *Sozialisation*, die etwas viel Umfassenderes bezeichnet als Erziehung oder Heranwachsen (vgl. 10.3).

umfassender Sozialisationsbegriff

Wir kennen also nur Menschen in Gesellschaft, aber keine Menschen außerhalb oder jenseits von Gesellschaft. Dadurch können wir den Sinn unserer Frage, wie Gesellschaft überhaupt möglich ist, in einer wichtigen Hinsicht einschränken. Die Lösung ist, dass wir nicht von »fertigen« erwachsenen Menschen ausgehen dürfen, die bestimmte Eigenschaften, Fertigkeiten, Einstellungen, Erwartungen und Kenntnisse haben und sich dann überraschend gegenüberstehen und erstmals eine Gesellschaft bilden müssen. So etwas mag es in einem Film geben, in dem ein Schiffbrüchiger auf einer Insel mit einer ihm völlig fremden Lebensform landet oder ein Insasse des Raumschiffes Enterprise in einer ganz anderen Galaxie. In allen anderen Fällen ist aber ganz wesentlich, dass Menschen immer schon in Gesellschaft leben. Dass sie überhaupt nur durch das

Leben in Gesellschaft zu den Menschen mit den Fertigkeiten, dem Wissen und den Überzeugungen werden konnten, die sie sind.

Die Frage »Wie ist Gesellschaft möglich?« ist gewissermaßen das Spiegelbild der Frage »Wie ist ein erwachsener, sprach- und handlungsfähiger Mensch möglich?«. Wir als Individuen mit Vorstellungen über unsere eigene Person, über unsere Umwelt und die Welt insgesamt sind immer schon in einer Gesellschaft aufgewachsen, die solche Fragen kennt und die auch Antworten darauf bereithält. Auch wenn sich jede und jeder von uns diese Antworten selbst erarbeiten und aneignen muss.

Gesellschaft ist also möglich, weil es Menschen gibt, die immer schon vergesellschaftete »Produkte« von Gesellschaft sind. Und umgekehrt gibt es handlungs- und sprachfähige Menschen nur, weil sie immer schon in eine Gesellschaft geboren werden, die ihnen die Möglichkeit gibt, zu dem zu werden, als was sie sich selbst erfahren. Gesellschaft ist möglich, weil Menschen bis in ihr innerstes Wesen, in ihr Denken, Wünschen und Handeln hinein, gesellschaftliche Wesen sind. Und umgekehrt sind Menschen nur deshalb Wesen mit Individualität, Wünschen und Absichten, weil sie in Gesellschaft leben.

wechselseitige
Ermöglichung

Dieser Zusammenhang gilt sowohl in der Biografie jedes Einzelnen als auch in einer langen evolutionären Perspektive. In der individuellen Biografie gibt es ihn, weil wir von der ersten Sekunde, in der wir in die Welt fallen, von Gesellschaft umgeben sind: am Anfang von wenigen konkreten Menschen, die sich um uns kümmern, mit uns (in einer bestimmten Sprache) kommunizieren und uns die Welt zeigen, wie sie sie sehen; nach und nach werden dann immer mehr Menschen in immer weiteren Kreisen für uns zu Bezugspersonen: als Freunde und Bekannte, als Kommunikationspartner, flüchtige Kontakte, langjährige Lebenspartner oder explizite Lehrer. Sie werden zu Vorbildern nicht deshalb, weil wir sie nachahmen oder imitieren, sondern weil sie uns auf (mehr oder minder bestimmte) Ideen bringen, weil sie uns anregen, faszinieren oder abstoßen, Wünsche in uns wecken oder zu Auseinandersetzungen reizen.

In einer langen evolutionstheoretischen Perspektive lässt sich die Evolution des Menschen gleichfalls nur aus der wechselseitigen Abhängigkeit von Individuen und Gesellschaft verstehen. Es handelt sich um eine Ko-Evolution der psychischen Fähigkeiten des Menschen und der gesellschaftlichen Ordnung seines Zusammenlebens.

Ko-Evolution
von Mensch
und Gesellschaft

Evolutionäre Perspektive | 4.2.2

Aus Sicht der Gesellschaft gibt es einen notwendigen Zusammenhang zwischen der Entwicklung intelligenter, reflexiv denkender und mit einem Selbstbild ausgestatteter Lebewesen und der Möglichkeit, dass sich Gesellschaft bildet. Anders gesagt: Es gibt einen notwendigen Zusammenhang von psychischer Evolution der Individuen und sozialer Evolution von Gesellschaft.

Dabei kommt es für die Evolution von Gesellschaft nicht einfach auf die Intelligenz der Individuen an, sondern auf die selbstbestimmte Subjektivität

Voraussetzungen für Evolution

und Unberechenbarkeit. Diese wird noch gesteigert durch den ständigen Wechsel der Mitglieder durch Geburt und Tod. Was auf den ersten Blick als Problem für die Ordnung und Dauerhaftigkeit einer Gesellschaft erscheinen könnte, ist bei genauerem Durchdenken aber die Voraussetzung dafür, dass sich Gesellschaft überhaupt über elementare Formen hinaus entwickeln konnte. Damit sich Gesellschaft als eine dauerhafte Struktur oder kulturelle Ordnung herausbilden kann, ist sie auf das Gegenteil angewiesen: die Flüchtigkeit und den Wechsel sowie die Freiheit und Unberechenbarkeit (Kontingenz) des Handelns ihrer Mitglieder. Nur dann ergibt sich nämlich ein evolutionärer Nutzen dadurch, dass Gesellschaft als komplementäre Ordnung zur subjektiven Freiheit entsteht.

Die Evolutionsforschung hat herausgearbeitet, dass es in der Evolutionsgeschichte des Menschen und der menschlichen Gesellschaft keinen Sinn ergibt, mit der Vorstellung einer einfachen Abfolge zu arbeiten, die menschliche Intelligenz habe sich zuerst entwickelt und dann seien komplexere Formen des Gruppenlebens entstanden. Vielmehr muss man sich die Entwicklungsschritte eng miteinander verschränkt und voneinander abhängig vorstellen.

Steigerungsverhältnis

Ein Mindestmaß an Intelligenz ist die Voraussetzung für ein flexibles Zusammenleben, für Lernfähigkeit und Sozialverhalten. Das darauf aufbauende Zusammenleben ermöglicht und begünstigt wiederum die Entwicklung von Kommunikationsfähigkeiten, Intelligenz und Einfühlungsvermögen. Individuelle Eigenschaften und soziale Strukturen haben sich schrittweise in einer wechselseitigen Ko-Evolution herausgebildet, weil sich das eine nur durch das andere entwickeln konnte.

Keines von beidem stand somit am Anfang, und beide konnten sich nur in Abhängigkeit vom jeweils anderen in einem wechselseitigen Steigerungsverhältnis entwickeln. Diese Deutung bietet eine Erklärung, bei der es nicht auf den Anfang oder die ursprünglichen Elemente, sondern auf die Entwicklung selbst ankommt.

Das zeitliche Denkmodell der Ko-Evolution zur Erklärung der Genese von Subjektivität und Gesellschaft entspricht dem ontologischen Denkmodell der Emergenz (vgl. 2.4). Auf der Seite des Subjekts ist dies die Emergenz von Intelligenz und Spontaneität und auf der der Gesellschaft die Emergenz von Sprache und sozialen Strukturen.

4.2.2.1 | Evolution und Emergenz

Emergenz neuer Qualitäten

Diese Überlegungen haben grundsätzliche Konsequenzen für unser Bild der Wirklichkeit und für unser Verständnis von Erkenntnis. Die herkömmlichen Denkfiguren, die davon ausgehen, etwas Komplexes erklären zu können, indem sie es entweder auf einen Ursprung oder eine anfängliche Kraft zurückführen oder es in seine kleinsten Teile zerlegen und diese dann beschreiben, werden niemals auf »den Kern« der Sache stoßen, den sie suchen. Sie werden das Verständnis des komplexen Ganzen immer verfehlen. Das gilt für die (gedanklichen wie realen) Experimente mit isoliert aufgezogenen Kindern im 18. Jahrhundert ebenso wie für die Vorstellung, man würde in den Genen des Menschen eine Art umfangreiche Bedienungsanleitung für alles finden, was Menschen denken, tun und hoffen.

Entscheidend ist, sich von dieser Denkfigur zu verabschieden und eine andere an ihre Stelle zu setzen. Es ist die Figur der Emergenz: das Zusammenspiel der Teile erzeugt mehr und etwas grundsätzlich anderes als in jedem der Teile enthalten ist. Dieses Phänomen wiederholt sich auf allen Ebenen der Wirklichkeit. Das Wissen über die chemische Zusammensetzung einer Zelle ermöglicht es eben nicht, aus den chemischen Elementen eine lebende Zelle herzustellen. Denn das Leben ergibt sich aus einem Zusammenspiel, das etwas ganz anderes ist als die Summe von Teilen. Gleiches gilt für komplexe Organismen und auch für die psychischen Leistungen des Menschen und die Formen seines gesellschaftlichen Zusammenlebens. Komplexe psychische Leistungen lassen sich gerade nicht, wie manche Verhaltensforscher meinen, aus einfachen angeborenen Reaktionsmustern zusammensetzen, sondern sie sind etwas Eigenständiges, das gerade nur aus dem Zusammenspiel vieler Faktoren entsteht. Ein Buch besteht nur aus Buchstaben, aber den Sinn dieser Zeilen kann man nicht aus einem Alphabet herauslesen.

Buchstaben machen kein Buch

Für das Soziale gilt das Gleiche wie für die psychischen Leistungen. Man kann komplexe Gesellschaften, die sich in eine große Vielfalt von Gruppen und Beziehungen, von Funktionen und Spezialisierungen und von Strukturen und Institutionen gliedern, nicht dadurch verstehen, dass man nach so etwas wie »sozialen Grundformen« sucht. Wenn man isolierte kleine Gruppen unter Laborbedingungen beobachtet oder elementare soziale Verhaltensweisen herauszufiltern versucht, dann findet man eben nur das, was man sucht: kleinteilige Beziehungsformen oder simple Reaktionsmuster. Die komplizierten sozialen Verhältnisse, die uns interessieren, gerade wenn wir beispielsweise die modernen Industriegesellschaften betrachten, sind durch Merkmale gekennzeichnet, die sich nicht in ihren Elementen verbergen, sondern die erst durch die Komplexität des Zusammenspiels entstehen. Diese Auffassung gilt, wie die Beispiele zeigten, nicht nur für Aspekte von Gesellschaft. Aber es ist wichtig, diese Perspektive auf das Soziale oder die Gesellschaft bei allen konkreten Fragen, die im Folgenden behandelt werden, im Auge zu behalten.

Soziokulturelle Evolution

4.2.2.2

Das Prinzip des allgemeinen Evolutionsmodells lässt sich auf beliebige Sachverhalte anwenden. Die biologische Evolution ist nur ein Gebiet, auf dem mithilfe der Evolutionstheorie eine sich selbst steigernde und steuernde Entwicklung beschrieben und erklärt werden kann, ohne die Ursachen dafür in einem Ursprung oder in vorab gegebenen Elementen und Kräften zu suchen.

An einem bestimmten Punkt der biologischen Evolution des Menschen wurde offensichtlich ein Niveau psychischer Fähigkeiten erreicht, das Strukturen des sozialen Zusammenlebens ermöglichte, durch die der Mensch die Zwänge der biologischen, rein auf Vererbung beruhenden Evolution verlassen konnte. An dieser Stelle setzte eine psychosoziale Evolution ein, die ganz neuartige psychische Leistungen und zugleich soziale Organisationsformen ermög-

Evolution nach der Evolution

lichte, die sich wechselseitig bedingten, förderten und stützten und so zur Genese des Menschen als soziales Wesen führten.

Die Evolution stützte sich nun nicht mehr allein auf ererbtes Verhalten, sondern auf erlerntes und anschließend tradiertes Handeln. Voraussetzung dafür war ein Mindestmaß an psychischen Fähigkeiten, aber auch an sozialen Zusammenhängen. Denn eine Tradierung von Handlungen, ein Lernen durch Nachahmung oder sogar durch bewusstes Lehren, setzt längerfristig stabile soziale Gruppenverhältnisse voraus, die auch mehrere Generationen überdauern.

4.2.2.3 | Sprache

Ein entscheidender Durchbruch in der Evolution vollzog sich dann mit einer genuin sozialen Errungenschaft: dem Gebrauch von Zeichen zur Kommunikation. Elementare Formen von Kommunikation setzen nicht nur entsprechende kognitive Fähigkeiten voraus, sondern auch ein soziales Zusammenleben, in dem sich Kommunikation überhaupt erlernen und verwenden lässt. Der Sprung, der die weitere psychische und soziale Evolution von der sehr viel längere Zeiträume erfordernden biologischen Evolution abkoppelte, war die Verwendung von sinnhaften Zeichen: Lauten oder Gesten, die auf etwas anderes verwiesen als auf sich selbst. Eine Kommunikation, bei der eine Geste nicht mehr für sich selbst steht, also eine Geste nicht mehr unmittelbar eine Bedrohung *ausdrückt* und zugleich diese Bedrohung *ist* oder in der ein bestimmter Ruf nicht mehr bloß eine unmittelbare Bedrohung anzeigt, sondern in der es möglich ist, auf etwas Abwesendes, aber Gemeintes zu verweisen, ist ein Schritt mit sehr weitreichenden Konsequenzen. Hier liegt der Keim, aus dem sich über viele Stufen die Möglichkeit entwickelte, immer kompliziertere Sachverhalte auszudrücken und über Zusammenhänge zu kommunizieren, sie zu verabreden oder sie durch bloße Beschreibung zu lehren oder zu lernen.

Die Kommunikation mit sinnhaften Zeichen ist nichts anderes als die Fähigkeit zwischen dem, was man unmittelbar wahrnimmt, und dem, was damit gemeint ist, zu unterscheiden. Es ist nicht möglich, sich vorzustellen, dass sich diese Fähigkeit auf dem Weg einer rein biologischen Evolution in einem vereinzelten psychischen System entwickeln konnte. Möglich war dies vielmehr nur im und durch das soziale Zusammenleben. Und jede zusätzliche Leistungsfähigkeit, die sich die Psyche der beteiligten Individuen auf diese Weise antrainierte, führte im Gegenzug dazu, dass das soziale Zusammenleben vielgestaltiger und inhaltsreicher werden konnte. Die Bedeutung der Zeichen konnte natürlich nur gewahrt und erweitert werden, weil viele dazu beitrugen und sie innerhalb einer Gruppe über die Lebensspanne einzelner Individuen hinaus weitergegeben wurden. Nur so war die Evolution einer Sprache möglich, die nicht in jeder Generation neu »erfunden« werden musste, sondern die sich im Laufe langer Zeiträume immer weiter anreichern und komplexer werden konnte. Sprache und erst recht Schrift können sich nur in stabilen Gesellschaften entwickeln, die dafür sorgen, dass die erforderlichen Kenntnisse tradiert werden, auch wenn die individuellen Mitglieder, in deren Gedächtnis sie verwahrt werden, sterben und neue Mitglieder ohne alle diese Kenntnisse hinzukommen.

Evolution von Sinn

Sprache setzt Gesellschaft voraus

Sprache in unserem Sinn ist wahrscheinlich ein relativ später Schritt, dem in der parallelen Evolution sozialer Gefüge und psychischer Leistungen andere Schritte vorangingen, die aber von einem Mindestmaß an sinnhaftem Zeichengebrauch abhingen. Entscheidend ist, dass Sprache nicht nur die kognitiven Fähigkeiten der individuellen Psyche enorm erweitert, sondern auch die Ausbildung voraussetzungsvoller sozialer Organisationsformen ermöglicht, die dann ihrerseits die Ausbildung noch differenzierterer Zeichensysteme erlaubten und auch forderten. Mithilfe von Zeichen konnten beispielsweise längerfristige Vereinbarungen getroffen werden. Aufgaben konnten verteilt und Tauschgeschäfte ausgehandelt werden. Es wurde möglich, Versprechen zu geben und zu akzeptieren. Man lernte, darauf zu vertrauen, wie ein anderer künftig handeln wird – oder daran zu zweifeln und sich einen entsprechenden Plan zurechtzulegen. Überhaupt wurde es möglich, verschiedene Alternativen mit Argumenten gegeneinander abzuwägen. Und im sozialen Bereich konnten beispielsweise Mechanismen der Streitschlichtung entstehen, auf die sich die Beteiligten einigten.

Fazit

4.2.2.4

Dieser Ausflug in die Evolutionsgeschichte des Menschen sollte vor allem zeigen, dass die Gegenüberstellung von Individuen und Gesellschaft, die das eine gegen das andere aufrechnen will, von ganz falschen Voraussetzungen ausgeht. Von Anfang an konnten Individuen, die zu anspruchsvollen psychischen Leistungen imstande sind (zu denen auch grundlegende Funktionen wie ein Selbstbild und die Sprachfähigkeit gehören), nur im sozialen Zusammenleben entstehen. Und umgekehrt ermöglichte die wachsende psychische Leistungsfähigkeit der Einzelnen immer komplexere soziale Zusammenhänge.

Es handelt sich um einen Prozess, der sich gegenseitig hochschaukelt und in dem beide Seiten, die soziale wie die psychische, Möglichkeiten entwickeln und verwirklichen, die sie ohne den wechselseitigen Bezug nicht gehabt hätten. Es handelt sich um Leistungen, die vor allem das Resultat des evolutionären Prozesses sind und nicht um etwas, das in den einzelnen Elementen, die in diesen Prozess eintreten, schon angelegt war. Es gibt keine angeborene Sprache. Und ein Kind außerhalb der Gesellschaft würde (wenn es überhaupt überlebte) nicht nur keine Sprache entwickeln, sondern sein Verstand würde nie die Leistungsfähigkeit eines Menschen erreichen, der in Gesellschaft lebt.

wechselseitige Steigerung

Das, was einen Menschen ausmacht, seine Leistungsfähigkeit, sein Selbstbild, seine Wünsche und Zweifel, sind erst durch die Gesellschaft möglich geworden.

Der Mensch als soziales Wesen | 4.3

Der vorangegangene Abschnitt hat gezeigt, dass man die Frage »Wie ist Gesellschaft möglich?« nicht durch einen einfachen Verweis auf vorgegebene menschliche Eigenschaften beantworten kann, sondern dass man die Intelligenz und Subjektivität und die Sozialität des Menschen in einem Zusammenhang denken muss. Trotzdem kann man auf einer anderen Ebene die Frage stellen, welche

Voraussetzungen den Menschen kennzeichnen, die ihn zu einem sozialen Wesen machen. Wie ist der Mensch beschaffen, wenn er als soziales Wesen lebt? Die drei Antworten, die im Folgenden erörtert werden, gehen gerade von den Begrenztheiten und Mängeln des Menschen als biologisches Lebewesen aus und leiten daraus im Umkehrschluss Folgerungen ab.

4.3.1 | Philosophische Anthropologie: instinktarm, aber weltoffen

In der ersten Hälfte des 20. Jahrhunderts hat sich eine zwischen Philosophie, Biologie, Anthropologie und Soziologie angesiedelte Denkströmung entwickelt, der es darum ging, aus den biologischen Voraussetzungen der Gattung Mensch philosophische Deutungen zu gewinnen. Beteiligt waren Autoren wie Max Scheler (1874–1928), Arnold Gehlen (1904–1976) und Helmuth Plessner (1892–1985). Eine der wesentlichen Einsichten dieser *Philosophischen Anthro-*

Mensch als
Mängelwesen

pologie lautet, dass der Mensch ein *Mängelwesen* ist. Demnach ist der Mensch gerade nicht durch eine bestimmte biologische Ausstattung gekennzeichnet, sondern dadurch, dass ihm diese Ausstattung fehlt. Das gilt für seine körperlichen Merkmale, es gilt aber auch für seine Ausstattung mit festen Verhaltensmustern.

> Diese Besonderheit [des Menschen] besteht, wie schon angedeutet, in einem durchgehenden Mangel an hochspezialisierten, d. h. umweltspezifisch angepassten Organen, und dies wären die von außen sichtbaren Bedingungen eines handelnden und weltoffenen, also auf sich selbst gestellten Wesens. (Gehlen 1976 [1940]: 87)

Menschen sind auf keine bestimmten Verhaltensweisen oder Lebensformen festgelegt, aber sie sind in der Lage, Beliebiges zu erlernen. Doch Menschen lernen nicht einfach, sondern sie gestalten. Die fehlende Anpassung an eine bestimmte Umwelt bedingt im Umkehrschluss eine *Weltoffenheit*, die Fähigkeit, sich durch eigenes Handeln eine Welt nach den eigenen Bedürfnissen zu schaffen.

Auch wenn die Biologie oder die Genetik immer wieder versuchen, »natürliche« Verhaltensweisen des Menschen zu identifizieren und sie auf biologische Grundlagen zurückzuführen, kommen dabei stets nur Reste und Überbleibsel zum Vorschein. Zu einem ganz überwiegenden Teil gilt das Entgegengesetzte: Menschen sind in ihrem Handeln nicht durch Verhaltensprogramme oder Instinkte festgelegt.

Institutionen
als Entlastung

Die Koordinierung von Verhalten, das beim Menschen eben kein automatisches *Verhalten*, sondern sinnhaftes *Handeln* ist, muss also anders geleistet werden, und genau hier ist die Schnittstelle zum Menschen als sozialem Wesen. Die *Instinktarmut* des Menschen wird kompensiert durch *soziale Institutionen* als *Instinktersatz*. Unter Institutionen wird dabei alles verstanden, was sich durch Routine und Tradition an festen Handlungsmustern und Handlungserwartungen im gesellschaftlichen Leben ausbildet (vgl. zum Begriff der Institution 7.3.4). Indem Institutionen dem Handeln eine Orientierung geben, erfüllen sie eine *Entlastungsfunktion*.

Arbeit und Weltaneignung

4.3.1.1

Eine wesentliche Folgerung aus der mangelhaften biologischen Ausstattung des Menschen besteht darin, dass er zum Überleben darauf angewiesen ist, sich eine Welt zu gestalten. Menschen haben keine natürliche Umwelt, aber sie sind in der Lage, praktisch jede Umwelt durch ihre *Arbeit* zu ihrer Lebenswelt zu machen.

Der Begriff der Arbeit ist ein weiterer Schlüsselbegriff der Philosophischen Anthropologie. Arbeit bedeutet, durch systematisches Tun etwas zu schaffen. Und es gehört zum Menschen, dass er, indem er sich seine Lebensgrundlagen durch Arbeit schafft, zugleich die Welt aneignet und nach seinen Bedürfnissen formt. Er passt sich nicht evolutionär einer Umwelt an, sondern er gestaltet sie um zu seiner *Welt*.

eine Welt
schaffen

Bereits im 19. Jahrhundert spielte der Begriff der Arbeit in einem umfassenden Sinn eine Schlüsselrolle in den Sozialwissenschaften. So unterschiedliche Autoren wie Karl Marx oder der Historiker Gustav Droysen (1808–1884) machten das Bild vom Menschen als einem arbeitenden Wesen zur Grundlage ihrer historischen Theorien.

Menschen werden geboren und sterben

4.3.2

Die Endlichkeit des menschlichen Lebens, also die Tatsache, dass Menschen geboren werden und sterblich sind, wird in der Soziologie zumeist nur als Problem der *Erziehung* und *Sozialisation* behandelt. Sozialisation ist ein zentrales soziologisches Konzept, das erklärt, wie höchst unterschiedliche Gesellschaften möglich sind und wie es gleichwohl immer zu einer Kongruenz von Gesellschaften und ihren Mitgliedern kommt (vgl. 10.3). Aus Sicht aller Sozialisationstheorien wirft die Geburt die Frage auf, wie die neugeborenen Menschen zu kompatiblen Gesellschaftsmitgliedern werden können und was Gesellschaften leisten müssen, damit das gelingt. Dabei geht es nicht um Anpassung, sondern um den Erwerb von Handlungs- und subjektiver Entscheidungsfähigkeit. Und umgekehrt erscheint der Tod als Verlust des Wissens und Könnens, das sich ein Mensch im Laufe seines Lebens erworben hat.

Doch diese Sichtweise greift viel zu kurz, denn die Tatsache, dass immer wieder völlig neue und ahnungslose Menschen in eine ihnen unbekannte Gesellschaft hineingeboren werden, belastet die Gesellschaft nicht nur als Erziehungsproblem. Vielmehr ist Gesellschaft überhaupt nur deshalb möglich, weil Menschen ständig zum Lernen gezwungen sind.

4.3.2.1 | Natalität: Die Chance, bei null anfangen zu können

Stellen wir uns eine Gesellschaft aus unsterblichen Lebewesen vor. Aus Lebewesen, die zwar lebenslang lernen können, aber eben immer nur dazulernen, die niemals bei null anfangen, die wesentliche Erfahrungen immer wieder, aber niemals wieder zum ersten Mal machen können.

In der Philosophie wurde die Zeitlichkeit und Begrenztheit des menschlichen Lebens zumeist unter dem Gesichtspunkt der Sterblichkeit des Menschen betrachtet, die uns nur begrenzte Möglichkeiten gewährt, Erfahrungen zu machen und Entscheidungen zu treffen. Eine Ausnahme bildet die Philosophin Hannah Arendt (1906–1975), die nicht von der Sterblichkeit, sondern von der Geburt als existenzieller Grundtatsache des Menschen und damit auch der menschlichen Gesellschaft ausgeht.

Geburt als Neuanfang

Die *Natalität*, die Geburt als absoluter Nullpunkt, von dem aus jeder einzelne Mensch die Welt für sich neu entwerfen muss, hat wichtige Konsequenzen für die Frage, wie man ein Mitglied von Gesellschaft wird. Natalität bedeutet nicht nur, dass der Mensch im Augenblick seiner Geburt offen ist für die unterschiedlichsten Lebensweisen, sondern dass er, indem er sich die Welt, in die er geboren wurde, aneignet, zugleich diese Wirklichkeit für sich neu begreifen und damit auch gestalten muss.

Der Neuanfang steht stets im Widerspruch zu statistisch erfassbaren Wahrscheinlichkeiten, er ist immer das unendlich Unwahrscheinliche; er mutet uns daher, wo wir ihm in lebendiger Erfahrung begegnen – das heißt, in der Erfahrung des Lebens, die vorgeprägt ist, von den Prozessabläufen, die ein Neuanfang unterbricht –, immer wie ein Wunder an. Die Tatsache, dass der Mensch zum Handeln im Sinne des Neuanfangs begabt ist, kann daher nur heißen, dass er sich aller Absehbarkeit und Berechenbarkeit entzieht, dass in diesem einen Fall das Unwahrscheinliche selbst noch eine gewisse Wahrscheinlichkeit hat, und dass das, was »rational«, d. h. im Sinne des Berechenbaren, schlechterdings nicht zu erwarten steht, doch erhofft werden darf. Und diese Begabung für das schlechthin Unvorhersehbare wiederum beruht ausschließlich auf der Einzigartigkeit, durch die jeder von jedem, der war, ist oder sein wird, geschieden ist, wobei aber diese Einzigartigkeit nicht so sehr ein Tatbestand bestimmter Qualitäten ist oder der einzigartigen Zusammensetzung bereits bekannter Qualitäten in einem »Individuum« entspricht, sondern vielmehr auf dem alles menschliche Zusammensein begründenden Faktum der Natalität beruht, der Gebürtlichkeit, kraft deren jeder Mensch einmal als ein einzigartig Neues in der Welt erschienen ist. (Arendt 1967: 216 f.)

Ungewissheit als Potenzial

Gesellschaft ist kein Verein, dem man beitritt, indem man eine Aufnahmeprüfung ablegt und eine ausformulierte Satzung unterschreibt. Gesellschaft ist ein Gebilde, dessen Mitglieder fortwährend wechseln, wobei alle Mitglieder neu sind und keines der Mitglieder jemals sagen kann, wie die Regeln für eine erfolgreiche Teilnahme und ein zuverlässig glückliches Leben aussehen. Gerade darin, dass sich jedes neue Mitglied dieses Wissen erst erarbeiten muss, liegt ein enormes Potenzial für Gesellschaften. Ohne diese Ungewissheit und den Zwang zur eigenen Aneignung, die immer auch eine aktive Gestaltung ist, würden Gesellschaften erstarren oder bestenfalls zu mechanischen Getrieben werden, in denen jedes Mitglied die Funktion eines Rädchens erfüllt. Zugespitzt könnte man sagen, dass die Unbedarftheit und anfängliche Un-Erzogenheit der neuen Mitglieder ein ebenso wertvoller Beitrag zur Gesellschaft ist wie deren erfolgreiche Erziehung.

Fazit | 4.4

In diesem Kapitel ging es darum, Gegensätze infrage zu stellen und an ihrer Stelle anspruchsvolle Modelle anzubieten, um die Gegensätze als Zusammenhänge zu denken.

 Diese Gegensätze finden sich auf zwei Ebenen, zum einen zwischen Individuen und Gesellschaft und zum anderen innerhalb der Individuen als Verhältnis von Subjektivität und Sozialität.

Komplementarität von Subjektivität und Sozialität

 Wir haben erörtert, wie der Mensch zugleich innerhalb und außerhalb der Gesellschaft steht, also gleichermaßen ein soziales wie ein individuelles Wesen ist. Das Anliegen dabei war, diese zwei Pole nicht als Gegensatz, sondern als sich ergänzende und sogar sich bedingende Ausprägungen eines Wechselverhältnisses deutlich zu machen.

 Dementsprechend hat auch die Frage, wie Gesellschaft möglich ist, zu der Einsicht geführt, dass man weder Individuen noch Gesellschaft vorab voraussetzen kann, sondern dass beide sich wechselseitig ermöglichen.

Lektüreanregungen | 4.5

Elias, Norbert (1997): Über den Prozess der Zivilisation. Soziogenetische und psychogenetische Untersuchungen. 2 Bde. 21. Aufl. Frankfurt a. M. (zuerst Bern 1939)
 Elias untersucht die wechselseitige Genese des modernen Individuums und des modernen Staates seit dem Mittelalter bis in die Moderne. Seine Stärke ist die Anschaulichkeit der konkreten historischen Analysen.

Keupp, Heiner (Hrsg.) (1995): Der Mensch als soziales Wesen. Sozialpsychologisches Denken im 20. Jahrhundert, München
 Ein Lesebuch mit einem breiten Spektrum an Auszügen aus zentralen Texten zur Subjektivität und Sozialität des Menschen.

Luhmann, Niklas (1984): Soziale Systeme. Grundriss einer allgemeinen Theorie, Frankfurt a. M. (zur »Co-Evolution« psychischer und sozialer Systeme insbes. Kap. 2: Sinn, Abschn. X, S. 141–143; Kap. 6: Interpenetration, S. 186–345; Kap. 7: Die Individualität psychischer Systeme, S. 346–376)
 Luhmann formuliert die soziologischen Einsichten in die wechselseitige Abhängigkeit von Individualität und Gesellschaftlichkeit, zwischen der sozialen Evolution von Gesellschaft und der psychologischen Evolution von Individuen in den Begriffen einer aktuellen konstruktivistischen Kognitionstheorie und einer Theorie sich selbst erzeugender, tragender und steuernder (autopoietischer) sozialer

Systeme. Darin wird besonders gut deutlich, dass die Evolution komplexer sozialer Systeme (Gesellschaften) nur in dem Maß möglich war, in dem psychische Systeme mit einer hinreichenden Komplexität bereitstanden. Und dass sich umgekehrt die Komplexität psychischer Systeme nur in immer komplexeren sozialen Systemen entwickeln konnte. Es geht also um einen sich selbst tragenden und steigernden evolutionären Prozess, in dem sich komplexe Gesellschaften und komplexe Individuen gegenseitig ermöglichen.

Mead, George Herbert (1991): Geist, Identität und Gesellschaft, 14. Nachdruck Frankfurt a. M.: (Orig.: Mind, Self and Society, Chicago 1934)
Mead verstand sich als Sozialpsychologe, aber er entwickelte eine Theorie der Genese des menschlichen Ich, die für die soziologische Theorie der Sozialisation grundlegend wurde. Er zeigte im konkreten Blick auf das einzelne Individuum, wie sich das Selbst nur in Auseinandersetzung mit anderen entwickeln kann.

Simmel, Georg (1992): Exkurs über das Problem: Wie ist Gesellschaft möglich?, in: ders.: Soziologie. Untersuchungen über die Formen der Vergesellschaftung, Frankfurt a. M., S. 42–61 [= Georg Simmel Gesamtausgabe; 11] (zuerst Berlin 1908)
Von Simmel stammt der Titel dieses Kapitels. Er stellte diese Frage in einem Exkurs zu Beginn seines Hauptwerkes »Soziologie. Über die Formen der Vergesellschaftung«, das zuerst 1908 erschien. Er übernimmt darin eine philosophische Denkfigur aus der »Kritik der reinen Vernunft« von Immanuel Kant (zuerst 1781). Statt zu fragen: »Was ist das Wesen der Welt?«, fragte Kant: »Was sind die Bedingungen, die in der Vernunft gegeben sein müssen, damit eine Erkenntnis der Welt überhaupt möglich wird?«. Analog fragt Simmel nicht, was Gesellschaft ist, sondern unter welchen Bedingungen Gesellschaft überhaupt denkbar ist. Also konkret, wie Menschen und ihr Denken beschaffen sein müssen, damit ein gesellschaftliches Zusammenleben überhaupt möglich wird. Diese Fragerichtung wird in diesem Kapitel aufgegriffen und erweitert.

4.6 | Fragen zum Verständnis und zur Reflexion

- Versuchen Sie das Verhältnis von Sozialität und Subjektiviät eines Menschen in eigenen Worten zu beschreiben. Am besten Sie erläutern es einem Gegenüber.
- Welche Bedeutung hat die Geburt des Menschen als Neuanfang für das gesellschaftliche Zusammenleben?
- In diesem Kapitel geht es unter anderem um eine evolutionäre Perspektive auf Subjektivität und Sozialität. Was ist in diesem Zusammenhang mit dem Begriff »Ko-Evolution« gemeint?

Wie wirklich ist soziale Wirklichkeit? │ 5

Wirklichkeit ist das, was wirklich ist. In etwa so würde das Alltagsverständnis den Begriff der Wirklichkeit definieren. Die Philosophie und Wissenschaftstheorie des 20. Jahrhunderts haben mit dieser Vorstellung jedoch gebrochen. Im Grunde wissen wir nie genau, was wirklich »wirklich« ist. In diesem Umbruch kann man eine Soziologisierung des Denkens über die Welt sehen, denn letztlich hat sich damit die soziologische Sicht auf Wirklichkeit allgemein durchgesetzt. Deren Pointe lautet: Wir müssen gar nicht wissen, was wirklich ist, sondern es ist viel wichtiger zu wissen, was Menschen für die Wirklichkeit halten.

Soziale Wirklichkeit, Alltagswissen, Normalität, Konstruktion der Wirklichkeit, Sinn, Verdinglichung, Institution, Internalisierung, Lebenswelt, Phänomenologie des Alltagswissens, Routine, Typisierung

5.1 | Einführung: Welche Wirklichkeit?

Führt man sich vor Augen, wie Menschen auf der Welt leben, dann fällt vor allem die nahezu unendliche Vielfalt der Lebensweisen auf. Das betrifft nicht nur die höchst unterschiedlichen Bedingungen, unter denen Menschen in Vergangenheit und Gegenwart gelebt haben und leben – in Behausungen aus Eisblöcken in arktischer Kälte, in Hütten aus Holz und Laubwerk am Amazonas, ernährt von der eigenen Ernte und gemeinsam mit Tieren unter einem Dach oder in einem klimatisierten Hochhaus in einer Millionenstadt, einen tragbaren Computer immer in Griffweite. Zahllose Beispiele ließen sich anführen, wenn man allein an die Vielfalt der Kleidung oder der Ess- oder Hygienegewohnheiten denkt, die Menschen entwickelt haben. Auffällig ist aber vor allem die Gewissheit der Normalität, mit der Menschen die verschiedensten Lebensweisen als ihre Wirklichkeit erfahren.

Vielfalt der Lebensweisen

Würde man sagen, dass sie daran »gewöhnt« sind, wäre das einerseits richtig. Andererseits aber ist Gewöhnung ein zu schwaches Wort dafür, dass die jeweiligen Lebensumstände insgesamt eine *Wirklichkeit* bilden, die die Menschen umschließt und in der sie selbst dann noch zuhause sind, wenn sie im Einzelnen mit ihr unzufrieden sind. Sie besteht nie nur aus den materiellen oder klimatischen Umständen, sondern sie ist immer eine von Bedeutungen erfüllte Wirklichkeit.

Diese Bedeutungen sind auf vielen Ebenen angesiedelt. Es handelt sich sowohl um große Bedeutungen der Politik, der Religion und des Sinns des Lebens als auch um kleine Bedeutungen des täglichen Umgangs oder der »richtigen« Zubereitung einer Speise. Untereinander sind diese Bedeutungen auf vielfältige Weise miteinander verflochten. So wird beispielsweise der »rechte« Glaube an eine Religion im Alltag normalerweise nicht an den Kenntnissen über deren Lehren über letzte Wahrheiten, sondern an kleinen bedeutungsvollen Handlungen oder Gegenständen, eine Kette oder ein Kleidungsstück, gemessen. Denn diese kleinen Bedeutungen verweisen auf die großen, und die großen Bedeutungen werden durch die kleinen wirklich. Eben das macht ihre Gesamtheit zu einer bedeutungsvollen Wirklichkeit, in der die einzelnen Elemente sich aufeinander beziehen.

Gefüge von Bedeutungen

In diesem Kapitel geht es darum, dass jede menschliche Wirklichkeit ein Gefüge von Bedeutungen ist: keine starre Ordnung, aber ein System von Verweisen, die sich gegenseitig erklären. Eben das macht die Normalität und scheinbare Selbstverständlichkeit jener Wirklichkeit aus, in der man selbst lebt.

Aus dem Alltagsverständnis heraus gesprochen, würde man vielleicht sagen, dass es sich um unterschiedliche Menschen handelt. In Wahrheit jedoch sind es immer die gleichen Menschen, die jedoch in einer durch und durch verschiedenen Wirklichkeit leben.

Alltagswissen und alltägliche Normalität | 5.1.1

Wenn uns auf der Straße andere Menschen entgegenkommen, genügen oft Sekundenbruchteile, um unser jeweiliges Gegenüber in eine Kategorie einzuordnen. Wir haben unbewusst sofort Vermutungen über die Lebensumstände, den Beruf, den Wohlstand oder die Armut, den Geschmack, die Bildung und vielleicht sogar über die politische Einstellung der Menschen, von denen wir nur einen kurzen Anblick erhascht haben. In allen diesen Mutmaßungen, die uns unwillkürlich in den Sinn kommen und die uns oft auf eine selbstverständliche Weise plausibel erscheinen, steckt sehr viel Wissen über die soziale Welt, in der wir leben. Auch wenn es eine Art von Wissen ist, die wir schwer erläutern könnten, wenn wir ausdrücklich danach gefragt würden. Es ist eine Art von Wissen, die uns als so normal erscheint, dass wir uns ihrer nicht als Wissen bewusst sind.

vertrauter Alltag

Spürbar wird dieser Mechanismus besonders dann, wenn er nicht funktioniert. Etwa dann, wenn wir uns auf Reisen begeben und uns in einer anderen Gesellschaft oder Kultur bewegen und die spontane Orientierung fehlschlägt, weil uns das selbstverständliche alltägliche Wissen fehlt. Die Wirklichkeit erscheint plötzlich undurchschaubar. Wer als Europäerin oder Europäer beispielsweise zum ersten Mal in ein asiatisches, arabisches oder afrikanisches Land gereist ist, wird die Erfahrung gemacht haben, dass alltägliche Situationen plötzlich fremd und schwierig sein können oder dass man Schwierigkeiten hat, die Person und soziale Stellung von Kommunikationspartnern richtig einzuordnen und sich entsprechend zu verhalten. Oder auch umgekehrt: Wenn wir Bekannte zu Besuch haben, die aus einem anderen kulturellen Hintergrund oder manchmal nur aus einem anderen europäischen Land stammen, wird uns deutlich, wie viel von dem, was uns in unserem Alltag selbstverständlich erscheint und über das wir uns nie Gedanken machen, unsere Besucher stutzen lässt und erklärungsbedürftig für sie ist.

fremder Alltag

Allen unseren Erfahrungen und Begegnungen liegt ein Alltagswissen zugrunde. Je vertrauter uns eine Situation oder eine Szene erscheint, desto stärker beruht sie auf einem Wissen, das uns nicht als Wissen bewusst ist. Um beispielsweise Zeitungsbilder von Menschengruppen in einer Stadt auf Anhieb als »Jugendliche beim Shopping«, »Bankangestellte in der Mittagspause« oder als »Demonstranten« identifizieren zu können, ist viel mehr nötig als das, was man im engeren Sinn auf dem jeweiligen Foto sieht sieht. Man sieht einer Straßenszene nicht wirklich an, was dort geschieht, wenn man nicht vorher schon weiß, dass es diese typischen sozialen Situationen gibt und woran man sie erkennt. Dass wir sie als solche identifizieren, liegt an dem Wissen, das wir bereits über die gesellschaftliche Wirklichkeit, in der wir leben, besitzen.

man sieht, was man weiß

5.1.2 | Was wissen wir über Gesellschaft?

Das, was uns als offensichtlich an einer Gesellschaft erscheint, ist in Wirklichkeit dasjenige, was wir bereits vorab über die Gesellschaft wissen. Von der Frage, ob Gesellschaft sichtbar ist, gelangt man somit zur Frage, was wir über Gesellschaft wissen. Die Frage lässt sich noch präzisieren: Welchen Charakter hat dieses *Wissen* über Gesellschaft, das uns als Wissen nicht bewusst ist? Woher stammt dieses Wissen und wie funktioniert es? Offenbar ist es uns nie als Teil eines Lehrplans bewusst gelehrt worden.

Auf einem Wissen, das uns gar nicht als Wissen bewusst ist, beruhen weit größere Teile unseres Lebens, als wir ad hoc vermuten würden, und eine (von mehreren möglichen) Konzeptionen von Soziologie setzt genau an der Untersuchung dieses Wissens an, um Gesellschaft zu verstehen.

Diese Perspektive, auf Gesellschaft zu schauen, indem wir das analysieren, was wir im Alltag für die Wirklichkeit und Normalität halten, also genau genommen unser *Wissen* über diese Wirklichkeit, ist das Thema dieses Kapitels.

Alltagswissen   In der Soziologie wird dieses alltägliche Wissen als *Alltagswissen* bezeichnet, um seine Besonderheit gegenüber explizitem Wissen (beispielsweise Schulwissen oder wissenschaftlichen Erkenntnissen) zu markieren. Auf dem Alltagswissen, nicht auf dem expliziten Wissen, beruht ein wesentlicher Teil unserer Vorstellungen von Wirklichkeit, und weil diese Art von Wissen nur durch das Leben in einer Gesellschaft erworben wird, kann man die Wirklichkeit, die es umfasst, auch als *soziale Wirklichkeit* bezeichnen.

Das aktuelle Kapitel beschäftigt sich mit den Eigenheiten unseres alltäglichen Wissens, das sich bei Weitem nicht nur auf Gesellschaft bezieht, aber das durch das Leben in Gesellschaft erworben wurde und das sich deshalb selbst als gesellschaftlicher Sachverhalt begreifen lässt (siehe 5.2 ff.). Eine andere Erörterung, die sich hieran anschließen ließe, betrifft die Frage, worin sich dieses alltägliche soziale Wissen von soziologischem Fachwissen, von wissenschaftlichen Erkenntnissen und Erklärungen unterscheidet; diese zweite Frage behandelt das übernächste Kapitel »Was ist Soziologie?« (siehe besonders 6.1.1).

5.1.3 | Soziale und mediale Wirklichkeit

Die Begegnung mit Gesellschaft von der Alltagserfahrung und dem Konzept des *Alltagswissens* aus zu untersuchen, hat in der Soziologie eine lange Tradition und bietet den Vorteil großer Anschaulichkeit. Ein gut lesbares Beispiel ist Brigitte und Peter L. Bergers Buch »Wir und die Gesellschaft. Eine Einführung in die Soziologieentwicklung an der Alltagserfahrung« (Berger/Berger 1976). Hier geht es um die alltäglichen Situationen, in denen sich Menschen begegnen und miteinander interagieren. Andererseits kann man fragen, ob solche Erörterungen wirklich noch den wesentlichen Teil unserer heutigen Erfahrung von Gesellschaft abdecken. Sind persönliche Begegnungen in der Schule oder Universität, im Stadtraum oder an anderen öffentlichen Orten tatsächlich noch die typische Form, in der wir uns in der Gesellschaft bewegen und in der uns Gesellschaft begegnet?

Die Frage, mit welchem Foto auf dem Einband dieses Buches sich treffend »Gesellschaft« abbilden lässt, hätte man auch mit einem Fernseh- oder Computerbildschirm beantworten können. Unser Wissen über die allermeisten Ereignisse und Personen, die uns als gesellschaftlich relevant erscheinen, erlangen wir nicht durch eigene Erfahrung, sondern die Bilder, die wir vor Augen haben, und die Informationen, die das Gerüst unseres Wissen bilden, erhalten wir zu einem großen Teil über verschiedene Massenmedien. Unser Wissen über tägliche Ereignisse in der Gesellschaft stammt überwiegend aus Nachrichtensendungen, Zeitungen und verschiedenen Informationsquellen im Internet. Eine Konsequenz daraus ist, dass wir über Ereignisse an national oder global wichtigen Orten oder anderen Punkten der Welt, die vorübergehend im Fokus der medialen Aufmerksamkeit liegen, oftmals schneller und besser informiert sind als über Geschehnisse wenige Straßen weiter. Eine inzwischen alte medientheoretische Einsicht bringt das auf die Formel, dass Ereignisse nur dann wirklich passiert sind, wenn in den Massenmedien darüber berichtet wird. Früher war der Maßstab dafür das Fernsehen, heute ist das Kriterium ein Video auf YouTube oder der Eintrag in einem Blog oder einer anderen Plattform.

mediale Bilder als Alltagswirklichkeit

Das, was wir auf diese Weise über die Wirklichkeit erfahren, sind berichtete, ausgewählte, gefilterte, aufbereitete, inszenierte, kommentierte und für das Format des jeweiligen Mediums hergerichtete Informationen. Ebenso treffend, wie man sagen kann, dass wir in einer Informationsgesellschaft leben, könnte man sie auch als eine Mediengesellschaft bezeichnen.

Was bedeutet das für die Frage »Was ist Gesellschaft?«? Man könnte argumentieren, dass die Personen, denen wir real jeden Tag begegnen, und die Orte, an denen wir uns bewegen, gar nicht mehr den wichtigsten Teil unseres Lebens in Gesellschaft bilden. Entfernte Orte und Personen können uns vertrauter sein als räumlich nahe gelegene, das Leben eines Menschen, der uns nur im Fernsehen begegnet, kann uns stärker berühren als das eines Nachbarn, und über die Firma, für die wir arbeiten, erfahren wir aus den Wirtschaftsnachrichten vielleicht mehr als an unserem Arbeitsplatz. Und als Vorbild, Rollenmodell oder Meinungsträger spielen öffentliche (oder fiktive) Personen, die wir nur aus Medieninhalten kennen, möglicherweise eine wichtigere Rolle als Bekannte unseres engen Umfelds.

mediale Bezugspersonen

Durch die Kommunikation über elektronische Medien wird die Frage potenziert, die im vorangegangenen Abschnitt aufgeworfen wurde: Was wissen wir über Gesellschaft? Macht es einen Unterschied, ob sich dieses Wissen auf eigene Erfahrungen oder auf vorbearbeitete Informationen stützt? In beiden Fällen strukturiert es unsere Erwartungen und Wahrnehmungen. Für unsere Frage nach der Gesellschaft ist noch wichtiger als die Herkunft unseres Wissens die Tatsache, dass sich dieses Wissen auf eine Wirklichkeit und eine Gesellschaft bezieht, die wir nie außerhalb der medialen Repräsentation erleben. Wir nehmen intensiv Teil an einer Wirklichkeit, in die wir nur sehr bedingt unmittelbar handelnd eingreifen können.

Medien erwei-
tern Gesellschaft

Es geht bei diesen Bemerkungen nicht um eine platte Medienkritik, etwa in der Art, dass wir von Erfahrungen aus zweiter Hand leben würden. Es geht darum, auf den Zusammenhang von Medien und Gesellschaft hinzuweisen und auf einen Wandel im Alltagswissen. Massenmedien liefern uns nicht nur ein vermitteltes Bild von Gesellschaft, sondern sie machen eine Gesellschaft von den Ausmaßen, wie moderne Gesellschaften sie haben, überhaupt erst möglich. Ohne die medientechnischen Gegebenheiten, nicht nur ohne elektronische Medien, sondern auch ohne Zeitungen und Bücher, würden wir in einer Gesellschaft leben, deren Grenzen durch die Reichweite unserer persönlichen Bekanntschaften und der uns mündlich zugetragenen Informationen festgelegt wäre. Im historischen Rückblick ist zu erkennen, dass die Entwicklung von größeren gesellschaftlichen Einheiten, also den die europäische Neuzeit prägenden Nationalstaaten, erst als Folge des Buchdrucks und der Ausbildung einer allgemeinen,

Buchdruck schuf
Nationalstaaten

nicht örtlich begrenzten Öffentlichkeit durch den Druck von Flugschriften und später Zeitungen möglich war (McLuhan 1995 [1962]; Giesecke 1991, 2007). In einer nationalen Gesellschaft zu leben, bedeutet ja zu einem wesentlichen Teil, nicht zu erleben, sondern eher abstrakt zu *wissen*, dass man in einer solchen lebt und sich durch einen ständigen Zufluss an Informationen daran zu orientieren.

Das, was uns als Gegenwart und als relevantes gesellschaftliches Geschehen erscheint, hängt somit sehr stark von dem ab, was uns an medienvermittelten Informationen zur Verfügung steht. Nur über die mediale Repräsentation entfalten beispielsweise entfernte Ereignisse eine unmittelbare Wirkung. So hängt unsere Einschätzung von Risiken häufig von der medialen Thematisierung dieser Risiken ab und weniger davon, ob wir in unserem Alltag diesem Risiko tatsächlich ausgesetzt sind. Andererseits sind die Auffassungen, die wir uns aufgrund medialer Informationen bilden, aber reale Einschätzungen, und sie sind *wirklich*, weil sie unser reales Handeln beeinflussen. Es ergibt also keinen Sinn, zu sagen, dass sie bloß medial und »nicht wirklich« seien.

5.2 | Gesellschaft als soziale Wirklichkeit

Zu Beginn des Kapitels wurde die Frage angeschnitten, was wir über Gesellschaft wissen. Damit war nicht das historische oder soziologische Fachwissen gemeint, das wir in der Schule erworben oder nicht erworben haben. Die Frage richtete sich darauf, woher das Wissen stammt, das uns in unserer vertrauten Umwelt eine Orientierung ermöglicht und das uns als fraglose Gewissheit über Tausende kleiner und alltäglicher Belange, aber auch über die größeren Zusammenhänge unserer Wirklichkeit zur Verfügung steht. Diese Frage, woher unser

Wissen und
Wirklichkeit

alltägliches Wissen über die soziale Wirklichkeit stammt, wird nun wieder aufgegriffen. Sie lässt sich aber nur beantworten, wenn man zugleich eine zweite Frage stellt: Was ist das eigentlich für eine sonderbare Art von Wirklichkeit, auf die sich dieses Wissen richtet?

Die Überlegungen zum Zusammenhang von Gesellschaft und unserem Wissen über eine Gesellschaft führen uns zunächst dahin, uns über den Charakter der gesellschaftlichen oder sozialen Wirklichkeit Gedanken zu machen. In welcher Hinsicht sind soziale Tatsachen ebenso wirklich wie biologische oder physikalische? Und worin unterscheidet sich die Sphäre der sozialen Wirklichkeit von anderen Sphären? Ist es überhaupt sinnvoll, solche Sphären zu unterscheiden?

Dieses Kapitel wird verdeutlichen, dass mit *soziale Wirklichkeit* nicht bloß das Wissen über genuin soziale Sachverhalte und Beziehungen gemeint ist, sondern die Bezeichnung »soziale Wirklichkeit« bezieht sich auf alles, was in einer Gesellschaft für wirklich gehalten wird. Mit »soziale Wirklichkeit« ist gemeint, dass diese Wirklichkeit *in, für und durch eine Gesellschaft als Wirklichkeit* existiert.

Dass Wirklichkeit eine sozial erschaffene Wirklichkeit ist, gilt beispielsweise für ökonomische Werte, denn was als wertvoll gilt und was nicht, ist sehr vielfältig und hängt nicht davon ab, ob es selten ist, sondern welcher Wert ihm zugeschrieben wird und wie begehrt es ist. Ebenso gilt es für technische Sachverhalte. Denn eine Technik besteht nicht einfach aus einem Artefakt, sondern hängt von dem spezifischen Gebrauch ab, den Menschen von ihr machen. Und der Mechanismus einer durch Wissen sozial erzeugten Wirklichkeit gilt selbst für sogenannte natürliche Tatsachen. Denn auch das, was als »natürlich« oder als »unnatürlich« bezeichnet und behandelt wird, kann von einer Gesellschaft zu einer anderen (oder zwischen historischen Zeiten) sehr verschieden sein.

soziale als wirkliche Wirklichkeit

In der Soziologie gibt es zwei berühmte Formeln, die den besonderen Charakter sozialer Wirklichkeit sehr gut auf den Punkt bringen. Die Pointe vorab: In den Überlegungen zum Alltagswissen kommt eine Auffassung von Wirklichkeit zum Ausdruck, die sich von einer naiv-realistischen (»die Dinge sind, wie sie sind, und unser Wissen bildet sie nur ab«) radikal unterscheidet.

Die Definition der Situation

Die erste dieser Formeln wird als Theorem der *Definition der Situation* bezeichnet. Sie wird dem frühen amerikanischen Soziologen William I. Thomas (1863–1947) zugeschrieben und findet sich in Soziologie-Lexika daher unter der Bezeichnung *Thomas-Theorem*. Thomas formulierte sie an verschiedenen Stellen so:

> Wenn Menschen Situationen als real definieren, so sind sie auch in ihren Konsequenzen real. (Thomas/Thomas 1928:572)

In diesem harmlos erscheinenden Satz kommen eine Reihe grundlegender Probleme im Verhältnis von Wissen, Wirklichkeit und Erkenntnis zum Ausdruck, und zugleich bietet er eine elegante Auflösung. Wenn man als Soziologin oder als Soziologe verstehen möchte, warum sich Menschen in einer Situation wie verhalten, ist es entscheidet zu erfahren, wie Menschen diese Situation wahrnehmen und deuten. Denn ihre jeweilige Deutung bildet die Grundlage ihres Handelns. Es kommt nicht darauf an, was wir als externe Beobachterinnen oder Beobachter über diese Situation wissen, also ob wir beispielsweise wissen, dass

Wirklichkeit als Definitionsfrage

die Beteiligten in der Situation einem Irrtum aufsitzen, nicht hinreichend auf-
geklärt sind oder die Folgen ihres Tuns nicht abschätzen können. Dafür, wie die
Beteiligten handeln, ist entscheidend, was sie selbst glauben.

Es gibt also einen Unterschied zwischen dem, was »objektiv« in einer Situation der Fall sein mag (was immer das Wort »objektiv« meint), und dem, wie die
Beteiligten die Situation subjektiv deuten. Das, was den Beteiligten als Wirklichkeit erscheint, ist das, was sie als wirklich auffassen. Eine andere Wirklichkeit
haben sie nicht. Und diese *soziale Wirklichkeit* ist das, wofür sich die Soziologie
interessieren muss. Soziale Wirklichkeit, das sind die Bedeutungen, welche die
beteiligten Menschen ihrer Welt, ihrer Gesellschaft, sich selbst und ihrem Handeln geben.

Nehmen wir als Beispiel eine Situation, in der die Bewohner eines Ortes überzeugt sind, dass einige unter ihnen über dunkle Kräfte verfügen und sich ver-
schworen haben, diese zum Nachteil der anderen Dorfbewohner einzusetzen.

Glaube   Arthur Miller hat in seinem Theaterstück »The Crucible« von 1953 (dt. »Hexen-
schafft Hexen   jagd«) eine solche Situation und ihre Konsequenzen beschrieben. Aus einer Art
Jugendstreich einiger Mädchen erwächst die allgemeine Überzeugung, man
habe es mit dunklen Mächten zu tun, und die Konsequenzen der einsetzenden
Hexenjagd sind grausam. Wir können uns eine solche Situation wie in Millers
Theaterstück, das auf eine Begebenheit aus dem Jahr 1692 zurückgeht, in der
Vergangenheit, in einem unaufgeklärten Zeitalter vorstellen, über das wir uns
erhaben fühlen. Oder wir können nach vergleichbaren Fällen einer Jagd nach
vermeintlichen Hexen, Außenseitern oder »Fremden« in unserer eigenen Zeit
Ausschau halten. Auch Miller nutzte die Hexenjagd als Parabel, um die Hatz auf
vermeintliche Kommunisten in den USA der 1940er und 1950er Jahre zu kritisieren, in der sogenannten McCarthy-Ära. Um das historische oder das gegenwärtige Geschehen zu verstehen, hilft uns unser aufgeklärtes Wissen, dass es
keine Hexen gibt, nicht weiter. Denn wenn Menschen an die Existenz von
Hexen glauben, kann es äußerst unangenehme Konsequenzen haben, wenn man
für eine Hexe gehalten wird.

Hier drängt sich die Frage auf, wie sich die *soziale Wirklichkeit* zur »wirklichen
Wirklichkeit« verhält und was die »wirkliche« und »objektive« Wirklichkeit ist
und wie man sie erkennen kann. Damit sind aufwendige erkenntnistheoretische
Fragen berührt, um die sich seit je die Philosophie und in der Neuzeit auch die
Wissenschaftstheorie und die Kognitionspsychologie kümmern. Dabei geht es
um die grundsätzliche Frage, ob und wie man überhaupt erkennen kann, was
die wirkliche Wirklichkeit ist. Die Formel der Definition der Situation behauptet nicht, hierfür eine Lösung gefunden zu haben, sondern sie umschifft die
Frage, was denn die objektive Wirklichkeit sei und wie sich die menschlichen
Situationsdeutungen zu ihr verhalten, auf elegante Art und Weise. Sie behauptet
objektive Folgen   nicht, dass eine Situation tatsächlich »objektiv« so *ist*, wie die Beteiligten glauben. Sie geht dem Streit, was die wirkliche, »objektive« Wirklichkeit ist, ganz aus
dem Weg. Stattdessen hebt sie hervor, dass subjektive Deutungen, auch wenn sie
von außen betrachtet sonderbar oder irrig sein mögen, Folgen nach sich ziehen
können, die faktisch und real sind. Anders gesagt: *Die Überzeugungen, dass dies*

oder jenes ein gegebenes Faktum ist, bildet keine Wirklichkeit ab, sondern es schafft eine Wirklichkeit. Diesen Mechanismus der Schaffung von Wirklichkeit (in der Soziologie spricht man oft von »Konstruktion«) muss man verstehen, um zu begreifen, was die gesellschaftliche Wirklichkeit ausmacht bzw. wie die Soziologie auf die Wirklichkeit insgesamt schaut.

Das Theorem der »Definition der Situation« lässt sich nicht nur auf alltägliches Wissen, sondern auch auf wissenschaftliche Erkenntnis und auf die Suche nach »objektiven« Fakten anwenden. In diesem Sinn kann man beispielsweise auch das wissenschaftliche Arbeiten soziologisch untersuchen, beispielsweise die Situationsdeutungen von Ärztinnen und Ärzten, Ingenieuren oder Genetikerinnen, und natürlich auch das soziologische Beobachten selbst. Wenn ich mich als Soziologe darum bemühe, eine Situation »objektiv« zu beschreiben, dann werde ich mich natürlich sehr bemühen, einseitige oder subjektive Deutungen beiseite zu lassen. Aber ganz sicher sein kann ich mir nie, ob ich nicht in meinem eigenen Metier auch nur eine Situationsdefinition vornehme. Und letztlich bleibt mir als Soziologe nichts anderes übrig, als meine eigenen Deutungen immer wieder selbst zu hinterfragen.

Geteilte Situationsdeutungen | 5.2.1.1

Das Theorem der *Definition der Situation* hat aus soziologischer Sicht eine weitere Pointe. Bedeutsam sind Situationsdeutungen nämlich dadurch, dass sie typischerweise nicht aus irgendwelchen höchst subjektiven Einschätzungen bestehen, sondern dass es sich um *geteilte Situationsdeutungen* handelt.

Sie erscheinen nicht deshalb real, weil ich sie nach objektiven Maßstäben an der Realität getestet hätte (beispielsweise den Glauben an einen bestimmten Gott), sondern weil die für mich relevanten Menschen in meiner Umwelt die Wirklichkeit auf die gleiche Weise interpretieren, die gleichen Bezeichnungen verwenden und ihr Handeln an den gleichen für gewiss genommenen Zusammenhängen ausrichten. In dem Maß, wie wir in eine Gesellschaft hineinwachsen, übernehmen wir unwillkürlich derartige Deutungen. Das befähigt uns, mit anderen Menschen zu kommunizieren und so zu handeln, dass andere Menschen mein Handeln nicht für »verrückt«, sondern für normal halten.

In geteilte Situationsdefinitionen wächst man entweder von klein auf hinein, oder es kommt in einer für alle unbekannten Situation zu einer Art *Aushandlungsprozess* darüber, wie man diese Situation auffasst.

Wirklichkeit wird ausgehandelt

Ein klassisches soziologisches Beispiel hierfür ist die Definition abweichenden Verhaltens. Ein Junge, der etwas in einem Supermarkt mitgehen lässt, ist deshalb noch lange kein Dieb. Die Beteiligten, der Verkäufer, die Leiterin des Supermarktes, die Eltern, vielleicht ein Lehrer oder die Direktorin der Schule, die benachrichtigt werden, können im Verlaufe von Gesprächen über den Vorfall zu sehr verschiedenen Deutungen kommen, um welche Art von Handlung es sich gehandelt hat. Sind die Eltern des Jungen möglicherweise Lehrer oder angesehene Leute, wird man sich möglicherweise darauf verständigen, es habe sich um eine Mutprobe oder »jugendlichen Übermut« gehandelt, weshalb man dem »an sich ordentlichen« Jungen keine weiteren Scherereien machen dürfe. Als Konsequenz akzeptiert man seine Entschuldigung und geht zur Tagesordnung über. Kommt der Junge hingegen aus anderen sozialen Verhältnissen, sind seine Schulleistungen vielleicht nicht besonders gut, ist auch sein Bruder schon einmal bei etwas Vergleichbarem erwischt worden oder sind die Eltern vielleicht nicht in der Lage, ihre soziale Stellung in die Waagschale zu werfen oder können sie sich vielleicht nicht eloquent genug in der jeweiligen Sprache ausdrücken, dann ist vorstellbar, dass die Beteiligten die Handlung des Jungen ganz anders deuten: als echten Diebstahl, der hart bestraft werden muss, damit so etwas kein zweites Mal vorkommt. Die Konsequenzen werden dann ganz andere sein als im ersten Fall. Die Mitschüler und Lehrer erfahren davon, dass der Junge im Streifenwagen zur Polizei gefahren wurde. Und über die faktische Strafe hinaus (die im Falle eines ersten Diebstahls zumeist gering ausfällt) wiegt möglicherweise viel schwerer, dass der Junge fortan von seinen Mitschülern und Lehrern mit Misstrauen betrachtet und als potenzieller Außenseiter behandelt wird, der eben genau dadurch zum Außenseiter wird, dass man ihn so betrachtet. Damit tritt hier genau das ein, was man im Fall des ersten Jungen hatte vermeiden wollen.

Der Mechanismus der *Konstruktion von Wirklichkeit* durch die Aushandlung einer *geteilten Definition der Situation* lässt sich an diesem einfachen Beispiel gut nachvollziehen. In der Soziologie wird der Mechanismus, durch den eine Handlung erst im Nachhinein durch den Prozess des Aushandelns zu einer konkreten Handlung wird (Mutprobe oder Anfang einer kriminellen Karriere), seit einer berühmten Studie von Howard S. Becker über »Außenseiter« als *Etikettierung* und der soziologische Blick darauf als *Etikettierungsansatz* (*labeling approach*) bezeichnet (Becker 1981) (vgl. 12.3.8).

5.2.2 │ Selbsterfüllende Prophezeiungen

Das allgemeine Prinzip der Definition der Situation, wie Thomas es beschrieben hat, hat ein anderer, ebenso berühmter amerikanischer Soziologe, Robert K. Merton (1910–2003), aufgegriffen und als eine Gesetzmäßigkeit für einen bestimmten Typus von Situationen formuliert: als *selbsterfüllende Prophezeiung* (Merton 1995 [1948]: 399–413). Als selbsterfüllende Prophezeiungen bezeichnet Merton solche Situationen, in denen die Einschätzung der Beteiligten (ihre Definition der Situation), unabhängig davon, ob sie »objektiv« zutrifft oder nicht, dazu führt, dass als Folge genau die Situation real wird, von der die Beteiligten angenommen haben, dass sie es bereits ist.

Beispiel: Konkurs

Das einfachste Beispiel für eine solche Situation sind Gerüchte über die bevorstehende Zahlungsunfähigkeit einer Bank. Auch wenn sich die betreffende Bank keineswegs in einer problematischen wirtschaftlichen Lage befindet, hat allein die Annahme, die Bank stehe kurz vor dem Konkurs, zur Folge, dass Anleger versuchen, ihre Guthaben möglichst sofort abzuheben. Der massenhafte Ansturm führt dann aber genau die Situation herbei, die bis dahin nur unterstellt wurde. Keine Bank kann alle Guthaben auf einen Schlag auszahlen. So ist es das Gerücht – die Definition einer Situation –, das zu der realen Konsequenz führt, dass die unterstellte Situation – die Zahlungsunfähigkeit – tatsächlich eintritt und somit zu einer selbsterfüllenden Prophezeiung wird. Umgekehrt lässt sich auch der Glaube an einen bevorstehenden wirtschaftlichen Aufschwung als selbsterfüllende Prophezeiung interpretieren, wenn er dazu führt, dass mehr Investitionen getätigt werden und dies wiederum zu einem realen Aufschwung führt.

Beispiel: rassistische Vorurteile

Es gibt aber auch komplexere Beispiele. Wird ein Teil der Bevölkerung einer Gesellschaft aus rassistischen Gründen diskriminiert und wird ihm unterstellt, weniger intelligent und leistungsfähig zu sein, führt dies in der Regel dazu, dass die Angehörigen dieser Gruppe in der Schule vernachlässigt und in der Berufsausbildung und auf dem Arbeitsmarkt schlechter behandelt werden. Im Ergebnis tritt dann genau die Situation ein, die das rassistische Vorurteil unterstellt hatte: Die Angehörigen der Gruppe verfügen über schlechtere Bildungsabschlüsse, schlechtere Jobs und ein geringere Einkommen. Auch dieses (hier sehr vereinfachte, aber der Realität entsprechende) Beispiel kann man als eine selbsterfüllende Prophezeiung interpretieren.

Merton selbst deckte im Bildungsbereich eine noch subtilere selbsterfüllende Prophezeiung auf. Gerade die schulischen Förderprogramme, die mit dem Ziel geschaffen wurden, die Nachteile der sozialen Herkunft durch besondere Maßnahmen auszugleichen, haben immer auch die Nebenwirkung, diejenigen, die als Objekte der Förderung ausgewählt werden, als Problemfälle zu brandmarken und dadurch genau das Gegenteil ihrer offiziellen Zielsetzung zu bewirken. Statt Nachteile der sozialen Herkunft zu kompensieren, weisen manche Förderprogramme durch die (an sich gut gemeinte) Sonderbehandlung auf eben diese Herkunft hin und manifestieren auf diese Weise Differenzen, die sie eigentlich beseitigen oder abmildern wollten.

Beispiel: Bildung

Diese selbsterfüllende Verstärkung kann sich in negativer wie in positiver Richtung auswirken. Das wird deutlich an einem anderen Typus von Situationen, auf den Merton ebenfalls den Mechanismus der selbsterfüllenden Prophezeiung anwandte und den er mit dem Begriff *Matthäus-Effekt* umschrieb (Merton 1985 [1968]). Der Matthäus-Effekt besagt schlicht: »Wer hat, dem wird gegeben«. Merton bezog diesen Effekt zunächst auf sein eigenes Metier, die Wissenschaft, weil er beobachtet hatte, dass bei der Zitation von wissenschaftlichen Veröffentlichungen, bei der Verleihung von Preisen und der Vergabe von Forschungsmitteln zumeist jene Forscher bedacht werden, die zuvor bereits häufiger zitiert wurden oder Preise erhalten hatten. Wer bereits eine Auszeichnung erhalten hat, wird mit höherer Wahrscheinlichkeit weitere Auszeichnungen bekommen als andere Forscher, deren Forschungen keineswegs schlechter sind. Dieser Mechanismus lässt sich, wie die selbsterfüllende Prophezeiung allgemein, auf andere Kontexte übertragen: Beförderungen, öffentliche Aufmerksamkeit, Anerkennung oder Ruhm.

Matthäus-Effekt

Alle genannten Beispiele für selbsterfüllende Prophezeiungen lassen sich auch als spezifische Situationsdefinitionen verstehen, die zu konkreten Handlungen mit realen Folgen führen. Sie alle beruhen darauf, dass Menschen dem Geschehen um sie herum eine Bedeutung geben müssen, bevor sie zum Handeln ansetzen können. Welche Bedeutung dies ist, ist aber nicht vorgegeben, sondern entscheidet sich typischerweise in einem sozialen Prozess, insbesondere, wenn eine Mehrzahl von Personen an einem Handeln beteiligt ist. Das Besondere im Fall selbsterfüllender Prophezeiungen ist, dass die Situationsdefinitionen dazu führen, dass genau die Situation herbeigeführt wird, an die man zuvor geglaubt hat. Das bedeutet aber gerade nicht, dass eine Situation von den Beteiligten gewollt oder absichtsvoll herbeigeführt wird. Der Mechanismus der selbsterfüllenden Prophezeiungen tritt unabhängig davon auf, ob Menschen eine Situation herbeiwünschen und planmäßig erstreben oder nicht. Wobei es selbstverständlich auch möglich ist, zu versuchen, diesen Mechanismus strategisch einzusetzen, etwa um einen wirtschaftlichen Aufschwung herbeizureden.

5.2.3 | Verdinglichung und Konstruktion

Dass Menschen das, was sie wissen und wovon sie überzeugt sind, für die Wirklichkeit selbst halten, funktioniert nur deshalb so erstaunlich reibungslos, weil sie vergessen, dass es sich lediglich um ihr Wissen darüber handelt und dass sie die Wirklichkeit auf diese Weise selbst geschaffen haben. Die Konstruktion der Wirklichkeit durch das Wissen gelingt, weil sie nicht als Konstruktion bewusst ist. Man könnte dieses Verhältnis auch als *Verdinglichung* bezeichnen, weil es darum geht, wie aus einem lebendigen Deutungsprozess verfestigte Tatsachen und reale Gegenstände werden.

Konstruktionen werden zu Tatsachen

Der Begriff der Verdinglichung wurde ursprünglich eher beiläufig von Karl Marx geprägt. Ihm ging es um sehr reale, materielle Verdinglichungen, die aber dem gleichen Muster folgen. Er befasste sich mit den Arbeits- und Besitzverhältnissen in der frühen Industrialisierung. Die lohnabhängigen Arbeiter reproduzieren demnach durch ihre Arbeit im kapitalistischen Betrieb genau die Abhängigkeitsverhältnisse, unter denen sie leiden (vgl. 2.5.1). Doch dieser Zusammenhang ist ihnen nicht bewusst. Er tritt ihnen als unabänderliche Tatsache gegenüber, dabei ist er in Wahrheit das *entfremdete* und *verdinglichte* Resultat ihrer eigenen *Arbeit*. Man kann den Begriff der Verdinglichung aber auch aus dem Kontext der Marx'schen Theorie lösen und ihn benutzen, um der Vergegenständlichung von Wirklichkeit aus dem Denken, dem *Wissen*, von Menschen heraus nachzugehen. Dann bezieht er sich darauf, wie ein soziales Geschehen, eine Vielfalt von Wünschen, Zielen und Motiven zu festen Tatsachen gerinnen kann. Aus Deutungen, Absichten und Handlungen werden feste Gegenstände, es kommt zu einer *Verdinglichung* oder *Objektivierung*.

Um diesen Zusammenhang zu begreifen, muss man sich einen weiteren wichtigen Aspekt bewusst machen: Menschen erschaffen ihre Wirklichkeit nie komplett neu, sondern sie werden in eine schon bestehende hineingeboren, die bereits voller Bedeutungen und Gewissheiten ist. Man kann diese Ausgangslage als das große Thema der *Sozialisation* des Menschen ansehen (vgl. 10.3), man kann sie aber auch unter dem Gesichtspunkt der *Geschichtlichkeit* des Menschen betrachten. Damit ist gemeint, dass jeder einzelne Mensch nie bei null beginnt, sondern stets bei den Bedeutungen, Möglichkeiten und Einschränkungen, die er vorfindet, wenn er in die Welt tritt. Vom ersten Augenblick an lernt er die Wirklichkeit als das kennen, was die Menschen, die ihn aufziehen, als solche begreifen. Wenn ihn späterhin, beispielsweise nach einem Soziologiestudium, Zweifel an dem beschleichen sollten, was um ihn herum als relevante Wirklichkeit erachtet wird, dann tut er das immer schon vom Standpunkt jener Wirklichkeit aus, in die er hineingewachsen ist und die er als Normalität *internalisiert* hat.

vorgefundene Wirklichkeit

Man kann diesen Zusammenhang auch als Konstruktion von Wirklichkeit bezeichnen, um ihren »gemachten« Charakter hervorzuheben. Ein berühmter Versuch hierzu ist das Buch »Die gesellschaftliche Konstruktion der Wirklichkeit« von Peter L. Berger und Thomas Luckmann (1966, dt. 1969). Es bemüht sich, soziale Wirklichkeit als einen Kreislauf aus *Objektivierung* und *Institutionalisierung* von Wissensinhalten und *Internalisierung* der Wirklichkeit in der Sozialisation zu beschreiben. Das Anliegen dabei ist, zwei verschiedenen Aspekten zugleich Rechnung zu tragen: zum einen der immer schon vorgefundenen Wirklichkeit und ihrem scheinbar objektiven Charakter und zum anderen den individuellen und subjektiven Möglichkeiten, diese Wirklichkeit zu verändern. Die individuelle Sozialisation verknüpft beide Aspekte. Eine wichtige Voraussetzung hierfür ist, dass man Sozialisation nicht als passive Prägung, sondern als einen Prozess aktiver Aneignung einer vorgefundenen Wirklichkeit begreift und dass es ein selbstverständlicher Teil dieser Aneignung ist, dabei die Wirklichkeit zu bearbeiten und zu verändern.

Peter L Berger und Thomas Luckmann:
Die gesellschaftliche Konstruktion der Wirklichkeit

Peter L Berger und Thomas Luckmann bauen auf die phänomenologische Soziologie, die philosophische Anthropologie und die Tradition der Wissenssoziologie auf und entwerfen eine umfassende Theorie sozialer Wirklichkeit als Wissen.

1. Institutionalisierung
- Mit allem, was Menschen tun, setzen sie Bedeutungen (*Externalisierung*). Menschliches Handeln und Interagieren gerinnt zu Routinen und Gewohnheiten (*Habitualisierung*).
- Gewohnheiten verfestigen sich in mehreren Schritten, zunächst durch *Typisierung* und *Objektivation* von Bedeutungen, die sich immer mehr von konkreter Interaktion ablösen; auf längere Sicht kommt es zur *Sedimentbildung* und *Tradition*.
- Die Weitergabe von typisierten und objektivierten Wissensinhalten über Generationen lässt Gewohnheiten zu Fakten werden, die als Wissen über die Welt erlernt und weitergegeben werden. Diesen Schritt kann man als *Institutionalisierung* bezeichnen: *Institutionen entstehen aus der Geschichtlichkeit.*

2. Legitimierung
- Über Institutionen, die sich auf Dauer etablieren, lagert sich eine zweite Schicht von ebenfalls institutionalisiertem Wissen. Es enthält Erklärungen und Rechtfertigungen für das in den Institutionen enthaltene Wissen. Diese *Legitimierung* sichert Institutionen gegen Zweifel und schnellen Zerfall.

3. Internalisierung
- In eine soziale Wirklichkeit geboren zu werden, bedeutet, eine fertige *Welt* von Gewissheiten vorzufinden. Aufwachsen bedeutet, sich im Prozess der Sozialisation diese Welt aus Institutionen anzueignen (*Internalisierung*).
- Diese Internalisierung des Vorgefundenen beinhaltet aber immer auch eine aktive Aneignung und Verarbeitung aufgrund der eigenen, subjektiven Intentionen, durch die das Vorgefundene zugleich reproduziert und verändert wird (erneute *Externalisierung*).

Konstruktion und Wirklichkeit | 5.2.4

In den vorangegangenen Abschnitten wurde herausgestellt, dass soziale Wirklichkeit aus dem besteht, was Menschen für ihre Wirklichkeit halten. Auf den ersten Blick mag dies als relativistischer Standpunkt erscheinen: »Es gibt gar keine Wirklichkeit?«, »Alles nur Schein?«. Aber das sind viel zu naive Einwände und Übersteigerungen. Denn die Pointe dieser Sicht auf soziale Wirklichkeit, die heute oft als *konstruktivistisch* bezeichnet wird, besteht nicht darin, dass man jederzeit Beliebiges zur Wirklichkeit erklären kann. Sondern das, was in einem bestimmten Kontext und zu einer bestimmten Zeit als Wirklichkeit gilt, weist oft eine erstaunliche Hartnäckigkeit auf, und zwar auch dann, wenn einige der Beteiligten Einwände dagegen erheben, Zweifel anmelden oder protestieren. Genau diese Hartnäckigkeit ist das aus soziologischer Sicht Interessante.

Hartnäckigkeit konstruierter Wirklichkeit

Konstruktion und Verdinglichung beschreiben einen ähnlichen Mechanismus, die beiden Begriffe setzen aber unterschiedliche Akzente. Der Begriff der Konstruktion betont das *Gemachtsein*, der Begriff der Verdinglichung oder Objektivierung die *Verfestigung* zu etwas scheinbar Objektivem.

Mithilfe der Begriffe Konstruktion und Verdinglichung/Objektivierung kann man auch über soziologische Beschreibungen von Gesellschaft oder sozialer Wirklichkeit nachdenken. Auch in der Wissenschaft werden Vorstellungen, Typen und Begriffe verwendet, das ist unumgänglich. In allen Wissenschaften und auch in der Soziologie besteht dabei immer auch die Gefahr, eine bestimmte Deutung vorschnell mit einem Namen zu belegen und dadurch zu einer scheinbar objektiven Tatsache werden lassen, die dann wiederum weitreichende Konsequenzen hat.

Beispielsweise spielen im Selbstbild eines jeden Menschen bestimmte Erfahrungen und kulturelle Symbole eine wichtigere Rolle als andere. Man *identifiziert* sich mit bestimmten Bedeutungen und Gegebenheiten, mit einer Herkunft oder Zugehörigkeit und auch mit bestimmten Merkmalen der eigenen Person; andere Eigenschaften hingegen erschienen als weniger wichtig. So kann man sich beispielsweise mit seiner eigenen Herkunft aus einem bestimmten Land oder einem kulturellen Kontext identifizieren, man kann es auf verschiedene Weise tun, und man kann sich auch bewusst nicht damit identifizieren. Das ist eine Frage der subjektiven Haltung, für die es jeweils Gründe gibt. Wenn man jedoch nicht darüber spricht, wer sich aus welchen Gründen womit genau *identifiziert*, sondern stattdessen von »der kulturellen Identität« einer Gruppe von Menschen spricht oder einem Menschen aufgrund seiner Herkunft oder Merkmale eine bestimmte *Identität* unterstellt, dann hat man aus einem aktiven und subjektiven Geschehen eine scheinbar objektive Eigenschaft, ein festes Ding gemacht.

Identifikation oder Identität?

Etliche populäre Deutungen von Gesellschaften und Kulturen begehen genau diesen Fehler. Solche Verdinglichungen können eine eigenmächtige oder selbsterfüllende Starre und Hartnäckigkeit entfalten, die auch durch gegenteilige Erfahrungen und Tatsachen kaum zu irritieren ist. Dieser Prozess lässt sich an alltäglichen Vorurteilen beobachten, er ist aber nicht auf das beschränkt, was wir als Vorurteile bezeichnen. Er findet sich unter Umständen auch in der Wissenschaft, wenn unter dem Mantel der Objektivität ein Fachterminus geprägt wird, der aus vielgestaltigem Geschehen eine scheinbare feste Tatsache macht, ein Ding, das man festhalten, vermessen und unter dem Mikroskop zerteilen kann. Diese Gefahr gilt es, stets im Auge zu behalten, wenn man gesellschaftliche Wirklichkeit wissenschaftlich beschreiben will.

Ein konkretes Thema, an dem sich die Konstruktion von Wirklichkeit anschaulich nachvollziehen lässt, sind die Definitionen von Geschlecht und das Geschlechterverhältnis, mit dem sich Kapitel 11 befasst.

Die menschliche Welt besteht aus Sinn | 5.2.5

Bis hier wurde die Eigenart sozialer Wirklichkeit von der anschaulichen Seite her erörtert. Die bisherigen Überlegungen zur sozialen Wirklichkeit und zum wirklichkeitsschaffenden Charakter des Alltagswissens lassen sich aber auch von einer theoretischen Seite her und mit einem anderen Begriff fassen: dem Begriff *Sinn*.

Menschliche Wirklichkeit ist immer eine *sinnhafte Wirklichkeit*. Mit »sinnhaft« ist nicht das gemeint, was wir umgangssprachlich als »sinnvoll« oder »sinnlos« (also unverständlich, überflüssig, zwecklos) bezeichnen, sondern etwas Grundsätzliches. Alles, was Menschen ins Auge fassen, verwandeln sie in Sinn. *alles wird Sinn* Alles, was wir als Menschen sehen oder über das wir nachdenken, versehen wir mit einem Namen und einer Bedeutung. Dies gilt gerade auch dann, wenn es sich um etwas handelt, das als das genaue Gegenteil von menschlicher Sinnhaftigkeit beschrieben werden soll, etwa mithilfe von Begriffen wie »Natur« oder »Wildnis«. Auch dies sind sinnhafte, mit Bedeutung aufgeladene Zeichen. Gerade am Begriff der Natur lässt sich gut nachvollziehen, dass sich in Abhängigkeit von den religiösen Überzeugungen, den wissenschaftlichen Kenntnissen und den technischen Möglichkeiten sehr stark unterscheidet, was als »Natur« und »natürlich« bezeichnet wird (vgl. auch 11.3.1.2).

Der Mensch kann der Sinnhaftigkeit nicht ausweichen. Alles, was der Mensch tut oder denkt, sein Verhältnis zur Welt ist immer sinnhaft. Wir müssen die Dinge beim Namen nennen, und damit geben wir ihnen zugleich einen Sinn. Und wenn wir den Sinn, die Bedeutung, von etwas erläutern wollen, können wir das nur, indem wir anderen Sinn dazu heranziehen, also auf andere Bedeutungen verweisen. Eine »Eidechse« *ist/heißt* ein »Tier« *ist/heißt* ein »Lebewesen« und so weiter. »Gelb« *ist/heißt* eine »Farbe« *ist/heißt* eine »optische Wahrnehmung« oder *ist/heißt* eine Lichtstrahlung bestimmter Wellenlänge«. Bedeutungen lassen sich nur durch Bedeutungen erklären.

Man kann sogar über den Begriff »Sinn« selbst reden, aber dies geht wiederum nur sinnhaft. Menschen können sich nur mithilfe von Sinn ausdrücken, nie aber die Dinge selbst ansprechen.

Alltagswissen: Wissen, ohne es zu wissen | 5.3

Wenn wir Wirklichkeit als soziale Wirklichkeit verstehen, also als das, was von Menschen in einer Gesellschaft für wirklich gehalten wird, dann ist unser *Alltagswissen* der Ort, an dem wir diese Wirklichkeit erforschen müssen. Um den Charakter sozialer Wirklichkeit näher zu verstehen, muss man sich die Eigenheiten und Strukturen des Wissens über diese Wirklichkeit ansehen. Unsere leitende Fragestellung verschiebt sich also von »Was ist soziale Wirklichkeit?« oder »Wie wirklich ist soziale Wirklichkeit?« zu »Wie ist unser Wissen über Wirklichkeit aufgebaut und wie funktioniert es?«, »Wie *erzeugt* es den Eindruck von Wirklichkeit?«.

5.3.1 | Alltagswissen und soziale Wirklichkeit

Unser *Alltagswissen* ist ein Wissen in Form von Gewissheiten, Überzeugungen und Erwartungen. Es ist in einigen Hinsichten ähnlich aufgebaut und funktioniert ähnlich wie die Sprache. Wir sind uns einer Sache sicher, aber wir könnten nicht erklären, weshalb. Wenn wir zu einem Baum »Baum« sagen, dann sind wir uns sicher, dass es ein Baum *ist*. Wir haben zwar in der Schule gelernt, dass wir auch »tree« oder »arbre« sagen könnten, und wir *wissen* seither, dass das die richtigen Vokabeln sind. Das Wort hingegen, das wir in unserer ersten als Kind erlernten Sprache verwenden, erscheint uns nicht wie eine Vokabel oder ein Etikett, sondern es ist für uns gleichbedeutend mit der Sache selbst.

erste Sprache als natürliche Sprache

Der Baum *ist* ein Baum, zu dem man auch »tree« sagen kann. In diesem Sinn kann man unsere erste Sprache als *natürliche Sprache* bezeichnen. Selbstverständlich können wir uns bewusst machen, dass auch unsere erste Sprache nur eine von vielen möglichen ist. Doch im normalen alltäglichen Leben ist uns das nicht bewusst, sondern die Dinge scheinen mit ihren Namen identisch zu sein. Gerade weil uns unsere erste Sprache nicht als Sprache bewusst ist, erscheint sie uns nicht wie ein Wissen, das wir erlernt haben, sondern wir empfinden sie *als Wirklichkeit*.

Noch deutlicher wird der Zusammenhang zwischen Sprache und Wirklichkeit, wenn man verschiedene Sprachen vergleicht. Manche Sprache kennen mehrere Worte für etwas, für das eine andere Sprache nur einen einzigen Begriff besitzt, beispielsweise weil ein Sachverhalt in einer Gesellschaft wichtig ist und viele Unterscheidungen erfordert, in einer anderen aber kaum Bedeutung hat und summarisch abgetan werden kann. Dann ist es schwierig, die Bedeutungen aus der Wirklichkeit der einen Gesellschaft in eine andere Sprache zu übersetzen.

Viele dieser Beobachtungen lassen sich auf unser Alltagswissen übertragen. Aber das Alltagswissen ist in seinen Konsequenzen noch radikaler als unser Sprachvermögen. Es ist nämlich kein Wissen über eine Realität, die es bereits irgendwo gibt, sondern es ist ein Wissen, ohne das es diese Realität gar nicht gäbe, weil es die Realität überhaupt erst schafft.

Wissen schafft Realität

Es gibt weitere Unterschiede zwischen Alltagswissen und Sprache. So ist das Alltagswissen nirgendwo fixiert, es gibt keine Lehrbücher und kein Schulfach, das es uns vermittelt. Man könnte sagen, dass seine Regeln nur deshalb existieren, weil wir sie kennen. Und ihre Gültigkeit besteht allein darin, dass wir uns an ihnen orientieren. Und zwar selbst dann noch, wenn wir sie übertreten, etwa wenn wir uns bemühen, uns bei etwas nicht erwischen zu lassen, oder aber es demonstrativ darauf anlegen, weil wir mit einer Reaktion unserer Mitmenschen rechnen. Zudem sind die Strukturen und Inhalte des Alltagswissens so umfangreich und vielgestaltig, dass es unmöglich wäre, sie in einem Lexikon zu verzeichnen oder ihre grammatischen Regeln vollständig auszuarbeiten.

In der Soziologie gibt es verschiedene Ansätze, die Strukturen des wirklichkeitskonstituierenden Alltagswissens sichtbar zu machen. Berühmt sind etwa die *Krisenexperimente*, die der amerikanische Soziologie Harold Garfinkel (1917–2011) mit einigen Studierenden durchführte. Er bezeichnete diese Techniken der Verfremdung des vertraut Alltäglichen als *Ethnomethodologie* und entwickelte daraus eine Methodologie, die die Grundlage für viele Techniken der qualitativen Sozialforschung bildet.

Gewissheiten studieren

Die wichtigsten und grundlegenden soziologischen Forschungen zur Struktur des Alltagswissens gehen zurück auf den philosophischen Ansatz der Phänomenologie und wurden in der Soziologie vor allem von Alfred Schütz (1899–1959) und später Thomas Luckmann (geb. 1927) ausgearbeitet.

Sprache und Wirklichkeit

5.3.1.1

Zumeist sind wir in der Lage, uns in mindestens einer Sprache weitgehend fehlerfrei auszudrücken und beliebige Sätze zu bilden, ohne dass wir uns besonders darauf besinnen müssen. Wir fühlen uns im Allgemeinen durch die Regeln der jeweiligen Sprache auch nicht eingeschränkt. Sie bilden ein quasi natürliches Gerüst, in dem wir uns bewegen. Wenn wir aber die expliziten Regeln, nach denen wir alle diese Sätze bilden, angeben sollten, hätten wir Probleme. Wir haben offenbar gelernt, korrekt zu sprechen, ohne bewusst grammatische Regeln zu kennen. Erst recht könnten wir nicht unseren gesamten Wortschatz aufsagen, auch wenn wir in jedem konkreten Fall, in dem uns jemand etwas vorspricht, sehr wohl zwischen Worten unserer Sprache und irgendwelchen anderen Lauten unterscheiden können.

Sprechen lernen

Ihre erste Sprache erlernen Menschen nicht nach einem Lehrbuch oder durch bewusstes Vokabeltraining, sondern durch alltägliches Einleben. Was auf den ersten Blick als Nachahmung und Gemisch aus Versuch und Irrtum erscheint, ist in Wahrheit ein kompliziertes Geschehen. Denn Kinder, die eine Sprache erlernen, ahmen ja nur scheinbar das nach, was andere ihnen vorsprechen. In Wirklichkeit erlernen sie dabei unbewusst die Regeln, nach denen gesprochen wird. Das versetzt sie in die Lage, über kurz oder lang beliebige neue Sätze zu formulieren, die sie keineswegs durch Nachahmen erlernt haben und die vielleicht überhaupt noch nie gesprochen worden sind. Offenbar erlernen Kinder die Regeln der Sprache, ohne dass es jemanden gibt, der sie ihnen beibringt. Sie entwickeln diese Regeln selbstständig aus den eigenen Erfahrungen heraus, die sie in der laufenden Interaktion mit anderen machen.

Wir alle haben auf diese Weise die Fähigkeit entwickelt, grammatisch korrekt beliebige Sätze zu bilden. Doch das bedeutet nicht, dass wir die Regeln benennen könnten, die wir mit schlafwandlerischer Sicherheit anwenden und die von der Sprachwissenschaft als Deklination, Konjugation und Syntax bezeichnet werden. Es handelt sich um eine besondere Form von Wissen: ein implizites Wissen oder ein *Können*, aber kein explizites *Wissen*. Man weiß, wie es richtig heißen muss, kann aber nicht sagen, wieso. Dieses Können versetzt eine Muttersprachlerin bzw. einen Muttersprachler oftmals in die Lage, eine Sprache besser zu beherrschen als jemand, der sich jahrelang um das bewusste Erlernen einer (Fremd-)Sprache mit allen grammatischen Finessen bemüht hat.

Diesen besonderen Mechanismus des Spracherwerbs und der Sprachbeherrschung hat Noam Chomsky als *generative Grammatik* oder als *generative Transformationsgrammatik* (Chomsky 1969, 1974) bezeichnet. Seine Konzeption verbindet zwei gegensätzliche, aber gleichermaßen wichtige Aspekte: die (unbewusste) Befolgung von Regeln und die Freiheit zu kreativem und innovativem Handeln. Diesen Mechanismus könnte man, in verallgemeinerter Form, als Modell ansehen, nach dem unser alltägliches Wissen insgesamt funktioniert. Zudem veranschaulicht das Beispiel den Zusammenhang zwischen dem selbst erzeugten regelförmigen Wissen über die Wirklichkeit und der eigenen Fähigkeit, auf Basis dieses Wissens kreativ und erfolgreich zu handeln.

5.3.1.2 | Soziale Wirklichkeit als Lebenswelt

Das alltägliche Wissen umfasst nicht nur das Wissen über Alltäglichkeiten und bezieht sich nicht nur auf Gesellschaft, sondern auch auf alle erdenklichen anderen Lebensbereiche, soweit sie im Alltag von Bedeutung sind. Dazu gehört beispielsweise auch technisches Rezeptwissen (»Was tue ich, wenn mein Auto liegen bliebt?«, »Wo muss ich klicken, wenn ich meine E-Mails abrufen will?«), das Wissen über politische Zusammenhänge (beispielsweise mein Bild von einer Partei, einem Politiker oder der Funktionsweise demokratischer Wahlverfahren) oder das Wissen über Vergangenheit und Zukunft (beispielsweise mein Bild von dem, was 1989 beim Fall der Berliner Mauer passiert ist). Egal auf welchen Bereich es sich bezieht, das alltägliche Wissen tritt in der oben beschriebenen Form als Gewissheit auf, dass etwas so und so ist oder gewesen ist, und funktioniert als geteiltes Wissen.

Entscheidend ist die Konsequenz, die sich aus dieser Art von Wissen ergibt. Das Wissen selbst, egal worauf es sich bezieht, stellt eine gesellschaftliche Tatsache dar. Das Wissen bildet keine Wirklichkeit ab, sondern es stellt eine Wirklichkeit her. Das alltägliche Wissen *ist* die alltägliche Wirklichkeit.

Wissen als soziale Tatsache

Die angeführten Beispiele könnten immer noch den Eindruck entstehen lassen, dass von einzelnen Wissensinhalten die Rede ist, die sich auf bestimmte und klar umgrenzte Aspekte von Wirklichkeit beziehen. Doch das ist nicht gemeint. Das Alltagswissen umfasst alles, was uns im Alltag als Wirklichkeit gilt. Das *Alltagswissen* bildet eine *Lebenswelt*, denn es meint die Gesamtheit des Wissens darüber, was uns als wirklich erscheint. Wenn wir unser Wissen erweitern oder andere Aspekte in den Blick nehmen, was wir beides ständig tun, verschiebt sich auch unsere Wirklichkeit.

5.3.2 | Phänomenologie des Alltagswissens

Eine fraglose Gewissheit prägt viele Elemente unseres Alltagswissens. Oder genauer: Sie ist typisch für die Haltung, mit der wir der Wirklichkeit gegenüberstehen. Etwas gilt uns deshalb als *wirklich*, weil es uns als gewiss, unproblematisch und normal erscheint. Es ist, wie es ist, weil wir es nicht anders kennen und erwarten.

das Wissen erforschen

Genau besehen ist dieses Unproblematische nämlich keine Eigenschaft der Wirklichkeit, sondern es kennzeichnet die Einstellung, mit der wir der Wirklichkeit gegenübertreten, genauer gesagt: mit der wir unserem eigenen Wissen, was die Wirklichkeit ist, gegenübertreten. An dieser Stelle hat die Soziologie eine Anregung aus der Philosophie aufgenommen, und zwar die der *phänomenologischen Analyse*. In der seit je in der Philosophie geführten Debatte darüber, wie eine wahre Erkenntnis der Wirklichkeit möglich ist, hatte Edmund Husserl (1859–1938) einen neuen Ansatz entworfen, indem er vorschlug, nicht weiter über die Wirklichkeit an sich zu sprechen, sondern stattdessen zu analysieren, auf welche Weise Menschen die Wirklichkeit in ihrem Bewusstsein erfahren, also *wie ihnen Wirklichkeit gegeben ist*. Denn einen anderen Zugang zur Wirklichkeit als den über die Erfahrung und das Bewusstsein besitzen Menschen nicht.

Dieser Ansatz lässt sich sehr gut auf die Soziologie übertragen, um zu verstehen, auf welche Weise Menschen in einer (sozialen) Wirklichkeit leben, was sie über diese Wirklichkeit wissen und in welchem Sinn man davon sprechen kann, dass dieses Wissen ihre Wirklichkeit *ist*. Um die Funktionsweise und die Strukturen sozialer Wirklichkeit zu verstehen, analysiert eine phänomenologische Herangehensweise das Wissen, das wir über diese Wirklichkeit besitzen. Genauer gesagt versucht sie, die allgemeinen Merkmale und Strukturen dieses Wissens zu beschreiben.

Alltagswissen

Es geht darum, »was für den gesellschaftlichen Jedermann ›wirklich‹ ist. Weil dem so ist, muss sich die Wissenssoziologie zuallererst fragen, was ›jedermann‹ in seinem alltäglichen, nicht- oder vortheoretischen Leben ›weiß‹. Allerweltswissen, nicht ›Ideen‹ gebührt das Hauptinteresse der Wissenssoziologie, denn dieses ›Wissen‹ bildet die Bedeutungs- und Sinnstruktur, ohne die es keine menschliche Gesellschaft gäbe.« (Berger/Luckmann 1969 : 16)

Alltagswelt/Lebenswelt

»Ich erfahre die Wirklichkeit der Alltagswelt als eine Wirklichkeitsordnung. Ihre Phänomene sind vor-arrangiert nach Mustern, die unabhängig davon zu sein scheinen, wie ich sie erfahre, und die sich gewissermaßen über meine Erfahrung legen. Die Wirklichkeit der Alltagswelt erscheint bereits objektiviert, das heißt konstituiert durch eine Anordnung der Objekte, die bereits zu Objekten deklariert worden waren, längst bevor ich auf der Bühne erschien.« (Berger/Luckmann 1969 : 24)

Wirklichkeit der Alltagswelt

»Die Wirklichkeit der Alltagswelt wird als Wirklichkeit hingenommen. Über ihre einfache Präsenz hinaus bedarf sie keiner zusätzlichen Verifizierung. Sie ist einfach da – als selbstverständliche, zwingende Faktizität. Ich weiß, dass sie wirklich ist.« (Berger/Luckmann 1969 : 26)

Lebenswelt

| 5.3.2.1
Alltagswissen
als Lebenswelt

Das alltäglich Wissen, von dem hier die Rede ist, tritt, wie beschrieben, in Form von Typen, Routinen und Rezepten auf. Aber es meint nicht bloß einzelne Typen oder Rezepte, sondern eine *Totalität* von Deutungen und Erklärungen, die uns unsere gewöhnliche Wirklichkeit als alltägliche *Welt* erscheinen lässt. Deshalb bezeichnet man den Zusammenhang dieses Wissens als *Lebenswelt*.

Allerdings ist das Alltagswissen nicht systematisch aufgebaut wie ein explizites, wissenschaftliches Wissen, wo sich konkrete kausale Zusammenhänge aus allgemeineren Gesetzen herleiten lassen und sich alle Aussagen lückenlos zu einem widerspruchsfreien Ganzen fügen müssen, etwa die physikalischen Gesetze oder die biologische Klassifikationen von Pflanzen oder Tieren. Es ist vielmehr ein Gefüge aus geläufigen Annahmen, gewohnten Gewissheiten und unproblematischen Vertrautheiten. Das, was uns vertraut ist, erscheint uns als unproblematisch. Und zwar nicht deshalb, weil wir die tatsächlichen Ursachen kennen würden oder detaillierte wissenschaftliche Erklärungen dafür angeben könnten, sondern weil uns im Alltag das Gefühl der unproblematischen Vertrautheit ausreicht, um uns nicht weiter mit den Ursachen und Details zu befassen. Dennoch haben wir das Gefühl, unser Alltagswissen sei *vollständig* und *lückenlos* und es beschreibe unsere alltäglich erfahrbare Welt so, wie sie ist. Es ist dieses Gefühl der Normalität und Problemlosigkeit, das unser Alltagswissen und die Erfahrung unserer alltäglichen *Lebenswelt* kennzeichnet.

scheinbar
lückenlos

Der Begriff der Lebenswelt bezeichnet einen vertrauten Ausschnitt der Wirklichkeit, aber damit ist kein räumlich begrenzter Bereich gemeint, etwa die uns vertraute nähere Umgebung, die uns bekannten Personen oder Gegenstände. Zwar spielt auch das eine Rolle, aber die lebensweltliche Sicht auf die Dinge ist vor allem begrenzt durch die Reichweite der Vertrautheit, die man als *Horizont* bezeichnen kann. Die Dinge erscheinen uns gerade deshalb als vertraut, weil wir sie nur bis zu einer bestimmten Tiefe betrachten. Das gilt auch für persönliche Dinge, die man sehr gut zu kennen meint. Etwa ein altes Radio, an dessen Wackelkontakt, sein Knistern beim Verstellen der Lautstärke und die Notwendigkeit, für einen guten Empfang die Antenne in einem bestimmten Winkel an die Wand lehnen zu müssen, man sich sehr gewöhnt hat. Doch diese Vertrautheit bedeutet nicht, dass wir wissen, wie die Transistoren darin funktionieren oder was ein Transistor überhaupt ist. Solche Fragen würden erst dann zum Problem, wenn ein ernster Defekt aufträte. Dass wir die technischen Grundlagen normalerweise weder wissen wollen noch zu wissen brauchen, kennzeichnet die lebensweltliche Haltung gegenüber der Wirklichkeit. Wenn man hingegen alles über eine Sache wissen will und über Jahre an einem Sachverhalt forscht, wird dieser Sachverhalt gerade durch das gewonnene wissenschaftliche Wissen seine alltägliche Vertrautheit verlieren. Lebensweltliche Vertrautheit hingegen hängt nicht von der Menge oder Genauigkeit des Wissens, sondern von der Einstellung ab, mit der man an die Dinge herangeht.

scheinbar
vertraute Dinge

5.3.2.2 | Natürliche Einstellung

Die Phänomenologie hat diese Haltung gegenüber der Wirklichkeit als *natürliche Einstellung* bezeichnet. Damit ist nicht gemeint, dass die Einstellung oder die Wirklichkeit an sich natürlich seien, sondern gemeint ist eine Haltung, in der etwas als gegeben, fraglos und quasi-natürlich hingenommen wird.

scheinbar
natürlich und
fraglos

Die Lebenswelt des Alltags ist folglich die vornehmliche und ausgezeichnete Wirklichkeit des Menschen. Unter alltäglicher Lebenswelt soll jener Wirklichkeitsbereich verstanden werden, den der wache und normale Erwachsene in der Einstellung des gesunden Menschenverstandes als schlicht gegeben vorfindet. Mit schlicht gegeben bezeichnen wir alles, was wir als fraglos erleben, jeden Sachverhalt, der uns bis auf Weiteres unproblematisch ist. (Schütz/Luckmann 1979/1984, Bd. 1:25)

Der Horizont der Lebenswelt

5.3.2.3

Unsere jeweilige Lebenswelt erstreckt sich auf einen bestimmten Bereich und bis in eine begrenzte Tiefe, und in diesem Sinn ist sie begrenzt. Doch diese Grenze hat den Charakter eines *Horizontes*. Denn durch die Dynamik unseres Wissens kann sich dieser Horizont jederzeit verschieben. Er kann sich ausdehnen, wenn wir unseren Erfahrungsbereich ausweiten oder etwas Unerwartetem begegnen, das uns zur Korrektur unserer Gewissheiten nötigt.

verschiebbarer Horizont

Mit der Metapher des Horizontes ist keine scharfe Grenze gemeint, denn auch über unvertraute Bereiche haben wir ein sehr allgemeines Wissen. Die Vertrautheit bricht nicht abrupt ab, sondern tritt in verschiedenen *Schattierungen* auf. Falls unser altes Radio kaputtgeht, ist uns immerhin bekannt, dass man Radios reparieren kann, auch wenn wir uns nie näher damit befasst haben.

Natürlich spielt in mancher Hinsicht auch die räumliche Nähe eine Rolle dafür, wo der Horizont unserer Lebenswelt verläuft, aber letztlich ist die räumliche Abgrenzung nicht entscheidend. Auch in unserer nahen Umgebung gibt es Aspekte, die uns unvertraut sind. Zumeist haben wir keine Ahnung von den Schaltungen auf dem Motherboard unseres Computers, auch wenn wir jeden Tag mehrere Stunden damit arbeiten. In einem lebensweltlichen Sinn ist er uns vertraut und unproblematisch, wenn wir mit der jeweiligen Software das erreichen können, was wir möchten. Wir kämen nicht auf die Idee, uns mit dem mikroelektronischen Aufbau des Rechners zu befassen, solange die Textverarbeitung und der Internetbrowser problemlos funktionieren. Möglicherweise reagieren wir sogar abwehrend, wenn uns ein Bekannter, der unseren Rechner repariert hat, anschließend mit zu vielen technischen Informationen überschüttet. Genau das zeichnet die lebensweltliche Einstellung zur Wirklichkeit aus. In vergleichbarer Weise verfügen wir über lebensweltliche Annahmen und Deutungen zu Sachverhalten, die weit entfernt stattfinden. Wir haben beispielsweise eine lebensweltliche Auffassung der jeweiligen Bundesregierung und ihrer Politik, auch wenn wir keines der Parteiprogramme und keines der verabschiedeten Gesetze gelesen haben. In ähnlicher Weise verfügen wir über vertraute Vorstellungen und Vorurteile über andere Länder oder Kontinente. Solange wir nicht dorthin reisen, wissen wir alles darüber, was wir für nötig halten. Machen wir uns aber auf die Reise, können unsere Gewissheiten zweifelhaft werden, und wir sind möglicherweise gezwungen, unseren Horizont zu erweitern. In diesem Zusammenhang ist die Rede vom *erweiterten Horizont*, eine auch im Alltag gebräuchliche Metapher. Auch der erweiterte Horizont umfasst natürlich wieder nur ein ausschnitthaftes Wissen, das gerade ausreicht, uns ein hinreichendes

keine räumliche Begrenzung

Maß an Vertrautheit zu vermitteln, etwa wenn wir wissen, mit welchen Worten man einen Kaffee oder ein halbes Pfund Käse bestellt.

In einer Medien- und Informationsgesellschaft und besonders durch das Internet hat die Entkopplung von räumlicher Nähe und lebensweltlicher Vertrautheit verglichen mit Gesellschaften ohne Telekommunikation und elektronische Medien zudem ein völlig neues Maß erreicht. Je mehr wir unsere Kommunikation über elektronische Medien laufen lassen, desto stärker verlieren Anwesenheit und räumliche Nähe oder Distanz an Bedeutung für die Frage, was uns vertraut ist. Doch das setzt den Mechanismus des Horizontes der Lebenswelt in keiner Weise außer Kraft. Es verdeutlicht vielmehr, dass der Horizont metaphorisch gemeint ist. Wer sich souverän auf den kommerziellen Plattformen sogenannter sozialer Netzwerke bewegt, mag das Gefühl haben, mit dem Internet vertraut zu sein, obwohl er keine Ahnung davon hat, wie ein solches Netzwerk funktioniert oder was im Hintergrund mit seinen Daten passiert. Oder man betrachtet einige privat gedrehte Videos über ein politisches Ereignis, beispielsweise die Protestbewegung in Ägypten Anfang 2011, und hat das Gefühl, man sei aktuell informiert und wisse Bescheid. Natürlich kann faktisch keine Rede davon sein, dass man nun über die Motive und Hintergründe informiert ist, aber in einem lebensweltlichen Sinn kann man es durch die leicht verfügbaren Videos so empfinden.

(Marginalie: Vertrautheit ohne Nähe)

5.3.2.4 | Typen und Routinen: der Charakter des Alltagswissens

Was Menschen im Alltag für »normal« halten, kann denkbar unterschiedlich sein. Gemeinsam sind dem Alltagswissen aber bestimmte formale Strukturen. *Alltagswissen* bezeichnet, wie gesagt, eine Art von Wissen, das uns zumeist gar nicht als Wissen bewusst ist, sondern das uns spontan zur Verfügung steht und das wir gerade deshalb für »die Wirklichkeit« halten. Es ist ein Orientierungswissen in Form von Erwartungen und Selbstverständlichkeiten, die uns als *Normalität* erscheinen, als so normal, dass wir nicht darauf kommen, es in Zweifel zu ziehen. Der Begriff der *Alltagswelt* oder *Lebenswelt* macht deutlich, dass es sich nicht um einzelne Details handelt, sondern um das Gefüge dessen, was uns insgesamt als normale *Welt* und normale Wirklichkeit erscheint.

Diese Erwartungen und Selbstverständlichkeiten haben eine besondere Form. Es handelt sich um kein Detailwissen, sondern um *Typen* und *Muster*, die das umfassen, was in einer typischen Situation von typischen Personen typischerweise erwartet werden und als normal gelten kann. Es sind verallgemeinerte Annahmen, die die Vielfalt und Unterschiedlichkeit der uns begegnenden Menschen und Situationen auf ein überschaubares Maß von Typen reduzieren und uns dadurch eine Orientierung ermöglichen.

(Marginalie: Typisierung)

Typisierungen sind nützlich und unverzichtbar, weil uns sonst die Vielfalt und Fülle der Erlebnisse überwältigen würde. Aber damit besteht auch die Gefahr, dass wir falsche oder zu grobe Typisierungen verwenden, die sich als Stereotype oder gar Vorurteile auswirken. Im alltäglichen Sprachgebrauch ist der Begriff der Vorurteils negativ besetzt. Das ist er auch in der Soziologie, und es ist sinnvoll, zwischen allgemeinen Typisierungen, Stereotypen (mit einem höheren und verfestigten Allgemeinheitsgrad) und Vorurteilen (als falschen, zumeist negativen Typisierungen) zu unterscheiden. Aber zugleich unterscheiden sich die alltäglichen Muster und Typen, mit deren Hilfe wir Situationen und Personen einordnen, in ihrer Struktur und Funktionsweise nicht grundsätzlich von Vorurteilen. Beides sind Typisierungen oder Stereotype, also Verallgemeinerungen bestimmter Annahmen über wesentliche und typische Merkmale einer Situation oder Person, die uns die Orientierung erleichtern, weil sie andere individuelle und besondere Merkmale außer Acht lassen, zumal so auch das Zusammenspiel mit anderen Akteuren, die ähnliche Typisierungen verwenden, wesentlich leichter wird.

Typen und
Vorurteile

Wenn wir beispielsweise ein Geschäft betreten oder in die Ambulanz eines Krankenhauses kommen, helfen uns bestimmte Stereotypen von Kassiererinnen und Verkäufern oder von Krankenschwestern und Ärzten dabei, mit einem Minimum an Aufwand und Aufmerksamkeit das zu erreichen, was wir wollen. Um beispielsweise ein Päckchen Briefumschläge zu bezahlen, muss ich mich beim Händler nicht nach seiner Großmutter oder seinen Kindern erkundigen, sondern keiner von uns findet es unhöflich oder ungewöhnlich, wenn ich die Briefumschläge auf den Kassentisch lege, der Verkäufer »ein Euro achtzig« sagt und ich dann das Geld auf den Tisch lege. Wie schwierig wären selbst einfachste alltägliche Verrichtungen, wenn wir uns dabei nicht auf typische Verläufe stützen und uns auf typische Erwartungen an unser Gegenüber verlassen könnten. Das alles funktioniert natürlich nur, weil unser typisches Gegenüber ähnliche Typen und Erwartungen im Kopf hat. Machen Sie ein Experiment und weichen Sie nur minimal von einer typischen Situation ab. Fragen Sie in einer Bäckerei beispielsweise: »Wären Sie bereit, mir Brötchen zu verkaufen?«, statt einfach vier Brötchen zu bestellen. Wenigstens für einige Augenblicke wird die Verkäuferin hinter dem Tresen Sie ansehen, als seien Sie von einem anderen Stern.

Dieses Beispiel zeigt uns eine weitere Erscheinungsform, in der Alltagswissens auftritt: *Routinen*. Viele unserer alltäglichen Handlungen, Kommunikationen und sozialen Begegnungen laufen fast automatisiert ab. Wir vollziehen sie, ohne dass wir ihnen Aufmerksamkeit widmen. Erst wenn etwas Ungewöhnliches, etwas Unerwartetes dazwischenkommt, müssen wir uns konzentrieren. Wie bei den Typen handelt es sich bei Routinen um erwartbare Alltäglichkeiten. Im Alltag bewegen wir uns häufig in einem Modus des *so wie immer*. Wir erwarten, dass das soziale Geschehen um uns herum so verläuft *wie sonst auch*, und dies bietet uns die Chance, uns routiniert und ohne intensive Überlegung in der sozialen Welt zu bewegen. Auf diese Weise können wir uns im Kopf beispielsweise mit den gerade erlernten soziologischen Grundbegriffen befassen, während wie im gleichen Supermarkt wie immer unsere Einkäufe erledigen.

Routinen

Natürlich können die typisierten Erwartungen auch an der Realität scheitern. Im Lebensmittelladen wurden die Regale umgeräumt. Ich wende mich auf der Suche nach eingelegten Gurken an eine Verkäuferin, aber es stellt sich heraus, dass sie eine Kundin ist und ich mich getäuscht habe. Oder ich lasse in der Ambulanz des Krankenhauses einen Mann im weißen Kittel, offenbar den vielbeschäftigten Arzt, vorbeieilen und spreche stattdessen lieber die Frau im weißen Kittel an, weil ich sie für eine Krankenschwester halte, und frage sie nach »dem Arzt«. Es stellt sich dann aber heraus, dass sie in Wirklichkeit die Oberärztin ist, die mich an den Krankenpfleger verweist, der gerade an mir vorbeigelaufen ist. Offenbar haben mir meine Geschlechterstereotype hier einen schlechten Dienst erwiesen. Die Grenze zwischen nützlichen Typisierungen und problematischen Vorurteilen ist, wie gesagt, fließend.

5.3.2.5 | Vorurteile

Der typische Mechanismus der Vorurteile geht über die Typisierungen des Alltagswissens hinaus. Gerade in Bereichen, in denen es uns an Erfahrung und an Wissen fehlt, neigen wir dazu, einzelne Beobachtungen oder das Verhalten einzelner Personen auf eine ganze Gruppe zu übertragen. Dies greift besonders dann, wenn eine Gruppe, insbesondere eine Minderheit, klar als solche erkennbar ist und das Verhalten eines Angehörigen dieser Gruppe dann quasi automatisch als typisch für die Gruppe angesehen wird. Schon ist das Vorurteil fertig. (Näheres zu Vorurteilen findet sich bei Barres 1978; Markefka 1995.)

Anders als bei gewöhnlichen Typisierungen ist für Vorurteile kennzeichnend, dass sie nicht auf fundierten Erfahrungen beruhen. Das bedeutet aber nicht, dass sie nicht zu fest verankerten und zählebigen Deutungsmustern werden können. Und vor allem gilt auch hier wieder, was im Abschnitt zur »Definition der Situation« (5.2.1) erörtert wurde: Wenn Menschen an Vorurteile glauben, dann haben diese Vorurteile reale Konsequenzen. Dabei kommt es nicht darauf an, ob sich von einem externen Beobachtungsposten aus durchschauen lässt, dass es sich bloß um Vorurteile handelt.

5.3.2.6 | Regeln und Rezepturen

Betrachtet man den Aufbau des Alltagswissens noch genauer, werden charakteristische Strukturen erkennbar. Alltagswissen hat typischerweise die Form von Regeln, und zwar von *Wenn-dann-Regeln* (Garfinkel 1984 [1967]: 11 ff.). Es besteht nicht in weitreichenden und erschöpfenden Theorien über tiefere Zusammenhänge und auch nicht in erklärenden Kenntnissen von Ursachen und Wirkungen. Sondern es handelt sich um ein *Rezeptwissen*. Seine Struktur hat die Form: Wenn eine bestimmte Situation vorliegt, tut man am besten dies und jenes. »Wenn ich mir in den Finger schneide, reicht ein Pflaster«, »Bei Halsschmerzen hilft Salbei«, »Morgenrot bedeutet gutes Wetter«, »Auf der A 44 ist ab Dortmund tagsüber Stau«. Alltagswissen beinhaltet keine Hintergrundinformationen über weiße Blutkörperchen, über die antibakteriellen Wirkstoffe im Salbei, über meteorologische Zusammenhänge oder die Planungen eines Ministeriums zum Ausbau der Verkehrsinfrastruktur. Es ist kein Wissen über einen großen, abstrakten Zusammenhang, und es ist auch kein Wissen über die ursächlichen Details, sondern im Alltagswissen geht es um eine praktische Anleitung, um die Kenntnis des jeweils nächsten Schrittes. Dementsprechend verweist das Alltagswissen, wenn man die Frage nach dem »Warum?« stellt, typischerweise auf die nächste Wenn-dann-Regel: Ein Pflaster reicht, weil es ja nur ein kleiner Schnitt ist, Salbei ist gut bei Entzündungen und so weiter.

Rezeptwissen

Diese Struktur unterscheidet das Alltagswissen grundlegend von einem systematischen wissenschaftlichen Wissen, das sich gerade nicht mit Regeln und Rezepten zufriedengibt, sondern nach allgemeingültigen ursächlichen Erklärungen sucht. Eben das ist beim Alltagswissen nicht erforderlich oder wäre sogar hinderlich. Denn seine Funktion ist nicht, die Welt zu erklären, sondern ein praktisches Handeln und die Koordination von Handlungen zu ermöglichen.

Geteiltes Wissen
5.3.2.7

Gerade weil es sich um ein typisiertes und rezeptartiges Wissen handelt, ist noch ein weiterer Aspekt entscheidend, damit das Alltagswissen als unproblematische Gewissheit empfunden werden kann: Unser alltägliches Typen- und Regel-Wissen ist ein zuverlässiges Wissen, weil es ein *geteiltes Wissen* ist. Es funktioniert unproblematisch, obwohl es nie erschöpfend oder vollständig ist, weil unsere Gesprächs- und Handlungspartner im Großen und Ganzen vom gleichen Wissen über die Welt ausgehen und die gleichen Erwartungen hegen.

Absicherung durch geteiltes Wissen

Dies ist kein nebensächlicher Punkt, sondern hier lässt sich das zentrale Funktionsprinzip des Alltagswissens ablesen. Denn die Frage, die sich für die Beurteilung der »Richtigkeit« des Alltagswissens und seiner Typisierungen ergibt, lautet nicht: Ist etwas tatsächlich der Fall? Sondern: Haben mein Gegenüber und ich die gleichen Annahmen darüber, was der Fall ist? Für ein reibungsloses Zusammenspiel unserer Handlungen kommt es nicht darauf an, ob wir uns – objektiv gesehen – irren oder ob wir Vorurteilen aufsitzen. Solange wir beide einen Sachverhalt für real halten oder eine Situation in der gleichen Weise interpretieren, reicht das aus, damit unser beider Handeln koordiniert und erfolgreich ablaufen kann. Die Folgen unseres Handelns werden real sein, auch wenn unsere Annahmen von einem objektiven Standpunkt aus falsch waren oder auf Vorurteilen beruhten.

Fazit: Gesellschaft als soziale Wirklichkeit
5.4

Welche Konsequenzen haben die Überlegungen zum Alltagswissen und zum besonderen Charakter sozialer Wirklichkeit für unsere übergreifende Frage: Was ist Gesellschaft? Als eine Antwort könnte man festhalten, dass Gesellschaft eine besondere Form von Wirklichkeit ist, die man als *soziale Wirklichkeit* bezeichnen könnte. Gesellschaft als soziale Wirklichkeit ist dadurch gekennzeichnet, dass sie wirklich wird, weil Menschen davon überzeugt sind, dass sie wirklich ist. Mithilfe dieser allgemeinen Formel lassen sich sehr viele der sozialen Phänomene und der soziologischen Modelle fassen, die im Laufe dieses Buches behandelt werden.

gemeinsame Wirklichkeit

Soziale Wirklichkeit beruht auf den (subjektiven) Deutungen der Beteiligten. Doch damit ist nicht gemeint, dass jede und jeder Einzelne immerzu ihre bzw. seine höchst subjektiven Situationsdefinitionen entwirft. Das ist offensichtlich nicht der Fall, sondern es ist gerade im Gegenteil auffällig, wie ähnlich oder typisch die Situationsdefinitionen mehrerer Beteiligter ausfallen. Die sehr interessante Frage nach dem Verhältnis von Subjektivität (im Sinne subjektiv-individueller Freiheit) und Gesellschaftlichkeit (im Sinne sozial oder kulturell geformter Subjektivität), die sich hier ergibt, ist auch Inhalt von Kapitel 4 und 10. Für den Moment geht es darum, den Charakter sozialer Wirklichkeit als einer immer schon von den handelnden Subjekten gedeuteten, *sinnhaften Wirklichkeit* zu verstehen.

Kategorien der Weltbeschreibung

Die Kategorien, mit denen wir unsere eigene Person beschreiben und unser Leben entwerfen, die Überzeugungen und Werte, die in einer Gesellschaft verbreitet sind, die weitreichenden Weltbilder oder religiösen Anschauungen, aber auch Alltäglichkeiten, wie die Sprache, die wechselnden Moden oder die Umgangsformen, das alles sind Beispiele für soziale Wirklichkeit. Sie sind wirklich, weil wir ihre Wirklichkeit akzeptieren, weil wir sie benutzen und sie dadurch immer aufs Neue wirklich werden lassen. Das, können wir als eine Antwort festhalten, ist Gesellschaft.

5.4.1 | Soziologie als Wissenschaft vom Wissen

umfassende Wissenssoziologie

Im Laufe unserer Überlegungen hat sich die Fragestellung zweimal verschoben: Von der Frage »Was ist Gesellschaft?« sind wir zu der Frage »Was ist soziale Wirklichkeit?« übergegangen. Dann ist auch diese Frage durch eine andere ersetzt worden. Denn bei der weiteren Untersuchung, wie soziale Wirklichkeit entsteht, hat sich die Frage von »Was ist soziale Wirklichkeit?« in die Frage »Wie ist das Wissen über soziale Wirklichkeit aufgebaut?« verwandelt. Denn es hat sich gezeigt, dass das Wissen die Wirklichkeit *ist*.

Wenn wir soziale Wirklichkeit untersuchen wollen, müssen wir das Wissen untersuchen, das wir im Alltag »über« soziale Wirklichkeit besitzen und verwenden. In diesem Sinn ist Soziologie immer eine *Wissenschaft vom Wissen*, eine Wissenssoziologie in einem sehr weit und grundsätzlich aufgefassten Sinn.

5.5 | Lektüreanregungen

Berger, Peter L./Berger, Brigitte (1976): Wir und die Gesellschaft. Eine Einführung in die Soziologieentwicklung an der Alltagserfahrung, Reinbek bei Hamburg
Eine sehr anschauliche Einführung in das Thema Alltagswissen und Lebenswelt.

Berger, Peter L./Luckmann, Thomas (1969): Die gesellschaftliche Konstruktion der Wirklichkeit. Eine Theorie der Wissenssoziologie, Frankfurt a. M.
Das Buch ist einer der ganz großen Klassiker der Soziologie. Es geht aus von einem wissenssoziologischen Verständnis von Wirklichkeit und entwickelt ein umfassendes Modell der Konstruktion sozialer Wirklichkeit, in das auch die Institutionalisierung von Wirklichkeit und die Weitergabe von Wirklichkeitskonstruktionen durch Sozialisation einbezogen werden.

Garfinkel, Harold (1984 [1967]): Studies in Ethnomethodology, Cambridge
Garfinkels Buch hat eine eigene Forschungstradition begründet. Seine Frage war, wie man ethnografische Methoden, also die Beobachtung einer fremden Kultur, auf die vertraute eigene Kultur anwenden kann. Die Schwierigkeit dabei ist gerade die Vertrautheit, die grundlegende Muster quasi

unsichtbar macht. Nach einer theoretischen Einführung enthält der Band eine Reihe exemplarischer Studien, darunter die berühmten »Krisenexperimente«.

Goffman, Erving (1974): Das Individuum im öffentlichen Austausch. Mikrostudien zur öffentlichen Ordnung, Frankfurt a. M.
Goffman hat sich in zahlreichen Studien mit der Interaktion von Menschen in alltäglichen Situationen befasst. Die Stärke dieses Bandes ist, dass er an Beispielen das interaktive Aushandeln der Bedeutung einer geteilten Situation zeigt.

Grathoff, Richard (1989): Milieu und Lebenswelt. Einführung in die phänomenologische Soziologie und in die sozialphänomenologische Forschung, Frankfurt a. M.
Diese »Einführung« ist in Wahrheit ein fundiertes Grundlagenwerk zur phänomenologischen Soziologie.

Schütz, Alfred/Luckmann, Thomas (1979/1984): Strukturen der Lebenswelt. 2 Bde., Frankfurt a. M.
In diesen beiden nach dem Tod von Alfred Schütz von Thomas Luckmann bearbeiteten Bänden zu den »Strukturen der Lebenswelt« werden die Grundbegriffe des phänomenologischen Verständnisses von sozialer Wirklichkeit als Lebenswelt entwickelt.

Fragen zum Verständnis und zur Reflexion | 5.6

- Suchen Sie nach einem weiteren, möglichst realistischen Beispiel für eine »selbsterfüllende Prophezeiung« im Sinne Robert K. Mertons.
- Durchdenken Sie noch einmal die Argumente zur »Konstruktion von Wirklichkeit«, nachdem Sie Kapitel 11: »Haben Menschen ein Geschlecht?« gelesen haben.
- Wie unterscheidet sich Alltagswissen von dem Wissen, das Sie sich bei der Lektüre dieses Buches aneignen?

Was ist und womit beschäftigt sich Soziologie? | 6

Man kann diese Frage in einem ganz fundamentalen Sinn stellen: Worin konkret besteht das Gesellschaftliche oder das Soziale, mit dem sich Soziologie befasst? Kapitel 5 hat darauf bereits eine erste Antwort gegeben, indem es Gesellschaft als soziale Wirklichkeit definierte und eine Erforschung von Gesellschaft somit als eine Analyse des Alltagswissens, als Wissenssoziologie beschrieb. Doch es gibt auch andere Möglichkeiten, auf diese Frage zu antworten. Eine besteht darin, sich auf das Handeln von Menschen zu konzentrieren. Doch es gibt noch weitere Wege.

Soziale Tatsachen, Handeln, aggregierte Handlungsfolgen, Interaktion, Sinn, Verstehen und Erklären, soziale Beziehungen, Figurationen, Strukturen, Ordnungen, Systeme, Mikro-, Makro- und Meso-Ebene sozialer Wirklichkeit, Moderne, Rationalisierung

6.1 | Einführung

Soziologie ist, dem Wortsinn nach, die Wissenschaft vom sozialen Zusammenleben der Menschen. Diese Definition ist umfassend, und sie ist sicher nicht falsch. Doch sie ist so allgemein und blutleer, dass sie die Frage »Was ist Soziologie?« nicht wirklich beantwortet. Die Frage ist auch deshalb nicht beantwortet, weil es ganz und gar keine exklusive Leistung der Soziologie ist, sich mit dem sozialen Zusammenleben zu befassen. Zum einen beschäftigt sich neben der Soziologie eine ganze Reihe anderer Wissenschaften wie die Politikwissenschaft, die Ökonomie, die Geschichtswissenschaft, die Sozialpsychologie oder die Erziehungswissenschaft mit der Gesellschaft und mit dem Menschen als einem Wesen, das in Gesellschaft lebt. Zum anderen aber sind es eben nicht nur die Wissenschaften, die Kenntnisse über das soziale Leben besitzen. Jede und jeder Einzelne beschäftigt sich im Alltag ständig mit der Gesellschaft und verfügt über einen enormen Schatz an Kenntnissen – allerdings zumeist ohne es sich bewusst zu machen. Man kann sogar sagen, dass wir alle im Alltag immer schon Experten für das Soziale sind, denn sonst könnten wir die Anforderungen des täglichen Lebens unmöglich bewältigen. Dieser Gedanke bildete den Hintergrund für die Frage »Was ist soziale Wirklichkeit?« in Kapitel 5.

verschiedene Gesellschaftswissenschaften

Prinzipiell sind zwei Antworten möglich: Soziologie ist die Wissenschaft von der Gesellschaft, die das soziale Geschehen zu erklären versucht. Oder: Soziologie ist eine Wissenschaft, die sich mit allen erdenklichen Sachverhalten befasst und sie *durch* das Gesellschaftliche zu erklären versucht. Im Sinn dieser zweiten Antwort kann sich Soziologie auch mit Medizin, Technik, Religion oder Kunst befassen. Ihr Anliegen ist dann jeweils, den Anteil zu untersuchen, den Gesellschaft an diesen Sachverhalten hat und wie diese Sachverhalte dann ihrerseits auf Gesellschaft zurückwirken. Diese zweite Auffassung hat sich durchgesetzt. Als Soziologin oder Soziologe kann man sich prinzipiell mit allen Themen beschäftigen.

Erklärung durch Gesellschaft

Wir alle sind Soziolog(inn)en, aber was ist Soziologie? | **6.1.1**

In modernen Gesellschaften haben die Vorstellungen, die sich die Menschen von der Gesellschaft machen, in der sie leben, eine enorme Bedeutung für ihr Selbstbild und ihr tägliches Handeln.

Zum einen spielen Auffassungen von gesellschaftlichen Zusammenhängen eine Rolle für politische Ansichten und Teilnahme an politischer Selbstbestimmung und generell am öffentlichen Leben. Zum anderen hängt auch das Selbstbild des Einzelnen davon ab, an welcher Stelle man sich in einem – wahrgenommenen und vorgestellten – gesellschaftlichen Gefüge verortet, wie die eigene Stelle in Relation zur gesellschaftlichen Verteilung von materiellen Gütern und Einflussmöglichkeiten ausfällt und wie man die eigenen Möglichkeiten in Relation zu den überhaupt zur Verfügung stehenden Optionen einschätzt. Ob man sich selbst beispielsweise für arm oder reich hält, hängt weniger von der objektiven materiellen Lage ab, sondern sehr viel mehr von der Einschätzung der eigenen Lage im Verhältnis zur Verteilung von Armut und Reichtum in der Gesellschaft, so wie man sie wahrnimmt. Dass darüber hinaus Menschen gerade auch in alltäglichen Details über ein enormes Wissen über Gesellschaft verfügen, über alles das, was erwartbar, üblich oder ausgeschlossen ist, wurde schon in Kapitel 5 diskutiert.

Das, was die Soziologie an Fakten beispielsweise über die Verteilung von Armut und Reichtum in einer Gesellschaft und über deren Veränderung oder auch Stabilität zu Tage fördert, kann den subjektiven Wahrnehmungen und Deutungen der Menschen im Alltag durchaus widersprechen. Natürlich sind auch Bestätigungen möglich, doch da sich die alltäglichen Deutungen auf subjektive Einschätzungen stützen, gibt es keinen notwendigen Zusammenhang zwischen den im Alltag wirksamen Vorstellungen und den Ergebnissen soziologischer Forschung.

Das bedeutet aber nicht, dass die Alltagsvorstellungen schlicht falsch und daher ohne Bedeutung wären. Im Gegenteil, sie sind eine gegebene Tatsache in dem Sinn, dass das, wovon Menschen überzeugt sind, auch ihr Handeln bestimmt. Soziologie hat also eine doppelte Rolle. Zum einen beschreibt und erklärt sie Gesellschaft mit Methoden, die ein anderes Maß an Repräsentativität und Objektivität erreichen als die alltäglichen Deutungen. Zum anderen bilden die alltäglichen Auffassungen aber selbst ein Faktum, das sozial wirksam ist und dessen Erforschung ebenso wichtig ist wie die Beschäftigung beispielsweise mit den statistischen Fakten, die sich mit professionellen Methoden erheben lassen.

Alltagswissen über Gesellschaft

Seit wann gibt es Soziologie? | **6.2**

Ein Weg, um zu einer plastischeren Antwort auf die Frage »Was ist Soziologie?« zu gelangen, verläuft über den Rückblick auf die Umstände und Erfahrungen, aus denen die Soziologie hervorgegangen ist.

6.2.1 | Warum ist die Soziologie eine verhältnismäßig neue Wissenschaft?

europäische
Perspektive

Die Soziologie ist eine europäische Erfindung, und die folgende Geschichte wird aus europäischer Sicht erzählt. Von einem anderen Ort und damit aus einer anderen Perspektive heraus berichtet, würde sich ein anderes Bild ergeben.

Dass es im überwiegenden Teil der menschlichen Geschichte keine Soziologie und überhaupt keine Wissenschaft der Gesellschaft gab, lag ganz sicher nicht daran, dass es keine sozialen Probleme und Konflikte gegeben hätte. Aber allein der Gebrauch all dieser Begriffe entspringt bereits der heutigen Sicht auf die damalige Gesellschaft. Die historischen Zeitgenossen litten sicherlich unter der Armut, den Kriegen, der Leibeigenschaft oder der Gewalt eines Grundherrn. Aber alles das sind moderne Namen für Erfahrungen, die für die damaligen Menschen eine ganz andere Bedeutung hatten. So mochten die Bauern die Last der Abgaben, die ein Grundherr ihnen auferlegte, als zu hoch und drückend empfinden; und in manchen Fällen begehrten sie gegen überhöhte Abgaben oder ungerechte Pflichten auf. Aber einen grundsätzlichen Zweifel daran, dass die Welt aus Grundherren und Bauern besteht, hatten sie ganz überwiegend nicht. Ebenso mochten die Menschen ihrem jeweiligen Landesfürsten oder König seine Laster vorwerfen oder sich einen gerechteren Herrscher herbeiwünschen, aber dass ein Land von einem Fürsten beherrscht wird, wurde nicht hinterfragt.

Deutung
der Welt ohne
die Idee der
Gesellschaft

Gleiches galt für den Glauben an einen Gott, der die Welt und den Menschen geschaffen hat. Man konnte sich über theologische Fragen streiten, und im Alltag konnte man auch gegen göttliche Gebote sündigen, aber dass es einen Gott gab, stand außer Frage. Dass die diversen Götter und ihre heiligen Schriften letztlich nichts anderem als der menschlichen Einbildungskraft entsprungen sein sollten, lag für die allermeisten Menschen außerhalb ihrer Vorstellungskraft.

Selbstverständlich gab es auch einige Fragen, die sich schwer beantworten ließen und die etwas Beunruhigendes an sich hatten. Fragen wie die, warum Menschen in verschiedenen Sprachen sprechen, warum es verschiedene Kulturen und Lebensweisen auf der Welt gibt oder warum Menschen zu verschiedenen Göttern beten. Besonders seit Beginn der Entdeckungs- und Eroberungsreisen im späten 15. Jahrhundert stellte man sich aus europäischer Sicht solche Fragen. Aber im Grunde waren es nur einige wenige Gelehrte, die sich davon wirklich beunruhigen ließen. Und zunächst gab es allerlei Hilfskonstruktionen, die Antworten auf solche Frage boten. Etwa die biblische Geschichte der babylonischen Sprachverwirrung.

Kurz gesagt, die Welt mochte fehlerhaft sein, aber die Ursache konnte man nur darin sehen, dass Menschen Fehler begingen, unvollkommen waren oder von ihrem Gott bestraft werden sollten. Was man sich nicht vorstellen konnte, war, dass die Ordnung der Welt einzig von Menschen gemacht worden war und auf nichts anderem beruhte als darauf, dass man sich daran gewöhnt hatte und sie für unabänderlich hielt.

Die Vielfalt der Kulturen und Sprachen | 6.2.2

Die entscheidenden Zweifel daran, dass die Welt und das Leben der Menschen zwingend so sein müssen, wie man sie im christlichen Europa kannte, wurden durch die Reiseberichte gesät, die von den Seefahrern, welche Ende des 15. Jahrhunderts von Europa aus aufbrachen, um die Welt jenseits der Ozeane zu erkunden, mit zurück nach Europa gebracht wurden. Aus europäischer Sicht waren es tatsächlich Entdeckungsreisen. Aus Sicht der Entdeckten waren sie dies natürlich nicht, und die Bezeichnung »Eroberung der Welt« ist aus ihrer Sicht sicher der treffendere Begriff (Bitterli 1976; Stagl 2002).

»Entdeckung« der Welt

Von Europa aus gesehen, hätte es die »neue Welt«, die man Amerika taufte, gar nicht geben dürfen. Und ebenso schwer waren die Völker Afrikas und Ozeaniens oder die Kulturen Ostasiens mit dem europäischen Bild der Welt und der Geschichte sowie mit deren christlicher Deutung in Einklang zu bringen. Irritierend war beispielsweise, dass in der chinesischen Überlieferung das Alter der Welt höher angesetzt wurde als dies nach biblischer Zeitrechnung vom Beginn der Schöpfung an der Fall sein konnte.

An dieser Stelle tritt eines der Probleme hervor, mit dem das Denken über die Gesellschaft und über die Geschichte aktuell zu kämpfen hat. Es ist das Problem der unterschiedlichen Perspektive auf das Geschehen, je nachdem, von welchem Punkt der Welt aus man es betrachtet. Was für den einen als Entdeckung erscheint, ist für den anderen die Unterwerfung, Kolonialisierung oder gar Ausrottung. Dies ist nicht bloß eine Frage der Bewertung punktueller Ereignisse. Je nach Standpunkt erscheinen das Geschehen und die daraus resultierende Geschichte als grundsätzlich andere. Es geht nicht nur darum, dass beispielsweise Europa im Rückblick Verbrechen an den Einwohnern des heutigen Lateinamerikas eingesteht. Sondern aus Sicht der »unterlegenen« oder vernichteten Kulturen stellt sich der Ablauf des Geschehens als eine völlig andere Geschichte dar. Dieser Widerspruch setzt sich bis heute fort. Wenn beispielsweise aus europäischer Sicht über Entwicklungshilfe als eine Art Wiedergutmachung kolonialistischer Verbrechen diskutiert wird, dann spielt sich diese ganze Argumentation immer noch innerhalb des europäischen Bildes der Geschichte ab, in dem die Europäer oder die modernen »westlichen« Gesellschaften die handelnden Subjekte sind und die anderen Teile der Welt die Objekte, an denen Handlungen vollführt werden: Helfen, Entwickeln, Erklären, Demokratisieren und so weiter.

Die Debatte um solche Fragen wird seit einiger Zeit unter dem Begriff *Postkolonialismus* (*postcolonial studies*) geführt (Villa/Reuter 2009). Dabei geht es nicht nur um Postkolonialismus in dem Sinn, dass sich die europäischen Kolonialmächte aus ihren Kolonialreichen zurückgezogen und die Gründung eigenständiger Staaten befördert haben (die *Entkolonialisierung* in der zweiten Hälfte des 20. Jahrhunderts). Es geht um die Frage, ob und wie sich eine nicht eurozentrische Perspektive auf die Geschichte entwickeln lässt. Dazu gehört auch, das Verhältnis zwischen den ehemaligen Kolonialmächten und den kolonialisierten Kulturen nicht immer weiter nur nach dem Täter-Opfer-Schema zu betrachten, sondern beispielsweise auch zu untersuchen, wie sich das europäische Selbstbild durch die Begegnung mit den außereuropäischen Kulturen veränderte. Europa sah sich selbst im Spiegel des Fremden auf eine andere Weise, als dies vorher möglich war. Das änderte die europäische Identität, aber es relativierte auch die eigene Kultur, wie oben beschrieben wurde. Kolonialisierung wäre demnach nicht bloß das gewaltsame Überstülpen europäischer Kultur über die eroberten Kulturen, sondern ein wechselseitiger kultureller Wandlungsprozess, der gerade auch die Kolonisatoren betroffen hat.

postkoloniale Perspektive

Erfahrung
des Anderen

Mit der Frage »Was ist Soziologie?« hat dieser historische Rückblick deshalb zu tun, weil durch die Erfahrungen des Anderen Zweifel an der Unabänderlichkeit und Unbedingtheit des Eigenen gesät wurden. Und diese Zweifel markieren die Geburtsstunde des modernen aufklärerischen Denkens, dessen spätere Nachfahrin die Soziologie ist. Denn andere Kulturen zu entdecken, führte nach und nach zu der schmerzhaften Einsicht, dass auch die eigene Lebensweise nur *eine Kultur unter anderen* war. Das bedeutete, sie als eine zwar in sich stimmige und funktionierende Ordnung zu sehen, die aber von außen betrachtet eben nur eine unter vielen Möglichkeiten ist, sich in der Welt einzurichten. Für die fraglosen Gewissheiten der eigenen Kultur gab es Alternativen, sie erschienen von nun an als bloßer Glauben oder als eine unter vielen möglichen Weltsichten. Die eigene Wirklichkeit wurde, um es soziologischer auszudrücken, als eine kontingente Möglichkeit im Horizont anderer Möglichkeiten erfahren (Luhmann 1995).

Relativieren
des Eigenen

Diese Einsicht in ihrer ganzen Tragweite zu formulieren, war ein schwieriger und schmerzhafter Prozess, der über dreihundert Jahre dauerte und sich über viele Generationen erstreckte. Schmerzhaft deshalb, weil er für das Denken der europäischen Menschen die ungeheure Kränkung bedeutete, nicht die Krone der Schöpfung, nicht das Ziel der Geschichte und das Maß aller Dinge zu sein, sondern lediglich Menschen in einer Kultur unter unzähligen anderen Kulturen, eine Möglichkeit unter vielen, letztlich also das Ergebnis der Geschichte und des Zufalls, nicht aber eine in gewollter und unabänderlicher Form von Gott oder der Natur geschaffene Ordnung.

Für die Selbstbeschreibung der eigenen Kultur *als Kultur* folgte daraus, dass die moralische Ordnung dieser Kultur und ihre soziale Struktur nicht mehr als selbstverständlich und unveränderlich vorausgesetzt werden konnten. Von nun an war es notwendig, eine bestehende Ordnung mit Argumenten zu rechtfertigen. Wenn Konflikte auftraten, galt es nicht mehr nur, eine beschädigte Ordnung wiederherzustellen oder die Verantwortung beispielsweise bei einem schlechten Herrscher zu suchen, nun stand die Ordnung selbst zur Diskussion: Vielleicht war es besser, ganz auf Könige zu verzichten.

6.2.3 | Vergleichen: Eine neue Sicht auf die Welt

Durch die Begegnung mit fremden Kulturen begriff Europa, dass es selbst eine Kultur ist. Diese neue Sicht auf die eigene Lebenswirklichkeit unterschied sich so grundlegend von der bisherigen und hatte so weitreichende Implikationen, dass es dafür keine Ausdrucksmöglichkeit in der bisherigen Sprache gab. Es mussten neue Begriffe entstehen, die die geänderte Weltsicht angemessen wiedergeben konnten.

Vergleich führt
zum Kultur-
begriff

»Kultur« ist einer dieser Begriffe. Er ist ein hoch abstrakter Oberbegriff, der die Einheit und Gesamtheit einer Lebensweise als einen aufeinander abgestimmten Zusammenhang bezeichnet: die Sitten und die Sprache, die religiösen Riten und die Anschauungen über die Welt, die Verteilung der Macht und des Wohlstands, die Art des Wirtschaftens oder das Verhältnis der Geschlechter. Es war naheliegend, eine gerade »entdeckte« fremde Gesellschaft als eine *Kultur* zu bezeichnen, und zwar umso leichter, je fremdartiger sie war. Trotzdem verbirgt sich dahinter eine enorme intellektuelle Leistung, die zum einen in einer Abstraktion und zum anderen in einem Akt des *Vergleichens* besteht. Denn die Begegnung mit dem Fremden wirkte wie ein Spiegel, in dem man auch sich selbst zu betrachten begann und die eigene Lebenswirklichkeit ebenfalls als eine *Kultur* zu begreifen und zu relativieren lernte (Matthes 1992).

Diese Konsequenz wurde nicht von heute auf morgen gezogen, und insbesondere dauerte es längere Zeit, bis das neue abstraktere Denken in klare Begriffe gegossen werden konnte. Aus heutiger Sicht markiert die Zeit um 1800 hierfür eine Schwelle, für die sich der Begriff *Sattelzeit* etabliert hat, der von dem Historiker Reinhart Koselleck (1923–2006) geprägt wurde. Denn zwischen 1750 und 1850 etabliert sich nicht nur der Begriff der »Kultur«, sondern auch andere aus heutiger Sicht wesentliche Begriffe, die die menschliche Welt als soziale, gesellschaftliche und kulturelle Welt beschreiben, entstehen neu oder erhalten eine völlig neue Bedeutung. Etwa der Begriff der *Gleichheit* – und damit auch der Begriff der *Ungleichheit*, der Begriff der *Gesellschaft* und der Begriff *Herrschaft*. Sie alle sind abstrakte Oberbegriffe, die es ermöglichen, soziale Verhältnisse als solche zu beschreiben, also gewissermaßen von einem äußeren Standpunkt aus. Der intellektuelle Umbruch bestand nicht in der Entdeckung von etwas Neuem, sondern in einer neuen Sicht auf die vertraute Wirklichkeit. Der Soziologe Niklas Luhmann (1927–1998) hat dies als *Beobachtung zweiter Ordnung* bezeichnet (1997:766ff.; 2002:141ff.). Und diese Beobachtung zweiter Ordnung wirkt zurück auf die Gesellschaften, die sich fortan selbst *als* Gesellschaften und Kulturen beschreiben.

Historische Semantik

Geschichte als Geschichtlichkeit | 6.2.4

Unter den Bergriffen, in denen sich das neue Denken ausdrückt, kommt dem der *Geschichte* eine besondere Stellung zu. Er formt sich in etwa parallel zum Begriff der Kultur, und die Inhalte beider Begriffe sind aufeinander bezogen. Bis zu dieser Schwelle hatte man über Ereignisse der Vergangenheit, über Kriege, die Taten von Herrschern, Hungersnöte oder Naturkatastrophen berichtet, aber man hatte diese Ereignisse als »Geschichten« erzählt. Und man stellte sich vor, dass es sich um einzelne Ereignisse handelte, die in einer Welt stattfanden, die im Wesentlichen die gleiche blieb, und zwar so, wie sie ursprünglich geschaffen worden war. Was es nicht gab, war die Vorstellung, die einzelnen Taten und Ereignisse würden einen Zusammenhang aufweisen, durch den sich die Wirklichkeit der Menschen im Laufe der Zeit in ihrem Wesen verändert. Und erst recht gab es nicht die Vorstellung, dass die eigene Wirklichkeit das Resultat dieser Geschichte war, sich also über lange Zeiträume entwickelt hatte – und nicht in einer mythischen Vergangenheit geschaffen worden war. Hinter dem vermeintlich harmlosen und uns heute so vertrauten Wort »Geschichte« steht

Geschichte statt Geschichten

also ein radikal anderes Denken über die Stellung des Menschen in der Welt. Letztlich ist es die Idee, dass der Mensch die Wirklichkeit, in der er lebt, selbst geschaffen hat.

Geschichte, Kultur, Gesellschaft

»Kultur«, »Geschichte« und auch der parallel aufkommende Begriff »Gesellschaft« sind zentrale Ideen in diesem Umbruch von einem vormodernen hin zu einem modernen Denken über den Menschen und sein soziales Leben. Ihnen ist gemeinsam, dass sie eine Vielzahl von Einzelheiten, Ereignissen und Handlungen unter einem Oberbegriff fassen und dabei einen Zusammenhang, eine Struktur in dieser Vielfalt behaupten: Die Ereignisse der Vergangenheit lassen sich nicht nur als unzählige Geschichten erzählen, sondern als *die Geschichte*. Das Miteinander der Menschen, die Verteilung von Wohlstand und Macht, das Wirtschaften und der Handel, die Konflikte und die Zusammenschlüsse sind nicht bloß einzelne Erscheinungen, sondern sie stehen in einem Zusammenhang und bilden ein Ganzes: die Gesellschaft. Und dieses Ganze hat Strukturen, die sich in den Einzelheiten wiederfinden. Entsprechendes gilt für den Begriff der Kultur: Die Sitten und Lehrmeinungen, die Kunstwerke und die religiösen Überzeugungen und Riten sind nicht bloß einzelne Inhalte, sondern ein zusammenhängender Kosmos von Bedeutungen, der aufeinander bezogen ist.

Das Gemeinsame der drei Begriffe besteht darin, dass sie eine Vielfalt als geordnete Einheit auffassen. Koselleck prägte dafür den Begriff *Kollektivsingular*. Die Leistung eines solchen Kollektivsingulars besteht nicht bloß darin, Verstreutes unter einem Aspekt zusammenzufassen, sondern darin, einen Zusammenhang, eine Ordnung oder Struktur zu behaupten. Und damit wirft er eine völlig neue Art der Fragestellung auf, nämlich die nach der Art des Zusammenhangs, nach seinen Gesetzmäßigkeiten und seinem Wandel. Es ist eben etwas grundsätzlich anderes, ob ich einen Konflikt zwischen Bauern und Grundherren als lokalen Kampf um faire oder überhöhte Abgaben begreife und die Schuld auf der einen oder anderen Seite suche. Oder ob ich ihn als Ausdruck einer gesellschaftlichen Ordnung auffasse, die Wohlstand und Macht ungleich verteilt und dadurch von ihrer Struktur her notwendig solche Konflikte hervorbringt.

Erklärung durch Geschichte

Welche neuartigen Einsichten der geänderte Blick auf die Welt durch die »Entdeckung« der Gesellschaft und der Geschichte ermöglicht, zeigt sich anschaulich am Thema Sprache. Die Tatsache, dass Menschen an verschiedenen Orten in verschiedenen Sprachen sprechen und sogar verschiedene Alphabete verwenden, war seit jeher ein beunruhigendes Problem. Besonders deshalb, weil Sprache in einem engen Zusammenhang mit der menschlichen Vernunft gesehen wurde, also dem, was den Menschen als Menschen auszeichnet. Um diese Frage zu beantworten, hatte man sich Mythen oder Hilfskonstruktionen geschaffen. Die alttestamentliche Geschichte der babylonischen Sprachverwirrung als Strafe des christlichen Gottes ist ein Beispiel für einen solchen Versuch, die Herkunft und die Vielfalt der Sprache zu erklären. Nun aber wurde es durch das neue Denken, das sich in Begriffen wie Kultur und Geschichte ausdrückte, möglich, eine ganz andere Art der Erklärung heranzuziehen: Die Entstehung der Sprachen muss nicht durch einen göttlichen Eingriff von außen und auch nicht durch das Ingenium eines menschlichen Erfinders erklärt werden, sondern als kultureller, geschichtlicher Prozess. Sprache, so lautet die neue Art der Erklärung, ist über lange Zeiträume und in vielen kleinen Schritten einfach aus der Tatsache des Zusammenlebens von Menschen entstanden. Aus Gesten wurden Zeichen, die Zeichen wurden allgemeiner, die Bedeutungen differenzierter, und schließlich entstand auf diesem Weg die menschliche Sprache.

Einer der frühesten Autoren, die diesen Gedanken in Ansätzen formulierten, war Giambattista Vico (1668–1744) in seinem Buch über die »Prinzipien der Neuen Wissenschaft über die gemeinschaftliche Natur der Völker« von 1725 beziehungsweise 1744. Damit war eine Richtung des Denkens eingeschlagen, die alle Errungenschaften, Überzeugungen und Verhältnisse des Menschen geschichtlich, also rein innerweltlich und aus der Tatsche des menschlichen Zusammenlebens heraus, erklärte. In dieser Linie steht auch die Evolutionstheorie von Charles Darwin (1809–1882), der nicht nur die kulturellen Errungenschaften und gesellschaftlichen Lebensweisen, sondern auch den Menschen als biologische Gattung geschichtlich erklärte. Eine Vorstellung, die noch 1871 bei Erschienenen seines Buches »The Descent of Man, and Selection in Relation to Sex« heftigen Widerstand auslöste.

Soziologie als Nebenprodukt

6.2.5

Der Wandel im Denken war kein rein intellektueller oder akademischer Prozess, sondern er vollzog sich in verschiedenen Lebensbereichen und anhand einer Vielzahl praktischer Erfahrungen. Es wäre ganz falsch, zu denken, dieser Wandel sei durch eine Wissenschaft, gewissermaßen durch eine Vorläuferin der Soziologie, ausgelöst worden. Zutreffender ist eher das Gegenteil: Die geänderte Erfahrung erzeugte den Bedarf nach einer neuen Wissenschaft, die dieses Denken aufgriff. Die Ausbildung einer oder mehrerer Gesellschaftswissenschaften ist also eher eine Folge als die Triebkraft der neuen Weltsicht.

Bedarf nach Erklärung des Wandels

Im 19. Jahrhundert bilden sich erst nach und nach konkret umrissene Wissensgebiete und institutionalisierte Wissenschaften der Gesellschaft heraus. Politische Philosophie, Geschichtstheorie, Staatswissenschaften, Volkswirtschaft, Rechtslehre, allgemeine Publizistik und literarische Verarbeitungen gehen Hand in Hand, überschneiden sich personell sowie in den Veröffentlichungen und tauschen Argumente aus. Erst um 1900 grenzten sich einzelne Wissensgebiete deutlicher voneinander ab, und die Akteure bemühten sich, die Wissensbereiche als akademische Disziplinen mit eigenen Lehrstühlen, Fachzeitschriften und wissenschaftlichen Vereinigungen auch institutionell zu etablieren. Die Jahre zwischen 1890 und 1920 sind die eigentliche Gründungsphase der Soziologie als akademische Disziplin, die durch eine Spezialisierung und durch intensive Debatten über die methodischen Grundlagen gekennzeichnet ist, die bis heute nachhallen (vgl. Abschnitt 6.5).

Gesellschaft wird zum Problem

6.3

Die neuartige relativierende Sicht auf die eigene gesellschaftliche und kulturelle Wirklichkeit ist aber nur ein Aspekt des historischen Hintergrundes, aus dem heraus sich eine Wissenschaft von der Gesellschaft entwickelt hat. Andere Aspekte betreffen die technischen, ökonomischen und politischen Umbrüche. Parallel zu den intellektuellen Erkenntnissen und Befreiungsschlägen der Aufklärung vollzog sich ein tiefgreifender sozialgeschichtlicher Wandel. Bevölkerungswachstum, Mechanisierung mithilfe der Dampfkraft und später der Elek-

Wandel macht Gesellschaft erfahrbar

trizität, Technisierung, Arbeitsteilung und Industrialisierung mit einer enormen Zunahme der Produktivität, die allgemeine Durchsetzung der Geldwirtschaft, der Zerfall der feudalen und die Entstehung der bürgerlichen Gesellschaft, Bevölkerungsverschiebungen vom Land in die Stadt und der damit verbundene Zerfall traditioneller Bindungen und Lebensformen, die Entstehung riesiger Städte, eine allgemeine Alphabetisierung der Bevölkerung im Laufe des 19. Jahrhunderts, eine enorme Ausweitung von Verkehr, Handel und Kommunikation, die Anhäufung riesiger Kapitalvermögen einerseits und das Elend der arbeitenden Bevölkerung in den Städten andererseits als Anzeichen grundlegender sozialer Probleme und gesellschaftlicher Konflikte – das alles waren radikal neue Erscheinungen, mit denen die Menschen seit der zweiten Hälfte des 18. Jahrhunderts und dann in enormer Beschleunigung im 19. Jahrhundert konfrontiert waren. Diese sich stürmisch verändernde gesellschaftliche Realität überraschte selbst ihre Protagonisten und Vordenker.

Gleiches gilt für den politischen Wandel. In der Amerikanischen Revolution gaben sich Menschen erstmals eine selbst entworfene Verfassung, und in der Französischen Revolution wurde nicht nur ein König hingerichtet, sondern die Idee des Königtums als einer gottgegebenen und unveränderlichen Ordnung abgeschafft. Fortan standen die Menschen vor der Herausforderung, selbst über ihre politische Ordnung entscheiden zu müssen, sie zu gründen und zu erhalten. Staaten zerfielen oder wurden neu etabliert, Regierungen wechselten, Verfassungen wurden entworfen. Den Menschen wurden neue Rechte gegeben, aber zugleich wurden sie mit neuen Anforderungen konfrontiert.

6.3.1 │ Geschichte als Fortschritt

Vergleicht man diese Veränderungen mit den Jahrhunderten zuvor, vollzogen sie sich mit einer rasenden Geschwindigkeit. Was vormals als selbstverständliche Gewissheit gelten konnte, stand nun infrage. Es war kaum vorherzusehen, was als Nächstes geschehen würde.

Geschichte als Veränderung

Gesellschaftliche Ordnung war nicht mehr etwas, das als gegeben vorausgesetzt werden konnte und bloß erhalten werden musste, sondern eine gerechte gesellschaftliche Ordnung erschien nunmehr als eine Aufgabe, die es künftig zu verwirklichen galt. An die Stelle der Überzeugung von der Dauerhaftigkeit einer Ordnung oder der Bewahrung und Pflege des Überkommenen trat die Vorstellung des *Fortschritts* als Leitorientierung. Das bedeutete eine fundamentale Umorientierung des Denkens über den Menschen. Nicht das Alte war zu bewahren, sondern das Neue zu schaffen. Statt die Wahrheit in der Vergangenheit zu suchen und sie in Begriffen wie Tradition, Überlieferung, Herkunft, Ursprung oder Schöpfung zu beschreiben, suchte man diese Wahrheit nun in der Zukunft. Die wahren Möglichkeiten des Menschen und die bestmögliche Ordnung seines Zusammenlebens erschienen nun als etwas, das erst erfunden und geschaffen werden musste.

Doch wenn der Mensch die Welt so fundamental verändern konnte, was waren dann die Prinzipien, nach denen man sich dabei richten sollte? Und wie konnte eine neue Ordnung gelingen angesichts der massiv hervorbrechenden gegensätzlichen Interessen und Konflikte in den Gesellschaften?

Das Bedürfnis nach einer neuen Form der Erklärung und Orientierung lag auf der Hand, und damit das Bedürfnis nach einer Wissenschaft, die diese Aufgabe übernehmen konnte. Eine Wissenschaft, welche die Prinzipien klärte, nach denen man überhaupt an die drängenden Fragen herangehen konnte. Dabei war von Anfang an klar, dass mit der gesellschaftlichen Ordnung auch das Wesen des Menschen in Zweifel gezogen wurde und nicht mehr als gegeben hingenommen werden konnte. Die Frage, wie eine soziale Ordnung aussehen und funktionieren könnte, war begleitet von der Frage, was denn der Mensch sei, welcher Teil an ihm natürlich gegeben und welcher das Produkt der Gesellschaft sei und folglich in der Zukunft neu gestaltet werden konnte. In vielfach gewandelter Form beschäftigen uns diese Fragen heute ebenso wie in der beginnenden Moderne und in den Anfangszeiten der Soziologie.

Gesellschaftstheorie als Theorie der Geschichte | 6.3.2

Die frühesten Gesellschaftstheorien, die sich als Vorläufer der heutigen Soziologie begreifen lassen, waren also Theorien sozialen Wandels, und zwar eines Wandels in einem umfassenden geschichtlichen Sinn. Als Reaktion auf die historische Erfahrung der alles umstürzenden Veränderungen entwickelte sich die Gesellschaftswissenschaft zunächst als *Theorie der Geschichte.*

Als Reaktion auf den als radikal wahrgenommenen Wandel der Welt wurde die Geschichte zum leitenden Paradigma aller Wissenschaften vom Menschen. Und das Paradigma der Geschichtlichkeit, die Erklärung des Gewordenseins, erstreckte sich auch auf andere Forschungsbereiche: In der Geologie betrieb man Erdgeschichte und in der Biologie Naturgeschichte, die ihren radikalsten Ausdruck in Charles Darwins Abstammungs- und Evolutionstheorie fand. Dabei ging es nie nur darum, Wissen über die Vergangenheit zusammenzutragen, sondern Gesetzmäßigkeiten des geschichtlichen Wandels zu formulieren.

Suche nach Gesetzen der Geschichte

Auf die gleiche Weise prägte eine geschichtliche Betrachtung die Themen der Gesellschaftswissenschaften: die Erforschung von Gleichheit und Ungleichheit, von sozialer Ordnung und sozialer Differenzierung, von Herrschaftsordnungen oder der gesellschaftlichen Bedingtheit von Wissen. Der radikale soziale Wandel sollte durch die Entdeckung von Gesetzen der geschichtlichen Entwicklung begreiflich werden. Dieses Denken in geschichtlichen Kategorien findet sich bei praktisch allen Autoren, die im 19. Jahrhundert einen Beitrag zur Etablierung einer Gesellschaftswissenschaft geleistet haben, egal, was ihr Thema war und wie unterschiedlich ihre jeweilige Deutung ausfiel. Exemplarisch herausgreifen lassen sich Auguste Comte, Karl Marx und Herbert Spencer.

Die Vorstellung, dass die Geschichte notwendigen Gesetzmäßigkeiten folgt, ist später scharf kritisiert worden und aus heutiger Sicht mit der Idee der Freiheit des Menschen nicht vereinbar. Ein Effekt dieser Kritik besteht heute darin, dass sich die Soziologie weitgehend aus einer Beschäftigung mit Geschichte zurückgezogen und die historische Dimension gesellschaftlicher Wirklichkeit wohl zu sehr aus dem Blick verloren hat.

6.3.2.1 | Auguste Comte

Bereits im 18. Jahrhundert war die Idee entstanden, die menschliche Geschichte in große Epochen einzuteilen, um auf diese Weise den Ort der eigenen Gegenwart zu bestimmen. Auf besonders einflussreiche Weise tat dies Auguste Comte (1798–1857) mit seinem *Dreistadiengesetz*. Comte, dem gemeinhin die Erfindung des Begriffs Soziologie zugeschrieben wird, unterschied ein *theologisches*, ein *metaphysisches* und ein *positives Zeitalter*. Diese Unterteilung der Geschichte in »Stadien« ist charakteristisch für die Verbindung von Geschichtsphilosophie und Fortschrittsglauben, wie sie sich auch bei Marx und Spencer findet. Comtes Originalität besteht darin, dass er die Geschichte als Abfolge von menschengemachten Wissensordnungen begreift und damit deutlich macht, dass der Mensch sich seine Wirklichkeit durch den Glauben an diese Wirklichkeit jeweils selbst schafft.

Idee der Entwicklungsstadien

Das Wesen des positiven Zeitalters, das Comte in seiner Gegenwart anbrechen sah und das er zugleich diagnostizierte und propagierte, sollte sein, dass der Mensch nicht länger durch den Glauben an eine vorgegebene Wirklichkeit geleitet wird, sondern sich selbst als rationalen, wissenschaftlichen Gestalter seiner Welt begreift. Diese Welt ist nach Comtes Auffassung vor allem eine gesellschaftliche Welt. Eben deshalb war er überzeugt, dass einer neuen Wissenschaft der Gesellschaft, der Soziologie, die Leitungsfunktion unter allen Wissenschaften zukommen müsse. Comte geht in diesem Gedanken so weit, dass er das gesellschaftliche Ganze für wichtiger hält als die Individuen, die in einer Gesellschaft leben. Die Idee der Gesellschaft wird bei ihm immer mehr zu einer neuen Religion, und soziologische Erklärungen sollen an die Stelle religiöser Lehren treten.

Aus heutiger Sicht spiegelt sich in seinem Denken ein euphorischer und zugleich blinder Fortschrittsoptimismus, der charakteristisch ist für die Wende vom 18. zum 19. Jahrhundert und der sowohl anregende als auch problematische Elemente enthält. Trotzdem kann man Comtes Denken als einen Durchbruch ansehen, der das Tor zu einer soziologischen Deutung des Menschen und seiner Geschichte öffnete (Elias 1993 : 32 ff.). Seine Vorstellung des gesellschaftlichen Ganzen und der Gesellschaft als Wirklichkeit eigener Art wurde besonders von Émile Durkheim aufgegriffen, einem der Begründer der Soziologie im neueren Sinn (vgl. 6.5.6).

Menschen schaffen ihre Wirklichkeit

6.3.2.2 | Karl Marx

Karl Marx (1818–1883) entwarf ebenso wie Comte und Spencer die Idee einer Wissenschaft der Gesellschaft auf empirischer Grundlage, welche die bisherige philosophische Spekulation über den Menschen ablösen sollte. Im Kern seiner Konzeption steht sein *historischer Materialismus*. Demnach sind alle Gesellschaften bestimmt durch die Art, wie sie ihre Lebensgrundlage produzieren und die dafür notwendige Arbeit organisieren. Vom jeweiligen Stand der verfügbaren Werkzeuge oder Technologien (*Produktionsmittel*) hängt die Organisation der Arbeit und der Besitzverhältnisse (*Produktionsverhältnisse*) ab. Aus dieser *Basis* leiten sich wiederum die kulturellen Formen und Überzeugungen (*Überbau*) der verschiedenen historischen Gesellschaften ab (vgl. 2.5.1 und 3.5.1).

Herbert Spencer

Herbert Spencer (1820–1903) rezipierte Charles Darwins Evolutionstheorie (Darwin 1859) und übertrug den Gedanken der Evolution auf die Gesellschaft. Aus heutiger Sicht ist problematisch, dass er die Gesellschaft dabei als Organismus begreift, denn diese biologische Metapher impliziert unter anderem eine Harmonie aller Teile und verleitete spätere Autoren zu der verhängnisvollen Unterscheidung von gesunden und kranken Gesellschaftskörpern. Für ihn ermöglichte diese Analogie jedoch die Einsicht in ein allgemeines Prinzip der Evolution, das er als *erstes Gesetz der Evolution* bezeichnete:

> Entwicklung ist definierbar als ein Wandel von unzusammenhängender Gleichartigkeit zu zusammenhängender Verschiedenartigkeit. (Spencer 2007 [1862]: 251)

Unzusammenhängende Gleichartigkeit kennzeichnet evolutionär einfache Formen: Eine Pflanze, von der man einen beliebigen Spross abbrechen und daraus eine neue Pflanze ziehen kann oder einen Landstrich mit einer Reihe kleiner Dörfer, die kaum in Austausch miteinander stehen. *Zusammenhängende Verschiedenartigkeit* hingegen ist ein Merkmal hoch entwickelter Organismen, beispielsweise mit verschiedenen spezialisierten Sinnesorganen oder aber die arbeitsteilig organisierte Gesellschaft einer Großstadt. Spencer formulierte damit den Gedanken der funktionalen Differenzierung als Organisationsprinzip zusammengesetzter »höherer« Einheiten.

6.3.2.3

Rezeption der Evolutionstheorie

Soziologie als Wissenschaft der Moderne | **6.4**

Am Ende des 19. Jahrhunderts verschob sich die Fragestellung. Es wurde klar, dass die Frage nach den Gesetzen der Geschichte vermessen gewesen war, und der Blick richtete sich nun auf die Besonderheiten der historischen Entwicklung der europäischen und amerikanischen Gesellschaften. Die Fragestellung lautete nun: Warum hatte sich die industrielle Gesellschaft, die sich mit ihren Merkmalen der Aufgeklärtheit, der Demokratie und der Technisierung selbst als *Moderne* begriff, gerade in Europa entwickelt und nicht in anderen Teilen der Welt, die ebenfalls über ein großes kulturelles Potenzial verfügt hatten? Warum hatte sich dieser radikale Wandel hin zur Moderne ausgerechnet in Europa vollzogen? Was sind seine Besonderheiten? Und wie ist die Verbreitung der Moderne über die gesamte Welt zu erklären? Die Soziologie entwickelte sich damit zur Wissenschaft der modernen Gesellschaft, aus der sie selbst hervorgegangen war.

die Moderne erklären

soziologische Klassiker

Derartige Fragen wurden um 1900 von der Generation der sogenannten soziologischen Klassiker aufgeworfen: Émile Durkheim, Georg Simmel und Max Weber. Besonders für Max Weber bildeten sie das Fundament eines Großteils seiner Soziologie, die sich als historisch-vergleichende Wissenschaft mit systematischen gesellschaftswissenschaftlichen Methoden verstehen lässt. Sie hat das Ziel, die Besonderheit und die Entwicklungsdynamik der okzidentalen Moderne und ihres prägenden Rationalismus im Vergleich mit anderen kulturellen Entwicklungslinien herauszuarbeiten. Besonders deutlich wird das an seiner berühmten Studie über »Die protestantische Ethik und der ›Geist‹ des Kapitalismus« von 1904.

Die Diagnose, dass moderne Gesellschaften wesentlich durch das kapitalistische Wirtschaften geprägt sind, teilt Weber mit vielen anderen Soziologen. Anders als sie glaubt Weber aber nicht, dass sich die Entwicklung hin zur kapitalistischen industriellen Produktion aus sich selbst heraus erklärt. Zwar sieht auch Weber, dass diese Art des Wirtschaftens Rückwirkungen auf alle Bereiche der Gesellschaft hat, aber er möchte vor allem die Faktoren identifizieren, die seine Entwicklung ermöglicht haben.

Religion und Rationalisierung

Weber klärt zunächst, was genau das Merkmal des modernen Kapitalismus ist und welche Widerstände die Entwicklung dieser Form des Wirtschaftens zu überwinden hatte. Das entscheidende Merkmal des modernen Kapitalismus sieht Weber nicht in einem entfesselten Gewinnstreben, denn materielle Gier habe es zu allen Zeiten gegeben. Darunter fallen auch Versuche, mit waghalsigen Unternehmungen in kurzer Zeit möglichst viel Geld zu gewinnen. Demgegenüber sieht Weber das Merkmal des modernen Kapitalismus in seiner systematischen und rechenhaften Genauigkeit und seiner streng organisierten Berufsarbeit. Es geht ihm somit nicht um einen »Abenteurerkapitalismus«, sondern um »den bürgerlichen Betriebskapitalismus mit seiner rationalen Organisation der freien Arbeit« (Weber 1988a [1921–22]: I, 10). Diese Berufsarbeit ist Teil einer umfassenden »praktisch-rationalen Lebensführung« (ebd. 12), die wiederum Bestandteil einer umfassenden Rationalisierung ist.

Verglichen mit einer traditionalen Lebensführung und Wirtschaftsweise, die sich daran orientiert, genug zu erwirtschaften, um ein gutes Lebens zu führen und beispielsweise aus einer reichlichen Ernte die Möglichkeit zur Entspannung schöpft, beruht der moderne Kapitalismus auf einem systematischen Gewinnstreben als Selbstzweck. Ruhe wird als vergeudete Arbeitszeit und jeder erarbeitete Gewinn als Betriebskapital zur Erwirtschaftung von weiterem Gewinn betrachtet. Der moderne okzidentale Kapitalismus ist also durch eine »ethisch gefärbte Maxime der Lebensführung« (Weber 1988b [1904]: 33) gekennzeichnet, in der Berufsarbeit und Gewinn als Selbstzweck erscheinen. Die strenge Rationalisierung ist zugleich irrational, weil sie den Genuss des Gewinns verbietet. Da aber eben diese angestrengt rationale Berufsethik den »Geist des Kapitalismus« kennzeichnet und den modernen okzidentalen Kapitalismus von anderen Formen des Gewinnstrebens unterscheidet, richtet Weber sein Augenmerk darauf, die Ursprünge dieser rationalen Ethik zu identifizieren.

Er findet sie in der Religion, genauer im Protestantismus, und zwar in mehreren Stufen. Zunächst in der Theologie Luthers, der den »Beruf«, egal wie niedrig er ist, als göttliche Aufgabe deutet und zugleich die überkommene »außerweltliche Askese« des Mönchtums ablehnt und als Ideal eines gottgefälligen Lebens eine »innerweltliche Askese« fordert. Dann in den theologischen Zuspitzungen des Calvinismus, der in seiner Prädestinationslehre innerweltlichen Erfolg als mögliches Anzeichen für eine Auserwähltheit des Einzelnen sieht, sodass jeder, der nicht rastlos arbeitet, schon allein dadurch zu erkennen gibt, dass er nicht zu den Auserwählten gehört. Und schließlich in den als Erbauungstexten des vom Calvinismus beeinflussten Puritanismus, die die theologischen Lehren in praktische Anweisungen zur Lebensführung übersetzen (Weber 1988b [1904]: 74 ff., 89 ff., 164 ff.).

Weber behauptet nicht, dass es einen notwendigen kausalen Zusammenhang zwischen der »protestantischen Ethik« und dem »Geist des Kapitalismus« gibt, und er behauptet auch nicht, dass die religiöse Ethik die einzige Quelle des modernen okzidentalen Kapitalismus ist. Aber gerade diese methodische Abwägung, die Art der Fragestellung und die Weite der historischen Perspektive machen die Studie zu einem klassischen Modell. Außerdem ist sie das vielleicht prominenteste Beispiel für das allgemeine Interesse der Soziologie um 1900, die Merkmale und die Entstehungsbedingungen der modernen Gesellschaft zu erklären.

Die Konzentration auf die Besonderheit der modernen Gesellschaft gegenüber allen anderen Gesellschaftsformen spiegelt sich in einer Reihe von Themen, mit denen sich die frühe Soziologie befasste. Diese allgemeine Themenstellung beschäftigte die frühe Soziologie in ähnlicher Weise in den verschiedenen europäischen Ländern, auch wenn dabei im Details unterschiedliche Aspekte hervorgehoben wurden. Insgesamt aber bildeten sich Begriffe und Deutungen heraus, die bis heute die Selbstbeschreibung moderner Gesellschaften prägen.

Rationalisierung | 6.4.1

Mit *Rationalisierung* ist nicht einfach die Anwendung von Vernunft im Sinne der Aufklärung und Säkularisierung gemeint. Es geht um die praktischen Konsequenzen, die ein rational-kalkulierendes Denken hat, wenn es den Alltag durchdringt und die Gestalt des sozialen Zusammenlebens bestimmt.

Rationalisierung prägt die moderne Gesellschaft in allen Lebensbereichen. Natürlich in der Technik, Arbeitswelt und Ökonomie, aber auch im Recht, in der Politik, in der Bildung oder in der Architektur und Kunst. Dieser Prozess, der um 1900 als eines der Kennzeichen der Moderne erschien, setzt sich bis heute unverändert fort. Das Wesen der Rationalisierung besteht darin, kein Wesen zu haben. Während der Begriff der Vernunft den wertenden Beiklang des »Vernünftigen« hat, beschreibt Rationalisierung einen rein formalen Veränderungsprozess, der nicht mit einer eindeutigen Wertung verbunden ist. Max Weber sprach in der »Einleitung« und der »Zwischenbetrachtung« zu seinen »Gesammelten Aufsätzen zur Religionssoziologie« (Weber 1988a [1920–21]), die die theoretische Quintessenz seiner kulturvergleichenden Studien enthalten, von der reinen »Rechenhaftigkeit« und von »Entzauberung« als Merkmale der Rationalisierung.

Einen besonders reinen Ausdruck findet die Rationalisierung in Form der Ökonomisierung von immer mehr Lebensbereichen und konkret der Geldwirtschaft. Der Geldwert als mathematisches Konstrukt wird zur universellen Größe, die alle erdenklichen Qualitäten auflöst und in bloße Quantitäten verwandelt: in ihren Preis. Hatte das ökonomische Denken um 1800 die Vorteile der Geldwirtschaft für den Handel, also die Erleichterung des Tausches von Waren gegen Geld anstatt von Waren untereinander betont (beispielsweise Adam Smith und David Ricardo), so arbeitete Karl Marx in der Mitte des 19. Jahrhunderts heraus, dass das Geld dazu führe, alle Aspekte des Lebens unter dem Gesichtspunkt ihres *Tauschwertes* zu betrachten. Unter anderem in dem berühmten Kapitel »Der Fetischcharakter der Ware und sein Geheimnis« zu Beginn seines Hauptwerkes über »Das Kapital« (Marx 1975 [1867]) beschreibt er, wie der Tausch-

Rationalisierung als rechnende Vernunft

Geld und Quantifizierung

wert, also der Preis, auch die menschliche Arbeit und damit das Handeln sowie letztlich auch die sozialen Beziehungen in Waren verwandelt.

Georg Simmel griff diese Analyse in seiner »Philosophie des Geldes« (Simmel 1989 [1900]) auf und entwickelt daraus eine Kulturtheorie der Moderne, die unter anderem beschreibt, wie in Analogie zum Geldwert allgemein Qualitäten in Quantitäten verwandelt werden. Entscheidungen werden so zu einer Frage der Messung.

Dialektik der Aufklärung

Von hier führt auch eine Argumentationslinie zur »Dialektik der Aufklärung« von Max Horkheimer (1895–1976) und Theodor W. Adorno (1903–1969), die als Reaktion auf den Zweiten Weltkrieg und insbesondere den Holocaust an den europäischen Juden die Rationalisierung als eine Selbstzerstörung der Vernunft deuten. Da es sich um keinen blinden Gewaltausbruch, sondern um eine rational geplante und durchgeführte Vernichtungsmaschinerie handelte, diagnostizieren sie, wie sich die Rationalisierung gegen die Werte der aufgeklärten Vernunft wendet, aus denen sie ursprünglich hervorgegangen ist (Horkheimer/ Adorno 1969 [1944]).

6.4.2 | Arbeitsteilung

Das Thema *Arbeitsteilung*, also die Aufteilung spezialisierter Tätigkeiten auf verschiedene Personengruppen innerhalb einer Gesellschaft und deren Zusammenwirken, kam bereits in der Frühphase der Industrialisierung in den Blick. Zunächst wurde sie vor allem unter dem Gesichtspunkt effizienterer Arbeitsabläufe in der handwerklichen Herstellung von Gütern thematisiert. Adam Smith (1723–1790) beschreibt in seinem Buch »Der Wohlstand der Nationen« (»An Inquiry into the Nature and Causes of the Wealth of Nations«) von 1776 am Beispiel der Herstellung von Stecknadeln, wie sich die Produktivität vervielfachen lässt, indem nicht zehn Handwerker jeweils einzeln eine Stecknadel nach der anderen herstellen, sondern indem die Herstellung in achtzehn Einzelschritte zerlegt wird, die jeweils von einem Arbeiter ausgeführt werden. Die Produktivität verzehnfacht sich, weil jeder Einzelne nur annähernd eine Bewegung immer und immer wieder durchführt (Smith 1989 [1776]: 9 f.). Smith über-

Arbeitsteilung als Gesellschaftsmodell

trägt das Prinzip der Arbeitsteilung auf das Wirtschaftsleben einer Gesellschaft insgesamt und sogar auf den internationalen Handel zwischen Ländern, die jeweils auf bestimmte Güter spezialisiert sind.

Smiths Argumentation war vor allem gegen die zeitgenössische ökonomische Theorie der *physiokratischen Schule* gerichtet, die den Wohlstand eines Landes auf seine Vorkommen an Rohstoffen und die Ertragskraft der Landwirtschaft zurückführten. Smith begründete den Wohlstand hingegen durch die *Organisation* der Produktion, nicht durch ihre materiellen Vorbedingungen. Entscheidend für die Produktivität sind nicht die Rohstoffe und auch nicht das Können der Arbeiter, sondern die Art, wie ihre Zusammenarbeit strukturiert ist.

Für die Entwicklung des modernen Gesellschaftsbegriffs ist dieser Gedanke insofern einflussreich gewesen, als dass mit dem Mechanismus der Arbeitsteilung erstmals ein sozialer Mechanismus und dessen Wirkungen beschrieben wurde. Arbeitsteilung kann man als ein Modell gesellschaftlichen Zusammenspiels betrachten, und genau dieser Gedanke war für die frühen Gesellschaftstheoretiker von großer Bedeutung.

Auffällig an Smiths Argumentation ist aber auch, dass er die arbeitenden Menschen und ihre Aufgaben im Produktionsprozess wie Teile einer Maschine behandelt, die jeweils eine Bewegung mit möglichst großer Geschwindigkeit und Präzision auszuführen haben. Im Rückblick auf das 19. Jahrhundert hat Sigfried Giedion eindringlich beschrieben (Giedion 1982 [1948]), wie die Mechanisierung als Leittechnologie der damaligen Zeit die Begriffe und Kategorien des Denkens prägte und damit nicht zuletzt auch die Vorstellungen sozialer Prozesse. Ausgehend von dieser Beobachtung kann man mit Blick auf die heutige Gegenwart fragen, welche Begriffe gegenwärtig aus Leittechnologien ihren Weg in die metaphorische Beschreibung sozialer Prozesse finden, beispielsweise Begriffe wie »Netzwerk« oder »Code« aus der Informatik.

Mechanisierung

Als Thema entdeckt wurde die Arbeitsteilung, weil sie im Zuge der einsetzenden Industrialisierung zu einem dominanten gesellschaftlichen Tatbestand wurde. Doch relativ bald setzte sich die Einsicht durch, dass es Arbeitsteilung immer schon gegeben habe, nur eben in anderer Gestalt, und dass man den Begriff der Arbeitsteilung dementsprechend breiter fassen müsse. Auch in sehr einfachen Formen von Gesellschaften findet sich beispielsweise eine Arbeitsteilung zwischen den Geschlechtern oder den verschiedenen Generationen. Und zumindest in einigen gesellschaftlichen Bereiche bilden sich auch schon früh spezialisierte Tätigkeiten heraus: Medizinmänner, Priester, Händler oder Anführer.

Heute wird das Thema in der Soziologie unter dem Begriff der *sozialen Differenzierung* geführt, wobei damit mehr gemeint ist als nur Arbeitsteilung und sich verschiedene Differenzierungsformen unterscheiden lassen (vgl. Kapitel 7 und 11).

soziale Differenzierung

Zunächst wurde die gesellschaftliche Bedeutung der Arbeitsteilung neben der Produktivitätssteigerung hauptsächlich unter zwei anderen Gesichtspunkten diskutiert: einerseits dem der Entfremdung und andererseits der sozialen Ordnung und Einheit oder Integration und Kohäsion.

Individualisierung   6.4.3

Die dritte Großdiagnose moderner Gesellschaften, die Individualisierung, beschreibt den gewandelten Begriff des Einzelnen und seine Stellung zu den sozialen Zusammenhängen, in denen er lebt. Auch das Konzept der *Individualisierung* reagiert auf reale Erfahrungen: die Flucht vom Land in die Stadt, das anonyme Leben in den Mietskasernen der Großstädte, die Erfahrung von Menschenmassen auf den Straßen, aber auch bislang unbekannte Freiheitsrechte und Entfaltungschancen, zunächst für Männer, nach dem Ersten Weltkrieg aber auch immer mehr für Frauen, die nun auch berufstätig wurden und beispielsweise als Büroangestellte eigenes Geld verdienten.

Urbanisierung

Die Diagnose der Individualisierung ist verknüpft mit den anderen Diagnosen: mit der Auflösung traditionaler Bindungen und Werte im Zuge der Rationalisierung sowie der arbeitsteiligen Lohnarbeit, die einerseits Abhängigkeit bedeutete, andererseits aber mit Geld bezahlt wurde, was prinzipiell, wenn auch nicht vom Betrag her, Freiheitsspielräume eröffnete. Das Leben in Städten brachte es mit sich, dass das Individuum sich im Laufe seines Tages in verschiedenen sozialen Zusammenhängen bewegte: der Familie, der Arbeit, Freundeskreisen oder Vereinen. Diese vielfältige Zugehörigkeit bedeutete, zu keinem Kreis vollständig zu gehören, sondern stets nur mit einem Teil der eigenen Person, also immer zugleich innerhalb und außerhalb einer sozialen Bindung zu stehen. Genau diese Struktur kennzeichnet die moderne Individualisierung, denn anders als in traditionalen Gemeinschaften, wo das Individuum in einem festen sozialen Zusammenhang arbeitet und lebt, zerfällt das Leben des modernen Menschen in verschiedene Sphären. Das Individuum selbst muss deren Zusammenhang herstellen, was als Freiheit, aber auch als Haltlosigkeit erfahren werden kann. Das Individuum wurde so zum »Schnittpunkt sozialer Kreise«, wie Georg Simmel diagnostizierte, und je zahlreicher die Kreise wurden, desto stärker wurde die Individualisierung (vgl. 10.2).

Kreuzung sozialer Kreise

Als Folge dieser Individualisierung kam die Frage nach der *Identität* des Individuums auf. Solange das Individuum fest in einen sozialen Kreis gehörte, hatte sich diese Frage nicht gestellt, denn sie war allein durch diese Zugehörigkeit schon beantwortet. Nun aber musste jede und jeder selbst die Frage beantworten, wer sie bzw. er ist. Identität wurde zu einem individuellen Problem und zu einer Herausforderung an das Individuum.

Wenn wir heute von Identität sprechen, ist daher niemals eine von sich aus gegebene Zugehörigkeit gemeint. Die konnte es nur geben, solange sie alternativlos war und Identität somit gar nicht zum Thema werden konnte. Nach der Identität zu fragen, bedeutet hingegen, dass Zugehörigkeit eine aktive Identifikation des Individuums, eine individuelle Wahl unter Entscheidungsmöglichkeiten darstellt.

6.4.4 | Soziale Ordnung als offene Frage

Als Pendant zur Beschäftigung mit Arbeitsteilung und sozialer Differenzierung einerseits und Individualisierung andererseits drängte sich die Frage nach der Sicherung sozialer Ordnung auf. Warum zerfällt Gesellschaft angesichts sozialer Differenzierung, Arbeitsteilung, Spezialisierung, Individualisierung und einer ständig wachsenden Vielfalt von Lebenssituationen nicht? Die Fragestellung reagiert unmittelbar auf die Erfahrung von dynamischer Veränderung und Unüberschaubarkeit, die die Lebenswirklichkeit der Menschen in modernen Gesellschaften prägt. Im Laufe des 20. Jahrhunderts wurde diese Frage auf sehr verschiedene Weise beantwortet. Zu Beginn suchte man auf eine aus heutiger Sicht zu simple Weise nach einem einheitsstiftenden Faktor, beispielsweise einer allgemeinen Solidarität oder geteilten Werten. Inzwischen ist deutlich gewor-

Braucht Gesellschaft Gemeinsamkeiten?

den, dass einerseits Gesellschaften auch ohne solche verbindenden Gemeinsamkeiten effektiv funktionieren können und dass andererseits Werte allein nicht ausreichen, um ein Funktionieren zu gewährleisten. Die Fragestellung ist bis heute von großer Bedeutung, aber die ursprünglichen Vorstellungen über Integration und Einheit erwiesen sich als zu naiv. Der Frage, wie Ordnung entsteht und sich erhält oder was überhaupt unter Ordnung zu verstehen ist, behandelt ausführlich Kapitel 7.

Gründungsstreitigkeiten: Kontroversen um Gegenstand und Methode | 6.5

Neben dem gemeinsamen Interesse an den Merkmalen und Widersprüchen moderner Gesellschaften war die akademische Etablierungsphase der Soziologie aber auch von Kontroversen über die methodischen Grundlagen des Faches gekennzeichnet. Es ging schließlich darum, eine komplett neue Wissenschaft zu entwerfen und an den Universitäten zu etablieren, wozu man sich gegenüber den bereits früher im 19. Jahrhundert entstandenen Wissenschaften abgrenzen musste. In diesen Kontroversen wurden die allgemeinen Grundlagen des Faches thematisiert und Ansätze entworfen, auf die die Soziologie bis heute immer wieder zurückgreift.

Gegenstand oder Methode? | 6.5.1

Die erste Kontroverse dreht sich um die Frage, ob die zu gründende Wissenschaft allein schon dadurch definiert sei, dass sie einen eigenen *Gegenstand* (das Soziale, die Gesellschaft oder Ähnliches) habe. Das Problem bei dieser Definition ist, dass es kaum einen Gegenstand oder ein Thema gibt, mit dem sich allein die Soziologie beschäftigt und für das sich – wenn auch unter anderen Gesichtspunkten – nicht auch die Geschichtsschreibung, die Sprachwissenschaft oder die Volkswirtschaft interessiert. Genau besehen hat die Soziologie nämlich keinen Gegenstand, mit dem nur sie sich befasst.

Die Gegenposition bestand darin, Soziologie über ihre *Methode* zu definieren. Damit ist gemeint, dass sich die Soziologie prinzipiell mit allen möglichen Themen und Gegenständen befasse könne, auch mit solchen, die auf den ersten Blick nicht soziologisch sind: mit Religion, mit Gesundheit und Medizin, mit Technik und Verkehr, mit Berufen und Organisationen oder mit Kunst und Wissenschaft. Spezifisch soziologisch wäre dabei, dass sie mit einer speziellen eigenen Methode auf die verschiedensten Themen schauen würde. Und diese Methode bestünde darin, den Anteil zu untersuchen, den die sozialen Bedingungen an dem jeweiligen Thema haben. Kurz gefasst: Soziologie sollte nicht *das Soziale erklären*, sondern alle erdenklichen Themen *durch das Soziale* erklären.

durch das Soziale erklären

Beispiel Technik

Damit wurde nicht behauptet, dass solche Erklärungen vollständig seien, dass also etwas wie eine neue Technologie allein durch soziale Umstände erklärt werden könne. Es war vielmehr gemeint, dass beispielsweise eine technische Innovation nie allein in der Erfindung als solcher besteht. Viele Erfindungen bleiben unbemerkt, werden nie umgesetzt und gehen unter, ohne dass sie auf Interesse gestoßen wären. Wenn sich eine Erfindung hingegen durchsetzt und verbreitet, dann ist diese Verbreitung immer auch durch die sozialen Umstände bedingt, die nicht in der Erfindung selbst liegen. Sie ist auf ein Interesse oder eine Bedürfnis gestoßen, das sie effektiv befriedigt und das schließlich über ihre Akzeptanz und die genaue Art ihrer Verwendung entscheidet.

Inzwischen haben viele soziologische und technikgeschichtliche Studien gezeigt, wie die Realisierung, Ausgestaltung und Verbreitung einer Technik sowohl durch die technische Möglichkeit selbst als auch durch die Deutung, den Gebrauch und die Verbreitung bestimmt sind. Solche Studien gibt es beispielsweise für das Fahrrad, das Telefon (Rammert 1990) und das Auto sowie den Automobilverkehr.

6.5.2 | Naturwissenschaften und Kulturwissenschaften

Auf der methodologischen Ebene hatte sich die Soziologie mit dem Modell der Naturwissenschaften auseinanderzusetzen, das sich in dem Anspruch ausdrückte, Wissenschaft müsse allgemeine, kausale Gesetzmäßigkeiten finden. Die Frage war, ob sich dieser Anspruch auf die Wissenschaft der Gesellschaft übertragen lassen würde, da Gesellschaft eine geschichtliche und somit in allen Aspekten wandelbare Wirklichkeit ist.

6.5.3 | Erklären oder Verstehen

sinnhafte Wirklichkeit

Zudem steht dem naturwissenschaftlichen Anspruch des *Erklärens* durch allgemeine Naturgesetze das Problem gegenüber, dass die soziale Wirklichkeit eine *sinnhafte Wirklichkeit* ist, das heißt, eine Wirklichkeit aus Bedeutungen, die von den subjektiven Deutungen der Menschen getragen wird und nicht von objektiv gegebenen Tatsachen (vgl. Kapitel 4).

verstehen und erklären

Max Webers Lösungsvorschlag hierfür lautete, die Soziologie als eine Wissenschaft zu definieren, die »soziales Handeln deutend verstehen und dadurch in seinem Ablauf und seinen Wirkungen ursächlich erklären will« (Weber 1972 [1921–22]: 1). Webers Vorschlag bedeutet, dass man den gemeinten Sinn einer Handlung *verstehen* müsse, um diese Handlung *erklären* zu können. Er versucht also eine Brücke zu schlagen zwischen dem Anspruch, eine den Naturwissenschaften ebenbürtige *erklärende* Wissenschaft zu sein, und der Besonderheit sozialer Wirklichkeit als sinnhafter Wirklichkeit gerecht zu werden.

Besonderheiten erklären oder allgemeine Gesetze formulieren?

In der Auseinandersetzung mit der Geschichtsschreibung argumentierte die Soziologie in die entgegengesetzte Richtung. Während es der Anspruch der Geschichtsschreibung sei, Ereignisse oder Entwicklungen in ihrer Besonderheit möglichst umfassend nachzuzeichnen, also *idiografisch* zu arbeiten, solle die Soziologie nach allgemeinen Gesetzmäßigkeiten suchen. Ihr Erkenntnisinteresse richte sich nicht auf die Besonderheiten des Einzelfalles, sondern auf typische Merkmale, Verläufe und Regelmäßigkeiten. Sie solle also *nomothetisch* vorgehen.

Wieder lässt sich dieser Konflikt gut an der *vergleichenden Soziologie* Max Webers verdeutlichen, und zwar anhand des von ihm entwickelten Begriffs des *Idealtypus*. Denn Weber hat nicht das Ziel, den höchst individuellen Sinn, den ein Mensch mit seinem Handeln verbindet, in allen Facetten nachzuzeichnen, sondern:

Typenbildung

> »Sinn« ist hier entweder a) der [...] durchschnittlich und annähernd in einer gegebenen Masse von Fällen von den Handelnden oder b) in einem begrifflich konstruierten *reinen* Typus von dem oder den als Typus *gedachten* Handelnden subjektiv *gemeinte* Sinn. (Weber 1972 [1921–22]: 1)

Der Typus erlaubt es ihm, nicht eine Fülle von Einzelfällen jeweils für sich, sondern das für eine gesellschaftliche Situation *typische* Handeln zu untersuchen. Zu dieser Typenbildung gelangt Weber insbesondere durch das *Vergleichen* von Gruppen, Situationen oder kulturellen Kontexten. Auf diese Weise kann er aus der Mannigfaltigkeit gesellschaftlicher Erscheinungen typische Handlungsmotive herausarbeiten. Ein Beispiel ist seine weiter oben in diesem Kapitel skizzierte Studie »Die protestantische Ethik und der ›Geist‹ des Kapitalismus«. Alle Elemente dieser Studie sind Typen oder genauer typische Handlungsmotive: die protestantische Ethik, die Berufsethik, die innerweltliche Askese und so weiter.

Auf einer abstrakteren Ebene formuliert Weber auf rein logischem Weg sogenannte *Idealtypen*, die ihm als methodisches Werkzeug dienen. So unterscheidet er vier *idealtypische Bestimmungsgründe* von sinnhaften Handlungen. Idealtypisch bedeutet, dass sich in der Realität kaum eine Handlung finden lässt, die genau einem und nur einem dieser Idealtypen entspricht. Reale Handlungen kommen zumeist aus einer Mischung von Motiven zustande. Die reinen Idealtypen sind gedacht als Hilfsmittel, mit denen sich die Anteile der verschiedenen Motive an realen Handlungen unterscheiden lassen. Eine Anwendung sowohl der Weberschen Handlungstheorie als auch seiner idealtypischen Begriffsbildung findet sich in seinen *Typen der Herrschaft* (vgl. Kapitel 9).

Typen von Handlungsmotiven

Max Webers idealtypische Bestimmungsgründe sinnhaften Handelns

1. Zweckrationales Handeln

Rationale Kalkulation von Mitteln, Folgen und Nebenfolgen für eigene Zwecke/Ziele

2. Wertrationales Handeln

Glaube an den unbedingten Eigenwert einer Handlung; auf keinen Zweck außerhalb der Handlung gerichtet; ohne Rücksicht auf Folgen; gleichwohl innerlich rational

3. Affektuelles Handeln

»aktuelle Affekte und Gemütslagen«, an der Grenze des sinnhaften (und damit verstehbaren) Handelns

4. Traditionales Handeln

Handeln aus »eingelebter Gewohnheit«: Alltagshandeln, Routine, Wiederholung; ebenfalls an der Grenze des sinnhaften Handelns

(Weber 1972 [1921–22]: 12f.)

6.5.5 | Zahlen als Antworten

Eine weiterer wichtiger Impuls für das Denken über Gesellschaft kommt aus einer ganz anderen Richtung. Die zweite große Denkbewegung in der modernen Wissenschaft, neben der Historisierung, ist die Mathematisierung. Also der Versuch, komplexe Sachverhalte und Ereignisse in Zahlen auszudrücken und dadurch Regelmäßigkeiten zu entdecken, die sich dann als wissenschaftliche Gesetzmäßigkeiten formulieren lassen.

statistische Methoden — In diesem Sinn spielte die Mathematik auch in der Soziologie eine wichtige Rolle. Schon relativ einfache Auszählungen, beispielsweise der Vergleich der Verbreitung eines Merkmals zwischen verschiedenen Gruppen oder Zeitpunkten in Form einer Kreuztabelle, brachten Muster zum Vorschein, die als verborgene Regelmäßigkeiten gedeutet werden konnten.

Beispielsweise benutzte Émile Durkheim Kreuztabellen, um die Häufigkeit von Selbstmorden in verschiedenen sozialen Gruppen, beispielsweise unter Anhängerinnen und Anhängern verschiedener Religionen, zu vergleichen. Darauf baute er eine Erklärung einerseits der unterschiedlichen Häufigkeiten von Selbstmorden in verschiedenen Gruppen und andererseits der Merkmale dieser Gruppe auf. Für Durkheim waren diese, vom heutigen Stand aus gesehen, sehr einfachen statistischen Befunde ein zentrales Werkzeug, um gesellschaftliche Strukturen aufzudecken. Für ihn waren die verschiedenen Häufigkeiten »soziale Tatsachen«, die sich unabhängig von den Handlungen und Merkmalen einzelner Akteure einstellen und damit, so Durkheims Vorstellung, die wahren und objektiven Strukturen der Gesellschaft bilden.

Sie schienen eine Antwort auf die Frage zu liefern, was die besondere Wirklichkeit sei, mit der sich die Soziologie beschäftigt. Die verborgenen Muster und

Regelmäßigkeiten lieferten überraschende Einsichten und schienen den Anspruch der Soziologie auf einen eigenen Gegenstand, einen Ausschnitt der Wirklichkeit, mit dem nur sie sich befasst, zu untermauern.

Anfänglich waren die statistischen Methoden schon allein durch die technischen Rechenmöglichkeiten begrenzt, da alle Berechnungen im Kopf und auf Papier ausgeführt werden mussten. In dem Maß, in dem sich im Laufe des 20. Jahrhunderts Rechenmaschinen entwickelten, wurden auch die statistischen Verfahren erweitert. Die steigende elektronische Rechenkapazität ermöglichte komplexere statistische Verfahren. Heute können an einem einfachen PC in Sekunden Berechnungen vorgenommen werden, die früher Wochen an Arbeit bedeutet hätten oder ganz undenkbar gewesen wären. Umgekehrt, und das ist ein neues und ganz eigenes Problem, bedeutet die technische Leichtigkeit, mit der man einen Koeffizienten mit ein paar Mausklicks berechnen kann, eben nicht, dass man auch versteht, was die errechnete Zahl bedeutet.

Struktur oder Handlung? | 6.5.6

In den Kapiteln 1 »Was ist Gesellschaft?« und 2 »Besteht eine Gesellschaft aus Menschen?« war ausführlich davon die Rede, dass Gesellschaft als eine *Tatsache* beschrieben werden kann, die sich dem individuellen Wollen und Denken entzieht. Vor allem der französische Soziologie Émile Durkheim (1858–1917) hatte die objektive Wirklichkeit »sozialer Tatsachen« zur Grundlage seiner »Regeln der soziologischen Methode« gemacht. Besonders augenfällige Beispiele waren für ihn die Sprache oder das Geld:

soziale Tatsachen

> Das Zeichensystem, dessen ich mich bediene, um meine Gedanken auszudrücken, das Münzsystem, in dem ich meine Schulden zahle […] führen ein von dem Gebrauche, den ich von ihnen mache, unabhängiges Leben. Das eben Gesagte kann für jeden einzelnen Aspekt des gesellschaftlichen Lebens wiederholt werden. Wir finden also besondere Arten des Handelns, Denkens, Fühlens, deren wesentliche Eigentümlichkeit darin besteht, dass sie außerhalb des individuellen Bewusstseins existieren.
>
> Diese Typen des Verhaltens und des Denkens stehen nicht nur außerhalb des Individuums, sie sind auch mit einer gebieterischen Macht ausgestattet, kraft deren sie sich einem jeden aufdrängen, er mag wollen oder nicht. (Durkheim 1961 [1895]: 105)

Daraus, dass soziale Tatsachen etwas Objektives zu sein scheinen, das gegenüber dem Gebrauch, den jede und jeder Einzelne davon macht, unabhängig ist, folgerte Durkheim, dass soziale Tatsachen der wesentliche Aspekt von Gesellschaft und damit der eigentliche Gegenstand der Soziologie sein müssen.

> Ein soziologischer Tatbestand ist jede mehr oder minder festgelegte Art des Handelns, die die Fähigkeit besitzt, auf den Einzelnen einen äußeren Zwang

auszuüben; oder auch, die im Bereiche einer gegebenen Gesellschaft allgemein auftritt, wobei sie ein von ihren individuellen Äußerungen unabhängiges Eigenleben besitzt. (ebd. 114)

Es ist ein Zustand der Gruppe, der sich bei den Einzelnen wiederholt, weil er sich ihnen aufdrängt. Er ist in jedem Teil, weil er im Ganzen ist, und er ist nicht im Ganzen, weil er in den Teilen ist. (ebd. 109)

sinnhaftes soziales Handeln

Dieser Auffassung widerspricht die Definition, die Durkheims Zeitgenosse Max Weber der Soziologie gab:

Soziologie [...] soll heißen: eine Wissenschaft, welche soziales Handeln deutend verstehen und dadurch in seinem Ablauf und seinen Wirkungen ursächlich erklären will. »Handeln« soll dabei ein menschliches Verhalten (einerlei ob äußeres oder innerliches Tun, Unterlassen oder Dulden) heißen, wenn und insofern als der oder die Handelnden mit ihm einen subjektiven *Sinn* verbinden. (Weber 1972 [1921–22]: 1)

Für Weber gibt es keine sozialen Tatsachen an sich und auch keine objektiv daran orientierten Handlungen. Es kommt auf die subjektiven Motive an, aus denen heraus jemand eine Handlung ausführt. Soziologische Tatsachen bringen die Handelnden eben nicht dazu, auf eine bestimmte Weise zu handeln. Wenn sich jemand beispielsweise an ein geltendes Gesetz hält, macht es einen großen Unterschied, ob er dies aus Angst vor Strafe tut, aus Überzeugung oder aus bloßer Gewohnheit. Im ersten Fall würde er das Gesetzt möglicherweise übertreten, wenn er sicher sein könnte, nicht erwischt zu werden.

Motive statt Tatsachen

Aus Webers Sicht kommt es somit auf die *subjektiven* Motive von Handlungen an. Nur wenn man den *gemeinten Sinn versteht*, den Menschen mit ihrem Handeln verbinden, kann man das Handeln *erklären*.

Aus Webers Sicht ergeben sich folglich ganz andere Perspektiven auf soziale Tatsachen. So ist der Wert von Geldmünzen keine soziale Tatsache, sondern beruht auf dem *Glauben* der Beteiligten an diesen Wert. Wer jemals eine Inflation erlebt hat oder eine alte, nicht mehr als Zahlungsmittel gebräuchliche Münze in der Hand gehalten hat, weiß, dass der Wert von Geld stark davon abhängt, dass ich von diesem Wert überzeugt bin. Bin ich es nicht, werde ich es nicht als Zahlungsmittel annehmen oder niemanden finden, der es mir abnimmt.

Makro- und Mikro-Ebene

Die hier kurz skizzierte Kontroverse zwischen dem Zwang sozialer Tatsachen und dem subjektiv gemeinten Sinn von Handlungen ist ein Grundkonflikt der Soziologie, der bis in die Gegenwart in immer neuen Fassungen und Konstellationen aufgetragen wird. Aus der Frage, ob die *Strukturen* oder die *Handlungen* den entscheidenden Aspekt von Gesellschaft bilden, ist die Unterscheidung einer *Makro-Ebene* und einer *Mikro-Ebene* von Gesellschaft geworden. Mit der Bezeichnung »Ebenen« ist gemeint, dass es nicht um gegensätzliche und einander ausschließende Sichtweisen auf Gesellschaft geht, sondern dass soziologische Erklärungen beide Aspekte sozialer Wirklichkeit zugleich in ihre Modelle einbeziehen müssen.

Manchmal wird eine dritte Ebene unterschieden, die *Meso-Ebene*. Damit ist gemeint, dass es zwischen der Makro-Ebene der übergreifenden historischen Prozesse und Strukturen und der Mikro-Ebene der Handlungen und Interaktionen eine Zwischenebene aus Institutionen und Organisationen gibt, die eine Vermittlung zwischen den beiden anderen Ebenen leistet. So könnte man das historische Phänomen einer Religion insgesamt auf der Makroebene ansiedeln, und die Meso-Ebene bestünde dann aus den konkreten Institutionen, beispielsweise den Ämtern von Priestern oder Religionsgelehrten, einzelne Sakramenten oder institutionalisierten Ritualen. In ähnlicher Weise könnte man die historische Entwicklung einer kapitalistischen Marktwirtschaft als Makro-Phänomen untersuchen, das geschichtlich entstandenen Handlungsmotiven auf der Mikro-Ebene entspricht. Dazwischen, auf der Meso-Ebene, sind konkrete Institutionen angesiedelt, etwa die Kreditvergabe gegen Zins, der Schutz des Privateigentums oder die Rechtsformen von Unternehmen, die zwischen der allgemeinen Struktur und den konkreten Handlungen vermitteln. Diese Institutionen der Meso-Ebene sind weder mit den individuellen Handlungen und ihren Motiven, der Mikro-Ebene, noch mit den Strukturen der Makro-Ebene identisch.

Meso-Ebene

Reflexivität von Soziologie und Gesellschaft | 6.5.7

Soziologie ist nicht bloß eine relativ junge Wissenschaft, sondern eine Wissenschaft, die in gewisser Weise immer jugendlich bleibt (Weber 1988d [1904]: 206), weil sie sich ständig erneuern muss. Das liegt daran, dass sich ihre Themen und Gegenstände ständig wandeln, weil sich Gesellschaft verändert. Soziologische Beschreibungen und Erklärungen können diesen Wandel sogar noch vorantreiben. Denn eine Einsicht über soziale Sachverhalte wirkt auf den Sachverhalt selbst zurück, indem Menschen die gewonnenen Erkenntnisse in ihrem Handeln berücksichtigen. In diesem Sinn können soziologische Vorhersagen zur Folge haben, dass das vorhergesagte Ereignis nicht eintritt. Ein einfaches Beispiel: Prognosen über den Ausgang einer Wahl können dazu führen, dass Wähler, die mit dem erwarteten Ergebnis zufrieden sind, gar nicht erst zur Wahl gehen. Oder umgekehrt, dass Wähler, die nicht wählen wollten, möglicherweise nur deshalb zur Wahl gehen, weil sie das prognostizierte Ergebnis ablehnen. Soziologische Erkenntnisse können also als selbsterfüllende oder auch als selbstzerstörende Prophezeiungen wirken.

selbstzerstörende Prophezeiung

Unter anderem aus diesem Grund hat die Soziologie wenig Chancen, ein Wissen hervorzubringen, das geeignet ist, eine Gesellschaft planvoll einzurichten. Inzwischen haben die allermeisten Menschen auch eingesehen, dass diese Hoffnung auf eine optimierte und rationale, zugleich effiziente und gerechte Gesellschaft als Ergebnis von Forschung und Planung in ganz fundamentaler Weise der menschlichen Freiheit und Selbstbestimmung widerspricht.

Aber die Soziologie bringt sehr wohl Einsichten hervor, die Menschen aufgreifen und an denen sie sich in ihrem Handeln orientieren können. Sie tun dies jedoch nicht nur, indem sie Ratschläge einfach befolgen, sondern auch, indem sie ganz bewusst eine andere oder eine gegenteilige Strategie wählen.

Und selbst wenn sie diese Einsichten oder gar Ratschläge aufgreifen, heißt das keineswegs, dass sie damit auch das erreichen, was sie beabsichtigen. Denn manchmal kann auch ein zu großer Erfolg den eigentlichen Erfolg zunichtemachen.

Das ist regelmäßig im Fall der Mode so. Ein neuer Schnitt, eine neue Farbe mag modisch sehr gelungen sein. Doch nur im ersten Augenblick garantiert dies ihren Erfolg. Sobald eine Mode sich verbreitet, aus den teuren Boutiquen in die Kaufhäuser und preiswerten Ketten wandert, scheitert sie an ihrem eigenen Erfolg. Man sieht sich satt, wünscht sich etwas Neues, um sich abzuheben von einem Stil, den man inzwischen an jeder Straßenecke sieht.

ungewollte Handlungsfolgen An diesem einfachen Beispiel lässt sich ein grundlegender Mechanismus ablesen. Es ist der Mechanismus der von jedem Einzelnen ungewollten Handlungsfolgen, die aber dennoch eintreten, sobald sich die Handlungen vieler zu einem Ergebnis summieren oder aggregieren, das keiner der Beteiligten mit seinem eigenen Tun herbeiführen wollte oder auch nur vorausgesehen hat.

6.5.8 | Und was ist Soziologie heute?

Die historische Perspektive in diesem Kapitel sollte zeigen, vor welchem Hintergrund und aus welchen Problemlagen heraus das Bedürfnis nach einer Wissenschaft der Gesellschaft entstanden ist: Es war die Erfahrung einer großen Verunsicherung zusammen mit dem Gefühl eines dynamischen intellektuellen Aufbruchs.

Überblick über soziologische Themen In den zweihundert Jahren, die seither vergangen sind, hat sich die Soziologie zu einer etablierten Fachdisziplin gewandelt, die detaillierte Forschung an vielen konkreten Einzelproblemen betreibt und sich in zahlreiche Unterdisziplinen spezialisiert hat (einen Überblick über Themen und Gebiete bieten Orth/Schwietring/Weiß 2003; Schroer/Kneer 2009). Auch die umfassende Gesellschaftsanalyse und die theoretischen Grundlagen der Wissenschaft sind zu Spezialgebieten geworden. Anders ist das angesichts der immensen Zunahme an Wissen und an Forschungsthemen auch nicht vorstellbar.

Diese Spezialisierung und die Breite soziologischer Arbeitsfelder lässt sich gut erkennen, wenn man auf den Internet-Seiten der *Deutschen Gesellschaft für Soziologie*, in der die allermeisten wissenschaftlich arbeitenden Soziologinnen und Soziologen in Deutschland zusammengeschlossen sind, die Darstellung der Sektionen und Arbeitsgruppen betrachtet (www.soziologie.de). Ihre Themen reichen von »Altern« und »Arbeit und Industrie« über »Medizin« und »Sozialpolitik« bis zu »Umwelt«, »Wirtschaft« sowie »Wissenschaft und Technik«. Die Seiten der einzelnen Sektionen bieten einen Einblick in die aktuelle Forschung, indem sie Tagungsprogramme oder neuere Veröffentlichungen auflisten.

Der Anspruch, eine Wissenschaft von der Gesellschaft zu sein, steht in einem Spannungsverhältnis zu dieser Spezialisierung. Das heißt aber nicht, dass er als solcher obsolet geworden wäre. Und die etwas weitere historische Perspektive bietet auch heute den Vorteil, nicht zu blind für die eigene Gegenwart zu sein, in der man befangen ist.

Lektüreanregungen | 6.6

Aron, Raymond (1971): Hauptströmungen des soziologischen Denkens. 2 Bde., Köln
Arons Bücher eignen sich für diejenigen, die sich intensiver mit der Gründungsphase der Soziologie und insbesondere mit den inhaltlichen Konzeptionen von Weber und Durkheim befassen möchten. Für diejenigen, die sich detailliert mit den weiteren Entwicklungspfaden soziologischen Denkens beschäftigen wollen, finden sich zahlreiche Sammelbände und umfangreiche Darstellungen, beispielsweise von Dirk Käsler, Gertraude Mikl-Horke, Richard Münch, Wolfgang-Ludwig Schneider.

Bachmann-Medick, Doris (2006): Postcolonial Turn, in: dies.: Cultural Turns. Neuorientierungen in den Kulturwissenschaften, Reinbek bei Hamburg, S. 184–237
Das Kapitel bietet einen einführenden Überblick zur Debatte um den »Postkolonialismus« und über die grundlegende Literatur.

Brunner, Otto/Conze, Werner/Koselleck, Reinhart (Hrsg.) (1972–1997): Geschichtliche Grundbegriffe. Historisches Lexikon zur politisch-sozialen Sprache in Deutschland. 7 Bde., Stuttgart
Die Entdeckung der Gesellschaft und der Geschichte an der Schwelle zur Moderne, wie sie im Konzept der Sattelzeit und in der Herausbildung einer neuartigen politischen und sozialen Sprache ihren Ausdruck gefunden hat, ist ausführlich in dem Handbuch »Geschichtliche Grundbegriffe« dokumentiert, das von Otto Brunner, Werner Conze und Reinhart Koselleck von 1972 bis 1997 herausgegeben wurde. Die Einführung in Band eins bietet zudem eine ausgezeichnete Einführung in das Konzept der Historischen Semantik und der Sattelzeit um 1800. Von Reinhart Koselleck stammen auch zahlreiche weitere Veröffentlichungen zu diesem Thema.

Esser, Hartmut (1993): Soziologie. Allgemeine Grundlagen, Frankfurt a. M.
Diese fundierte und sehr gut lesbare Einführung ist aus Sicht einer aktuellen Weiterentwicklung der soziologischen Handlungstheorie, der Rational Choice-Theorie und des Modells soziologischer Erklärungen, geschrieben und verbindet die theoretische Analyse mit konkreten Fallbeispielen.

Joas, Hans/Knöbl, Wolfgang (2004): Sozialtheorie. Zwanzig einführende Vorlesungen, Frankfurt a. M.
Die Autoren geben einen historisch und systematisch aufgebauten und gut lesbaren Überblick über die Grundlagen soziologischer Theorie. Die Beiträge sind auf einem einführenden Niveau geschrieben, und der Band hat den Vorteil, dass Bezüge zwischen den verschiedenen Theorien hergestellt werden.

Kneer, Georg/Schroer, Markus (Hrsg.) (2009): Handbuch soziologische Theorien, Wiesbaden
Der Band umfasst ein breites Spektrum an Beiträgen verschiedener Autorinnen und Autoren zu allen aktuell diskutierten theoretischen Ansätzen und Schulen. Die einzelnen Beiträge geben einen fundierten Überblick zum Stand der jeweiligen Theorie, die einzelnen Ansätze werden aber nur getrennt nebeneinander behandelt.

Luhmann, Niklas (1995): Kultur als historischer Begriff, in: ders.: Gesellschaftsstruktur und Semantik. Bd. 4, Frankfurt a. M., S. 31–54
Luhmann behandelt den Umbruch im Verhältnis des Menschen zu seiner sozialen Wirklichkeit exemplarisch und prägnant am Begriff der »Kultur«.

Malinowski, Bronislaw (1949): Eine wissenschaftliche Theorie der Kultur und andere Aufsätze, Zürich
Ein Kulturbegriff, wie er sich in der Folge der Entdeckungsreisen herausgebildet hat und der das Ganze der Lebensformen einer (fremden) Kultur in den Blick zu nehmen versucht, findet sich in klassischer Form bei dem Kulturanthropologen Bronislaw Malinowski (1884–1942).

Willems, Herbert (Hrsg.) (2008): Lehr(er)buch Soziologie. Für die pädagogischen und soziologischen Studiengänge. 2 Bde., Wiesbaden
Hier handelt es sich um umfangreiches Lehrbuch, das sowohl Kapitel zu theoretischen Grundbegriffen als auch thematische Kapitel zu wichtigen Themenfeldern umfasst.

6.7 | Fragen zum Verständnis und zur Reflexion

- Was bedeutet es, wenn ich die Lebensweise von Menschen *als Kultur* beschreibe?
- Auch zu Zeiten von Bachelor-Studiengängen hat sich die Zahl der Studienabbrecher gegenüber den früheren Diplom- und Magister-Studiengängen kaum verändert. Wenden Sie Max Webers Definition der Soziologie als Wissenschaft, die sich mit den subjektiven Motiven von Handlungen befasst, auf die Frage an, warum es schwer ist, mit Reformen von Studiengängen die Zahl der Studienabbrecher zu reduzieren.
- Welche Rolle spielen die Motive, der subjektiv gemeinte Sinn von Handlungen, in Max Webers Deutung der Entstehung des modernen okzidentalen Kapitalismus, wie er sie in seinem Aufsatz »Die protestantische Ethik und der ›Geist‹ des Kapitalismus« entwickelt hat?

Wie entsteht Ordnung? | 7

Besonders an den Erfahrungen sozialer Umbrüche und mehr oder minder grundlegender gesellschaftlicher Veränderungen wird uns die Tatsache, dass wir in Gesellschaft leben, immer wieder neu bewusst. Die reibungslose Normalität und die ihr zugrundeliegenden Prinzipien entziehen sich hingegen zumeist der Erfahrung. Andererseits sind es gerade die Erfahrungen des Wandels, der Neuerung oder der Krise, durch die immer wieder die Frage nach sozialer Ordnung aufgeworfen wird. Die Frage, wann Wandel eine Veränderung und wann ein Verlust von Ordnung ist, führt regelmäßig zu Konflikten. Im Alltag können sich in der Sorge um den Verlust von Ordnung in Wahrheit Ängste vor Veränderungen, Neuem oder Fremdem spiegeln. Die Soziologie muss sich diesen Fragen stellen, sie hat aber auch abstraktere Konzeptionen von Ordnung entwickelt, die Konflikte als Teil von Ordnung begreifen.

Ordnung, Struktur, sozialer Wandel, Routinen und Rituale, Rollen und Positionen, Erwartung und Erwartungserwartung, Normen und Sanktionen, Werte und Wertewandel, Institutionen, Organisationen, Sitten, Konventionen, Traditionen, Kultur, Habitus, Integration und Desintegration, Differenzierung

7.1 | Einführung: Ordnung und ihr Gegenteil

Krisen-
wissenschaft

Soziologie wird manchmal als *Krisenwissenschaft* bezeichnet. Der Ausdruck kann sich auf Verschiedenes beziehen. Ein Aspekt besteht darin, dass Soziologie, im historischen Rückblick gesehen, aus der Erfahrung dramatischer und als krisenhafter erlebter gesellschaftlicher Veränderungen heraus entstanden ist (vgl. Kapitel 4). Ein anderer Aspekt verweist darauf, dass die Sozialwissenschaften besonders dann um Hilfe angerufen werden, wenn sich eine gesellschaftliche Entwicklung kritisch zuspitzt, weil dann besonderer Erklärungsbedarf zu bestehen scheint. Beide Aspekte liefern Gründe, warum die Frage nach der Ordnung, der Struktur und Integration von Gesellschaft von Anfang an ein wichtiges, vielleicht ein zu wichtiges, Thema der Gesellschaftswissenschaften gewesen ist. Insbesondere musste und muss die Soziologie noch immer lernen, auf den an sie herangetragenen und auch in ihren eigenen Konzepten eingenisteten Anspruch, die Voraussetzungen sozialer Ordnung aufzuzeigen und konstruktive Beiträge zu ihr zu leisten, nicht hereinzufallen, sondern ihn zurückzuweisen. Denn bei diesem Thema, das wie kaum ein anderes mit der praktischen Relevanz der Soziologie für das Funktionieren einer Gesellschaft identifiziert wird, besteht ständig die Gefahr, auf den Geltungsanspruch einer bestimmten Ordnung hereinzufallen, statt tatsächlich die allgemeinen Prinzipien sozialer Ordnung zu erforschen.

Die Frage nach den Voraussetzungen und Mechanismen von Ordnung ist in vielerlei Gestalt aufgetreten, beispielsweise bei der Suche nach den Gesetzmäßigkeiten historischer Entwicklungen (vgl. 6.3.2), in Form von Durkheims Frage nach der »Solidarität« als dem einheitsstiftenden Band von Gesellschaften, aber auch in zahlreichen soziologischen Grundbegriffen wie Werte, Normen, Institutionen, Traditionen, Struktur, System, Funktion oder Integration.

Kontroversen
um Ordnung

Seit der »Entdeckung« von Gesellschaft, also seitdem es einen öffentlichen Diskurs über Gesellschaft gibt, taucht die Frage nach der Ordnung in immer wieder neuer Gestalt auf. Häufig wird, öffentlich ebenso wie in der Wissenschaft, darüber diskutiert, dass die soziale Ordnung verloren gehen könne oder die Gesellschaft durch die Auflösung von Ordnung bedroht sei. Im Rückblick fällt allerdings auf, wie sehr es in solchen Debatten um die Gefährdung einer *bestimmten* gesellschaftlichen Ordnung und nicht um eine Ordnung schlechthin ging. Dieser Beobachtung entspricht, dass geläufige Auffassungen davon, was unter

»Ordnung« zu verstehen ist – soweit sie überhaupt explizit formuliert werden –, nicht selten von relativ naiven Ideen geprägt sind, beispielsweise von Vorstellungen der Regelmäßigkeit, des Geordneten, der Einheit oder Gleichförmigkeit. Doch darf man sich Ordnung tatsächlich nur als schematisches Raster vorstellen?

zuviel Ordnung?

Parallel zum Diskurs über die zu wahrende oder als gefährdet wahrgenommene soziale Ordnung gab es seit Beginn des Nachdenkens über Gesellschaft stets auch entgegengesetzte Strömungen, auch wenn sie nur Nebenflüsse bildeten oder untergründig verliefen. Als Erstes ist die Befürchtung zu nennen, dass eine Gesellschaft zu ordentlich sein könne, dass sie den Einzelnen einschnüren, ihn starren Regeln, abstrakten Zwängen oder totalitären Zielen unterwerfen könne. Dass also soziale Ordnung umschlagen könne in Unfreiheit und Starre. Folglich müsse man Ordnung nicht nur wahren, sondern auch aufbrechen und verändern können, und der einseitige Blick auf Stabilität und Ordnung berge somit auch Gefahren.

Zweitens interessierten sich einige Soziologinnen und Soziologen dafür, die Ordnungen im vermeintlich Ungeordneten zu entdecken. Während die frühe europäische Soziologie sich zunächst Sorgen um die Ordnung der dynamischen und liberalen modernen Gesellschaft insgesamt machte und die Frage nach dem gesellschaftlichen Zusammenhang als solchem stellte, entwarf ein Zweig der amerikanischen Soziologie eine ganz andere Perspektive. Programmatisches Beispiel hierfür ist William Foote Whytes (1914–2000) Studie über die »Street Corner Society«, in der er ein Stadtviertel und Milieu von Einwanderern unter die Lupe nimmt, das von außen betrachtet als ungeordnetes oder sogar latent kriminelles Umfeld erscheint (Whyte 1996 [1943]). Als Ergebnis seiner Feldstudien zeigte sich, dass es für die dort lebenden Menschen sehr wohl eine klar geregelte und gut funktionierende soziale Ordnung gibt – nur eben eine ganz andere als für die sie umgebende Gesellschaft. In dieser Tradition sind etliche Studien entstanden, die die kulturellen Ordnungen und sozialen Hierarchien in den verschiedensten Subkulturen (vgl. 12.3.6) erforschten, die also die Ordnungen im vermeintlich Ungeordneten aufzeigten und damit deutlich machten, dass es um den Konflikt verschiedener Ordnungen, nicht aber um einen Gegensatz zwischen geordnet und ungeordnet geht.

Street Corner Society

Subkultur

Hieran wird zum einen die Ambivalenz und Standortgebundenheit des Ordnungsbegriffs deutlich. Und zum anderen kommt ein Gedanke in den Blick, der der ursprünglichen Frage nach den Voraussetzungen von Ordnung widerspricht: Soziale Ordnung ist nämlich nichts latent Gefährdetes, das von Auflösung bedroht ist, sondern irgendeine Form sozialer Ordnung stellt sich in praktisch allen sozialen Situationen und Kontexten über kurz oder lang von selbst ein. Das gilt selbst für extreme Situationen: Kriege und Gefangenenlager, Schwarzmärkte oder das Leben auf der Straße. Was entsteht, ist eben jeweils nur eine ganz andere Ordnung als die, die Außenstehende für normal halten. Im Umkehrschluss erweist sich dadurch, dass auch das, was jeweils als vermeintlich normale Ordnung gilt, nur von den Beteiligten als solche erachtet wird. Mehr noch: Normale Ordnung beruht im Wesentlichen darauf, dass die Beteiligten sie für normal halten (vgl. Abschnitt 5.1.2).

Ordnung
hinterfragen

Ein dritter Nebenfluss speist sich daraus, Soziologie als »Verunsicherungswissenschaft« (Degele 2003, 2008) zu begreifen, also eine Wissenschaft, die überkommene Gewissheiten hinterfragt und Gesellschaft in Bewegung setzt, statt nach den Voraussetzungen von Ordnung zu forschen und dabei unhinterfragt beispielsweise bestehende Verteilungen von Macht und Ressourcen zu stützen, wie sie etwa im Verhältnis der Geschlechter bestehen oder hinsichtlich der Frage, was »Geschlecht« überhaupt bedeutet (vgl. auch Abschnitt 11.3).

Selbst-
organisation

Einen völlig neuen Weg hat das Denken über das Problem der Ordnung schließlich durch einen alle Wissenschaften übergreifenden Paradigmenwechsel beschritten, der die Auffassung von Wirklichkeit insgesamt betrifft und seinen Ausdruck in Konzepten der *Selbstorganisation*, der *Emergenz* und *Autopoiesis* (Selbstreferenz) findet. Sie beschreiben die Mechanismen, mit denen sich komplexe Sachverhalte von selbst ordnen.

Das Kapitel leistet zweierlei. Zum einen diskutiert es den Begriff der Ordnung auf grundsätzliche Weise. Und zum anderen stellt es klassische wie aktuelle Begriffe zur Beschreibung sozialer Ordnung vor, wobei es vor allem um eine kritische Diskussion der mit den Begriffen verbundenen Implikationen und das dahinterstehende theoretische Konzept geht.

7.2 | Was ist Ordnung?

Die Antwort auf die Leitfrage dieses Kapitels »Wie entsteht Ordnung?« hängt sehr stark davon ab, wie man Ordnung versteht. Man kann diese Frage auf verschiedenen Abstraktionsniveaus stellen. Bevor wir uns auf eine Diskussion einzelner Konzeptionen von Ordnung einlassen, ist der Begriff selbst kritisch zu beleuchten.

7.2.1 | Ordnung und Unordnung als Gleichgewicht

Muss Ordnung
ordentlich sein?

Soll man sich Ordnung wie ein gerade aufgeräumtes Kinderzimmer vorstellen: alles an seinem Platz? Das wäre eine statische Ordnung, die verschwindet, sobald das Spielen beginnt. Oder meint Ordnung so etwas wie die Formation einer Blaskapelle, in der alle im Rhythmus marschieren und dabei ihr jeweiliges Instrument im gemeinsamen Takt spielen? Hier besteht die Ordnung gerade in der Bewegung und ihrem (mehr oder minder) harmonischen Zusammenklang. Und wie viel Ordnung muss sein? Müssen die Musiker in einem Orchester alle schwarze Abendkleidung tragen? Oder kann auch ein Symphonieorchester in bunter Alltagskleidung ausgezeichnete Musik spielen? Wie viele Musikerinnen dürfen fehlen und wie viele Musiker dürfen falsch spielen, damit es noch einen harmonischen Klang gibt? Kann es umgekehrt nicht sein, dass ein Orchester, das sich zu strikt an ein ordentliches Schema hält, steril und langweilig klingt? Und was ist mit der Ordnung in einem Jazz-Ensemble, das frei improvisiert?

Sicher ist zumindest, dass Ordnung Vielgestaltigkeit und Differenzen voraussetzt. Es ergibt keinen Sinn, gegenüber einem in sich homogenen Gegenstand von Ordnung zu sprechen. Wir würden einen Eimer voll Wasser oder einen Kubikmeter Luft nicht als »ordentlich« bezeichnen. Geordnet kann nur sein, was das Potenzial hat, auch in Unordnung zu geraten. Es muss aus Einzelnem zusammengesetzt und die Einzelheiten müssen ungleichartig und vielgestaltig sein.

Eine neue Ordnung   7.2.2

Das Beispiel des aufgeräumten Kinderzimmers legt eine bestimmte Auffassung von Ordnung und Unordnung nahe. Aber was wäre, wenn die Spielsachen durch das Spiel nicht in Unordnung gerieten? Was wäre, wenn genau das Gegenteil geschähe, wenn das Spiel die Ordnung erzeugte? Nehmen wir als Ausgangspunkt kein aufgeräumtes Kinderzimmer, sondern einen Haufen Sand. Ein weder ordentliches noch unordentliches Etwas. Am Ende eines langen Sommernachmittags hat er sich in eine weiträumige Sandburg, in Sandkuchen und Muscheln, Straßen und Landschaften verwandelt. Die Ordnung, die hier entstanden ist, war den ganzen Nachmittag über im Fluss. Gebäude und Mauern wurden errichtet, abgetragen und neu erbaut. Das Spiel hat aus dem Nichts heraus fortlaufend eine neue Ordnung erzeugt.

Soziale Ordnung   7.2.3

Wenn man von einer Gruppe oder Gesellschaft spricht, meint man damit offensichtlich einen Zusammenhang. Egal wie kompliziert, verworren oder auch widersprüchlich dieser Zusammenhang sein mag. Üblicherweise wird die Frage nach dem Zusammenhang auf die Menschen bezogen, aus denen eine Gesellschaft besteht. Doch wir haben bereits die Frage aufgeworfen, ob Gesellschaften tatsächlich (und überwiegend) aus Menschen bestehen (vgl. Kapitel 2).

In populären Vorstellungen von Ordnung schwingt die Idee einer Harmonie, einer Ganzheit aus nützlichen Teilen mit. Beginnend bei Durkheims Begriffen wie »organische Solidarität« und »Kollektivgeist« über Begriffe wie Normen und Werte und den soziologischen Strukturfunktionalismus bis hin zur zeitgenössischen Frage nach gesellschaftlicher Integration oder der populistischen Forderung nach einer »Leitkultur« findet sich eine Vorstellung von Ordnung als Einheit, als Harmonie, als konfliktloses und kohärentes Zusammenspiel der Teile, wobei alle Teile funktional zum Erhalt des Ganzen beitragen. Dieser Begriff der Ordnung bringt es mit sich, dass Veränderungen und Innovationen als ständige latente Bedrohungen angesehen werden.

Ganzheit aus Teilen

7.2.4 | Ordnung als Emergenz und Autopoiesis

Eine ganz andere Vorstellung von Ordnung ging aus theoretischen Neuorientierungen in verschiedenen Wissenschaften wie der Kognitionstheorie, der Kybernetik und der Physik hervor. Unter Stichworten wie Chaostheorie, Selbstorganisation, Emergenz oder Autopoiesis wurde der Gegensatz von Chaos und Ordnung aufgelöst und ein ganz neuartiges Verständnis von Ordnung entwickelt.

Ordnung bedeutet demnach nicht, dass eine systematische Struktur errichtet und aufrechterhalten wird. Und vor allem ist Ordnung nicht ständig von Zerfall bedroht, sondern im Gegenteil, Ordnung entsteht jederzeit und ganz von selbst.

Selbstorganisation Voraussetzung für eine derartige *Selbstorganisation* ist, dass man sich Wirklichkeit nicht als etwas vorstellt, das »besteht«, sondern das »geschieht«. Im Laufe eines Geschehens, in dem ein Ereignis an das andere anknüpft und das jeweils Spätere das Vorangegangene zugleich voraussetzt und aktualisiert, stellt sich Ordnung ein, solange etwas geschieht. Ordnung ist demnach nichts Fixiertes, das durch Veränderung bedroht wäre, sondern die ständige Erneuerung *ist* die Ordnung. Die Vorstellung der Selbstorganisation ist also verknüpft mit einer verzeitlichten Auffassung von Wirklichkeit.

In einem Zustand chaotischen Durcheinanders, einer ungeordneten Vielfalt ohne jede Koordination der einzelnen Teile oder Prozesse, genügt es, dass es zu einem beliebigen Ereignis kommt, beispielsweise einem Zusammenstoß zweier Elemente, um Ordnung entstehen zu lassen. Ein erster Zusammenstoß zieht als Reaktionen weitere Zusammenstöße oder eventuell Ausweichmanöver nach sich. Egal, was zuerst geschieht, es macht einige nachfolgende Ereignisse wahrscheinlicher, andere hingegen unwahrscheinlicher. Dieser Prozess akkumuliert sich. Und über viele Stufen entsteht aus den chaotischen Anfängen eine Ordnung. Diese Ordnung ist nicht geplant, und sie wird auch nicht von einem Zentrum aus gesteuert und kontrolliert. Sie ergibt sich aus dem Geschehen *Selbstreferenz* selbst. Dem Begriff der *Autopoiesis* (Selbstreferenz) liegt eine noch etwas radikalere Vorstellung zugrunde. Er geht nicht davon aus, dass es vorab Bausteine oder kleinste Einheiten gibt, die sich zu einer Ordnung selbst organisieren, sondern davon, dass die Elemente im Geschehen überhaupt erst erzeugt werden.

Mit dieser Auffassung stellen sich einige Fragen an den Begriff der Ordnung völlig neu. Ordnung ist nicht mehr von Zerfall bedroht, sondern jeder Zerfall erzeugt quasi automatisch und aus sich heraus neue Formen der Ordnung. Als Konsequenz geht es nun nicht mehr darum, eine einmal bestehende Ordnung immer wieder zu reproduzieren und zu bewahren, sondern darum, sich von dem Gegensatz zwischen Bestand und Auflösung ganz abzuwenden und zu einem neuen dynamischen Verständnis der ständigen Selbstorganisation und Neuorganisation zu gelangen.

Derartige Auffassungen spielen in der Physik für die Erklärung der Entstehung von Materie eine Rolle. In den Sozialwissenschaften wurden sie zuerst für ein Verständnis des menschlichen Bewusstseins und die Prozesse der Wahrnehmung und des Lernens nutzbar gemacht. Sie lassen sich aber auch auf das soziale

Geschehen übertragen, das sich auf diese Weise als eine eigenständige, sich selbst organisierende und stabilisierende Wirklichkeitsebene beschreiben lässt.

Modelle sozialer Ordnung   7.3

Der folgende Überblick stellt verschiedene soziologische Modelle und Begriffe zur Beschreibung von Ordnung vor. Jedes Modell legt den Akzent auf einen anderen Aspekte, unter dem sich Ordnung analysieren lässt. In der Diskussion geht es um ein kritisches Verständnis der Implikationen und Konsequenzen, die mit den verschiedenen Konzepte verbunden sind, und darum, allzu naive Vorstellungen abzustreifen.

Regeln und Spiele   7.3.1

Ein typischer Begriff, der sich als Antwort auf die Frage nach Ordnung anbietet, ist der der *Regel*. Mann kann Regeln als Festlegungen, Verbote oder Einschränkungen verstehen. Typischerweise herrscht eine solche Vorstellung im Alltagsdenken vor. Und auch in manchen soziologischen Texten scheint diese Bedeutung von Regeln, Ordnung und Zwang im Vordergrund zu stehen. Man kann Regeln aber auch anders denken, indem man sie als Teil eines Spiels sieht. Dann verschiebt sich der Akzent, denn Regeln machen ein Spiel überhaupt erst möglich. Ob Schach oder Fußball, ohne eine Festlegung elementarer Regeln käme überhaupt kein Spiel zustande (im Fall des Fußballs: das Ziel des Spiels sind Tore, nicht bloß schöne Spielzüge; man darf den Ball nicht mit der Hand spielen; die Größe des Spielfeldes ist begrenzt; die Zahl der Mitspieler ist auf beiden Seiten gleich; die Dauer ist festgelegt). Innerhalb der Regeln eröffnen sich unendliche Möglichkeiten der Verfeinerung und des taktischen Geschicks. Regeln beschränken also nicht nur das Handeln, sondern sie machen ein Handeln überhaupt erst möglich, das ohne Regeln nicht stattfinden würde.

Regeln ermöglichen Spiele

Ohne Regeln wären die Möglichkeiten des Handelns also nicht unbegrenzter, sondern in vielen Fällen erheblich eingeschränkter. Ein Spiel mit wenigen Regeln (wer kann am schnellsten laufen?) eröffnet viel weniger Möglichkeiten als ein Spiel mit komplexeren Regeln (Schach, Fußball). Regeln schränken nicht nur ein, sondern indem sie das tun, fordern sie auch heraus. Sie ermöglichen und erzwingen eine Kreativität und Differenzierung des Handelns und Denkens, die sonst gar nicht vorstellbar wäre.

Das gilt nicht nur für Spiele im wörtlichen, sondern auch für solche in einem übertragenen Sinn. Beispielsweise finden wir manchmal nicht die passenden Wörter, um etwas zu sagen, das wir ausdrücken möchten. Dann erscheint uns unsere Sprache als Einschränkung. Doch stellen wir uns den umgekehrten Fall vor, dass es keine geregelte Sprache gäbe. Wir wären zwar ohne Regeln und deshalb frei, beliebige Laute zu bilden. Doch die Folge wäre, dass wir außer ein paar primitiven Regungen, die sich mit Grunzen, Quietschen und irgendwelchen

Sprache als Regel

Gesten ausdrücken lassen, weitgehend hilflos wären. Auch hier schränkt die ungeheure Komplexität der sprachlichen Regeln (Wortschatz, Grammatik, Syntax) die Freiheit nicht ein, sondern erweitert den Spielraum des Sagbaren ganz enorm.

Geld

Ein anderes Beispiel ist die moderne Wirtschaft mit Geld als Zahlungsmittel. Gegenüber den unendlich vielen Möglichkeiten, Wirtschaft und Tausch zu treiben, stellt die Geldwirtschaft einerseits eine sehr strikte Einschränkung dar. Wir könne nicht beliebige Dinge tauschen, sondern müssen alles mit Geld bezahlen. Andererseits jedoch erweitert diese strenge Regelung unsere Handlungsmöglichkeiten gewaltig. Wir *können* nun auch alle erdenklichen Dinge für Geld kaufen und müssen nicht lange suchen, damit uns jemand ein bestimmtes Buch gegen einen Käse tauscht. Wieder ist es so, dass die strikte Einschränkung neue Handlungsspielräume schafft: die Bemessung von Werten mit mathematischer Genauigkeit, Arbeitsteilung und Produktivitätssteigerung angesichts des erleichterten Handels, die Möglichkeit, Geldbeträge zu sparen, statt Naturalien und Dinge horten zu müssen, und natürlich die Chance, das Geld in beliebige Unternehmungen zu investieren.

7.3.2 │ Rituale

Der Begriff des *Rituals* wurde in der Soziologie lange Zeit kaum verwendet, sondern man sah Rituale als Merkmal primitiver, kulturell auf einige wenige stereotype Muster festgelegter Gesellschaften, eben ritualisierter Gesellschaften. Rituale in diesem Sinn wurden bestenfalls als Ursprung und Vorform komplexerer kultureller Muster angesehen. Moderne Gesellschaften hingegen galten als dynamisch und individualisiert, sodass Rituale höchstens als Überbleibsel vergangener Zeiten, nicht aber als relevante Ordnungsformen gelten konnten.

Ritual als kulturelle Inszenierung

Seit etwa zwanzig Jahren hat sich diese Auffassung verändert, und der Begriff des Rituals wurde wiederentdeckt, um Phänomene zu beschreiben, die gerade in einer durch mediale und alltagsweltliche Inszenierungen von Erlebniswelten und Lebensstilen gekennzeichneten Gesellschaft eine zunehmende Rolle spielen (Douglas 1974; Willems 2003; Belliger/Krieger 2006). In dem Maß, wie kulturelle Muster nicht vorgegeben, sondern zur fiktionalen Inszenierung und zur Ausgestaltung von Lebensstilen freigegeben sind, kommt den rein demonstrativen, eine Haltung oder Zugehörigkeit oder schlicht einen modischen Standpunkt ausdrückenden alltagskulturellen Handlungen eine besondere Bedeutung zu (Hall/Jefferson 1976). Und gerade diese lassen sich treffend als Rituale beschreiben.

Identifikation

Allerdings verweisen diese demonstrativ inszenierten Rituale nicht mehr auf eine transzendente Wirklichkeit wie die magischen rituellen Handlungen, von denen der Begriff seinen Ausgang genommen hatte. Sie verweisen in erster Linie auf sich selbst und dienen der Wiedererkennbarkeit und Distinktion. Damit aber erfüllen sie eine Orientierungs- und letztlich auch Ordnungsfunktion: Sie ermöglichen Identifikation und können Zugehörigkeit oder Abgrenzung symbolisieren. Wobei durch das Symbolisieren einer Ordnung immer auch die Herstellung und Bestätigung dieser Ordnung mitvollzogen wird.

Rituale sind äußere Formen, sie dienen nicht notwendig einem bestimmten Zweck, sie erbringen keinen unmittelbaren materiellen Nutzen, und sie stehen auch nichts zwangsläufig in einer engen Verbindung zu bestimmten Inhalten, Überzeugungen oder Werten. Rituale können als Gewohnheiten den Tagesablauf strukturieren und dadurch einen Halt geben, ohne dass damit mehr an Bedeutung verbunden wäre als ein allgemeines Raster. Wer erlebt hat, wie sehr kleine Kinder darauf beharren, dass bestimmte Abläufe am Tag nach dem gleichen Ritual ablaufen, kann sich eine Vorstellung davon machen, welche Bedeutung sie als Haltepunkte für einen Menschen haben, der täglich Unmengen an neuen Informationen über die Welt in sich aufnehmen muss.

Erwartungs-sicherheit

Rituale können auch Überzeugungen, Orientierungen und Ordnungsmuster versinnbildlichen, ohne dass sie selbst diese Muster sind. Rituale finden sich auf vielen verschiedenen Ebenen. Sie finden sich als routinisierter Teil des Alltags oder als außeralltägliche besondere Inszenierung.

Das Begrüßungsritual einer Clique von Jugendlichen hat keine bestimmte inhaltliche Bedeutung. Aber die Einhaltung des Rituals symbolisiert die Zugehörigkeit zur Gruppe, sowohl für die Gruppenmitglieder als auch für die Außenstehenden. Wesentlich ist, dass es einem soziales Verhältnis eine sichtbare Form gibt. Rituale ähneln darin anderen äußeren Zeichen, beispielsweise Ansteckern oder Kleidungsstücken, die die Zugehörigkeit zu einer Gruppe oder eine bestimmte Überzeugung auf sichtbare Weise symbolisieren.

Werte und Normen | **7.3.3**

Die Begriffe *Wert* und *Norm* gehören zu den populärsten soziologischen Konzepten zur Beschreibung sozialer Ordnung. Und die Vorstellung, die Orientierung an geteilten Werten und Normen könne und müsse die Einheit und Stabilität einer Gesellschaft gewährleisten, erfreut sich trotz ihrer Widersprüchlichkeit und ihrer durch viele fachliche Argumente erschütterten Plausibilität in öffentlichen und politischen Debatten einer anhaltenden Beliebtheit. An der Hartnäckigkeit, mit der dieses Argument vertreten wird, ändert auch die Tatsache nichts, dass diejenigen, die sich auf diese Funktion von Werten berufen, auf die Frage, welche Werte sie denn meinen, entweder partikulare eigene Werte anführen, die gerade nicht von einer Mehrheit geteilt werden (etwa das eigene Familienbild), oder aber sich auf sehr allgemeine und abstrakte Werte wie Toleranz und Freiheit berufen. Auffällig ist auch, dass die wohl wirksamsten und allgemein am stärksten geteilten Werte moderner Gesellschaften wie Erfolg, Wohlstand und Eigentum in solchen Fällen praktisch nie genannt werden.

populäre Debatten

Werte

Werte sind kulturell verbreitete Vorstellungen des Wünschbaren, Erstrebenswerten, Wertvollen. Werte definieren ein allgemeines Ziel und geben eine Orientierung, sie legen kein konkretes Handeln fest; sie schaffen einerseits Ordnung durch gemeinsame Orientierungen, lassen andererseits aber Spielraum für Handlungsfreiheit.

Der Begriff *Wert* lässt sich definieren als ein allgemeines, oberstes Ziel des Handelns in einer Kultur. Diese Definition ist insofern tautologisch, als Kultur wiederum durch gemeinsame Werte definiert wird.

Normen

Der Begriff der *Norm* bezieht sich im Gegensatz zu Wert auf konkretere Vorgaben, mit welchen Mitteln und auf welche Weise erstrebenswerte Ziele erreicht werden sollten und welchen Maßstäben ein Handeln zu genügen hat.

Die Vorstellung, dass Gesellschaften auf einem Set geteilter Normen und Werten beruhen, hat ihren Ursprung in dem von Émile Durkheim geprägten Begriff der *Anomie*. Durkheim sah die Gefahr, dass arbeitsteilige und in unterschiedliche Lebenssphären aufgespaltene moderne Gesellschaften in einen Zustand der Anomie, der Gesetz- und Orientierungslosigkeit, geraten.

Systematisiert wurde die Sicht, dass Werte erforderlich sind, um das Handeln der Mitglieder einer Gesellschaft zu steuern und zu koordinieren, und dass Gesellschaften nur dann überlebensfähig sind, wenn es ihnen gelingt, durch entsprechende Institutionen die Funktion der Normerhaltung hinreichend zu

Struktur-funktionalismus

gewährleisten, von der *strukturfunktionalistischen Soziologie* der 1950er und 1960er Jahre vertreten. Zentraler Vertreter dieser Theorie war Talcott Parsons (1902–1979). Aus dieser Zeit stammen auch bereits wesentliche kritische Einwände gegen die funktionalistische Auffassung von Werten.

Bevor auf zwei zentrale Kritikpunkte am Konzept des Wertes eingegangen wird, ist kurz die Besonderheit von Werten als Mechanismen der Verhaltenssteuerung hervorzuheben. Vergleicht man Werte mit Ritualen, wird deutlich, dass Werte menschliches Handeln nicht steuern, indem sie bestimmte Verhal-

Ziele vorgeben

tensweisen festlegen. Sie geben vielmehr allgemeine Ziele vor und überlassen es den Handelnden, wie und wann sie diese Ziele erreichen. Werte vereinbaren dadurch die Koordination von Handlungen mit einem hohen Maß an Handlungsfreiheit. Dies gilt umso mehr, je allgemeiner ein Wert gefasst ist, worauf der folgende Abschnitt eingehen wird.

In kritischer Hinsicht ist anzumerken, dass Werte keineswegs immer integrativ wirken, sondern ebenso gut Konflikte hervorbringen können. Gerade in modernen Gesellschaften, in denen Menschen mit unterschiedlichen Lebenszielen und Orientierungen zusammenleben, kann die Betonung bestimmter gruppenspezifischer Werte zwar die Einheit einer Gruppe sichern, zugleich aber Abgrenzungen und Konflikte auslösen. Und zwar gerade deshalb, weil sie den Zusammenhalt einer Gruppe befördern, indem sie den Ausschluss anderer Auffassungen erzwingen. Die Wirkung von Wertorientierungen in modernen Gesellschaften ist also durchaus ambivalent. Wenn man dies nicht anerkennt, spricht man nicht von der Funktionsweise von Werten insgesamt, sondern schlägt sich auf die Seite derer, die die Geltung bestimmter Werte fordern.

Der zweite Kritikpunkt wurde von Robert K. Merton (1968 [1949]) formuliert. Merton gab dem Begriff der Anomie eine andere Bedeutung als Durkheim dies getan hatte. Für ihn ergibt sich Anomie nicht aus einem Verlust an verbindlichen Werten, sondern aus einer Situation, in der die in einer Gesellschaft als Wert formulierten Ziele mit den legal zur Verfügung stehenden Mitteln nicht übereinstimmen. Merton stellt die möglichen Kombinationen von Zielen (Werten) und Mitteln (Normen) in einer schematischen Übersicht dar und beschreibt fünf typische Reaktionsmuster.

Anomie

Akzeptanz von Werten und Normen nach Robert K. Merton

Werte/Ziele akzeptiert	Normen/Mittel akzeptiert bzw. verfügbar	Anpassungsmuster
ja	ja	Konformismus
ja	nein	Innovation
nein	ja	Ritualismus
nein	nein	Apathie und Rückzug
alternativ	alternativ	Rebellion

(Merton 1968 [1949])

Werden die als Werte formulierten Ziele akzeptiert und stehen gleichzeitig legale und anerkannte Mittel zur Erreichung dieser Ziele zur Verfügung, spricht Merton von *Konformismus*. Fehlt hingegen der Zugang zu legalen, anerkannten Mitteln, obwohl die allgemeinen Ziele akzeptiert werden, kommt es zu *Innovationen*. Unter diesem Begriff fasst Merton auch illegale oder kriminelle Strategien, um allgemein gebilligte Ziele zu erreichen (vgl. 12.3.7). Hat man hingegen keine Hoffnung, die gesellschaftlich anerkannten Ziele zu erreichen und hält gleichwohl an offiziell erwünschten Verhaltensmustern fest, wird vom *Ritualismus* gesprochen. Merton hat hier etwa den kleinen Beamten vor Augen, der keine Chance auf eine berufliche Karriere hat, aber seinen Stolz auf Pünktlichkeit und Korrektheit seiner Arbeit konzentriert. Problematischer ist der vierte Typus, die *Apathie*. Zu ihr kommt es bei jenen, die sowohl die Hoffnung auf Erreichen der Ziele aufgegeben haben als auch keinen Sinn in der Beibehaltung äußerlich korrekter Formen sehen. Der fünfte Typus, den Merton als *Rebellion* bezeichnet, ist dadurch gekennzeichnet, dass die anerkannten Ziele und Normen nicht einfach aufgegeben werden, sondern dass diese Gruppe neue eigene Ziele und Normen entwirft.

Konformismus bis Innovation

Merton hatte die US-amerikanische Gesellschaft vor Augen, in der neue Gruppen von Einwanderern typischerweise zwar das allgemein anerkannte Ziel materiellen Wohlstands teilten, ihnen zu Beginn jedoch der Zugang zu den legalen Aufstiegswegen versperrt war. Wenn eine Gruppe in dieser Situation durch Schwarzmarktgeschäfte oder sogenannte organisierte Kriminalität versucht, das Ziel materiellen Erfolgs und gesellschaftlichen Aufstiegs zu erreichen, dann ist das aus Mertons Sicht kein Zeichen für fehlende verbindliche Werte, sondern eine Folge der prägenden Kraft der gesellschaftlichen Ziele bei gleichzeitig ungenügendem Zugang zu legalen Mitteln. Merton differenziert die naive Sicht auf die einheitsstiftende Funktion von Werten also in entscheidenden Punkten.

Mertons These lässt sich auch dahingehend interpretieren, dass eine zu starke Betonung bestimmter Werte zwangsläufig auf Kosten anderer Werte und Normen gehen muss und dass gerade die Überbetonung materiellen Erfolgs »innovative«, aber eben auch illegale Praktiken befördert.

7.3.3.1 | Wertegeneralisierung

Moderne Gesellschaften werden häufig als pluralistische Gesellschaften beschreiben, in denen eine Vielzahl unterschiedlicher Werte nebeneinander existiert. Analysiert man die Bedeutung und Veränderung von Werten in modernen Gesellschaften systematisch, sind jedoch zwei andere Diagnosen interessanter: Wertegeneralisierung und Wertewandel.

Betrachtet man die Entwicklung moderner Gesellschaften in historischer Perspektive, dann wird deutlich, dass große gesellschaftliche Gefüge dadurch möglich wurden, dass sich die Werte, an denen sie sich orientieren, verallgemeinerten. Damit ist nicht einfach gemeint, dass sie sich in unveränderter Form ausbreiteten, sondern dass sie im Zuge der Ausbreitung abstrakter, allgemeiner wurden und dadurch eine größere Integrationskraft entfalten konnten. Die Soziologie spricht hier von *Wertegeneralisierung*. Aus gruppenspezifischen Werten der Solidarität mit den Gruppenangehörigen (im Extrem: den Angehörigen der eigenen Familie oder Sippe) entwickelte sich das Gebot zur Solidarität mit einer größeren, abstrakter aufgefassten Gruppe, beispielsweise einer Glaubensgemeinschaft oder Nation. In gleichem Maße wurden auch die Werte abstrakter und allgemeiner gefasst. Aus dem Verbot, sich ungefragt die Jagdbeute des Bruders zu nehmen wurde das christliche Gebot, nicht das Gut eines Nächsten zu begehren, und in modernen Gesellschaften ist das Recht auf Eigentum als Grundrecht in den Verfassungen verankert.

Insbesondere moderne Gesellschaften stützen sich auf das Prinzip der Wertegeneralisierung. Beispielsweise wird das Zusammenleben verschiedener religiöser Überzeugungen möglich durch den allgemeinen Wert der Religionsfreiheit und der Achtung vor der religiösen Überzeugung. Dieser Wert stellt gegenüber der Forderung nach Respekt vor einem bestimmten Gott, wie er sich innerhalb religiöser Gruppen findet, eine Generalisierung dar, die eine über die einzelnen religiösen Gemeinschaften hinausgehende soziale Integration ermöglicht.

Verfassungsmäßige Grundrechte oder die allgemeinen Menschenrechten stellen eine besonders hochgradig generalisierte Form von Werten dar. An der Fortentwicklung von Verfassungsgrundsätzen und ihrer Auslegung lässt sich der fortschreitende Prozess der Wertegeneralisierung gut beobachten. Beispielsweise wenn der noch relativ konkrete Wert eines Schutzes von Ehe und Familie zu

Integration durch Verallgemeinerung

einem Schutz von Partnerschaften erweitert wird, sodass auch nicht eheliche oder gleichgeschlechtliche Lebensgemeinschaften darunter fallen.

Wertewandel

| 7.3.3.2

Der Begriff des *Wertewandels* wurde Ende der 1970er Jahre von Ronald Inglehart geprägt und bezeichnet einen allgemeinen Wandel von materialistischen zu postmaterialistischen Werten in den Industrienationen. Ingelhart hatte seit Anfang der 1970er Jahre Wertorientierungen in verschiedenen Industrienationen erhoben.

Er fasste den Wertewandel als eine Verschiebung entlang einer bestimmten Achse, der *Materialismus-Postmaterialismus-Skala* zusammen. Sie erstreckt sich von *materialistischen Werten* und einem Sicherheitsdenken auf der einen Seite bis zu *postmaterialistischen Werten* wie Selbstverwirklichung, Freiheitsrechte und Gleichberechtigung auf der anderen Seite. Inglehart erhob diesen Wandel mithilfe von zwölf Aussagen (*Items*), die jeweils für eine eher materialistische oder postmaterialistische Wertorientierung stehen. Er teilte die Aussagen in drei Gruppen mit je vier Items. Die Befragten sollten innerhalb der drei Gruppen die jeweiligen Aussagen danach sortieren, welche für sie persönlich die wichtigste ist.

Materialismus-Postma-terialismus

Werte-Items der Materialismus-Postmaterialismus-Skala nach Inglehart

1	a	Erhaltung hoher wirtschaftlicher Wachstumsraten
	b	Sicherung von starken Verteidigungskräften für dieses Land
	c	Verstärktes Mitspracherecht der Menschen an ihrem Arbeitsplatz und in ihren Gemeinden
	d	Versuche, unsere Städte und ländlichen Gebiete zu verschönern
2	a	Aufrechterhaltung der Ordnung in der Nation
	b	Verstärktes Mitspracherecht der Menschen bei wichtigen Regierungsentscheidungen
	c	Kampf gegen steigende Preise
	d	Schutz der freien Meinungsäußerung
3	a	Eine stabile Wirtschaft
	b	Fortschritte hin zu einer humaneren, weniger unpersönlichen Gesellschaft
	c	Kampf gegen Verbrechen
	d	Fortschritte hin zu einer Gesellschaft, in der Ideen mehr zählen als Geld

Tabelle nach Inglehart 1989 : 172

Das Ergebnis der Erhebungen, die zwischen 1970 und 1987 stattfanden, zeigte eine erkennbare Verschiebung von materialistischen zu postmaterialistischen Orientierungen. Diese Verschiebung zeigte sich bei allen Altersgruppen und auch über Schwankungen hinweg, wie sie beispielsweise die Ölkrise Mitte der 1970er Jahre auslöste, die zu einem vorübergehenden Anstieg materialistischer Orientierungen führte.

Zuordnung der Werte-Items zu materialistischen bzw. postmaterialistischen Orientierungen

Soziale Bedürfnisse und Selbstverwirklichung (postmaterialistisch)	Ästhetisch/intellektuell	Schöne Städte/Natur
		Ideen zählen
		Redefreiheit
	Zugehörigkeit/Achtung	Weniger unpersönlich
		Mehr Mitsprache am Arbeitsplatz
		Mehr Mitsprache bei Regierung
Physische Bedürfnisse (materialistisch)	Physische Sicherheit	Starke Verteidigung
		Kampf gegen Verbrechen
		Ordnung erhalten
	Wirtschaftliche Sicherheit	Stabile Wirtschaft
		Wirtschaftswachstum
		Gegen Preisanstieg

Tabelle nach Inglehart 1989 : 173

Werteprioritäten nach Altersgruppen 1970–1989

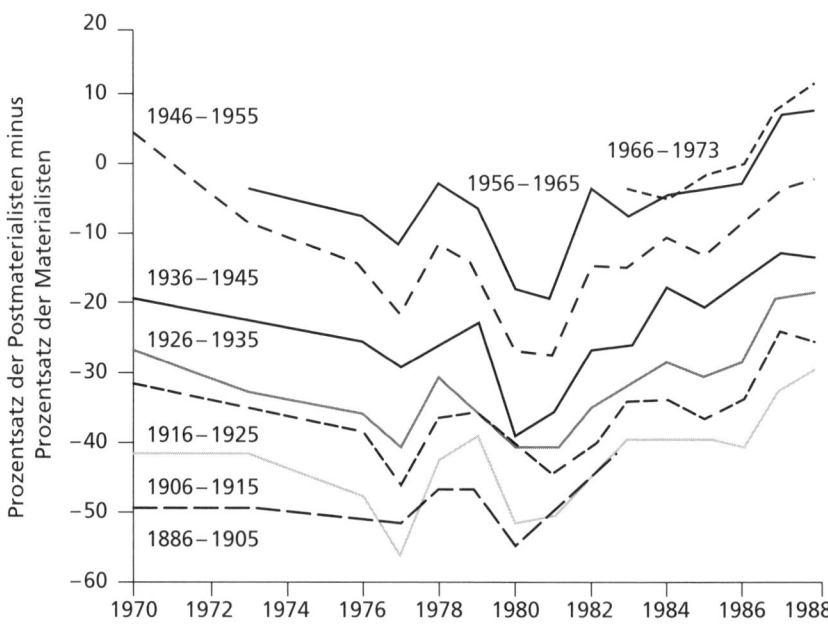

Die Grafik zeigt für jede Generation (Alterskohorte) (gegliedert nach Geburtsjahren) den prozentualen Anteil von Postmaterialisten abzüglich der Materialisten. Die Werte geben den Durchschnitt der Länder Belgien, Deutschland, Frankreich, Großbritannien, Italien und Niederlande wieder. Ein Wert von »– 10 %« bedeutet einen Anteil von 45 % Postmaterialisten minus 55 % Materialisten. (Grafik aus Inglehart 1989 : 114)

Es ließen sich zwar auch andere Effekte ablesen, zum einen, dass Menschen mit zunehmendem Alter materialistischer werden, und zum anderen, dass Menschen aus jenen Generationen, die einen oder zwei Weltkriege, die Weltwirtschaftskrise und die Währungsreform erlebt hatten, insgesamt materialistischer waren als nach 1945 Geborene. Aber prinzipiell ließ sich der Wertewandel bei allen Gruppen erkennen.

An dem von Inglehart analysierten Wertewandel lassen sich mehrere Beobachtungen festmachen. Erstens beschreibt der Wertewandel selbst wiederum ein Ordnungsmuster, weil er sich parallel in den westlichen Industriegesellschaften vollzog und einer Richtung folgt. Zweitens ist dieser Wertewandel dennoch kein einmaliger Prozess, er macht deutlich, dass Werte nicht als statische Gegebenheiten, sondern als zwar zähe, aber in kontinuierlichem Wandel begriffene Muster begriffen werden müssen. Und drittens zeigt er die Komplexität der Verteilung und des internen Wandels von Werten in einer Gesellschaft: zwischen den Generationen und im Laufe der jeweils eigenen Biografie. Alles drei sind wichtige Einsichten, um eine verdinglichte, starre Vorstellung von Werten zu vermeiden.

Institutionen | 7.3.4

Der Begriff *Institution* wird in der Soziologie und der Politikwissenschaft mit unterschiedlichen Bedeutungen verwendet. Politikwissenschaftlich betrachtet geht es um rechtliche und politische Institutionen in einem engeren Sinn, beispielsweise Parteien, Verbände, Gewerkschaften, Rechtssprechung oder Parlamente. Die soziologische Definition ist sehr viel allgemeiner, sie versteht unter Institutionen *verfestigte Regelmäßigkeiten des Handelns.*

weite soziologische Definition

> **Institution**
>
> Institutionen sind dauerhafte, »verfestigte« Muster sozialer Beziehungen und menschlichen Handelns, die als legitim gelten oder gesellschaftlich erzwungen und von den Menschen in ihrem Handeln faktisch verwirklicht werden.

Im Alltagsgebrauch werden Institutionen mit Organisationen gleichgesetzt, beispielsweise einer Universität oder Krankenversicherung. Der soziologische Begriff der Institution ist sehr viel abstrakter und allgemeiner. Im soziologischen Verständnis sind Institutionen beispielsweise das private Eigentum, die Ehe oder das Prinzip der Zweierbeziehung, das formale Recht im Gegensatz zum Gewohnheitsrecht, die Berufsarbeit, die geschlechtsspezifische Arbeitsteilung, der Nationalstaat oder die diversen Religionen.

Entscheidend an einer Institution sind nicht die äußeren Merkmale. Wenn man beispielsweise eine Religion als Institution betrachtet, kommt es nicht auf die Kirchengebäude oder das Personal der Kirchenhierarchie an, sondern auf die gedankliche Struktur, die konstruierte Wirklichkeit aus Wissen, Überzeugungen und Gewohnheiten (vgl. 5.2).

Institutionen als Instinktersatz

Die Reichweite des Institutionenbegriffs ist am besten zu ermessen, wenn man auf den Ansatz der Philosophischen Anthropologie zurückgreift, die den Menschen als ein instinktarmes Mängelwesen beschrieben hat, das deshalb auf eine Stabilisierung seiner Wirklichkeit durch gesellschaftliche Institutionen angewiesen ist (vgl. 4.3.1). Institutionen leisten dies nicht, indem sie Zwänge auferlegen, sondern vielmehr, indem sie Möglichkeiten eröffnen, Orientierung bieten, Ziele und Anreize setzen und Wünschbares formulieren. Der Begriff der Institution ist somit nah am Begriff der sozialen Wirklichkeit angesiedelt: soziale Wirklichkeit ist eine Wirklichkeit aus Institutionen.

7.3.5 | Rollen und Habitus

Verknüpfung von Struktur und Handlung

Eine zentrale Frage im Zusammenhang mit sozialer Ordnung besteht darin, ob und auf welche Weise zwischen den sozialen Strukturen auf der einen und dem Handeln von Menschen auf der anderen Seite eine Verbindung besteht. In Kapitel 6 wurden Struktur und Handlung als zwei unterschiedliche Perspektiven auf Gesellschaft vorgestellt, und zugleich wurde betont, dass beide nicht getrennt, sondern aufeinander bezogen gedacht werden müssen. Es gibt zwei soziologische Begriffe, die diese Verbindung ausdrücklich leisten: *Rolle* und *Habitus*.

7.3.5.1 | Rollen

Die soziologische Rollentheorie hat ihre Ursprünge in den 1950er Jahren und hat längst Eingang in die Alltagssprache gefunden. Gerade deshalb ist es nützlich, sich bei dem Begriff *Rolle* auf seine präzise sozialwissenschaftliche Bedeutung zu besinnen.

Erwartungen an Positionen

Ausgangspunkt der Rollentheorie ist die Annahme, dass eine Gesellschaft als ein Gefüge von *Positionen* beschrieben werden kann: Positionen im Berufsleben, amtliche Positionen oder Positionen im Familienleben. An diese Positionen und nicht an die Person, welche die Position einnimmt, sind Erwartungen gerichtet. Zugespitzt könnte man sagen, dass Rollen keine Eigenschaften einer Person, sondern Elemente einer sozialen Struktur sind.

Der Rollenbegriff ist ein nützliches Werkzeug, um soziale Situationen zu analysieren. Er darf allerdings nicht überstrapaziert werden. Soziale Positionen sind möglicherweise immer weniger eindeutig, oder sie bestehen aus einer zunehmend großen und widersprüchlichen Anzahl von Rollensegmenten. Zudem hat, nicht zuletzt durch den Einfluss der Soziologie auf das allgemeine Bewusstsein, die Rollendistanz zugenommen.

Grundbegriffe der Rollentheorie

soziale Position	Rollen oder Rollenerwartungen sind nicht an Personen, sondern an soziale Positionen geknüpft, die von verschiedenen Personen eingenommen werden können.
Rollen	Rollen sind Bündel von Erwartungen, die an *soziale Positionen* gerichtet sind (bzw. deren Inhaber/innen als Inhaber/innen dieser Positionen, nicht aber als individuelle Person).
Erwartungen	Rollen sind definiert durch Erwartungen. Unterschiedliche Rollen sind durch wechselseitige Erwartungen (Erwartungserwartungen) miteinander verschränkt.
Träger von Rollen	Träger von Rollen richten ihr Verhalten an den Erwartungen aus, von denen sie selbst erwarten, dass andere sie an die soziale Position richten, die sie gerade einnehmen.
Bezugsgruppen	Für das Rollenhandeln sind nicht alle Erwartungen aller Mitglieder einer Gesellschaft gleich relevant, sondern besonders die Erwartungen der Mitglieder einer relevanten Bezugsgruppe.
Muss-, Soll- und Kann-Erwartungen	Erwartungen mit unterschiedlich hoher Verbindlichkeit, die mit unterschiedlich schweren Sanktionen oder Belohnungen belegt sind.
Rollenvielfalt	Eine Person ist üblicherweise Träger mehrerer Rollen, weil sie in den verschiedenen Lebensbereichen unterschiedliche Positionen einnimmt.
Rollensegmente	Jede Rolle umfasst verschiedene Segmente, an die jeweils eigene Erwartungen gerichtet sind.
Inter-Rollen-Konflikt	Eine Person ist üblicherweise Träger verschiedener Rollen, und zwischen den Erwartungen an diese Rollen kann es zu Konflikten kommen. Beispielsweise zwischen dem erwarteten Engagement im Beruf und den Erwartungen in der Familie.
Intra-Rollen-Konflikt	Auch innerhalb einer Rolle kann es zu Konflikten zwischen unterschiedlichen Erwartungen kommen, die sich an verschiedene Segmente einer Rolle richten.
Rollendistanz	Rollendistanz ist gleichbedeutend mit dem Bewusstsein, eine Rolle zu spielen.

Die Begriffsdefinitionen stützen sich auf Dahrendorf (1958).

Habitus

7.3.5.2

Ein anderes Modell, um die Verknüpfung von Struktur und Handlung zu deuten, ist der *Habitus*. Im Gegensatz zur Rolle, die an eine Position geknüpft ist und für den Träger der Rolle äußerlich bleibt, ist mit Habitus eine *inkorporierte soziale Struktur* gemeint. Gesellschaft ist verinnerlicht und auf eine Weise zum Teil des eigenen Selbst geworden, dass sie fortan in der Art und Weise, wie jemand handelt und denkt, zum Ausdruck kommt.

inkorporierte soziale Struktur

Von innen heraus wird der eigene Habitus nicht als Zwang erfahren, sondern als das, was man gerne mag und das einem gefällt. Eben das macht den Habitus zu einem subtilen Mechanismus der Vermittlung von sozialer Struktur und Handlung.

Der Habitus ist das Ergebnis der eigenen Lebensgeschichte und der gemachten Erfahrungen. Zu einem soziologischen Konzept wird er, weil diese Erfahrungen sozial strukturiert sind. Für Pierre Bourdieu (1930–2002), der den Begriff des Habitus in der Soziologie populär gemacht hat, sind die Erfahrungen, die sich im Habitus ablagern, vor allem durch die soziale Herkunft, also durch schichtspezifische Lebensumstände geprägt. Der einmal erworbene Habitus, so Bourdieu, prägt das Denken, den Geschmack und das Handeln auf eine Weise, die nicht einfach abgestreift werden kann. Der Habitus wird ein Teil des Körpers, er prägt die Art, sich zu bewegen. Und er prägt den Geschmack – in ästhetischen Dingen bis hin zum Essensgeschmack.

Bourdieu analysiert den Habitus vor allem als Mechanismus der Reproduktion sozialer Ungleichheit (vgl. Bourdieu 1982). Für ihn ist Habitus ein Moment der Beharrung, das sozialer Mobilität und damit sozialem Wandel entgegensteht, weil ein Aufsteiger durch seinen Habitus doch immer wieder seine Herkunft verrät (vgl. 8.4.7).

strukturiert und strukturierend Sozial wirksam wird der Habitus dadurch, dass er einerseits das Ergebnis sozialer Erfahrungen ist, also eine »strukturierte Struktur«, und andererseits selbst als »strukturierende Struktur« wirksam ist (Bourdieu 1982: 281).

> Der Habitus ist ein *Erzeugungsprinzip* objektiv klassifizierbarer Formen von Praxis und *Klassifikationssystem* […] dieser Formen. In der Beziehung dieser beiden den Habitus definierenden Leistungen: der Hervorbringung klassifizierbarer Praxformen und Werke zum einen, der Unterscheidung und Bewertung der Formen und Produkte (Geschmack) zum anderen, konstituiert sich die *repräsentierte soziale Welt*, mit anderen Worten *der Raum der Lebensstile*. (Bourdieu 1982: 277 f.)

Bourdieus Verbindung von Habitus und sozialer Herkunft ist ein viel benutztes Modell, nicht zuletzt deshalb, weil sich mit ihr die hartnäckige Reproduktion sozialer Ungleichheit und die Schwierigkeit sozialen Aufstiegs erklären lässt. Doch genau hier besteht auch eine Gefahr. Bourdieu hat eine klar hierarchische Gesellschaft vor Augen und eine relativ homogene Vorstellung von sozialen Milieus, die den Habitus prägen. Je weniger die Gesellschaft jedoch eindimensional strukturiert ist, verliert die These der eindeutigen sozialen Verortbarkeit des Habitus an Plausibilität.

7.3.6 | Geordnet streiten: Konflikt vergesellschaftet

Streit als Interaktion Soziale Ordnung bedeutet nicht Harmonie. Es ist wichtig, dieses Missverständnis auszuschließen. Schon Georg Simmel wies in seiner »Soziologie« darauf hin, dass »Streit« zu den intensivsten Formen der Vergesellschaftung gehört (Simmel 1992 [1908]: 282 ff.). Selten agieren Menschen so intensiv aufeinander bezogen, wie bei einem dauerhaften Streit.

Konflikte, insbesondere solche in dauerhafter, scheinbar unlösbarer Form, etwa der jahrzehntelange Konflikt zwischen Protestanten und Katholiken in Nordirland oder der Konflikt zwischen Palästinensern und Israel, können blutig und gewaltsam sein. Andererseits aber haben sie sich, bei allem Schrecken, zu einer Form von Ordnung entwickelt. Aus soziologischer Sicht etwas als Ordnung zu beschreiben, bedeutet nicht, es als gute Ordnung zu bewerten. Es meint nur, die dauerhaften und stabilen Strukturen zu beschreiben. In diesem Sinn kann auch eine für alle Beteiligten nachteilige Struktur eine dauerhafte Ordnung sein. Ein Konflikt kann das gesamte Leben der Beteiligten strukturieren: die Wahl der Schule, der Freunde, des Arbeitsplatzes, des Lebenspartners, der Geschäfte, in denen man einkauft, und der Kleidung, die man trägt. Und ein Konflikt kann auch Karrieren ermöglichen und Machtpositionen sichern, etwa als offizieller Vertreter einer Gruppe, als Mitglied eines Militärapparates oder einer inoffiziellen Miliz. Manche Positionen oder auch Einkommensquellen werden nur durch die Fortdauer des Konfliktes gesichert. Es ist wichtig, diesen Aspekt zu erkennen, um genauer zu verstehen, aus welchen Gründen die Beendigung von Konflikten schwierig sein kann.

Dauerhafte Konflikte müssen aber nicht die Form unlösbarer blutiger Auseinandersetzungen haben. Viel typischer sind dauerhafte Konflikte aufgrund unterschiedlicher Interessenlagen. Konflikte können sogar stabilisierend auf eine Gesellschaft wirken, und zwar dann, wenn es gelingt, ihnen eine institutionelle Form zu geben, in der sie ausgetragen werden können. Als Beispiel hat Ralf Dahrendorf (1929–2009) den Konflikt zwischen Arbeitgebern und Arbeitnehmern beschrieben, der in regelmäßigen Tarifverhandlungen ausgetragen wird (Dahrendorf 1967). In der Tradition des Marx'schen Denkens war dieser Konflikt als Klassenkonflikt aufgefasst worden, der als unlösbar und daher als zerstörerisch für eine Gesellschaft galt und letztlich, so Marx' Idee, nur revolutionär gelöst werden könne. Die Pointe der Dahrendorfschen Argumentation besteht darin, dass der Konflikt gar nicht gelöst werden muss und, nebenbei bemerkt, auch durch eine Revolution nicht gelöst werden könnte, sondern einfach in eine stabile, dauerhafte Form gebracht werden muss. Als *institutionalisierter Konflikt*, der nach festgelegten Regeln ausgetragen wird, führt er dazu, dass beide Seiten ein Interesse an konkreten Lösungen haben. Der Konflikt kann also konstruktiv werden.

institutionalisierte Konflikte

Enttraditionalisierung und Normierung | 7.3.7

Wenn man ganz allgemein die Bedeutung formaler Ordnungen in einer modernen Gesellschaft zu Beginn des 21. Jahrhunderts beschreiben sollte, dann käme man zu einem widersprüchlichen Befund.

Einerseits sticht ins Auge, dass sich auf allen Ebenen überkommene Ordnungen auflösen oder zumindest ihre selbstverständliche Verbindlichkeit verlieren. In soziologischer Terminologie könnte man von *Enttraditionalisierung* sprechen. Der englische Soziologie Anthony Giddens (geb. 1938) hat dies auf die Formel der *posttraditionalen Gesellschaft* gebracht (Giddens 1996). Sein Argument ist, dass Traditionen nicht verschwinden, sondern fortbestehen, allerdings nicht als selbstverständlich hingenommene, sondern als bewusst gewählte und unter Begründungszwang stehende soziale Deutungsmuster. Der Verlust der selbstverständlichen Verbindlichkeit bedeutet, dass man die Wahl hat, sich einer Überzeugung oder einer Gemeinschaft, die auf bestimmten Überzeugungen beruht,

posttraditionale Gesellschaft

anzuschließen oder nicht anzuschließen. Und diese Zugehörigkeiten kann man relativ einfach wechseln. Peter Gross hat unter anderem hierfür den Ausdruck der *Multioptionsgesellschaft* geprägt (Gross 1994).

Andererseits leben wir in einer Gesellschaft, in der mehr und mehr Bereiche des Lebens einer formellen Normierung und rechtlichen Regelung unterzogen **Verrechtlichung** werden. Die Normierung und Verrechtlichung setzt dabei oftmals an alltäglichen Kleinigkeiten an und strukturiert Bereiche des privaten Lebens nun durch juristische Normen, die zuvor von gelebten Überzeugungen und Werten geregelt wurden. Das gilt etwa für die Erziehung von Kindern, den Umgang mit Krankheit oder dem Tod.

Für den Lebenslauf gibt es genaue Regelungen für Vorsorgeuntersuchungen, Hort-, Kindergarten-, Vorschul- und Schulbesuch. Allen Reformen, gerade im Bildungsbereich, ist gemeinsam, unabhängig davon, in welche Stoßrichtung sie sich bewegen, dass sie die Regulierung und Normierung des Bildungssektors erhöhen, auf Standardisierung und Verregelung setzen, ob Bologna-Prozess oder Einheitsabitur, Pflichtfächer oder Studienpläne.

Enttraditionalisierung und Normierung beschreiben divergierende, möglicherweise aber auch komplementäre Entwicklungen. Es entsteht kein Vakuum, kein unbestimmter Raum, sondern ein Ordnungsprinzip tritt an die Stelle eines anderen.

7.4 | Sind Gesellschaften eine Einheit?

Die Antwort ist Ja und Nein. Denn praktisch jede Gruppe oder Vergesellschaftung besteht nicht nur unmittelbar aus ihren Mitgliedern, sondern bildet beispielsweise Untergruppen, Unterscheidungen, Aufgabenbereiche oder Rangord**Einheit aus** nungen aus. Ihre Einheit besteht dann oftmals aus der Verbindung von Teilen. **Unterschieden** Und auf verschiedene Weise können sich Mitglieder unmittelbar an die Gruppe insgesamt gebunden fühlen oder sich auf einen Ausschnitt beziehen. Diese Gliederung kann sich über mehrere Ebenen erstrecken und vielfältige Formen annehmen.

In einer Fußballmannschaft gibt es Stürmer und Verteidiger, in Betrieben gibt es verschiedene Abteilungen und in ihnen Vorgesetze und Mitarbeiter. Umso mehr gilt dies für größere Gesellschaften, und zwar für Gesellschaften zu allen Zeiten: für die überschaubaren frühen Stammesgesellschaften, für antike Stadtstaaten, für feudale Grundherrschaften sowie für neuzeitliche und moderne Nationalstaaten; und für die Weltgesellschaft natürlich erst recht.

Die meisten von uns besitzen mindestens eine Staatsbürgerschaft, sind zugleich Mitglieder von Familien und Freundeskreisen, Angehörige einer Universität, Mitarbeiter in einem Betrieb, Zugehörige einer abstrakten Gruppe (Frauen und Männer, türkischstämmige Deutsche oder Gaststudenten aus Algerien oder Irland, Atheisten, Christen oder Muslime) und einer sozialen Schicht oder sonstigen sozialen Kategorie. Und hinzu kommt auch noch die Zugehörigkeit zu einer Altersgruppe oder Generation. Eine Gesellschaft besteht offenkundig aus zahllosen dieser Einteilungen und Kategorisierungen, und die Frage danach, ob Gesellschaften eine Einheit sind, ist also die Frage danach, wie eine Einheit aus Vielheiten bestehen kann und wie das Verhältnis zwischen Vielheit und Einheit, *Differenzierung* und *Integration*, aussieht und funktioniert.

Eines der folgenden Kapitel ist explizit dem Thema der Ungleichheit gewidmet. Dieses Kapitel beschäftigt sich zunächst mit den Differenzierungsformen allgemein. Wieder geht es zunächst darum, verschiedene Typen zu unterscheiden. In gegenwärtigen Gesellschaften finden sich oft mehrere dieser Typen nebeneinander. In historischer Sicht zeigt sich aber auch, dass jeweils eine dieser Differenzierungsformen typisch ist für bestimmte Epochen oder Gesellschaften.

Sozialintegration und Systemintegration | 7.4.1

Die in Abschnitt 7.3 vorgestellten Modelle sozialer Ordnung behandeln die Integration von Menschen in Gesellschaften. Sie erklären das koordinierte Handeln von Menschen, die Erwartungssicherheit und die Stabilität sozialer Beziehungen. Es sind Modelle der *Sozialintegration.*

Denkbar ist aber auch eine soziale Ordnung, die auf einer anderer Ebene ansetzt, nämlich auf der Ebene der sozialen Strukturen. Eine solches Modell bietet vor allem die *Theorie sozialer Differenzierung*, die im Folgenden vorgestellt wird. Sie ist eine Theorie der *Systemintegration*, das heißt, sie kann die Stabilität einer sozialen Struktur erklären, unabhängig davon, wie sich die betroffenen Menschen verhalten. Sie kann erklären, warum es stabile Strukturen gibt, deren Funktionsweise auch durch Protest oder durch prekäre soziale Lagen von Menschen nicht irritiert wird. Am deutlichsten ausgearbeitet wurde eine solche Theorie von Niklas Luhmann (1988, 1993, 1997).

Ein Beispiel ist die Funktionsweise des Wirtschaftssystems moderner Gesellschaften. Wir alle können am Wirtschaftssystem regelmäßig beobachten, dass Systemintegration und Sozialintegration auseinanderfallen. So ist es möglich, dass wirtschaftliches Wachstum, das auf der Ebene der Systemintegration angesiedelt ist, mit Entlassungen zusammenfällt, was ein Problem auf der Ebene der Sozialintegration, der Integration von Menschen in die Gesellschaft, nach sich ziehen kann. Beide Ebenen können sich unabhängig voneinander und in entgegengesetzte Richtungen entwickeln.

Es geht an dieser Stelle nicht darum, Kritik zu üben, sondern es geht um ein relativ abstraktes Argument: Vorstellbar ist eine stabile Gesellschaft auf der Systemebene, und gerade weil dort Stabilität und Effizienz herrscht, kann es auf der Ebene der Sozialintegration zu Schwierigkeiten kommen. Durch diese Unterscheidung gewinnt man wichtige Einsichten. Man entlarvt beispielsweise das Argument, dass wirtschaftliches Wachstum zu sozialer Integration führen wird, als zu naiv. Erfolgreiche Systemintegration muss keine Sozialintegration nach sich ziehen.

Stabilität durch Einheit oder Differenzierung

Widersprüche möglich

7.4.2 | Einheit durch Differenzierung

Die Ebene der Systemintegration lässt sich mithilfe des Begriffs der *Differenzierung* erläutern. Gesellschaften sind komplex zusammengesetzte Gebilde. Die Art der Zusammensetzung entscheidet über die Struktur der Gesellschaft. Anders gesagt, die Einheit einer Gesellschaft ist das Resultat ihrer Differenzierung. Je einfacher der Typus der Differenzierung ist, desto kleiner, starrer und einfacher ist die betreffende Gesellschaft aufgebaut. Komplexe Gesellschaften sind hingegen durch entsprechend komplexe Formen der Differenzierung gekennzeichnet.

vier historische und logische Typen

Die Soziologie unterscheidet vier Haupttypen der Differenzierung. Sie bilden eine historische Entwicklungsfolge. Doch andererseits finden sich auch in modernen, funktional differenzierten Gesellschaften in einzelnen Bereichen die drei älteren Differenzierungsformen. Entscheidend ist aber, dass immer eine Differenzierungsform die Struktur der Gesellschaft prägt.

7.4.2.1 | Segmentäre Differenzierung

Segmentäre Differenzierung stellt die einfachste Form der Differenzierung dar. Anschaulich kann man sie sich als eine Ansammlung von kleinen Siedlungen oder Dörfern auf einem größeren Territorium vorstellen, die jeweils autark leben und kaum miteinander in Austausch stehen.

gleichrangige Teile

Formal ist die segmentäre Differenzierung dadurch definiert, dass ein Ganzes in gleichrangige, weitgehend voneinander unabhängige Teile zerfällt. Da unter diesen Teilen kaum Verbindungen bestehen, stiftet diese Form der Differenzierung, wenn überhaupt, nur eine sehr schwache Form der Einheit.

Prägend für eine Gesellschaft ist diese Form der Differenzierung nur dann, wenn die einzelnen Einheiten autark sind und alle wichtigen Lebensaspekte in ihnen und durch sie bewältigt werden. In modernen Gesellschaften findet sich zwar auch segmentäre Differenzierung, etwa in Familien oder Betriebe, aber diese Einheiten sind nicht autark, sie sind in wesentlichen Fragen auf funktionale Systeme angewiesen. So finden Bildung und Ausbildung nicht mehr in der Familie statt, sondern in funktional spezialisierten Institutionen wie der Schule. An die Stelle der Selbstversorgung sind die Erwerbsarbeit für Geld und der Einkauf im Supermarkt getreten. Und auch die Vorsorge bei Krankheit oder im Alter hängt nicht von der Familie ab, sondern von der Sozialversicherung. Prägend ist in modernen Gesellschaften also die Differenzierung in Funktionssysteme, nicht mehr die segmentäre Differenzierung in identische Einheiten, auch wenn diese weiterhin vorkommt.

7.4.2.2 | Differenzierung in Zentrum und Peripherie

Stadt und Land

Die Differenzierung in *Zentrum und Peripherie* stellt eine Zwischenform dar. Sie entwickelt sich aus der segmentären Differenzierung, indem ein Teil gegenüber den anderen an Bedeutung gewinnt. Konkret kann das beispielsweise eine der Siedlungen sein, die sich aufgrund ihrer günstigen Lage an einem Fluss oder an der Küste zu einem Handelsplatz und schließlich zu einer Stadt und somit zu einem Zentrum entwickelt. Hier finden die größeren Märkte statt, hier etabliert sich ein Gerichtssitz und unter Umständen eine Bildungseinrichtung. Das Zentrum ist in der Lage, immer mehr Funktionen an sich zu ziehen, und aufgrund seiner Größe können sich manche Funktionen überhaupt erst ausbilden. Beispielsweise die Etablierung eines Hospitals oder später einer Universität.

Die Beziehungen der Peripherie sind auf das Zentrum ausgerichtet. Austauschprozesse zwischen den Siedlungen der Peripherie finden nicht untereinander statt, sondern über das Zentrum.

Die Differenzierung in Zentrum und Peripherie ist auch die Voraussetzung dafür, dass im Zentrum eine Arbeitsteilung einsetzen kann. Spezialisierte Handwerke können sich etablieren. Und während in den segmentär verteilten Siedlungen weitgehend ähnliche Lebensverhältnisse herrschen, kommt es im Zentrum auf Basis des dort angesammelten Wohlstands zu einer sozialen Schichtung.

Stratifikatorische Differenzierung

7.4.2.3

Stratifikatorische Differenzierung beschreibt einen Differenzierungstyp, in dem alle wichtigen gesellschaftlichen Sphären und Handlungsbereiche durch die Struktur der sozialen Schichtung (Stratifikation), also durch soziale Ungleichheit bestimmt werden.

Ein klassisches Beispiel ist die ständische Feudalgesellschaft, wie sie sich in Europa seit dem Mittelalter ausbildete. Die Zugehörigkeit zu einem Stand entschied aus Sicht des Individuums über die Lebenschancen, die Art des Erwerbs, die Möglichkeiten der Heirat, den Zugang zu Bildung sowie alle anderen Aspekte des Lebens. Aus Sicht der sozialen Struktur regulierte die ständische Ordnung die Wirtschaft, das Recht, die Herrschaft und sogar die Wissenschaft. Die ständische Hierarchie entschied darüber, wer Abgaben zu zahlen hatte und wer von anderer Leute Abgaben leben durfte, sodass er freigestellt war für andere Tätigkeiten. Die Position in der ständischen Hierarchie entschied auch darüber, welche Rechte einer Person zukamen oder welche Strafe sie gegebenenfalls zu erwarten hatte. Auch Fragen des Glaubens und des Wissens wurden nach diesem hierarchischen Prinzip geregelt, weil die Möglichkeit, über den rechten Glauben und Wahrheit zu entscheiden, vom sozialen Rang abhing.

Ständegesellschaft

Stratifikatorische Differenzierung, also soziale Ungleichheit, findet sich in praktisch allen Gesellschaften. Entscheidend ist, dass sie in Gesellschaften, die dem Typus der stratifikatorischen Differenzierung zugerechnet werden, die alles prägende Form der Differenzierung ist. In heutigen funktional differenzierten Gesellschaften kann die Spannweite sozialer Ungleichheit sogar größer sein als in den historischen stratifikatorisch differenzierten Gesellschaften. Doch die Ungleichheit dient dort nicht mehr als prägendes Funktionsprinzip.

Funktionale Differenzierung

7.4.2.4

Funktionale Differenzierung ist der prägende Differenzierungstyp moderner Gesellschaften (vgl. 2.5.2 u. 6.4.2). Sie ist dadurch gekennzeichnet, dass sich die Sphären der Gesellschaft wie Wirtschaft, Recht, Wissenschaft oder Religion zu autonomen Funktionsbereichen entwickelt haben, die nicht, wie im Fall der stratifikatorischen Differenzierung, von einer hierarchischen Position aus gelenkt werden, sondern ihrer jeweils eigenen Funktionslogik folgen.

Wissenschaft

Historisch betrachtet löste sich die Wissenschaft als erster Bereich aus dem Zugriff der Kirche und entwickelte sich zu einer autonomen Sphäre, die sich einzig an ihrem eigenen Funktionsprinzip, der empirischen Methode und dem Kriterium der Wahrheit, orientiert. Ihr folgte die Sphäre des Rechts. Auch das Recht löst sich aus der Bindung an die Herrschaftsstruktur und entwickelte sich zu einer autonomen Sphäre, in der sich geschulte Juristen um eine Auslegung geltender Gesetze einzig nach juristischen Kriterien bemühen.

Wirtschaft

Auch die Wirtschaft und schließlich die Politik durchliefen einen Prozess funktionaler Differenzierung. Während in der stratifikatorisch differenzierten Feudalgesellschaft die ständische Stellung als Grundherr oder Landesfürst ausreichte, um Abgaben einfordern zu können, entstand im 18. Jahrhundert ein unternehmerisch tätiges Bürgertum, das sein Einkommen nicht aus der ständischen Stellung, sondern aus Arbeit und Produktion erzielte.

politische Herrschaft

Schließlich löste sich auch die politische Herrschaft aus der stratifikatorischen Ordnung. Mit dem Prinzip des allgemeinen Wahlrechts wurde die Zuteilung von Herrschaft zu einer rein politischen Frage. Während die feudale Gesellschaft Herrschaftspositionen durch Geburt vergeben hatte, war es nun nötig, Wählerstimmen für politische Programme zu mobilisieren. Aus Herrschaft wurde Regierung und die Regierungsgewalt konnte jederzeit durch Wahl wieder entzogen werden.

Funktionale Differenzierung ist ein historischer Prozess, der zur Ausbildung moderner Gesellschaften geführt hat, wie wir sie kennen. Sie beschreibt ein Organisationsprinzip von Gesellschaft, das nicht durch eine zentrale Steuerung oder durch enge Bindungen der Teile, sondern durch eine Autonomie der Funktionsbereiche gekennzeichnet ist. Gerade diese Autonomie, die den einzelnen Sphären die Möglichkeit verschafft, ihrer eigenen Logik zu folgen, garantiert im Gegenzug die Stabilität der Gesellschaft auf der Ebene der Systemintegration.

7.5 | Lektüreanregungen

Bourdieu, Pierre (1982): Die feinen Unterschiede. Kritik der gesellschaftlichen Urteilskraft, Frankfurt a. M.
Als Lektüre, die einen Eindruck von Bourdieus Konzeption des Habitus vermittelt, bieten sich Auszüge aus dem umfangreichen Buch an, beispielsweise »Stil und Erwerbsstil« (S. 120–125), die Einleitung zu Kapitel 3 »Der Habitus und der Raum der Lebensstile« (S. 277–286) und der Schluss »Klassen und Klassifizierungen« (S. 727–734).

Dahrendorf, Ralf (1958): Homo Sociologicus. Ein Versuch zur Geschichte, Bedeutung und Kritik der Kategorie der sozialen Rolle, Opladen
Dahrendorfs Buch gehört zu den absoluten Klassikern der Soziologie. Klar und anschaulich werden die Elemente der Rollentheorie dargestellt, und zugleich wird auf ihre Grenzen hingewiesen.

Krais, Beate/Gebauer, Gunter (2002): Habitus, Bielfeld
Der schmale Band bietet nicht nur eine Einführung in den Begriff des Habitus, sondern auch einen Vergleich mit der Rollentheorie.

Schimank, Uwe (1996): Theorien gesellschaftlicher Differenzierung, Opladen
  Eine gründliche Übersicht über soziologische Theorien der Differenzierung.

Urban Studies. An international Journal for Research in Urban and Regional Studies, London
  1.1964 ff.
  Zeitschrift, in der viele Feldstudien zu verschiedensten urbanen Lebensformen erschienen sind.

Whyte, William Foote (1996 [1943]): Die Street Corner Society. Die Sozialstruktur eines Italienerviertels, 3., durchges. u. erw. Aufl. Berlin
  *Whytes ethnografische Studie über Jugendgangs in einem Einwandererviertel gehört ebenfalls zum
  klassischen Kanon soziologischer Literatur. Vor allem aber ist sie ein anschaulich geschriebenes Buch,
  das den ethnografischen und soziologischen Blick auf die Wirklichkeit schult.*

Fragen zum Verständnis und zur Reflexion | 7.6

- Was wären in Ihrem Alltag Beispiele für Rituale, wie sie in Abschnitt 7.3.2 beschrieben wurden? Welche Funktion erfüllen diese Rituale, wenn Sie sie durch eine soziologische Brille betrachten?
- Suchen Sie nach einem eigenen Beispiel für den Prozess der Wertegeneralisierung.
- Vergleichen Sie die beiden Konzepte »Rolle« und »Habitus«. Was sind Gemeinsamkeiten? Was sind Unterschiede? Und welches Modell weist dem Individuum ein größeres Maß an Handlungsfreiheit zu?
- Was wären Beispiele für segmentäre Differenzierung in modernen Gesellschaften? Und warum sind diese nicht mehr prägend für die Struktur moderner Gesellschaften?

Gleich, ungleich oder anders? | 8
Über Ungleichheit und Differenz

Ungleichheit ist ein strukturelles Merkmal von Gesellschaft. Sie ist aber auch eine individuelle Erfahrung. Auf praktisch keinen anderen Aspekt von Gesellschaften richtet sich eine so intensive Forschung wie auf die Formen und Mechanismen sozialer Ungleichheit. Dabei ergibt sich eine Reihe von Fragen: Welche verschiedenen Arten von Ungleichheit gibt es? Welche Ausprägungen von Ungleichheit sind für welche Gesellschaften typisch? Durch welche Mechanismen reproduziert sich Ungleichheit? Mit welchen Begriffen lassen sich die heutigen Formen sozialer Ungleichheit beschreiben? Welche begrifflichen Möglichkeiten gibt es, um einerseits der immer größer werdenden Vielfalt und Differenzierung von Gesellschaften gerecht zu werden, ohne dabei andererseits die fortbestehenden oder neuen Ausprägungen sozialer Ungleichheit aus dem Auge zu verlieren?

Gleichheit, soziale Ungleichheit, soziale Differenzierung, Sozialstruktur, Schichtung, Stratifikation, Stände, Klassen, Schichten, soziale Lagen, Lebenschancen, Lebensstile, soziale Milieus, Habitus, kulturelles und soziales Kapital, Distinktion, soziale Mobilität, Exklusion, Risiken im Lebenslauf

8.1 | Einführung

Alle Menschen sind gleich. Diesem zentralen ethischen Grundsatz steht die Tatsache gegenüber, dass Menschen faktisch unter sehr ungleichen Umständen leben. In jeder Gesellschaft finden sich Formen sozialer Ungleichheit. Und zusammen mit der Frage nach Macht und Herrschaft bildet die Beschäftigung mit den Ursachen und Formen der Ungleichheit unter den Menschen eine der Schlüsselfragen für das Verständnis von Gesellschaft.

Ungleichheit ist eine Frage der Verteilung von Ressourcen und Lebenschancen, insofern gibt es Ungleichheit nur in der und durch die Vergesellschaftung von Menschen. Man könnte diesen Zusammenhang sogar umgekehrt formulie-

Ungleichheit als soziale Struktur

ren: Die Genese von Gesellschaft ist oftmals gleichbedeutend mit der Etablierung einer Hierarchie und ungleichen Verteilung von Gütern und Rechten. Ungleichheit ist nichts, das zu einer bestehenden Gesellschaft hinzukommt, sondern Ungleichheit lässt sich als der Prozess verstehen, in dem sich eine gesellschaftliche Struktur etabliert.

Die jeweils bestehende Ungleichheit wird zumeist erfahren als Ungleichheit *innerhalb* einer Gesellschaft, und auch die wissenschaftliche Beschäftigung mit

Ungleichheit befasst sich vor allem mit der Verteilung von Einkommen, der sozialen Mobilität, der Sozialstruktur oder den Milieus *in* einer Gesellschaft. Aus der Distanz betrachtet, steht das in einem Widerspruch dazu, dass die Ungleichheit *zwischen* Gesellschaften viel größer ist als die *innerhalb* von Gesellschaften. Doch für das Leben und Empfinden von Menschen spielt offenbar der Vergleich ihrer eigenen Lebensumstände mit denen ihres sozialen Umfeldes oder der Gesellschaft, zu der sie sich zugehörig fühlen, eine wesentlich wichtigere Rolle als der Vergleich mit einer entfernten Gesellschaft. Ähnliches gilt in historischer Perspektive. Obwohl sich der Wohlstand in Europa in den letzten drei Generationen vervielfacht hat, messen Menschen ihre *Lebenslage* im Vergleich zu den Möglichkeiten ihrer jeweiligen Gegenwart.

> Ungleichheit in und zwischen Gesellschaften

Ungleichheit ist somit einerseits eine harte Frage der Verteilung von materiellen und immateriellen Ressourcen, sie hängt andererseits aber auch mit der subjektiven Erfahrung und den verwendeten Vergleichsmaßstäben zusammen. Das Phänomen der sozialen Ungleichheit ist nicht unabhängig vom Horizont der Erwartungen, Wünsche und Chancen, die Menschen mit ihrem Leben verbinden.

Ungleichheit vergleichen   8.1.1

Natürlich gibt es auch Vergleiche beispielsweise des Einkommens- oder Wohlstandsniveaus zwischen Gesellschaften. Aber diese Unterscheide werden zumeist nur aus der wissenschaftlichen Perspektive anhand von Maßzahlen sichtbar. Ein Beispiel hierfür ist der *Gini-Koeffizient*, der in einer einfachen Maßzahl angibt, wie unterschiedlich das Einkommen in der jeweils untersuchten Gesamtheit, also etwa in einer staatlich verfassten Gesellschaft, verteilt ist. Der Koeffizient sagt aber nichts darüber, ob das Einkommensniveau in der einen Gesellschaft insgesamt höher oder niedriger ist als in einer anderen. Eine sehr reiche und eine arme Gesellschaft können somit den gleichen Koeffizienten aufweisen. Beispielsweise liegen die Koeffizienten für Deutschland und Bangladesch nahe beieinander, obwohl es sich um Ländern mit extrem unterschiedlichen Wohlstandsniveaus handelt.

> Maße für Ungleichheit

Der absolute Vergleich von Armut oder Wohlstand zweier Gesellschaften ist zum Beispiel über rein ökonomische Maßzahlen möglich, wie das Bruttoinlandsprodukt oder Pro-Kopf-Einkommen (World Bank 2010). Wobei diese Zahlen nichts über die Verteilung des Einkommens innerhalb einer Gesellschaft aussagen und auch nichts über die Kaufkraft oder die Lebensumstände, die mit einer bestimmten Einkommenshöhe verbunden sind. Genau das versucht der *Human Development Index* (HDI), der von den Vereinten Nationen in ihrem Human Development Report verwendet wird (United Nations Development Programme 2010). Der HDI berücksichtigt auch das allgemeine Bildungsniveau und die Lebenserwartung, allerdings bleibt auch er ein relativ grobes Vergleichsmaß.

Ungleichheit vergleichen:
Gini-Koeffizient und Human Development Index

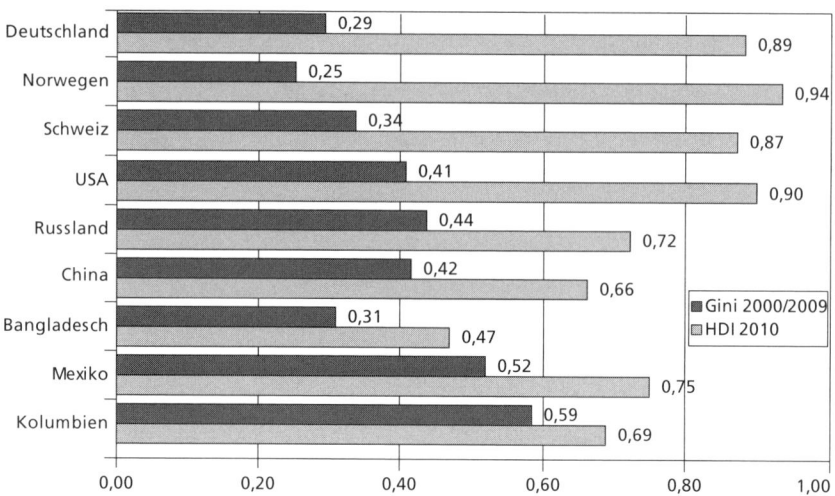

Quelle: United Nations Development Programme 2010; World Bank 2010; Eurostat; Statistisches Bundesamt 2010; eigene Berechnung und Zusammenstellung der jeweils neuesten Daten für den Gini-Koeffizienten aus dem Zeitraum 2000–2009 sowie des Human Development Index 2010.

Der Gini-Index erstreckt sich von 0 bis 100. 0 bedeutet eine absolute Gleichverteilung, 100 bedeutet eine absolute Ungleichverteilung, d.h. ein Haushalt erhält das gesamte Einkommen, alle anderen erhalten keinerlei Einkommen. Hier wird er als Gini-Koeffizient angegeben, der sich von 0 bis 1 erstreckt. Der Koeffizient hat nur bedingte Aussagekraft, da er nur ein relativ grobes Maß liefert und unterschiedliche Verteilungskurven zum gleichen Koeffizienten führen können. Außerdem sagt er nichts aus über die Höhe der Einkommen, sondern nur über die relative Ungleichverteilung. Deutlich erkennbar wird das daran, dass Länder mit einem sehr unterschiedlichen Entwicklungsniveau eine vergleichbare innere Verteilung von Ungleichheit aufweisen können.

8.1.2 | Ungleichheit als universelles Phänomen

Wenn wir eine Gesellschaft beschreiben, dann gehört die Ungleichheit unter den Menschen zu den Facetten, die uns als Erstes ins Auge stechen. Die ungleiche Verteilung von Reichtum und Privilegien einerseits und Armut und Unsicherheit andererseits sind Schlüsselmerkmale einer jeden Gesellschaft. Sie bilden das Gerüst der *Sozialstruktur*. Jedoch ist es in hohem Maße relativ, was in einer Gesellschaft als Wohlstand oder Armut gilt und erfahren wird. Wenn wir ver-

relativer Reichtum

schiedene Gesellschaften vergleichen, kann in der einen als relativer Reichtum gelten, was in einer anderen als Armut zählt. Das Gleiche gilt, wenn wir historische Vergleiche vornehmen. Konsumgüter, die in den 1950er Jahren als Luxus für obere Schichten galten, gehören heute zur Grundausstattung jedes Haushaltes. Das bedeutet jedoch nicht, dass mit gewachsenem Wohlstand die Ungleichheit insgesamt abgenommen hätte.

Ungleichheit erstreckt sich in den verschiedenen Gesellschaften über ein breites Spektrum von Ausprägungen. Neben materiellen Aspekten gibt es Ungleichheiten hinsichtlich zugestandener Rechte, Ansehen, Bildung, Chancen auf sozialen Aufstieg oder sexuelle Selbstbestimmung. Sie begegnet uns, auch in unserer jeweils eigenen Gesellschaft, sowohl in extremen und offensichtlichen Formen, die wir für untragbar und ungerecht halten, als auch in subtileren und alltäglichen Formen, die wir als üblich und durchaus akzeptabel zu empfinden bereit sind oder die wir zumindest nicht als problematisch einschätzen. Es wird deutlich, dass Ungleichheit jenseits der objektiven Fakten auch eine Frage der subjektiven Bewertung ist, die sich wiederum historisch sehr stark verändern kann.

immaterielle Aspekte von Ungleichheit

Ungleichheit ist ein universelles Phänomen. Es gibt sie, seit es Gesellschaften gibt, und irgendwelche Formen von Ungleichheit finden sich in jeder Art von Gesellschaft: in archaischen wie modernen, in agrarischen wie in industrialisierten, in marktwirtschaftlichen wie in sozialistischen und in demokratischen wie in diktatorischen. Was sich hingegen stark unterscheidet, sind die Merkmale, Ausprägungen und Strukturen sozialer Ungleichheit sowie deren Bewertungen. Wie groß ist das Maß an Ungleichheit, das Menschen akzeptieren oder als »normal« empfinden, und ab wann erachten sie Ungleichheit als »ungerecht«? Was Ungleichheit ist, lässt sich nur schwer von dem trennen, was als Ungleichheit erfahren und bewertet wird.

Akzeptanz von Ungleichheit

Gleichheit und Ungleichheit als moderne Ideen | 8.1.3

Um das Thema »soziale Ungleichheit« zu verstehen, muss man sich vergegenwärtigen, dass aus heutiger, moderner Sicht Ungleichheit zwar zu allen Zeiten und in allen Gesellschaften auftrat, dass sie aber nicht als Ungleichheit thematisiert und infrage gestellt wurde. Denn die heutige Auffassung von sozialer Ungleichheit setzt die Idee der *Gleichheit* voraus, die erst im Zuge der Aufklärung des 18. Jahrhunderts Gestalt annahm und mit der Amerikanischen Unabhängigkeitserklärung (1776), der Französischen Revolution von 1789 und insbesondere seit dem 19. Jahrhundert praktisch wirksam wurde (Dann 1979). In einem etwas groben, aber im Kern nicht falschen Überblick über die menschliche Geschichte könnte man sagen, dass es Ungleichheit zwar seit jeher gibt, dass sie aber erst seit gut zweihundert Jahren als solche wahrgenommen, thematisiert und kritisiert wird. Im überwiegenden Teil der Geschichte fehlte somit ein wesentlicher Aspekt, der unsere heutige Wahrnehmung und Definition von Ungleichheit ausmacht: die Idee der Gleichheit und als Folge davon die Bewertung von Ungleichheit als Ungerechtigkeit.

Idee der Gleichheit

8.2 | Ungleichheit und Gleichheit in historischer Perspektive

Bis in die Zeit der Aufklärung und damit bis an die Schwelle der Moderne galt die Stellung eines Menschen als etwas, das ihm durch Geburt zugewiesen wird und das er nur in sehr begrenztem Rahmen verlassen kann und darf. Menschen erschienen ihrer Natur nach als ungleich. Das galt für die soziale Stellung ebenso wie für das Geschlecht, die Herkunft oder andere Merkmale eines Menschen. Die soziale Stellung erschien als Schicksal, als »natürlich« oder als göttlicher Wille, in jedem Fall aber als unabänderlich. An dem mit der Geburt verliehenen Stand wurde nicht gezweifelt.

8.2.1 | Vormodernes Denken: Gerechtigkeit meint nicht Gleichheit

Aufgrund der fehlenden Idee der prinzipiellen Gleichheit aller Menschen wurde die Ungleichheit nicht als Ungleichheit, also als Ungerechtigkeit, empfunden, sondern als hinzunehmendes Schicksal. Es galt im philosophischen Denken über Gesellschaft umgekehrt gerade als Merkmal einer gerechten gesellschaftlichen Ordnung, wenn den verschiedenen Ständen unterschiedliche Rechte zukamen, je nachdem, was ihnen standesgemäß zustand. Diese Vorstellung prägte nicht nur das allgemeine Weltbild, sondern entsprach auch der politischen Philosophie seit der Antike. So galt für Aristoteles (384–322 v. Chr.) die natürliche Ungleichheit der Menschen als Grundlage der sozialen Ordnung (»Politik«, 1. Buch). Ausgangspunkt war nicht die Idee der natürlichen Gleichheit, sondern die Vorstellung der naturgegebenen Ungleichheit der Menschen bezüglich ihres sozialen Ranges und ihres Geschlechts (vgl. dazu auch Abschnitt 10.6). Folglich erschien die ideale Gesellschaft als jene, in der jede und jeder (denn auch die Ungleichheit der Geschlechter wurde als natürlich gegebene Tatsache angesehen), die ihrem oder seinem sozialen Stand angemessene Lebensweise und die damit verbundenen Aufgaben für das Ganze übernahm.

Natürlich gab es auch unter diesen Umständen Konflikte und soziale Proteste. Doch sie hatten typischerweise einen anderen Charakter, als wir aus heutiger Sicht erwarten würden (vgl. z. B. Landsberger 1974). Aufstände stellten sich etwa dann ein, wenn die Hierarchie durcheinander geriet oder wenn ein Teil der Gesellschaft nicht die mit seiner Position verbundenen Aufgaben erfüllte. Denn zu jedem Stand gehörten bestimmte Rechte und Pflichten. Wenn etwa ein Grundherr die mit seiner Stellung verbundenen Pflichten nicht erfüllte oder sie über Gebühr ausnutzte, galt das als ebensolche Verletzung der gerechten Ordnung wie das Versäumnis eines Bauern, seine Abgaben zu entrichten. Typischerweise richteten sich der Protest oder die Aufstände in den ständischen Gesellschaften der Frühen Neuzeit nicht auf einen Umsturz der hierarchischen Ordnung als solcher, sondern gegen Auswüchse und Übertretungen und auf die

standes-spezifische Rechte

Ungleichheit als Gerechtigkeit

Wiederherstellung der wahren, ursprünglichen und »gerechten« Ordnung mit ihrer »gerechten« Hierarchie.

Modernes Denken: Gleichheit als treibende Kraft | 8.2.2

Gleichheit ist nicht nur eine Idee unter mehreren, die am Beginn der Moderne entstanden, sondern ihr kommt eine Schlüsselrolle zu (vgl. 6.3). Aus der Idee der Gleichheit leiten sich der moderne Begriff des Rechts als Gleichheit vor dem schriftlich fixierten Gesetz, das Prinzip demokratischer Herrschaft und das Recht auf persönliches Eigentum ab. Das Recht auf individuelles Eigentum, das sich gegen die auf persönlicher Hörigkeit beruhende feudale Ordnung richtet, bildet dabei zugleich das Fundament der modernen bürgerlichen Gesellschaft als Marktgesellschaft wie auch den Kern unveräußerlicher bürgerlicher Freiheitsrechte. Dabei ist aber mit der Garantie des individuellen Eigentums kein Recht auf gleiches Eigentum gemeint. Erkennbar ist jedenfalls, dass die modernen Prinzipien des Rechts, der politischen Herrschaft und der Wirtschaft untrennbar mit der Idee der Gleichheit verknüpft sind.

Recht auf Eigentum

Mit der Durchsetzung der Idee der Gleichheit ist selbstverständlich nicht die faktische Ungleichheit abgeschafft worden, aber in modernen Gesellschaften muss jede Form der Ungleichheit nunmehr legitimiert werden. Doch durch die Etablierung des Gleichheitsbegriffs erschien die ungleiche Verteilung nun in einem anderen Licht, nämlich als ungerecht und als grundsätzlich änderbar. Es ergibt sich die widersprüchliche Situation, dass einerseits die Idee der Gleichheit zur treibenden Kraft moderner Gesellschaften geworden ist, dass andererseits aber als Folge dieser Idee die faktische Ungleichheit zu den prägenden Erfahrungen des Lebens in modernen Gesellschaften gehört.

Industrialisierung: Ungleichheit als prägende Erfahrung | 8.2.3

Die gerade skizzierte ideengeschichtliche Entwicklung traf mit den sozialgeschichtlichen Umwälzungen der Industrialisierung zusammen. Die geänderten Vorstellungen über den Menschen und die Bedingungen seines Zusammenlebens entfalteten ihre Wirkung in Verbindung mit realen ökonomischen und strukturellen gesellschaftlichen Veränderungen.

Nach der Aufhebung der Leibeigenschaft (in Frankreich im Zuge der Französischen Revolution, in den verschiedenen deutschen Fürstentümern ab 1807, in Russland erst 1861) waren die Menschen nun tatsächlich in rechtlicher Hinsicht frei und gleich – zumindest der Theorie nach die Männer (vgl. Kapitel 11). Doch damit waren zugleich die Voraussetzungen geschaffen, um eine andere Form der Ungleichheit hervortreten zu lassen: die Unterschiede im materiellen Einkommen und Besitz.

Freiheit zur Ungleichheit

Die Industrialisierung brachte eine völlige Umstellung der Lebensweise mit sich. Die aus der Leibeigenschaft entlassene Landbevölkerung fand in der

Landwirtschaft kein Auskommen mehr und besaß zum Teil auch kein eigenes Land. Sie war gezwungen, in die entstehenden Städte zu ziehen, wo zu gleicher Zeit die einsetzende Industrialisierung Arbeitskräfte erforderte. Die Menschen kamen jedoch mit leeren Händen, sie waren darauf angewiesen, für andere zu arbeiten, also ihre Arbeitskraft zu verkaufen. In der ländlichen Gesellschaft vor der Industrialisierung hatten sich die Menschen mit dem, was sie anbauten, selbst versorgt. Nun lebten sie in Städten und mussten ihren Lebensunterhalt mit dem Geld erwerben, das sie mit ihrer Arbeit verdient hatten. Industrialisierung bedeutet auch eine Monetarisierung, eine Umstellung von Subsistenz auf *Geldwirtschaft*. Arbeit, Einkommen und Besitz wurden dadurch quantifizierbar. Alles kostete Geld: Wohnung, Kleidung, Nahrung. Not und Armut, aber eben auch ganz allgemein das Thema der Ungleichheit standen dadurch in einem ganz anderen Ausmaß vor Augen als in der selbstversorgten agrarischen Gesellschaft.

Geld- statt Subsistenzwirtschaft

Diejenigen, die über Werkstätten, Maschinen und andere Produktionsmittel verfügten, konnten angesichts des großen Angebots der in die Städte strömenden Menschen die Arbeitskraft für geringste Löhne kaufen, und in ihren Händen sammelte sich der Gewinn, der beim Verkauf fertiger Produkte erzielt wurde. Wer selbst nichts besaß, kein Land und kein Vermögen, hatte praktisch keine Chance, aus dieser Situation auszubrechen. Die Arbeitslöhne reichten kaum, um das nackte Überleben zu sichern. In den rasch wachsenden Städten und Industriegebieten hausten die Menschen in großer Zahl unter elenden Bedingungen und ohne Möglichkeit, ihre Situation zu verändern. Statt einzelner verarmter Bauern oder Landstriche fanden sich in den Städten nun Tausende von Menschen in prekären Lebensverhältnissen an einem Ort. Die Berichte der Zeitgenossen, vor allem aus der ersten Hälfte des 19. Jahrhunderts, zeichnen ein Bild, das mit den Elendsquartieren in heutigen Metropolen der Dritten Welt vergleichbar ist. Damit wurde Armut auf eine ganz andere Weise sichtbar als in der zerstreuten ländlichen Gesellschaft. Und zugleich stand der Armut der wachsende Reichtum und Lebensstandard der besitzenden Schichten gegenüber, der sich ebenfalls in den Städten entfaltete und sich in der Warenwelt, in der gebauten Architektur und im Lebensstil der oberen Schichten zeigte.

Elend der Frühindustrialisierung

Es herrschte also eine Situation rasch steigender Produktivität und enorm wachsenden Wohlstands, aber zugleich extrem ungleicher Verteilung des erwirtschafteten Wohlstands. Unter den Autoren, die diese Zustände beschrieben und kritisierten, sticht Karl Marx (1818–1883) hervor. Sein Werk besteht einerseits aus sehr umfangreichen und abstrakten Überlegungen zur Wirtschaftstheorie, Warenproduktion und Werttheorie. Diese Schriften waren sicher für die allermeisten betroffenen Menschen unerreichbar und unverständlich. Andererseits bestand sein Schaffen auch in einer publizistischen Tätigkeit, die den Kristallisationskern einer Arbeiterbewegung bildete, also einer politischen Kraft, die eine Änderung der Prinzipien forderte, nach denen der erwirtschaftete Reichtum verteilt werden sollte.

MarktGesellschaft

Marx war auch einer der Ersten, die die Funktionsprinzipien einer marktwirtschaftlich organisierten Gesellschaft zu analysieren und in einer systematischen

Gesellschaftstheorie zu bündeln versuchten. Eine wesentliche Erkenntnis war, dass marktwirtschaftliche bzw. kapitalistische Gesellschaften in ihrem Kern Geldwirtschaften waren. Der indirekte Tausch mithilfe des Geldes bedeutete, dass alle erdenklichen Aspekte des Lebens zu *Waren* wurden, denen ein bestimmter Preis zugemessen werden konnte: Arbeitskraft, Wohnraum, Zeit. Alles bekam einen Preis und wurde handelbar. In Marx' Worten: Es wurde nicht mehr unter dem Gesichtspunkt seines *Gebrauchswertes*, sondern seines *Tauschwertes* gesehen. Auch die Arbeit der Menschen und ihre sozialen Beziehungen verwandelten sich, so die Analyse von Marx im berühmten Kapitel über »Ware und Geld« in seinem Hauptwerk »Das Kapital« (1867), in Waren.

Warenförmigkeit

Man muss Marx' fundamentale Kritik an der marktwirtschaftlichen oder kapitalistischen Organisationsform des Wirtschaftslebens und seine politischen Bewertungen nicht teilen, um hierin eine stichhaltige Analyse der Funktionsprinzipien marktwirtschaftlich verfasster Gesellschaften zu erkennen. In dem Moment, in dem die Idee der Gleichheit die Menschen aus der ständischen Gliederung gelöst hatte, trat die rein materielle, ökonomische Ungleichheit umso stärker hervor und wurde zum zentralen Konfliktfeld moderner Gesellschaften. Die Sensibilität für soziale Ungleichheit ist insofern Teil einer umfassenden Ökonomisierung aller Lebensbereiche.

Sensibilität für Ungleichheit

Was genau bedeutet »soziale Ungleichheit«? | 8.3

Soziale Ungleichheit ist ein aufdringlicher, aber nicht leicht zu definierender Sachverhalt. Soziale Ungleichheit ist der neutrale sozialwissenschaftliche Oberbegriff für ein breites Spektrum von Lebenswirklichkeiten. Damit eine Definition allgemein und umfassend ist, muss sie sehr abstrakt sein (siehe Kasten).

Neben der Bezeichnung »soziale Ungleichheit« sind auch andere Begriffe in Gebrauch. Das Arbeitsgebiet, das sich mit Ungleichheit beschäftigt, wird oft als *Sozialstrukturanalyse* bezeichnet. Der Begriff der *Sozialstruktur* ist noch weiter gefasst, weil er sich auf alle erdenklichen strukturellen Merkmale einer Gesellschaft bezieht, unabhängig davon, ob sie unter den Begriff der Ungleichheit fallen. Also auch Merkmale wie die Verteilung von Altersgruppen, die Geburten- oder Scheidungsrate oder die Verteilung der Bevölkerung auf bestimmte Erwerbsarten. Der Begriff der *sozialen Schichtung* (Stratifikation) hingegen, der ebenfalls oft als Oberbegriff benutzt wird, bezieht sich zumeist auf einen Aspekt oder Typus sozialer Ungleichheit, nämlich die vertikale soziale Schichtung von Einkommen und sozialem *Status*, auf die in Abschnitt 8.4 näher eingegangen wird.

Sozialstruktur

Schichtung

Allgemeine Definitionen sozialer Ungleichheit

Soziale Ungleichheit »liegt immer dann vor, wenn bestimmte soziale Differenzierungen es mit sich bringen, dass einzelne Individuen oder Gruppen in dauerhafter Weise begünstigt, andere benachteiligt sind.«

(Kreckel 2004 : 17)

»Soziale Ungleichheit im weiteren Sinne liegt überall dort vor, wo die Möglichkeiten des Zugangs zu allgemein verfügbaren und erstrebenswerten sozialen Gütern und/oder Positionen, die mit ungleichen Macht- und/oder Interaktionsmöglichkeiten ausgestattet sind, dauerhafte Einschränkungen erfahren und dadurch die Lebenschancen der betroffenen Individuen, Gruppen oder Gesellschaften beeinträchtigt bzw. begünstigt werden.«

(Kreckel 2004 : 17)

»›Soziale Ungleichheit‹ liegt dann vor, wenn Menschen aufgrund ihrer Stellung in sozialen Beziehungsgefügen von den ›wertvollen Gütern‹« einer Gesellschaft regelmäßig mehr als andere erhalten.«

(Hradil 2001 : 30)

Zusammenfassende Definition des Begriffs »soziale Ungleichheit«:

Soziale Ungleichheit bezeichnet eine als ungerecht wahrgenommene, strukturell bedingte und relativ dauerhafte ungleiche Verteilung des Zugangs zu knappen und als wertvoll eingeschätzten Gütern, Ressourcen und Lebenschancen innerhalb einer Gesellschaft oder Bezugsgruppe.

Die zusammenfassende Definition ist eine Kombination aus geläufigen Begriffsklärungen der sozialwissenschaftlichen Literatur. Sie versucht, möglichst alle Aspekte abzudecken und zugleich so abstrakt zu sein, dass sie alle erdenklichen Ausprägungen von sozialer Ungleichheit abdeckt. Der folgende Abschnitt befasst sich eingehend mit den einzelnen Elementen dieser Definition und weiteren begrifflichen Unterscheidungen.

8.3.1 | Die subjektive und die objektive Seite sozialer Ungleichheit

Soziale Ungleichheit hat eine subjektive und eine objektive Seite. Wie die Einführung zu diesem Kapitel betont hat, gab es *objektive* soziale Ungleichheit zu allen Zeiten. Eine ganz andere Frage ist jedoch, was in einer Gesellschaft und zu einer bestimmten Zeit als Ungleichheit und als ungerechte Verteilung wahrgenommen wurde oder wird. Beim Blick von außen mögen bestimmte Verteilungen in einer Gesellschaft als ungerecht erscheinen, die den Mitgliedern dieser Gesellschaft selbst aber als normal und unproblematisch gelten. So erschien es den allermeisten Protagonisten der Französischen Revolution keineswegs als ungerecht, dass mit der allgemeinen Erklärung der Menschenrechte nur Männer gemeint waren. Umgekehrt kann etwa aus Sicht eines afrikanischen Flüchtlings, der unter Einsatz seines Lebens nach Europa zu gelangen versucht, ganz Europa

Wahrnehmung von Ungleichheit

als wohlhabend erscheinen. Die sozialen Unterschiede, die sich im Besitz verschiedener Auto- oder Kleidungsmarken manifestieren und die von vielen Mitgliedern europäischer Gesellschaften für sehr wichtig gehalten werden und soziale Unterschiede markieren, können aus seiner Sicht als Nichtigkeiten gelten.

Die *subjektive* Wahrnehmung und Bewertung sozialer Ungleichheit ist nicht einfach willkürlich, sondern selbst wiederum ein sozialer Tatbestand. Wenn Menschen die Verteilung eines bestimmten Gutes als entscheidend ansehen, dann kommt es nicht darauf an, ob es von außen gesehen wirklich ein relevantes Gut ist. In einer Gesellschaft, die extreme Formen objektiver Ungleichheit kennt, wie etwa die indische Kastengesellschaft, kann diese Ungleichheit in der subjektiven Wahrnehmung der Beteiligten gleichwohl als gerechtfertigt oder gar notwendig angesehen werden, und zwar nicht nur von den Privilegierten.

Wert und Bewertung

Ein typisches Merkmal moderner Gesellschaften besteht darin, dass nicht nur bestimmte Ressourcen und Lebenschancen ungleich verteilt sind, sondern dass sich die Vorstellungen davon, was wertvoll und erstrebenswert ist, differenzieren. Mit steigendem Wohlstand treten zur materialistischen Grundorientierung neue Aspekte hinzu. Materieller Erfolg gilt nicht mehr in allen Teilen der Gesellschaft als das alleinige und zentrale Kriterium, und die Gewichtung von Einkommen, Freiheit, Selbstverwirklichung, familiärem Zusammenhalt oder sozialer Anerkennung kann in verschiedenen Gruppen unterschiedlich ausfallen.

Wahrnehmung und Bewertung | 8.3.2

Von der Frage, ob Ungleichheit als solche überhaupt wahrgenommen wird, ist noch ein anderer Aspekt subjektiver Bewertung zu unterscheiden: Die beobachtete und erlebte Ungleichheit kann unterschiedlich beurteilt werden.

Zunächst relativiert sich Ungleichheit mit dem allgemeinen Wohlstandsniveau. In dem Maß, wie beispielsweise die Menschen aller Stufen einer Einkommenspyramide in der Lage sind, ihr Leben subjektiv befriedigend zu gestalten, stellt Einkommensungleichheit ein geringeres Problem dar als in solchen Fällen, in denen das Einkommen eines Teils der Bevölkerung kaum mehr als das Existenzminimum gewährleistet. Wobei die Frage, was zur Bedürfnisbefriedigung notwendig ist, natürlich einen weiten Interpretationsspielraum eröffnet.

Wohlstands-niveau

Darüber hinaus kann in einer stark leistungsorientierten Gesellschaft Ungleichheit als legitim hingenommen werden, weil sie als Ergebnis persönlicher Leistung angesehen wird und die Überzeugung vorherrscht, im Prinzip könne jede/r zu materiellem Erfolg gelangen, wenn sie oder er sich anstrenge. In der Literatur werden meist die USA als Beispiel für eine solche Gesellschaft genannt, in welcher der Mythos vom sozialen Aufstieg dafür sorgt, dass Ungleichheit nicht in soziale Konflikte mündet (vgl. Sombart 1906:136, der auf die Frage, warum es in den Vereinigten Staaten keinen Sozialismus gäbe, aber noch weitere Gründe nennt). Andererseits können in einer von egalitären Werten geprägten Gesellschaft bereits geringe Formen der Ungleichheit als soziales Problem bewertet werden. Überall gibt es aber Grenzen, jenseits derer die Zurechnung von

Akzeptanz von Ungleichheit

Aufstiegs-
chancen

Ungleichheit auf persönliche Leistung nicht mehr funktioniert und extreme Formen der Ungleichheit als illegitim angesehen werden. Die Bewertung der eigenen sozialen Lage hängt aber auch davon ab, ob sich subjektiv die Chance auf einen Aufstieg, auf *soziale Mobilität* bietet.

Eine weitere Form, wie die Beurteilung von Ungleichheit von den Umständen abhängt, zeigt sich in der Entwicklung sozialer Ungleichheit in der Geschichte der Bundesrepublik. Zwischen 1949 und 2009 hat sich die Distanz zwischen den reichsten und ärmsten Schichten erheblich ausgeweitet, was häufig mit der Metapher einer sich öffnenden Schere umschrieben wird. In der öffentlichen Diskussion spielte dieser Effekt jedoch so lange keine Rolle, wie breite Teile der Bevölkerung das Gefühl hatten, ihr persönliches Wohlstandsniveau nehme, langsam aber stetig, weiter zu. Wirtschaftliches Wachstum ermöglichte eine Befriedung sozialer Konflikte, weil eine Mehrheit der Bevölkerung das Gefühl hatte, am wirtschaftlichen Wachstum teilzuhaben. Ulrich Beck

»Fahrstuhleffekt«

bezeichnete dies als »Fahrstuhleffekt« (Beck 1986:122). Dieses Bewusstsein überlagerte die Tatsache, dass die wohlhabendsten Teile deutlich überproportional von diesem wirtschaftlichen Wachstum profitierten und sich die ungleiche Verteilung von Reichtum in diesem Zeitraum somit verschärft hat. Diese gewachsene Ungleichheit kann aber angesichts eines abnehmenden Wirtschaftswachstums und wirtschaftlicher Krisen plötzlich doch ins Bewusstsein treten und zu einer veränderten Einschätzung der eigenen sozialen Lage führen.

8.3.3 | Wertvolle Güter, Ressourcen und Lebenschancen

Soziale Ungleichheit meint die ungleiche Verteilung als wertvoll erachteter Güter und Lebenschancen. Einerseits wird bei Weitem nicht alles, was in einer Gesellschaft ungleich verteilt ist, als soziale Ungleichheit erfahren. Denn nicht

nicht nur
materielle
Ressourcen

alle Güter und Ressourcen werden von allen als wertvoll eingeschätzt. Andererseits kann sich das, was als wertvoll gilt, von Gesellschaft zu Gesellschaft und im geschichtlichen Vergleich stark unterscheiden. Soziale Ungleichheit drückt sich jedenfalls nicht nur in der ungleichen Verteilung von materiellem Besitz und Einkommen aus, sondern auch in der Verteilung anderer Ressourcen und Lebenschancen.

Relativ eindeutig ist der Fall bei materiellen Faktoren wie Einkommen und Besitz. Doch auch hier lohnen sich feine Differenzierungen, beispielsweise nach Einkommens- und Besitzarten, wenn man soziale Ungleichheit genau untersuchen will. Hinzu kommen beispielsweise die körperliche und psychische Belastung durch die Art der Arbeit, mit der ein Einkommen erzielt wird, oder im privaten Bereich ein gesundes Wohnumfeld, saubere Luft, geringe Lärmbelästi-

Bildung

gung und der problemlose Zugang zu Gesundheitsversorgung oder Kinderbetreuung.

In einer hoch technisierten und von Spezialisierung geprägten Gesellschaft nehmen die Bildungsmöglichkeiten unter den ungleich verteilten Ressourcen und Lebenschancen eine Schlüsselstellung ein. Der Zugang zu Bildung ist eng gekoppelt sowohl mit materiellen wie mit immateriellen Dimensionen sozialer Ungleichheit. Bildung vermittelt zum einen die Voraussetzungen für materielles Einkommen und eine qualifizierte, befriedigende Erwerbsarbeit und ist damit der Ansatzpunkt für sozialen Aufstieg. Zum anderen ist sie aber auch für sich selbst ein wertvolles Gut, denn sie ermöglicht die Entfaltung der eigenen Persönlichkeit, und Bildungsphasen stellen Freiräume im Lebenslauf dar.

Je weiter man sich von einer Bemessung sozialer Ungleichheit ausschließlich an der Höhe des Einkommens entfernt, desto schwieriger wird die Modellbildung. Wie lässt sich Ungleichheit unter solch differenzierten Bedingungen überhaupt beschreiben? Dies bedeutet nicht, dass materielle Ungleichheit geleugnet wird, aber verschiedene Verteilungen können unabhängig voneinander oder gar gegenläufig ausfallen (vgl. den Abschnitt 8.4.4 zu »sozialen Lagen«).

differenzierte Kriterien

Knappheit

8.3.4

Güter und Ressourcen können nur dann ungleich verteilt sein, wenn sie knapp sind. Güter, die zwar lebenswichtig, aber nicht knapp sind, werden typischerweise nicht besonders wertgeschätzt. Beispielsweise saubere Luft und Trinkwasser, zumindest in den heutigen Industriegesellschaften. Andererseits können praktisch alle Güter und Ressourcen knapp oder künstlich verknappt werden und dadurch als ein Gegenstand ungleicher Verteilung fungieren.

Angesichts von Umweltverschmutzung kann eine Ressource, die allgemein zur Verfügung stand, also nicht knapp und damit auch nicht ungleich verteilt war, zu einem knappen Gut werden. Beispielsweise Trinkwasser oder saubere Luft. Und in Anbetracht steigender Arbeitsbelastung und befristeter oder unsicherer Arbeitsverträge kann sowohl die persönliche Freizeit als auch die Freiheit von berufsbedingtem Stress zu einem knappen Gut werden.

Ein relevantes ungleich verteiltes Gut ist persönliche Sicherheit. In europäischen Industriegesellschaften stellt Sicherheit in den meisten sozialen Kreisen zur Zeit keine relevante Dimension sozialer Ungleichheit dar. Anders ist das in anderen Gesellschaften, in denen privilegierte Bevölkerungsteile in bewachten Wohnvierteln leben, während andere von einen hohem Maß an Kriminalität oder Gewalt bedroht sind. Doch auch in Deutschland sind beispielsweise Schülerinnen und Schüler unterschiedlicher Stadtteile in verschiedenem Maß Gewalterfahrungen in ihren Schulen ausgesetzt.

persönliche Sicherheit

Das Problem der Knappheit verleiht sozialer Ungleichheit eine besondere Schärfe. Denn als Lösung des Problems sozialer Ungleichheit kommt entweder eine Umverteilung oder eine Vermehrung der knappen Güter infrage. Ein brisantes Problem ergibt sich aus den Grenzen wirtschaftlichen Wachstums. Bis in die 1970er Jahre herrschte die Hoffnung, durch wirtschaftliches Wachstum Wohlstand für die gesamte Bevölkerung und schließlich auch global schaffen und dadurch das Problem sozialer Ungleichheit beseitigen zu können. Doch das Prinzip des Wachstums, das die Lösung des Problems in der Zukunft versprach, ist seit den strukturellen Wirtschaftskrisen der 1970er Jahre an seine Grenzen

Wachstum als Lösung?

Grenzen des
Wachstums

gekommen. Die Vorstellung, Ungleichheiten zu beseitigen, indem durch wirtschaftliches Wachstum Wohlstand für alle geschaffen wird, ist nicht nur deshalb gescheitert, weil nicht alle gleichermaßen von diesem Wachstum profitiert haben. Die Begrenztheit von Rohstoffen und die zerstörerischen ökologischen Folgen des Wachstums haben die Überzeugung, Knappheit durch Wachstum beseitigen zu können, als Irrtum erkennbar werden lassen. Stattdessen ist immer stärker deutlich geworden, dass Ungleichheit global gedacht werden muss. Der westliche Wohlstand ist aus technischen und ökologischen Gründen nicht global zu erreichen. Gleichzeitig steigen jedoch der Lebensstandard und die Konsumansprüche in den Industriegesellschaften immer weiter an, sodass die Ungleichheit mit der ökonomischen Entwicklung mitwächst oder sich durch sie verschärft.

Zudem ist die schon Vorstellung an sich naiv gewesen, Ungleichheit durch mehr Wohlstand beseitigen zu können. Denn das Gefühl der Knappheit, das die Wurzel ungleicher Verteilungen bildet, kennt kein objektiv bestimmbares Maß. Es bemisst sich nicht allein an der Menge der verfügbaren Güter, sondern auch an den Erwartungen und Ansprüchen. Und die eilen, wie sich in den Industriegesellschaften gezeigt hat, dem realen Wachstum stets voraus.

8.3.5 | Vergleich mit einer Bezugsgruppe

Wenn wir über soziale Ungleichheit reden, tun wir das in den allermeisten Fällen in Bezug auf eine bestimmte Gesellschaft oder Gruppe.

In der politischen Diskussion und in der alltäglichen Wahrnehmung spielt der unmittelbare Vergleich die entscheidende Rolle. Mit der Frage, ob ein Bezieher von »Hartz IV« als arm zu gelten hat oder wie groß der Gegensatz zwischen Spitzengehältern und Mindestlöhnen ist, lässt sich in Deutschland ein Wahlkampf bestreiten. Damit, dass in Äthiopien oder Somalia Menschen hungern, nicht. Die schärfsten Unterschiede im Reichtum bestehen jedoch nicht innerhalb einer Gesellschaft, sondern zwischen verschiedenen Gesellschaften. Doch wer von sozialer Ungleichheit spricht, meint typischerweise die Ungleichheit innerhalb einer bestimmten Gruppe oder Gesellschaft.

Wahl der
Vergleichsgruppe

Soziale Ungleichheit ist stets eine Frage des Vergleichs. Entscheidend ist, auf welche Gesellschaft oder, genauer, auf welche Teile der Gesellschaft und auf welche *Bezugsgruppe* innerhalb einer Gesellschaft sich der Vergleich bezieht. Dies gilt auch in kleinerem Maßstab, denn gerade für die subjektive Einschätzung der eigenen Lage spielt der Vergleich eine wichtige Rolle. Für ihre eigene Einschätzung beziehen sich Menschen typischerweise nicht auf statistische Maßzahlen oder einen gesellschaftlichen Durchschnitt, sondern auf ein konkretes soziales Umfeld, das für sie relevant ist.

Für die subjektive Bewertung des eigenen Wohlstands ergibt sich die Auswahl einer Vergleichs- oder Bezugsgruppe aus der Lebenssituation. So spielt der Vergleich mit Arbeitskollegen, Nachbarn oder Menschen in einer ähnlichen Lebenslage eine wichtigere Rolle als der Vergleich mit entfernteren sozialen Gruppen.

Vergleicht man sich mit einer relevanten Gruppe, gewinnt man die Kriterien für den eigenen Lebensstil, die eigenen Ansprüche und die relative eigene Zufriedenheit. Für einen Schüler wird seine Selbsteinschätzung viel eher dadurch geprägt, was sich seine Familie im Verhältnis zu den Familien seiner Mitschüler an Konsumgütern leisten kann, als durch den Bezug auf gesamtgesellschaftliche Verteilungen.

persönliches Umfeld

Ebenso ist der Verweis darauf, dass es sehr arme Gruppen in der eigenen Gesellschaft gibt, im Allgemeinen von geringer Bedeutung dafür, wie man seinen eigenen Lebensstandard einschätzt. Auch hier kommt es darauf an, mit wem man sich vergleichen möchte. Überhaupt ist die Frage, wann man als »arm« oder als »reich« gelten kann, stets relativ und hinsichtlich einer bestimmten Gesellschaft und konkreter Bezugsgruppen zu beantworten.

In Wohlstandsgesellschaften ist die subjektive Bewertung der Ungleichheit und der eigenen Lage ihrerseits zu einem relevanten Aspekt von Ungleichheit geworden, den man in die Erforschung von Ungleichheit einbeziehen muss. Andererseits verändert sich aber im Zuge der Globalisierung die Wahrnehmung von Ungleichheit. Die Lebensverhältnisse aus unterschiedlichen Weltregionen sind überall medial präsent, Konsumgüter werden weltweit verbreitet und die Erwartungen von Menschen in ärmeren Regionen sind nicht mehr auf das eigene soziale Umfeld beschränkt. Aus Sicht der reichen Gesellschaften ist dieser Wandel vielleicht weniger präsent als aus Sicht der armen Gesellschaften, die das Bild des Wohlstands unmittelbarer vor Augen haben und ihre eigene Situation nicht mehr nur an ihren lokalen Möglichkeiten bemessen, sondern an dem Lebensstandard, der anderswo möglich ist. Zumindest aus Perspektive der ärmeren Regionen stimmt die eingangs beschriebene Beobachtung, dass sich die Einschätzung der eigenen sozialen Lage stets auf die eigene Gesellschaft bezieht, offensichtlich immer weniger, sodass mindestens aus dieser Richtung ein globales Verständnis von sozialer Ungleichheit zunimmt.

zunehmend globale Vergleiche

Folgen der Globalisierung

Für die reichen Gesellschaften stellt sich das anders dar. Hier nimmt die direkte Wahrnehmung globaler Ungleichheit nicht wirklich zu. Dafür aber drückt die globale Arbeitsteilung auf das Lohnniveau, besonders bei einfachen Tätigkeiten. Ein Bewusstsein für die gleiche soziale Abhängigkeit über die Grenzen von Gesellschaften und Weltregionen hinweg hat sich aber nur wenig entwickelt. Auch der Soziologie fällt es schwer, sich aus der Perspektive des jeweiligen Standortes zu lösen. Erst recht gilt dies für die praktische Politik.

Egal für welchen Bezugsrahmen sich eine soziologische Analyse entscheidet, sie muss sich mindestens bewusst sein, welche Konsequenzen die Wahl eines bestimmten Bezugsrahmens hat.

Exkurs: Absolute und relative Armut | 8.3.6

Dass Ungleichheit nicht nur eine Frage der objektiven Höhe des Einkommens und der Lebensumstände ist, sondern auch des Vergleichs und der Bewertung, zeigt sich besonders deutlich an der Schwierigkeit, die Grenze zur *Armut* zu bestimmen. Arm ist sicherlich jemand, der nicht genug zu essen oder kein Dach über dem Kopf hat. Aber Armut ist auch davon abhängig, ab wann man in der Gesellschaft, in der man lebt, als arm gilt.

Armutsgefühl

In manchen Gesellschaften mag man sich nicht mehr arm fühlen, sobald man eine eigene Lehmhütte mit zwei Zimmern, einen gut funktionierenden Brunnen, eine kleine Herde Ziegen und eine Grundschule im Dorf besitzt. In einer anderen Gesellschaft lebt man am unteren Rand, wenn man über kein Auto verfügt, die Kinder gebrauchte Kleidung tragen müssen und kein elektronisches Spielzeug geschenkt bekommen. Wo Armut beginnt, hängt also vom Wohlstand der umgebenden Gesellschaft ab: Armut beginnt, wenn man nicht am üblichen sozialen Leben teilnehmen kann. Man hungert zwar nicht, hat aber kein Geld, um soziale Kontakte zu pflegen. Dabei ist besonders zu bedenken, dass in modernen Gesellschaften praktisch alle sozialen Kontakte und Aktivitäten, ob Internet, Kino, Sport oder Kneipe, mit finanziellen Aufwendungen verbunden sind.

Maße für Armut

Der Schwierigkeit, die Grenze von Armut zu bestimmten, trägt die Unterscheidung von *absoluter* und *relativer Armut* Rechnung. Entwicklungshilfeorganisationen haben verschiedene Kriterien für *absolute Armut* formuliert, also für ein physisches Existenzminimum. Bezogen auf eine einzelne Person wird als Kriterium ein verfügbares Einkommen von weniger als einem Dollar pro Tag oder eine Mindestzahl an Kalorien definiert (World Bank 2002). Bezogen auf eine ganze Gesellschaft wird auch die durchschnittliche Lebenserwartung oder die Kindersterblichkeit als Kriterium herangezogen. Diese absoluten Definitionen beschreiben, wenn man sich die damit verbundenen Lebensumstände vor Augen führt, nicht Armut, sondern Elend und ein nacktes körperliches Überleben.

In der sozialwissenschaftlichen Diskussion wird Armut relativ zum Wohlstand einer Gesellschaft als *relative Armut* definiert. Als arm gilt demnach, wer über weniger als 50% (nach anderen Definitionen: weniger als 60%) des durchschnittlichen Einkommens verfügt. In einer solchen Definition wird auf eine schlichte rechnerische Weise berücksichtigt, dass sich eine Bestimmung von Armut auch auf fehlende Teilnahmechancen am normalen sozialen Leben, Freizeitunternehmungen und Konsum beziehen muss (Zimmermann 1998; Huster/Boeckh/Mogge-Grotjahn 2008). Daten zur Armutsstatistik werden für Deutschland regelmäßig vom Statistischen Bundesamt veröffentlicht. Außerdem erstellt die Bundesregierung im Abstand von einigen Jahren sogenannte »Armutsberichte« (Armutsbericht 2008).

Auch die relative Armutsgrenze liefert einen objektive Maßstab. Darüber hinaus hat Armut eine subjektive Komponente, die über die relative Bemessung hinausgeht und die man gleichfalls ernst nehmen muss. Von zwei Menschen mit gleich niedrigem Einkommen mag sich der eine arm fühlen, der andere aber nicht. Diese subjektive Seite ist allerdings schwer zu erfassen.

Absolute und relative Armut:
ausgewählte Beispiele jeweils in Prozent der Bevölkerung

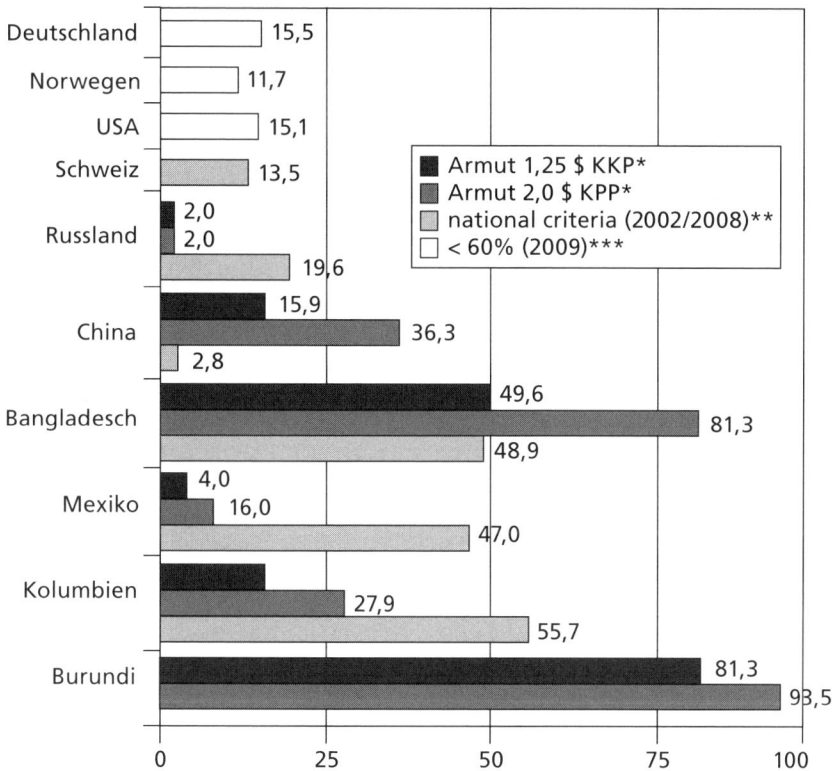

Quelle: eigene Zusammenstellung nach Daten der World Bank, Eurostat, United States Census Bureau.

Die Grafik gibt den Prozentanteil der nationalen Bevölkerung an, der nach verschiedenen Kriterien in die Kategorie »Armut« fällt. Leider liegen nicht für alle ausgewählten Staaten sämtliche Daten vor.

*   Für zwei von der Weltbank definierten Niveaus absoluter Armut (1,25 $ bzw. 2 $ täglich, gemessen in Kaufkraftparität KKP von 2005, also umgerechnet in die Kaufkraft eines Dollar in den USA) werden die jeweils neuesten verfügbaren Daten aus dem Zeitraum zwischen 2002 und 2008 wiedergegeben. (Quelle: World Bank)

**   Als dritter Wert wird die relative Armut, gemessen in den jeweils unterschiedlichen nationalen Kriterien, wiedergegeben, jeweils mit den neuesten verfügbaren Daten für die Jahre 2002 bis 2008. In Kolumbien ist der Anteil der Bevölkerung, der nach nationalen Kriterien als arm gilt, deutlicher höher als der nach absoluten Kriterien arme Anteil. In Bangladesch liegt er niedriger als der von der Weltbank ermittelte Anteil absoluter Armut. (Quelle: World Bank, United States Census Bureau)

*** Der vierte Wert zeigt die 2001 von der Europäischen Union definierte Schwelle von 60 % des Nettoäquivalenzeinkommens, d. h. des errechneten Durchschnittseinkommens eines alleinlebenden Erwachsenen, die Daten stammen aus dem Jahr 2009. Nach diesem Kriterium gelten auch in wohlhabenden Ländern 11 bis 15 % der Bevölkerung als »armutsgefährdet«. (Quelle: Eurostat)

8.3.7 | Strukturen und Strukturgeber

Nicht jede ungleiche Verteilung materieller Güter gilt als soziale Ungleichheit. Wenn jemand durch außergewöhnliche Umstände besonders reich oder arm wird, etwa durch einen Lotteriegewinn oder weil sein nicht versichertes Haus abbrennt, ergibt sich daraus keine soziale Ungleichheit, die man als systematische, gesellschaftlich bedingte Verteilung, also als eine *soziale Struktur* oder *soziale Tatsache* diskutieren könnte. Denn soziale Ungleichheit bedeutet, dass der Verteilung von Gütern und Ressourcen Regelmäßigkeiten und *Strukturen* zugrunde liegen, die ihr eine feste Form und eine gewisse Dauerhaftigkeit geben und insbesondere dazu führen, dass sie sich immer wieder selbst reproduziert.

Determinanten strukturierter Ungleichheit

Soziale Ungleichheit meint eine ungleiche Verteilung, die nicht zufällig erfolgt, sondern die sich typischerweise an bestimmte Merkmale knüpft, etwa die soziale Herkunft, die Zugehörigkeit zu einer ethnischen Gruppe oder auch das Geschlecht. Diese Merkmale kann man dementsprechend als *Determinanten* oder *Strukturgeber* sozialer Ungleichheit verstehen.

Manche dieser Strukturgeber, etwa Klassen oder Schichten, sind selbst das Produkt einer über längere Zeit verfestigten Ungleichheit, die sich selbst reproduziert. Die *soziale Herkunft* oder *Schichtzugehörigkeit* eines Menschen, in der sich die Ungleichheitsstruktur einer Gesellschaft ausdrückt, prägt neben anderen Faktoren seine Bildungs-, Aufstiegs- und Lebenschancen und reproduziert sich dadurch selbst. Die *soziale Herkunft* ist somit zugleich das Produkt der sozialen Struktur und selbst wiederum ein Strukturgeber, der die künftige Struktur erneut hervorbringt.

Strukturgeber versus Ursachen

Andere strukturgebende Merkmale stellen an sich keine Ungleichheit dar, etwa das Geschlecht, doch an sie können sich Bevorzugungen oder Benachteiligungen anheften. Dann funktionieren sie als Strukturgeber oder Determinanten sozialer Ungleichheit. Determinanten sind keine Ursachen sozialer Ungleichheit im eigentlichen Sinn, sondern sie werden letztlich willkürlich, aber als verfestigtes Ergebnis historischer Entwicklungen, mit einer ungleichen Verteilung verknüpft.

Als Determinanten können verschiedene Merkmale von Menschen fungieren. In vielen Gesellschaften sind dies das Geschlecht und die ethnische oder kulturelle Herkunft. Beides sind soziale Merkmale, die einen *Unterschied* bezeichnen, die aber an sich keine *Ungleichheit* darstellen. Zu einer Determinante sozialer Ungleichheit wird beispielsweise das Geschlecht dadurch, dass es zum Anlass für eine ungleiche Verteilung an Selbstbestimmungsrechten, Bildung oder der Vergabe gut bezahlter Leitungsposten genommen wird. In der

Platzanweiser

Geschlechterforschung spricht man auch von der *Platzanweiserfunktion* des Geschlechts (vgl. Abschnitt 11.1.1).

Bestimmte soziale Merkmale werden nicht von sich aus zu Determinanten sozialer Ungleichheit, sondern dies geschieht in sozialen Prozessen, die sich zumeist nur geschichtlich nachvollziehen lassen. Das erklärt, warum die Verknüpfungen zwischen bestimmten sozialen Merkmalen und bestimmten Privilegien oder Benachteiligungen so verfestigt sind. Diese Verfestigung zeigt sich auch daran, dass sich als Vermittlungsebene zwischen den Determinanten und der sozialen Ungleichheit oftmals bestimmte moralische oder sogar rechtliche Normen herausgebildet haben, welche die Ungleichstellung legitimieren. Das können Gesetze sein, die das Wahlrecht Männern vorbehalten oder geschlechts-spezifische Unterschiede im Scheidungsrecht festlegen.

rechtliche Legitimierung

Verschiedene Determinanten können in Kombination auftreten, ihre Effekte können sich gegenseitig beeinflussen. Der einfachste Fall wäre, dass sich die gleichzeitige Zugehörigkeit zu mehreren benachteiligten Gruppen gegenseitig verstärkt: etwa die Lage einer Frau aus einer Einwandererfamilie, die zudem zur Unterschicht gehört. Doch es sind auch Kombinationen denkbar, in denen sich die Faktoren gegenseitig aufheben. Beispielsweise wenn Frauen aus Ein-wanderergruppen leichter Zugang zum Arbeitsmarkt in einem Einwanderungs-land finden als Männer, wenn auch nur zu relativ unqualifizierten Tätigkeiten. In diesem Fall wirkt sich das weibliche Geschlecht nicht nachteilig, sondern als Vorteil auf dem Arbeitsmarkt aus, auch wenn es die Benachteiligungen in anderen Bereichen nicht aufhebt. Oder wenn es Frauen aus einer niedrigen sozialen Schicht eher gelingt, durch Heirat mit einem beruflich besser situier-ten Partner einen sozialen Aufstieg zu erlangen, als Männer einen sozialen Auf-stieg durch die Heirat mit einer bessergestellten Frau erreichen. Oder im Fall von Migration, wo eine gehobene soziale Herkunft und eine hohe berufliche Qualifikation und Bildung in einem Herkunftsland nach der Übersiedlung in ein anderes Land von der ethnischen Herkunft überlagert werden, die plötzlich wichtiger zu sein scheint als die Qualifikation und den Zugang zum Arbeits-markt blockiert.

Kombination von Determinanten

Seit einiger Zeit sind wechselseitige Überlagerungen verschiedener Determi-nanten sozialer Ungleichheit besonders in den Blick gerückt. Sie werden unter dem Begriff der *Intersektionalität* untersucht, um die verstärkenden, aber auch widersprüchlichen Effekte der Kombination verschiedener Determinanten zu verstehen, die sich sonst schwer erklären ließen (Klinger/Knapp/Sauer 2007; Rademacher/Wiechens 2001).

Dauerhaftigkeit und Wandel von Ungleichheit | 8.3.8

Schließlich spielen die Dauerhaftigkeit und die Selbstreproduktion ungleicher Verteilungen eine Rolle. Ein größeres Problem als eine aktuelle Ungleichheit ist die Zähigkeit, mit der sich diese Ungleichheit in der Folge der Generationen vererbt und reproduziert und die es der oder dem Einzelnen schwer macht, aus ihr auszubrechen.

Das Maß, in dem sich Menschen in ihrem Leben aus der sozialen Lage ihrer Herkunft fortbewegen können, wird als *soziale Mobilität* bezeichnet. Hierbei lassen sich zwei Ebenen unterscheiden: erstens die individuellen Aufstiegschan-cen innerhalb eines Lebenslaufs und zweitens der Wandel sozialer Ungleichheit auf struktureller Ebene. Denn eine massenhafte soziale Mobilität auf der indivi-duellen Ebene verändert auch die Struktur sozialer Ungleichheit.

soziale Mobilität

Um das Problem der sozialen Mobilität zu veranschaulichen, könnte man einen der vielen utopischen Vorschläge zur Beseitigung sozialer Ungleichheit heranziehen, nämlich den, den der Anthroposoph Rudolf Steiner (1861–1925) in seinem Buch »Die Kernpunkte der sozialen Frage« von 1919 gemacht hat. Demnach solle man alle Steuern und sozialen Beschränkungen abschaffen, sodass jeder nur durch seine persönlichen Möglichkeiten begrenzt nach Erfolg und Reichtum streben könne. Statt der regelmäßig erhobenen Steuern solle dann aber alles Vermögen am Ende des Lebens abgegeben und jede Vererbung des erworbenen Reichtums verboten werden, sodass jede Generation mit den gleichen Bedingungen neu beginnen müsse.

Dieser Vorschlag ist utopisch und wahrscheinlich auch totalitär und somit alles andere als erstrebenswert. Aber als Gedankenexperiment verdeutlicht er, dass die Problematik sozialer Ungleichheit ganz wesentlich in ihrer Dauer und Selbstreproduktion liegt. Menschen werden immer schon in eine bestimmte Verteilung von Gütern und Ressourcen hineingeboren, die ihnen unterschiedliche Startbedingungen und Lebenschancen eröffnet. Zudem wird, wer mit besseren Startchancen und mehr Ressourcen beginnt, diese mit größerer Leichtigkeit auch noch vermehren können. Wer bereits über Vermögen verfügt oder genug Einkommen erzielt, um Ersparnisse zu bilden, kann aus diesem Vermögen zusätzliches Einkommen generieren. Wer hingegen mit seinem Einkommen gerade seinen Unterhalt sichern kann, wird nicht sparen und nichts an seine Kinder weitergeben können. In der ungleichen Verteilung von Gütern und Ressourcen ist eine sich selbst verstärkende Dynamik zur Steigerung der Ungleichheit angelegt. Ungleichheit reproduziert sich also nicht nur, sondern sie akkumuliert sich zwangsläufig.

Beim Wandel von Ungleichheit lassen sich die Ebene der einzelnen Menschen und die der sozialen Strukturen zunächst klar unterscheiden. Jemand kann beispielsweise sein Leben in seinem Herkunftsmilieu verbringen, und es ist denkbar, dass das ganze Milieu einen sozialen Abstieg relativ zum gesellschaftlichen Durchschnitt erlebt. So könnte man einen jungen Mann, der eine handwerkliche Ausbildung macht und den Handwerksbetrieb seiner Familie fortführt, einerseits als jemanden ansehen, der sein Leben unter den konstanten sozialen Bedingungen führt, die ihm seine Herkunft hat zukommen lassen. Es findet keine soziale Mobilität statt und es scheint sich nichts zu ändern. Andererseits könnte man angesichts der gestiegenen Bedeutung höherer Bildungsabschlüsse (Abitur, Studium) aber auch sagen, dass handwerkliche Tätigkeiten, verglichen mit der Zeit der Eltern oder Großeltern des jungen Mannes, an relativem Ansehen, Einkommenschancen und sozialem Status (vgl. Abschnitt 8.4.3) eingebüßt haben. So kann also die gesamte Berufsgruppe bzw. die soziale Lage selbstständiger Handwerker, verglichen mit anderen Berufsgruppen, eine Art sozialen Abstieg erlebt haben.

Für solche Prozesse sind viele weitere Beispiele denkbar, und zwar gegenwärtige ebenso wie historische. In der Gegenwart hat die Zunahme akademischer Abschlüsse im Zuge der Bildungsexpansion dazu geführt, dass Universitätsabschlüsse auf dem Arbeitsmarkt relativ gesehen entwertet wurden. So gelten das

Vererbung von
Ungleichheit

Abstieg
ganzer Milieus

Abitur und ein Studienabschluss in Betriebswirtschaft heute als Voraussetzung für berufliche Tätigkeiten, für die man in den 1970er Jahren mit einem Haupt- oder Realschulabschluss und einer kaufmännischen Ausbildung als qualifiziert gegolten hat.

Die Unterscheidung von sozialer Mobilität und sozialem Wandel als zwei Ebenen der Veränderung sozialer Ungleichheit im Laufe der Zeit macht ein allgemeines Problem der zeitlichen Ordnung von Gesellschaft deutlich. Die Vorstellung, der Einzelne könne im Laufe seines Lebens mit persönlicher Leistung ein bestimmtes Maß sozialer Mobilität erzielen, währenddessen die Gesellschaft stillhält, ist zu einfach. Da das Gefüge sozialer Ungleichheit insgesamt stets in Bewegung ist, muss die individuelle Mobilität dazu in Bezug gesetzt werden.

Wandel auf mehreren Ebenen

Typen und Modelle sozialer Ungleichheit | 8.4

Ungleichheit verändert sich und nimmt neue Formen an. Es ist aber möglich, Typen und Modelle zu unterscheiden, welche jeweils wesentliche Merkmale zusammenfassen. In diesem Abschnitt werden die wichtigsten Begriffe und Modelle vorgestellt, mit denen die Ungleichheitsforschung arbeitet. Die Reihenfolge orientiert sich an der historischen Entwicklung sozialer Ungleichheit. Man kann die verschiedenen Modelle aber auch als zeitlose Typen verwenden. Zwar treten neue Formen sozialer Ungleichheit in den Vordergrund, aber die älteren verschwinden nicht einfach. Die reale soziale Ungleichheit erweist sich häufig als Mischung verschiedener Typen, und je nachdem, welchen Aspekt man betrachtet, können sich alle Modelle nach wie vor als hilfreich erweisen.

Stände | 8.4.1

In der Einleitung zu diesem Kapitel wurde beschrieben, wie die Ungleichheit zwischen Menschen im überwiegenden Teil der Geschichte als natürliche und unabänderliche Tatsache angesehen wurde. Durch Geburt gelangte ein Mensch an eine bestimmte Stelle und in einen bestimmten Rang. Die Geburt legte fest, wer man zu sein und was man von seinem Leben zu erwarten hatte, und dies erschien als schicksalhafte Unabänderlichkeit.

Rang durch Geburt

Die soziale Stellung, in die man hineingeboren wurde, entschied nicht nur über Wohlstand und Armut, sondern sie wies dem Menschen in einem umfassenden Sinn seinen Platz in der Welt zu. Dies ist ein typisches Kennzeichen ständischer Gesellschaften. Ein *Stand* bezeichnet sowohl eine bestimmte *rechtliche Stellung* als auch die damit verbundene gesamte Art der *Lebensführung* sowie eine daran gekoppelte Vorstellung einer standesspezifischen *Ehre*.

In einer ständisch gegliederten Gesellschaft gilt nicht die Gleichheit vor dem Gesetz, denn es fehlt die Idee der Gleichheit, sondern es gelten standesspezifische besondere Rechte. Das können förmlich festgelegte Rechte sein, es können aber auch informelle Regeln oder moralische Standards sein, die den Charakter

standes- spezifische Rechte

von standesspezifischen Ehrvorstellungen haben. Etwa die Überzeugung, dass es sich für Angehörige eines bestimmten Standes nicht geziemt, mit Angehörigen eines anderen Standes sozialen Umgang zu haben oder über Standesgrenzen hinweg zu heiraten. Außerdem können bestimmte Tätigkeiten für einen Stand als standesgemäß angesehen werden, andere jedoch als mit der Standesehre unvereinbar gelten. Natürlich spielen auch in der ständischen Gliederung materielle Faktoren eine Rolle, aber entscheidend ist, *wie* ein Einkommen erzielt wird, weniger, *wie viel* Einkommen man erzielt. So konnte auch unter feudalen Bedingungen ein freier Bauer oder Handwerker wohlhabender werden als ein Adeliger, der allein von den Abgaben lebte, die sein Grundbesitz einbrachte. Dennoch konnte die Höhe des Einkommens keinen Aufstieg in einen höheren Stand ermöglichen.

> standes-
> spezifische Ehre
> und Lebens-
> führung

Dementsprechend sind die Beziehungen zwischen Ständen nicht primär durch materielle Ungleichheit bestimmt – obwohl auch die eine Rolle spielt –, sondern durch ein Gefüge aus wechselseitigen Privilegien, Rechten und Pflichten, die teils rechtlich festgelegt sind und sich teils auf eine traditionelle und moralische Geltung stützen.

Das nächstliegende, aber keinesfalls einzige Beispiel für eine Ständegesellschaft ist der mittelalterliche und frühneuzeitliche Feudalismus in Europa. In anderen kulturellen Kontexten finden sich andere Ausprägungen dieses Typus ständischer sozialer Ungleichheit. An der Schwelle zur Industrialisierung wurden die adeligen Oberschichten in Europa auch deshalb vom ökonomisch erfolgreichen Bürgertum verdrängt, weil sich aus der ständischen Sicht des Adels eine eigene Berufsarbeit und kapitalistisches Unternehmertum nicht mit der Vorstellung einer angemessenen ständischen Lebensführung vertrug.

Mit dem Begriff des Standes kann also der historische Typus einer Ständegesellschaft bezeichnet werden. Der Begriff des Standes lässt sich aber auch aus seinem historischen Kontext lösen, sodass er zur Bezeichnung einer hierarchischen Gliederung von Gruppen oder Gesellschaften dienen kann, die nicht auf materiellen Faktoren, sondern auf Lebensführung, Ansehen und Ehrbegriffen beruht. Ständische Hierarchien oder Ungleichheiten in diesem erweiterten Sinn lassen sich dann auch in modernen Gesellschaften finden. Diese Verallgemeinerung des Begriffs geht vor allem auf Max Weber zurück, der Stände und Klassen als zwei universelle Formen der Ungleichheit definierte, als *symbolische* und als *materielle Dimension* von Ungleichheit (vgl. die Tabelle in Abschnitt 8.4.2.2).

> Lebensführung
> und Ehrbegriff

8.4.1.1 | Sklaverei

In ständischen Gesellschaften legt die Geburt zwar die soziale Stellung fest, aber letztlich bestehen alle Stände aus einer Verbindung von wechselseitigen Pflichten und einem Mindestmaß von Rechten. Von einer ständischen Gesellschaft zu unterscheiden ist daher die Sklaverei, weil die Stellung der Sklaven durch eine völlige Rechtlosigkeit gekennzeichnet ist. Sie gelten als persönliches Eigentum, als rechtlose Objekte und nicht als eigene Subjekte. *Sklaverei* fällt somit aus dem Typus der ständischen Gesellschaften heraus, weil Sklaven keinen Stand bilden. Andererseits finden sich Formen der Sklaverei in verschiedenen gesellschaftli-

> völlige Recht-
> losigkeit

chen Ordnungen, in der griechischen und römischen Antike ebenso wie in anderen Zivilisationen, und als Folge des Kolonialismus hat Sklaverei bis in die europäische Moderne hinein bestanden. Dabei ist die Sklaverei in den Vereinigten Staaten von Amerika, die erst 1865 durch einen Verfassungszusatz (»thirteenth amendment«) verboten wurde, nur der sichtbarste Fall. Auch in Mittel- und Südamerika, Afrika und Asien existierten Formen von Sklaverei – und tun es zum Teil heute noch.

Die Grenzen zwischen Sklaverei und Zwangsarbeit sind fließend, sodass nach internationalen Deklarationen gegen die Sklaverei im 20. Jahrhundert zwar alle Staaten die rechtlichen Grundlagen für Sklaverei abgeschafft haben, faktisch aber weiterhin Menschen unter sklavenartigen Bedingungen leben und arbeiten müssen (Arlacchi 2000; Deile 2007).

Klassen   8.4.2

Der Begriff der *Klasse* lässt sich besonders gut im Kontrast zum Begriff des Standes erläutern. Er bezeichnet eine materielle Ungleichheit, die sich aus dem beruflichen Erwerb ergibt. Dieser doppelte Fokus auf materielle Ungleichheit und auf berufliche Arbeit als Quelle des Einkommens und damit der Ungleichheit unterscheidet den Begriff der Klasse deutlich von dem des Standes.

Lohnarbeit und materielle Ungleichheit

Der Klassenbegriff entstand im 19. Jahrhundert und wurde maßgeblich von Karl Marx geprägt. Sein sozialgeschichtlicher Hintergrund ist die Auflösung der feudalen Ständegesellschaft und die Entstehung kapitalistischer Industriegesellschaften, wie sie zu Beginn dieses Kapitels beschrieben wurden. Der Begriff gehört zu den ältesten gesellschaftstheoretischen Konzepten und war von Anfang an zur kritischen Beschreibung sozialer Ungleichheit gedacht. Der Klassenbegriff lässt sich aber auch losgelöst von der Marx'schen Gesellschaftsdiagnose zur Kennzeichnung eines Typus sozialer Ungleichheit verwenden, der eine durch die Art des Erwerbs und das berufliche Einkommen bedingte materielle Ungleichheit ins Zentrum rückt.

Für Karl Marx liegt der Anstoß zu dieser Entwicklung in der Entstehung neuer *Produktionsmittel*: von Dampfkraft angetriebene Maschinen. Diese Mechanisierung erfordert eine neue Form der Organisation von Arbeit: Arbeitsteilung und Massenproduktion. Marx spricht von den *Produktionsverhältnissen*. Doch der Begriff umfasst mehr als die Umgestaltung von Arbeitsabläufen. Maschinen erfordern Investitionen, Arbeiter müssen angestellt und entlohnt werden. Die industrielle Produktion bedingt neue Eigentumsverhältnisse: Unternehmer, die die Produktionsmittel besitzen, und Arbeiter, die ihre Arbeitskraft gegen Lohn verkaufen. So entstehen entsprechend den Produktionsmitteln und den Produktionsverhältnissen zwei Klassen: die *Kapitalisten* und das *Proletariat*.

Eigentum

Marx war überzeugt, dass mit der Industrialisierung ein völlig neuer Typus von Gesellschaft im Entstehen begriffen sei. In den kapitalistischen Industriegesellschaften würden die Reste der alten ständischen Ordnung nach und nach verschwinden. Auch mittelständische Gruppen wie selbstständige Handwerker oder Händler würden sich auf Dauer nicht behaupten können, das gesamte Wirtschaftsleben und mit ihm die gesellschaftliche Ordnung werde mehr und mehr durch den Gegensatz zwischen den beiden großen Klassen bestimmt werden. Auf der Seite der Kapitalisten werde sich eine immer größere Konzentration von Kapital abzeichnen und auf der Seite des Proletariats ein anhaltendes Elend mit Löhnen am physischen Existenzminimum.

8.4.2.1 | »Klassengesellschaft im Schmelztiegel«

Doch schon gegen Ende von Marx' Leben war absehbar, dass genau das Gegenteil eintrat. Mit dem Fortschreiten der technischen Entwicklung stiegen die Anforderungen an die Qualifikation der Arbeiter. Statt einfacher manueller Handgriffe wurden gut ausgebildete Facharbeiter benötigt. Mit der Qualifikation stiegen in der zweiten Hälfte des 19. Jahrhunderts die Löhne und besserten sich die Arbeitsbedingungen, zumindest für einen Teil der Arbeiterschaft. Zudem waren immer mehr Tätigkeiten außerhalb der Werkhallen erforderlich, in Vertrieb und Verwaltung. Als Folge hatte sich um 1900 eine *neue Mittelschicht* gebildet, die zwischen Arbeiterschaft und Unternehmern angesiedelt war: die Angestellten. Diese neue Mittelschicht nahm nicht nur immer weiter an Umfang zu und übertraf zu Beginn des 20. Jahrhunderts bereits das eigentliche Industriearbeiter-Proletariat, sondern sie entwickelte sich mehr und mehr zur prägenden sozialen Schicht höher entwickelter Industriegesellschaften.

neue Mittelschicht

Der Soziologe Siegfried Kracauer (1889–1966) beschrieb in den 1920er Jahren die Alltagskultur der Angestellten als Schlüssel zur Analyse einer neuen sozialen Schicht (Kracauer 1971 [1929]). Die Welt der Angestellten wies Merkmale auf, die sich nicht mehr mit dem Modell der Klassengesellschaft erklären ließen. So lag das Einkommen der Angestellten zwar oftmals nicht über dem von qualifizierten Arbeitern, aber sie bemühten sich um eine symbolische Abgrenzung von der Lebenswirklichkeit der Arbeiter, wie sie sich etwa in der Bürokleidung und einem gewissen Standesbewusstsein manifestierte. Mit diesen symbolischen Abgrenzungen kam zugleich eine neue Form sozialer Hierarchiebildung zum Vorschein, die gewisse Ähnlichkeiten mit ständischen Unterschieden in der Lebensführung aufweist, auch wenn es sich selbstverständlich nicht um die Rückkehr der ständischen Gesellschaft im alten Sinn handelte, sondern um etwas Neues.

Angestellte

In den 1930er Jahren zog der Soziologe Theodor Geiger (1891–1952) systematische Konsequenzen aus den gewandelten Verhältnissen. Er beschrieb das Phänomen der *neuen Mittelschicht* als das kennzeichnende Merkmal der entwickelten Industriegesellschaften und führte dabei den Begriff der *Schichtung* als ein neues Modell sozialer Ungleichheit in die Diskussion ein (Geiger 1932). Seine Kritik am klassentheoretischen Modell kommt anschaulich im Titel seines 1949 erschienenen Buches »Klassengesellschaft im Schmelztiegel« zum Ausdruck (Geiger 1949). Die Klassengesellschaft hatte sich nicht zu einem immer extremeren Antagonismus zwischen zwei Klassen, Kapitalisten und Proletariat, entwickelt, sondern im Gegenteil zu einer Sozialstruktur, bei der sich die Mehrheit irgendwo in der Mitte befand.

Schichten statt Klassen

Auch in der Führungsebene der großen Industrien zeigt sich eine Entwicklung, mit der Marx nicht gerechnet hatte: Nicht mehr die kapitalistischen Unternehmer führen ihre Firmen, sondern die komplexeren organisatorischen Aufgaben haben den Typus der Manager entstehen lassen, welche nunmehr als Angestellte die Firmen leiten, sie aber nicht besitzen. James Burnham (1949) hat dies als »Managerial Revolution« bezeichnet. Auch Geiger griff diese Entwicklung als weiteren Beleg für die Entstehung einer breit gefächerten Mittelschicht auf.

An diese Diagnose knüpfte in den 1950er Jahren Helmut Schelsky mit seinem Begriff der *nivellierten Mittelstandsgesellschaft* an (Schelsky 1953), wobei sich diese Diagnose, die im Kontext des ökonomischen Aufschwungs und Massenwohlstands in der Bundesrepublik nach dem Zweiten Weltkrieg (»Wirtschaftswunder«) angesiedelt ist, auf längere Sicht ihrerseits als einseitig erwies.

Stände und Klassen als Idealtypen symbolischer und materieller Ungleichheit

| 8.4.2.2

Die Begriffe *Stand* und *Klasse* wurden bislang als Modelle sozialer Ungleichheit in einem konkreten sozialgeschichtlichen Kontext vorgestellt. Man kann sie aber auch losgelöst von konkreten historischen Umständen als zwei *Typen* sozialer Ungleichheit auffassen, die sich in der einen oder anderen Verbindung in vielen verschiedenen Gesellschaften und Epochen wiederfinden.

In diesem Sinn hat Max Weber die beiden Begriffe verwendet und definiert. Es sind gute Beispiele für seine *idealtypische Begriffsbildung*, auf der in ähnlicher Weise viele soziologische Begriffe beruhen. Es geht dabei nicht darum, einen Begriff für etwas Besonderes und Konkretes zu bilden, das sich zu einer bestimmten Zeit und an einem konkreten Ort beobachten lässt, sondern darum, einen möglichst *reinen Typus* zu formulieren. Als Werkzeug für Erkenntniszwecke müssen sie vor allem klar und eindeutig formuliert sein. Dann kann man sie verwenden, um reale Beobachtungen mit ihnen zu vergleichen und quasi den Abstand zwischen dem reinen Typus und der Wirklichkeit zu vermessen und auf diese Weise die Realität klarer zu beschreiben. Für dieses Vorgehen kommt es nicht darauf an, ob der zu einem Typus zusammengefasste Sachverhalt in der Realität tatsächlich irgendwo in reiner Form vorkommt, sondern darauf, dass er möglichst präzise und eindeutig als »reiner« Typus definiert wird.

Idealtypen

Verwendet man die Begriffe Stand und Klasse in dieser Weise, dann bezeichnet *Stand* eher kulturelle Aspekte von Ungleichheit wie die Art der Lebensführung, die soziale Anerkennung, unterschiedliche Ehrbegriffe oder eine symbolische Zugehörigkeit oder Abgrenzung. Mit *Klasse* hingegen sind materielle Ungleichheiten gemeint, und zwar besonders in ihrer modernen Form als Ungleichheiten im Berufsleben und aufgrund des Berufseinkommens. Die Unterscheidung von eher ständischen oder eher klassenartigen Aspekten von Ungleichheit liefert ein nützliches Analyseinstrument, wie sich im Folgenden zeigen wird.

Max Webers Definition von Klassen und Ständen

Stand	Klasse
durch Geburt/Schicksal verliehen	durch Eigentum und materielle Lage bedingt
fixiert in einer »natürlichen« Ordnung	fixiert durch Besitz an/Verteilung von Produktionsmitteln
ständische Position entscheidet über persönliche Freiheit oder Hörigkeit, über Lebenschancen und	Besitz an Kapital bzw. Produktionsmitteln und die dadurch bedingte Art des Erwerbs
Ehre, Lebensführung	Berufsarbeit, Art des Einkommens

(vgl. Weber 1972 [1921–22]: 177–180)

8.4.3 | Schichtung und sozialer Status

In Abschnitt 8.4.2.1 wurde beschrieben, wie die Entstehung einer breiten Mittelschicht den Übergang von einem Klassen- zu einem Schichtenmodell sozialer Ungleichheit vorbereitet hat. Der Begriff der *Schicht* oder der *Schichtung* (Stratifikation) bezieht sich selbstverständlich nicht nur auf den beschriebenen sozialen Wandel. Er bezeichnet einerseits ein allgemeines Modell sozialer Ungleichheit, das sich von Stände- und Klassenmodellen unterscheidet, und er dient andererseits im heutigen Sprachgebrauch als ein Oberbegriff für verschiedenste Formen sozialer Ungleichheit, sodass auch Stände und Klassen manchmal nur als eine besondere Form sozialer Schichtung bezeichnet werden.

> **Definitionen: Sozialer Status und soziale Schicht**
>
> »Der Begriff *Status* umfasst Lebensstandard, Chancen und Risiken, Glücksmöglichkeiten, aber auch Privilegien und Diskriminationen, Rang und öffentliches Ansehen.« (Geiger 1955:432)
>
> »Der gemeinsame Nenner aller Schichtkonzepte besteht in dem Bemühen, die Gesamtbevölkerung einer Gesellschaft in verschiedene Gruppierungen – die Schichten – zu untergliedern, die sich in Hinblick auf ihre Lebenslagen und die damit zusammenhängenden Chancen (auf Einkommen, auf Bildung, auf Einfluss, auf Prestige u.a.) unterscheiden. Schichtmodelle versuchen, Ordnung und Übersicht in das Chaos sozialer Ungleichheit zu bringen. Dabei schwingt meist […] der Gedanke einer vertikalen Ordnung mit […]; es handelt sich auch um Unterschiede des Mehr oder Weniger, des Höher oder Tiefer, des Besser oder Schlechter.« (Geißler 1987:5f.)
>
> »Gruppierungen von Menschen mit ähnlich hohem Status innerhalb einer oder mehrerer berufsnaher Ungleichheitsdimensionen werden üblicherweise als Schichten bezeichnet. […] In Schichtbegriffen wird meist unterstellt, dass Schichtungsgesellschaften ›offener‹ als Stände- oder Klassengesellschaften sind.« (Hradil 2001:40)

Allgemein gesagt ist eine soziale Schicht eine *Statusgruppe*, zu der Personen mit einem ähnlichen *sozialen Status* gerechnet werden. Es gibt verschiedene Modelle, wie dieser soziale Status erfasst werden kann. In der einfachsten Variante errechnet sich der soziale Status einer Person aus drei Faktoren: dem formalen Bildungsniveau (Bildungsabschluss), der Höhe des Einkommens und dem Prestige des ausgeübten Berufs. Er verbindet also materielle (Höhe des Einkommens) mit institutionellen (Bildungsgrad) und symbolischen (Prestige) Kriterien, um daraus eine Hierarchie von Statusgruppen zu modellieren. Komplexere Schichtungsmodelle berücksichtigen weitere Aspekte.

Bildungsniveau,
Einkommen,
Berufsprestige

Soziale Schichtung der westdeutschen Bevölkerung nach Rainer Geißler

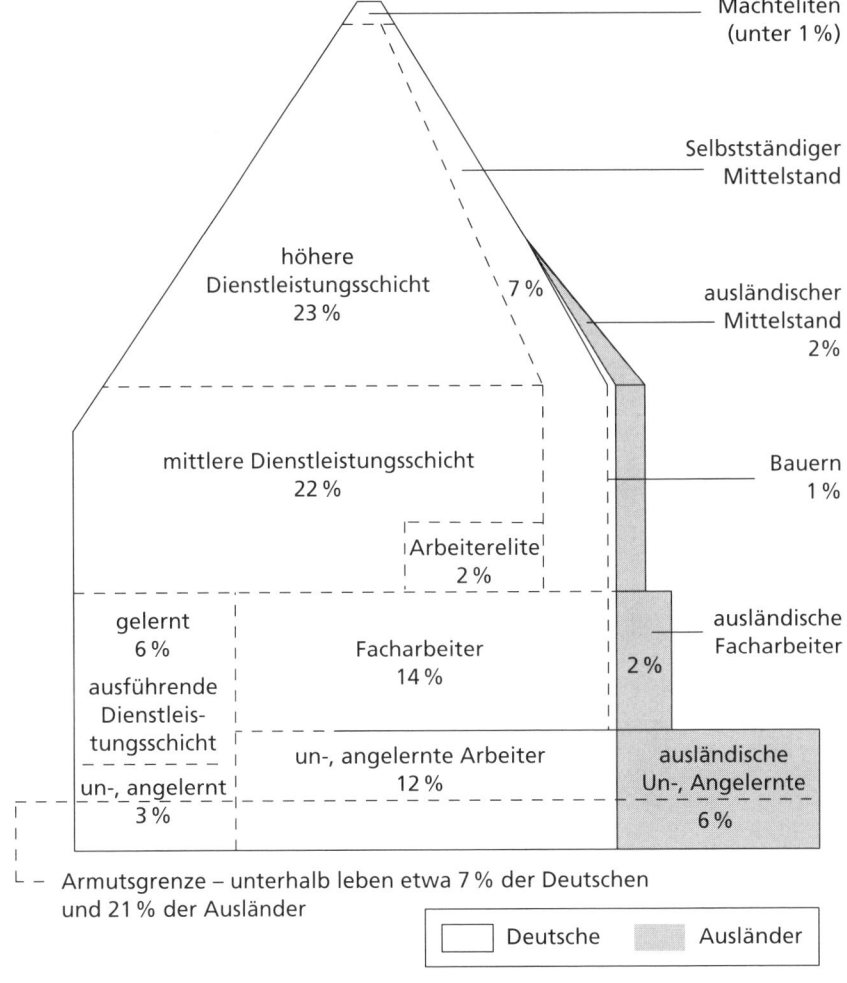

Abb. aus: Geißler 2011:100; Datenbasis: SOEP 2000; N = 17.850; berechnet von Stefan Weick. Geißlers Einführung in die Sozialstruktur der Bundesrepublik enthält eine sehr differenzierte Diskussion verschiedener Schichtungsmodelle.

Obwohl das einfache Schichtungsmodell drei Faktoren berücksichtigt, ist es im Kern eindimensional, weil es sich auf die berufliche Erwerbsarbeit und das damit erzielte Einkommen konzentriert. Zudem hängen die drei Faktoren, auf denen dieses Modell sozialer Schichtung aufbaut, in den meisten Berufsfeldern zusammen. So korreliert ein abgeschlossenes Studium in Jura oder Zahnmedizin mit einem relativ hohen Einkommen und dem relativ hohen Berufsprestige einer Anwältin oder eines Arztes. Zumindest in der Entstehungszeit des berufsorientierten Schichtungsmodells in der Mitte des 20. Jahrhunderts tendierten die drei Faktoren tatsächlich zumeist in die gleiche Richtung (Statuskonsistenz; zur heute verbreiteten *Statusinkonsistenz* siehe Abschnitt 8.4.3.1).

Beruf als zentraler Faktor

Schichtungsmodelle bieten im Wesentlichen nichts anderes als eine grafische Darstellung der Verteilung von sozialem Status, bei dem es sich, wie beschrieben, bloß um eine rechnerische Kombination aus den genannten drei Faktoren handelt. Dies erlaubt eine relativ einfache deskriptive Darstellung der Struktur einer Gesellschaft hinsichtlich sozialer Ungleichheit. Wo man die Grenzen zwischen verschiedenen Schichten zieht und wie viele Schichten man unterscheidet, ist eine relativ willkürliche Entscheidung. Genau besehen handelt es sich bei derartigen Darstellungen eher um eine Form der beschreibenden *Sozialstatistik*, aber noch nicht um ein soziologisches Modell oder gar eine erklärende Theorie. Immerhin veranschaulichen sie beispielsweise die Konzentration der Mehrheit der (deutschen) Gesellschaft im mittleren Bereich (»Mittelstandsbauch«).

statistische Beschreibung

Das Schichtungsmodell hat eine klar begrenzte Aussagekraft. Es unterstellt beispielsweise, dass in einer Gesellschaft einheitliche Auffassungen über das Prestige einzelner Berufe herrschen. Doch die Ansichten hierzu haben sich gegenüber den 1950er Jahren gewandelt und differenziert. So mag ein leitender Angestellter einer Investmentbank in manchen Teilen der Gesellschaft ein hohes Prestige genießen, in anderen aber nicht. Umgekehrt mag ein gebildeter, aber brotloser Künstler oder Musiker in einigen Kreisen hoch angesehen, in anderen aber nur mitleidig belächelt werden. Zudem gehen berufliche Qualifikation und Einkommen nicht mehr Hand in Hand. Hochqualifizierte ältere Arbeitnehmer haben es schwer, eine neue Anstellung zu finden. Und junge gebildete Menschen entscheiden sich in manchen Phasen ihres Lebens bewusst dafür, einige Zeit in Selbstverwirklichung statt in Karriere zu investieren.

Dynamisierung

8.4.3.1 | Statusinkonsistenz

Anders als dies Mitte des 20. Jahrhunderts bei der ursprünglichen Konzeption des Begriffs *sozialer Status* erwartet wurde, ist das Auseinanderfallen der einzelnen Faktoren, die *Statusinkonsistenz*, heute nicht mehr nur eine Ausnahme, sondern es ist zu einem weitverbreiteten Phänomen geworden. Seit den ökonomischen Krisen der 1970er Jahre schützt eine gute Ausbildung nicht mehr vor Arbeitslosigkeit. Und mit der Bildungsexpansion sind Menschen mit akademischen Abschlüssen in Berufen tätig, für die zuvor kein akademischer Abschluss erforderlich gewesen wäre. Zwar ist gute Bildung nach wie vor ein relativer Schutz vor längerfristiger Arbeitslosigkeit, doch ist ein akademischer Abschluss keine Garantie mehr für einen gut bezahlten Job. Längere Phasen mit unsiche ren Beschäftigungen oder geringem Einkommen, beispielsweise kaum bezahlte Praktika, sind heute auch unter Menschen mit akademischen Abschlüssen weit verbreitet. Ein nur am Beruf orientiertes Schichtungsmodell gibt die Realität sozialer Ungleichheit somit nicht mehr angemessen wieder.

Das Phänomen der Statusinkonsistenz stellte den Ansatz der Modelle sozialer Schichtung insgesamt infrage. Menschen, die rechnerisch der gleichen Schicht zugeordnet werden mussten, befanden sich offenbar in unterschiedlichen *sozialen Lagen* und gestalteten ihr Leben auf verschiedene Art und Weise.

Je komplexer man die Schichtungsmodelle anlegt und je mehr Faktoren man für die Berechnung des sozialen Status heranzieht, desto wahrscheinlicher treten die einzelnen Statusfaktoren auseinander und desto auffälliger werden Phänomene der Statusinkonsistenz.

Soziale Lagen, Lebenslagen und Lebenschancen | 8.4.4

Den bisher erörterten Modellen sozialer Ungleichheit ist gemeinsam, dass sie Ungleichheit als Gefüge aus vertikal übereinanderliegenden Strukturen (Schichten, Klassen) auffassen. Solche vertikalen Schichtungsmodelle stützen sich auf ein eindeutiges Kriterium und sind daher eindimensional. Das ermöglicht die klare hierarchische Anordnung. Doch genau hierin besteht auch ihre Grenze.

Denn die Lebenswirklichkeit von Menschen ist durch mehr Faktoren als ihre Berufstätigkeit und die Höhe ihres Einkommens bestimmt. Menschen mit einem ähnlichen sozialen Status, das heißt Angehörige der gleichen sozialen Schicht, können unter ganz unterschiedlichen Bedingungen leben. Nicht allein die Schichtzugehörigkeit, auch die *Lebenslage* oder *soziale Lage* bestimmt über die *Lebenschancen* eines Menschen. Zudem werden die Lebensumstände immer vielfältiger.

gleiche Schicht, verschiedene Lagen

Dem trägt der Begriff der *sozialen Lage* Rechnung. Er erlaubt auf der horizontalen Ebene ein und derselben Schicht feinere Differenzierungen als das Schichtmodell. Auch hier geht es aber in erster Linie um eine *deskriptive Darstellung*, noch nicht um eine weiter gehende soziologische Erklärung.

Definitionen: Lebenslagen und Lebenschancen

Die klassische Definition der Lebenslage trägt der Subjektivität persönlicher Ziele in großer Breite Rechnung: Lebenslage meint den »Spielraum, den einem Menschen (einer Gruppe von Menschen) die äußeren Umstände nachhaltig für die Befriedigung der Interessen bieten, die den Sinn seines Lebens bestimmen.« (Weisser 1956:986)

»Lebenslage‹ nennt man die Gesamtheit ungleicher Lebensbedingungen eines Menschen, die durch das Zusammenwirken von Vor- und Nachteilen in unterschiedlichen Dimensionen sozialer Ungleichheit zustande kommen.« (Hradil 2001:44)

Lebenschancen sind die »Chancen eines Individuums, an den gesellschaftlich produzierten, ökonomischen und kulturellen ›Gütern‹ in irgendeiner gegebenen Gesellschaft teilzuhaben« (Giddens 1979:159)

Wie kann man beispielsweise die Lebensumstände einer Bäuerin, die gemeinsam mit ihrem Ehemann einen Hof bewirtschaftet, sich nebenher um drei Kinder kümmert und nur über ihren Mann sozialversichert ist, mit dem Leben einer gleichaltrigen Frau vergleichen, die nach einer Ausbildung als Krankengymnastin und einem Abitur auf dem zweiten Bildungsweg in einer Großstadt Psychologie studiert und halbtags arbeitet? Wie vergleichbar ist die Lebenswirklichkeit eines Lehrers in einer ländlichen Kleinstadt, der zu den Honoratioren des Städtchens zählt und mit seinem Gehalt angesichts niedriger Immobilienpreise ein geräumiges Haus mit ansehnlichem Grundstück erwerben kann, zu dem Leben eines anderen Lehrers in gleicher Position, der sich in einer teuren Großstadt weder die Mietpreise im Zentrum noch ein Abonnement für die Oper leisten kann und der in seiner Stadt eindeutig nicht zu den »höheren Kreisen« zählt? Vom sozialen Status und der Schichtzugehörigkeit her sind beide vergleichbar. Doch ihre reale Lebenswirklichkeit ist es nicht.

Beispiele heterogener Lagen

Den vielfältigen Unterschieden, die von Schichtungsmodellen nicht erfasst werden, versucht der Begriff der *sozialen Lage* gerecht zu werden. Mit ihm sollen Unterschiede auf horizontaler Ebene, also innerhalb ein und derselben sozialen Schicht erfasst werden. Dazu zählen etwa der Wohnort (entweder günstige Wohnungen auf dem Land oder ein breites Bildungs- und Kulturangebot, dafür jedoch hohe Mietkosten in einer Großstadt) oder die familiäre Situation. Ob sich eine Familie in einer Kleinstadt auf den Rückhalt der Großeltern in der Nachbarschaft verlassen kann, die sich tagsüber um die Kinder kümmern, sodass die Eltern problemlos arbeiten gehen können, oder ob eine alleinerziehende Mutter in einer Großstadt von ihrem Einkommen eine Tagesmutter finanzieren und ständig zwischen Arbeits- und Privatleben wechseln muss, macht einen großen Unterschied, auch wenn in beiden Fällen eine ähnliche Berufstätigkeit mit einem ähnlichen Einkommen ausgeübt wird. Das soziale Umfeld und die persönlichen Lebensumstände unterscheiden sich drastisch.

Aspekte sozialer Lagen

Der Ansatz der sozialen Lagen geht auf Überlegungen aus der Mitte des 20. Jahrhunderts zurück. Gerade in der sehr offenen Fassung von Gerhard Weisser (siehe Kasten) eröffnet der Begriff weite Deutungsmöglichkeiten. Er ist seither immer wieder neu aufgegriffen und interpretiert worden, beispielsweise indem die geschlechtsspezifisch unterschiedlichen Bedingungen oder die durch eine bestimmte kulturelle oder ethnische Herkunft bedingten Ressourcen berücksichtigt werden (Enders-Dragässer/Sellach 1999; Engels 2008), die in bestimmten sozialen Lagen zur Verfügung stehen. Auch neuere Versuche, Armut nicht nur nach der Höhe des Einkommens, sondern nach den gesamten Lebensumständen zu definieren, gehen auf den Ansatz der sozialen Lagen zurück (Glatzer/Hübinger 1990). Zudem ist der Begriff der sozialen Lage flexibler, um Veränderungen in den Lebensumständen im Laufe eines Lebens zu berücksichtigen. So ändert sich die Lebenslage eines jungen Paares mit einem Kind, das sich voneinander trennt, sodass ein Elternteil alleinerziehend wird, deutlich, auch wenn die beiden Eltern in ihren bisherigen Berufen bleiben.

Lebensstile und soziale Milieus | 8.4.5

Einen noch deutlicheren Schritt weg von der Vorstellung vertikal übereinander-
liegender sozialer Schichten gehen die Begriffe des *Lebensstils* und der *sozialen
Milieus*. Sie ziehen die Konsequenzen aus verschiedenen Prozessen sozialen
Wandels in der zweiten Hälfte des 20. Jahrhunderts und versuchen, angesichts
immer vielfältigerer Lebensweisen dennoch zu plausiblen Modellen zu gelangen, die bestimmte Formen sozialer Ungleichheit zusammen mit unterschiedlichen Typen von Wertorientierungen und Lebensweisen darstellen.

Im Gegensatz zu den Begriffen Lebenslagen und Lebenschancen, die jeweils
die Situation eines Menschen im Gefüge der Verteilung von Ressourcen beschreiben, betont der Begriff des Lebensstils die aktive Gestaltung der Lebensführung in einer gegebenen sozialen Lage. Der ästhetische Beiklang des *Stil*-
Begriffs trifft einen wichtigen Punkt: Lebensstile sind durch Werthaltungen,
aber auch durch symbolische Inszenierungen und kulturelle, alltagsästhetische
Praktiken der Lebensführung gekennzeichnet. Lebensstile stiften Identität und
dienen zugleich der symbolischen Abgrenzung, *Distinktion* von anderen Lebensstilen.

Distinktion

Schon 1899 hatte der amerikanische Soziologe Thorstein Veblen (1857–
1925) in seiner »Theorie der feinen Leute« den Begriff des *demonstrativen Kon-
sums* geprägt. Mit dem, was und wie Menschen konsumieren, stillen sie nicht
bloß Bedürfnisse, sondern sie nutzen den Konsum, um etwas auszudrücken und
darzustellen (Veblen 1958 [1899]). Auch im Lebensstil spielt Konsum, zum
Beispiel Kleidung, Art der Ernährung, Kneipen und Restaurants, in die man
geht oder nicht geht, oder die Inszenierung des eigenen Körpers, eine wichtige
Rolle. Der Lebensstil wird nicht automatisch aufgrund einer sozialen Lage
gewählt, sondern er ist eine Möglichkeit, die soziale Lage auszufüllen. So entstand in den 1980er Jahren beispielsweise in der Schicht der einfachen Handwerker ein ökologisch und linksalternatives Milieu, das sich nicht von der Ausbildung und vom Einkommen, aber sehr deutlich in seinem Lebensstil vom
traditionellen Handwerker-Milieu unterschied.

demonstrativer
Konsum

Lebensstile als Ausdruck der Entstrukturierung von Ungleichheit | 8.4.6

Neben den bereits beschriebenen Veränderungen in der sozialen Struktur (Dominanz der Mittelschichten) kommt seit den 1950er Jahren in den Industrienationen und konkret in Deutschland, auf das sich die folgenden Modelle beziehen, ein
allgemein steigendes Wohlstandsniveau hinzu. Die soziale Ungleichheit, das heißt
die Distanzen zwischen Unten und Oben, nehmen nicht ab, aber der Wohlstand
steigt für praktisch alle Schichten. Ulrich Beck hat dies als »Fahrstuhleffekt«
bezeichnet: alle sozialen Gruppen bewegen sich nach oben, ohne dass sie einander
näher kommen (Beck 1986:124). In den allermeisten Schichten reicht das Einkommen aus, um nicht nur die materiellen Grundbedürfnisse zu decken, sondern

Fahrstuhleffekt

darüber hinaus sind genug finanzielle Mittel und auch Freizeit für einen an persönlichen Interessen orientierten Massenkonsum vorhanden. Der Konsum und das Verhalten werden nicht mehr allein durch die Bedürfnisse diktiert, sondern es gibt Spielraum für persönliche Interessen und Geschmacksentscheidungen. Diese Entwicklung lässt sich schon seit dem Ende des 19. Jahrhunderts beobachten (Maase 1997), und sie beschäftigte im frühen 20. Jahrhundert Soziologen wie Georg Simmel und Siegfried Kracauer, aber sie erreicht in der zweiten Hälfte des 20. Jahrhunderts ein neues Ausmaß.

Wertewandel

Hinzu kommt ein seit den 1970er Jahren für die industrialisierten Gesellschaften diagnostizierter *Wertewandel* (Inglehart 1989; vgl. 7.3.3.2). Der wachsende Wohlstand in der zweiten Hälfte des 20. Jahrhunderts ließ die Sorge um das materielle Einkommen gegenüber anderen Fragen in den Hintergrund treten. Werte wie Emanzipation und Selbstverwirklichung gewannen gegenüber einer Orientierung an materiellem Erfolg an Bedeutung. Zudem führten die Ölkrisen der 1970er Jahre und die ökologischen Zerstörungen als Folge des wirtschaftlichen Wachstums zu einer Neuorientierung. Im Anschluss an die Studentenproteste von 1968 entstanden alternative Lebensentwürfe und neue *soziale Bewegungen* (vgl. 12.4.3), besonders in der Friedens- sowie der Ökologie- und Umweltschutzbewegung.

Seit den 1980er Jahren versucht die Soziologie, diesen gesellschaftlichen Wandel durch *Milieu-Modelle* und *Lebensstil-Typologien* abzubilden. Menschen, die nach den Kriterien der sozialen Schichtung (Einkommen, Bildungsniveau) in der gleichen Schicht angesiedelt sind, können ihre Lebensentwürfe an sehr unterschiedlichen Zielen und Werten orientieren. Vereinfacht ausgedrückt: Stehen im Mittelpunkt des Lebens eher die Berufsarbeit und materielle Ziele, etwa ein Haus zu bauen oder auf eine neue Einbauküche und ein neues Auto zu sparen, oder stehen andere Ziele im Vordergrund, begnügt man sich mit einfachen Möbeln, kommt vielleicht sogar ohne Auto aus, reist dafür viel, geht mit Freunden essen und gibt sein Geld vielleicht für Musik statt für eine neue gepflasterte Hofeinfahrt aus?

subjektive Lebensentwürfe

Milieu- und Lebensstilmodelle wollen Gruppen mit ähnlichen Lebensweisen und Werthaltungen identifizieren und dabei in der Individualisierung von Ungleichheit neue Strukturen entdecken. Solche Milieus können innerhalb einer Schicht angesiedelt sein, sie können aber auch mehrere Schichten übergreifen. Der Begriff des *Lebensstils* bezeichnet dabei ein Set von inneren Orientierungen, Einstellungen und Handlungsweisen, politischen Präferenzen, Werthaltungen, vor allem aber auch Konsumgewohnheiten und Geschmacksentscheidungen. Der Begriff *Milieu* bezieht sich auf soziale Gruppen mit vergleichbaren Lebensstilorientierungen, deren Angehörige füreinander wichtige Orientierungs- und Bezugsfunktionen haben. Gerhard Schulze bezeichnet Milieus in seinem Buch »Erlebnisgesellschaft« als Gruppen mit »erhöhter Binnenkommunikation« (Schulze 1992:174). In dem, was mir wichtig ist, orientiere ich mich an Menschen, in denen ich mich spiegle und deren Anschauungen ich eine Relevanz für meine eigene Haltung zuspreche. Diese Definition von Milieu ähnelt dem älteren Begriff der *Bezugsgruppe*, wie er in der Rollentheorie der 1950er Jahre entwi-

Milieu als Bezugsgruppe

ckelt wurde; seinerzeit allerdings eher mit Blick auf die Regulierung und Konformität von Verhaltensmustern (vgl. Merton 1995 [1949]: 217–366; Dahrendorf 1958). Mit seiner Diagnose einer *Erlebnisgesellschaft* drückt Schulze außerdem aus, dass es bei den Lebensstilen um ichbezogene Erlebnisqualitäten geht.

Milieu-Modelle | 8.4.6.1

Wie sehen Modelle sozialer Milieus konkret aus? Und wie werden sie gebildet? Ein bekanntes und häufig zitiertes Milieu-Modell, die sogenannten SINUS-Milieus, stammt nicht aus der Wissenschaft, sondern aus der Markt- und Wahlforschung. Die erste Fassung dieser Milieus wurde 1985 veröffentlicht und bestand in einer zweidimensionalen Grafik (Novack/Becker 1985). Auf der vertikalen Achse wurden die herkömmlichen sozialen Schichten eingetragen, auf der horizontalen die von Inglehart entworfene Materialismus-Postmaterialismus-Skala (vgl. 7.3.3.2). Obwohl die Methodik der SINUS-Milieus als Geschäftsgeheimnis behandelt wird und das Modell daher das für wissenschaftliches Arbeiten unabdingbare Kriterium der öffentlichen Kritisierbarkeit und Transparenz nicht erfüllt, eignen sich diese Milieus als Anschauungsbeispiel, um die allgemeine Logik von Milieu-Modellen zu demonstrieren.

SINUS-Milieus von 2010

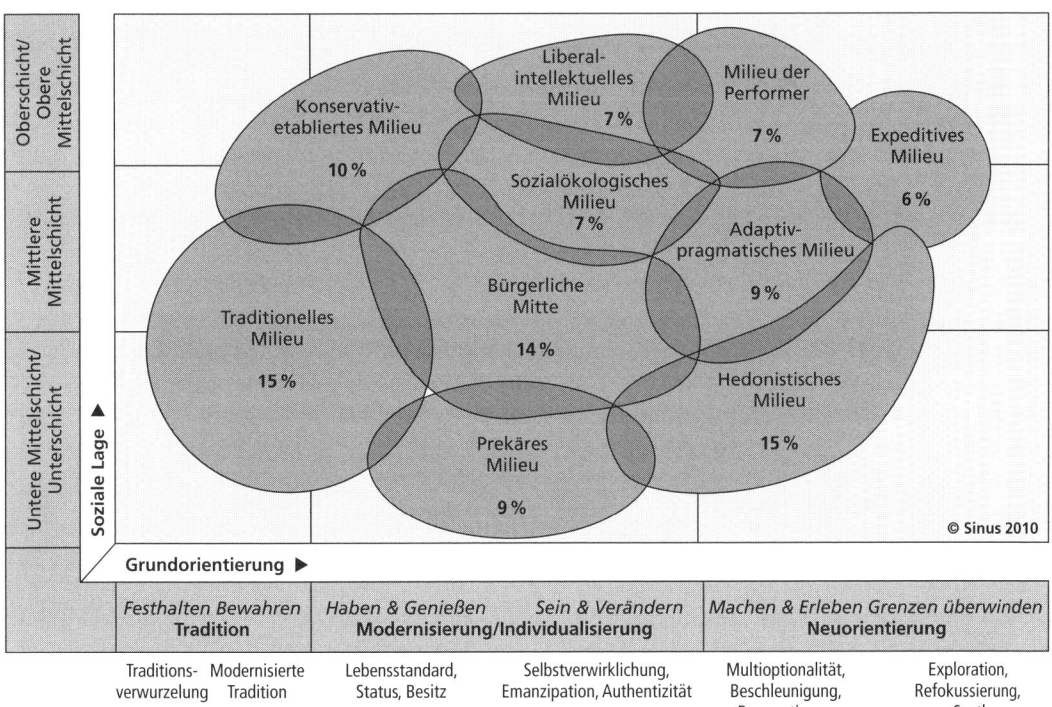

(SINUS Institut Heidelberg, 2010). Gegenüber der ersten Fassung der SINUS-Milieus orientiert sich die horizontale Achse nicht mehr an der Inglehartschen Materialismus-Postmaterialismus-Skala, sondern an einem diffuseren Wertemodell.

Verschiebung
von Milieus

In dem so entstandenen zweidimensionalen Raum wurden mithilfe statistischer Verfahren (Cluster-Analysen) Häufungen identifiziert, die in der Grafik als Wolken eingezeichnet sind. Diese Häufungen sollen Milieus darstellen, die im zweidimensionalen sozialen Raum aus sozialer Schichtung und Werthaltungen im entsprechenden Bereich angesiedelt sind. Die Benennung der Milieus erfolgt intuitiv. Seither werden regelmäßig, inzwischen jährlich, neue Milieu-Modelle veröffentlicht, wobei sich die Zahl, Anordnung und Benennung der Milieus jeweils ändert, was angesichts des raschen Wandels zu der Frage führt, ob dieses Modell tatsächlich existierende Milieus erfasst (die jeweils aktuelle Fassung findet sich unter: www.sinus-institut.de).

Der Hintergrund, warum sich gerade die Markt- und Wahlforschung mit Milieu-Modellen befasst, war unter anderem, dass sich mit herkömmlichen Schichtmodellen beispielsweise keine zuverlässigen Wahlprognosen mehr erstellen ließen. Aus der Schichtzugehörigkeit ließ sich nicht mehr auf das Wahlverhalten und die Bindung an eine bestimmte Partei schließen. Und speziell das Programm der sich in den 1980er Jahren als neue Partei etablierenden »Grünen«

Milieu-Typologie der Erlebnisgesellschaft (Gerhard Schulze)

	Niveaumilieu	Integrations-milieu	Harmoniemilieu	Selbstverwirk-lichungsmilieu	Unterhaltungs-milieu
Genussschema	Kontemplation	Gemütlichkeit und Kontem-plation	Gemütlichkeit	Action und Kontemplation	Action
Distinktion	antibarbarisch	antiexzentrisch und antibar-barisch	antiexzentrisch	antikonventionell und antibar-barisch	antikonventionell
Lebens-philosophie	Perfektion	Harmonie und Perfektion	Harmonie	Narzissmus und Kontemplation	Narzissmus
alltagsästhet. Schemata	Nähe zum Hochkultur-schema	Nähe zum Hochkultur- und zum Trivial-schema	Nähe zum Trivialschema	Nähe zum Hochkultur- und zum Spannungs-schema	Nähe zum Spannungs-schema
existenzielle Problemdef.	Streben nach Rang	Streben nach Konformität	Streben nach Geborgenheit	Streben nach Selbstverwirk-lichung	Streben nach Stimulation
Erlebnis-paradigma	Nobelpreis-verleihung	nette Runde	Hochzeit	Künstler	Miami Beach
exemplar. Erscheinungsbild	Publikum bei klassischen Konzerten	konventionell-gediegene Kleidung, tendenziell konservativ	viel Fernsehen, Nähe zum Trivialschema, unauffällige, beige Kleidung	Szenekneipen, Modesportarten, Naturkostläden	getunte Autos, Sonnenstudio, modische Massenkleidung

Zusammenstellung nach Schulze 1992: 163–167, 277–333, 393; Schulzes Schema ist erheblich komplexer und wurde hier zur Veranschaulichung auf einige exemplarische Aspekte reduziert.

orientierte sich nicht an materiellen Schichtinteressen, sondern an schichtunabhängigen Werten (Friedens- und Ökologiebewegung), sodass sich ihr Stimmenpotenzial nicht aus der Schichtzugehörigkeit der Wähler vorhersagen ließ. Ähnliches galt für die Konsumforschung. Das Kaufverhalten ergab sich immer weniger allein aus dem sozialen Status. Auch die Marktforschung machte und macht sich daher die Milieu-Modelle in ständig weiterentwickelten Fassungen zunutze.

Nutzen und Kritik

Milieu- und Lebensstilmodelle tragen den Veränderungen in der sozialen Struktur und den Wertorientierungen von Wohlstandsgesellschaften in der zweiten Hälfte des 20. Jahrhunderts Rechnung. Doch zugleich formulieren sie die Frage nach der Ungleichheit auch auf eine neue Art und Weise. Sie relativieren Modelle vertikaler Schichtung durch horizontale Differenzen. Eine offene Frage ist allerdings, ob erst in den 1980er Jahren derartige Milieus entstanden oder ob sie nicht schon länger bestanden und vorher lediglich nicht als solche beschrieben wurden. Es ist nicht ganz eindeutig, zu welchem Anteil es sich um einen sozialen Wandel handelt und zu welchem Anteil die neuen Modelle dafür verantwortlich sind, dass sich ein geändertes Bild sozialer Ungleichheit zeigt.

Zweitens zeigen die Existenz verschiedener Milieu-Modelle und ihr relativ rascher Wandel, dass man die statistisch generierten Modelle nicht leichtfertig mit real existierenden Milieus im Sinn undurchlässiger Ordnungsmuster verwechseln darf. Dass Menschen sich auf bestimmte Milieus beziehen und sich vornehmlich an Menschen mit ähnlichen Haltungen und in ähnlichen Lebenssituationen orientieren und dass das praktische Alltagsleben immer mehr den Charakter von Lebensstilen annimmt, ist eine offensichtliche Tatsache, ebenso dass eine Vielfalt von Wertorientierungen und daran ausgerichteten Lebensentwürfen nebeneinander existiert. Das bedeutet jedoch nicht, dass es sich bei Milieus um klare und dauerhaft stabile soziale Strukturen handelt. Der ständige Wandel, die Verschiebungen und Überschneidungen zwischen Milieus sind eine Normalität, keine Ausnahme. Zudem könnte man weitere Differenzierungsdimensionen heranziehen, etwa die zwischen Stadt und Land oder zwischen West- und Ostdeutschland. So gut wie gar nicht erfasst werden in den Milieu-Modellen weitere Merkmale wie die kulturelle oder ethnische Herkunft, sofern sie für die Akteure selbst eine Rolle spielt, oder die religiöse Orientierung. Andererseits würde die Zahl der Milieus größer und die gegenseitige Abgrenzung von anderen Milieus umso schwieriger, je mehr Variablen berücksichtigt werden.

Habitus und Distinktion

Einen ganz anderen Weg, um materielle und symbolisch-kulturelle Aspekte sozialer Ungleichheit zu verbinden, schlägt der Begriff des *Habitus* ein. Er selbst hat eine lange Tradition und meint, allgemein gesprochen, die Art und Weise, wie ein Mensch etwas tut (vgl. allgemein zum Habitus-Begriff 7.3.5.2). Der

8.4.6.2

Modellbildung

Dynamik und weitere Differenzierung

8.4.7

französische Soziologie Pierre Bourdieu (1930–2002) hat den Begriff des Habitus aufgegriffen und rund um diesen Begriff eine eigene und viel diskutierte Konzeption sozialer Ungleichheit, ihrer materiellen und kulturellen Aspekte und insbesondere ihrer zählebigen Selbstreproduktion entwickelt (Bourdieu 1982, 1983; Müller 1986; Krais/Gebauer 2002).

Reproduktion sozialer Ungleichheit

8.4.7.1 | Habitus und die Hartnäckigkeit der sozialen Herkunft

Pierre Bourdieu hat diesen allgemeinen Begriff des Habitus mit der Beschreibung sozialer Ungleichheit verbunden. Er fasst Gesellschaft als einen *sozialen Raum* auf, in dem materielle und kulturelle Ressourcen ungleich verteilt sind. Bourdieu spricht hinsichtlich der Hierarchie der Verteilung materieller und kultureller Güter von den »Klassen« einer Gesellschaft, auch wenn das, was er darunter versteht, eher den sozialen Schichten ähnelt, wie sie bereits beschrieben wurden.

Das Aufwachsen an einem bestimmten Ort im sozialen Raum, also innerhalb einer sozialen Klasse, bringt spezifische Erfahrungen mit sich. Die Erfahrungen sind durch die materiellen und kulturellen Ressourcen in der jeweiligen Klasse bestimmt, und Bourdieu beschreibt sehr anschaulich, wie sie sich in den verschiedensten Aspekten des Lebens niederschlagen: in den Vorlieben für bestimmte Gerichte, der Art, sich beim Essen zu benehmen oder einen Raum mit unbekannten Menschen zu betreten, dem Geschmack für bestimmte Arten von Kunst, Literatur oder Unterhaltung. Die sozial vorstrukturierten Erfahrungen seiner Herkunft prägen den Habitus eines Menschen, das, was er für richtig hält, das, was ihm gefällt, und die Art, wie er etwas tut.

Geschmack und Stil

Auf diese Weise schreibt sich die soziale Ungleichheit einer Gesellschaft in die individuellen Charaktere ein. Das subjektive Wollen und die soziale Struktur zeigen eine Entsprechung. In der subjektiven Sicht auf die Welt, in den Bedürfnissen und im Geschmack, spiegelt sich die soziale Herkunft. Jedoch nicht als etwas Übergestülptes, sondern als etwas aktiv angeeignetes, das zugleich den Modus des je eigenen Handelns bildet. Bourdieu bezeichnet den Habitus als zugleich »strukturiert« (*opus operatum*) und »strukturierend« (*modus operandi*). Er ist einerseits bedingt durch die soziale Struktur. Und andererseits stützt und erzeugt er die soziale Struktur, weil er dafür sorgt, dass sie sich im Wollen und Handeln der Akteure reproduziert.

Dies gelingt dem Habitus deshalb besonders gut, weil er zwar ein geschichtliches und soziales Produkt ist, aber so mit der Persönlichkeit und dem körperlichen Gebaren und Empfinden verschmilzt, dass seine Entstehung nicht mehr als solche erkennbar ist. Seine geschichtliche und gesellschaftliche Herkunft ist vergessen. Stattdessen scheint es sich um die Person selbst zu handeln, die agiert. Habitus ist *inkorporierte soziale Struktur* (Bourdieu 1982:729).

inkorporierte Ungleichheit

8.4.7.2 | Ökonomisches, soziales und kulturelles Kapital

Bourdieu verbindet den Habitus-Begriff mit einem zweiten Theorie-Element: der Unterscheidung verschiedener Kapitalformen. Soziale Ungleichheit vermittelt sich demnach nicht nur über die Vererbung *ökonomischen Kapitals*, sondern auch durch *kulturelles Kapital* (formale Bildungsabschlüsse und die als Habitus inkorporierte Bildung und Umgangsformen) und *soziales Kapital* (die persönlichen Beziehungen, die Zugehörigkeit und der Zugang zu bestimmten sozialen Kreisen). Bourdieu beschreibt die inkorporierte Bildung als von klein auf erlernte zwanglose Selbstverständlichkeit im Umgang mit kulturellen Gütern, die auch durch ein Studium der Kunst oder Literatur nie ganz kompensiert werden könne. Der später antrainierten Bildung haftet demgegenüber immer etwas vom »Aufsteiger« an.

Soziales und kulturelles Kapital können akkumuliert, vererbt und in ökonomisches Kapital konvertiert werden. Etwa in der beruflichen Karriere, wenn bei der Besetzung von Führungspositionen neben der formellen Qualifikation und Leistung auch das inkorporierte kulturelle Kapital, das sich am Habitus ablesen lässt, eine Rolle spielen kann (als Beispiel: Hartmann/Kopp 2001).

Konvertierbarkeit der Kapitalarten

Naturalisierung und Distinktion

8.4.7.3

Der Habitus-Begriff und die Unterscheidung verschiedener Kapitalformen eignen sich sehr gut als Instrumente, um die Spuren sozialer Hierarchie in alltäglichen Interaktionen zu entdecken.

Habitus verrät Herkunft

Ein Beispiel: Eine junge Kunsthistorikerin aus einfachen Verhältnissen hat mit Begabung und Engagement ein ausgezeichnetes Examen erreicht und promoviert nun an einem italienischen Forschungsinstitut. Durch ihre Arbeit lernt sie eine junge Italienerin aus wohlhabender Familie kennen und wird zum Essen in den Palazzo der Familie eingeladen. Im Esszimmer, das eher einem Saal gleicht, hängen Gemälde des 17. Jahrhunderts an der Wand. Die junge Kunsthistorikerin ist fasziniert. Sie erkennt mühelos die Künstler und Sujets, sie kann eigenhändige Werke von Werkstatt-Repliken unterscheiden, gibt ihr Wissen gerne preis und erläutert Details. Genau dadurch zeigt sie jedoch ihre Herkunft. Es ist der Habitus der Bildungsaufsteigerin, die mit ihrem Wissen brilliert, die in allem gewissenhaft und exakt ist. Ihre Gastgeber verfügen nicht über annähernd so viel Wissen über ihre eigenen Bilder, doch für sie ist der Umgang mit den Originalen eine vertraute Alltäglichkeit. Gelassen stehen sie vor den Bildern, die für die junge Kunsthistorikerin etwas Besonderes sind. Diese Gelassenheit lässt sich mit ihrem gesamten Fachwissen nicht erreichen. Im Gegenteil, ihr Fachwissen und die Art, wie sie es vorträgt, verraten, dass sie nicht in die gleichen sozialen Kreise gehört wie ihre Gastgeber, in denen solche Gemälde gewohnte Alltagsgegenstände sind.

Die Kommentare der Gastgeber beschränken sich darauf, dass sie ein Bild wegen seiner Farben immer schon gemocht haben oder dass es gut zu einem Bild passen würde, das sich im Haus von Freunden befindet. In solchen Bemerkungen liegt eine andere Art von Bildung, die sich in einem entsprechenden Habitus zeigt. In ihm spiegelt sich eine Vertrautheit und die selbstgewisse Gelassenheit, seine Kompetenz nicht zur Schau stellen und sich nicht beweisen zu müssen. Diese Selbstgewissheit lässt sich nicht durch ein Studium und gute Noten erreichen, sie ist eine Frage eines von klein auf erworbenen Habitus.

Aufsteigerhabitus als Hindernis

Während eine später bewusst erworbene Bildung als solche erkennbar bleibt, weil sie die Mühen des Erlernens erkennen lässt, verschmilzt die auf einer von

Naturalisierung

klein auf erworbenen Vertrautheit beruhende Bildung so mit der Person, als sei sie ein natürlicher Teil ihrer selbst. Auf diese Weise können die durch die soziale Herkunft erworbenen Unterschiede so erscheinen, als seien sie natürliche Unterschiede der Personen. Und im Gegenzug verrät sogar der Versuch, einen Habitus nachzuahmen, den Bildungsaufsteiger.

Die Vorzüge des Habitus-Begriffs liegen darin, dass er sich besser als andere Modelle der Regelmäßigkeit des individuellen Handelns mit der Subjektivität und der Identität individueller Akteure vereinbaren lässt und sie als Personen ernst nimmt. Er zeigt, wie die soziale Ungleichheit Teil der eigenen Subjektivität wird, und wie sie als inkorporierte soziale Struktur ihrerseits handlungswirksam wird, weil der Habitus die Art des Denkens und Handelns prägt.

Die Distinktion über kulturelle Formen wird immer wichtiger, je mehr sich Lebensstile ausdifferenzieren und individualisieren. Anders als mit den rein deskriptiven Lebensstil- und Milieu-Modellen lassen sich mit Bourdieus Begriffen des Habitus, des kulturellen Kapitals und der Distinktion die Verknüpfungen von kulturellen Formen und sozialen Hierarchien kritisch analysieren.

8.5 | Aktuelle Tendenzen: Risiko und Exklusion

Neben den beschriebenen Tendenzen des globalen Vergleichens, der Individualisierung von Lebensstilen und der Distinktion lassen sich zwei aktuelle Tendenzen in der Entwicklung sozialer Ungleichheit unterscheiden: die *Verzeitlichung im Lebenslauf*, die mit *individuellen Risiken* verbunden ist, und die sich verfestigende *Exklusion* von Unterschichten.

8.5.1 | Die Verzeitlichung von Ungleichheit im Lebenslauf

Eine Tendenz sozialer Ungleichheit, die quer zu den bis hierhin behandelten Modellen steht, ist die *Verzeitlichung von Ungleichheit im Lebenslauf.* Herkömmliche Sozialstrukturmodelle unterstellen eine feste Verortung von Personen innerhalb der sozialen Struktur. Immer häufiger aber finden sich im Lebenslauf eines Menschen Phasen, die durch sehr unterschiedliche Lebensumstände und Lebenschancen gekennzeichnet sind. Dies ist ein Aspekt der »Risikogesellschaft«, die Ulrich Beck 1986 beschrieb (Beck 1986; Berger/Hradil 1990).

biografische
Brüche

So gewährleisten ein hohes Bildungsniveau und ein abgeschlossenes Studium nicht mehr einen lückenlosen Einstieg in eine gesicherte berufliche Stellung. Immer häufiger finden sich Übergangsphasen mit mehr oder minder prekärer Beschäftigung, kaum bezahlte Praktika oder kurzzeitig befristete Verträge. Diese Phasen sind zumeist vorübergehend. Aber es gibt auch Entwicklungen, die durch ein Auf und Ab gekennzeichnet sind. Menschen in qualifizierten Berufen können nach etlichen Jahren der Berufserfahrung überraschend von Kündigungen und Arbeitslosigkeit betroffen sein. Und Alleinerziehende können nach einer erfolgreichen Karriere gezwungen sein, auf einen schlechter bezahlten, aber zeitlich flexibleren Job umzusteigen.

Berufliche Karrieren verlaufen nicht mehr linear, es gibt Brüche, und ein einmal erreichtes Niveau muss nicht zwingend erhalten bleiben. Berufliche Risiken existieren nicht mehr nur für gering-, sondern auch für hochqualifizierte Tätigkeiten. Und die Risiken sind nicht als klassische ungleiche Verteilung strukturiert, sondern sie wirken individuell und werden als Folge individueller falscher Entscheidungen erfahren, beispielsweise nicht rechtzeitig aus eigener Initiative den Arbeitgeber gewechselt zu haben und nicht flexibel genug gewesen zu sein (Sennett 1998).

Individuelle Risiken und globale Abhängigkeiten | 8.5.2

Die nicht mehr durch eine soziale Struktur bedingten, sondern individualisierten Risiken im Lebenslauf korrespondieren mit wachsenden globalen Abhängigkeiten. Zu Beginn des Kapitels wurde beschrieben, dass Ungleichheit durch die weltweiten ökonomischen Verflechtungen längst global strukturiert ist, dass sie aber andererseits nach wie vor allem in einem nationalen Rahmen gemessen und erfahren wird. Die individuellen Risiken, die sich beispielsweise in der Schließung oder Verlegung von Produktionsstandorten mit entsprechenden Massenentlassungen oder an der Unrentabilität ganzer Produktionszweige in einem Land zeigen, sind Folgen der globalen Ungleichheit, aber sie erscheinen den Betroffenen als individuelles Risiko.

Exklusion und Differenzierung | 8.5.3

Schon seit längerer Zeit finden sich Diagnosen, wonach sich am unteren Ende der sozialen Schichtung die Lebenssituation eines Teils der Bevölkerung zu einer dauerhaft ausweglosen Lage verfestigt. Derartige Diagnosen finden sich unter verschiedenen Schlagworten mit jeweils anderer Akzentsetzung: Unterschicht, Ausgegrenzte, Überflüssige, Exklusion (Bauman 2005; Bohn 2006; Bude/Willisch 2006).

ausgegrenzt und überflüssig

Bereits in den späten 1970er Jahren war das Schlagwort der Zwei-Drittel-Gesellschaften aufgekommen, womit gemeint war, dass ein Drittel der Bevölkerung in der Arbeitswelt nicht benötigt werde. In der aktuellen Debatte wird unter Exklusion jedoch ein konkreteres Phänomen verstanden. Zum einen sind vom sozialen Absturz nicht mehr nur Personen aus dem unteren Bereich der sozialen Schichtung betroffen, sondern längerfristige Arbeitslosigkeit kann Menschen auf verschiedenen Bildungs- und Karriereniveaus treffen. Zum anderen ist mit dem Phänomen der Exklusion nicht einfach materielle Armut, sondern eine sich verstärkende Mehrfachexklusion gemeint, die kaum durchbrochen werden kann: geringe Bildung, keine Chancen auf dem Arbeitsmarkt,

Verlust sozialer Bindungen, körperliche Beeinträchtigungen, eine Resignation, die in der äußeren Erscheinung und im Lebensstil zum Ausdruck kommt.

Der Begriff der Exklusion beschreibt ein reales Problem, doch er ist nicht unproblematisch. Im Umkehrschluss suggeriert er eine gesellschaftliche Mitte oder ein Zentrum, von dem aus gesehen Menschen als ausgeschlossen erscheinen. Doch wo befindet sich dieses Zentrum? Ist es nicht eher ein Merkmal der fortschreitenden Differenzierung, dass diese Mitte immer weniger zu bestimmen ist?

8.6 | Lektüreanregungen

Burzan, Nicole (2005): Soziale Ungleichheit. Ein Einführung in die zentralen Theorien, Wiesbaden
Sehr gute Einführung in Theorien sozialer Ungleichheit, die den Schwerpunkt auf die theoretischen Konzeptionen und ihre Entwicklung legt.

Dahrendorf, Ralf (1961): Über den Ursprung der Ungleichheit unter den Menschen, Tübingen
Dahrendorfs klassischer Aufsatz ist lesenswert, weil er zeigt, wie jede soziale Ordnung dazu neigt, Belohnung nach unterschiedlichen Kriterien zu verteilen und dadurch zwangsläufig eine je eigene Form der Ungleichheit erzeugt.

Geißler, Rainer (2011): Die Sozialstruktur Deutschlands. Zur gesellschaftlichen Entwicklung mit einer Bilanz zur Vereinigung. Mit einem Beitrag von Thomas Meyer, 6. Aufl. Wiesbaden
Einer der einschlägigen Überblicksbände über sozialstrukturelle Grundmuster in Deutschland. Er zeichnet sich dadurch aus, dass er längerfristige und aktuelle sozialstrukturelle Entwicklungen verbindet und sich dabei sowohl auf die Entwicklung in der Bundesrepublik als auch in der DDR bezieht.

Kreckel, Reinhard (Hrsg.) (1983): Soziale Ungleichheiten, Göttingen [= Soziale Welt. Sonderbd. 2]
Sammelband mit wichtigen theoretischen Grundlagentexten zur Analyse von sozialer Ungleichheit. Unter anderem enthält er hier erwähnte Texte von Ulrich Beck und Pierre Bourdieu und bezieht auch das Geschlechterverhältnis und globale Ungleichheiten ein.

Kreckel, Reinhard (2004): Politische Soziologie der sozialen Ungleichheit, 3., überarb. u. erw. Aufl. Frankfurt a. M.
Ein bekanntes Buch, in dem nicht sozialstrukturelle Daten, sondern Theorien sozialer Ungleichheit im Vordergrund stehen und in dem versucht wird, soziale Ungleichheit nicht nur zu beschreiben, sondern Ursachen und Entwicklungen kritisch zu analysieren. Dabei werden in der aktuellen Auflage auch globale Ungleichheiten einbezogen.

Müller, Hans-Peter/Schmid, Michael (Hrsg.) (2003): Hauptwerke der Ungleichheitsforschung, Wiesbaden
Ein praktisches Buch, um sich mit klassischen Theorien und Studien über soziale Ungleichheit vertraut zu machen. Auf wenigen Seiten werden jeweils die Hauptthesen, der Kontext und die Rezeption wichtiger Werke der Ungleichheitsforschung vorgestellt.

Schäfers, Bernhard (2004): Sozialstruktur und sozialer Wandel in Deutschland, 8., völlig neu bearb. Aufl. Stuttgart
Ein relativ knappes Einführungsbuch, das nicht nur sozialstatistische Daten darstellt, sondern ein breites Spektrum von sozialen Wandlungsprozessen anspricht, wenn zum Teil auch nur skizzenhaft. Damit wird ein Bild gesellschaftlicher Wirklichkeit umrissen, das über den Themenkreis soziale Ungleichheit und Sozialstruktur hinausgeht.

Schäfers, Bernhard/Zapf, Wolfgang (Hrsg.) (2001): Handwörterbuch zur Gesellschaft Deutschlands, 2., erw. u. aktualis. Aufl. Opladen
   Umfangreiches Handbuch mit Beiträgen zu verschiedensten Aspekten gesellschaftlicher Wirklichkeit,
   von »Alter und Altern« bis »Zukunftsvorstellungen«. Damit geht es über das Themenfeld der sozialen
   Ungleichheit hinaus, eignet sich aber hervorragend als Einstieg in Themen der (deutschen) Sozial-
   struktur in einem weiteren Sinn.

Solga, Heike/Powell, Justin/Berger, Peter A. (Hrsg.) (2009): Soziale Ungleichheit. Klassische Texte
   zur Sozialstrukturanalyse, Frankfurt a. M.
   Ein sehr empfehlenswerter Reader mit Auszügen aus klassischen Analysen zur sozialen Ungleichheit.
   Die Auszüge sind thematisch gruppiert und werden von einem Kommentar begleitet.

Vester, Michael/Oertzen, Peter von/Geiling, Heiko (u. a.) (2001): Soziale Milieus im gesellschaftlichen Strukturwandel. Zwischen Integration und Ausgrenzung, vollst. überarb., erw. und aktualis. Fassung Frankfurt a. M.
   Sehr guter Überblicksband, der eine sozialgeschichtliche Perspektive mit Theorien und Modellen
   sozialer Ungleichheit verbindet.

Fragen zum Verständnis und zur Reflexion | 8.7

- Wie hängen die aus der Aufklärung hervorgegangene Idee der Gleichheit und die Erfahrung von Ungleichheit zusammen?
- In welcher Hinsicht ist es sinnvoll, zwischen faktisch gegebenen ungleichen Verteilungen von Ressourcen und Lebenschancen auf der einen und der sub-jektiven Erfahrung von Ungleichheit auf der anderen Seite zu unterscheiden?
- Wie ist zu erklären, dass einige Formen von Ungleichheit als ungerecht und andere als weitgehend unproblematisch empfunden werden?
- Geben Sie eine allgemeine und möglichst umfassende Definition von sozialer Ungleichheit.

Wer hat die Macht? | 9

Die Frage nach Macht und Herrschaft bildet den Ursprung der politischen Philosophie, und sie gehört zusammen mit der Frage nach der Ungleichheit zu den ersten, die die modernen Gesellschaftswissenschaften gestellt haben. Während es der politischen Philosophie um die Suche nach einer gerechten Form von Herrschaft ging, interessieren sich die Gesellschaftswissenschaften für die Funktionsweisen der verschiedenen Formen von Macht und Herrschaft. Eine Grundeinsicht besteht darin, dass es sich nicht um sekundäre, sondern um konstitutive gesellschaftliche Phänomene handelt: Es ist falsch, sich vorzustellen, dass zuerst eine Gesellschaft besteht und dann die Frage nach Macht und Herrschaft aufkommt. Vielmehr ist die Etablierung eines Macht- oder Herrschaftsverhältnisses genau das Moment, aus dem heraus sich Vergesellschaftungen überhaupt erst bilden.

Macht, Herrschaft, Gewalt, Machtspiele und Machtfigurationen, Legitimität, Recht, Staat, Bürokratisierung und bürokratische Herrschaft

9.1 | Einführung

Erfahrungen mit Macht und Ohnmacht gehören zu unserem Alltag. Wir erleben sie als Macht konkreter Personen, als Befugnisse von Amtsträgern, als abstrakte Macht bürokratischer Organisationen, als anonymen Zwang unüberschaubarer Zusammenhänge, aber ebenso als subtile Macht in sehr persönlichen Beziehungen. Macht und Herrschaft sind allgegenwärtige Phänomene, die uns auf allen Ebenen des sozialen Lebens begegnen. Wir erfahren sie in Form politischer Herrschaft auf der Ebene von Staaten, als bürokratische Herrschaft beispielsweise in der lokalen Verwaltung, aber auch als Machtverhältnisse in einer Familie, im Arbeitsleben, in der Schule und selbst in einer Clique von Freunden oder in einer intimen Beziehung zwischen zwei eng vertrauten Menschen. Macht und Herrschaft sind Schlüsselbegriffe, wann immer man sich mit dem Zusammenleben von Menschen beschäftigt.

Allgegenwart von Macht

Neben sozialer Ungleichheit ist die Macht oder Herrschaft von Menschen über andere Menschen dasjenige Merkmal gesellschaftlichen Zusammenlebens, das am ehesten ins Auge sticht und das am stärksten zu kritischen Analysen herausfordert. Wie ist die Herrschaft von Menschen über Menschen möglich? Und warum lassen es sich Menschen gefallen, dass andere Macht über sie haben? Die Frage nach der Gerechtigkeit und Legitimität von Herrschaft reicht zurück bis zu den Anfängen des philosophischen und politischen Denkens. Das Nachdenken über Macht und Herrschaft ist also viel älter als die moderne Sozialwissenschaft. Der soziologische Blick auf das Thema, der uns hier interessiert, unterscheidet sich jedoch grundsätzlich von der langen Tradition politischer Philosophie. Aus soziologischer Sicht geht es nicht primär um die Bewertung,

politische Philosophie

welche Form von Herrschaft gerecht oder ungerecht ist, sondern darum, wie Herrschafts- und Machtverhältnisse überhaupt entstehen und dauerhaft fortbestehen können. Wie kommt es zu Verhältnissen der Über- und Unterordnung? Was genau bedeutet es »Macht zu haben«? Worauf beruht Macht? Wann schlägt Macht um in Gewalt? Und wie kommt Herrschaft ohne Gewalt aus? Macht und Herrschaft sind soziale Tatsachen, die ungeachtet der zahlreichen (soziologischen) Theorien und Deutungen etwas Provozierendes behalten.

Gerade die Vielgestaltigkeit von Macht und Herrschaft erfordert, sich genau darüber zu verständigen, was man mit welchem Begriff meint und wie genau man sie definiert. Dieses Kapitel soll hier Klarheit schaffen.

Macht und Herrschaft – Definitionen und Unterscheidungen | 9.2

Was bedeutet »Macht haben«? | 9.2.1

Wenn von Macht die Rede ist, stellt sich schnell der Verdacht ein, jemand schränke durch seine Macht die Freiheit und Selbstbestimmung anderer ein. Mit Macht und Herrschaft verbindet sich die Vorstellung, ein Einzelner oder eine Gruppe übten gegenüber anderen eine ungerechte, vielleicht gar gewaltsame Macht aus.

Aber umgekehrt lässt sich Macht auch positiv verstehen. Nur wer die Macht hat, seine eigenen Ziele und Wünsche auch umzusetzen, ist wirklich in der Lage, ein selbstbestimmtes Leben zu führen. Und wer keine Macht über sich selbst hat, ist seinen spontanen Antrieben hilflos ausgeliefert. Der Begriff der Macht ist also ambivalent, und es kann nicht einfach darum gehen, jede Art von Macht zu kritisieren. Eher geht es um das Verhältnis zwischen der eigenen Macht, erfolgreich zu handeln, und der Macht eines anderen, meine eigene Handlungsfähigkeit einzuschränken.

Macht als Handlungsfähigkeit

In einem Rechtsstaat verleiht die Möglichkeit, das eigene Recht einzuklagen, jeder und jedem Einzelnen ein prinzipiell gleiches Maß an Macht, nämlich das Recht und damit die Macht, sich gegen jede/n Anderen und beispielsweise auch gegen staatliche Willkür juristisch zur Wehr zu setzen. Macht zu haben, ist also eine wichtige Voraussetzung für persönliche Freiheit, und dass jemand über gar keine Macht verfügt, ist, wie wir sehen werden, ein absoluter Grenzfall.

Eine erste Einschränkung lässt sich aber treffen. Sinnvoll lässt sich von Macht nur in Bezug auf handelnde Menschen sprechen. Umgangssprachlich spricht man zwar auch von der Macht über eine Sache oder einen materiellen Besitz. Aber genau besehen ist das keine Macht. Denn zum Begriff der Macht gehört, dass derjenige, über den man Macht hat, über einen eigenen Willen verfügt. Ich kann nicht sinnvoll sagen, dass ich Macht über meinen Bleistift habe, denn er ist kein Subjekt und hat keinen eigenen Willen. Macht zu haben, bedeutet aber, sich gegenüber den Wünschen und Absichten eines anderen durchsetzen zu

soziale Be-
ziehungen als
Machtbalance

können, und somit kann ein Machtverhältnis nur zwischen zwei willensfähigen Subjekten bestehen.

Hier liegt der Grund, warum soziale Beziehungen immer auch Machtverhältnisse und irgendeine Art von Machtbalance implizieren. Sobald zwei Menschen mit einem eigenen Willen zusammenkommen, ergibt sich die Notwendigkeit, zwischen ihnen einen Ausgleich zu finden. Auch wenn der Wille des einen nur darin besteht, in Ruhe gelassen zu werden, kommt es darauf an, ob der andere das respektiert.

Aus diesem Grund ist es andererseits sinnlos, nach der Macht eines isoliert lebenden Menschen zu fragen. Einerseits hat er totale Macht, weil niemand ihn einschränkt oder ihm befiehlt, was er zu tun hat. Andererseits hat er keinerlei Macht, weil es niemanden gibt, gegenüber dem er sie ausüben könnte. Hieraus ergibt sich eine zweite Konkretisierung: Niemand hat Macht für sich allein. Macht ist keine persönliche Eigenschaft eines Einzelnen, sondern sie bezeichnet ein soziales Verhältnis.

9.2.2 | Macht und Herrschaft aus soziologischer Sicht

Herrschaft als
Vergesell-
schaftung

Betrachtet man die Anfänge der politische Philosophie, ist die Frage nach der gerechten Herrschaft desjenige Thema, anhand dessen das philosophische Nachdenken über das gesellschaftliche Zusammenleben von Menschen überhaupt beginnt. Dies ist nicht bloß eine historische Feststellung, sondern hier zeichnet sich ein Grundzug des Denkens über Macht und Herrschaft ab, der auch das heutige soziologische Denken prägt. Er besagt: Macht und Herrschaft sind keine sozialen Phänomene, die zu einer bereits bestehenden Gruppe oder Gesellschaft hinzukommen, sondern Gruppen und Gesellschaften entstehen überhaupt als Machtkonstellationen und Herrschaftsverhältnisse.

Macht und Herrschaft treten nicht nur überall dort auf, wo Menschen zusammenleben, sondern sie sind konstitutive Kräfte, die soziale Zusammenschlüsse überhaupt ermöglichen und formen. Es ist eine falsche Vorstellung, dass zuerst eine Gruppe entsteht und sich in dieser Gruppe dann nach und nach Machtdifferenzen ausbilden. Vielmehr sind »Formen der Über- und Unterordnung« ein integraler Teil jeder Vergesellschaftung, häufig sogar die treibende Kraft dahinter. Prozesse der Gruppenbildung sind von Anfang an Macht- und Herrschaftsprozesse, und zwar in großen ebenso wie in kleinem Maßstab. Die Formation sozialer Zusammenschlüsse ist nicht von der Etablierung von Macht- und Herrschaftsstrukturen zu trennen: Gruppenbildungsprozesse sind fast immer Macht- oder Herrschaftsprozesse. Georg Simmel (1992 [1908]: 160 ff.) verwendet die Umschreibung »Über- und Unterordnung« als Oberbegriff nicht nur für Phänomene von Macht und Herrschaft, sondern auch, um den Zusammenhang mit ungleichen Verteilungen von anderen Ressourcen und Lebenschancen zu verdeutlichen.

Schon wenn sich Kinder zu einer ersten »Bande« zusammenschließen, passiert dies oft, indem sie sich um einen Anführer scharen. Historisch muss man sich den Zusammenschluss verstreut lebender Familien zu einem größeren Stammesverband wohl so vorstellen, dass es einer Familie oder Person gelingt, eine Vormachtstellung zu übernehmen und dadurch einen Zusammenschluss überhaupt erst herbeizuführen. Größere gesellschaftliche Gebilde, etwa mittelalterliche adelige Herrschaftsgebiete, bestehen in nichts anderem als der mehr oder minder dauerhaften Etablierung von Herrschaftsrechten. Und auch die vorherrschende Organisationsform moderner Gesellschaften, der nationale Territorialstaat, ist aus einem längeren Prozess der Institutionalisierung und Zentralisierung staatlicher Herrschaft hervorgegangen.

Gruppenbildung und Macht

Macht oder Herrschaft? | **9.3**

Bisher wurden die Begriffe Macht und Herrschaft nicht genau unterschieden. Häufig werden sie gemischt oder mit unterschiedlicher Bedeutung verwendet. Hinzu kommen weitere Stichworte wie *Zwang*, *Gewalt* und *Autorität*, die zur Abgrenzung und zum Vergleich herangezogen werden. Zur genaueren Bestimmung werden von vielen Autoren Begriffspaare verwendet, um auf diese Weise zwei Begriffe voneinander abzugrenzen und sie dadurch genauer zu bestimmen. Solche paarweisen Begriffsbestimmungen sind Macht versus Herrschaft (Max Weber), Macht versus Gewalt (Hannah Arendt), Macht versus Zwang (Niklas Luhmann) oder Macht versus Autorität (Wolfgang Sofsky). Es geht jeweils darum, aus einer bestimmten Perspektive einzelne Aspekte eines hierarchischen sozialen Verhältnisses herauszuheben und zu analysieren, deshalb gelangt man von verschiedenen Perspektiven aus zu unterschiedlichen Definitionen.

Gewalt, Zwang, Autorität

Als Einstieg eignen sich besonders gut die klassischen Definitionen von Max Weber (1864–1920) aus seinen »Soziologischen Grundbegriffen« (Weber 1972 [1921–22]: 1-30), weil sich an ihnen eine Reihe wichtiger Fragen erörtern lässt, und zwar gerade auch dort, wo sie sich in einzelnen Punkten kritisieren lassen.

Nach Weber kann *Macht* demnach auf allen möglichen Faktoren beruhen, von körperlicher Überlegenheit und nackter Gewalt bis hin zu ökonomischer oder emotionaler Abhängigkeit. Sie ist jeweils an eine konkrete Situation und an bestimmte Akteure gebunden. *Herrschaft* meint demgegenüber ein dauerhaftes Verhältnis, das nicht auf eine einzelne Situation beschränkt ist und sich potenziell auf einen weiteren Kreis von Akteuren erstreckt. Man könnte Herrschaft daher als *institutionalisierte Macht*, also als etablierte, zumindest zeitweise stabile soziale Form betrachten. Doch diese Auffassung bleibt an der Oberfläche der beiden Phänomene, denn Macht ist durch die Fähigkeit zum Erzwingen, Herrschaft hingegen durch ein Mindestmaß an Freiwilligkeit des Gehorchens definiert. Man könnte also auch dafür plädieren, die beiden Begriffe für zwei strikt zu unterscheidende Phänomene zu verwenden.

Institutionalisierung

Weber schlägt vor, sich auf Herrschaft zu konzentrieren, weil sie das soziologisch interessantere Phänomen sei. Macht sei bloß situativ und flüchtig, Herrschaft setze hingegen die mehr oder minder dauerhafte Bereitschaft der Beherrschten voraus, sich beherrschen zu lassen. Interessant ist, dass Weber damit das Problem gegenüber dem Alltagsverständnis umdreht. Es geht ihm nicht darum, auf welche Mittel sich Herrschaft gründet, sondern welche Motive Menschen haben, sich einer Herrschaft freiwillig zu unterwerfen und sie zu akzeptieren. Zunächst werden wir uns in diesem Abschnitt auf die Begriffe Webers einlassen, um in den folgenden andere Auffassungen, besonders zum Machtbegriff, dagegenzustellen.

9.3.1 | Macht und Herrschaft nach Max Weber

Webers Definitionen von Macht und Herrschaft sind ein Vorschlag, die Begriffe genauer zu bestimmen. Seine Definitionen sind rein begrifflich-logische Konstruktionen, sie sind *Idealtypen* (vgl. dazu auch 6.5.4). Es geht Weber nicht darum, einen real existierenden Fall von Macht oder Herrschaft zu beschreiben, sondern darum, einen möglichst präzisen und eindeutigen Begriff zu bilden. Solche Begriffe können dann dazu benutzt werden, an einem konkreten sozialen Phänomen zu unterscheiden, was daran Herrschaft und was Macht ist.

9.3.1.1 | Webers Begriff der Macht

Max Weber definiert *Macht* und *Herrschaft* in Paragraf 16 seiner »Soziologischen Grundbegriffe«, aus denen wir schon mehrfach Definitionen erörtert haben.

> Macht bedeutet jede Chance, innerhalb einer sozialen Beziehung den eigenen Willen auch gegen Widerstreben durchzusetzen, gleichviel worauf diese Chance beruht. (Weber 1972 [1921–22]: 28)

Webers Definition ist knapp und formal, aber dadurch umfassend. Fünf Aspekte lassen sich besonders herausheben. Wesentlich an Webers Machtbegriff ist gerade das, was er nicht ausschließt.

(1) Webers Definition schränkt den Begriff der Macht nicht auf eine bestimmte Sphäre sozialen Lebens ein, etwa Politik oder Wirtschaft, sondern besteht darauf, dass sich »jede Chance […] den eigenen Willen durchzusetzen, gleichviel, worauf diese Chance beruht«, als Macht verstehen lässt. Mit dieser Definition wird ein sehr breites Spektrum von Machtformen abgedeckt: ökonomische Macht, Hierarchien, Drohungen, körperliche Überlegenheit, Ausnutzen von Notlagen, aber auch emotionale Abhängigkeiten in einer Liebesbeziehung.

(2) Ebenso wenig schränkt sie den Inhalt des Willens ein, der durchgesetzt werden kann. Aus einer Position der Macht heraus kann ich versuchen, alles Erdenkliche durchzusetzen. Gerade das ist konstitutiv für Macht und unterscheidet sie von Herrschaft, wie der nächste Abschnitt zeigen wird.

(3) Wichtig an Webers Definition ist ferner die Formulierung »auch gegen Widerstreben«. Macht bedeutet nämlich nicht bloß, dass andere meinem Willen folgen, denn dies könnten sie auch aus eigenem Antrieb tun oder weil sie die gleichen Absichten verfolgen. Macht bedeutet darüber hinaus,

den eigenen Willen auch dann durchsetzen zu können, wenn er dem Willen oder den Absichten anderer widerspricht, sie ihren eigenen Willen also dem Willen desjenigen unterwerfen, der die Macht hat. Das muss sich nicht in offenem Widerstand äußern. Eher im Gegenteil: Macht zeigt sich gerade daran, dass es keinen Widerstand gibt. Offenes Aufbegehren wäre eher ein Zeichen dafür, dass die Macht nicht vollständig ist. Wenn aber jemand eine große Macht über einen anderen hat, wird dieser gehorchen, ohne sein inneres Widerstreben offen zu zeigen. Zeigt sich hingegen Wiederstand, der nur mit Gewalt gebrochen werden kann, ist die eher ein Zeichen für fehlende Macht.

möglicher Widerstand

Einschränkungen gibt es nur in zwei Hinsichten.

(4) Zum einen ist Macht an eine *soziale Beziehung* gebunden, das heißt, dass mindestens zwei Personen ihr Handeln aneinander orientieren. Macht ist also ein soziales Verhältnis, keine persönliche Eigenschaft einer einzelnen Person. Und sie ist somit auch nicht aus einer sozialen Beziehung oder einer sozialen Situation in eine andere übertragbar. Dieselbe Person, die in einer sozialen Beziehung Macht über andere hat, kann sich in einer anderen jemandes Willen unterwerfen.

(5) Zum anderen bedeutet Macht lediglich die *Chance*, den eigenen Willen durchzusetzen. Macht bietet nie die sichere Gewähr, dass man den eigenen Willen tatsächlich durchsetzt. Auch in einer extremen Situation, wenn etwa jemand mit einer Waffe oder mit Folter bedroht wird, bleibt dem Bedrohten letztlich die Freiheit, sich dem Willen des anderen nicht zu fügen. Der Bedrohte kann sich, im Extremfall zu einem hohen Preis, dem Willen des anderes nicht unterwerfen und lieber negative Folgen für sich in Kauf nehmen. Diese Einschränkung ist entscheidend, denn Macht kann man nur über ein anderes Subjekt haben, das über einen eigenen Willen und damit die Fähigkeit zum Widerstand verfügt. Könnte Macht etwas mit Sicherheit erzwingen, dann wäre es keine Macht über ein freies Subjekt, sondern so etwas wie die Bedienung einer Maschine oder das Einwirken auf einen toten Gegenstand. Man könnte nicht von Macht sprechen.

Die Leistung von Webers Definition besteht darin, dass sie den Machtbegriff auf praktisch alle sozialen Beziehungen anwendbar macht und sich auf alle Aspekte des Lebens erstreckt. Mit anderen Worten: Macht ist allgegenwärtig und tritt auf, sobald Menschen in eine soziale Beziehung treten. Doch der Vorteil dieser Definition ist zugleich ihr Nachteil. Weber selbst sagt, dass Macht nach dieser Definition »soziologisch amorph« sei, weil sie zwar immer eine soziale Beziehung voraussetzt, aber auf fast beliebigen Faktoren beruhen und beliebige Inhalte annehmen kann. Gerade die Allgegenwart und Vielgestaltigkeit von Macht lässt sie ebenso unbestimmbar erscheinen, wie den Begriff des Sozialen selbst.

soziologisch amorph?

Weber zieht daraus die Konsequenz, sich auf den Begriff der Herrschaft zu konzentrieren. Doch es gibt zum Machtbegriff auch andere Auffassungen, wie sich später in diesem Kapitel zeigen wird.

9.3.1.2 | Webers Definition von Herrschaft

Auf ebenso knappe Weise wie Macht, im Kern jedoch völlig gegensätzlich, definiert Weber Herrschaft.

> Herrschaft soll heißen die Chance, für einen Befehl bestimmten Inhalts bei angebbaren Personen Gehorsam zu finden. (Weber 1972 [1921– 22]: 28)

Weber erläutert:

> Herrschaft (»Autorität«) in diesem Sinn kann im Einzelfall auf den verschiedensten Motiven der Fügsamkeit: von dumpfer Gewöhnung angefangen bis zu rein zweckrationalen Erwägungen, beruhen. Ein bestimmtes Minimum an Gehorchenwollen, also Interesse (äußerem oder innerem) am Gehorchen, gehört zu jedem echten Herrschaftsverhältnis. (Ebd. S. 122)

Auch den Begriff der Herrschaft definiert Weber rein formal, wodurch auch er sich auf die verschiedensten Arten sozialer Verhältnisse anwenden lässt. Dabei ist er jedoch eingeschränkter als der Begriff der Macht. Die wichtigsten Aspekte der Definition lassen sich wiederum in fünf Punkten zusammenfassen.

(1) Der Kernpunkt der Weberschen Definition liegt im *Gehorsam finden*. Dies wird gerade im Kontrast zu Webers Definition von Macht deutlich. Während *Macht* darauf abhebt, den eigenen Willen auch gegen Widerstand durchsetzen zu können, ist *Herrschaft* dadurch definiert, dass Befehle bei denjenigen, an die sie gerichtet sind, freiwilligen Gehorsam finden. Die Frage ist also nicht, warum jemand in einer sozialen Beziehung über Macht verfügt, sondern warum Menschen aus eigenem Antrieb heraus gehorchen. Der Fokus liegt auf den *Motiven*, die Menschen haben, einem Befehl zu folgen. Anders gesagt: Herrschaft beruht darauf, dass Menschen diese Herrschaft anerkennen und bereit sind, sich ihr unterzuordnen.

Gehorsam finden

Dass jemand, der über Machtmittel verfügt, Befehle erteilen und Gehorsam erzwingen kann, ist kein Wunder. Erstaunlich ist aber, wenn Gehorsam stattfindet, ohne dass es einen Zwang gibt. Wenn man reale Beispiele für Herrschaftsverhältnisse betrachtet, ist es genau dieses Merkmal von Herrschaft, das sich aufdrängt und erklärt werden muss: Warum sind Menschen oftmals bereit, einen Herrschaftsanspruch zu akzeptieren und (im Großen und Ganzen) freiwillig zu gehorchen? Was sind die Motive des freiwilligen Gehorchens?

Gehorchen ist kein passives Hinnehmen, sondern eine Form des Handelns, und zwar auch dann, wenn der Gehorsam beispielsweise nur im Stillhalten oder Schweigen besteht. Gemäß der an Max Weber angelehnten Definition von Handeln in Kapitel 6 ist Handeln als ein »äußerliches oder innerliches Tun, Unterlassen oder Dulden« definiert, wenn die oder der Handelnde mit diesem Tun ein Motiv, einen subjektiven Sinn verbindet. Genau das ist im Fall des Gehorchens gegeben. Und aus diesem Grund ist Herrschaft einer soziologischen Analyse zugänglich, weil man nach den

Motive des Gehorchens

Motiven für das Gehorchen suchen kann. Diese Motive werden im Folgenden noch näher erörtert.

(2) Auch im Fall von Herrschaft nimmt Weber keine Einschränkung auf eine bestimmte Sphäre vor. Formen der Herrschaft lassen sich in allen Bereichen des sozialen Lebens und auf verschiedenen Ebenen finden. Unter den Begriff Herrschaft fallen demnach eine demokratische Regierung ebenso wie eine feudale Grundherrschaft oder Monarchie, aber auch das Vorgesetztenverhältnis in einem Betrieb, die Rolle eines Familienoberhauptes oder ein religiöser Anführer, der Anhänger um sich schart.

(3) Wie im Fall der Macht spricht Weber auch bei Herrschaft von der *Chance*, Gehorsam zu finden. Die Freiheit der beherrschten bzw. gehorchenden Subjekte, unter Umständen den Gehorsam zu verweigern oder Widerstand zu leisten, ist für ein Verständnis von Herrschaft ebenso wichtig wie für das Verständnis von Macht. Wenn die beherrschten Subjekte nicht frei wären, den Gehorsam zu verweigern, würde es keinen Sinn ergeben, von Herrschaft zu sprechen.

(4) Webers Definition schränkt Herrschaft außerdem ein auf die Chance, *für einen Befehl bestimmten Inhalts* Gehorsam zu finden. Herrschaft ist also auf bestimmte Bereiche beschränkt. Als ein Beispiel von Herrschaft könnte man die Anweisungen betrachten, die ein Vorgesetzter in einem Betrieb seinen Mitarbeitern gibt. In der Regel werden sie diese Anweisungen freiwillig befolgen, weil sie das als Teil ihrer beruflichen Aufgabe ansehen, für die sie bezahlt werden. Die Mitarbeiter haben also gute Gründe (Motive), es normal zu finden, den Anweisungen des Vorgesetzten zu gehorchen. Allerdings nur, solange sich die Anweisungen auf die berufliche Tätigkeit beziehen und in einem bestimmten Rahmen bleiben, den sie für berechtigt und legitim halten. Wenn der Vorgesetzte hingegen begönne, unberechtigte Forderungen außerhalb seines Zuständigkeitsbereichs oder außerhalb der bezahlten Arbeitszeit zu erheben, würden sich die Mitarbeiter wohl eher über ihn beschweren als diesen Anweisungen zu folgen.

Einschränkungen

Diese Einschränkung ergibt sich unmittelbar aus Punkt zwei, den Motiven des Gehorchens, auf denen Herrschaft beruht. Im Beispiel des Betriebes gehorchen die Mitarbeiter, weil sie glauben, dass der Vorgesetzte berechtigt ist, ihnen Arbeitsaufträge zu geben. Darin besteht das Motiv für ihren Gehorsam. Genau auf diesem Glauben beruht die Befehlsgewalt des Vorgesetzten, also seine Herrschaft. Sobald ihnen eine Anweisung aber ungerechtfertigt erscheint, etwa weil ihnen eine stark gesundheitsschädliche Tätigkeit angewiesen wird oder haufenweise unbezahlte Überstunden gefordert werden, fallen die Motive für den freiwilligen Gehorsam weg. Der Vorgesetzte hat kein Recht, alles Denkbare zu verlangen. Er könnte zwar versuchen, seine unangemessenen Anweisungen mit *Macht* durchzusetzen, wenn er denn darüber verfügt, aber freiwilligen Gehorsam, die Grundlage von *Herrschaft*, würde er nicht mehr finden.

Hier wird besonders deutlich, worauf Webers Herrschaftsbegriff abzielt: Nicht auf das Erzwingen von Gehorsam in außergewöhnlichen Situationen, sondern auf den üblichen Gehorsam, der das alltägliche Leben prägt und dafür sorgt, dass Menschen auch ohne Zwang gehorchen.

(5) Eine zweite Einschränkung bezieht sich darauf, dass der Gehorsam nur bei *angebbaren Personen* zu finden ist. Der bereits erwähnte Vorgesetzte darf als Abteilungsleiter den Mitarbeitern seiner Abteilung Anweisungen geben, den Mitarbeitern anderer Abteilungen jedoch nicht. Ein Fußballtrainer darf die Spieler seiner Mannschaft herumkommandieren, nicht jedoch die der gegnerischen Mannschaft. Auch diese Einschränkung ergibt sich aus der Definition von Herrschaft auf der Basis des freiwilligen Gehorsams. Denn ein Motiv zum Gehorchen haben nur die Mitarbeiter des Vorgesetzten, alle anderen jedoch nicht.

Amtsträger

Die erwähnten Beispiele haben das breite Spektrum sozialer Beziehungen erkennbar werden lassen, auf das Webers Begriff der Herrschaft angewandt werden kann. Es sind noch viele weitere Beispiele denkbar, etwa um die Alltäglichkeit von Herrschaft hervorzuheben. Wenn etwa ein Beamter im Einwohnermeldeamt von uns verlangt, dass wir bestimmte Unterlagen vorlegen und eine Gebühr bezahlen, um einen Reisepass ausgestellt zu bekommen, werden wir das befolgen, weil wir davon ausgehen, dass er berechtigt ist, das zu fordern. Wenn uns der gleiche Beamte auf dem Parkplatz vor dem Rathaus aber auffordern würde, ihm Geld für den Parkautomaten zu schenken, hätten wir keinen Grund, dieser Aufforderung zu folgen. In seinem offiziellen Amt darf er *bestimmte Anordnungen* geben, die wir befolgen, weil wir sie für rechtmäßig halten, doch darüber hinaus gestehen wir ihm kein Recht zu, Herrschaft auszuüben.

Gewalt aus Mangel an Herrschaft

Das Beispiel ist trivial, aber es wird interessant, wenn wir einen Staat ins Auge fassen, in dem derart alltägliche Verwaltungsakte nicht funktionieren, weil staatliche Institutionen nicht respektiert werden. Plötzlich können auch alltägliche Formen von Herrschaft zum Problem werden, und mit ihnen das Funktionieren eines Staates insgesamt. Als Beispiel könnte man an einen afrikanischen Staat wie Simbabwe denken, in dem eine labile Regierung nicht wirklich herrscht, sondern sich mit Gewalt durchsetzt. Wenn etwa das Vertrauen in die Behörden fehlt, besteht auch keine Bereitschaft, ihren Anordnungen oder Regeln in alltäglichen Angelegenheiten freiwillig zu folgen. Beamte oder Polizisten, die in einer solchen Situation zu Gewalt greifen, um sich Autorität zu verschaffen, üben nach Webers Auffassung gerade keine Herrschaft aus. Denn Herrschaft würde voraussetzen, dass die betroffenen Bürger sich freiwillig an Regeln und Anordnungen halten, weil sie sie für rechtmäßig erachten.

Zusammenfassung: Macht versus Herrschaft nach Max Weber

Macht	Herrschaft
▪ situativ ▪ abhängig von Machtmitteln verschiedenster Art aufseiten des Machtausübenden ▪ brüchig bei Fortfall der aktuellen Machtmittel ▪ Machtmittel eröffnen die Chance, Beliebiges zu erzwingen	▪ dauerhaft ▪ abhängig von der Bereitschaft der Gehorchenden, freiwillig einem Befehl zu folgen ▪ auf Legitimität angewiesen, um dauerhaft zu sein ▪ die Bereitschaft zum Gehorsam ist auf bestimmte Bereiche und Personen beschränkt

Herrschaft durch Gewalt?

9.3.1.3

Man könnte im Anschluss an das letzte Beispiel einwenden, dass Webers Begriff der Herrschaft viele Formen von Diktatur oder Gewaltherrschaft nicht abdeckt, weil Menschen dort zum Gehorsam gezwungen werden und nicht freiwillig gehorchen. Das ist richtig, doch es ist auch nicht die Absicht und Qualität von Webers Definition.

Herrschaft mit Mitteln der Unterdrückung oder Gewalt ist nach Webers Definition tatsächlich keine Herrschaft, sondern eben nichts anderes als die Anwendung von Gewalt. Bestenfalls ist es Machtausübung, wobei die Macht wiederum auf Gewalt oder der Drohung mit Gewalt beruht. Das bedeutet natürlich nicht, dass man solche Formen der Gewaltherrschaft, die nach Weber eben keine Herrschaft ist, nicht analysieren und kritisieren kann. Im Gegenteil.

Herrschaft ist nie nur Zwang

Der Vorteil von Webers Definition von Herrschaft als freiwilligem Gehorchen liegt aber in etwas anderem. Beispielsweise ist kaum eine auf Gewalt gestützte Diktatur denkbar, die sich allein mit der Ausübung von Gewalt an der Macht halten kann. Häufig finden sich zumindest Teile der Bevölkerung, die sich einen Vorteil davon versprechen, wenn sie sich der Diktatur unterwerfen. Sie werden nicht nur zum Gehorsam gezwungen, sondern gehorchen aus freien Stücken, weil sie Gründe dafür haben. Hier trifft Webers Definition von Herrschaft als Gehorsamfinden also zu. Gleiches gilt, wenn Menschen eine Diktatur zwar als ungerecht empfinden, sie aber für das kleinere Übel gegenüber einer anderen Person oder Gruppe halten, die ebenfalls nach der Macht strebt. Auch hier fügen sie sich der diktatorischen Ordnung freiwillig, es handelt sich also nicht bloß um erzwungenen Gehorsam, sondern wiederum um ein aktives Gehorchenwollen, aus welchen Gründen auch immer.

Schwäche von Diktaturen

Tatsächlich ist kaum eine Diktatur vorstellbar, die sich nur auf Gewalt und Zwang stützt, ohne nicht in einem Teil der Bevölkerung Unterstützung zu finden. Und genau an diesem Punkt wird Webers Definition von Herrschaft interessant und ermöglicht einen kritischen analytischen Zugang zu Gewalt- und Unrechtsherrschaft. Denn sie stellt die Frage, wer sich ihr aus welchen Gründen freiwillig angeschlossen oder unterworfen hat.

Beispielhaft lässt sich dies am Nationalsozialismus in Deutschland erörtern, der einerseits ohne Frage eine Diktatur war, andererseits aber eben nicht nur eine Diktatur war. Es gab den von der SS und anderen Organen ausgeübten gewaltsamen Terror gegen Teile der Bevölkerung, der geeignet war, Widerstand zu unterdrücken und Gehorsam zu erzwingen. Doch die zahlreichen Mitglieder dieser paramilitärischen Gruppen gehorchten Hitlers Befehlen freiwillig. Vor allem aber folgten auch weite Teile der Bevölkerung der nationalsozialistischen Politik freiwillig. Dies zeigen die steigenden Wahlergebnisse der NSDAP bei den Reichstagswahlen zwischen 1930 und 1933. Zudem hatte die NSDAP 1933 bereits fast vier Millionen Mitglieder, 1945 waren es 7,5 Millionen. Auf allen Ebenen der staatlichen Verwaltung fand eine aktive Unterstützung der Politik der NSDAP statt, Gerichte fällten Urteile im Sinn der nationalsozialistischen Politik, und die Universitäten entzogen jüdischen oder linken Professoren ihre Lehrstühle. Die totale Durchdringung aller Bereiche der deutschen Gesellschaft mit der nationalsozialistischen Ideologie wäre nicht denkbar gewesen ohne die aktive Teilnahme großer Teile der Bevölkerung. Der amerikanische Historiker Daniel Noah Goldhagen hat diese aktive Beteiligung im Titel seines kontrovers diskutierten Buches »Hitlers willige Vollstrecker« (Goldhagen 1998) auf den Punkt gebracht. Außer Goldhagen haben sich viele Historiker mit der Frage befasst, wie aktiv die deutsche Bevölkerung an der nationalsozialistischen Herrschaft und besonders an der Vernichtung der jüdischen Menschen teilgenommen hat.

National-sozialistische Herrschaft

Der aktive Anteil der Bevölkerung an der Etablierung und Aufrechterhaltung einer diktatorischen Herrschaft ist eine Schlüsselfrage, wenn man verstehen will, wie es zu den Diktaturen und totalitären politischen Systemen des 20. Jahrhunderts gekommen ist. Webers Definition von Herrschaft gibt natürlich keine Antwort auf diese Frage, aber sie zeigt eine Richtung, in der man suchen muss, um zu verstehen, wie eine konkrete Herrschaft bestehen kann: nämlich indem man nach den Motiven derer sucht, die sich beherrschen lassen.

9.3.2 | Herrschaft und die Motive des Gehorchens

Max Webers Herrschaftssoziologie endet nicht mit der Unterscheidung von Macht und Herrschaft, sondern diese Unterscheidung bildet nur die Grundlage für eine genauere Untersuchung der Motive des Gehorchens, das konstitutiv für Herrschaft ist.

In jedem real auftretenden Fall von Herrschaft sind die Motive der gehorchenden Menschen höchstwahrscheinlich vielfältig und gemischt. Weber hat demgegenüber *reine Typen* von Motiven herausgearbeitet. Auch hier geht es wieder darum, saubere Begriffe zu bilden, um mit deren Hilfe die mehr oder minder starken Mischformen in der Wirklichkeit untersuchen und identifizieren zu können.

idealtypische Handlungs-orientierungen

Für seine Untersuchung der Motive des Gehorchens greift Weber auf die Abgrenzung von vier allgemeinen Typen von Handlungsorientierungen zurück, wie sie in Kapitel 6 beschrieben wurden. Weber hatte zwischen *zweckrationalen, wertrationalen, traditionalen* und *affektuellen* Handlungsorientierungen unterschieden. Diese vier idealtypischen Handlungsorientierungen können auch auf die Motive des Gehorchenwollens angewandt werden.

Aus *zweckrationalen Motiven* wird einem Befehl gehorcht, weil man sich selbst Vorteile davon verspricht oder weil man eine Strafe vermeiden möchte. Der Gehorsam erfolgt, weil die rationale Abwägung von Kosten und Nutzen ergibt, dass der Gehorsam im eigenen Interesse ist.

zweckrational

Wenn ein Gehorsam hingegen auf *wertrationalen Motiven* beruht, dann erfolgt er in der festen Überzeugung, dass er wichtig und erforderlich ist, und zwar unabhängig davon, welchen Nutzen er verspricht oder welche Strafen er verhindert oder sogar nach sich zieht. Eine wertrationale Orientierung bedeutet, einem Gebot oder Befehl auch dann zu gehorchen, wenn zweckrationale Kosten-Nutzen-Erwägungen dagegen sprechen. Also etwa, wenn gar keine Gefahr besteht, dass man beim Nicht-Gehorsam oder bei der Übertretung einer Regel ertappt und bestraft werden könnte, oder aber wenn der Gehorsam mit hohen persönlichen Kosten oder einem großen persönlichen Risiko verbunden ist.

wertrational

Ein Gehorsam aus *traditionalen Motiven* erfolgt demgegenüber mehr oder minder aus Gewohnheit und ohne bewusste Abwägung.

traditional und affektuell

Aus *affektuellen Motiven* zu gehorchen, stellt einen Sonderfall dar, weil sich ein solcher Gehorsam wahrscheinlich sehr an der konkreten Person des Befehlenden orientiert und auf einer affektuellen Bindung beruht.

In allen realen Fällen von Herrschaft basiert der Gehorsam wahrscheinlich auf einer Mischung mehrerer Motivtypen. Weber gibt sich damit jedoch nicht zufrieden, denn wenn sich eine Herrschaft nur auf einen Gehorsam aufgrund aktueller Motive stützen kann, ist dies keine feste Grundlage für einen dauerhaften Bestand. Die Motive können sich ändern, besonders wenn es sich um zweckrationale Motive handelt, also die Erwartung eigener Vorteile oder das Vermeiden von Nachteilen und Strafe. Und die Motive des Gehorsams können zudem bei verschiedenen Individuen unterschiedlich sein, sodass rein individuelle Motive auch kein Fundament für eine allgemeinverbindliche Form von Herrschaft darstellen würden. Bei allen dauerhaften und allgemeineren Formen von Herrschaft kommt daher nach Weber ein Faktor hinzu, nämlich der Glaube an die *Legitimität* der jeweiligen Herrschaft.

Legitime Herrschaft | 9.4

Bei allen dauerhafteren und stabileren Formen von Herrschaft haben die Menschen nicht nur aktuelle Motive, bestimmten Befehlen oder Regeln zu gehorchen, sondern die Bereitschaft zu gehorchen wird zusätzlich von der Überzeugung gestützt, dass die Herrschaft zu Recht besteht. Die Menschen glauben, dass es sich – im Großen und Ganzen – um eine berechtigte, legitime Form der Herrschaft handelt. Weber nennt dies einen *Legitimitätsglauben*. Diese Überzeugung stützt eine Herrschaftsordnung über den einzelnen Gehorsam in einer

Legitimitäts-
glauben

konkreten Situation hinaus. Auch dann, wenn man bestimmte Anweisungen oder Regeln kritisch sieht oder in einzelnen Fällen eine Regel oder einen Befehl missachtet, steht dadurch nicht der Glaube an die Legitimität der jeweiligen Herrschaftsordnung als solcher infrage.

9.4.1 | Typen legitimer Herrschaft nach Max Weber

Dieser Legitimitätsglaube entspricht im Kern dem, was im vorangegangenen Abschnitt als wertrationale Orientierung bezeichnet wurde. Eine solche wertrationale Orientierung, also der Glaube an die Gültigkeit einer Ordnung oder Herrschaft, kann wiederum auf verschiedenen Typen von Motiven beruhen. Je nach Art der Motive, aufgrund derer man von der Legitimität einer Herrschaft überzeugt ist, lassen sich drei *Typen legitimer Herrschaft* unterscheiden: *traditionale*, *charismatische* und *legale/bürokratische* Herrschaft. Die Bedeutung dieses Legitimitätsglaubens lässt sich am besten durch einen genaueren Blick auf die drei Typen erkennen.

9.4.1.1 | Traditionale Herrschaft

Ein Motiv, warum sich Menschen einer Herrschaft freiwillig fügen, besteht in der Überzeugung, dass diese Herrschaft Teil der richtigen und rechtmäßigen Ordnung der Welt ist. Es ist zum Beispiel das Vertrauen oder der Glaube, dass diese Ordnung seit jeher gegolten hat und Teil der Welt ist, wie sie geschaffen wurde. Ihr Ursprung scheint sie zu rechtfertigen, egal ob er mythisch, religiös oder einfach nur »ursprünglich« ist. Damit ist viel mehr gemeint als eine bloße Gewohnheit, aus der heraus man gedankenlos gehorcht. Es ist die tiefe Überzeugung, dass die aus der Vergangenheit überlieferten Formen gut und richtig sind und bewahrt werden müssen. Eine Veränderung der bestehenden Ordnung oder des geltenden Rechts wird dementsprechend als unmöglich und von vornherein als verboten angesehen. Und zwar gerade deshalb, weil die Neuerung mit der Tradition brechen würde. Neuerungen gelten aber als nicht legitim. Jede Neuerung würde die Basis des Legitimitätsglaubens, auf dem die ganze Ordnung beruht, infrage stellen.

Glaube an überlieferte Ordnung

Diesen Typus von Herrschaft, der seine Legitimität aus dem Glauben »an die Heiligkeit der von jeher vorhandenen Ordnungen und Herrengewalten« (Weber 1988d [1922]: 478) bezieht, bezeichnet Weber als *traditionale Herrschaft*.

Ein solches Denken findet sich in ganz verschiedenen konkreten Formen von Herrschaft wieder, vor allem in jeder Art patriarchaler Herrschaft. Ein Beispiel sind Stammesgesellschaften, in denen der Ahnenkult und die Wahrung der Traditionen und Riten eine zentrale Rolle im kulturellen Selbstverständnis der Menschen spielen. Wer in einer solchen Gesellschaft zur Herrschaft bestimmt und befugt ist, wird durch die Tradition festgelegt: beispielsweise der Stammesälteste oder der Ältestenrat. Im Kern findet sich dieses Denken auch im Selbstverständnis der adeligen Oberschichten feudaler Gesellschaften. Ihre Angehörigen fühlen sich aufgrund ihrer Abstammung zur Herrschaft berufen, und je weiter sie ihren Stammbaum in die Vergangenheit zurückverfolgen können, desto höher ist ihr Rang. Ähnliches gilt für alle traditionalen Gesellschaften, beispielsweise auch für die indische Kastengesellschaft: Selbst bei vielen Angehörigen niederer Kasten, die unter dem Kastensystem leiden, herrscht die Überzeugung, dass die Legitimität der Kastenordnung durch die Tradition verbürgt ist. In kleinerer Form findet sich ein solches traditionales Denken aber auch in der Vorstellung des »väterlichen Familienoberhauptes«. Auch diese Form der Herrschaft ist, wo sie von den anderen Familienmitgliedern anerkannt wird, durch deren Glauben an die Gültigkeit einer Tradition legitimiert.

Der Begriff der *Tradition* ist uns bereits in Kapitel 6 begegnet. Konkret kann Tradition in Zusammenhang mit Herrschaft Verschiedenes bedeuten. In schriftlosen Kulturen meint sie die mündlich weitergegebene Überlieferung mythischer Erzählungen. Wobei hier bezeichnend ist, dass die Erinnerung an die Vergangenheit aufgrund der fehlenden schriftlichen Zeugnisse nicht viel weiter zurückreicht als das Gedächtnis der ältesten lebenden Angehörigen eines Stammes. Alles was davor liegt, gilt sehr schnell als in einer mythischen Urzeit angesiedelt. In Schriftkulturen treten die maßgeblichen Traditionen oft als religiöse Überzeugungen auf. Dann gilt die jeweilige Form der Herrschaft zusätzlich dadurch als legitimiert, dass man sie als »von Gott eingesetzt« interpretiert. Eine solche Überzeugung, die ebenfalls eine Form traditionaler Herrschaft darstellt, spielt beispielsweise in der Legitimation der Monarchien im christlich geprägten Europa der Frühen Neuzeit eine wichtige Rolle.

zum Begriff der Tradition

Gemeinsam ist allen Ausprägungen traditionaler Herrschaft, dass der Bezug für die Gültigkeit der jeweiligen Herrschaftsordnung in der Vergangenheit gesucht wird: in einem mythischen Ursprung, in der göttlichen Schöpfung oder einfach in dem, was »schon immer so war«.

Besonders deutlich lässt sich dieser Bezug auf die Vergangenheit gerade im Fall von Konflikten erkennen, beispielsweise wenn es zu einem Aufstand gegen die Herrschaft eines Grundherrn kommt. In den Bauernunruhen, die sich in der gesamten Frühen Neuzeit finden, forderten die Bauern praktisch nie die Abschaffung der feudalen Herrschaftsordnung, sondern sie warfen typischerweise ihrem jeweiligen Grundherrn vor, mehr an Abgaben und Frondiensten von ihnen zu verlangen, als nach der Tradition zulässig sei. Hier wurde also nicht die traditionale Form der feudalen Herrschaft in Zweifel gezogen, sondern es wurde gerade im Gegenteil mit der Gültigkeit der Tradition argumentiert. Einem einzelnen Feudalherren wurde vorgeworfen, sich nicht an die wahren Traditionen zu halten. Der Glaube an die traditionale Legitimität einer bestimmten Form der Herrschaft war so stark, dass sich selbst noch der Protest gegen eine ungerechte Behandlung auf diesen Legitimitätsglauben berief.

Rhetorik der »Wiederherstellung«

Ein Problem entsteht für die traditionale Herrschaft dann, wenn ein Herrscher, der gemäß der Tradition an die Macht gekommen ist, Neuerungen oder Reformen einführen will, die an der Tradition rütteln. Denn seine Herrschaft stützt sich auf die Gültigkeit der Tradition. In dem Moment aber, in dem er, und sei es mit der besten Absicht, gegen die traditionelle Ordnung verstößt, untergräbt er die Legitimität seiner eigenen Herrschaft. Wenn es ihm gelingt, den-

Wandel als Bedrohung von Legitimität

noch seine Herrschaftsposition zu erhalten, handelt es sich eben nicht mehr um eine traditionale Herrschaft, sondern er muss die Legitimität seiner Herrschaft auf eine neue Grundlage stellen. Das ist durchaus möglich, aber wenn es gelingt, bedeutet es den Übergang zu einem anderen Typus von Herrschaft.

9.4.1.2 | Charismatische Herrschaft

Die freiwillige Unterordnung und Akzeptanz von Anweisungen kann auch darauf beruhen, dass man sich einer bestimmten Person anschließt oder unterordnet, weil man beispielsweise überzeugt ist, dass sie die bestmögliche Anführerin oder der bestmögliche Anführer in einer Situation ist oder weil man ihr eine besondere Autorität zuspricht. Dieses Motiv für ein Gehorchenwollen geht einher mit einer besonders engen Bindung an eine bestimmte Person und ist das genaue Gegenteil der traditionalen Herrschaft. Weber bezeichnet eine auf solchen Motiven beruhende Herrschaft als *charismatische Herrschaft*. Sie beruht nach Weber auf »affektueller Hingabe an die Person des Herrn und ihre Gnadengaben« (Weber 1988d [1922]: 481). In diesem Typus schließt man sich einem bestimmten Anführer – oder einer Anführerin – nicht deshalb an, weil es die Tradition so fordert, sondern weil man überzeugt ist, dass er als Person über besondere Eigenschaften verfügt, die ihn in den eigenen Augen zu einem »geborenen«, begnadeten oder sonst wie auserwählten Anführer machen.

Bindung an Person (margin note)

> Charismatische Herrschaft beruht auf »affektueller Hingabe an die Person des Herrn und ihre Gnadengaben (Charisma), insbesondere: magische Fähigkeiten, Offenbarungen oder Heldentum, Macht des Geistes und der Rede. Das ewig Neue und Außerwerktägliche, Niedagewesene und die emotionale Hingenommenheit dadurch sind hier Quellen persönlicher Hingebung.« (Weber 1988d [1922]: 481)

Weber trifft keine Entscheidung darüber, ob es Charisma als persönliche Eigenschaft tatsächlich gibt und worin genau es besteht. Das ist für eine soziologische Betrachtung auch nicht erforderlich, denn Charisma konstituiert sich durch den Glauben der Anhängerinnen und Anhängern, unabhängig davon, ob reale magische Fähigkeiten vorhanden sind

Diese Art des Legitimitätsglaubens findet sich oft in solchen Fällen, wo mit einer traditionalen Ordnung gebrochen wird. Charismatische Herrscher im Sinne Webers sind beispielsweise die Anführer eines Aufstandes, die Vordenker oder Leitfiguren einer revolutionären Bewegung, aber auch die Religionsstifter und Propheten, die eine neue Religion oder Konfession begründen. Sie alle scharen Anhänger, Gefolgsleute oder Jünger um sich, die ihnen nicht deshalb folgen und gehorchen, weil das eine traditionale Ordnung so festlegt. Sie folgen, weil sie überzeugt sind, dass die Person des Anführers etwas Besonderes verkörpert. Und dieses besondere Charisma ist die Basis des Legitimitätsglaubens. Typischerweise stellen die Anhängerinnen und Anhänger eines charismatischen Anführers dessen Anweisungen über die geltenden Gebote und Gesetze. Wenn er es fordert, stellen sie sich gegen eine herrschende Ordnung, einen herrschen-

Glaube der Gefolgsleute (margin note)

den Glauben oder eine traditional geltende Herrschaft. Denn sein Charisma verleiht ihm eine Autorität, die ihn in ihren Augen über die bislang gültigen Traditionen und Gesetze erhebt.

An der charismatischen Herrschaft lässt sich der Kern der Weberschen Definition von Herrschaft, das freiwillige *Gehorchenwollen*, besonders gut ablesen. Denn ein charismatischer Anführer (oder eine Anführerin) bindet seine Anhängerinnen und Anhänger nicht mit irgendwelchen Zwangsmitteln an sich oder indem er ihnen hohe Belohnungen verspricht, sondern sie folgen ihm aus freien Stücken. Sie erkennen seine Führung an, ohne in irgendeiner Weise dazu gezwungen zu sein oder einen konkreten Lohn dafür erwarten zu können. Dieses freiwillige Anerkennen spielt bei allen Formen von Herrschaft eine Rolle. Im Fall eines charismatischen Anführers aber tritt es besonders deutlich hervor, weil diese Form der Herrschaft nicht durch weitere Tatsachen wie Traditionen oder formale Regeln gestützt wird. freiwillige Gefolgschaft

Charismatische Herrscher finden sich zu allen Zeiten und im weltlichen wie im religiösen Bereich. Ihre Ziele können sehr unterschiedlich sein, doch in formaler Hinsicht beruht ihre Herrschaft aufseiten ihrer Gefolgschaft auf dem gleichen *Typus von Legitimitätsglauben*. So könnte man einen politischen Rebellenführer ebenso als charismatischen Führer beschreiben wie etwa Mahatma Gandhi oder einen religiösen Propheten, bei allen Unterschieden in ihren Zielen und Vorgehensweisen. Propheten und Rebellen

Typisch ist, dass im Fall charismatischer Herrschaft die Gefolgsleute mit besonderer Hingabe den Anweisungen ihres Anführers folgen. Sie nehmen große Gefahren auf sich, und in manchen Fällen stellen sie ihr ganzes Leben auf diese Gefolgschaft ein. Ein besonderes Problem der charismatischen Herrschaft ist jedoch, sie dauerhaft zu etablieren. Ein Revolutionsführer in Lateinamerika mag seine Herrschaft in den ersten Jahren nach der Revolution ganz auf sein persönliches Charisma, seinen Mut und seine außergewöhnlichen Leistungen stützen. Doch mit den Jahren muss er diese Eigenschaften entweder ständig neu unter Beweis stellen, um den Glauben an die Legitimität seiner Herrschaft zu erhalten. Oder er muss andere Wege finden, seine Herrschaft aufrechtzuerhalten. Etwa indem er in Form von Plakaten, Denkmälern, Feiertagen oder sonstigen Ritualen seine charismatische Herrschaft immer wieder neu inszeniert. Problem der Dauer

Die *Veralltäglichung*, wie Weber diesen Vorgang nannte, ist eine große Gefahr für die charismatische Herrschaft. Ein Revolutionsführer, der sich den Alltagsgeschäften der Politik zuwendet, verliert sein Charisma. Dieses Problem lässt sich an vielen Revolutionsführern beobachten, denen der Übergang von einer revolutionären Bewegung zu einer stabilen alltäglichen Regierungsform nicht gelingt. Veralltäglichung

Legale/bürokratische Herrschaft 9.4.1.3

Ein drittes mögliches Fundament der Legitimität von Herrschaft ist die Überzeugung, dass es verbindliche Regeln und Gesetze gibt, an die sich alle gleichermaßen halten müssen. Dieser Typus des Legitimitätsglaubens unterscheidet sich Glaube an Regeln

Rechtsstaaten

von der traditionalen ebenso wie von der charismatischen Herrschaft dadurch, dass man nicht an die Legitimität von herrschenden Personen glaubt, sondern an die Legitimität einer Rechtsordnung. Weber bezeichnet diesen Typus als *legale* oder *bürokratische Herrschaft*. Sie ist die typisch moderne Form der Herrschaft und kennzeichnet demokratische Rechtsstaaten. Weber definiert:

> Gehorcht wird nicht der Person, kraft deren Eigenrecht, sondern der gesatzten Regel, die dafür maßgebend ist, wem und inwieweit ihr zu gehorchen ist. (Weber 1988d [1922]: 476)

Auch demokratisch und rechtsstaatlich organisierte Gesellschaften sind nicht frei von Herrschaft. Im Gegenteil. Ihr Selbstbild baut zwar darauf, dass sie frei sind von bestimmten Formen von Herrschaft, beispielsweise kennen sie keine Herrschaftspositionen, die vererbt oder durch Geburt erworben werden. Formen des Adels sind abgeschafft und Adelstitel nur von symbolischer Bedeutung. Aber Herrschaft ist gleichwohl allgegenwärtig. Es gibt zum Beispiel Regierungen, Bundeskanzlerinnen, Minister, Landrätinnen und Bürgermeister. Und auch einfache Verwaltungsbeamte oder Polizisten üben Herrschaft aus. Ent-

Ämter

scheidend ist jedoch, dass sie dies nicht als Person tun, sondern als Träger eines Amtes oder einer Funktion. Das ist der Kern von Webers Definition. Jedes Amt ist mit bestimmten Vollmachten verbunden, die festlegen, was die Inhaberin oder der Inhaber dieses Amtes entscheiden und anordnen darf – und was nicht. Darauf beruht die Legitimität der Entscheidungen und Anordnungen, die eine Amtsinhaberin oder ein Funktionsträger trifft. Gehorcht wird nach Weber nicht der Person, die etwas anordnet, sondern dem Amt. Und dieses Amt ist definiert durch Regeln, formale Gesetze und geregelte Verfahren, die festlegen, worin seine Aufgaben und Kompetenzen bestehen.

Der prinzipielle Unterschied zwischen traditionaler und charismatischer Herrschaft einerseits und legaler/bürokratischer Herrschaft andererseits liegt darin, dass die beiden ersten personale Formen von Herrschaft sind. Die Tradi-

Verfahren

tion legt fest, wer die Herrschaft übernimmt (als Dorfältester, Landesfürst, Scheich oder Monarch), und derjenige, der auf dieser Grundlage eine traditional legitimierte Herrschaftsposition innehat, darf persönlich entscheiden. Sein Wort gilt als Gesetz und als Urteil, er selbst ist in vielen Fällen aber nicht an Recht oder Gesetz gebunden und muss sich nicht rechtfertigen. Er als Person ist der Herrscher. Oftmals gibt es in Gesellschaften mit traditionaler Herrschaft gar kein schriftlich fixiertes Recht, sondern nur die traditionale Regel, wer entscheiden darf. Erst recht gilt dies für die charismatische Herrschaft. Ihre Legitimität ist ganz und gar an eine bestimmte Person gebunden, der allein ihre Gefolgsleute zu gehorchen bereit sind, egal, was sie entscheidet. Für einen charismatischen Anführer ist es in vielen Fällen sogar typisch, dass er mit geltenden Regeln und Traditionen bricht und die Gefolgschaft gegenüber seiner Person an deren Stelle setzt.

Im Fall der legalen/bürokratischen Herrschaft richtet sich der Legitimitätsglauben hingegen nicht auf eine Person, sondern auf die Gesetze und formalen

Vorschriften, durch welche die Ämter, ihre Befugnisse und die Verfahren der Herrschaftsausübung definiert sind.

Folglich gibt es in diesem Typus von Herrschaft auch keinen Herrscher in dem Sinn, wie man ihn in den anderen Herrschaftsformen findet. Herrschaftsaufgaben werden von Funktionsträgern ausgeübt; die Herrschaft selbst besteht in anonymen Verfahren.

ohne Ansehen der Person

> Grundvorstellung ist: dass durch formal korrekt gewillkürte Satzung beliebiges Recht geschaffen und abgeändert werden könne. (Weber 1988d [1922]: 475)

Weber selbst sah sehr deutlich die Ambivalenz dieser Form von Herrschaft. Einerseits ist es die einzige Art, wie demokratische Rechtsstaaten Herrschaft organisieren können, und nur eine solche unpersönliche Form von Herrschaft kann in einer Gesellschaft, in der individuelle Freiheit und Gleichheit die zentralen Werte sind, als legitim angesehen werden. Doch andererseits entsteht mit zunehmender Komplexität ein bürokratisches Gefüge, das durch formale Regeln, Sachzwänge und starre Strukturen gekennzeichnet ist. Die Tatsche, dass niemand persönlich herrscht, bedeutet auch, dass niemand legitimiert ist, das Gefüge der Regeln zu durchbrechen. In gewisser Weise ist es eine Form von Herrschaft, in der es keinen Herrscher gibt, aber in der gleichwohl alle einer konsequenten Herrschaft unterworfen sind.

Fazit

9.4.1.4

Webers Terminologie mag aus heutiger Sicht etwas altertümlich erscheinen, doch der argumentative Kern und der analytische Nutzen werden davon nicht beeinträchtigt. Tatsächlich ist es schwierig, entweder einen vierten Typus von Legitimitätsgeltung einer Herrschaft zu entwerfen oder aber einen empirischen Fall von Herrschaft zu finden, der sich nicht als Kombination der drei beschriebenen Typen erfassen lässt.

vollständige Typologie?

Die idealtypischen Formen, in denen der Glaube an die Legitimität einer Herrschaft auftritt, machen noch einmal deutlich, worauf Webers Begriff von Herrschaft insgesamt beruht. Herrschaft meint nicht, dass Menschen gezwungen werden, sondern dass sie nicht gezwungen werden müssen. Sie beruht auf der Bereitschaft, eine Herrschaft anzuerkennen und sich ihr prinzipiell freiwillig zu unterwerfen. Wenn diese Bereitschaft nicht gegeben ist, kann Herrschaft nicht bestehen, zumindest nicht dauerhaft. Und umgekehrt kann man bei jeder Art stabiler Herrschaft davon ausgehen, dass sie von den Betroffenen in irgendeiner Weise akzeptiert wird. Die Motive ihrer Bereitschaft zum Gehorchen (im weitesten Sinn) machen Herrschaft zu einem interessanten soziologischen Phänomen.

Webers Typen sind rein abstrakt. Aber gerade deshalb lassen sich mit ihnen, ebenso wie mit seinem Begriff der Herrschaft, die unterschiedlichsten sozialen Verhältnisse beschreiben: die patriarchale Stellung des Oberhauptes in manchen Familien, die Hierarchien in wirtschaftlichen Betrieben oder kirchlichen Verbänden, der Erfolg von Leitfiguren in politischen oder religiösen Bewegungen und vieles mehr.

der soziologische Blick

Max Webers Herrschaftssoziologie steht damit am Anfang einer Entwicklung, die typisch ist für den soziologischen Blick auf Gesellschaft. Eine Beschäftigung mit Herrschaft findet sich in der Philosophie seit ihren Anfängen. Aber es ist nur die Frage nach der gerechten politischen Herrschaft. Der soziologische Blick thematisiert Macht und Herrschaft hingegen nicht nur in Bezug auf den Bereich des Politischen. Formen von Macht und Herrschaft werden in allen Bereichen der Gesellschaft und auf allen Ebenen identifiziert. Besonders deutlich wird dies am soziologischen Blick auf das Verhältnis der Geschlechter, dem Abschnitt 10.6 gewidmet ist. Webers Typologie geht die ersten Schritte in diese Richtung. Wie wir in späteren Abschnitten sehen werden, lässt sich der Machtbegriff noch erheblich weiter ausdehnen.

Neben der inhaltlichen Seite der Weberschen Typologie von Herrschaftsformen haben die vorangegangenen Erörterungen gezeigt, wie die theoretische Arbeit an exakten Begriffen funktioniert. Begriffe sind keine Abbilder von Wirklichkeit, sie enthalten keine empirische, sondern lediglich eine logische Aussage. Ihr Nutzen besteht jedoch darin, dass man mit ihrer Hilfe Wirklichkeit beschreiben kann.

9.4.2 | Niemand herrscht allein: Hierarchien und Verwaltungsstäbe

Besonders am Typus der bürokratischen Herrschaft dürfte aufgefallen sein, dass Herrschaft nicht eine Sache zwischen einem einzelnen Herrscher und seinen Gefolgsleuten ist, sondern ein hierarchisches Gefüge voraussetzt, an dem viele beteiligt sind. Befehle werden weitergetragen und umgesetzt, allgemeine Anordnungen müssen durch konkrete Maßnahmen vor Ort verwirklicht werden. Am Typus der legalen/bürokratischen Herrschaft wurde betont, wie viele unterschiedliche Amtsinhaber und Funktionsträgerinnen an der Ausübung von Herrschaft teilhaben, und sei es in einem noch so kleinen Spezialbereich. Ohne solche Akteure, die Herrschaft umsetzen und weitertragen, könnte es in einem größeren sozialen Zusammenhang gar keine Herrschaft geben.

Am Beispiel der bürokratischen Herrschaft leuchtet dies unmittelbar ein. Doch es ist ebenso bei den anderen Formen der Fall. Auch feudale Herrschaft stützt sich auf Steuereintreiber, Aufseher, Kammerherren oder Vögte. Und selbst im Fall charismatischer Herrschaft mag es besonders enge Gefolgsleute des Anführers geben, auf die ein Teil des Charismas abfärbt und die an der Umsetzung seiner Herrschaft beteiligt sind.

Teilhabe an Herrschaftsausübung

Max Weber spricht vom *Verwaltungsstab*, auf den jede Form von Herrschaft angewiesen ist (Weber 1972 [1921–2]: 26, 122 ff.). Solche Verwaltungsstäbe können, je nach Art der Herrschaft, sehr unterschiedliche Formen annehmen. Es kann sich um einfache Beamte und Sachbearbeiter handeln, um das Management einer Firma, um die Offiziere einer Armee oder um informelle Gefolgsleute. Greift man auf das Beispiel eines Propheten als charismatischen Herrscher zurück, könnte man auch seine Jünger als eine Art Verwaltungsstab ansehen, denn sie sind diejenigen, die in seinem Namen handeln und seine Botschaft propagieren.

Soziologisch interessant ist, wie Herrschaft in der Praxis organisiert wird und wer sie auf welche Weise in konkretes Handeln umsetzt. Jenseits der Frage nach der Legitimität der *Herrschaftsordnung* als solcher ergeben sich hier Ansatzpunkte für die Erforschung von Herrschaft als *sozialer Praxis*.

Dauerhaftigkeit von Herrschaft und die Frage der Nachfolge

9.4.3

Im Begriff der Herrschaft ist eine gewisse Vorstellung von Dauerhaftigkeit bereits angelegt. Anders als Macht, die situationsabhängig ist und sich als flüchtig erweisen kann, ist Herrschaft, wenn sie sich auf einen Legitimitätsglauben stützen kann, ein relativ stabiles soziales Verhältnis. Der Legitimitätsglaube kann Krisen überbrücken; eine Herrschaftsordnung kann beispielsweise auch dann fortbestehen, wenn sich Niederlagen einstellen oder sich ein Herrschaftsinhaber als Versager erweist.

Der Legitimitätsglaube richtet sich bei traditionaler und bei legaler/bürokratischer Herrschaft nicht auf einen einzelnen Inhaber und nicht auf eine begrenzte Situation, sondern auf die Rechtmäßigkeit einer ganzen Herrschaftsordnung. Ein solcher Glaube entsteht nicht von heute auf morgen, und er verschwindet auch nicht von einem Moment auf den anderen. Dem Sturz der Monarchie als Herrschaftsordnung in der Französischen Revolution oder in der deutschen Revolution von 1918 gingen längere Phasen des *Legitimitätsverlustes* voraus. Und sowohl nach der Revolution von 1789 als auch in der Weimarer Republik ab 1919 erwies es sich als schwierig, eine neue stabile Herrschaftsordnung zu etablieren, von deren Legitimität die breite Mehrheit der Bevölkerung überzeugt war.

Die Legitimitätsvorstellungen sind oft Teil tief verwurzelter Weltbilder und zählebiger Überzeugungen, wie die Welt zu sein hat. Gerade das macht in einigen Fällen ihre Stabilität aus. Andererseits lassen sie sich gerade deshalb auch nicht so ohne Weiteres in kurzer Zeit etablieren. Beispielsweise fällt die Einführung der Demokratie in manchen Gesellschaften sehr schwer, weil sich die Überzeugung der Legitimität dieser Form von Herrschaft durch legale Verfahren nicht so einfach verbreiten und verwurzeln lässt.

Eine konkrete Gestalt bekommt die Frage nach der Dauer von Herrschaft angesichts des Nachfolgeproblems. Wie wird bestimmt, wer in eine Herrschaftsposition nachrücken soll? Im Fall der traditionalen und der legalen Herrschaft schließen die Legitimitätsvorstellungen auch die Verfahren ein, mit der diejenigen bestimmt werden, die Herrschaft ausüben dürfen. Die Regelung der Nachfolge und somit eine gewissen Dauerhaftigkeit der Herrschaftsordnung ist damit gesichert.

Schwierigkeiten der Etablierung

Übertragbarkeit von Legitimität

Anders verhält es sich im Fall der charismatischen Herrschaft, wo die Herrschaft sehr ausdrücklich an eine bestimmte Person gebunden ist. Die Weitergabe der Herrschaft stellt daher ein Problem dar, für das eine besondere Lösung gefunden werden muss. Gelingt dies nicht, löst sich mit dem Tod des Anführers die Legitimität der Herrschaft und damit wahrscheinlich die ganze Gruppe, die sich um ihn geschart hatte, auf. Man könnte an Neugründungen von Parteien denken, die sich um einen einzelnen Wortführer herum bilden und die ohne ihn in Streitereien verfallen und sich auflösen. Keineswegs immer entwickelt sich aus einer charismatisch legitimierten Herrschaft also eine dauerhafte Herrschaftsordnung.

Lösungen des Nachfolgeproblems

Manchmal jedoch gelingt dies, und in der Geschichte finden sich verschiedene Lösungen dafür. Eine Möglichkeit besteht darin, dass der Anführer versucht, seine Position an seine Nachkommen, zumeist bekanntlich Söhne, weiterzugeben, getragen durch die Vorstellung, er würde sein Charisma gewissermaßen vererben. Max Weber bezeichnet diese Lösung als *Erbcharisma* (Weber 1972 [1921–22]: 140 ff.). Gelingt dies, wandelt sich die charismatische Herrschaft auf längere Sicht in eine *traditionale Herrschaft*. Die erbliche Weitergabe wird zu einer Tradition und damit verändert sich die Basis des Legitimitätsglaubens. So sind beispielsweise die verschiedenen Formen des Adels entstanden. Erbcharisma kommt überall da vor, wo ein Herrschaftsanspruch unter Berufung auf die Herkunft und einen Vorfahren erhoben wird.

Wandel der Herrschaftsformen

Eine andere Lösung besteht darin, dass der charismatische Anführer noch zu Lebzeiten persönlich einen Nachfolger unter seinen Gefolgsleuten auswählt und auf diese Weise einen Teil seines Charismas auf ihn überträgt. So etwa der Revolutionsführer, der auf dem Sterbebett mit seinen letzten Worten den künftigen Anführer benennt. Max Weber nennt dies *Nachfolgerdesignation*. Ob sich ein solches Verfahren auf Dauer durchhalten lässt, ob es also dem Nachfolger gelingen wird, seinerseits einen Nachfolger zu bestimmen, ist fraglich. Möglicherweise stößt er damit auf keinen Legitimitätsglauben mehr. Vielleicht aber verwandelt sich auf längere Sicht auch hier die charismatische Herrschaft in eine traditionale. Oder es findet ein Übergang zu einer ganz anderen Form der Herrschaft statt, indem die ehemaligen Anhänger aus ihren Reihen einen Nachfolger per Wahl bestimmen. Dann ist dessen Position nicht mehr durch das ursprüngliche Charisma, sondern durch ein Verfahren legitimiert. Somit hätte sich die charismatische Herrschaft zu einer legalen (demokratischen) entwickelt.

Eine dritte Lösung schließlich besteht darin, dass es für den charismatischen Anführer keinen direkten Nachfolger gibt, sondern dass ein Amt geschaffen wird, das fortan seine Herrschaft stellvertretend verwaltet. Max Weber hat dies *Amtscharisma* genannt. Als anschauliches Beispiel könnte man das Amt des Papstes heranziehen, der für sich beansprucht, in der Nachfolge des von Jesus als Stellvertreter ausgewählten Apostels Petrus zu stehen.

Eine sehr komplizierte Lösung findet sich im tibetischen Buddhismus, wo eine Kommission von Gelehrten unter allen Kindern eines bestimmten Alters nach Anzeichen dafür sucht, dass es sich bei dem Kind um die Wiedergeburt (Reinkarnation) des gestorbenen Anführers handelt. Auch hierin ist unschwer der Versuch zu erkennen, der charismatischen Herrschaft einer konkreten Person Dauerhaftigkeit zu geben.

Bei allen diesen Erwägungen geht es darum, ob der Glaube an die Legitimität der Herrschaft anhält und damit die Herrschaft selbst fortbestehen kann.

Worin genau besteht Macht? | 9.5

Max Weber fand es schwierig, an den Begriff der Macht eine soziologische Analyse anzuknüpfen. Dass jemand Macht besitzt, kann durch unterschiedlichste Faktoren wie körperliche Stärke, Intelligenz, Waffen oder Besitz begründet sein und bedarf in diesen Fällen kaum einer soziologischen Erklärung. Etliche der genannten Faktoren sind keine genuin sozialen, sondern materielle oder persönliche. Insofern ist Weber recht zu geben. Doch es gibt auch Fälle, in denen einige wenige Mitglieder einer Gruppe Macht über die Mehrzahl der anderen erringen, obwohl sie über keine besonderen Machtmittel verfügen. Sie sind nicht stärker, nicht intelligenter, nicht reicher und nicht brutaler als andere Mitglieder der Gruppe, und doch kann es ihnen gelingen, Macht über eine Mehrheit auszuüben.

Macht als Beziehung

Es geht hier um jene Fälle, in denen es sich tatsächlich um Macht handelt und nicht um Herrschaft. Also um Fälle, in denen die anderen Mitglieder einer Gruppe nicht freiwillig gehorchen, sondern gezwungen werden können, gegen ihren Willen zu gehorchen. Soziologisch interessant sind diese Fälle, weil in ihnen die Fähigkeit zur Machtausübung nicht auf persönlichen (außersozialen) Eigenschaften der Machthabenden beruht, sondern in der Struktur der Gruppe selbst begründet liegt. Es geht um Macht als das Ergebnis einer sozialen Konstellation oder *Figuration*.

Macht als soziale Figuration | 9.5.1

Anders als Weber, der nach seiner allgemeinen Definition das Thema der Macht nicht weiter untersuchte, haben sich eine Reihe anderer Soziologen ausdrücklich mit der Entstehung und dem Erhalt von Macht befasst. Und zwar jener Macht, die das Ergebnis sozialer *Figurationen* ist. Sie knüpfen damit an eine der Überlegungen an, die am Anfang dieses Kapitels standen: Zum einen verfügt jeder handlungsfähige Mensch über ein Mindestmaß an Macht. Und zum anderen ist Macht kein persönlicher Besitz, sondern ein soziales Verhältnis.

Um die Verteilung von Macht in sozialen Beziehungen zu beschreiben, hat Norbert Elias den Begriff der *Figuration* in die soziologische Fachsprache eingeführt. Er benutzt ihn, um zu zeigen, dass sich aus dem Zusammenspiel mehrerer Akteure etwas ergeben kann, das kein Akteur für sich besitzt oder erreichen könnte. Man könnte auch sagen: Macht wird »gemacht« (Sofsky/Paris 1994 : 16).

Figurations-analyse

Alle erdenklichen sozialen Beziehungen lassen sich als soziale Figuration beschreiben. Es können berufliche oder private, anonyme oder persönliche, flüchtige oder dauerhafte Konstellationen sein. Und ebenso können sie sich aus allen erdenklichen Anlässen, Inhalten oder Zielen formen. Figurationen bestehen nie nur aus Macht, aber Macht spielt in allen Figurationen eine Rolle. Wie Macht aus ihnen hervorgeht, kann man am besten an konkreten Fällen darstellen. Als Beispiel lassen sich das Buch über »Phänomene der Macht« von Heinrich Popitz (1986) und die berühmte Studie von Norbert Elias über »Etablierte und Außenseiter« (1990) heranziehen.

9.5.1.1 | Prozesse der Machtbildung 1: Koalition der Privilegierten

Popitz analysiert an drei Beispielen, wie es zur Machtbildung und Machtverfestigung in einer Gruppe kommen kann. Sein erstes Beispiel ist auf einem Passagierschiff angesiedelt, das im Mittelmeer von Hafen zu Hafen fährt. Auf dem Deck des Schiffes findet sich eine Zahl von Liegestühlen, die allen Passagieren zur Verfügung stehen. Es sind nicht genug Liegestühle für jeden vorhanden, aber da nie alle Passagiere zur gleichen Zeit auf einem Liegestuhl liegen wollen, ist immer ein freier Stuhl zu finden, wenn jemand danach sucht.

Beispiel Passagierschiff

In einem der Häfen nun steigt eine Gruppe von Passagieren zu, die sich anders verhält. Sie belegen die Liegestühle dauerhaft, indem sie Handtücher und andere Gegenstände darauf platzieren, also auch zu den Zeiten, wenn sie sie selbst gar nicht benutzen. Sie reservieren und markieren auf diese Weise »ihre« Liegestühle, und sie beginnen, sie am Abend zusammenzuklappen und zur Seite zu stellen. Außerdem passen die Mitglieder dieser Gruppe gegenseitig auf »ihre« Liegestühle auf. Versucht im Laufe des Tages einer der Passagiere, die nicht zu der Gruppe gehören, einen der offenbar nur von einem Handtuch belegten Liegestühle zu benutzen, erheben die benachbarten Liegestuhlinhaber Beschwerden und vertreiben ihn.

überlegene Organisationsfähigkeit der Privilegierten

Für die Mehrheit der Passagiere ist das eine unbefriedigende Entwicklung, und dennoch fällt es ihnen schwer, etwas dagegen zu unternehmen. Jeder einzelne von ihnen kann sich gegen die Gruppe der Liegestuhlbesetzer nicht durchsetzen. Um die ursprüngliche Situation der freien Verfügbarkeit wieder herzustellen, müsste sich die Mehrheit der Passagiere zusammenschließen. Doch dafür müsste jemand Zeit und Arbeit investieren, um das gemeinsame Handeln der Mehrheit zu organisieren. Er müsste im Interesse der Mehrheit handeln, ohne dass es ihm selbst viele Vorteile einbrächte.

Und selbst wenn es gelingen sollte, die Gruppe der Liegestuhlbesetzer zu vertreiben, bestünde ständig die Gefahr, dass sie zurückkehrt oder sich eine neue Gruppe bildet, die die Liegestühle für sich besetzt. Um die freie Verfügbarkeit auf Dauer zu verteidigen, müsste die Mehrheit eine Art Aufsicht einrichten, die in ihrem Auftrag darüber wacht, dass die Liegestühle nicht permanent besetzt werden. Doch wer sollte sich dazu bereitfinden, einen ganzen Tag Wache zu schieben, wenn er doch nur ein oder zwei Stunden auf einem Stuhl liegen möchte?

Die Gruppe der Liegestuhlbesetzer hat es viel leichter, eine Wache zu organisieren. Sie kann einem der Passagiere, die sonst von den Liegestühlen ferngehalten werden, anbieten, dass er einen Stuhl für eine gewisse Zeit benutzen darf, wenn er dafür Dienstleistungen erbringt. Beispielsweise Wachaufgaben. Denkbar ist auch, dass die Liegestuhlbesetzer, sobald sich alle Passagiere mit der neuen Situation abgefunden haben, beginnt, die Liegestühle gegen eine Gebühr an die anderen Passagiere zu vermieten.

Was genau passiert hier? Und weshalb kann sich eine kleine Gruppe gegenüber der Mehrheit durchsetzen und sich dauerhafte Privilegien erobern? Es liegt nicht daran, dass die Liegestuhlbesetzer über größere Machtmittel verfügen würden als die anderen Passagiere. Der entscheidende Punkt ist, dass sie eine solidarische Gruppe bilden. Popitz nennt dies die »überlegene Organisationsfähigkeit der Privilegierten« (Popitz 1968:9). Damit ist nicht gemeint, dass ihr Besitz an sich ihnen Macht verleiht, sondern ihre Macht geht aus der sozialen Konstellation hervor. Jene, die etwas zu verlieren haben, haben einen unmittelbaren Grund, sich zur Verteidigung ihres Besitzes oder ihrer Privilegien zusammenzuschließen. Das Eigeninteresse jedes Einzelnen und das der Gruppe fallen zusammen. Wenn die Privilegierten Arbeit aufwenden, um eine Koalition zu bilden, handeln sie nicht im Dienste eines abstrakten Allgemeinwohls, sondern in ihrem eigenen Interesse.

Anders sieht es aufseiten der Benachteiligten aus. Ob eine kollektive Aktion wirklich Erfolg haben wird, ist ungewiss. Und für jeden Einzelnen stellt sich die Frage, wie viel Arbeit und Zeit er in eine kollektive Aktion investieren und wie viel Risiken er eingehen will, wenn der persönliche Gewinn ungewiss ist. Hinzu kommt, dass die eigenen Interessen und die der Gruppe auseinanderfallen. Vielleicht ist nicht jedem der Liegestuhlplatz wirklich wichtig. Vor allem aber: Wenn einem Einzelnen ein kleines Stück der Privilegien geboten wird, soll er dann verzichten, um sich mit den anderen Benachteiligten zu solidarisieren? Oder ist es nicht vernünftiger, das angebotene Privileg anzunehmen? Allerdings stützt er damit zwangsläufig die ungleiche Privilegienverteilung, indem er an ihr partizipiert.

Schwäche der Mehrheit

Entscheidend ist, dass der ursprüngliche Zustand, der im Interesse der Mehrheit wäre, dass nämlich alle Passagiere die Liegestühle nur vorübergehend benutzen und dann freigeben, viel schwerer zu verteidigen ist als die Privilegien einer kleinen Gruppe. Die Gruppe, die die Liegestühle besetzen will, kämpft um einen Besitz. Die Mehrheit hingegen müsste *gegen* den Privatbesitz an den Liegestühlen kämpfen. Allein die Tatsache, dass die kleine Gruppe die Liegestühle erfolgreich belegt hat, verschafft dieser eine gewisse Basislegitimität. Wer etwas besitzt, muss sich weniger rechtfertigen als derjenige, der einem anderen etwas wegnehmen möchte.

Schwierigkeit, eine offene Situation zu verteidigen

Diese Überlegungen bedeuten natürlich nicht, dass es keinen kollektiven Protest geben kann oder dass Menschen sich nicht auch uneigennützig für allgemeine Ziele engagieren können. Das tun sie durchaus. Aber das Beispiel zeigt, wie Macht aus einer bestimmten Konstellation heraus erwächst und es schwieriger ist, Privilegien anzugreifen als sie zu verteidigen.

9.5.1.2 | Prozesse der Machtbildung 2: Macht durch Solidarität und Arbeitsteilung

Um eine zweite Form von Machtbildung aus einer sozialen Formation heraus darzustellen, bedient sich Heinrich Popitz als Beispiel eines Lagers von kriegsgefangenen Soldaten nach dem Zweiten Weltkrieg. Die Soldaten wurden entwaffnet und auf einem umzäunten Lagerplatz untergebracht. Einmal am Tag fand die Ausgabe von Wasser und Verpflegung statt, für die man lange anstehen musste und die zumeist aus rohen Kartoffeln und Kohl bestand. Der Rest des Tages musste darauf verwendet werden, Brennholz und andere notwendige Dinge zu finden oder einzutauschen, um das Essen zuzubereiten. Die Soldaten waren erschöpft und deprimiert und gingen sich, so gut es ging, gegenseitig aus dem Weg. In dieser Situation nun tut sich eine kleine Gruppe zusammen und beschließt, sich gegenseitig zu unterstützen. Man wirft zusammen, was man an Zigaretten hat, um sie gegen die Baumaterialien für einen primitiven Herd einzutauschen, den man gemeinsam errichtet. Dann verteilt man Aufgaben. Einer steht in der Schlange für Wasser, einer in der Schlange für Kartoffeln, der Dritte bewacht derweil den Herd. Durch die Aufgabenteilung können die drei nicht nur ihre Versorgung verbessern, sondern sie können nun auch Geschäfte mit anderen Gefangenen machen. Wer Feuerholz heranschafft, darf den Herd mitbenutzen, andere müssen dafür mit Zigaretten oder sonstigen Tauschgütern bezahlen. Die drei Herdbesitzer organisieren nach und nach den Tauschhandel im Lager, und schließlich werden sie zu einer Art informellen Lagerleitung. Sie vermitteln bei Streitigkeiten unter den Gefangenen und werden Ansprechpartner für die Wachen.

Was ist passiert? Wiederum sind es keine besonderen persönlichen Eigenschaften, welche die Machtposition der drei Männer begründen. Wie im Beispiel des Passagierschiffs ist es eine soziale Konstellation. Es ist die Solidarität und die darauf gegründete Arbeitsteilung, die der Gruppe einen Vorteil gegenüber anderen verschafft, den sie in der Folge immer weiter ausbauen kann.

(Randnotiz: Beispiel Gefangenenlager*)*

(Randnotiz: Vorteil durch Solidarität*)*

9.5.1.3 | Etablierte und Außenseiter

Ein noch komplexeres Beispiel behandelt Norbert Elias in seinem Buch »Etablierte und Außenseiter« (Elias/Scotson 1990). Er beschäftigt sich mit dem ungleichen Ansehen und der ungleichen sozialen Stellung verschiedener Einwohnergruppen in einer mittelgroßen englischen Industriestadt.

Der Ort, den er untersucht, besteht aus drei Stadtteilen, einem bürgerlichen Wohngebiet und zwei Arbeitervierteln, die sich sozialstrukturell weitgehend ähneln und deren Einwohner in der gleichen Fabrik arbeiten. Dennoch gelten die Einwohner des einen Arbeiterviertels gemeinsam mit denen des wohlhabenderen Viertels als angesehene, etablierte Bürger, die des anderen Arbeiterviertels als schmutzige und verdächtige Subjekte. Das entscheidende Kriterium, auf dem diese Figuration aufbaut, ist die Wohndauer und der durch sie bedingte soziale Zusammenhalt. Während das eine Arbeiterviertel ebenso wie der bürgerliche Stadtteil alteingesessen ist, ist das andere relativ neu entstanden. Elias analysiert anschaulich, wie die Angehörigen der beiden etablierten Gruppen sich

(Randnotiz: Beispiel Industriestadt*)*

wechselseitig in ihrer sozialen Stellung bestärken und zugleich die Einwohner des neuen Stadtteils durch Nichtbeachtung, »Schimpfklatsch« und Stigmatisierung herabwürdigen. Ein Fehlverhalten Einzelner wird auf die ganze Gruppe der Außenseiter übertragen. Die höhere soziale Kohäsion der Etablieren hingegen bringt mehr Gelegenheiten zur Kommunikation (»Klatsch«) mit sich, etwa beim Einkauf, in Elterngruppen oder Sportvereinen, die sowohl das Gruppengefühl der Etablierten stärkt als auch zur gegenseitigen Bestätigung von Vorurteilen gegen die Außenseiter genutzt wird. Die Figuration aus Etablierten und Außenseitern stützt sich also nicht auf materielle Unterschiede, sondern auf die Struktur der Interaktionen. Als Ergebnis sind die Etablierten überzeugt, die neu Hinzugekommen seien tatsächlich schmutzigere, unzuverlässigere Menschen. Und die Außenseiter wiederum entwickeln reale Minderwertigkeitsgefühle.

Klatsch

Für Elias steht der von ihm untersuchte Industrieort stellvertretend für eine universelle soziale Figuration von Etablierten-Außenseiter-Beziehungen. Die Figuration ist gekennzeichnet durch zwei Gruppen, die sich zwar voneinander abgrenzen, die zugleich aber voneinander abhängen, weil sie sich durch die Abgrenzung wechselseitig hervorbringen.

Fazit

9.5.1.4

In allen drei Beispiel hat sich Macht nicht als Eigenschaft oder Besitz von einzelnen Personen, sondern als Ergebnis der Figuration, also als etwas genuin Soziales erwiesen. Macht ist ein soziales Verhältnis, sie entsteht in und durch eine soziale Beziehung. Das gilt auch dann, wenn sie für Außenstehende als gegebene Tatsache erscheint oder wenn, wie im Fall der Etablierte-und-Außenseiter-Figuration, die Beteiligten sie auf vermeintliche Wesensunterschiede der sozialen Gruppen zurückführen. Der Glaube an die persönliche Höher- oder Minderwertigkeit der Mitglieder der einen oder der anderen Gruppe erscheint im Alltag als *Grund* der sozialen Ausgrenzung. Aus soziologischer Sicht ist dieser Glaube hingegen die *Folge* einer sozialen Figuration. Er ist ihr Produkt, das ihr zugleich als Rechtfertigung dient. Die Etablierte-und-Außenseiter-Figuration ist damit sowohl ein Beispiel für soziale Macht als auch für die »Definition einer Situation« und die Konstruktion einer sozialen Wirklichkeit (vgl. 5.2.1).

Anthropologisch begründete Formen von Macht

9.5.2

Eine andere Möglichkeit, den Machtbegriff genauer zu fassen, besteht darin, verschiedene Formen von Macht zu unterscheiden. Hierbei kann sich zeigen, dass sehr viel mehr Aspekte menschlichen Handelns unter den Begriff der Macht fallen, als wir bisher erörtert haben.

Den bislang behandelten Definitionen von Macht – Max Webers Machtbegriff (seinen eigenen Willen auch gegen Widerstand durchsetzen können) und auch dem Begriff der Figurationen der Macht – lag die Vorstellung zugrunde, Macht sei das mehr oder minder zielgerichtete Durchsetzen einer konkreten Absicht.

Macht lässt sich aber auch noch weiter fassen, wie die folgende Unterscheidung von vier Machttypen zeigen wird, die ebenfalls von Heinrich Popitz entwickelt wurden (Popitz 1992).

verletzen können

Die anschaulichste Form ist die *Aktionsmacht* oder *Verletzungsmacht*. Hierunter fallen alle konkreten Handlungen, in denen jemand mit körperlicher oder psychischer Macht ein Ziel durchsetzt. Diese Macht ist meist auf eine konkrete Situation beschränkt, in der sich einzelne Handelnde gegenüberstehen.

Regeln setzen

Die zweite Form entspricht ebenfalls noch den bisher erörterten Vorstellungen von Macht. Sie beruht aber nicht mehr auf direkten Aktionen, sondern darauf, Regeln zu setzen, die bestimmte Handlungen erlauben oder verbieten. Popitz bezeichnet die Macht zum Regelsetzen als *instrumentelle Macht*. Regeln gelten nicht nur in einer einzelnen Situation, sondern generell, deshalb ist diese Form der Macht weiterreichend und dauerhafter als Aktionsmacht. Wer Regeln setzen kann, muss nicht mehr anwesend sein, um sich durchzusetzen. Die Macht besteht nicht nur im Strafen und Belohnen (das könnte auch Aktionsmacht sein), sondern im Setzen der Regel, also in der Entscheidung über die Einteilung von Handlungsmöglichkeiten in erlaubte und verbotene.

Ziele vorgeben

Eine noch viel weiterreichende Form von Macht ist dann gegeben, wenn Menschen nicht nur gehorchen, egal ob freiwillig oder erzwungen, sondern wenn sie beginnen, aus sich heraus etwas Bestimmtes zu wollen, das von außen festgelegt wurde. Popitz nennt dies *autoritative Macht*. Sie führt zu einer »verinnerlichten Kontrolle«, weil die Betroffenen das als eigenen Wunsch empfinden, was ihnen vorgegeben wurde. Im weitesten Sinn ist dies der Fall in der Erziehung. Man könnte aber vielleicht auch verschiedene Arten von Vorbildern und bestimmte Formen der Werbung oder Überredung unter diesen Begriff fassen, denn sie lassen uns etwas als begehrenswert erscheinen, von dem wir dann glauben, dass wir es aus uns heraus wünschen. Wir haben nicht das Gefühl, wir würden dazu gezwungen. Wir haben die Macht gewissermaßen in uns aufgenommen.

Fakten schaffen

Die am weitesten reichende Form schließlich besteht darin, dass Menschen mit allem, was sie tun, Fakten schaffen. Sie verändern die Umwelt und erzeugen Artefakte aller Art. Die *Macht des Datensetzens* oder die *objektvermittelte Macht* besteht schlicht darin, dass sie Tatsachen schafft. Das gilt für materielle Artefakte oder technische Infrastruktur, etwa ein Strom- oder Verkehrsnetz, es gilt aber auch für immaterielle Artefakte, etwa ein Betriebssystem, das Softwarestandards setzt oder Schnittstellen definiert.

9.5.2.1 | Grenzen des Machtbegriffs

Diese letzte Form von Macht wirft die Frage auf, wie weit sich der Machtbegriff sinnvoll dehnen lässt. Sicherlich kann man die Schaffung von Fakten als Macht bezeichnen, wenn etwa eine Regierung eine unüberwindliche Grenzmauer errichtet. Oder wenn Hersteller von Computern und Software Geräte nach einem gemeinsamen technischen Standard herstellen, an den man sich notgedrungen halten muss, wenn man einen Computer benutzen möchte. Doch viele Handlungen, die materielle Fakten schaffen, sind gar nicht als Machtausübung gemeint. Die Umweltverschmutzung, die wir durch unseren täglichen Konsum und durch unsere Verkehrsmittel erzeugen, schafft Fakten, unter denen andere und wir selbst zu leiden haben. Doch das ist nicht das Ziel unserer Handlungen gewesen. Inwiefern kann man dann bei unbeabsichtigten Handlungsfolgen von Macht sprechen?

Wenn man Macht so weit fasst, wie es mit dem Begriff der faktenschaffenden Macht geschieht, ist im Prinzip jede Handlung, die etwas in der Welt verändert, eine Ausübung von Macht. »Handeln« und »Machtausüben« wären letztlich dasselbe. Ein solch umfassender Begriff von Macht könnte an die Überlegungen am Beginn dieses Kapitels anknüpfen, wo es darum ging, dass ein Mindestmaß an Macht die Voraussetzung dafür ist, überhaupt handeln zu können. Als soziologische Kategorie wäre ein jegliches Handeln umfassender Machtbegriff nur noch schwer zu handhaben, weil er sich von nichts anderem mehr unterscheidet.

Hat man Macht über sich selbst? | 9.6

Die verschiedenen Definitionen von Macht, die wir bislang diskutiert haben, zeichnen sich durch eine Gemeinsamkeit aus. Es ist die Vorstellung, dass einzelne handelnde Subjekte oder eine Gruppe von Subjekten ein Ziel verfolgt und es durchsetzen will. Anders gesagt: Wir sind bisher davon ausgegangen, dass wir freie Subjekte sind, die einen eigenen Willen haben. Und deshalb erschien uns Macht als die Frage danach, ob und wie wir unseren Willen durchsetzen können. Es ging also um einen klaren Gegensatz: Auf der einen Seite ein freier Wille und auf der anderen Seite die Frage der Macht, die darüber entscheidet, ob ich diesen Willen durchsetzen kann oder ob ich mich dem Willen eines anderen unterordnen muss. Zu den neueren Sichtweisen auf den Begriff der Macht gehört die Kritik an der Vorstellung, dass Macht etwas rein äußerliches ist, das auf uns trifft und unseren inneren freien Willen einschränkt. Wie ist diese Kritik zu verstehen?

wollen können

Die Kritik wirft einige Fragen auf, die über unsere bisherigen Definitionen von Macht hinausgehen. Woher kommt das, was wir als unseren Willen erleben? Auf welche Art wissen wir von uns selbst, was wir wollen? Und ist der eigene Wille nicht auch eine Form von Macht, und zwar Macht über uns selbst? Anders gefragt: Wo beginnt eigentlich Macht und wie tief reicht sie in das hinein, was wir wollen und was wir sind?

Wenn man unter Macht nicht das Durchsetzen spontaner Antriebe versteht, sondern das planvolle und längerfristige Verfolgen von Zielen, dann muss man zunächst sich selbst beherrschen, um im Dienst dieser langfristigen Ziele spontane Bedürfnisse zu unterdrücken. Wer bei strahlendem Sonnenschein wochenlang auf eine Prüfung hin lernt und sich dabei die Ausflüge zum Baggersee verbietet, tut genau das: Macht über sich selbst ausüben, sich selbst zu etwas zwingen.

Selbst-Beherrschung

Aus soziologischer Sicht hat sich die Fähigkeit zur Selbstkontrolle, wie sie beispielsweise für das stundenlange Stillsitzen beim Lesen eines Buches nötig ist, über lange historische Zeiträume entwickeln müssen. Es handelt sich ohne Frage um einen Zwang, den wir uns auferlegen. Aber wenn wir dazu in der Lage sind, erhalten wir dafür die Möglichkeit, etwas zu lernen, das uns ganz neue Welten erschließt. Dass gerade Zwang einen Gewinn an Freiheit ermöglichen kann, ist ein Gedanke, der uns in diesem Abschnitt beschäftigen wird.

9.6.1 | Oder entsteht das Selbst durch Macht?

In Kapitel 10 zum Thema »Wer ist ›Ich‹?« werden soziologische Sichtweisen auf die Fragen behandelt, woher unser Ich und sein Wille kommen, wie sie sich historisch wandeln und wie sie durch unser Leben in Gesellschaft geformt werden. Damit sind grundsätzliche Fragen nach dem Verhältnis von Individuum und Gesellschaft berührt, denen man in diesem Buch immer wieder begegnet.

Macht und Subjektivität

Die überkommene Auffassung von Macht, wie sie sich auch in der Definition Max Webers wiederfindet, fragt danach, wie subjektive Freiheit durch Macht eingeschränkt wird. Im 20. Jahrhundert hat sich diese Frage aber immer mehr verschoben. Aus der Einsicht, dass sich der Mensch nur in Gesellschaft und durch sein soziales Zusammenleben zu einem handlungsfähigen Subjekt entwickeln kann, ist eine Debatte darüber entstanden, ob und in welcher Weise die gesellschaftlichen Vorgaben, und damit auch Macht, Zwang und Disziplinierung, einen Anteil an der Entwicklung von Subjekten haben. Und zwar nicht in dem Sinn, dass wir durch unsere Erziehung bestimmte Regeln und Verbote in uns aufnehmen, die unsere Freiheit einschränken, sondern genau andersherum: Dass sich nur durch sozial vermittelte Erfahrungen der Macht und des Zwanges in uns ein eigener Wille entwickeln kann.

9.6.1.1 | Psychoanalyse: Das Ich als verinnerlichte Kontrolle

Dieser Gedanke ist von ganz verschiedenen Autoren und mit unterschiedlichen Betonungen formuliert worden. Grundlegend für alle späteren Theorien ist die Psychoanalyse Sigmund Freuds (1856–1939). Diese Theorie bedeutete einen radikalen Einschnitt, weil sie die unbedingte Freiheit der menschlichen Vernunft infrage stellte. Die Psychoanalyse ist keine rein psychologische Theorie, sondern eine Verbindung von Kulturtheorie und einer Theorie der menschlichen Subjektivität. Der Kern von Freuds These ist, dass der Mensch erst durch

kulturelle Ordnung und Subjektivität

die Kontrolle und Unterdrückung seiner ursprünglichen, natürlichen Triebe zu einem Kulturwesen wird. Durch das Aufwachsen in einer Gesellschaft kommt es zu einer Spannung zwischen den ursprünglichen Trieben (dem »Es«) und der internalisierten gesellschaftlichen Macht (dem »Über-Ich«). Diese Spannung verschwindet nie, sondern jedes Subjekt bildet in sich eine Instanz aus, die die beiden gegenläufigen Kräfte in Schach hält. Genau das ist der Prozess, durch den wir zu einer Person mit einem eigenen Willen werden. Das eigentliche »Ich«, das heißt das Gefühl, jemand Bestimmtes mit einem eigenen Willen und einem eigenen Selbstbild zu sein, entsteht also überhaupt erst dadurch, dass wir innerlich die beiden widerstreitenden Ebenen unter Kontrolle zu halten lernen.

Nur seinen spontanen Trieben (dem »Es«) zu folgen, bedeutet nämlich nicht, ein besonders freies Subjekt zu sein, sondern vielmehr, keine Macht über sich selbst zu haben. Und wer umgekehrt nur formalistisch den Regeln der Gesellschaft (dem »Über-Ich«) gehorcht, ist ebenso unfrei, weil er nicht seine eigenen Bedürfnisse durchzusetzen in der Lage ist (Freud 1999 [1938]). Sowohl unsere individuellen Besonderheiten und Wünsche als auch die großen kulturellen Leistungen gehen aus diesem widersprüchlichen Mechanismus hervor. Die Konsequenz aus dieser Perspektive ist, dass die Erfahrung gesellschaftlicher Zwänge nicht einfach eine Einschränkung subjektiver Freiheit bedeutet (natürlich bedeutet sie das in anderem Sinne auch), sondern dass die Zwänge geradezu eine Voraussetzung dafür sind, dass wir uns zu Individuen mit einem subjektiv freien Willen entwickeln.

Es, Über-Ich, Ich

Zivilisationsprozess und zunehmende Selbstkontrolle

| 9.6.1.2

In der Soziologie hat Norbert Elias (1897–1990) eine Theorie der Zivilisation entwickelt, die besagt, dass die langfristige zivilisatorische Entwicklung des Menschen als Übergang von äußerem *Fremdzwang* zu internalisiertem *Selbstzwang* zu verstehen ist (Elias 1976 [1939]). In früheren Gesellschaftsformen agierten die Menschen ihre spontanen Regungen demnach relativ unkontrolliert aus, und die gesellschaftliche Ordnung wurde durch explizite Strafandrohungen und Strafmaßnahmen (Fremdzwang) gewährleistet. Im Laufe des Zivilisationsprozesses wurden die Regeln immer mehr verfeinert und zugleich internalisiert, das heißt, auch ohne massive Bestrafung von vornherein antizipiert und befolgt (Selbstzwang). Heute reicht es aus, dass wir uns für bestimmte Verhaltensweisen schämen würden, um sie zu unterlassen. Es ist nicht nötig, dass man sie uns unter Strafandrohung verbietet. Diese verinnerlichte Kontrolle bedeutet aber nicht einfach eine Einschränkung von Freiheit, sondern die größere Selbstbeherrschung ermöglicht gleichzeitig auch mehr Freiheit, weil wir mehr Macht über uns selbst gewinnen. Im Laufe des Zivilisationsprozesses entsteht so die Fähigkeit, langfristige Handlungsziele zu verfolgen. So sind wir heute in der Lage, viele Semester zu studieren, Praktika zu machen und Prüfungen abzulegen, um dann nach mehreren Jahren ein bestimmtes Berufsziel zu erreichen.

vom Fremdzwang zum Selbstzwang

Gouvernementalität: Herrschaft als Wissen über Subjektivität

| 9.6.1.3

Noch radikaler ist die Frage, welchen Anteil Macht an der Entwicklung unserer Subjektivität hat, von Michel Foucault (1926–1984) gestellt worden. Er hat die *Genealogie moderner Subjektivität* in Zusammenhang mit der Entwicklung von staatlichen Erziehungs-, Disziplinierungs-, Therapie- und Strafmaßnahmen untersucht, die zwar immer mehr auf körperliche Strafen verzichten, dafür aber durch Analysen, Therapien und einfühlende Erziehung immer intensiver normierend und reglementierend in den subjektiven Kern der Persönlichkeit eingreifen (Foucault 1976). Foucault hat den Begriff der *Gouvernementalität* für eine Regierungsweise geprägt, die nicht mehr nur eine Herrschaft über das äußerlich sichtbare Handeln darstellt, sondern auch eine Formung des Innenlebens. Damit ist nicht so etwas wie eine gezielte Manipulation gemeint, denn die

Gouvernementalität wird nicht gesteuert und betrifft alle Mitglieder einer Gesellschaft. Es geht eher um eine ganz andere Vorstellung von Herrschaft. Wenn die herkömmlichen Begriffe der Herrschaft eine äußerliche Steuerung und Koordinierung des Handelns in einer Gesellschaft durch eine Regierung bedeuten, dann meint Gouvernementalität eine Koordinierung von innen heraus. Wie bei Freud und Elias ist dieser Mechanismus nicht einfach als zwangsmäßige Einschränkung zu verstehen, sondern als ein bestimmtes Hervorbringen, Ermöglichen, Anreizen oder Wachsenlassen. Die Pointe von Foucault Argument ist, dass die von ihm beschriebenen Regierungstechniken nicht tief in das Selbst eindringen, sondern die Tiefe des Selbst überhaupt erst hervorbringen, indem sie das Subjekt dazu anstiften, nach ihr zu suchen.

Selbst als innere Tiefe

Foucaults Theorie hat Ähnlichkeiten mit der von Norbert Elias. Aber Foucault betont noch stärker, dass gerade die modernen Wissenschaften vom Menschen wie Psychologie, Pädagogik und auch Soziologie dadurch, dass sie mehr Wissen über den Menschen erzeugen, auch die Kontrolle über das menschliche Verhalten erhöhen und verfeinern. Nicht nur das äußerliche Handeln, sondern auch die inneren Antriebe bis hin zum Unbewussten werden zum Gegenstand der Untersuchungen. Das wiederum ermöglicht nicht nur eine immer tiefer gehende von außen kommende medizinische, psychologische und kriminalistische Kontrolle und Normierung, also die Festlegung dessen, was als normal, als krank oder als abweichend zu gelten habe. Dieses Denken ist auf eine Weise Teil des modernen Selbst geworden, dass wir auch dann, wenn wir ganz für uns selbst sind, unser Ich in den Begriffen der modernen Wissenschaften spiegeln und uns selbst Fragen danach stellen, wie normal, intakt oder gesund wir sind. Dieser innere Zwang zur Selbstbefragung prägt die moderne Subjektivität.

die Suche nach dem Selbst erlernen

Es geht Foucault nicht um bestimmte Vorstellungen von Normalität oder um bestimmte Kontrollmechanismen, die verinnerlicht werden. Denn diese können sich ändern. Entscheidend ist das immer tiefere Vordringen in das Selbst als solches, das zugleich mit der subtileren Kontrolle auch eine immer diffizilere Subjektivität hervorbringt.

9.6.2 | Fazit

Wie bei Freud und Elias sind auch in Foucaults Theorie Mechanismen der Macht am Werk, die sich nicht mehr mit dem Gegensatz von Unterdrückung und Freiheit beschreiben lassen. Das Selbst gewinnt mehr Macht über sich, indem es Kontrolle verinnerlicht. Je stärker man sich selbst kontrolliert, umso weiter gesteckte Ziele lassen sich erreichen. Und das immer subtilere Wissen über den Menschen bringt immer feinere Regulierungen mit sich, es verfeinert aber auch die Selbstwahrnehmung der Subjekte und erhöht damit die Subjektivität. Dabei ist keiner dieser Prozess frei gewählt.

Als gemeinsamen Nenner dieser Ansätze kann man die Kritik an der Vorstellung sehen, dass es vor oder jenseits von Macht, Herrschaft und Zwang ein freies und autonomes Subjekt geben könne. Der subjektive Wille und das, was wir als unsere Freiheit erfahren, muss vielmehr als das Ergebnis von Ordnungen und Mächten begriffen werden, welche die Entwicklung von Subjektivität zugleich beschränken und dadurch ermöglichen. Mit anderen Worten: Macht steckt immer schon in uns, und zwar nicht nur als repressive, verbietende Gewalt, sondern als eine Kraft, mit der wir uns zugleich identifizieren und an der wir uns reiben. Dadurch erhält unser inneres Selbst, unser subjektives Wollen, seine Form und seinen Inhalt.

Für den Begriff der Macht bedeutet dies, dass Macht und subjektive Freiheit keinen einfachen Gegensatz bilden. Wir haben gesehen, dass gesellschaftliches Zusammenleben immer auch aus Macht- und Herrschaftsverhältnissen besteht. Und andererseits können wir nur dadurch zu subjektiv freien Individuen werden, dass wir in Gesellschaft aufwachsen. Formen der Macht sind also immer schon ein Teil dessen, was wir subjektiv als unsere Freiheit empfinden. Und zwar zugleich als Einschränkung und als Ermöglichung.

Lektüreanregungen | **9.7**

Breuer, Stefan (1991): Max Webers Herrschaftssoziologie, Frankfurt a. M.
  Ein gut lesbares Buch, das einen Überblick über Max Webers Herrschaftssoziologie gibt. Man sollte Weber jedoch unbedingt auch im Original lesen.

Imbusch, Peter (1998) (Hrsg.): Macht und Herrschaft. Sozialwissenschaftliche Konzeptionen und Theorien, Opladen
  Ein umfangreicher, sehr fundierter Sammelband, der Aufsätze zu vielen verschiedenen Definitionen und Aspekten von Macht und Herrschaft enthält.

Maurer, Andrea (2004): Herrschaftssoziologie. Eine Einführung, Frankfurt a. M.
  Ein einführender Überblick über eine Auswahl der wichtigsten Positionen in der Herrschaftssoziologie, der sich als Einstieg eignet.

Popitz, Heinrich (1992): Phänomene der Macht, 2., stark erw. Aufl. Tübingen
  Popitz' Buch ist ein Klassiker. Diese Ausgabe enthält mehrere zuvor getrennt erschienene Texte. Das Kapitel »Das Konzept Macht«, S. 11–39, untersucht Macht als grundlegende menschliche Handlungsmöglichkeit. Das Kapitel »Prozesse der Machtbildung«, S. 185–231, analysiert anhand dreier anschaulich geschilderter Situationen die Entstehung und Verfestigung von Macht aus sozialen Beziehungen heraus.

Sofsky, Wolfgang/Paris, Rainer (1994): Figurationen sozialer Macht. Autorität, Stellvertretung, Koalition, Frankfurt a. M.
  Mit dem Konzept der Figuration knüpfen Sofsky und Paris zum einen an Norbert Elias und zum anderen an Heinrich Popitz an. Als knapper Einstieg eignet sich sehr gut die »Einleitung: Macht und Organisation«, S. 9–20.

Weber, Max (1922): Die drei reinen Typen der legitimen Herrschaft, in: ders.: Gesammelte Aufsätze zur Wissenschaftslehre, Tübingen, S. 475–488
  Der Aufsatz bietet in komprimierter Form die zentralen Thesen Webers zu seiner Herrschaftstypologie.

Weber, Max (1972 [1921–22]): Wirtschaft und Gesellschaft, 5. Aufl. Tübingen
  Weber behandelt das Thema Macht und Herrschaft an zahlreichen Stellen seines Werkes. In seinem Hauptwerk »Wirtschaft und Gesellschaft« finden sich die Begriffsdefinitionen als Paragraph 16 seiner Grundbegriffe (S. 28 f.). Seine Typologie legitimer Herrschaft entwickelt er ausführlich in Kapi-

tel III: Die Typen der Herrschaft (S. 122–176). Das Kapitel ist nicht abgeschlossen und besteht zum Teil aus Fragmenten, dennoch nimmt es eine zentrale Stellung ein. Weber arbeitet seine Herrschafts-typologie anhand zahlreicher historischer Fallanalysen aus und demonstriert damit sowohl den Nut-zen seiner idealtypischen Begriffe als auch seine Methode einer vergleichenden historischen Soziologie.

9.8 | Fragen zum Verständnis und zur Reflexion

- Welcher Zusammenhang besteht zwischen Macht und Handlungsfähigkeit?
- Welche Schwierigkeiten stehen einem sozialen Wandel in einer auf traditio-nale Herrschaft gegründeten Gemeinschaft entgegen?
- Webers Begriff der charismatischen Herrschaft stützt sich auf persönliche Beziehungen zwischen dem Charismaträger und seinen Anhängern. Wie könnte charismatische Herrschaft unter den Bedingungen einer von Massen-medien geprägten Gesellschaft aussehen?
- Inwiefern kann man sagen, dass die Fähigkeit zum »Selbstzwang« die subjek-tive Handlungsfreiheit erhöht?

Wer ist »Ich«? und Wie wird man Mitglied einer Gesellschaft? | 10

In diesem Kapitel geht es darum, dass auch die je eigene Erfahrung von Subjektivität und Individualität aus der Sozialität des Menschen hervorgeht. Zum einen sind Begriffe wie der des Individuums, seiner Individualität und seiner unveräußerlichen Rechte historisch entstanden und kulturell unterschiedlich ausgeprägt; zum anderen ist Individualisierung ein Resultat der Differenzierung von Gesellschaften. Und auch auf der Ebene des Subjekts entsteht Subjektivität aus der Identifizierung mit anderen und dem Lernen an Vorbildern im Laufe der Sozialisation. Identität schließlich ist nicht als Besitz oder feste Eigenschaft, sondern als Herausforderung an das Individuum zu begreifen, das sie für sich selbst, aber immer auch in Bezug auf andere herstellen muss.

Individuum, Individualität, Individualisierung, Subjekt, Sozialisation, »I« und »Me«, Internalisierung, Disziplinierung, Zivilisationsprozess, Enkulturation, Akkulturation, personale und soziale Identität, Ich-Identität, Identitätsmanagement, Biografie, Lebenslauf, Formen kollektiver Identität

10.1 | Einführung: Wer ist »Ich«?

»Wer ist ›Ich‹?« Um das Recht, diese Frage zu stellen und zu beantworten, streiten sich verschiedene akademische Disziplinen. Allen voran die Psychologie, traditionell aber auch die Philosophie und seit einigen Jahren die Gehirnforschung und sogar die Genforschung. Aber auch die Soziologie hat hierzu Überlegungen angestellt und Begriffe gebildet, die wichtige Aspekte hervorheben, die auch für andere Disziplinen von Bedeutung sind.

Ursprung des Selbst

> Der Prozess, aus dem heraus sich die Identität entwickelt, ist ein gesellschaftlicher Prozess, der die gegenseitige Beeinflussung der Mitglieder der Gruppe, also das vorherige Bestehen der Gruppe selbst voraussetzt. (Mead 1973 [1934]: 207)

»Wer ist ›Ich‹?« Im Alltagsverständnis ist dies eine sehr persönliche Frage, die sich gerade auf das Eigene und Innerste eines Menschen als eigenständigem Subjekt richtet, die also gerade nicht von außen oder durch Verweis auf »die Gesellschaft« beantwortet werden kann. Diese Sichtweise ist auch nicht falsch, und sie ist für das Selbstgefühl der bzw. des Einzelnen auch unverzichtbar. Andererseits ist es aber sehr wohl möglich und auch notwendig, soziologische Antworten auf diese Frage zu geben. Dabei sind diese Frage und die soziologischen Antworten darauf ein gutes Beispiel sowohl für das Verhältnis von alltäglichen Erklärungen und Normalitätserfahrungen einerseits und soziologischer Perspektive andererseits als auch für die Perspektivität aller wissenschaftlichen Begriffe und Modelle: Es sind Antworten auf Fragen unter bestimmten Gesichtspunkten, die Aspekte solcher Fragen beleuchten und erklären, aber niemals alle denkbaren Gesichtspunkte abdecken.

Auch innerhalb der Soziologie kann die Frage aus verschiedenen Perspektiven beantwortet werden, die einen Schwerpunkt auf je andere Begriffe legen. Drei dieser Perspektiven werden in diesem Kapitel vorgestellt. Die erste zeigt, wie der »moderne« Begriff des Individuums als Resultat einer geschichtlichen Entwicklung angesehen werden kann und von sozialen Konstellationen abhängt; die zweite behandelt den Prozess der Sozialisation, in dem ein neugeborenes Individuum aus einem »unbeschriebenen Blatt« zum Mitglied einer Gesellschaft wird; und die dritte Perspektive antwortet auf die Frage »Wer ist ›Ich‹?« im engeren Sinn, indem sie den Begriff der Identität aufschlüsselt.

Individuum, Individualität, Individualisierung | 10.2

Georg Simmel hat sich intensiv mit dem Begriff der Individualität befasst; in seiner »Soziologie« beschreibt er den Zusammenhang von Individualisierung und gesellschaftlichem Wandel:

> So kann man sagen: aus Individuen entsteht die Gesellschaft, aus Gesellschaften entsteht das Individuum. Wenn die fortgeschrittene Kultur den sozialen Kreis, dem wir mit unserer ganzen Persönlichkeit angehören, mehr und mehr erweitert, dafür aber das Individuum in höherem Maße auf sich selbst stellt und es mancher Stützen und Vorteile der enggeschlossenen Gruppe beraubt, so liegt nun in jener Herstellung von Kreisen und Genossenschaften, in denen sich beliebig viele, für den gleichen Zweck interessierte Menschen zusammenfinden können, ein Ausgleich jener Vereinsamung der Persönlichkeit, die aus dem Bruch mit der engen Umschränktheit früherer Zustände hervorgeht. (Simmel 1992 [1908]: 485)

Für Simmel ist klar, dass Individualisierung als historischer Prozess nicht primär von einzelnen Individuen ausgeht, sondern von einem strukturellen Wandel von Gesellschaften. Je größer und abstrakter die sozialen Zusammenhänge sind, in denen ein Individuum lebt, umso stärker ist seine Individualität gefordert. Individualität ist eine Anforderung an das Subjekt, die gesellschaftlichen Verhältnissen entspringt.

Freiheit, Selbstverwirklichung, Selbstbestimmung – hinter diesen Zielen, die in aufgeklärten und freiheitlichen Gesellschaften sehr positiv besetzt sind, steht der Wert der »Individualität« und ein mit ihm verbundener emphatischer Begriff des Individuums. Beide Begriffe beschreiben ein zentrales Merkmal der modernen westlichen Kultur. Mit ihrer Hilfe lassen sich viele Phänomene verstehen, die unsere Gegenwart kennzeichnen: Lebensstile, Berufsentscheidungen, der Wechsel intimer Beziehungen, Konsum, die Verlängerung der Jugendphase, Freizeitverhalten, Scheidungsraten und familiärer Wandel und Single-Haushalte. Fragt man Menschen beispielsweise nach Gründen für ihre Berufs- oder Studienentscheidung, lautet die Antwort häufig, eine Tätigkeit oder ein Fach »mache ihnen Spaß« oder »keinen Spaß«. Entscheidend daran ist nicht bloß, dass die Antwort eben nicht lautet »das hat schon mein Großvater gemacht« oder »damit kann man viel Geld verdienen«, sondern dass wir sofort bereit sind,

Individualität braucht Gesellschaft

die Antwort als eine völlig hinreichende Erklärung von Gründen zu akzeptieren. Das ergibt aber nur Sinn, wenn wir das Streben nach individueller Selbstverwirklichung, die als Wert hinter der Antwort »Spaß« steht, selbst internalisiert haben und für selbsterklärend halten.

Individualität als Wert

Gerade weil Individualität ein so positiver und zentraler Wert der westlichen Kultur in der Moderne geworden ist und sie sich darin sowohl von ihrer eigenen Vergangenheit als auch von anderen kulturellen Kontexten unterscheidet, gehört die Frage nach der historischen Entstehung des modernen Individualitätsbegriffs und nach seinen Komponenten zu den klassischen Forschungsproblemen, welche die Soziologie von ihren Anfängen bis heute immer wieder neu beschäftigt haben. Man könnte sogar sagen, dass die Soziologie aus der Entdeckung und Bearbeitung dieser Fragen überhaupt als wissenschaftliche Disziplin hervorgegangen ist.

10.2.1 | Individualisierung als sozialgeschichtlicher Prozess

Mit »Individualisierung« ist einer jener langfristigen historischen Prozesse gemeint, aus denen unsere Gegenwart hervorgegangenen ist, also die Gegenwart der wohlhabenden Industriestaaten. Andere Prozesse in diesem Bündel sind Industrialisierung, Rationalisierung, Nationalstaatsbildung, Urbanisierung, Demokratisierung. Es ließen sich weitere hinzufügen, doch davon ist eingehender in Kapitel 7 die Rede.

Vordergründig bezeichnet Individualisierung einen sozialgeschichtlichen Prozess, der einerseits durch die Auflösung überkommener religiöser und traditionaler Weltdeutungen und andererseits durch die Herauslösung der Menschen aus den traditionellen ländlichen und stationären Lebensformen in der Großfamilie gekennzeichnet ist. Im Zuge der Industrialisierung wandern die Menschen vom Land in die Stadt, die traditionellen Bindungen zerbrechen damit auch räumlich, und die gesteigerte Mobilität, das Wachstum anonymer Städte, die Urbanisierung, das Leben als Kleinfamilie in Mietskasernen und Elendsquartieren sind sichtbarer Ausdruck eines grundlegenden Wandels. Die arbeitenden Menschen in den Städten müssen nicht nur materiell um ihr Überleben kämpfen und erfahren sich als Teil einer Masse. Durch den Wegfall der überkommenen sozialen Bindungen und Weltdeutungen steht der Einzelne nunmehr als Individuum und nicht mehr als selbstverständliches Mitglied einer Gemeinschaft vor der Aufgabe, eine Antwort auf die Frage geben zu müssen, wer er ist.

Individualisierung als Massenphänomen

Die Erfahrung von Menschen als »Masse« ist kennzeichnend für diese Epoche, sie ist Ausdruck von Individualisierung von ihrer Kehrseite her: der Entwurzelung und Gleichförmigkeit. Zusammen mit der Armut und dem Elend in den rasch wachsenden Städten speist sich aus dem Erlebnis von Menschenmassen der neue Begriff der »Gesellschaft« und das Bewusstsein für die Notwendigkeit einer wissenschaftlichen Erklärung dieser neuen Phänomene.

Spiegelbildlich zu diesem Prozess der Individualisierung, der sich im Laufe des 19. Jahrhunderts enorm beschleunigte, verliefen die Prozesse der Nationalstaatsbildung, Bürokratisierung und schließlich Demokratisierung. Die Idee der »Nation« bot einen Identifikationsanker für die neu entstehende Gesellschaft. Innerhalb der Nation haben nunmehr die Individuen als gleichberechtigte Einheiten ihren Platz. Für die Staatsbildung stellt dies zunächst ein Problem der Verwaltung einer so großen Zahl von Menschen dar: in den immer größer werdenden Betrieben, in der allgemeinen Schulpflicht, in der Rechtssprechung, in der erst in der zweiten Hälfte des 19. Jahrhunderts entstehenden Sozialversicherung. Die Bürokratisierung wird zum Kennzeichen der modernen Massengesellschaft. Erst am Schluss dieser Entwicklung wird auch unter Herrschaftsgesichtspunkten die Konsequenz gezogen, allen Menschen ein gleiches Wahlrecht zukommen zu lassen. Abgeschlossen ist diese Demokratisierung, die eigentlich eine logische Folge der Individualisierung ist, in Deutschland erst mit der Revolution vom November 1918, zu deren Ergebnissen auch die Einführung des allgemeinen Wahlrechts für Frauen gehörte.

staatliche Verwaltung individualisierter Massen

Parallel zu diesen realen sozialen Umbrüchen wurde das »Ich« auch auf intellektueller Ebene zum Thema. Seit 1800 beschäftigen sich Bildungs- und Entwicklungsromane mit der Entfaltung des Individuums. Im Laufe des 19. Jahrhunderts tritt dabei immer deutlicher der Kontrast zwischen der subjektiven Erfahrung und den Wünschen des Individuums aus der Innenperspektive sowie den gesellschaftlichen Anforderungen und Erwartungen hervor. Die Literatur kreist um das Ausbrechen des Einzelnen aus dem als Zwang erfahrenen Korsett gesellschaftlicher Konventionen und um die sich daraus notwendig ergebende Frage, »wer« das Subjekt ist und woran es sich orientiert. Die literarische Verarbeitung fungiert dabei sowohl als Spiegel als auch als Motor gesellschaftlicher Veränderungen. Denn als Massenmedium verbreitet die Literatur nicht nur das entsprechende Gedankengut, sondern seiner Form nach fördert das Medium »Roman« die stille Selbstbefragung der Leserinnen und Leser. Deutlich wird dies etwa in der zeitgenössischen Debatte um die Auswirkungen der Romanlektüre auf junge Frauen (vgl. dazu Kapitel 11: »Haben Menschen ein Geschlecht?«).

Literatur als Vorbild

Die für die Frage »Wer ist ›Ich‹?« relevanten Prozesse sind damit natürlich nicht abgeschlossen gewesen, sondern bis heute offen. Es ist nur der sozialgeschichtliche Entwicklungsstand markiert, der die Grundlage für die Analysen und Begriffe der soziologischen Klassiker um 1900 bildete. Deren Theorien werden im Folgenden vorgestellt, bevor dann im Abschnitt über »Identität« das Wechselspiel zwischen neueren gesellschaftlich bedingten Veränderungen von Individualität und den darauf bezogenen soziologischen Begriffen und Theorien der Faden wieder aufgenommen wird.

10.2.2 | Theorien der Individualisierung

Thesen zur Individualisierung

Der Prozess der Vergesellschaftung und Sozialisation eines Subjekts ist zugleich der Prozess seiner Persönlichkeitsentwicklung und Individuierung. Das gilt sowohl für den individuellen Lebenslauf als auch für die Zivilisationsgeschichte von Gesellschaften.

- Je komplexer und stärker differenziert eine Gesellschaft ist und in je heterogeneren sozialen Kreisen sich ein Individuum bewegt, desto größer ist das Maß seiner Individualität. (Georg Simmel)
- Im Zivilisationsprozess verläuft die psychogenetische parallel zur soziogenetischen Entwicklung; sie sind durch die Wandlungen vom Fremdzwang zum Selbstzwang gekennzeichnet. (Norbert Elias)
- Die gesteigerte Individualisierung und die Fähigkeit des Subjekts zur Selbststeuerung in modernen Gesellschaften gehen immer auch einher mit Disziplinierung und Selbstzwang. (Michel Foucault)

Die angedeuteten sozialgeschichtlichen Umbrüche und das Wechselspiel von industrieller Massengesellschaft einerseits und Freisetzung des Individuums andererseits beschäftigten praktisch alle frühen Sozialtheoretiker und waren einer der Motoren für die Entstehung der Soziologie als Wissenschaft. In diesem Kontext ist der Begriff der »Individualisierung« als Kennzeichnung für die eigene Gegenwart überhaupt erst entstanden.

Unbehagen an der Individualisierung

Der Begriff und die Diagnose werden von ambivalenten Bewertungen begleitet: Individualisierung wird einerseits als Schritt zur persönlichen Freiheit des Einzelnen und als Pendant zur politischen Demokratisierung oder andererseits als Verlust von Gemeinschaft und als massenhafte, unpersönliche Gleichförmigkeit verstanden. Viele sozialtheoretische Diagnosen zur Individualisierung sind bis heute mit unverhohlenen Werturteilen verbunden. Ein klassischer Autor, an dem sich die ambivalenten Argumentationsmuster sehr gut erkennen lassen, ist Alexis de Tocqueville (1805–1859). Selbst aus einer adeligen Familie hervorgegangen und somit auch biografisch vom Umbruch von der absolutistisch-feudalen zur industriell-republikanischen Gesellschaft betroffen, beschäftigte er sich mit den langfristigen Veränderungen der Gesellschaft nach der Französischen Revolution von 1789. Die Auflösung ständischer Ungleichheit und Entstehung einer individualisierten und demokratisierten Massengesellschaft sah er als unaufhaltsame Entwicklungstendenz der europäischen Gesellschaften. Ihre Triebkräfte sind einerseits das Denken der Aufklärung, das in der Französischen Revolution in soziale Praxis umgesetzt worden war, und andererseits die Ablösung der feudal-aristokratischen Gesellschaftsordnung durch die Gesetzmäßigkeiten einer industrialisierten, kapitalistischen Marktwirtschaft. Auch wenn er darin die Verwirklichung der Freiheits- und Gleichheitsidee für alle Menschen erkannte, ließ er eine Skepsis gegenüber der Gleichheit in einer Massengesellschaft erkennen, in der für die Anerkennung und Geltung des Besonderen und Herausragenden kein Platz mehr ist. In diesem Argument zeigen sich die Umrisse einer bis heute vertretenen Kulturkritik, die oft mit dem Attribut »bürgerlich« oder »konservativ« versehen wird. Die Zukunft der europäischen Gesellschaften sah Tocqueville in den Vereinigten Staaten von Amerika angelegt, die er ausführlich bereist hatte und über deren soziale und politische Ordnung er das zu seiner Zeit äußerst einflussreiche Buch »Über die Demokratie in Amerika« verfasste.

Entscheidend ist zunächst, dass Individualität nicht als Gegenbegriff zu Sozialität gesehen wird, sondern dass beide als sich gegenseitig bedingend wahrgenommen werden. Der zu einem gesellschaftlichen Leitbild gesteigerte Begriff der

Individualität und »Selbstverwirklichung« ist ein Resultat der historischen Entstehung komplexer Gesellschaften, und sogar noch sein negatives Abbild, das subjektive Gefühl des Leidens an der Gesellschaft, ist letztlich die Folge einer sozialen Konstellation.

Besonders deutlich hat diesen Zusammenhang Georg Simmel zum Ausdruck gebracht. Er sah Individualität als das Resultat der »Kreuzung sozialer Kreise« (Simmel 1992 [1909], 1989 [1892]). Anders als in der ländlich-feudalen Gesellschaft verbringt das Individuum sein Leben nicht mehr in einem einzigen festen Kreis: das Heranwachsen, die Arbeit, die Ehe finden nicht mehr im Kreis der Großfamilie und der dörflichen Gemeinschaft statt, sondern sie verteilen sich auf verschiedene Kontexte und soziale Beziehungen. Und der einzige Schnittpunkt zwischen dem Ort der Kindheit, der aktuellen Partnerschaft oder Familie, der Berufsausbildung an einem anderen Ort und der Berufstätigkeit an einem dritten ist das Individuum selbst. Indem es den Anforderungen dieser verschiedenen Situationen und Kontexte gerecht werden muss, entwickelt es höchst unterschiedliche Facetten seiner Persönlichkeit. Und hieraus erwächst, so Simmels Diagnose um 1900, ein quantitativ neuartiges Maß an Individualisierung. Der Hintergrund für die Diagnose einer Vielfalt sozialer Kreise, denen ein Individuum im Laufe seines Lebens und auch ganz einfach in verschiedenen Situationen während eines Tages angehört, ist die soziale Differenzierung moderner Gesellschaften, von der bereits ausführlich in Kapitel 7 die Rede war. An das Individuum ergeben sich daraus besondere Anforderungen: Es muss die verschiedenen Facetten seiner Persönlichkeit nach innen zusammenhalten und zugleich entscheiden, welche Teile davon es in welchen Situationen sichtbar werden lässt. Mit den sich daraus ergebenden Problemen der Identität und des Identitätsmanagements wird sich der übernächste Abschnitt dieses Kapitels befassen.

Später schränkte Simmel selbst ein, dass diese quantitative Individualisierung nicht gleichzusetzen ist mit Individualität schlechthin (Simmel 1999 [1917]). In jedem Subjekt gibt es Elemente der Subjektivität, die sich nicht einfach aus seinen sozialen Erfahrungen und Lebensumständen ableiten lassen. Damit ist ein Thema benannt, das sich bis heute durch die soziologische Diskussion zieht. Es herrscht Einverständnis darüber, dass Individuum und Gesellschaft nicht als Gegensätze zu denken sind. Aber wie tief reicht die Gesellschaftlichkeit in die Subjektivität des Individuums hinein? Betrifft sie nur seine Kenntnisse und Handlungsmuster? Oder erstreckt sie sich bis tief in seine psychischen Strukturen und Präferenzen? Ist Sozialität konstitutiv für die Subjektivität schlechthin?

Eine weiter gehende Antwort auf die Frage nach der sozialen Bedingtheit psychischer Strukturen hat Norbert Elias (1897–1990) gegeben. In seiner zuerst 1939 erschienenen umfangreichen Studie »Über den Prozess der Zivilisation. Soziogenetische und psychogenetische Untersuchungen« zeigt er, wie sehr die psychische Apparatur des modernen Individuums abhängig ist von der Fähigkeit zur Selbstbeherrschung, und deren Entwicklung verfolgt Elias durch die abendländische Geschichte hindurch (Elias 1976 [1939]). Die Fähigkeit zur Selbstbeherrschung ist gekennzeichnet durch die Verlagerung äußerer Kontrolle

Kreuzung sozialer Kreise

Individuum als Schnittpunkt

quantitative und qualitative Individualität

Zivilisationsprozess: Individualisierung als Disziplinierung

nach innen: aus Fremdzwang wird Selbstzwang. Individualisierung ist somit ein paralleler Prozess zur *Disziplinierung*.

Elias gehört zu den vielen deutschen Sozialwissenschaftlern jüdischer Herkunft, die vor dem Nationalsozialismus fliehen mussten und deren intellektuelle Arbeit und akademische Karriere dadurch eingeschränkt oder verhindert wurde. Elias fand eine universitäre Anstellung in Großbritannien. Erst nachdem sein Hauptwerk 1976 in Deutschland neu aufgelegt wurde, begann eine angemessene Rezeption seiner Arbeiten.

Erziehung statt Strafe

Die wechselseitige Bedingtheit von Disziplinierung und Individualisierung, die konstitutiv für die Ausbildung von Subjektivität ist, hat später der französische Sozialtheoretiker Michel Foucault (1926–1984) ins Zentrum seiner Studien gestellt. Er hat dieses Wechselspiel zum einen an der Verlagerung der sozialen Kontrolle weg von der vormodernen Form der öffentlichen Bestrafung als Kontrolle über den Körper von Delinquenten hin zur inneren Disziplinierung der Individuen durch Resozialisierung, Erziehung und psychische Therapie als Kontrolle über die Psyche und damit als verinnerlichte Herrschaft untersucht. Den Zusammenhang zwischen Individualität und Disziplinierung verfolgt er dabei nicht nur im Strafvollzug, in dem die Umerziehung an die Stelle der öffentlichen Marter getreten ist, sondern auch in den modernen Vorstellungen von Erziehung, Schule und Psychiatrie (Foucault 1973, 1976). Für ihn greift die Gesellschaftlichkeit des Menschen in den Kern seiner Subjektivität ein. Foucault ist ein Kritiker des Zwangs, unter dem moderne Individuen stehen, doch zugleich zeigt er besonders deutlich, dass es kein Individuum und keine Individualität *vor* oder *jenseits* der geschichtlichen und sozialen Prägung gibt.

Sexualität und Individualisierung

Zum anderen sieht er in der Beschäftigung des modernen Subjekts mit seiner Sexualität eine ähnlich treibende Kraft zur Individualisierung. Das Verhältnis des modernen Menschen zu seiner Sexualität ist nicht einfach dadurch gekennzeichnet, dass er religiöse oder moralische Verbote abgestreift hat und nun ungezwungener seine quasi triebhaft gegebenen sexuellen Bedürfnisse ausleben kann. Sondern die eigene Sexualität ist zum Gegenstand einer ständigen Selbstausforschung geworden: Was begehre ich? Was bereitet mir Lust? Gibt es etwas, das ich unterdrücke oder das an meinem Begehren unterdrückt wird? Auch im sittenstrengen 19. Jahrhundert sei Sexualität nicht einfach unterdrückt worden, sondern indem man sie unterdrückte, habe man ständig darüber gesprochen, immer feinere Kontrollen eingeführt, medizinische und psychologische Deutungen und pädagogische Maßnahmen entworfen. Der Effekt dieser Maßnahmen sei aber keine einfache Unterdrückung von Sexualität gewesen, wie es die »Repressionshypothese« behauptet, sondern ein indirektes Wachhalten und Anheizen der Beschäftigung mit Sexualität gerade durch diepermanente Kontrolle darüber (Foucault 1977). In dem daraus hervorgegangenen Zwang zur Selbstbefragung sieht Foucault eine wichtige Quelle des inneren Drangs moderner Individuen, immer aufs Neue nach einem wahren Selbst in einer vorgestellten eigenen inneren Tiefe zu suchen. Diese charakteristische Haltung moderner Individuen zu sich selbst wäre somit ebenfalls aus einem historischen und letztlich gesellschaftlichen Prozess heraus zu erklären.

Methodologischer Individualismus | 10.2.3

Der Begriff des Individuums spielt in der Soziologie noch in einer weiteren Hinsicht eine wichtige Rolle. In Kapitel 6 wurden verschiedene Auffassungen darüber diskutiert, womit sich die Soziologie beschäftigt. Eine wichtige methodische Annahme, die die meisten Ansätze teilen, besteht darin, dass auch soziale, kollektive oder strukturelle Ereignisse und Sachverhalte letztlich durch das Zusammenspiel des Handelns einer mehr oder minder großen Zahl individueller Akteure erklärt werden müssen. Auch wenn das Ziel ist, soziale Tatsachen wie die Verteilung von Reichtum in einer Gesellschaft, Scheidungsraten, die Stabilität oder Brüchigkeit staatlicher Ordnung, Migrationsbewegungen oder ethnische Konflikte zu erklären, muss stets die Erklärung methodisch auf die Ebene des individuellen Handelns zurückgehen und angeben können, warum Menschen so und nicht anders gehandelt haben. Nur dann erscheint ein sozialer Tatbestand als hinreichend »erklärt«. Dies bedeutet nicht, wie in Kapitel 2 erörtert wurde, dass die handelnden Individuen die kollektiven Ergebnisse des Handelns bewusst angestrebt haben. Ganz im Gegenteil, gerade bei ungewollten Folgen, die sich erst aus dem Zusammenspiel des Handelns verschiedener Akteure ergeben, ohne von ihnen vorhergesehen oder gewollt worden zu sein, ist es für die Erklärung wichtig, dennoch auf die Akteursebene zurückzugehen. Individualismus meint in diesem Zusammenhang also ein methodisches Prinzip und keine Aussage etwa über das faktische Maß an Individualität, das die einzelnen Akteure aufweisen.

handelnde Subjekte

Sozialisation: Wie wird man Mitglied einer Gesellschaft? | 10.3

Auf die Frage »Wie wird man Mitglied einer Gesellschaft?« gibt der Begriff der *Sozialisation* eine Antwort. Sozialisation ist eines der erfolgreichsten soziologischen Konzepte. Es hat längst Eingang in das Alltagswissen und die Alltagssprache sowie in das Selbstverständnis von Menschen gefunden. Sozialisation bezeichnet nach der allgemeinen Definition jenen Prozess, in dessen Verlauf ein neugeborener und später ein junger Mensch durch das Zusammenleben mit anderen Menschen und durch die Orientierung an Vorbildern zu einem erwachsenen und handlungsfähigen Subjekt wird. In diesem Prozess erwirbt er nicht nur eine erste Sprache, die ihm später als seine »natürliche« Sprache erscheint, er erwirbt auch allgemeine Handlungsmuster, Werte, Normen, Rollenerwartungen, Stereotypen, psychische Dispositionen, einen Habitus und eine (geschlechtliche) Identität.

»natürliche Sprache«

Dies alles geschieht als eine aktive Leistung des heranwachsenden Individuums. Ihm wird nichts »beigebracht«, es wird auch nicht »geprägt«, sondern es eignet sich die Welt, in die es hineingeboren wurde, aktiv erkundend, probierend und lernend an. Jedes Individuum wird in eine vorgefundene Welt hineingeboren, und zwar immer in eine konkrete soziale Umwelt, eine – soziologisch gesprochen – *soziale Lebenswelt*. Diese soziale Lebenswelt kann geschichtlich und kulturell sehr unterschiedlich sein, und entsprechend vielgestaltig kann der Prozess der Sozialisation seinem Inhalt und seiner Form nach verlaufen. Dabei

Weltoffenheit

ist gerade für den Menschen kennzeichnend, dass er als ein *weltoffenes* Lebewesen geboren wird und offen für die unterschiedlichsten Prägungen ist. Der Begriff der »Weltoffenheit« stammt von Arnold Gehlen und gehört in den Kontext seiner »Philosophischen Anthropologie« (Gehlen 1986 [1957/1961], 1987 [1940]; vgl. dazu auch in Kapitel 7 den Abschnitt zu »Institutionen«). Von seiner natürlichen Ausstattung her ist der Mensch nicht auf eine bestimmte Umwelt, auf vorgegebene Verhaltensmuster oder Instinkte festgelegt, erst recht

soziokulturelle Geburt

nicht auf eine bestimmte Sprache, Weltsicht oder einen speziellen ästhetischen Geschmack. In biologischer und vor allem in sozialer Hinsicht kommt ein Mensch »unfertig« zur Welt. Er ist nicht einmal überlebensfähig ohne die Fürsorge durch andere Menschen. Das gilt in körperlicher Hinsicht, aber erst recht in geistiger und emotionaler. Der Biologe Adolf Portmann (1956) hat dafür den Begriff der »physiologischen Frühgeburt« geprägt, auf den René König und Dieter Claessens mit dem Begriff der *zweiten* oder der *soziokulturellen Geburt* reagiert haben, der sehr gut zum Ausdruck bringt, dass zur Menschwerdung das soziale Zusammenleben unabdingbar ist (Claessens 1962).

10.3.1 | Historischer Hintergrund des Sozialisationsbegriffs

In seiner allgemeinen Form ist uns der Begriff der Sozialisation und das mit ihm verknüpfte Verständnis des Menschen sehr geläufig. Historisch gesehen stellt es im menschlichen Denken und Selbstbild jedoch einen revolutionären Umbruch dar, denn es ist verknüpft mit grundsätzlichen Fragen nach dem Wesen des Menschen, nach der Herkunft seiner Kultur und nach der Ursache für die kulturelle Vielfalt in der Welt.

Entdeckung der Gesellschaftlichkeit

Um den einschneidenden Charakter dieses neuen Denkens über den Menschen zu verdeutlichen, ist ein kurzer historischer Exkurs nützlich. Erst im Laufe des 18. Jahrhunderts bildete sich langsam ein Verständnis dafür aus, dass Menschen ohne bestimmte kulturelle Veranlagungen auf die Welt kommen. Historisch war für diese Einsicht vor allem die Frage nach dem Ursprung der Sprache von Bedeutung. Man war irritiert über die Vielfalt der Sprachen in der Welt, mochte aber die biblische Überlieferung der babylonischen Sprachverwirrung nicht mehr als verbindliche Welterklärung akzeptieren und stellte sich konkret die Frage, woher jeder einzelne Mensch über die Kenntnis einer bestimmten Sprache (und keiner anderen) verfügt. In diese Zeit gehören die angeblichen und tatsächlichen Experimente mit Kindern, die man in Verliesen ohne Kontakt zu anderen Menschen aufzog, und insbesondere ohne mit ihnen zu sprechen. Mit der gleichen Neugier erörterte man die Erfahrungen mit Kindern, die offenbar von den Eltern in der Wildnis ausgesetzt worden waren und dort zwar überlebt hatten, aber weder Sprache noch andere Zeichen von Zivilisation aufwiesen. Diese Beobachtungen und grausamen Kaspar-Hauser-Experimente zeigten, dass die so isolierten Kinder nicht nur von sich aus keine Sprache entwickelten, sondern insgesamt nur ein sehr eingeschränktes Handlungsvermögen aufwiesen. Offenbar musste also ein Mensch sehr viel mehr *lernen*, um ein vollständiger Mensch zu werden, als etwa die christliche Schöpfungslehre dem Wortlaut nach nahegelegt hatte, indem sie den Menschen von Geburt an zu einem Ebenbild Gottes erklärte. Von Geburt an, so stellte man fest, war der Mensch ein »Wilder« oder, genauer gesagt, sogar weit weniger als ein »Wilder« oder als ein instinktgeleitetes Tier. Anschaulich zeigt dies der Film »Wolfsjunge« (»L'enfant sauvage«, 1970) von François Truffaut, der sich mit dem Fall eines solchen Kindes befasst und auf einer Erzählung von Jean Itard beruht (Malson/Itard/Mannoni 1972).

Verknüpft mit dieser Entdeckung war eine Neubewertung von *Kindheit* als eigenständige Lebensphase. Zunächst haben Pädagogen daraus Konsequenzen gezogen, indem sie Konzepte zur praktischen Förderung der kindlichen Entwicklung durch *Erziehung* entwarfen. Erst um die Wende vom 19. zum 20. Jahrhundert entstand aus verschiedenen Anregungen eine systematische soziologische Theorie der Sozialisation.

Entdeckung der Kindheit

Sozialisation als aktives Aneignen der Welt | 10.3.2

Entscheidend ist, dass sich Sozialisationsprozesse nicht durch bewusstes Erlernen oder gar durch geplante Erziehung vollziehen, also durch etwas, das von außen an das Individuum herangetragen wird, sondern Sozialisation bezeichnet eine aktive Leistung des heranwachsenden und sich entwickelnden Einzelnen.

Sozialisation – Allgemeine Definition

Unter Sozialisation versteht man den Prozess des Aufwachsens in einer sozialen, materiellen und medialen Umwelt, in dem der Einzelne durch Ausprobieren, Nachahmen, Interaktion, Lernen, Prägung und aktive Aneignung von Sprache, Wissen, Alltagsgewissheiten, Deutungen, kulturellen Mustern usw. zu einem autonomen und handlungsfähigen, »erwachsenen« Subjekt und Mitglied einer Gesellschaft wird. Aus dem neugeborenen biologischen Organismus entsteht nur in der Gesellschaft eine menschliche Persönlichkeit, die umgekehrt in ihrem Wesen durch jenen kulturellen Kontext geprägt ist, in dem sie aufgewachsen ist. Dieser Prozess endet nicht in einem »Erwachsenenalter«, sondern setzt sich in verschiedenen Formen lebenslang fort.

Sozialisation geschieht zunächst in *Primärgruppen*, besonders in der Familie. Das, was der Einzelne subjektiv als ein sich nach und nach entfaltendes »Verstehen« seiner Umwelt, seiner Mitmenschen und ihres Handelns und Denkens erfährt, ist – aus soziologischer Sicht – zugleich ein Prozess der Aneignung und aktiven Übernahme dieser Welt und ihrer Formen. Ein Kind beobachtet seine Umwelt und versucht, sie aktiv zu verstehen. Das bedeutet, es versucht unbewusst, aus dem Beobachteten und Erlebten auf die Regelmäßigkeiten und Gründe zu schließen und sich in seinem eigenen Handeln daran zu orientieren.

beobachten und Erfahrungen machen

Beobachtet man Kinder beim Spielen, fällt sofort auf, wie viel Zeit sie mit Rollenspielen verbringen. Solche Rollenspiele sind nichts anderes als die spielerische Einübung von allgemeinen Handlungsmustern und dem damit verbundenen Weltwissen. Es handelt sich um den gleichen Mechanismus, durch den ein Kind eine Sprache und deren Regeln erwirbt, die ihm nicht als Regeln bewusst sind, die es aber gleichwohl beherrscht. Sozialisation ist daher immer beides: zum einen das Hineinwachsen in einen konkreten sozialen Kontext und die Übernahme vorgefundener sozialer Formen und zum anderen ein aktives Aneignen, das, wenn es gelingt, gerade nicht zu einem durch seine Umwelt »geprägten«, sondern zu einem handlungs- und entscheidungsfähigen autonomen Individuum führt.

10.3.2.1 | Symbolischer Interaktionismus: Die Ausbildung des Selbst durch Lernen am Anderen

Die Ausbildung des Selbst nach George Herbert Mead

- Das menschliche Selbst ist ein Bild, das ein fragendes und beobachtendes Ich (»I«) von sich selbst (»Me«) entwirft. Das »I« (als Subjekt) kann sich dabei nie direkt und als Ganzes erfahren, sondern es kann sich nur beobachten (also als »Me« zum Objekt machen), indem es in der Welt handelt und aus seinen Erfahrungen ein Selbstbild erzeugt, das dann auch in weiteres Handeln eingeht. Das Subjekt und sein Selbstbild entwickeln sich also in einem »I« (Ich) und einem »Me« (Mich).
- Konstitutiv für die Entwicklung des menschlichen Selbst sind eigenes Handeln, die dabei gemachten Erfahrungen sowie nachahmendes Lernen. Nachahmend meint dabei keine Imitation, sondern eine Perspektivübernahme (»*role taking*«), ein Sich-Hineinversetzen in einen anderen, aus dessen Sicht dann die Welt und auch das eigene Handeln gedeutet und bewertet wird. Die Rollenübernahme orientiert sich in frühen Phasen der Sozialisation zunächst an »konkreten Anderen«; später werden auf dieser Grundlage Annahmen über die Erwartungen und abstrakten Verhaltensregeln »generalisierter Anderer« entwickelt.

Grundlegend für das heutige soziologische Verständnis von Sozialisation waren die Arbeiten des amerikanischen Sozialpsychologen George Herbert Mead (1863–1931). Mead unterscheidet zwei Ebenen des menschlichen Selbst: das »I« *Ich und Mich* (Ich) und das »Me« (Mich) (1973 [1934]). Das »Me« ist die Gesamtheit aller Informationen, Wahrnehmungen, Bewertungen und Bilder, über die das Selbst von sich verfügt. Alle diese Eigenschaften hat es von der frühesten Lebensphase an durch die Interaktion mit anderen Menschen erworben. Zunächst sind das die »konkreten Anderen«, allen voran die Eltern, später auch andere konkrete *signifikante und* Bezugspersonen. Das Kind lernt, welche Erwartungen die »konkreten Anderen« *generalisierte* an es herantragen, es reagiert auf sie und baut sie aktiv in sein Handlungsreper- *Andere* toire ein. Die treibende Kraft hinter diesen Interaktions- und Lernprozessen ist die andere Seite des Selbst, das »I«, das sich seine Umwelt mittels aktiver Interaktion aneignet und dabei auch Wissen über sich sammelt und schrittweise ein »Me« aufbaut. Später lernt das Individuum, aus den Erwartungen »konkreter Anderer« allgemeine Regeln abzuleiten und auf die Erwartungen »generalisierter

Anderer« zu schließen. Als aktive Kraft passt sich das »I« diesen Erwartungen aber nicht einfach an, sondern es geht aktiv, strategisch und kommunizierend mit ihnen um.

Meads Modell der Entwicklung des menschlichen Selbst enthält den Kern des bis heute gültigen Denkens über Sozialisation als einem Prozess der aktiven Aneignung der sozialen und materiellen Umwelt durch das heranwachsende Subjekt. Doch bevor diese Anstöße in einem aktuellen zusammenfassenden Modell erörtert werden, ist noch ein ganz anderer soziologischer Ansatz zu betrachten.

Das produktiv realitätverarbeitende Subjekt

| **10.3.2.2**

In den 1980er Jahren fasste Klaus Hurrelmann (geb. 1944) die Einsichten aus verschiedenen psychologischen, soziologischen und erziehungswissenschaftlichen Sozialisationstheorien in seinem *Modell des produktiv realitätverarbeitenden Subjekts* (Hurrelmann 1983) zusammen:

aktive Weltaneignung

> Kinder, Jugendliche und Erwachsene [werden] als produktive Verarbeiter der äußeren und der inneren Realität und als Gestalter ihrer Beziehungen zur sozialen und dinglichen Umwelt verstanden. Die Konzepte der Bildung und Entwicklung werden auf die gesamte Lebensspanne angewandt und stehen für den lebenslang anhaltenden Prozess der Auseinandersetzung eines Menschen mit seinen Lebensbedingungen und mit seiner eigenen Person. (Hurrelmann 2002 : 10)

Hurrelmanns Modell knüpft nicht nur an die bereits diskutierten grundsätzlichen Einsichten darüber an, dass ein Subjekt nicht passiv sozialisiert wird, sondern sich seine Welt aktiv aneignet. Hinter dem etwas sperrigen Begriff »produktiv realitätverarbeitendes Subjekt« steht die Auffassung, dass Sozialisation aus der Sicht des Subjektes als eigenständiges und sinnhaftes Handeln, als Interaktion und als deutende Auseinandersetzung mit seiner Umwelt verstanden werden muss. Die Einsicht, dass beispielsweise ein Kind aktiv nach Erfahrungen sucht und dem, was es erlebt, eine eigene Bedeutung verleiht, hat vielfältige Konsequenzen. Selbst in ausdrücklichen Lernsituationen ist das Erlernen eines Inhalts nicht von den Erfahrungen zu trennen, die man beim Lernen macht: mit dem Stoff, mit der Situation, mit der Institution Schule, mit Lehrerinnen, mit Mitschülern und auch mit sich selbst. Die Einsicht, dass sich Sozialisation nur aus der Innenperspektive des Subjekts begreifen lässt, das seine Umwelt aufnimmt, deutet und dabei zugleich in sie eingreift und sie verändert, lässt sich treffend in der Bezeichnung »subjektorientierte Sozialisationstheorie« (Geulen 1977, 2005) zusammenfassen.

Erfahrungen beim Lernen

Hurrelmanns Definition führt zwei weitere Ergänzung ein. Zum einen weist sie auf die Bedeutung der materiellen neben der sozialen Umwelt hin. Im weitesten Sinn gehört dazu auch der eigene Körper, der ebenfalls zum Gegenstand der Erfahrung und Deutung wird (Abraham 2002, Gugutzer 2002). Die materielle Seite ist umso wichtiger, je stärker die Lebenswelt von Menschen durch

Dinge, Körper, Medien

Dinge und besonders durch Medien bestimmt wird. Und zum anderen betont sie die lebenslange Dauer des Sozialisationsprozesses als Biographie (Hoerning/ Alheit 2000; vgl. Abschnitt 10.4.4).

10.3.2.3 | Selbstsozialisation

Eine weitere Zuspitzung hat der Sozialisationsbegriff in einer anderen Theorietradition erfahren. Niklas Luhmann (1927–1998), der sich in seiner Theorie autopoietischer Systeme eigentlich mit makrosoziologischen Beschreibungen der Gesellschaft befasst hat, hat den Begriff *Selbstsozialisation* eher beiläufig fallen lassen. Er wurde dann von Sozialisationstheoretikern aufgegriffen und diskutiert. Selbstsozialisation bringt die soziologische Auffassung von Sozialisation als einer aktiven Leistung des Subjekts auf eine zugespitzte Formel. Für Luhmann besteht die Gesellschaft aus selbstreferenziell operierenden Systemen wie Recht, Wirtschaft, Politik oder Wissenschaft (vgl. Kapitel 7). Und auch Individuen, oder, genauer gesagt, ihr Bewusstsein, betrachtet er als geschlossene, selbstreferenzielle Systeme. Er zieht damit die Konsequenz aus den Erkenntnissen der kognitiven Psychologie und dem wahrnehmungstheoretischen Konstruktivismus.

Subjektivität als Selbstreferenz

Die konstruktivistische Theorie geht von der radikalen, aber unbestreitbaren Beobachtung aus, dass die Umwelt in Form von Berührungen, Lichtreizen oder akustischen Schallwellen immer nur auf die Oberfläche des Körpers trifft. Dort wird sie von den Sinnesorganen in einen Code umgesetzt, der sich völlig von den ursprünglichen Reizen oder gar von den »Dingen« der Umwelt unterscheidet. Das von den Gegenständen reflektierte Licht beispielsweise wird durch die chemischen Rezeptoren der Netzhaut in elektrische Impulse umgesetzt, die von den Nervenbahnen in das Gehirn geleitet werden. Das Gehirn verfügt als Information ausschließlich über diese elektrischen Impulse. Dennoch meint unser Bewusstsein, in der äußeren Umwelt Gegenstände, Stühle und Stehlampen wahrzunehmen. Diese Wahrnehmung kann aber aufgrund des beschriebenen Charakters der Wahrnehmungsorgane und der Struktur des Nervensystems nicht von außen in das Bewusstsein eindringen, sondern als geschlossenes und selbstreferenzielles System muss das Bewusstsein diese Wahrnehmung ausschließlich auf Grundlage der elektronischen Impulse selbst hervorbringen, also selbst konstruieren. Weil es dabei auch für alle weiteren Erkenntnisleistungen nie bis auf die Ebene einer unmittelbaren Wahrnehmung der Umwelt zurückgehen kann, sondern stets nur auf andere, von ihm selbst erzeugte Konstruktionen der Umwelt, sind alle weiteren Bewusstseinsprozesse, einschließlich aller komplexen intellektuellen Leistungen, selbstreferenziell: auf die eigenen bewusstseinsinternen Konstrukte, Codes und Unterscheidungen und nie auf eine »Welt an sich« bezogen.

konstruktivistische Kognitionsforschung

Selbstreferenz

Dieser wahrnehmungstheoretische Konstruktivismus lässt sich auch auf den Begriff der Sozialisation übertragen: »Sozialisation ist immer Selbstsozialisation: Sie erfolgt nicht durch Übertragung eines Sinnmusters von einem System auf andere, sondern ihr Grundvorgang ist die selbstreferenzielle Reproduktion des

Systems, das die Sozialisation an sich selbst bewirkt und erfährt.« (Luhmann 1984:327, vgl. auch 325–331)

Begünstigend hat sich auf die Karriere des Begriffes der Selbstsozialisation ausgewirkt, dass er, anders als von Luhmann gemeint, trefflich zwei neuere Tendenzen in der Sozialisation von Heranwachsenden zum Ausdruck zu bringen scheint. Erstens werden Kinder und Jugendliche immer weniger durch ihre Eltern oder durch spezialisiertes Berufspersonal (Erzieher, Lehrer) sozialisiert, sondern Sozialisation spielt sich immer mehr innerhalb von *Gleichaltrigengruppen* (*peer groups*) ab, in denen Heranwachsende nicht mehr die Rollen der Eltern nachahmen, sondern durch ausprobierendes Lernen zu eigenen Rollen finden. Diese Tendenz liegt unter anderem in der zunehmenden Berufstätigkeit der Eltern und den gewandelten Familienstrukturen begründet. Zweitens treten an die Stelle konkret anwesender Personen verstärkt medial vermittelte Vorbilder als Gegenüber und Identifikationsanker im Sozialisationsprozess. Damit sind alle Formen medial vermittelter Wirklichkeit, von Jugendzeitschriften über das Fernsehen, Popmusik bis hin zur Werbung gemeint. Die Medienerlebnisse werden typischerweise nicht in der Interaktion mit Erwachsenen, sondern in der Gleichaltrigengruppe verarbeitet. Beide Tendenzen verstärken sich also, und beiden ist gemein, dass die auf sich selbst gestellte Verarbeitung von Erfahrungen und die eigenständige und unbeaufsichtigte Entwicklung der eigenen Identität, also der aktive Eigenanteil der Heranwachsenden an ihrer Sozialisation, immer größer wird. Die Folgen dieser Entwicklung können je nach sozialem Kontext, in dem ein Individuum aufwächst, höchst unterschiedlich sein (als Überblick vgl. Gilgenmann 1986 Leu/Krappmann 1999 u. Zinnecker 2000).

neue Sozialisationsinstanzen

Strukturfunktionalismus: Einpassung des Individuums in die Gesellschaft | 10.3.3

> **Sozialisation als Lösung des Problems der sozialen Ordnung**
>
> <u>Problem</u>: Wie ist soziale Ordnung möglich angesichts der vielfältigen und gegensätzlichen Interessen von Individuen?
>
> <u>Lösung</u>: Durch Sozialisation, die den Individuen gemeinsame Werte, Normen, Handlungsmuster und Rollen vermittelt, die mit der Struktur einer Gesellschaft übereinstimmen. Auf diese Weise sind die Orientierungen und Interessen der Individuen immer schon auf das Zusammenleben in einer gemeinsamen sozialen Ordnung abgestimmt.

Während sich die aus der Sozialpsychologie herrührende Theorie Meads in den 1930er Jahren darum bemühte, zu erklären, wie gerade das Selbst aus der Interaktion mit Anderen hervorgehen kann, waren die 1950er und 1960er Jahre von einer ganz anderen Fragestellung geprägt. Der zu jener Zeit als Paradigma sehr einflussreiche Strukturfunktionalismus setzte bei der Gesellschaft als einem System an, das für das Fortbestehen seiner Struktur auf die Erfüllung bestimmter Funktionen angewiesen ist. Der Hauptvertreter dieser Richtung, Talcott Parsons

Internalisierung

(1902–1979), beschäftigte sich in diesem Sinn auch mit der Sozialisation, und zwar unter der Fragestellung, wie eine Gesellschaft gewährleisten kann, dass die Individuen in ihr so sozialisiert werden, dass ihr eigener Fortbestand gesichert ist. Voraussetzung dafür ist, dass die heranwachsenden Gesellschaftsmitglieder die Werte und Normen einer Gesellschaft perfekt verinnerlichen (*internalisieren*). Soziale Konflikte und abweichendes Verhalten sind diesem Verständnis nach darauf zurückzuführen, dass die Normen und Werte einer Gesellschaft von den betreffenden Individuen nicht hinreichend internalisiert wurden. Der hier gebrauchte Begriff der *Internalisierung* ist problematisch, weil er den Lern- und Sozialisationsprozess als eine Art Prägung versteht, der die heranwachsenden Individuen passiv ausgeliefert sind, und der in einem statischen Zustand endet. Die persönliche Freiheit beschränkt sich so auf Fehlfunktionen oder Unvollständigkeiten in der Internalisierung.

Ordnung als Leitfrage

Während der Begriff der Internalisierung aufgrund dieser theoretischen Implikationen heute oft skeptisch betrachtet wird, drückt er dennoch einen zentralen Aspekt von Sozialisation aus. Er wird daher auch in einem offeneren Sinn als in der strukturfunktionalistischen Theorie verwendet, um allgemein auszudrücken, dass sich die Erfahrungen, die Menschen im Laufe ihres Heranwachsens machen, für sie zu ihrer Wirklichkeit und Normalität zusammensetzen. Ein entscheidender Mechanismus dabei ist, dass die vorgelebten Rollenmuster und die in Belohnungen und Sanktionen zum Ausdruck kommenden Erwartungen, Regeln und Zwänge nach und nach so verinnerlicht werden, dass an die Stelle der äußeren Kontrollen und Vorschriften eine innere Kontrolle und Selbstbeherrschung tritt. Regeln werden zu Beginn möglicherweise nur deshalb befolgt, um negative Konsequenzen zu vermeiden. Schließlich werden sie aber – typischerweise – so verinnerlicht, dass sie aufgrund innerer Überzeugungen beachtet werden.

Was genau Internalisierung bedeutet, wie konsequent und eindeutig Werte, Normen und Regeln wirklich internalisiert werden oder ob die Subjekte nicht vielmehr lernen, kreativ und strategisch mit den Erwartungen und Sanktionen einer Gesellschaft umzugehen, sodass sie die Vorteile nutzen und die negativen Konsequenzen vermeiden, ist eine offene Frage. Ihre Beantwortung muss einerseits empirisch erfolgen, und andererseits spielen in sie auch moralische, also außerwissenschaftliche Bewertungen hinein.

Funktionalismus

Parsons makrosoziologischer Funktionalismus wurde insgesamt dafür kritisiert, dass er den Fortbestand einer bestimmten gesellschaftlichen Ordnung als Postulat voraussetzt. Dadurch blendet er zum einen die Möglichkeit sozialen Wandels systematisch aus und betrachtet Sozialisation zum anderen bloß funktional von den äußeren Erfordernissen her, denen sie aus einer bestimmten Sicht zu genügen hat. Die Perspektive des aktiv erlebenden und handelnden Subjekts kommt in diesem Modell nicht vor. Die Kritik an diesem rein makrosoziologischen Ansatz ist berechtigt, und dennoch lassen sich aus der strukturfunktionalistischen und makrosoziologischen Sicht auf die Sozialisation auch wichtige und kritische Fragen an die Sozialisation in einer Gesellschaft ableiten.

So stellte sich als eines der Ergebnisse der PISA-Studie zu den Leistungen der Bildungsinstitutionen in verschiedenen europäischen Ländern heraus, dass die staatlichen Bildungseinrichtungen die familiären herkunftsspezifischen Nachteile von Kindern typischerweise nicht kompensieren, sondern verschärfen – und dies trotz einer jahrzehntelangen Diskussion um Schul- und Bildungsreformen. Hier drängt sich also die Frage auf, ob herkömmliche Schulen und Benotungssysteme nicht nach wie vor im Sinn des Parsons'schen Funktionalismus der Reproduktion einer überkommenen Ungleichverteilung von Bildungs- und damit Lebenschancen dienen. In funktionaler Sicht würde Schule demnach als Platzanweiserin in der Sozialstruktur der Gesellschaft dienen und nicht als kompensierende Institution zur Herstellung von Chancengleichheit.

Sozialisation und die Reproduktion ungleicher Lebenschancen   10.3.4

Dementsprechend schlossen sich an die strukturfunktionalistische Sicht kritische Studien zur Reproduktion von sozialer Ungleichheit an. Wenn sich statistisch zeigen lässt, dass das Bildungsniveau, der Schulabschluss, die berufliche Qualifikation und dadurch auch die Höhe des Einkommens vom Bildungsniveau und dem Einkommen der Eltern abhängen, dann wird Ungleichheit offenkundig im Prozess der Sozialisation in der Familie »vererbt« und somit reproduziert, und andere Sozialisationsinstanzen, wie die Schule oder die berufliche Bildung, können diesen Einfluss nicht kompensieren.

Vererbung von Chancen

Besonders in den 1970er Jahren beschäftigten sich zahlreiche Studien mit diesen Mechanismen der Reproduktion von Ungleichheit. Eine wichtige Rolle spielte dabei die Diskussion über die Bedeutung der Sprache bei der Vererbung sozialer Ungleichheit. So wurde angenommen, dass je nach Schichtzugehörigkeit Kinder bereits in den ersten Lebensjahren unterschiedlich komplexe Sprachkenntnisse erwerben, die für ihren späteren schulischen Erfolg und damit auch für ihre späteren beruflichen Chancen ausschlaggebend sind. Der britische Soziologe Basil Bernstein (1924–2000) prägte hierfür die Begriffe *restringierter* und *elaborierter Code* als Bezeichnung für die angeblich schichtspezifisch beschränkten oder komplexen Sprachkenntnisse (für den deutschen Kontext vgl. Oevermann 1972).

Beispiel Sprache

In der späteren Diskussion hat dieser Ansatz vielfältige Kritik erfahren. Die schichtspezifische Prägung sei zu eindimensional und zu deterministisch gedacht gewesen. Die Höherbewertung des elaborierten Codes beruhe auf einem schichtspezifischen Vorurteil, weil die Mittelschichtsprache zur alleinigen Norm erklärt werde. Das unterschiedliche soziale Umfeld von Kindern und dessen Einfluss auf ihre Entwicklungschancen sowie letztlich auch Persönlichkeitsunterschiede seien zu wenig beachtet worden. Außerdem lasse sich soziale Ungleichheit nicht ausschließlich am schulischen Erfolg und am erreichten beruflichen Status festmachen. Soziale Ungleichheit (siehe Kapitel 8) ist ein vielschichtiges Problem und schreibt sich nicht linear und notwendig über die Sozialisation fort. Gleichwohl ist als erklärungsbedürftiges soziales Problem bestehen geblieben, dass sich das Bildungsniveau von Kindern und ihr erzielter Berufs- und Einkommensstatus noch immer mit einer erheblichen statistischen Wahrscheinlichkeit vorhersagen lässt, wenn man das Bildungsniveau und den Berufsstatus der Eltern und besonders des Vaters kennt. Dieses Phänomen ist in Deutschland noch immer ausgeprägter als in anderen europäischen Ländern.

10.3.5 | Sozialisationsphasen und Sozialisationsinstanzen

Geraume Zeit wurde Sozialisation nur in Zusammenhang mit Kindheit und Jugend thematisiert. Unausgesprochen schwang dabei die Vorstellung mit, am Ende seiner Sozialisationsphase habe das Individuum eine weitgehend stabile Persönlichkeit ausgebildet, die es in seinem weiteren Leben behalte. Diese Vorstellung hat die Soziologie inzwischen aufgegeben und durch die Vorstellung ersetzt, dass jeder Mensch sein ganzes Leben hindurch immer wieder Sozialisationsprozesse durchläuft.

lebenslange
Sozialisation

Zwar gibt es immer noch gute Gründe, sich besonders mit den ersten Phasen der Sozialisation im Kinder- und Jugendalter zu befassen, also der

- *primären Sozialisation*: sie erstreckt sich von der frühesten Kindheit bis zu dem Zeitpunkt, in dem ein Kind als autonomes Subjekt lebens-, handlungs- und entscheidungsfähig ist, und der
- *sekundären Sozialisation*: sie schließt sich an die primäre Sozialisation an und umfasst die Phase des kulturellen und sozialen Lernens außerhalb des engen Kreises der Bezugspersonen aus der frühen Kindheit, die Pubertät und die Ausbildung einer Geschlechtsidentität sowie die Auseinandersetzung mit dem Heranwachsen und verschiedenen Erwachsenenrollen.

peer group

In dieser zweiten Phase spielen besonders die Schule, aber auch andere außerfamiliäre Institutionen und Gruppen, besonders der Kontakt mit Gleichaltrigen in *peer groups* (Gleichaltrigengruppen), eine wichtige Rolle. Aber die Sozialisation ist damit nicht abgeschlossen, sondern setzt sich lebenslang fort, weil Menschen immer wieder mit neuen Herausforderungen konfrontiert sind, die nicht nur eine rationale Bewältigung, sondern auch eine Anpassung der eigenen Persönlichkeit und des Selbstbildes sowie eine Auseinandersetzung mit gesellschaftlichen Erwartungen und Stereotypen erfordern. Manche Autoren bezeichnen die an die sekundäre Sozialisation anschließende Phase der beruflichen Sozialisation, aber auch des Aufbaus einer festen Partnerschaftsbeziehung oder des Erlernens der Elternrolle als *tertiäre Sozialisation*. Noch konsequenter ist jedoch,

Lebenslauf-
Perspektive

den gesamten *Lebenslauf* als einen kontinuierlichen Prozess der Persönlichkeitsveränderung zu begreifen, in dem alle Lebensphasen von Wandlungen des Selbstbildes begleitet sind. Dies hat Konsequenzen dafür, wie die Soziologie die Bewältigung verschiedener Hürden im Leben von Menschen untersucht, also etwa Berufswechsel, Elternschaft, Ehe, Partnerwechsel, Migration, aber auch Alter und Ruhestand, deren Bewältigung angesichts steigender Lebenserwartung in den Industriegesellschaften zu einem immer wichtigeren Thema wird. Die Lebenslauf- und Biografieforschung hat sich folglich zu einem eigenen Forschungszweig entwickelt, in dem die Soziologie mit anderen Wissenschaften zusammenarbeitet.

Wie schon angedeutet, gehören zu jeder Sozialisationsphase spezifische *Sozialisationsinstanzen*. Damit sind sehr unterschiedliche Bezugspersonen, Gruppen, Institutionen, Kontexte oder auch materielle Gegebenheiten gemeint, die gezielt oder als Nebeneffekt eine Funktion in der Sozialisation ausüben. In der *primären Sozialisation* sind das vor allem die Angehörigen einer kleinen Primärgruppe, zumeist die Familie oder die engsten Freunde der Eltern. In der *sekundären Sozialisation* erweitert sich der Kreis der Bezugspersonen. Das Kind tritt außerdem in spezielle Institutionen wie Kindergärten oder Schulen ein, in denen es zum einen spezialisiertes Personal gibt und das Kind zum anderen in Kontakt mit Gleichaltrigen oder auch den zahllosen anonymen Personen im öffentlichen Raum kommt. Für alle Institutionen, die sich ausdrücklich und professionell der Sozialisation von Heranwachsenden widmen, gilt allerdings, dass zwischen den offiziellen Erziehungszielen und pädagogischen Praktiken einerseits und der faktisch stattfindenden Sozialisation in diesen Institutionen andererseits strikt zu unterscheiden ist. Sozialisation bezeichnet die unbeabsichtigten Lerneffekte und die Erfahrungen, die ein Individuum aktiv macht, während es versucht, mit den Zielen und Vorgaben der Institution und ihrer Akteure (Erzieher, Lehrerinnen) umzugehen. Die Sozialisationseffekte einer Institution können in eine völlig andere Richtung gehen als ihr offizieller Erziehungsauftrag und die erklärten Absichten und Handlungsziele des professionellen Erziehungspersonals. Insbesondere für die Schule gilt: Sozialisation ist das, was im Rücken der offiziellen Pädagogik stattfindet. Zur Sozialisation gehört die unbeabsichtigte Einübung von Geschlechterstereotypen, die Bildung von Jugendgangs auf dem Schulhof, der Kampf um Anerkennung, die Prozesse von Integration und Ausschluss von Einzelnen oder ganzen Gruppen oder das Einüben von auf das eigene Selbstbild bezogenen Handlungsmustern, beispielsweise hinsichtlich des Vertrauens in die eigene Begabung und Leistungsfähigkeit.

Besondere und zunehmende Bedeutung nehmen Medien als Sozialisationsinstanz ein. Das ist an sich kein neues Phänomen, denn auch Bücher und Zeitschriften sind Medien und haben seit der Verbreitung des Buchdrucks und erst recht mit der allgemeinen Alphabetisierung der Bevölkerung im 19. Jahrhundert eine enorme Bedeutung als mediale Sozialisationsinstanzen gehabt. Dennoch haben elektronische Medien in diesem Bereich eine neue Qualität gewonnen. Ob Seriendarsteller in den Daily Soaps als vertraute Bezugspersonen in den täglichen Lebenslauf eingebaut werden oder durch die mediale Vernetzung von Popmusik, Starkult, Interviews, Videoclips und Modestilen eine umfassende Einbettung der Lebenswelt von Heranwachsenden in kommerzielle Angebote angestrebt wird, deutlich wird die Tendenz zur Verschmelzung von »realer« und medialer Umwelt zu einem gemeinsamen Erfahrungsraum.

spezialisierte Institutionen

unbeabsichtigte Effekte

Medien als Sozialisationsinstanz

10.3.5.1 | Wann endet Sozialisation?

Die sekundäre Phase der Sozialisation ist aber nicht bloß durch ein erweitertes soziales Umfeld und den Einfluss neuer Sozialisationsinstanzen gekennzeichnet, sondern es geht auch um qualitativ andere Prozesse der Persönlichkeitsbildung. Während in der primären Sozialisation ein Lernen durch Nachahmung, eine Internalisierung von generalisierten Rollenerwartungen und eine Identifikation mit einem engen Kreis von Bezugspersonen vorherrscht, ist die sekundäre Sozialisation gerade durch die Loslösung aus engen Identifikationsbeziehungen gekennzeichnet. Im Jugendalter setzt eine kritische Reflexion des Selbstbildes und der übernommenen Handlungsorientierungen ein. Es vollzieht sich ein Prozess der Selbstfindung und Identitätsbildung, in dem eine aktive Reflexion und kritische Auseinandersetzung mit dem eigenen Umfeld eine wichtige Rolle spielt. Dieser Prozess stellt auch die bislang fraglos übernommenen Gewissheiten infrage und wird vom Subjekt als krisenhaft erfahren. Von zentraler Bedeutung ist dabei die Arbeit an der Ausbildung einer Geschlechtsidentität. Zugleich

Jugend als Krise   sind Jugendliche in dieser Phase aber auch erstmals mit den Erwartungen, Deutungen und Anforderungen eines weiteren gesellschaftlichen Umfeldes, mit abstrakten Zwängen, Ordnungen oder Sanktionen konfrontiert. Medial vermittelten und inszenierten Deutungsangeboten und Rollenvorlagen kommt dabei eine immer größere Bedeutung gegenüber den klassischen Sozialisationsinstanzen wie Schule und Berufsausbildung zu (Prokop 2006). Allerdings finden sich in dieser Entwicklung je nach sozialem Kontext große milieuspezifische Unterschiede. Übergreifende Tendenzen, wie die soeben beschriebenen, stehen heterogenen Entwicklungen gegenüber. So kann die größere Bedeutung der Medien als Sozialisationsinstanz in verschiedenen sozialen oder kulturellen Milieus mit der Rezeption sehr verschiedener Inhalte verbunden sein.

Wie krisenhaft diese zweite Phase verläuft, wie gut es dem Subjekt gelingt, sich gegenüber seiner Umwelt zu behaupten und eine gefestigte Identität herauszuarbeiten, ist ein offenes Feld. Es hängt sowohl vom familiären Umfeld als auch von Persönlichkeitsmerkmalen, aber auch von der weiteren gesellschaftlichen Umwelt und deren – heute vor allem medial vermittelten – Erwartungen und Deutungsangeboten ab.

Verlängerung der   Es ist ein Gemeinplatz, dass sich die Phase, in der Menschen sich als jugend-
Jugendphase   lich empfinden und sich »noch nicht festlegen wollen« immer weiter hinausschiebt. Entscheidungen über Beruf und Familiengründung werden tendenziell immer später getroffen. Doch unabhängig von diesen faktischen Beobachtungen sprechen theoretische Gründe dafür, keine bestimmte Grenze zu ziehen, ab der Sozialisationsprozesse als abgeschlossen gelten können. Viele biografische Veränderungen sind mit Lernprozessen verbunden, die sich durchaus als Sozialisationsprozesse begreifen lassen. Das kann ein beruflicher Wechsel oder Aufstieg sein oder die Notwendigkeit zu lernen, was es heißt, Eltern zu sein. Ebenso kann man den Ruhestand am Ende der beruflichen Tätigkeit als Herausforderung und neue Sozialisationsphase bezeichnen. Ganz allgemein gilt das auch für die Lebensphase des Alters: Man muss lernen »älter« oder »alt« zu sein. Stets sind davon das eigene Selbstbild, die äußere Erscheinung und die Handlungsweisen

betroffen, und stets trifft man auf Rollenmodelle und soziale Erwartungen, sodass man mit guten Gründen von Sozialisationsprozessen sprechen kann. In diesem Sinn könnte man also argumentieren, dass Sozialisation nicht in einer bestimmten Lebensphase endet, sondern immer wieder neu ansetzt, auch wenn der Sozialisation in der Jugendphase eine zentrale Bedeutung zukommt.

Akkulturation | 10.3.5.2

Definition Akkulturation

Akkulturation beschreibt den Prozess der Anpassung an und der Auseinandersetzung mit einer fremden Kultur, den ein Individuum durchläuft, das in seiner eigenen, ersten Kultur bereits einen Sozialisationsprozess durchlaufen hat. Akkulturation meint nicht einfach Anpassung oder Integration, sondern einen wechselseitigen Prozess, in dem sich die kulturellen Muster aller Beteiligten verändern.

In der Literatur ist neben Sozialisation gelegentlich auch von *Enkulturation* die Rede. Damit wird von manchen Autoren eine Phase der Sozialisation von Jugendlichen bezeichnet, die sich an die primäre Sozialisation anschließt und in der eine bewusste Übernahme kultureller Muster im Jugendalter außerhalb des Elternhauses stattfindet. Der Unterschied zur Phase der *sekundären Sozialisation* liegt dabei eher in Nuancen. Ein deutlich anderes Thema wird demgegenüber mit dem Begriff der *Akkulturation* angeschnitten.

Bereits beim Begriff der Sozialisation wurde die Vorstellung, dass das Lernen und die Entwicklung der Persönlichkeit mit dem Ende der Adoleszenz enden, kritisiert und aufgegeben. Stattdessen wird Sozialisation als ein lebenslanger Prozess des Lernens und der Persönlichkeitsentwicklung begriffen. Eine neue Qualität bekommt dieses Lernen dann, wenn Individuen sich nicht nur nach und nach Veränderungen in ihrer Umwelt anpassen, also beispielsweise lernen, Eltern zu sein oder sich in einem neuen Beruf zurechtzufinden, sondern wenn sich der lebensweltliche Kontext vollständig ändert. Dies ist vor allem als Folge von Migration der Fall. Im Kleinen erleben viele Studierende einen vergleichbaren Prozess, wenn sie am Ende ihrer Schulzeit das Elternhaus in einem verschlafenen Landstädtchen verlassen und zum Studieren allein in eine Großstadt ziehen. Dieser Prozess fällt im Falle transnationaler oder gar Kontinente und Kulturen überspringender Migration unvergleichlich gravierender aus. Es geht nicht nur darum, eine neue Sprache lernen zu müssen und sich damit zu arrangieren, auch die selbstverständlichsten Alltäglichkeiten nicht mehr mit den gleichen Worten und Routinen erledigen zu können wie bisher, sondern die gesamte »Normalität« des neuen kulturellen Kontextes kann als fremd erscheinen und als neu zu erlernende Herausforderung.

Der Prozess, in dem ein Individuum nach einer bereits erfolgreichen Sozialisation und Enkulturation in einem sozialen Umfeld in einen anders gearteten sozialen und kulturellen Kontext wechselt, sich mit diesem auseinandersetzen und seine Sprache, seine Handlungsmuster und seine Denkweisen daran anpas-

Sozialisation in neue Kontexte

Akkulturation
meint nicht
Assimilation

sen muss, wird als *Akkulturation* bezeichnet. Der Begriff spielt vor allem in der Migrationssoziologie eine wichtige Rolle. Anders als der Begriff der *Assimilation*, der letztlich immer die Anpassung von Migrantinnen und Migranten an die Aufnahmegesellschaft meint, ist der Begriff der Akkulturation offener angelegt. Er kann durchaus als ein zweiseitiger Prozess des Aufeinandertreffens unterschiedlicher Kulturen verstanden werden, die sich aneinander abarbeiten müssen und sich dabei beide verändern. Diese grundsätzliche Wechselseitigkeit gilt auch dann, wenn faktische Akkulturationsprozesse nie völlig gleichgewichtig verlaufen, sondern eine Seite immer unter einem mehr oder minder starken Anpassungsdruck steht.

gegen kultur-
zentrische Sicht

Deutlich herausgearbeitet wurde diese Wechselseitigkeit an einem anderen Fall von extremer Akkulturation: dem europäischen Kolonialismus in der Frühen Neuzeit und im Zeitalter des Imperialismus. In den vor allem im englischsprachigen Raum entstandenen *postcolonial studies* geht es darum, die kolonialisierten Kulturen nicht mehr bloß als unterdrückte Opfer zu thematisieren, sondern auch die zum Teil verdeckten und indirekten Einflüsse aufzuzeigen, die aus den kolonialisierten Kulturen und durch den Akt der Kolonialisierung selbst auf die Gesellschaften der Kolonisatoren zurückwirkten (vgl. Said 2009 [1978]; Ashcroft 1995; Villa/Reuter 2009).

10.3.6 | Zusammenfassung

Sozialisation umfasst zwei Seiten: Zum einen übernimmt das heranwachsende Individuum bestimmte Formen und Erwartungen der Gesellschaft, in die es hineingeboren wird, und wird dadurch auf die ihm vorgegebenen Möglichkeiten festgelegt; zum anderen eignet es sich diese aber auf eine aktive Weise an, sodass es diesen Prozess selbst als die (möglicherweise konflikthafte) Herausbildung einer eigenen Persönlichkeit erfährt.

An den Erörterungen in diesem Kapitel sollten einige allgemeine Einsichten, aber auch offene Fragen deutlich geworden sein. Allen vorgestellten Begriffen von Sozialisation ist gemeinsam, dass sie sich gegen eine naive Entgegensetzung von Individuum und Gesellschaft richten. Sie treten für die entgegengesetzte Auffassung ein, die Individuum und Gesellschaft zusammen denkt: Den Menschen als autonomes handlungs- und entscheidungsfähiges Subjekt gibt es gerade nur in und durch die Gesellschaft, und Gesellschaft kann es nur als Wechselbeziehung handlungsfähiger Subjekte geben.

subjektiv und
sozial

Aber es bleiben auch Fragen offen, die sich nicht definitorisch entscheiden lassen, sondern empirisch erhoben, analysiert und erklärt werden müssen. Beispielsweise alle jene Situationen, in denen Sozialisation scheitert, dem Heranwachsenden Handlungs- und Lebenschancen eher verschließt als eröffnet, zur Ausbildung einer Identität als Rand- oder Problemfigur führt oder stereotype (Geschlechter-) Rollenerwartungen zuschreibt. Gerade diese Fragen gehören zu den interessantesten und wichtigsten Themen der Sozialisationsforschung, für deren Bearbeitung die Kenntnis der hier beschriebenen Grundbegriffe unerlässlich ist.

Identität | 10.4

Was würden Sie auf die Frage antworten: »Wer sind Sie?« Vielleicht würden Sie Ihren Namen nennen oder Ihren Beruf? Ihre Staatsangehörigkeit? Ihren Studiengang? Ihren Musikgeschmack? Ihre Zugehörigkeit zu einem Fußball-Fanklub oder Ihre Position innerhalb der Fußballmannschaft?

In der Einleitung zum vorliegenden Kapitel wurde erörtert, dass das Fragen nach der eigenen Identität ein typisches Kennzeichen von modernen Gesellschaften ist, die sich durch die Auflösung traditioneller Lebensformen und Weltdeutungen auszeichnen. Damit sind neben den Fragen, die von außen an uns herangetragen werden, gerade auch die Fragen gemeint, die wir an uns selbst stellen. Einen erheblichen Teil unseres Lebens verbringen wir damit, eine – immer wieder neue – Antwort auf die Frage nach unserer Identität zu suchen. In diese Suche fließt ein nicht geringer Teil der Energie und Arbeit, die wir auf die Bewältigung unseres alltäglichen Lebens verwenden. Die Frage danach, wer wir selbst sind, spielt eine Rolle bei vielen Aspekten des Lebens, etwa in Partnerschaften, bei der Entscheidung für Kinder, bei der Wahl eines Studienfachs oder später bei beruflichen Veränderungen.

Identität als Frage an sich selbst

Was und wer jemand ist, hängt dabei offenbar von der Situation ab, in der er danach fragt oder danach gefragt wird. Solange wir nicht Auskunft darüber geben müssen, sind wir uns sicher, wer wir sind. Unsere Identität ist unproblematisch, und zwar gerade deshalb, weil wir uns keine Gedanken darüber machen müssen. Problematisch wird es, wenn unsere Identität infrage steht. Wenn wir im Ausland unseren Pass verloren haben oder in einem Bewerbungsgespräch einer Gruppe von Fremden präsentieren müssen, wer wir sind und was wir können. Besonders deutlich, aber keineswegs nur dann, tritt das Problem der Identität bei einer Reise in ein anderes Land oder gar im Fall einer Auswanderung hervor. Konnte man in seiner »Heimat« noch ganz selbstverständlich interagieren und musste keine Erklärungen zu sich selbst abgeben, wird die Verständigung nun zu einem ausdrücklichen Problem. Jeder zögerlich hervorgebrachte Satz, der doch eigentlich eine Verständigung erzielen soll, kann nach außen hin zum Symbol der eigenen Fremdheit werden. Nicht einmal auf die mitgebrachten Bildungszertifikate ist Verlass, unter Umständen verweigern Sachbearbeiter in einer Behörde deren Anerkennung. Ist man tatsächlich noch ein redegewandter und belesener Mensch, wenn man sich nur mühsam beim Einkauf verständigen kann, und ist man ein studierter Arzt, wenn das Medizinstudium in einem anderen Land nicht anerkannt wird? Das sind äußerliche Merkmale von Identität, aber sie bleiben nicht äußerlich. Mit den organisatorischen Fragen sind automatisch auch Fragen der Identität aufgerufen, und hieran wird deutlich, wie sehr das eigene Selbstbild von der Zuverlässigkeit und Regelmäßigkeit der sozialen Rückmeldungen und der gesellschaftlichen Anerkennung jener Merkmale abhängig ist, auf die man die eigene Identität stützt.

Infragestellungen

soziale Anerkennung

10.4.1 | Identität, Identifikation und Identitätsmanagement

Niemand ist einfach diejenige, die sie ist, bzw. derjenige, der er ist. Und niemand kann genau und vollständig Auskunft darüber geben, wer sie oder er ist. Es gibt Phasen im Leben, in denen wir uns expliziter mit unserer Identität befassen, und Phasen, in denen die Frage danach eher in den Hintergrund tritt. Sie wird unproblematisch, wenn und *weil* wir uns nicht mit ihr befassen. Sie ist nicht etwa deshalb unproblematisch, weil wir in diesen Zeiten die Frage danach besonders gut beantworten könnten, sondern weil wir keinen Anlass haben, uns selbst diese Frage zu stellen.

Identität ist keine fixierte Eigenschaft

Eine besondere Schwierigkeit des Begriffs der *Identität* besteht darin, dass er als Substantiv den Eindruck vermittelt, es handele sich um eine feste Eigenschaft oder gar um einen Besitz. Diese Gefahr der Verdinglichung (vgl. 5.2.3) besteht auch bei anderen soziologischen Begriffen, im Fall der Identität ist sie aber besonders greifbar. In einem verdinglichten Sinn wird beispielsweise in öffentlichen Debatten häufig von Identität als etwas geredet, das man verlieren oder bewahren kann. Das ist eine irreführende alltagsweltliche Vorstellung. Genau genommen ist Identität keine Eigenschaft und kein Besitz, sondern ein Tun: Eine Identität zu haben bedeutet, sich aktiv mit etwas zu identifizieren. Aus einer Familie von Anhängern eines bestimmten religiösen Glaubens zu stammen, mag im Zuge der Sozialisation zwar nahelegen, diesen Glauben ebenfalls in die eigene Identität einzubauen, aber das geschieht nicht notwendigerweise. Ob man sich mit der ethischen oder nationalen Abstammung der eigenen Familie, der Angehörigkeit der Eltern zur Arbeiterklasse, dem eigenen Geschlecht, der mühsam erreichten Karriereposition oder einem Glaubenssystem identifiziert oder nicht identifiziert und wie stark man das tut, ist niemals einfach vorgegeben. Und es spricht nicht mehr dafür, dass Identifikationen im Laufe eines Lebens gleich bleiben, als umgekehrt dafür spricht, dass sie sich ändern oder verschieben.

strategisches Identitätsmanagement

Jede und jeder benötigt eine Identität. Sie ist Teil des Selbstbildes, konstitutiv für das Selbstbewusstsein und die darauf gründende Handlungsfähigkeit. Aber niemand »hat« eine Identität, sondern Identität ist eine stete Anforderung an das Subjekt. Auch eine vielfach gebrochene Identität ist eine Identität. Sie muss also nichts Homogenes, Eindeutiges oder Stabiles sein (Keupp 1999). Diese Einsicht, dass es »hybride Identitäten« geben kann, hat sich in der Diskussion über den Identitätsbegriff immer mehr durchgesetzt. Außerdem kann jedes Subjekt mit den Merkmalen, auf die es seine Identität stützt, kreativ umgehen. Es kann ein *Identitätsmanagement* betreiben, indem es in bestimmten sozialen Kontexten und gegenüber bestimmten Personen Teile seiner Identität zeigt oder betont und andere eher verbirgt. In je mehr Kontexten ein Individuum lebt und je mehr Facetten seine Identität aufweist, desto schwieriger wird es, in diesem Spiel der Identität eine stabile Balance zu halten. Andererseits liegt in dieser Vielfalt aber auch die Wurzel der für moderne Gesellschaften charakteristischen Individualisierung (vgl. 10.2.2).

Soziale und personale Identität

Dimensionen von Identität nach Erving Goffman

- *soziale Identität* : Das Individuum präsentiert, betont und inszeniert ausgewählte Facetten seiner Identität und verbirgt andere, abhängig vom sozialen Kontext, in dem es sich bewegt (Identitätsmanagement).
- *personale Identität* : Nach innen muss das Individuum die verschiedenen sozialen Identitäten, die es im Sinn eines Identitätsmanagements nach außen präsentiert, als eine kohärente Person und Biografie zusammenhalten können.

Der amerikanische Soziologe Erving Goffman (1922–1982) hat sich intensiv mit Fragen der Identität und mit den kreativen Formen befasst, in denen Individuen mit ihrer Identität umgehen und sie inszenieren. Er unterschied zwischen zwei Ebenen der Identität, der *sozialen* und der *personalen Identität*. Beide Ebenen sind nicht als verfestigte Bestände von Eigenschaften zu verstehen, sondern als Herausforderungen an die Selbstwahrnehmung und Außendarstellung des Individuums. Die Ebene der *sozialen Identität* meint die Aufgabe, in einem sozialen Kontext und gegenüber einer Gruppe von Personen ein bestimmtes Bild des Selbst aufrechtzuerhalten. Das kann das Bild eines belesenen Studenten sein, der sich keine Blöße geben darf, oder das Bild einer engagierten Mitarbeiterin, die allen Aufgaben ihres Berufs mühelos gewachsen ist. Aber auch im privaten Bereich, als Liebhaber, Elternteil oder Mitglied in einem Verein, achtet jedes Individuum darauf, sich auf eine bestimmte Weise und als eine bestimmte Person zu präsentieren. Andere Seiten, besonders solche, die nicht zu dem in einem bestimmten Kontext präsentierten und gegebenenfalls auch erwarteten Bild passen, werden gezielt verborgen, bestimmte Themen etwa werden in Gesprächen vermieden. Ein solches Identitätsmanagement gehört zu den ganz selbstverständlichen und alltäglichen Leistungen des Individuums, beispielsweise wenn es im Bewerbungsgespräch die vermeintlichen Lücken in seiner Berufsbiografie zu kaschieren und das Bild eines zielstrebigen Menschen zu erzeugen versucht, der nie etwas anderes wollte, als gerade in dieser Firma zu arbeiten. In anderen Situationen kann das Identitätsmanagement vor größeren Herausforderungen stehen, etwa wenn jemand aus den Gesprächen am Arbeitsplatz seine sexuelle Orientierung oder religiöse Überzeugung heraushalten muss oder zumindest glaubt, sie verbergen zu müssen. Soziale Identität meint also die Aufgabe, sich in verschiedenen sozialen Kontexten jeweils als jemand Bestimmtes darzustellen. Der Begriff der sozialen Identität impliziert dabei, dass jedes Individuum über eine Vielzahl von sozialen Identitäten verfügt, die in jeweils verschiedenen sozialen Kontexten präsentiert werden und die sich unterschiedlich stark voneinander unterscheiden können.

Je heterogener die sozialen Kontexte sind, in denen ein Individuum im Laufe seines Lebens oder auch während eines Tages agiert, desto größer werden die Herausforderungen. Genau an dieser Stelle ist die Ebene der *personalen Identität* angesiedelt. Die Wahrung der personalen Identität beschreibt eine entgegengesetzte Aufgabe zur sozialen Identität. Denn personale Identität meint die nach

Identität aus Identitäten

Selbstbild als Wunschbild

Kohärenz herstellen

innen gerichtete Herstellung eines kohärenten Selbstbildes, das die verschiedenen Facetten der Persönlichkeit, die in den unterschiedlichen sozialen Identitäten, über die ein Individuum verfügt, jeweils selektiv nach außen getragen werden, umgreift und in irgendeiner Weise verständlich integriert. Je mehr und je unterschiedlichere soziale Identitäten ein Individuum je nach Situation ins Spiel bringen kann, umso größer ist die Herausforderung, nach innen dennoch zu wissen, wer es ist, und sich vor sich selbst die Vielfalt seiner Erlebnisse und Eigenschaften als eine, wenn auch gebrochene, personale Identität, als mehr oder minder kohärentes Selbstbild zu erzählen. Nur gegenüber bestimmten Personen und in ausgewählten sozialen (intimen) Kontexten wird üblicherweise ein größerer Teil der personalen Identität als soziale Identität nach außen sichtbar gemacht.

Beide Anforderungen an das Subjekt, das Management der sozialen und das der personalen Identität, können komplex ausfallen und unterschiedlich gut gelingen. Zudem handelt es sich in beiden Fällen nicht allein um psychische, sondern um soziale Prozesse. Im Fall der sozialen Identität um die explizite Selbstdarstellung nach außen, bei der personalen Identität um die Überbrückung heterogener sozialer Erfahrungen, Interaktionen und Bezüge nach innen.

10.4.3 | Stigma und Inszenierung

Definitionen

- *Stigma*: Bezeichnet nach Erving Goffman die Eigenschaften eines Menschen, die ihn in den Augen anderer eindeutig einem (negativ bewerteten) sozialen Typus zuordnen würden (Stigmatisierung). Menschen versuchen solche Merkmale zu verbergen.
- *Identitätsmanagement*: Das Bemühen um die Kontrolle darüber, welche Informationen über das eigene Selbst wem, wie und in welchen sozialen Kontexten präsentiert werden. Neben dem Ausdruck, den man sich selbst gibt, gehört hierzu das Bemühen um *Informationskontrolle*.
- *Eindrucksmanipulation*: Das Bemühen, beim sozialen Gegenüber oder gegenüber einem größeren Publikum einen bestimmten Eindruck zu erzielen; dazu gehört auch, das eigene Selbst so zu inszenieren und ihm einen solchen *Ausdruck* zu geben, dass der gewünschte *Eindruck* entsteht.

Besonders gut lassen sich die Mechanismen der Identität, das Zeigen und Verbergen und die möglichen Konflikte an jenen Fällen studierenden, in denen Menschen besondere Gründe haben und sich ausdrücklich Mühe geben, etwas zu präsentieren oder verborgen zu halten. In diesen Fällen ist das *Identitätsmanagement* besonders aufwendig.

Stigmatisierbarkeit

Erving Goffman untersuchte die Mechanismen des Identitätsmanagements am Beispiel von Personen, die wegen eines Merkmals ihrer Biografie und Persönlichkeit sozial diskreditierbar wären, wenn dieses Merkmal nach außen sichtbar würde (Goffman 1998 [1963]). Solche Merkmale bezeichnet er als *Stigma*, den sozialen Prozess der sozialen Einstufung und tendenziellen Aburteilung von

Individuen aufgrund solcher Merkmale als *Stigmatisierung*. Solche Merkmale können beispielsweise Vorstrafen, psychiatrische Behandlungen oder Erkrankungen, aber auch ganz alltägliche Kleinigkeiten sein, die man lieber verbergen möchte.

Jede Person ist potenziell stigmatisierbar, und die Reaktionen auf eine zur Schau getragene Eigenschaft hängen vom sozialen und kulturellen Umfeld ab, in dem man sich bewegt. Theoretisch kann sogar etwas, das uns in einem Kontext Anerkennung sichert, in einem anderen Umfeld als Anlass zur Stigmatisierung dienen.

Stigmatisierbare Individuen können darauf mit Versuchen der *Informationskontrolle* oder Strategien des *Täuschens* reagieren. Die Erkenntnisse seiner Studien lassen sich verallgemeinern. In gewisser Weise verwenden wir alle vergleichbare Techniken, auch wenn es keine vergleichbar gravierende Anlässe gibt. Dies gilt insbesondere für die Umkehrung der Strategien, also das Herausstellen einer Eigenschaft statt des Verbergens eines Stigmas, um damit die eigene Identität in einer bestimmten Weise zu inszenieren. Beispielsweise wenn jemand versucht, möglichst beiläufig auf den eigenen akademischen Titel hinzuweisen.

Informations-kontrolle

Auf einen aktuellen Aspekt kann in diesem Zusammenhang nur kurz hingewiesen werden. Immer neue Erfassungs- und Speichertechniken machen es möglich, immer mehr persönliche und biografische Details von Individuen offiziell zu dokumentieren. Sie werden somit für unbekannte Außenstehende einsehbar, ohne dass das Individuum dies merkt. Das hat möglicherweise Konsequenzen für die Freiheit jeder und jedes Einzelnen, Kontrolle über die Präsentation der eigenen Identität auszuüben.

Goffman hat diese Überlegungen später zu einer allgemeinen Theorie des Handelns als *Darstellen* weiterentwickelt. In seinem Buch »Wir alle spielen Theater. Selbstdarstellung im Alltag« argumentiert er, dass wir niemals etwas bloß tun, sondern stets auch *darstellen*, was wir tun. Manchmal geschieht dies nebenbei, manchmal steht die Darstellung aber auch im Zentrum unserer Anstrengungen. Dabei ist es nicht entscheidend, ob man in seiner Darstellung bewusst etwas vortäuscht (Goffman nennt das eine *zynische Darstellung*) oder ob man an seine eigene Darstellung glaubt, also eine *aufrichtige Darstellung* liefert. Eine Darstellung ist es in jedem Fall. Und die Fähigkeit zur Schauspielerei ist ein wesentlicher, wenn auch unbewusster Teil unserer Handlungskompetenz: »Kurz gesagt, wir alle spielen besser, als wir es zu tun glauben« (Goffman 1997 : 68).

Handeln als Darstellen

Die Darstellung ist Teil jeder Handlung. In diesem Sinn lassen sich auch soziale Situationen, an denen mehrere Personen beteiligt sind, mithilfe einer Theater-Terminologie als *Inszenierungen* beschreiben. Ein *Ensemble* errichtet gemeinsam eine *Fassade* und kann dabei allerlei *Requisiten* nutzen, vor der für ein *Publikum* eine *Inszenierung* stattfindet. Die *Darsteller* verhalten sich dabei auf der *Vorderbühne*, also vor dem Publikum, anders als auf der *Hinterbühne*, wo sie unter sich sind und unter Umständen über das Publikum oder ihre eigene Darstellung spotten können.

Alltagstheater

Einfache Beispiele für soziale Situationen, die sich mit diesen Begriffen analysieren lassen, sind etwa das Auftreten einer Gruppe von Ärzten bei der Visite im

Krankenhaus. Die weißen Kittel, die lateinischen Ausdrücke, das locker um den Hals gehängte Stethoskop (Requisiten) und die zur Schau getragene Eile errichten die Fassade von Professionalität und Kompetenz. Keiner aus der Gruppe würde die *Darstellung* im Angesicht der Patienten (Publikum) stören. Zweifel oder Nachfragen unter Kollegen würde es erst auf der Hinterbühne geben, auf der die Ärzte und das Pflegepersonal (Ensemble) unbeobachtet sind. Berufliche Tätigkeiten drängen sich als Beispiele auf, aber auch ganz andere Situationen lassen sich damit analysieren. Entscheidend ist, dass es neben der Darstellung einer Handlung immer auch um die Darstellung einer sozialen Identität (der kompetente, vielbeschäftigte Arzt) geht.

dargestellte Wirklichkeit

Die Pointe von Goffmans Ansatz liegt darin, dass es nicht sinnvoll ist, Wirklichkeit und Darstellung zu unterscheiden oder nach der Wirklichkeit hinter der Darstellung zu suchen. Die Darstellung *ist* die Wirklichkeit, und damit schließt sich hier ein thematischer Bogen zu Kapitel 4 über »soziale Wirklichkeit«.

10.4.4 | Biografie als Illusion

Dass Identität keine gegebene, feste Eigenschaft ist, sondern etwas, das vom Individuum hergestellt und präsentiert werden muss, gilt auch in zeitlicher Perspektive, für die Biografie eines Individuums. Was ist eine Biografie?

Die Formulierung »biografische Illusion« stammt von Pierre Bourdieu (2000), der sich damit befasst, wie Individuen versuchen, der Summe der Erfahrungen ihres Lebens einen Zusammenhang und Sinn zu geben. Sie tun dies, indem sie sich selbst (und anderen) ihr Leben *als Biografie* erzählen. Der Zusammenhang wird dabei in der Erzählung hergestellt. Die Erzählung der eigenen Biografie muss alle Widersprüche und Brüche überbrücken, denn nur wenn das gelingt, kann man sich selbst als ein Ich mit einer klaren Identität erleben, die sich in der Biografie niederschlägt. Oder, umgekehrt: Wenn ich überzeugt bin, jemand Bestimmtes zu sein, muss ich meine Biografie so erzählen können, dass sie als Ausdruck meiner Identität erscheint. Letztlich ist deshalb eine Biografie immer auch eine Illusion.

Biographie als Erzählung

Diesen Gedanken hat schon früher Anselm Strauss (1916–1996) mithilfe zweier Metaphern ausgerückt: »Spiegel und Masken«. Sie fassen unsere Argumente zur Identität und Selbstdarstellung anschaulich zusammen:

Spiegel und Maske

> Jeder präsentiert sich anderen und sich selbst und sieht sich im Spiegel ihrer Urteile. Die Masken, die er der Welt und ihren Bürgern zeigt, sind nach den Antizipationen ihrer Urteile geformt. (Strauss 1968 : 7)

Vor allem aber befasst sich Strauss auch damit, dass bestimmte Eigenschaften, die man für wichtige eigene Charakterzüge hält, im Laufe des Lebens an Bedeutung verlieren können, während andere dafür wichtiger werden. Obwohl man sich selbst also tief greifend verändert, empfindet man sich selbst als ein und derselbe oder dieselbe. Dies gelingt, weil wir uns selbst eine Geschichte darüber erzählen, warum wir uns wie verändert haben und warum wir früher anders sein »mussten«, um dann zu dem zu werden, der wir heute sind. Auf diese Weise gelingt es uns, unser vergangenes Ich zu einem Teil unseren gegenwärtigen zu machen. Da wir an verschiedenen Punkten unseres Lebens möglicherweise eine sehr verschiedene Biografie erzählen, die uns aber trotzdem jeweils als notwendig und zusammenhängend erscheint, wird deutlich, dass es gar keinen wirklichen Zusammenhang gibt, sondern wir ihn jeweils rückblickend zusammenfügen:

> Das Bewusstsein einer Konstanz der Identität ist also eher aufseiten des Beobachters als »im« Verhalten selbst. Das gilt nicht weniger für die Biografie als für die Autobiografie. (Strauss 1968 : 159)

Trotzdem ist Biografie keine bloße Illusion, denn indem wir uns mit ihr identifizieren, wird sie wirklich in dem Sinne, dass wir jeweils als die- oder derjenige handeln, als die wir uns sehen.

Veränderung als Werden

Kollektive Identität | 10.4.5

> **Kritik am Begriff**
>
> Kollektive Identität ist keine eigenständige Dimension von Identität jenseits der sozialen Identität, denn Kollektive sind keine Subjekte und können daher keine Identität besitzen. Begriffe wie »nationale«, »ethnische« oder »kulturelle« Identität beschreiben lediglich die Inhalte und Orientierungen der sozialen Identität von Individuen.

Es ist weitverbreitet, von Formen kollektiver Identität zu sprechen, etwa von »nationaler«, »ethnischer« oder »kultureller« Identität. Und dennoch ist der Begriff der kollektiven Identität eigentlich paradox. Nach allem, was bislang zum Begriff der Identität erörtert wurde, kann nur ein individuelles Subjekt, also ein Wesen, das in der Lage ist, »ich« zu sagen, eine Identität haben. Ein Kollektiv, einerlei ob eine Nation oder eine »Kultur«, ist aber ein Abstraktum, kein Subjekt. Es gehört zu den wichtigen soziologischen Einsichten, dass es Kollektivsubjekte nicht geben kann: eine Gemeinschaft, eine Nation, ein Volk, eine Klasse »hat« keinen Willen und keine Identität. Alle diese sozialen Phänomene entstehen bloß aus den Absichten und Interessen konkreter Subjekte, die sich zu Kollektiven zusammengeschlossen haben und sich mit diesen Kollektiven identifizieren. Nur in diesem Sinn kann von *kollektiver Identität* die Rede sein. Wer sich dennoch auf eine solche kollektive Identität oder einen kollektiven Willen beruft, versteckt mit dieser ideologischen Rhetorik tendenziell die eigenen Interessen hinter der Berufung auf ein vermeintliches Gemeininteresse.

Kollektive haben keine Identität

Dennoch spielen Formen kollektiver Identität im sozialen Alltag faktisch eine wichtige Rolle. Und vielleicht sogar deshalb eine zunehmend wichtige Rolle, weil es immer weniger plausibel ist, dass es sie gibt. Prozesse sozialer Integration und Desintegration hängen auch von der (faktisch vorhandenen oder nicht vorhandenen) subjektiven Identifikation mit einem imaginierten Kollektiv ab. Soziale Konflikte auf unterschiedlichen Ebenen, von der Gang-Bildung auf Schulhöfen über Probleme bei der Integration von Migrantinnen und Migranten bis hin zu bewaffneten Auseinandersetzungen zwischen großen Gruppen, nehmen von Auseinandersetzungen über Identifikationen ihren Ausgang. Es werden sogar Kriege geführt, in denen es um die Wahrung einer vermeintlichen nationalen, ethnischen oder religiösen Identität geht. Es ist also soziologisch höchst bedeutsam zu untersuchen, was Menschen meinen, wenn sie in einer solchen Weise nicht bloß »ich«, sondern »wir« sagen, dass ihr Handeln und ihr Selbstbild davon abhängig werden und dass sie unter Umständen bereit sind, ihr »Ich« für ein imaginäres »Wir« aufzugeben.

imaginäres Wir

Typischerweise knüpfen sich Vorstellungen einer kollektiven Identität an Begriffe wie »Herkunft« oder »Tradition« und berufen sich auf etwas, das »schon immer so gewesen« sei und daher auch, manchmal selbst unter hohen Kosten, bewahrt werden müsse. »Herkunft«, »Alter« oder »Tradition« sind aus Sicht der Soziologie aber keine aus sich heraus wirksamen Kräfte und somit auch keine soziologischen Fachtermini. Ihre Wirkung entfalten sie nur dadurch, dass Menschen ihr Handeln an ihnen orientieren und sie in ihrer Selbstdeutung verwenden. Welche Ausschnitte der sozialen Wirklichkeit als solche wertvollen, identitätsstiftenden und bewahrenswerten Merkmale betrachtet werden, ist dabei weitgehend offen und liegt nicht in den Sachverhalten selbst begründet, sondern darin, ob und wie sie von den handelnden Individuen aufgegriffen und gedeutet werden (vgl. 5.2).

Viele überkommene Verhaltensweisen werden nicht explizit als »wertvolle Tradition« erachtet, sondern nur aus Gründen der Gewohnheit beibehalten. Andere vermeintlich große nationale, religiöse oder ethnische Traditionen oder Symbole stellen sich bei nüchterner Betrachtung entweder als relativ neue Erfindungen heraus, oder sie waren über sehr lange Zeiträume weitestgehend vergessen und wurden mit Gleichgültigkeit behandelt, werden dann aber in einem neuen sozialen Kontext plötzlich mit Bedeutung und Wertschätzung aufgeladen. Es sind aktuelle Motive in der jeweiligen Gegenwart, die ausschlaggebend dafür sind, dass Menschen ihr Leben bereitwillig an Symbole hängen, die sich wenige Jahre zuvor noch als Ladenhüter auf Flohmärkten oder unbeachtet im Museum fanden. Gerade in der Forschung zur Nationenbildung und zur Entstehung nationaler Identität im 19. Jahrhundert hat sich daher die Formel der *Erfindung von Nationen* oder allgemein der *Invention of Tradition* durchgesetzt, mit der zum Ausdruck gebracht wird, dass die Bildung großer Kollektive wie Nationen oder religiöser Gemeinschaften zwar typischerweise mithilfe der Berufung auf gemeinsame Traditionen stattfindet, dass diese sogenannten Traditionen aber in Wahrheit im Zuge der Gruppenbildung erst geschaffen, erfunden, *konstruiert* und mit Bedeutung aufgeladen werden (Anderson 1996 [1983], Hobsbawm/Ranger 1983, Elwert 1989).

Erfindung von Traditionen

Identitätsverlust, Identitätskämpfe und Bastelbiografien | 10.4.6

Wenn in der öffentlichen Debatte ein »Verlust an Identität« thematisiert wird, ist das ein Symptom für eine Sehnsucht nach etwas, das in dieser Form nie existiert hat. Auch in der hier vorgestellten aktiven, dynamischen und nicht-verdinglichten Fassung haftet dem Begriff der Identität aber immer noch die Konnotation der Einheit, Geschlossenheit und Stabilität an. Der Begriff der Identität ist daher in den Sozialwissenschaften nicht nur immer weiter differenziert und unter konstruktivistische Vorbehalte gestellt worden, sondern er sieht sich heute auch aus verschiedenen Richtungen einer noch weiter gehenden Kritik ausgesetzt.

Kritik am Identitätsbegriff

Die soziologische Forschung ist empirisch immer mehr mit Phänomenen der Infragestellung und Brüchigkeit von Identität konfrontiert. Etwa im Fall vom Migrantinnen und Migranten, die sich zwischen verschiedenen sozialen und kulturellen Kontexten verorten und für die es keine Lösung wäre, sich für nur eine Seite zu entscheiden. Oder angesichts des Zerbrechens einheitlicher Erwerbsbiografien, da immer mehr Menschen im Laufe ihres Arbeitslebens mit Aufs und Abs, mit Phasen der Arbeitslosigkeit oder mit Berufswechseln konfrontiert sind. Auch im Privatleben stellt das Ende einer Partnerschaft immer auch einen Einschnitt und Umbruch für die eigene Identität dar, und die Zunahme von Partnerschaften auf Zeit und hohe Scheidungsraten zeugen davon, dass Identitäten lebenslang im Fluss bleiben und Identitätskonstruktionen potenziell brüchig sind.

Gerade angesichts der Vielschichtigkeit und Brüchigkeit von Identitätskonstruktionen kann die Suche nach Identität dennoch zu einem zunehmend wichtigen Anliegen werden (Bohn/Hahn 1998). Denn gerade aus der Individualisierung ergibt sich ein Bedürfnis und die Anforderung an jede und jeden Einzelnen, die eigene Identität zusammenstellen und sich selbst plausibel machen zu müssen. Unbestritten ist, dass die Herausforderungen größer werden, sich selbst sein eigenes Leben als eine identitätsstiftende Biografie zu erzählen und diese auch nach außen darzustellen.

10.5 | Lektüreanregungen

10.5.1 | Individualisierung

Schroer, Markus (2001): Das Individuum der Gesellschaft. Synchrone und diachrone Theorieperspektiven, Frankfurt a. M.
Eine aktuelle und umfangreiche, aber auch anspruchsvolle Darstellung der verschiedenen Theorien über den Zusammenhang von Individualität und Gesellschaftlichkeit.

Simmel, Georg (1989): Über sociale Differenzierung. Sociologische und psychologische Untersuchungen (1890), in: ders.: Aufsätze 1887–1890. Über sociale Differenzierung. Die Probleme der Geschichtsphilosophie (1892), Frankfurt a. M., S. 109–295 [= Georg Simmel Gesamtausgabe, Bd. 2]

Simmel, Georg (1992): Die Kreuzung sozialer Kreise, in: ders.: Soziologie. Untersuchungen über die Formen der Vergesellschaftung (1909), Frankfurt a. M., S. 456–511 [= Georg Simmel Gesamtausgabe, Bd. 11]

Simmel, Georg (1999): Grundfragen der Soziologie (Individuum und Gesellschaft) (1917), in: ders.: Der Krieg und die geistigen Entscheidungen [u. a. Texte], Frankfurt a. M., S. 59–149 [= Georg Simmel Gesamtausgabe, Bd. 16]
Drei klassische Texte zum Zusammenhang von Individualität und sozialer Differenzierung.

Elias, Norbert (1987): Die Gesellschaft der Individuen (1939), in: ders.: Die Gesellschaft der Individuen, Frankfurt a. M., S. 15–98
Anschauliche Reflexion über das Verhältnis von Individuum und Gesellschaft und die Bedeutung von Individuen in großen historischen Prozessen; zugleich eine gute Einführung in soziologisches Denken.

10.5.2 | Identität

Erikson, Erik H. (1997): Identität und Lebenszyklus, 16. Aufl. Frankfurt a. M. (zuerst 1966)
Klassischer und lesenswerter Autor, der den Begriff der Ich-Identität entwickelte; wurde für die Vorstellung kritisiert, die am Ende der Jugendphase erreichte Identität sei lebenslang stabil; seine Position ist aber differenzierter und nach wie vor anregend.

Goffman, Erving (1998 [1963]): Stigma. Über Techniken der Bewältigung beschädigter Identität, 13. Aufl. Frankfurt a. M.

Goffman, Erving (1997 [1959]): Wir alle spielen Theater. Die Selbstdarstellung im Alltag, 6. Aufl. München
Die zwei klassischen Studien von Goffman zu Identität und Identitätsmanagement sind gehaltvoll, aber anschaulich und sehr gut lesbar; allerdings stammen die von ihm analysierten Beispiele unverkennbar aus dem Kontext der 1950er und 1960er Jahre.

Keupp, Heiner u. a. (1999): Identitätskonstruktionen. Das Patchwork der Identitäten in der Spätmoderne, Reinbek bei Hamburg
Verbindung von theoretischen Erörterungen und anschaulichen Darstellungen von Fallstudien.

Krappmann, Lothar (1993): Soziologische Dimensionen der Identität, 8. Aufl. Stuttgart (zuerst 1979)
Etwas ältere, aber sehr systematische und gut lesbare Übersichtsdarstellung zu soziologischen Identitätskonzepten.

Sozialisation

Geulen, Dieter (1989): Das vergesellschaftete Subjekt. Zur Grundlegung der Sozialisationstheorie, Frankfurt a. M.
Grundlegende, anspruchsvolle Studie über Sozialisation als Vergesellschaftungsprozess.

Gilgenmann, Klaus (1986): Autopoiesis und Selbstsozialisation. Zur systemtheoretischen Rekonstruktion von Sozialisationstheorie, in: Zeitschrift für Sozialisationsforschung und Erziehungssoziologie 6, S. 71–90
Einführende Darstellung des Konzepts der Selbstsozialisation.

Grundmann, Matthias (2006): Sozialisation. Skizze einer allgemeinen Theorie, Konstanz
Anspruchsvolle, fundierte Darstellung.

Hurrelmann, Klaus (2002): Einführung in die Sozialisationstheorie, 8., vollst. überarb. Aufl. Weinheim
Bekanntes einführendes Lehrbuch von einem der führenden erziehungswissenschaftlichen Sozialisationsforscher; stellt das Modell des »produktiv realitätverarbeitenden Subjekts« vor; zuerst 1986 erschienen.

Hurrelmann, Klaus/Ulich, Dieter (Hrsg.) (2002): Handbuch der Sozialisationsforschung, 6. Aufl. Weinheim
Das umfassende Nachschlagewerk zum Thema; die erste Auflage stammt bereits von 1980.

Tillmann, Klaus-Jürgen (1989): Sozialisationstheorien. Eine Einführung in den Zusammenhang von Gesellschaft, Institution und Subjektwerdung, Reinbek bei Hamburg
Überblicksdarstellung, die auch Geschlecht, Jugend und Schule einbezieht.

Zimmermann, Peter (2000): Grundwissen Sozialisation, Opladen
Aktuelle, knappe, aber dennoch umfassende Einführung mit einem guten Überblick über theoretische Ansätze und Praxisbezüge.

Akkulturation/Postkolonialismus

Ashcroft, Bill (Hrsg.) (1995): The Post-Colonial Studies Reader, London
Sammelband mit grundlegenden Texten zur postkolonialen Perspektive.

Ashcroft, Bill/Griffiths, Gareth/Tiffin, Helen (2000): Post-Colonial studies. The Key Concepts, London
Einführender Überblick zur postkolonialen Perspektive, der zentrale Begriffe sowie wichtige Autorinnen und Autoren vorstellt.

Said, Edward W. (2009 [1978]): Orientalismus, Frankfurt a. M.
Klassiker der postkolonialen Perspektive, der sich vor allem mit einer postkolonialen Neuinterpretation des europäischen Blicks auf islamische Kultur befasst.

Villa, Paula-Irene/Reuter, Julia (Hrsg.) (2009): Postkoloniale Soziologie. Empirische Befunde – theoretische Anschlüsse – politische Interventionen, Bielefeld
Einer der ersten deutschsprachigen Bände zur postkolonialen Perspektive in der Soziologie.

10.6 | Fragen zum Verständnis und zur Reflexion

- Inwiefern ist Individualisierung ein gesellschaftliches Phänomen und Individualität daher ein Ergebnis sozialer Faktoren?
- Beschreiben Sie den Zusammenhang zwischen Individualisierung und sozialer Differenzierung.
- Beschreiben Sie den Unterschied zwischen Sozialisation und Erziehung.
- Was hat der Begriff der Selbstsozialisation mit anderen Sozialisationstheorien gemein und worin unterschiedet er sich?
- Welche Dimensionen von Identität lassen sich unterscheiden?
- Welche Probleme ergeben sich für das Thema der Identität in komplexen, mobilen und stark differenzierten Gesellschaften?
- In welchem Sinn kann man von »kollektiven Identitäten« sprechen?

Haben Menschen ein Geschlecht? | 11

Kaum ein Aspekt menschlichen Lebens ist so eng verwoben mit praktisch allen Bereichen, sowohl der subjektiven Selbsterfahrung als auch gesellschaftlicher Strukturbildung, wie das Geschlecht. Aus soziologischer Sicht kommt hinzu, dass die Kategorie »Geschlecht« nicht nur ein bestimmender Faktor individueller Identität und Lebenswirklichkeit und ein Strukturgeber sozialer Ungleichheit ist, sondern dass sich am Themenfeld »Geschlecht« und »Geschlechterverhältnisse« praktisch alle sozialen Grundsatzthemen widerspiegeln: Macht, Ungleichheit, Sozialisation und Identitätsbildung, Konstruktion von Wirklichkeit, Wissenschafts- und Medizinsoziologie. Nicht zuletzt lässt sich an der Kategorie »Geschlecht« die Plausibilität des Deutungsmusters »Natur« erörtern.

Geschlecht, die Unterscheidung »sex/gender« und ihre Kritik, Geschlechterrollen, Geschlechtsidentität, Geschlechterverhältnis, Doing Gender

11.1 | Einführung: Was ist »Geschlecht«?

Haben Menschen ein Geschlecht? Auf den ersten Blick scheint kaum etwas selbstverständlicher zu sein als die Tatsache, dass es Frauen und Männer gibt. Genau diese Selbstverständlichkeit führt aber mitten ins Thema: Was bedeutet »ein Geschlecht haben«? Haben Menschen ein Geschlecht oder sind sie ihr Geschlecht? Hat man ein Geschlecht, bekommt man es zugerechnet, oder müssen wir uns selbst fortwährend bemühen, den Erwartungen, die an »unser« Geschlecht gerichtet sind, zu entsprechen? Heißt »ein Geschlecht haben« vielleicht einfach, sich zu bemühen, ein Bild oder Ideal zu imitieren?

Geschlecht als Querschnittsthema

Scheinbar ist das Thema Geschlecht ein isolierter Aspekt der Persönlichkeit und der Gesellschaft. Doch das ist ein Irrtum. Das Thema Geschlecht steht in Verbindung zu praktisch allen Aspekten von Gesellschaft. Und nahezu alle Fragestellungen und Begriffe, die in diesem Buch behandelt wurden, lassen sich auf das Thema Geschlecht anwenden. Wenn man sich auf die Frage einlässt, ob Menschen ein Geschlecht haben, ergeben sich viele Perspektiven, und zugleich ergibt sich die Möglichkeit, die Themen diese Buches noch einmal unter einem neuen Gesichtspunkt zu rekapitulieren.

Gemeinsam ist allen soziologischen Forschungen zum Thema Geschlecht, dass es nicht darum geht, zu entscheiden, was genau Geschlecht letztendlich *ist*. Sondern das Ziel besteht darin, zu erforschen, auf welche Weise Geschlecht zu einer sozialen Wirklichkeit wird, welche Mechanismen daran beteiligt sind und welche Folgen sich daraus ergeben. Auch darin ist das Thema Geschlecht ein typisches Beispiel für Fragen nach Aspekten gesellschaftlicher Wirklichkeit.

11.1.1 | Geschlecht als strukturelles Merkmal von Gesellschaft

In der Geschichte wie in der Gegenwart benutzen praktisch alle Gesellschaften die Kategorie Geschlecht, um ihre soziale Ordnung zu strukturieren, um Hierarchien zu begründen, um Aufgaben, Arbeit, Belohnungen und Zugang zu sozialen Positionen und verschiedensten Ressourcen zu verteilen, um Verhaltenserwartungen festzulegen und um unterschiedliche Lebenschancen zu rechtfertigen. Welche Deutung der Kategorie »Geschlecht« in verschiedenen Kulturen gegeben wurde und wird, ist dabei extrem unterschiedlich, ebenso wie die Begründungen hierfür. Manchmal dürfen Frauen das Haus nicht verlassen, manchmal dürfen nur Frauen das Feld bestellen, eine bestimmte Arbeit verrichten, kochen, Geburtshilfe leisten oder sich um Kranke kümmern, manchmal sind ihnen genau diese Tätigkeiten verboten (Bourdieu 2003; Godelier 1987; Mead 1992 [1949]). Obendrein wandeln sich die Aufgabenzuteilungen im Laufe der Geschichte auch innerhalb derselben Gesellschaft. Der kulturellen Fantasie sind keine Grenzen gesetzt. Aber auf die eine oder andere Weise nutzt praktisch jede Gesellschaft die Kategorie »Geschlecht«, um um sie herum eine soziale Struktur und eine bedeutungsvolle Wirklichkeit zu bauen.

> Deutungsoffenheit von Geschlecht

Die Gemeinsamkeit besteht darin, dass Geschlecht als *Strukturgeber* oder, um einen Begriff von Gudrun-Axeli Knapp zu verwenden, als *Platzanweiser* genutzt wird, und zwar vor allem in zwei Bereichen: soziale Ungleichheit und Arbeitsteilung. In den allermeisten Fällen schnitten und schneiden Frauen bei diesen Verteilungen bekanntlich erheblich schlechter ab. Die Kritik an dieser Ungleichheit war wiederum der Hebel, durch den das Geschlecht überhaupt Thema der Sozialwissenschaften wurde (vgl. 11.2).

> Geschlecht als Platzanweiser

Auffällig ist aber auch, dass jede Gesellschaft für jede Form dieser ungleichen Verteilung umfangreiche Legitimationserzählungen liefert, die erklären sollen, warum die Dinge aus magischen, traditionellen, religiösen oder biologischen Gründen unabdingbar so und keinesfalls anderes geregelt sein müssen. Zugleich zeigt die Vielfalt und geschichtliche Wandelbarkeit aber, dass in Wahrheit keine dieser Aufteilungen und Begründungen tatsächlich notwendig ist.

> Rechtfertigungen

Hinzu kommen weitere Ungleichbehandlungen der Geschlechter je nach Zugehörigkeit zu einer sozialen Schicht oder kulturell geprägten Gruppe. Auch innerhalb ein und derselben Gesellschaft kann die Zugehörigkeit zu einem Geschlecht schichtspezifisch unterschiedliche strukturelle Auswirkungen haben. Beispielsweise erhielt im 19. Jahrhundert in gutbürgerlichen Familien die Frau typischerweise keinen Einblick in die finanziellen Verhältnisse, weil der Mann das gesamte Vermögen verwaltete, auch das, das sie in die Ehe eingebracht hatte; hingegen wurde in Arbeiterfamilien das Haushalten mit dem knappen Einkommen typischerweise der Frau übertragen (Dackweiler 2003). Die Platzanweiser »Geschlecht«, »soziale Herkunft« und »kulturelle« oder »ethnische Zugehörigkeit« können sich gegenseitig verstärken, sich unter Umständen aber auch partiell aufheben (vgl. 8.3.7).

Vergeschlechtlichte Wirklichkeit | 11.1.2

Als zweite Beobachtung muss man sich bewusst machen, wie sehr die verschiedensten Aspekte sozialer Wirklichkeit *vergeschlechtlicht* sind. Es gibt kaum einen Sachverhalt, dem nicht ein geschlechtliches Etikett angehängt und eine entsprechende Deutung übergestülpt würde. Dies galt und gilt für gravierende Aspekte sozialen Lebens wie Berufe, Sexualmoral und Verhaltenserwartungen unterschiedlichster Art, aber auch für triviale Aspekte wie Shampoos und Hautcremes, Handys und Umhängetaschen, Spielzeug und Musik, Fahrräder und Autos und besonders für Kleidung und Frisuren. Kein Aspekt ist zu wichtig und keiner zu trivial, als dass sich nicht eine geschlechtliche Bedeutung daran heften ließe. Kein Produkt kommt auf den Markt, ohne dass das Marketing den geschlechtlichen Bezug bedenken würde, und wenn es als besonderer Kick die Androgynie ist, die herausgestellt wird. Kein Detail ist zu nebensächlich oder zu albern, um nicht eine scheinbar unumstößliche geschlechtliche Bedeutung anzunehmen. Jacken werden nach links oder rechts geknöpft, und in minimalen Details werden nahezu alle Kleidungsstücke und Gebrauchsgegenstände geschlechtlich aufgeladen. Macht man sich dies bewusst und nimmt dann beliebige Alltagsdinge zur Hand, wird deutlich, wie schwer es dem Denken gleichwohl fällt, vom Geschlecht zu abstrahieren.

Dinge mit Geschlecht (marginal note)

Doch es sind nicht nur die Dinge, auch unser eigenes Handeln ist von geschlechtsspezifischen Deutungen durchzogen. Was wir tun und denken ist oft dadurch mitbeeinflusst, dass wir es mit Vermutungen über geschlechtsspezifische Erwartungen oder mit geschlechtsspezifischen Bildern davon, wie Frauen und Männer sein sollten, abgleichen und uns auf die eine oder andere Weise daran orientieren. Geschlecht spielt gerade im alltäglich Handeln eine große Rolle (vgl. 11.3.3). Das permanente symbolische Unterscheiden findet sich nicht erst in modernen Konsumgesellschaften, sondern lässt sich als »taboo against the sameness« in schriftlosen Stammesgesellschaften beschreiben und mit dem Inzest-Tabu vergleichen (Rubin 1975 : 178).

Angst vor Ähnlichkeit (marginal note)

Gesellschaften unternehmen offenkundig extrem große symbolische Anstrengungen, um die Bedeutung des Geschlechts und die Differenz zwischen den Geschlechtern zu inszenieren und präsent zu halten. Wie diese Bedeutungen aussehen, ist ausgesprochen vielfältig und historisch sehr wandelbar, gleichwohl wird die jeweils aktuelle Deutung mit Vehemenz als unumstößliche Tatsache vertreten. Im Umkehrschluss lässt sich folgern, dass keine dieser Bedeutungen notwendig mit dem Geschlecht verknüpft ist. Möglicherweise bedarf es gerade deshalb so großer Anstrengungen, um die Unterschiedlichkeit zweier Geschlechter fortwährend herauszustellen oder überhaupt erst herzustellen.

Inszenierung von Differenz (marginal note)

Aus Sicht des Alltagsverständnisses scheint es so zu sein, als seien die geschlechtsspezifischen Varianten eine Folge und ein bloßer Ausdruck von Geschlechterunterschieden. Aus soziologischer Sicht ist es genau umgekehrt: Die Varianten inszenieren einen Unterschied, den es in wesentlichen Teilen überhaupt nur aufgrund dieser Inszenierung gibt.

Traditionale und moderne Geschlechterordnungen | 11.1.3

Überkommene Formen der Ungleichbehandlung von Frauen und Männern werden gemeinhin als patriarchale Strukturen begriffen und diese wiederum werden mit traditionalen Gesellschaftsordnungen assoziiert. Patriarchale Herrschaft meint die traditionale Herrschaft des männlichen Familienoberhauptes, und im übertragenen Sinne jede Form männlicher Vorherrschaft, die sich auf vermeintliche Vorrechte des männlichen Geschlechts als Teil einer traditionalen Ordnung beruft (vgl. 9.4.1.1).

Beim Vergleich verschiedener Kulturen und beim Überblick über die Geschichte zeigt sich aber, dass eine ausgeprägte Ungleichbehandlung der Geschlechter keineswegs einfach ein Rest traditionaler Vorstellungen und Strukturen ist, der in die Moderne hineinragt, sondern dass die Moderne im Gegenteil eigene und sehr rigide Auffassungen über die Ungleichheit der Geschlechter entwickelt und praktisch umgesetzt hat (vgl. genauer 11.2.3). Die Moderne seit dem frühen 19. Jahrhundert hat traditionale patriarchale Hierarchien nicht einfach aufgelöst, sondern im Gegenteil spezifisch moderne Formen und neue Begründungen erfunden, welche die Hierarchie zwischen den Geschlechtern eher zuspitzten als infrage stellten. {.marginnote}Neudeutung als Zuspitzung

Vor allem aber brach die moderne Gesellschaft mit vorangehenden Lebensformen, weil mit der Industrialisierung das Wirtschaften von einer überwiegenden Selbstversorgung auf bezahlte Lohnarbeit umgestellt wurde. Damit kam eine neue Form der Arbeitsteilung in die Welt, die zuvor so nicht existiert hatte: die zwischen bezahlter Lohnarbeit in der Fabrik (*Produktion*) und unbezahlter Arbeit im Haus (*Reproduktion*). Und mit der Industrialisierung wurde diese neue Form der Arbeitsteilung geschlechtsspezifisch geregelt: Männer in die Fabrik, Frauen an den Herd. {.marginnote}geschlechtsspezifische Arbeitsteilung

In agrarischen Gesellschaften gab es natürlich ebenfalls Arbeitsteilungen, die sich am Geschlecht orientierten, aber die Subsistenzwirtschaft der ländlichen Gesellschaft war insgesamt eher durch das gemeinsame Wirtschaften im »ganzen Haus« geprägt. Mit der Industrialisierung hingegen entwickelte sich nicht nur eine neuartige geschlechtsspezifische Arbeitsteilung, die durch die unbezahlte Reproduktionsarbeit der Frauen das geringe Lohnniveau der Industriearbeit ermöglichte und damit einen konstitutiven Beitrag zur Entstehung der kapitalistischen Marktwirtschaft leistete. Parallel dazu entstand eine spezifisch moderne Ideologie der Geschlechterdifferenzen und vermeintlich gegensätzlichen »Geschlechtscharaktere«, die diese Arbeitsteilung legitimierte (Bock/Duden 1976; Hausen 1976, 1994, 2001; Beer 1990).

Die Herausbildung der modernen Formen von Arbeit, Berufstätigkeit und Geldwirtschaft brachte also zugleich einen modernen Ausschluss von Frauen mit sich, der zwar an traditionale patriarchale Verhältnisse anknüpfte, sie aber in moderner Gestalt als *Sekundärpatriarchalismus* neu gestaltete und letztlich zuspitzte (Beer 2008).

Die spezifisch moderne Zweiteilung der Arbeitssphäre hat Folgen, die weit über den ökonomischen Bereich und die materielle Ungleichheit der Geschlech-

Erfindung der Privatsphäre

ter hinausreichen. Als Gegenstück zur durch Lohnarbeit und Geldwirtschaft gekennzeichneten Produktionssphäre entsteht die neuartige Vorstellung einer Privatsphäre, die durch Intimität und enge persönliche Bindung gekennzeichnet ist. Einerseits sind Frauen fortan teilweise in dieser Privatsphäre gefangen, anderseits ist dies der Ort, an dem sich die spezifisch moderne Form von Subjektivität entwickelt. Subjekte können ihre Individualität entfalten und erhalten hierfür in einer auf Gefühle beruhenden Intimbeziehung eine Bestätigung. Auf diese Weise hat die Aufteilung der Sphären einen Anteil an der für moderne Gesellschaften kennzeichnenden Individualisierung. Die geschlechtsspezifische Aufteilung der Arbeit hat also Konsequenzen weit über den Bereich der Arbeit hinaus. Und genau das ist sehr typisch dafür, wie tief die Geschlechterverhältnisse in praktisch alle gesellschaftlichen Bereiche verflochten sind.

11.1.4 | Die Wissenschaften vom Geschlecht

Wissenschaften vom Geschlecht gibt es, wenn man den Wissenschaftsbegriff weit fasst, schon sehr lange. Etliche Wissenszweige, die wir rückblickend als Philosophie, Theologie, Biologie, Recht, Medizin oder Psychologie bezeichnen würden, haben sich zur Kategorie Geschlecht geäußert und Feststellungen darüber getroffen, was und wie Männer, vor allem aber, was und wie Frauen sind und zu sein haben.

ambivalente Rolle der Wissenschaften

Wissenschaftliches Denken hat dabei eine ambivalente Rolle gespielt, denn oftmals hat es nicht zur Aufklärung beigetragen, sondern im Gegenteil eine eingelebte soziale Wirklichkeit mit ihrer historisch entstandenen Ungleichheit der Geschlechter hingenommen und dann Begründungen dafür geliefert, warum diese Ungleichheit natürlich, rational oder ethisch notwendig sei. Verschiedene Zweige wissenschaftlichen Denkens waren über lange Zeit in der Konstruktion eines von Ungleichheit geprägten Geschlechterverhältnisses gefangen und trugen zugleich zu seiner Aufrechterhaltung bei. Eine kritische Wissenschaft vom Geschlecht, die alle diese Deutungen infrage stellt und vorwissenschaftliche Geschlechterbilder der konventionellen Wissenschaften herausfordert, gibt es hingegen erst seit Mitte des 20. Jahrhunderts.

Besonders auffällig dabei ist, dass die modernen Naturwissenschaften, wie sie sich im 19. Jahrhundert herausbildeten, zunächst nicht zu einer Aufklärung führten, sondern im Gegenteil in ihren Theorien zu einer radikalen Verschärfung des Gegensatzes und der Ungleichheit zwischen den Geschlechtern beitrugen (vgl. 11.2.3).

11.1.5 | Strukturelle Variable und subjektive Identität

Geschlecht funktioniert, wie in Abschnitt 11.1.1 argumentiert wurde, als Strukturgeber für soziale Ungleichheit und als Platzanweiser; es ist also ein strukturelles Merkmal von Gesellschaften. Zugleich ist das Geschlecht aber auch Teil der

Identität und der höchst subjektiven Selbstdeutung und Handlungsbereitschaft. Auf diese Art und Weise wird die symbolische Ordnung der Geschlechter fest im einzelnen Subjekt verankert, zumal Fragen des Geschlechts und des damit zusammenhängenden Begehrens einerseits tiefe persönliche Empfindungen betreffen und andererseits mit großen Mengen an moralischen und manchmal rechtlichen Regularien überzogen sind.

Doch Geschlecht hat nicht nur diese beiden unterschiedlichen Seiten, sondern sie sind ineinander verflochten. Und gerade diese Verflechtung sorgt dafür, dass die soziale Struktur im Selbst der Individuen verankert wird. Umgekehrt sorgt sie dafür, dass das subjektive Handeln die soziale Struktur stützt.

Die Erfindung der Natur | 11.1.6

Am Thema des Geschlechts lässt sich besonders gut beobachten, wie der Begriff der »Natur« verwendet wird, um kulturelle Deutungen gegen Kritik immun zu machen. »Natur« bezeichnet etwas, das man nicht infrage stellen kann, sondern hinnehmen muss.

Angesichts der Vielfalt kultureller Inszenierungen und struktureller Anordnungen der Geschlechter dürfte allerdings vor allem deutlich geworden sein, dass Geschlecht eben nichts Natürliches ist, sondern offen ist für verschiedenste Ausdeutungen. Geschlecht ist nicht etwas, das einfach *natürlich gegeben* ist, sondern das fortwährend zu etwas *gemacht wird*. (vgl. 11.2.3)

Natur als Rechtsfertigungs-figur

Zusammenfassung: Geschlecht kann alles sein – und ist nichts wirklich | 11.1.7

Die etwas lapidare Überschrift drückt aus, was dieser vergleichende und historische Überblick über Aspekte der gesellschaftsspezifischen Deutungen und Instrumentalisierungen von Geschlecht gezeigt hat: Geschlecht wird genutzt, um Aufgaben zu verteilen und Ungleichheit zu rechtfertigen. Aber zugleich sind die Formen, in denen dieses geschieht, so vielfältig und veränderlich, dass keine von ihnen beanspruchen kann, sich auf eine tatsächlich gegebene Differenz zwischen den Geschlechtern zu stützen. Die einzige Konstante besteht darin, dass ein Geschlecht, das der Frauen, in den allermeisten Fällen deutlich schlechter abschneidet als das der Männer.

Die eigentlich interessante Frage ist nun, wie diese jeweiligen *Konstruktionen* von Geschlechterverhältnissen, von geschlechtsspezifischen Bedeutungen und Hierarchien, funktioniert haben und funktionieren.

Instrumentalisierungen

Definitionen von Geschlecht

»Geschlecht soll als Gefüge sozialer Beziehungen, als Komplex kultureller Leitvorstellungen und Zuschreibungen und als Komplex sozialer Praktiken verstanden werden, die allesamt Körperunterschiede aufgreifen und herausstellen, um eine Differenzierung der Lebensführung, einschließlich der Zuweisung ungleicher Lebenschancen und Ressourcen, zu generieren und zu legitimieren.« (Lenz/Adler 2010 : 21)

»Wir werden zeigen, dass das Geschlecht nicht länger als ›innere Wahrheit‹ der Anlagen und der Identität gelten kann, sondern eine performativ inszenierte Bedeutung ist (und also nicht ›ist‹), die eine parodistische Vervielfältigung und ein subversives Spiel der kulturell erzeugten Bedeutungen der Geschlechtsidentität (gendered meanings) hervorrufen kann, sobald sie von ihrer naturalisierten Innerlichkeit und Oberfläche befreit ist.« (Butler 1991 : 61)

»Wenn *ich* mich definieren will, muss ich zuerst einmal klarstellen: ›Ich bin eine Frau.‹ Diese Wahrheit ist der Hintergrund, von dem sich jede weitere Behauptung abheben wird. Ein Mann beginnt nie damit, sich als Individuum eines bestimmten Geschlechts darzustellen: dass er ein Mann ist, versteht sich von selbst. […] Das Verhältnis der beiden Geschlechter ist nicht das zweier elektrischer Ströme, zweier Pole: der Mann vertritt so sehr zugleich das Positive und das Neutrale, dass im Französischen *les hommes* (die Männer) die Menschen schlechthin bezeichnen […]. Die Frau dagegen erscheint als das Negative, sodass jede Bestimmung ihr zur Einschränkung gereicht, ohne dass die Sache umkehrbar wäre. […] Sie wird mit Bezug auf den Mann determiniert und differenziert, er aber nicht mit Bezug auf sie. Sie ist das Unwesentliche gegenüber dem Wesentlichen. Er ist das Subjekt, er ist das Absolute, sie ist das Andere.« (Beauvoir 1992 [1949]: 11 f.)

»Das Konzept des ›Doing Gender‹ ist in der Geschlechterforschung zu einem Synonym für die in der interaktionstheoretischen Soziologie entwickelten Perspektive einer ›sozialen Konstruktion von Geschlecht‹ geworden. ›Doing Gender‹ zielt darauf ab, Geschlecht bzw. Geschlechtszugehörigkeit nicht als Eigenschaft oder Merkmal von Individuen zu betrachten, sondern jene sozialen Prozesse in den Blick zu nehmen, in denen ›Geschlecht‹ als sozial folgenreiche Unterscheidung hervorgebracht und reproduziert wird. In diesem Sinne ist das Konzept des ›Doing Gender‹ eine Antwort auf die nur auf den ersten Blick einfache Frage: Wie kommt es zu einer Zweiteilung der Gesellschaft in ›Frauen‹ und ›Männer?« (Gildemeister 2008 : 167)

11.2 | Historisch: Die Entdeckung des Geschlechts

Die Geschlechter sind im menschlichen Denken offenbar seit Anbeginn ein Thema, und dennoch hat man erst im 20. Jahrhundert zu verstehen begonnen, dass die Deutungen des menschlichen Geschlechts Teil der geschichtlichen kulturellen Welt sind. Dieser Widerspruch muss erklärt werden.

Dass die Antwort auf die Leitfrage dieses Kapitels, ob Menschen ein Geschlecht haben, lange Zeit als selbstverständlich erschienen ist, führt sofort mitten ins Thema. Die Selbstverständlichkeit, mit der nicht nur die Tatsache von Geschlechtern, sondern damit zugleich immer auch bestimmte (kulturelle) Deutungen von Geschlecht als unumstößliche »natürliche Tatsachen« behandelt wurden, ist rückblickend eine irritierende soziale Tatsache. Aber genau das ist der Grund, warum das Geschlecht einerseits fortwährend zur Strukturierung von Gesellschaft dienen konnte und man es zugleich nicht als Thema einer kri-

Auflösung der Selbstverständlichkeit

tischen Reflexion ansah. Das Geschlecht ist damit ein exemplarischer Anwendungsfall für die gesellschaftliche Konstruktion sozialer Wirklichkeit, deren Konstruiertheit vergessen wurde und die als gegebene Wirklichkeit hingenommen wird (vgl. 5.2.3 u. 5.2.4).

Diese wirkungsmächtige Konstellation wurde erst im 20. Jahrhundert entschlüsselt und durchbrochen. Bevor die »Entdeckung des Geschlechts« es möglich machte, die Frage »Haben Menschen ein Geschlecht?« in so grundsätzlicher Form zu formulieren, ist ein langer Weg an intellektuellen Einsichten und auch an politischen Kämpfen zurückgelegt worden. Denn bis an die Schwelle der Moderne galt das »Geschlecht« nicht als eine gesellschaftliche, sondern als eine natürliche Tatsache. Das durch Ungleichheit gekennzeichnete Geschlechterverhältnis erschien daher nicht als etwas, das kulturell gestaltet werden kann, sondern als etwas, das die Lebensweise von Menschen, und zwar vor allem von Frauen, vorgibt. Bevor im folgenden Abschnitt (11.3) zentrale Mechanismen der geschichtlichen und gesellschaftlichen Konstruktion von Geschlecht systematisch betrachtet werden, soll daher ein kurzer Rückblick auf die Stationen der Entdeckung des Geschlechts geworfen werden. Dieser Rückblick zeigt, wie auch die Gesellschaftswissenschaften nach und nach erkennen mussten, dass sie lange Zeit für einen wesentlichen Aspekt sozialer Wirklichkeit blind gewesen sind.

vergessene Konstruktion

Ursprungsmythen einer »natürlichen« Ungleichheit | 11.2.1

Es ist aufschlussreich, dass sich in dem Denken über das Verhältnis der Geschlechter stets sehr deutlich das allgemeine Denken über den Menschen und über das soziale Zusammenleben spiegelte. Seit Menschen über die Verhältnisse nachdachten, unter denen sie leben, und sie zu gestalten und moralisch zu begründen versuchten, gab es offenbar ein starkes Bedürfnis, gerade das Verhältnis der Geschlechter mit einer Bedeutung zu versehen und einer – oft erstaunlich rigiden – Ordnung zu unterwerfen.

Deutungs-bedürfnisse

Im Abschnitt 6.2 über die Geschichte des Nachdenkens über Gesellschaft wurden die antiken philosophischen Ursprünge thematisiert. Und gerade hier spielte die Unterscheidung von Frauen und Männern eine wichtige Rolle. Aus der vermeintlich natürlichen (intellektuellen und moralischen) Ungleichheit von Männern und Frauen wurde die Herrschaft des freien Mannes als quasi natürliche Gesellschaftsordnung abgeleitet und auf andere soziale Bereiche übertragen, etwa auf das zwischen Hausherrn und Sklaven. Die Rolle des Familienvaters und Patriarchen galt nicht als gesellschaftlich erzeugte Tatsache, sondern das Denkmodell lautete, dass es eine natürliche Ungleichheit gibt, aus der logischerweise ein natürlich begründetes Unterordnungsverhältnis für Frauen folgen muss. Diese Argumentationsfigur des »Natürlichen« wird uns in diesem Kapitel noch genauer beschäftigen (vgl. 11.3.1.2).

politische Philosophie

11.2.2 | Menschen sind Männer ohne Geschlecht

Der Widerspruch, dass praktisch alle Kulturen das Geschlecht als Strukturgeber für eine soziale Ordnung nutzen und es mit Bedeutung aufladen, dass dies aber nicht offen als gesellschaftlich konstruierte Wirklichkeit thematisiert wird, erklärt sich aus der Struktur dieser Thematisierung. Sowohl die großen kulturellen Erzählungen – beispielsweise religiöse Schöpfungsgeschichten – als auch die philosophische Thematisierung des Geschlechts unterscheidet nicht zwischen Männern und Frauen, sondern zwischen Menschen und Frauen.

Geschlecht ist weiblich

Blickt man von heute aus zurück auf die Geschichte, ergibt sich ein widersprüchliches Bild. Einerseits wurde (und wird) in allen Gesellschaften das Geschlecht genutzt, um eine soziale Struktur zu erzeugen: um Arbeitsaufgaben, Macht und Lebenschancen zu verteilen. Andererseits spielt die Kategorie »Geschlecht« in der Geschichte des Denkens praktisch keine Rolle, und zwar auf eine Art und Weise keine Rolle, die eine geschlechtliche Ordnung zementierte, indem sie sie nicht als solche ansprach. Wenn es um das Wesen des Menschen ging, um die »conditio humana«, dann schien die Rede von einem geschlechtslosen Wesen zu sein, mindestens aber einem Lebewesen, für das sein Geschlecht keine Rolle spielt.

Das hat sicherlich auch damit zu tun, dass das Begehren, also die Geschlechtlichkeit, nicht als wesentlicher Zug des Menschen gesehen wurde, sondern allenfalls als moralisches Problem zur Sprache kam: als etwas, das man kontrollieren muss, um zu einem freien, moralischen, vernünftigen Menschen werden zu können. Eine solches Selbstbild öffnete natürlich der Verdrängung und damit der Rückkehr des Verdrängten Tür und Tor.

Menschen und Frauen

Vor allem aber ist aus heutiger Sicht erkennbar, dass es männliche Stimmen waren, die über »den Menschen« sprachen und dabei »den Mann« meinten. Dem entspricht, dass Frauen regelmäßig als – gemessen am »ganzen« männlichen Menschen – defizitäre Wesen thematisiert wurden, denen daher ein untergeordneter Platz zukomme. Unter diesen Vorzeichen lassen sich durchaus zahlreiche Aussagen darüber finden, »was das Weib ist, was das Weib will, vor allem aber, wozu das Weib da ist, was es kann oder soll, darf oder muss« (Klinger 2010:2009). Doch diese Aussagen stützten sich stets auf den Kontrast zwischen Mensch und Frau, und die Frau erschien als etwas Abgeleitetes, Unvollständiges oder als Negativbild des eigentlich Menschlichen.

Männer philosophieren über Frauen

Die Gleichsetzung von Mann und Mensch brachte es wie selbstverständlich mit sich, dass aus männlicher Sicht über »die Frau« geredet wurde, während »der Mann« als besondere Kategorie und als Wesen mit einem Geschlecht unsichtbar blieb. Männer waren Individuen, Persönlichkeiten, Subjekte; Frauen hingegen erschienen vor allem als Vertreterinnen einer durch ihr Geschlecht definierten Kategorie untergeordneter Wesen: »Der philosophische Diskurs über die Frau wurde aus einer Wir-sie-Perspektive geführt und hat eine Subjekt-Objekt-Stellung zwischen den Geschlechtern entstehen lassen« (Klinger 2010:2009). Schon im 19. Jahrhundert hat die Publizistin und Frauenrechtlerin Hedwig

Dohm (1831–1919) dies als »Versämtlichung« kritisiert, die unterschwellig der Frau das Recht auf Individualität streitig macht.

Das Geschlecht wurde auf diese Weise nur in Zusammenhang mit Frauen thematisiert. Männer erschienen nicht als Männer, sondern als Menschen schlechthin, die kein Geschlecht haben. Frauen hingegen wurden als Exemplare einer in ihrem Wesen, ihrem Willen und ihrem Charakter sowie in ihrer sozialen Stellung durch ihr Geschlecht definierten Gruppe aufgefasst. Rückblickend entsteht der Eindruck, dass überhaupt nur Frauen ein Geschlecht zu haben schienen, über das geredet werden musste, und dass es eben dieses Geschlecht war, dass sie herabdrückte. Analysiert und durchbrochen hat dies insbesondere Simone de Beauvoir (1908–1986) mit ihrer 1949 erschienen Studie »Das andere Geschlecht« (Beauvoir 1992 [1949]).

Modernisierung des Geschlechtergegensatzes | 11.2.3

Die anhaltende Wirkungsmacht dieses Denkens, das Frauen aus der Kategorie Mensch ausklammerte, zeigte sich beispielsweise daran, dass in der Französischen Revolution von aufgeklärten Geistern ohne jedes schlechte Gewissen Menschenrechte proklamiert wurden, mit denen nur Männer gemeint waren. Es erschien völlig selbstverständlich, Frauen nicht in das »allgemeine Wahlrecht« einzuschließen. Das wird im Umkehrschluss deutlich an den Stimmen, die sich dagegen erhoben und ausdrücklich Menschenrechte für Frauen proklamierten – Olympe de Gouges (1748–1793) in Frankreich und Mary Wollstonecraft (1759–1797) in Großbritannien (Gouges 1980 [1790]; Wollstonecraft 1999 [1792]).

Menschen- als Männerrechte

An Olympe de Gouges, die sich während der Revolution in ihren Briefen auch an die inhaftierte Königin Marie Antoinette als Verbündete wandte, zeigt sich ein charakteristischer Widerspruch. Die Durchsetzung der bürgerlichen Gesellschaft und des aufgeklärten Denkens bedeutete keineswegs einen eindeutigen Schritt hin zu mehr Rechten und einer größeren Freiheit für Frauen. Die Geschlechterhierarchie wurde vielmehr in eine moderne Form transformiert und dabei in gewisser Weise sogar verschärft. Parallel zum allgemeinen Umbruch im Denken über Gesellschaft in den Jahrzehnten um 1800, in der sogenannten *Sattelzeit* (vgl. 6.2.3), vollzog sich auch ein grundsätzlicher Wandel in der Auffassung des Geschlechts, der sich unmittelbar auf die Stellung der Frau auswirkte.

Die traditionale und feudale Gesellschaftsordnung war zwar durch eine klare Hierarchie der Geschlechter geprägt, aber Frauen hatten durchaus die Möglichkeit, beispielsweise nach dem Tod ihres Mannes oder angesichts fehlender männlicher Nachkommen in mündigem Alter, als Regentin eine Herrschaftsposition einzunehmen. In der politischen Praxis markierte das Geschlecht zwar eine hierarchische Abstufung, aber eben nur eine Abstufung, sodass besondere Frauen in besonderen Situationen durchaus Machtpositionen einnehmen konnten, die sonst Männern vorbehalten waren. Die Auffassung der Geschlechter,

Umbruch im Geschlechtsverständnis

die sich um 1800 durchsetzte, betonte demgegenüber ihre prinzipielle und unüberbrückbare Unterschiedlichkeit.

»Polarisierung der Geschlechts- charaktere«

Forscherinnen und Forscher haben diesen Umbruch in unterschiedlichen Begriffen zusammengefasst. Karin Hausen hat ihn als *Polarisierung und Natura- lisierung der Geschlechtscharaktere* beschrieben (Hausen 1976). War zuvor das Geschlecht ein Teil der ständischen Ordnung, also nur ein Aspekt sozialer Hie- rarchiebildung, wird es nun als eine biologisch begründete Wesensbestimmung aufgefasst, die wichtiger als alle anderen sozialen Merkmale erscheint. Hausen hat unter anderem Lexikonartikel des späten 18. und des 19. Jahrhunderts untersucht, an denen sich zeigt, wie immer mehr – aus heutiger Sicht kurios anmutende – medizinische und psychologische Argumente für den prinzipiell anderen »Geschlechtscharakter« der Frau präsentiert und daraus weitreichende Schlüsse abgeleitet werden. Der Begriff des »Geschlechtscharakters« avanciert zu einem wissenschaftlichen Leitbegriff, und die damit propagierte Polarisierung

Naturalisierung

des Menschen in »Mann« und »Frau« anhand vermeintlich wissenschaftlich her- geleiteter Wesensmerkmale entspricht auf wundersame Weise den gesellschaftli- chen Anforderungen an die Trennung von Produktionsarbeit und Reprodukti- onsarbeit, Beruf und Familie, Privates und Öffentliches.

Claudia Honegger hat das medizinische Denken derselben Zeit analysiert und kommt zu sehr ähnlichen Ergebnissen (Honegger 1992). Die sich als Wis- senschaft etablierende Medizin erstrebt eine Deutungshoheit über das Geschlecht und damit über die gesamte Persönlichkeit der Frau. Aus den damals mit anato-

moralisierende Medizin

mischen Methoden erreichbaren Kenntnissen über den Körper, etwa über Lage der Organe oder die Struktur der Muskeln, wurden umfassende Thesen über das Wesen der Geschlechter insgesamt, ihr Denken, ihr Handeln und ihre Stellung in der Welt abgeleitet. Die »vergleichende Anatomie« entwickelt sich zu einer Geschlechterwissenschaft, und das Geschlecht zu einer vermeintlich wissen- schaftlichen Kategorie.

Erfindung von Gegensätzen

Thomas Laqueur setzt ähnlich an und vergleicht das anatomische Denken vor und nach der Schwelle zur Moderne um 1800 (Laqueur 1992). Die anatomi- schen Unterschiede zwischen Männern und Frauen werden in medizinischen Schriften mindestens seit der Antike erörtert, aber dies geschieht unter der Annahme, dass es sich bei den weiblichen und männlichen Geschlechtsorganen letztlich um ein und dasselbe Organ handele, das allerdings einmal nach innen und das andere Mal nach außen gestülpt sei; der Uterus erscheint als negativer Phallus. Manche Autoren ziehen auch daraus durchaus allgemeine Schlüsse über die Geschlechter, aber es wird immer wieder auch die Frage diskutiert, ob nicht aufgrund dieser anatomischen Spiegelbildlichkeit ein relativ einfacher Wechsel der Geschlechter möglich sei, da es sich letztlich um zwei Ausprägungen des gleichen Menschseins handelt. Mit diesem *Ein-Geschlecht-Modell* geht die Vor- stellung einher, dass die Geschlechter ein Kontinuum von Eigenschaften und keinen radikalen Gegensatz bilden. Ab dem Ende des 18. Jahrhunderts ändert sich das anatomische Denken. Nun wird in allen körperlichen Details, von den Ohren bis zur Länge der Muskelfasern, ein wesensmäßiger Unterschied entdeckt und mit Bedeutung aufgeladen. Es entsteht eine »moralische Anthropologie«, die von nun an mit Vehemenz ein *Zwei-Geschlechter-Modell* der unüberbrückbaren Gegensätze propagiert, das nicht nur auf die Medizin, sondern auf alle gesellschaftlichen Bereiche, auf Kultur, Arbeit, Alltag oder Bildung übertragen wird.

Naturalisierung des Geschlechts

| 11.2.3.1

Alle drei Studien zeigen, wie Geschlechter um 1800 ins Licht der sich etablierenden Wissenschaften gezerrt und dabei »wissenschaftliche« Begriffe und Tatsachen geschaffen werden, die dann über populäre Verbreitung und praktische Politik allgemein wirksam werden. So wird Frauen noch am Ende des 19. Jahrhunderts der Zugang zum Studium, insbesondere der Medizin, mit Verweis auf ihre letztlich anatomisch begründete mangelnde Eignung für diese Wissenschaft verwehrt. Auch wenn die damaligen konkreten Argumente und Befunde heute kurios erscheinen, ist damit die spezifisch moderne Form der Begründung eines »natürlichen« Unterschieds auf wissenschaftlicher Grundlage und in wissenschaftlicher Terminologie in die Welt gekommen, die, wenn auch gestützt auf andere Befunde und Argumente, bis heute in Debatten über das Geschlecht prägend ist.

Popularisierung von Stereotypen

Die historische Forschung über diese »wissenschaftliche« Beschäftigung mit dem Geschlecht zeigt nicht nur anschaulich die Wurzeln des bis heute fortwirkenden Deutungsmusters »Natur«, sobald vom Geschlecht die Rede ist. Sie vermittelt auch eine allgemeine Lektion für einen soziologischen Blick auf Wissenschaft. Deutlich ist zu erkennen, wie Wissenschaft keine objektiven Befunde erzielt, die das Denken verändern, sondern wie das in den moralischen Vorstellungen der Zeit verhaftete Alltagsdenken die Forschung und die Interpretation der Ergebnisse prägt.

Deutungsmuster »Natur«

Eine Naturalisierung von Geschlecht findet in dieser historischen Phase aber noch in einer konkreteren Hinsicht statt. Denn zwar werden auch »dem Mann« wissenschaftlich begründete Charaktermerkmale zugeschrieben, aber es ist vor allen die Frau, die durch ihr Geschlecht und damit durch ihre »Natur« definiert wird. Anders gesagt: Es gehört zur Natur »des Mannes«, dass er sich von seiner Natur befreien kann (etwa indem er sich der Kunst, der Literatur, der Wissenschaft, der Bildung, der Wirtschaft oder der Politik widmet); »die Frau« hingegen ist und bleibt an ihre »Natur« gefesselt und ist durch sie definiert. »Der Mann« wird durch seine offenen Möglichkeiten als Mensch, »die Frau« durch ihre Einschränkungen als niemals vollständiger Mensch definiert. In dieser Hinsicht wiederholen die Naturwissenschaften des 19. Jahrhunderts also einen alten Topos (vgl. 11.2.2). Die Polarisierung und Naturalisierung der Geschlechter ist mit dem Gegensatz von Natur und Kultur als solchem und damit mit einer wichtigen Achse des modernen Denkens verknüpft (vgl. Ortner 2010 [1974]).

Männer haben keine Natur

11.2.4 | Frauenrechtsbewegung, Feminismus, Geschlechtertheorie

Die historischen Ursprünge des gesamten Themenfeldes »Geschlechterverhältnisse« liegen im argumentativen Kampf von Frauen um Gleichstellung und Anerkennung ihrer Rechte. In westlichen Gesellschaften hat im Laufe des 20. Jahrhunderts eine umfassende kritische Auseinandersetzung mit der Kategorie »Geschlecht« stattgefunden, die global ausstrahlt. Aus der im 19. Jahrhundert einsetzenden politischen Kritik von Frauen an ihren eingeschränkten Rechten und Partizipations-, Bildungs- und Lebenschancen hat sich über mehrere Stufen ein umfassendes Forschungsfeld entwickelt, das immer neue Sichtweisen auf das Thema hervorgebracht hat und heute zu den lebendigsten Arbeitsbereichen der Soziologie gehört. Der intellektuelle Prozess der Thematisierung des Geschlechts und der Analyse von Geschlechterverhältnissen ist daher eng mit dem praktischen politischen Kampf von Frauen und dem erkämpften realen Wandel der Geschlechterbeziehungen verbunden (als Übersicht vgl. Schröder 1979/1981; Lenz 2008).

politischer Kampf und intellektuelle Analyse

Zwar gab es in der gesamten Geschichte immer wieder vereinzelte Stimmen, insbesondere von Frauen, die Zweifel an der »natürlichen Rangordnung« der Geschlechter erhoben. Doch erst am Ende des 18. Jahrhunderts begann langsam eine öffentliche Diskussion darüber, und erst im Laufe des 19. Jahrhunderts formierte sich nach und nach eine breite und wirksame *Frauenbewegung*, die forderte, das in der Aufklärung entwickelte Prinzip der auf Freiheit und Gleichheit gründenden Menschenrechte nicht bloß auf Männer, sondern auch auf Frauen anzuwenden. Konkret ging es um eine rechtliche Gleichstellung, vor allem um das aktive und passive Wahlrecht, aber auch um Forderungen in anderen Lebensbereichen: im Ehe-, Scheidungs-, Unterhalts- und Erbrecht, um Besserstellung im Arbeitsleben und gleiche Zugangschancen zur Bildung, etwa bei der Zulassung zu bestimmten Studiengängen.

Anfänge der Frauenrechtsbewegung

Seit dem späten 19. Jahrhundert wurde die politische Frauenbewegung begleitet von ersten soziologischen Studien zur Lebenssituation von Frauen – beispielsweise von Marianne Weber (1870–1954) – und von dem Bemühen, die Ungleichheit der Geschlechter theoretisch zu begreifen (als Übersicht über epochemachende Studien vgl. Löw/Mathes 2005). Diese Doppelstruktur von politischem Anspruch und intellektuellem Forschungsprogramm ist bis heute kennzeichnend und auch theoretisch begründet (Heintz 2001; Degele 2003).

intellektuelles Projekt und politisches Programm

Die Frage nach dem Geschlecht hat sich von der ursprünglichen Kritik an der Schlechterstellung und Benachteiligung von Frauen hin zu sehr grundsätzlichen Fragen bewegt. In den heutigen Diskussionen geht es zum einen um die Frage, was überhaupt ein Geschlecht ist und wie die Gesellschaft es als bedeutungsvolle Kategorie herstellt oder »konstruiert«. Darin eingeschlossen ist seit den 1990er Jahren auch eine Diskussion darüber, ob die Frauen- und Geschlechterforschung an dieser Konstruktion einen Anteil hat (Gildemeister/Wetterer 1992). Und andererseits geht es darum, wie sich das Recht auf Unterschiede mit dem Anspruch auf Gleichheit vereinbaren lässt. Schließlich ist mit der *Männerfor-*

schung die Konsequenz daraus gezogen worden, dass auch das männliche Geschlecht eine konstruierte Wirklichkeit ist, die analog zu der von Frauen erforscht werden muss.

Erste und zweite Frauenbewegung | 11.2.4.1

Historisch wirkte die Geschlechtszugehörigkeit als Faktor, der Frauen über soziale Schranken hinweg verband und die Kategorie Geschlecht gegen und über soziale Klassenunterschiede stellt. Andererseits gab es innerhalb der Frauenbewegung Spaltungen, die parallel zu den Konfliktlinien der Gesellschaft insgesamt verliefen, insbesondere zwischen bürgerlicher und Arbeiterinnen-Frauenbewegung. Hinzu kamen Spaltungen zwischen eher auf Gleichheit und eher auf Differenz zielenden Strömungen.

Während der Kampf um die Durchsetzung gleicher Rechte sich selbst in europäischen Gesellschaften bis in die Gegenwart fortsetzt, entwickelte sich seit

Gleiche Rechte für Frauen

1900	Frauen dürfen sich im Großherzogtum Baden regulär an Universitäten einschreiben. Zuvor war das in Deutschland nur in Ausnahmefällen, als Gasthörerin und mit Einschränkungen möglich. In Preußen wurde das Frauenstudium 1908 erlaubt.
1918	Frauen erhalten in Deutschland im November 1918 das aktive und passive Wahlrecht. Ebenso in Großbritannien, wobei Einschränkungen galten, die erst 1928 aufgehoben wurden.
1945	Frauen erhalten in Frankreich das aktive und passive Wahlrecht; in Italien 1946, in Griechenland 1949.
1949	In Artikel 3, Absatz 2 des Grundgesetzes wird der Grundsatz »Männer und Frauen sind gleichberechtigt.« aufgenommen.
1958	Das »Gleichberechtigungsgesetz« setzt den in Artikel 3 des Grundgesetzes enthaltenen Gleichheitsgrundsatz um und ändert das seit dem 19. Jahrhundert geltende Familienrecht, das dem Mann in der Ehe ein umfassendes Entscheidungsrecht über seine Ehefrau zuwies. Allerdings bleibt die Gleichberechtigung mit Einschränkungen versehen. In Erziehungsfragen und als Vormund der Kinder ist weiterhin der Mann tonangebend. Teile des Gesetzes wurden daher ein Jahr später vom Bundesverfassungsgericht als nicht verfassungskonform verworfen, weil der Gleichheitsgrundsatz ohne zwingende Begründung nach wie vor eingeschränkt wurde.
1971	Frauen erhalten in der Schweiz das aktive und passive Wahlrecht auf Bundesebene; auf Kantonsebene teilweise erst 1990.
1977	Das »Erste Gesetz zur Reform des Ehe- und Familienrechts« schafft frühere Bestimmungen ab und erklärt die Gleichberechtigung in der Ehe zur Norm; bis dahin wies das Bürgerliche Gesetzbuch dem Mann die Entscheidungsbefugnis in Familienangelegenheiten zu, worunter auch die Erziehung der Kinder und die Berufstätigkeit der Frau fiel. Außerdem wird das Scheidungsrecht geändert. Ehen können nunmehr ohne Klärung der Schuldfrage allein aufgrund von »Zerrüttung« geschieden werden und der bedürftige Partner hat nach der Scheidung einen Unterhaltsanspruch.
1992	Das Bundesverfassungsgericht hebt das Nachtarbeitsverbot für Arbeiterinnen auf.
1994	Der Gleichheitsgrundsatz in Artikel 3, Absatz 2 des Grundgesetzes wird ergänzt um die Formulierung: »Der Staat fördert die tatsächliche Durchsetzung der Gleichberechtigung von Frauen und Männern und wirkt auf die Beseitigung bestehender Nachteile hin.« Diese Formulierung erhebt eine aktive Gleichstellungspolitik in den Rang eines Verfassungsgebots.
1997	Vergewaltigung in der Ehe wird in der Bundesrepublik unter Strafe gestellt und kann seit 2004 auch ohne Strafanzeige verfolgt werden.

Gleich-
berechtigung
und Selbst-
bestimmung

den 1960er Jahren eine neue Ausrichtung der Frauenbewegung, die sich als *zweite Frauenbewegung* begriff und sich rückblickend in einigen Aspekten von der zuvor beschriebenen *ersten Frauenbewegung* unterscheiden lässt. Ihr Leitgedanke war nicht mehr allein die rechtliche Gleichstellung, sondern eine umfassende *Emanzipation* und Selbstbestimmung (vgl. als Übersichten Knapp/Wetterer 1992; Hark 2000; Becker-Schmidt/Knapp 2007).

11.2.4.2 | Von der Frauenbewegung zur Geschlechterforschung

akademische
Disziplin

Seit den 1960er Jahren wandelte sich nicht nur der politische Fokus der Frauenbewegung vom Anspruch auf rechtliche Gleichstellung zum Leitbegriff der *Emanzipation*, sondern als Teil davon etablierte sich eine Frauenforschung auch als akademische Disziplin an den Universitäten. Erste Lehrstühle für Frauenforschung und später für Frauen- und Geschlechterforschung wurden ab Mitte der 1980er Jahre eingerichtet, als Erstes wurde ein solcher Lehrstuhl 1987 an der Goethe-Universität in Frankfurt am Main besetzt. Auf dieser Basis entwickelte sich eine Forschung, die nicht nur die rechtlichen und ökonomischen Schlechterstellungen von Frauen untersuchte, sondern die sich zunehmend der kritischen Analyse kultureller Deutungen von Weiblichkeit und dem *Geschlechterverhältnis* sowie schließlich der Kategorie Geschlecht als solcher zuwandte. Auf Basis intensiver Forschung in den verschiedensten Disziplinen, von der Sozialgeschichte über die Literaturwissenschaft und Kunstgeschichte bis hin beispielsweise zur Medizingeschichte, kristallisierte sich immer mehr heraus, dass mit der Analyse der kulturellen Konstruktion von Weiblichkeit grundsätzlich die Frage nach der Kategorie Geschlecht als einem die soziale Wirklichkeit strukturierenden sozialen Deutungsmuster zu stellen sei (vgl. ausführlicher zu dieser Dekonstruktion von Geschlecht Abschnitt 11.3.3).

11.3 | Systematisch: Geschlecht als konstruierte Wirklichkeit

Teil des
Selbstbildes

Geschlecht ist ein allgegenwärtiges, aber kein einfaches Thema. Nicht zuletzt deshalb, weil es unmittelbar mit dem Selbstbild und der Lebenswirklichkeit von Menschen zu tun hat und weil sich intellektuelle Einsichten über das Geschlecht unmittelbar auf das Selbstverständnis und die Lebenspraxis von Menschen ausgewirkt haben und auswirken. Im Unterschied zu anderen Merkmalen, die wir als von der Gesellschaft zugeschriebene Etiketten thematisieren können, ist es kaum möglich, vom eigenen Geschlecht zu abstrahieren. Das Geschlecht ist auf eine Weise Teil unseres Ichs, also des Ortes, von dem aus wir auf die Welt blicken. Und dennoch ist das Geschlecht keine schicksalhafte oder natürliche Tatsache, sondern auch hier spielen kulturelle Bedeutung und gesellschaftliche Konstruktion eine Rolle. Was Geschlecht ist, ist nie davon zu trennen, wie über Geschlecht gedacht wird.

Im Zuge der Reflexion, die rückblickend im vorangegangenen Abschnitt skizziert wurde, hat jede neue Einsicht neue Fragen aufgeworfen. Jede Deutung konnte durch eine tiefer gehende Fragestellung erneut kritisiert werden. Der Grund hierfür liegt aus heutiger Sicht darin, dass es keine Wahrheit über das Geschlecht gibt, die man am Ende eines Erkenntnisprozesses entdecken könnte. Ab dem Moment, von dem an begonnen wurde, die »Natürlichkeit« der kulturellen Deutungen von Geschlechterunterschieden infrage zu stellen, hat sich diese Denkbewegung des Infragestellens vermeintlicher Gewissheiten immer aufs Neue wiederholt. Aktuell ist die Reflexion an dem Punkt angelangt, insbesondere die binäre Struktur, die zwanghafte Zweiteilung des Entweder-oder der geschlechtlichen Kategorisierung zu hinterfragen. Das Ziel besteht nicht darin, zu einer endgültigen Wahrheit über das Geschlecht zu gelangen, sondern vorschnelle Gewissheiten zu *dekonstruieren*. Das Ende ist offen.

schrittweise Dekonstruktion

Gibt es ein Geschlecht – und wenn ja: Wie viele Geschlechter gibt es?

11.3.1

Die Frage, ob Menschen ein Geschlecht haben, erscheint weniger abwegig, wenn man sich genauer verdeutlicht, wovon überhaupt die Rede ist, wenn man »Geschlecht« sagt. Am Beginn vieler Diskussionen stehen Alltagsauffassungen, die, wie wir wissen, keine Wirklichkeit abbilden, sondern eine Wirklichkeit erzeugen (vgl. 5.2). Im Alltag spielt die Berufung auf »Natur« eine große Rolle. Diese Alltagsvorstellungen fassen »Natur« dabei als erheblich statischer auf als es die heutigen Naturwissenschaften tun. Da es sich beim Topos »Natur« um ein gesellschaftlich verbreitetes wirklichkeitsstiftendes Deutungsmuster handelt und da es in Zusammenhang mit Aspekten des Geschlechts besonders häufig zum Einsatz kommt, lohnt sich eine etwas eingehendere Betrachtung.

Konstruktion von Wirklichkeit

Ist Geschlecht eine biologische Tatsache?

11.3.1.1

Stellt man diese Frage, dann erkennt man an den Antworten, dass sich die scheinbare Selbstverständlichkeit der Geschlechterzuordnung zumeist ganz simpel darauf beruft, dass es menschliche Körper mit unterschiedlichen biologischen Merkmalen gibt: Organe, Gene, Hormone, Körperformen usw. Aber indem man sich auf diese biologischen Merkmale beruft, tut man bereits zweierlei, das über das rein Selbstverständliche und »Natürliche« hinausgeht.

Zum einen wählt man unter den vielen Eigenschaften und Körpermerkmalen von Menschen eines oder einige wenige aus, um es zu einer umfassenden Kategorisierung von Menschen in zwei Gruppen zu nutzen. Keine andere körperliche Differenz (in der Größe, im äußeren Erscheinungsbild, im Alter) wird auch nur annähernd als so wichtig betrachtet. Plump gesagt: Auch eine große und sportlich-kräftige Frau mit Ingenieurdiplom und einer Vorliebe für Fußball wird vor allem als Frau kategorisiert, ein schwächliches Männlein mit piepsiger Stimme und einem Hang zu Süßigkeiten neben ihr als Mann. Die Auswahl einiger weniger körperlicher Merkmale als alleiniges Kriterium für eine derart

Bedeutung ist nie »natürlich«

folgenreiche Kategorisierung von Menschen erklärt sich aber nicht von selbst oder aus irgendeiner »Natur« heraus.

Körpermerkmale

Nachdem aber diese Aufteilung in zwei Geschlechter vollzogen ist, werden fortan alle Merkmale unter dem Gesichtspunkt dieser Zweiteilung beschrieben und bewertet. Die Überzeugung, dass die Einteilung in zwei Geschlechter notwendig und unhintergehbar ist, führt dazu, dass irritierende oder gegenteilige Beobachtungen als »Fehler« der Natur oder »Ausnahmen« beiseitegeräumt werden. So lässt sich die Zweiteilung im Alltagsdenken beispielsweise nicht dadurch irritieren, dass unter strikt medizinischen Gesichtspunkten die biologischen Kriterien, die üblicherweise zur Bestimmung des Geschlechts herangezogen werden (äußere und innere Geschlechtsorgane, Genom, Hormone), nicht notwendig übereinstimmen müssen. Zudem ist die Varianz der einzelnen Merkmale innerhalb der beiden Geschlechter enorm hoch (vgl. Fausto-Sterling 1988, 2000).

Besonders deutlich wird dies an *intersexuellen Personen*, bei denen sich explizit unterschiedliche und uneindeutige Geschlechtsmerkmale finden (vgl. Barbin/Foucault 1998; Lang 2006). Seitdem die Medizin dazu in der Lage war, ist das Geschlecht intersexueller Kinder häufig direkt nach der Geburt operativ vereindeutigt worden. Rückblickend lässt sich das so interpretieren, dass die kulturelle Leitvorstellung, Geschlecht müsse eindeutig sein, das medizinische Handeln angeleitet hat. Historische Fälle von Intersexualität liefern aufschlussreiches Quellenmaterial dafür, wie die kulturelle Praxis darauf besteht, Eindeutigkeit herzustellen, wo sie biologisch nicht gegeben ist. Intersexualität ist im Übrigen nicht zu verwechseln mit *Transsexualität*, bei der sich Menschen subjektiv nicht mit ihrem körperlichen Geschlecht identifizieren und deshalb eine medizinische Umwandlung des Geschlechts anstreben (vgl. Hirschauer 1999; Lindemann 1993).

Materie und Bedeutung

Zum anderen ist mit dem Verweis auf eine biologische Faktizität immer sehr viel mehr gemeint als das, was angeblich gesagt wird. Denn biologische Fakten sind biologische Fakten. Es sind keine kulturellen Tatsachen. Zu sagen, jemand sei eine »Frau« oder ein »Mann« oder sie oder er sei »weiblich« oder »männlich«, ist hingegen eine *kulturelle* Aussage, keine biologische. Wenn ich sage: Diese Person hat ein bestimmtes genetisches Merkmal, dann bedeutet dies, dass diese Person ein bestimmtes genetisches Merkmal hat. Etwas ganz anderes ist es, wenn ich daraus schließe, dass diese Person, weil sie ein bestimmtes genetisches Merkmal hat, als »Frau« oder als »Mann« bezeichnet und behandelt werden soll.

Wunschbilder

Bezeichnet man jemanden als »Frau« oder als »Mann«, meinen diese Begriffe nie nur eine schlichte Bestandsaufnahme bestimmter organischer Merkmale. Etwa so, wie ein Arzt bei der Untersuchung eines Körpers lapidar feststellen würde: »erkältet« oder »ein Meter vierundsiebzig«. Wenn vom Geschlecht die Rede ist, schwingen sofort Bilder, Bedeutungen und Erwartungen darüber mit, was die biologischen Merkmale *bedeuten*, also *was* und *wie* Frauen und Männer zu sein haben. Damit aber hat man den Bereich natürlicher Gegebenheiten längst verlassen und ist übergegangen in den der kulturellen Interpretationen, normativen Erwartungen, Wunschbilder und sozialen Reglementierungen.

Unwillkürlich werden an eine biologische und deshalb für sich genommen bedeutungslose Tatsache inhaltliche Bedeutungen geknüpft, die eben gerade nicht der Natur entspringen, sondern der menschlichen Sinngebung. Allerdings gibt es hieraus keinen einfachen Ausweg. Gerade weil biologische Tatsachen an sich keine Bedeutung haben, ist es praktisch unmöglich, über eine solche zu reden, ohne dass assoziierte kulturelle Bedeutungen hineinspielen.

Naturalisierung: Natur als Legitimationsbegriff

11.3.1.2

Es gibt weitere Gründe für ein Misstrauen gegenüber Deutungen von Geschlecht, die sich auf medizinische oder biologische Tatsachen berufen. Im historischen Rückblick (vgl. 11.2.3) wurde gezeigt, dass gerade im 19. Jahrhundert die Medizin und Psychologie daran beteiligt waren, die Beschneidung von Frauenrechten, beispielsweise den Ausschluss vom Studium im Allgemeinen und vom Medizinstudium im Besonderen, unter Berufung auf vermeintlich natürliche Fakten zu rechtfertigen. Gleichwohl spielt das Verhältnis von Natur und Gesellschaft in der öffentlichen Debatte über Geschlecht immer wieder eine Rolle, und die Debatte wird wieder neu geführt. Dabei hat sich das, was jeweils unter »Natur« verstanden wird, im Laufe der Geschichte stark verändert, je nachdem, was nach dem jeweiligen Stand der Forschung als aktuelle »Natur« galt und als Leitbegriff benutzt wurde: die Körpersäfte, die Anatomie, die Länge der Muskelfasern in den Armen, das Gewicht des Gehirns, das Verhalten von Affen, die Gene oder elektrische Ströme in Nervenzellen. Die rhetorische Struktur der Natur-Argumentation ist jedoch gleich geblieben.

Wandel der Naturvorstellungen

   Hieraus lässt sich auch etwas Allgemeines über die Funktion des Begriffs »Natur« lernen. Anders als der Begriff im Alltagsverständnis suggeriert, gibt es keinen neutralen Natur-Begriff. Wer Natur sagt, unterscheidet immer zwischen einer »natürlichen« oder »gesunden« Natur, so wie er oder sie sie versteht, und den Abweichungen, die als Erkrankungen, Verirrungen oder Fehler, »kranke« oder »unnatürliche« Natur erscheinen. Wer von Natur spricht, ist nie bereit, alles Beobachtete unterschiedslos als Natur zu akzeptieren, sondern trifft immer Entscheidungen und eine Auswahl nach eigenen, normativen Gesichtspunkten und versucht das mit dem Naturbegriff zu verschleiern. Hinter der rhetorischen Figur der »Natur« verbirgt sich in Wahrheit eine kulturelle Normierung.

   Aus soziologischer Perspektive und rückblickend auf die Geschichte der naturwissenschaftlichen Deutungen spricht viel für den Schluss, dass es »die Natur« nicht gibt. Aber der Glaube an etwas, was jeweils als Natur gilt, ist eine gesellschaftliche Tatsache mit gesellschaftlichen Folgen.

   Aus soziologischer Sicht sind also nicht natürliche Geschlechterunterschiede die Basis für soziale Strukturen oder geschlechtsspezifische Handlungsweisen, sondern die kulturell institutionalisierten Geschlechterbilder drücken sich in konkretem Handeln aus und werden schließlich als sogenannte Natur überhöht und gegen Einwände immunisiert. Dies kann so weit reichen, dass die kulturell als selbstverständlich hingenommenen Annahmen die Beobachtungen und Schlussfolgerungen der Naturwissenschaften beeinflussen (vgl. Haraway 1995). So beruht unser Wissen über evolutionsgeschichtlich frühe Formen menschlicher Vergesellschaftung im Wesentlichen auf Analogieschlüssen aus heutiger Sicht. Für detaillierte Kenntnisse reichen die archäologischen Befunde schlicht nicht aus. Das bringt die Gefahr mit sich, heutige Vorstellungen und Erwartun-

Analogien und Projektionen

gen in eine evolutionäre Vergangenheit zu projizieren und anschließend aus dieser imaginierten Vergangenheit wieder Rückschlüsse auf die Menschen der Gegenwart zu ziehen. In Wahrheit handelt es sich dann um einen Zirkelschluss ohne empirische Grundlage.

11.3.2 | Biologisches und kulturelles Geschlecht: Die Unterscheidung von *sex* und *gender* und ihre Kritik

In der Erforschung des menschlichen Geschlechts markiert die Einsicht einen zentralen Wendepunkt, dass man prinzipiell zwischen einem biologischen Geschlecht (engl.: *sex*) als einer an sich kulturell bedeutungslosen Faktizität und einem kulturellen oder sozialen Geschlecht (engl.: *gender*) als der Summe aller Bedeutungen, Erwartungen und Regeln, die sich an eine biologische Tatsache knüpfen, unterscheiden muss. Mit dieser Unterscheidung wurde es möglich, die naturalisierenden Deutungen von Geschlecht, wie sie im 19. Jahrhundert in der Medizin und Psychologie entstanden waren, zu durchbrechen. Fortan konnte man die Frage stellen, wie auf Basis der für sich bedeutungslosen biologischen Geschlechtsmerkmale die Kategorie Geschlecht als sozial wirkungsmächtige Tatsache erzeugt wird.

Geschlechter-rollen　　Die den Geschlechtern und insbesondere den Frauen zugeschriebenen Verhaltensweisen wurden als *Geschlechterrollen* erkennbar, die gesellschaftlichen Erwartungen und nicht natürlichen Gegebenheiten entsprangen. Zentral wurde damit die Erforschung und Kritik *geschlechtsspezifischer Sozialisation* als dem Ort, an dem diese Erwartungen reproduziert werden (Hagemann-White 1984; Bilden/Dausien 2006).

Begleitet wurden diese Analysen von einem Streit, wo genau die Grenze zwischen biologischem und sozialem Geschlecht verlaufe. Nicht zuletzt an der Unentscheidbarkeit dieser Frage wurde deutlich, dass eine solche Unterscheidung zu kurz greift und an entscheidenden Punkten in die Irre führt.

11.3.2.1 | Alles Gender: Kritik an der Sex-Gender-Unterscheidung

Als wichtige Argumente gegen den analytischen Nutzen der Unterscheidung von sex und gender wird angeführt, dass zum einen die Kategorie des biologischen Geschlechts keineswegs von sich aus eindeutig ist, sondern ihrerseits einer auf kulturelle Annahmen gestützten Entscheidung bedarf. Und zum anderen steht die in der Sex-Gender-Unterscheidung enthaltene Vorstellung, es gebe nur genau zwei eindeutige Geschlechter, zur Debatte. Die soziale Konstruktion von Geschlecht beginnt nicht erst damit, dass den biologischen Geschlechtern Eigenschaften und Rollen zugeschrieben werden, sondern bereits die Festlegung Kritik am Dualismus　auf das Entweder-oder der Zweigeschlechtlichkeit, dem die Realität fortan entsprechen muss, kann als soziale Konstruktion bezeichnet werden.

Die Wurzel zu dieser Kritik ist bereits in der Differenzierung von biologischem und sozialem Geschlecht angelegt gewesen. Denn wenn man den Kern dieser Unterscheidung, dass sich aus dem biologischen Geschlecht nicht not-

wendig bestimmte Merkmale eines sozial gedeuteten Geschlechts ergeben, dass
also biologisches und kulturelles Geschlecht voneinander unabhängig sind, konsequent weitergedacht, ergibt sich die Frage, ob dann nicht auch ein Mensch mit
den biologischen Merkmalen des einen die sozialen Merkmale des anderen
Geschlechts aufweisen kann. Dieser Gedanke wird gestützt durch die Vielfalt an
Deutungen, welche die Geschlechter im Laufe der Geschichte und in verschiedenen Kulturen erfahren haben. Sie belegen, dass die Zuordnung letztlich willkürlich ist. Noch weiter gedacht gelangt man zu der Frage, ob zu jedem biologischen Geschlecht (*sex*) nur ein soziales Geschlecht (*gender*) möglich ist. Aus der
Kulturanthropologie sind außerdem Fälle bekannt, in denen ein ritualisierter
Wechsel des sozialen Geschlechts möglich oder das Geschlecht an Altersphasen
geknüpft ist.

willkürliche
Zuordnungen

In der Folge hat sich die Forschung von der fruchtlosen Frage abgewandt, wo
genau die Grenze zwischen sozialem und biologischem Geschlecht verläuft, und
sich stattdessen damit befasst, wie die Unterscheidung in ein klares Entweder-
oder aufrechterhalten oder, genauer, immer wieder neu hergestellt, also *konstruiert* wird.

Konstruktion von Geschlecht | 11.3.3

Wenn in den Sozialwissenschaften von *Konstruktion* oder *sozialer Konstruktion*
gesprochen wird, ist damit kein planvolles, absichtliches Vorgehen gemeint.
Konstruktion bedeutet ganz allgemein gesagt, dass etwas von Menschen durch
ihr Tun geschaffen wird. Der Kerngedanke besteht darin, dass man eine Situation nicht so auffasst, als läge eine gegebene Wirklichkeit dem Handeln der
Menschen zugrunde und brächte sie dazu, auf die eine oder andere Weise zu
agieren, sondern die Art und Weise ihres Handelns sorgt umgekehrt dafür, dass
etwas als wirklich erscheint und auf diese Weise eine Wirklichkeit entsteht, *konstruiert wird*. Mit Blick auf das Geschlecht ist die Bezeichnung *Doing Gender*
üblich geworden, um das *Machen* des Geschlechts zu betonen.

Man darf sich die soziale Konstruktion von Geschlecht nicht als einen einmaligen Vorgang vorstellen, der zu einem abgeschlossenen Ergebnis führt, sondern
soziale Konstruktion ist eine ständige Praxis, etwas, das im alltäglichen Tun,
Sprechen und Denken geschieht. Sie vollzieht sich fortlaufend mit bei dem, was
Menschen gewöhnlich tun, und in der Art, wie sie es tun.

In einem berühmten Aufsatz haben Candace West und Don H. Zimmerman
vorgeschlagen, drei Ebenen der Konstruktion zu unterscheiden (West/Zimmer-
man 1987): *sex*, *sex category* und *gender*. Sie verwenden zwar ebenfalls die Begriffe
Sex und Gender, meinen aber etwas völlig anderes als im Fall der oben vorgestellten Unterscheidung. Der ausschlaggebende Punkt ist, dass alle drei Ebenen
Ergebnis einer sozialen Konstruktion sind.

mehrstufige
Konstruktion

Mit *sex* meinen sie kein gegebenes biologisches Geschlecht, sondern die Praktiken und Kriterien, mit denen Menschen anhand ausgewählter körperlicher
Merkmale in zwei Geschlechter eingeteilt und dabei Uneindeutigkeiten im

Dienste der klaren Unterscheidung beseitigt werden. Bereits dieser Vorgang lässt sich als Konstruktion einer eindeutigen Unterscheidung verstehen, die auf die vorgefundenen biologischen Tatsachen angewandt wird.

Erwartung von Eindeutigkeit

Auf einer zweiten Ebene wird mit *sex category* die alltägliche Praxis beschrieben, durch sichtbare Merkmale (Kleidung, Frisur, Name, Accessoires) in der öffentlichen Interaktion, in der die rein körperlichen Kennzeichen verborgen sind, die eigene Zugehörigkeit zu dem einen oder anderen Geschlecht sichtbar darzustellen. Wie zu Beginn des Kapitels beschrieben, existieren beispielsweise nahezu alle materiellen Produkte in einer weiblichen und einer männlichen Fassung. Dies hat eine Funktion in zwei Richtungen. Eine Person gibt sich dadurch, dass sie die eine oder andere Version benutzt, als weiblich oder männlich zu erkennen. Und zugleich stellt sie somit die Wirklichkeit und Eindeutigkeit ihres Geschlechts in der sozialen Welt sicher. Diese Darstellung des eigenen Geschlechts geht in praktisch jede soziale Interaktion ein.

Wer jemals eine Situation erlebt hat, in der er das Geschlecht seines Gegenübers nicht einschätzen konnte, sei es am Telefon oder angesichts des uneindeutigen Äußeren in einer Face-to-Face-Situation, kennt die Verunsicherung, die sie mit sich bringt. Im Umkehrschluss lässt sich daran erkennen, wie stark das Geschlecht eines Interaktionspartners – unbewusst und ungewollt – in jede noch so einfache alltägliche Interaktion eingeht. Aus Sicht der sozialen Konstruktion von Geschlecht muss man diesen Vorgang nicht einfach als Ausdruck von etwas Gegebenem verstehen, sondern als dessen Herstellung: In jeder alltäglichen Interaktion stellen wir die Bedeutung von Geschlecht her, indem wir sie in der Art, wie wir etwas sagen und tun, Wirklichkeit werden lassen.

Auf der dritten Ebene, der des *gender*, geht es um die kulturelle Interpretation und Ausgestaltung der auf den beiden vorangegangenen Ebenen in ihrer Eindeutigkeit hergestellten Geschlechterdifferenz. Hier ist der je nach kulturellem Kontext unterschiedliche Kosmos der geschlechtsspezifischen Erwartungen, Idealbilder, Rollen, Arbeitsteilung und ästhetischen Normen sowie deren Anwendung und Bestätigung in der alltäglichen Interaktion angesiedelt. Diese Deutungen setzen die Existenz des Geschlechtsunterschieds im Sinn der *sex category* bereits voraus. Auf der Ebene des *gender* geht es darum, *wie* man als Frau oder Mann zu sein und sich zu verhalten hat. Während man sich auf der Ebene der *sex category* als Mann oder Frau zu erkennen gibt, spielt sich auf der Ebene des *gender* beispielsweise die Inszenierung als betont weibliche Frau oder »richtiger« Mann ab. Hierher gehören auch die kulturspezifischen Formen der interaktiven Anerkennung solcher Inszenierungen, beispielsweise in Form von Komplimenten.

11.3.3.1 | *Doing Gender* – Die ständige Verfestigung des Geschlechts im Alltag

Die Perspektive des *Doing Gender*, des Erzeugens von Geschlecht, hat sich besonders mit den gewöhnlichen Kleinigkeiten des alltäglichen Tuns befasst. Sie hat ihren Ursprung in der Ethnomethodologie Harold Garfinkels, eines soziologischen Ansatzes der 1960er Jahre, der durch Techniken der Verfremdung das

Selbstverständliche alltäglicher Wirklichkeit sichtbar und bewusst machen wollte. Unter seinen Studien findet sich auch die Auswertung einer Reihe von Interviews mit einer Transsexuellen, die als junge Erwachsene die medizinische Umwandlung ihrer körperlichen Geschlechtsmerkmale von männlich zu weiblich durchsetzt, weil sie sich seit ihrer Kindheit als Frau gefühlt hat (Garfinkel 1984 [1967]). Der Fall, von dem Garfinkel unter dem Pseudonym »Agnes« berichtet, ereignete sich in den 1960er Jahren, die Erfahrungen, die Agnes macht und von denen sie berichtet, handeln davon, wie sie nach ihrer Geschlechtsumwandlung lernen muss, eine »echte Frau« zu sein.

Es ist nämlich nicht der große Unterschied des medizinischen Eingriffs, sondern es sind die zahllosen kleinen Details, die Gesten, die Kleidungsstücke, der Tonfall und die Blicke, die sie zur Frau machen. Agnes muss bewusst erlernen, was sich andere wie selbstverständlich aneignen, und das eröffnet die Chance, die unbemerkten Selbstverständlichkeiten des alltäglichen *Doing Gender* sichtbar zu machen. Die Erkenntnis ist, dass sich die Wirklichkeit des Geschlechts zu wesentlichen Teilen nicht aus dem vermeintlich großen körperlichen Unterschieden ergibt, sondern sich aus den unzähligen Kleinigkeiten der alltäglichen Interaktion zusammensetzt.

Gesten und Details

Garfinkels Ansatz haben Susan Kessler und Wendy McKenna ein Jahrzehnt später aufgegriffen und in Experimenten ausgebaut, etwa indem sie einige Studierende das Geschlecht von fiktiven, uneindeutigen Personen erraten ließen und dabei beobachteten, welche Kriterien die Studierenden in ihren Antworten anlegten (Kessler/McKenna 1978).

Wiederum ein knappes Jahrzehnt später prägten Candace West und Don H. Zimmerman für die alltägliche Praxis des Erzeugens von Geschlecht den schon vorgestellten Begriff *Doing Gender* (West/Zimmerman 1987). Gegenüber Garfinkels Beobachtungen, die sich innerhalb des Schemas Mann oder Frau bewegten und untersuchten, wie dieses Schema ausgefüllt wird, interessieren sich die neueren Studien gerade dafür, wie überhaupt die Eindeutigkeit der Zweiteilung hergestellt und ungeachtet aller abweichenden Erfahrungen aufrechterhalten wird (Gildemeister/Wetterer 1992; Gildemeister 2008).

Das Ich hinter der Inszenierung: Geschlecht und Selbst

11.3.3.2

»Es ist ein Junge!« oder »Es ist ein Mädchen!« – mit einem dieser Sätze beginnt typischerweise das Leben eines Menschen. Der Moment, in dem wir als Menschen auf die Welt kommen, ist offenbar zugleich der Moment, in dem wir, noch bevor wir einen Namen erhalten, durch ein Geschlecht bezeichnet werden. Dahinter verbirgt sich eine tief greifende Frage. Es ist die Frage ob ich ein Geschlecht »habe« oder ob ich mein Geschlecht »bin«. Sind Menschen vor allem Menschen, die dann auch ein Geschlecht haben? Oder gibt es nur Frauen und Männer – aber nicht »den Menschen«? Für beide Sichtweisen gibt es Argumente. Aus der Vorstellung, dass man ein Geschlecht »hat«, würde sich ergeben, dass man das, was man hat, auch ablegen oder ersetzen kann.

Kann man Subjekt ohne Geschlecht denken?

Der aktuelle Stand in dieser Diskussion ist mehrdeutig. Einerseits könnte man die Einsicht in diesem Satz zusammenfassen: »Es gibt kein Ich hinter der

Inszenierung.« Andersherum formuliert: »Es gibt kein Subjekt vor seiner Konstruktion« (Butler 1995:169). Demnach ergibt es keinen Sinn, hinter dem zugeschriebenen, konstruierten oder gemachten Geschlecht nach einer wahren Person zu suchen.

Andererseits kann das Subjekt sehr wohl Distanz zu seinem Geschlecht gewinnen. Es ist sogar die Normalität, dass wir zu unserem Geschlecht, wie zu allen Elementen unserer Identität, eine gewisse innere Distanz empfinden können. Nur dadurch wird etwas zu einem Teil unserer Identität (vgl. 10.4). Das Geschlecht ist durchzogen von Sehnsüchten, Wünschen und Begehren, und wir sind zufrieden oder unzufrieden mit unserer geschlechtlichen Erscheinung, auch wenn wir sie nicht ohne Weiteres verlassen können. Da das Begehren nie vollkommen gestillt werden kann, transzendiert es die menschliche Realität. Vielleicht liegt hier einer der Gründe, warum die Beschäftigung mit dem Geschlecht immer neu ansetzt.

11.3.4 | Männerforschung

Erst in den 1990er Jahren begann eine breitere Diskussion über die soziale Konstruktion von Männlichkeit (als Übersicht: Meuser 2006). Männlichkeit ist, ebenso wie Weiblichkeit, eine Idealvorstellung. Und praktizierte Männlichkeit besteht, so wie Geschlecht überhaupt, zu einem erheblichen Teil darin, Idealbilder zu imitieren oder es zumindest dem Schein nach zu versuchen.

Konstruktionen von Männlichkeit

In der Realität ist das kulturelle Ideal von Männlichkeit von niemandem zu erreichen. Die meisten Männer entsprechen weder in körperlicher Hinsicht noch in Bezug auf beruflichen Erfolg und materiellen Status dem, was man als Ideal von Männlichkeit identifizieren könnte. Gleichwohl können sich scheinbar auch jene Männer, die dieses Ideal nicht einlösen, darauf berufen und daraus Statusgewinne zu ziehen versuchen, insbesondere im Verhältnis zu Frauen. Auch wer mit seinem vom Bier gerundeten Bauch das Fußballspiel oder irgendeine andere Sportart nur vom Fernsehsessel aus kennt, kann sich offenbar als Komplize darauf berufen, dass Männerfußball eine viel ernstere Sportart als Frauenfußball sei. Selbst jene, die sich in einer Männerclique dem dominanten Anführer unterwerfen, können genau dadurch ein Bild dominanter Männlichkeit anerkennen und davon profitieren.

patriarchale Dividende

Robert W. Connell hat dies als *patriarchale Dividende* bezeichnet. Auch diejenigen Männer, die gemessen an einem dominanten *hegemonialen* Männlichkeitsideal selbst als Verlierer dastehen, ziehen Gewinne daraus, dass sie sich zu diesem Ideal bekennen und es verteidigen. Connell bezeichnete dies als *komplizenhafte* Männlichkeit. Sogar jene Männer, die sich ausdrücklich davon distanzieren, erhalten dadurch gleichwohl einen Bonus (Connell 1999:100).

Männlichkeitsbilder sind dabei nicht homogen, sie unterscheiden sich nach Schichten und Milieus, und zudem sind sie historisch wandelbar (Baur/ Luedtke 2008). Stereotype von Männlichkeit können verschiedene Gestalt annehmen, etwa die des jungen, wagemutigen Rebellen oder den relativ neuen

Typus der durch »technische Vernunft« charakterisierten Männlichkeit (Connell 1999 : 185 ff.). Gemeinsam ist ihnen aber, dass die jeweilige Vorstellung von Männlichkeit als ein von der Person unabhängiges Leitbild auftritt, an dem sich reale Männer im Interesse ihrer Männlichkeit ausrichten und an dem sie sich messen lassen müssen.

Fazit | **11.4**

Das Thema Geschlecht ist für sich bedeutsam und hat viele Facetten. Es ist aber auch ein exemplarisches Thema, an dem sich grundsätzliche Probleme sozialer Wirklichkeit und soziologischer Erkenntnis und Kritik zeigen. Etwa das Problem der Bildung und Bestimmung von Gemeinsamkeiten und Unterschieden und der normativen Kraft von vermeintlichem Wissen über die »normale« Wirklichkeit. Geschlecht ist ein Paradebeispiel für die Konstruktion einer Wirklichkeit, die wirkungsmächtig das Leben von Menschen bestimmt. Über allem schwebt zudem das schwierige Verhältnis von Unterschiedlichkeit und Ungleichheit, wenn an Differenzen Rangunterschiede, unterschiedliche soziale Positionen und ungleiche Lebenschancen geknüpft werden.

Wenn man den Gedanken ernst nimmt, dass soziale Wirklichkeit eine gesellschaftliche Konstruktion ist, dann bedeutet das, dass sich Kritik an einer Konstruktion, beispielsweise an Geschlechterunterschieden, nicht durch Verweis auf »die Realität«, sondern nur durch den Entwurf einer alternativen Konstruktion üben lässt. Denn hinter den Konstruktionen befindet sich keine Realität; die jeweilige Konstruktion ist die soziale Realität, in der Menschen leben. Gerade am Thema Geschlecht und Geschlechterverhältnisse wird dies besonders deutlich: An die Stelle kritisierter Unterscheidungen werden andere Unterscheidungen gesetzt, die sich aber erneut kritisieren lassen.

Lektüreanregungen | **11.5**

Becker, Ruth/Kortendiek, Beate (Hrsg.) (2008): Handbuch Frauen- und Geschlechterforschung. Theorie, Methoden, Empirie, 2., erw. u. aktual. Aufl. Wiesbaden
Aktuelles Handbuch mit Artikeln zu vielen Aspekten der Frauen- und Geschlechterforschung, das sich gut als Einstieg in konkrete Themen eignet.

Becker-Schmidt, Regina/Knapp, Gudrun-Axeli (2000): Feministische Theorien zur Einführung, Hamburg
Eine Einführung, die die historische Entwicklung und die unterschiedlichen Positionen feministischer Theorien darstellt.

Butler, Judith (1991): Das Unbehagen der Geschlechter, Frankfurt a. M.
Judith Butler ist die zentrale Ideengeberin für die Dekonstruktion der Kategorie Geschlecht und die Kritik an der Norm der Zweigeschlechtlichkeit und Heteronormativität. Als Einstieg in ihr Denken eignet sich das erste Kapitel, S. 15–62.

Connell, Robert W. (1999): Der gemachte Mann. Konstruktion und Krise von Männlichkeiten, Opladen [= Geschlecht und Gesellschaft 8]
Robert W. Connell hat die ausdrückliche Problematisierung der Konstruktion des männlichen Geschlechts angeregt und eine Reihe von normativ wirksamen Männlichkeitsbildern identifiziert.

Gildemeister, Regine/Wetterer, Angelika (1992): Wie Geschlechter gemacht werden. Die soziale Konstruktion der Zweigeschlechtlichkeit und ihre Reifizierung in der Frauenforschung, in: Knapp, Gudrun-Axeli/Wetterer, Angelika (Hrsg.): TraditionenBrüche. Entwicklungen feministischer Theorie, Freiburg i. Br., S. 201–254
Dieser intensiv und kontrovers diskutierte Aufsatz markiert einen Umbruch im Denken über Geschlecht, weg von Geschlechterdifferenzen, Emanzipation und Geschlechterverhältnissen hin zu der Frage, wie Geschlecht als binäre Kategorie erzeugt und immer neu reproduziert wird.

Hark, Sabine (Hrsg.) (2000): Dis/Kontinuitäten: Feministische Theorie, Opladen [= Lehrbuch zur sozialwissenschaftlichen Frauen- und Geschlechterforschung 3]
Ein sehr gut als Einstieg geeigneter Band mit Auszügen aus vielen zentralen und aktuellen Texten der Frauen- und Geschlechterforschung.

Lenz, Karl/Adler, Marina (2010): Geschlechterverhältnisse, Weinheim/München
Eine Einführung in das Thema Geschlecht, das nicht nur in Theorien der Geschlechterforschung, sondern auch in Anwendungsbereiche wie Recht, Bildung und Arbeit einführt.

Schröder, Hannelore (Hrsg.) (1979/1981): Die Frau ist frei geboren. Texte zur Frauenemanzipation. 2 Bde. (Bd. 1 : 1789–1870. Bd. 2 : 1870–1918), München
Zwei Bände mit klassischen Texten aus der historischen Frauenbewegung.

Villa, Paula-Irene (2000): Sexy Bodies. Eine soziologische Reise durch den Geschlechtskörper, Opladen [= Geschlecht und Gesellschaft 23]
Gute systematische Einführung in die Geschlechterforschung.

11.6 | Fragen zum Verständnis und zur Reflexion

- Was ist mit der Formulierung gemeint, die Philosophie habe bei ihren Spekulationen über das Wesen des Menschen häufig »Menschen als Männer ohne Geschlecht« vor Augen gehabt?
- Was ist damit gemeint, dass das Geschlecht die Funktion eines »Platzanweisers« in der sozialen Struktur erfüllt?
- Welche kritischen Argumente lassen sich gegen eine Definition von Geschlechtern auf Basis biologischer Tatsachen anführen?
- Überlegen Sie sich weitere Beispiele für ein alltägliches Doing Gender.

Kann man auch »nicht mitmachen«? | 12

Auf die Frage »Kann man auch ›nicht mitmachen‹?« könnte man auf sehr verschiedene Weise antworten. Man könnte an Protest, Streit, alternative Lebensformen, aber auch Kriminalität denken. Die allgemeine Frage, die sich dabei ergibt, ist, ob sich nicht auch ein Nicht-Mitmachen doch wieder als soziales Phänomen betrachten und erklären lässt. Diese Frage wird an zwei Formen des Nicht-Mitmachens diskutiert: an abweichendem Verhalten und an sozialem Protest. Zuerst werden Theorien abweichenden Verhaltens vorgestellt und dabei der Begriff der Abweichung kritisch hinterfragt. Hieran lässt sich verdeutlichen, welche gegensätzlichen praktischen Konsequenzen verschiedene theoretische Erklärungen haben können. Als zweiter Themenbereich werden spezifisch moderne Formen sozialen Protests behandelt.

Abweichendes Verhalten, Devianz, Delinquenz, Sanktion, Kontrolle, Konflikt, Subkultur, Anomie, Etikettierung, Protest, soziale Bewegungen

12.1 | Einführung

Die Titelfrage »Kann man auch ›nicht mitmachen‹?« lässt sich auf verschiedene Weise verstehen und auf eine Vielfalt von Situation und Lebensaspekten beziehen. Das Bedürfnis, »nicht mitmachen« zu wollen, dürfte praktisch jede und jeder schon einmal empfunden haben, zumindest in bestimmten Situationen. Das dahinterstehende Gefühl einer Fremdheit, der Eindruck, einer fremden Wirklichkeit gegenüberzustehen und innerlich anders zu sein als die Umstände erfordern, anders zu sein als »die anderen« oder schlicht als die Gesellschaft, ist

vertrautes Unbehagen ein sehr charakteristisches Gefühl für Menschen in modernen Gesellschaften. Es hat einerseits mit der Individualisierung, dem inneren Anspruch auf Individualität, den Menschen in der Moderne empfinden, und andererseits mit der Unabsehbarkeit der Möglichkeiten und der Konsequenzen des eigenen Handelns in komplexen modernen Gesellschaften zu tun. Das bei einigen seltener und bei anderen häufiger auftretende diffuse Unbehagen (Berger 1975, Freud 1999 [1938]) zieht nicht unbedingt ein bewusstes Handeln, eine tatsächliches »Nicht-Mitmachen« nach sich. Oftmals bleibt es bei einem diffusen Gefühl, und insbesondere sind die Handlungsalternativen völlig unklar und in ihren Konsequenzen ebenso unabsehbar. Eine einfache Lösung gibt es nicht. Man kann das Gefühl eher als einen charakteristischen Bestandteil der Moderne betrachten.

Konkret werden in diesem Kapitel zwei Formen des Nicht-Mitmachens herausgegriffen: *abweichendes Verhalten* oder *Devianz* und *sozialer Protest*.

Konformität und Abweichung sind für die Frage »Was ist Gesellschaft?« nicht nur deshalb interessant, weil sich damit oft soziale Probleme und Konflikte verbinden, sondern weil sich an ihm allgemeine Mechanismen und Modelle wiederfinden und anschaulich zeigen lassen, die an anderen Stellen in diesem Buch bereits diskutiert wurden: die Motive einer Handlung, die Abhängigkeit vom sozialen Kontext, die Interaktion und die Konstruktion von Wirklichkeit.

12.1.1 | Abweichung oder Normalität als Problem?

Im Alltag rückt die Tatsche der Gesellschaft vor allem dann ins Bewusstsein, wenn etwas nicht dem erwarteten »normalen« Geschehen entspricht, wenn es nicht funktioniert, wenn es *abweicht*. Solange Erwartungen und Ereignisse reibungslos ineinandergreifen, erscheint das soziale Zusammenleben als unproblematische *Normalität*, die eben deshalb kaum wahrgenommen wird. Thematisiert wird Gesellschaft im Alltag typischerweise in Form von *sozialen Problemen*, beispielsweise unter dem Gesichtspunkt sozialer Missstände, Problemlagen, Konflikte oder Abweichungen. Das können drastische Ungleichheit und Armut, Jugendkriminalität, aber auch Korruption, Steuerhinterziehung, fehlende Solidarität oder Politikverdrossenheit sein. Besonders offensichtlich greift der Mechanismus im Fall von expliziten Regelverletzungen und Konflikten. Ob körperliche Gewalt, Kriminalität oder Obszönität, »unangepasstes« Verhalten betrifft Themen, die Aufregung erzeugen.

Treten soziale Probleme auf, ist damit auch ein punktuelles Bewusstsein für die allgegenwärtige Tatsache gesellschaftlichen Zusammenlebens verbunden. Gesellschaft wird in der öffentlichen Debatte häufig erst anlässlich sozialer Probleme thematisiert, und das führt zu der verzerrten Vorstellung, die Sozialwissenschaften würden sich vor allem mit sozialen Problemen befassen. Oder es entsteht das Missverständnis, die Gesellschaftswissenschaften hätten vor allem die Aufgabe, solche Missstände zu beheben. Doch in der Soziologie sind die Themenfelder der *sozialen Probleme* und des *abweichenden Verhaltens* hingegen Spezialgebiete (vgl. bspw. die Sektion »Soziale Probleme und soziale Kontrolle« innerhalb der Deutschen Gesellschaft für Soziologie oder die Zeitschrift »Soziale Probleme«), die keineswegs deckungsgleich mit dem Erkenntnisinteresse der Soziologie als solches sind. Viel interessanter ist es häufig, das unbemerkte Funktionieren der problemlosen Normalität zu studieren. Ein großer Teil dieses Buches handelt davon, die »normale Wirklichkeit« zu erforschen und zu lernen, das »Normale« als das Staunenswerte oder gar Befremdliche zu betrachten.

Normalität zum Problem machen

Abweichendes Verhalten   12.2

Abweichendes Verhalten oder *Devianz* wird in der Soziologie als ein neutraler, deskriptiver, also nicht wertender Begriff gebraucht. Er beschreibt das Verhältnis zwischen den Erwartungen einer Gruppe und den abweichenden Überzeugungen oder Verhaltensweisen Einzelner oder auch einer anderen Gruppe, ohne sich dabei auf eine der beiden Seiten zu schlagen. Mit dem Begriff Abweichung ist keine Bewertung verbunden, ob eher das konforme oder das abweichende Verhalten von einem höheren Standpunkt aus als »moralisch« oder »wünschenswert« zu gelten hat. Es geht um die Beschreibung und Erklärung sozialer Prozesse, um Mechanismen und Interaktionen. Der abwertende Beiklang des Wortes »Abweichung« führt also in die Irre.

Beschreibung ohne Bewertung

Prinzipiell kann das Thema man aus zwei unterschiedlichen Perspektiven betrachten: Man kann nach den Ursachen und gesellschaftlichen Faktoren für Devianz suchen. Typischerweise tun das beispielsweise Studien über die Ursachen von Gewalt (Raithel/Mansel 2003; Fuchs et al. 2008). Auf diese Weise gelangt man zu Erklärungen und möglicherweise auch Vorschlägen für Gegenstrategien. Oder man kann aus einem ganz anderen Blickwinkel fragen, wie überhaupt die Kriterien aufgestellt werden, nach denen zwischen Devianz oder Konformität entschieden wird. Dann gelangt man zu sehr viel grundsätzlicheren Fragen. Als Ergebnis lernt man etwas Allgemeines über die Funktionsweise von Gesellschaft.

12.2.1 | Abweichung und Konformität

Was ist ein »abweichendes Verhalten«, aus wessen Sicht ist es das, und aus wessen Sicht ist es das nicht? Die Grenzziehung ist keineswegs einfach und eindeutig, denn ob eine Handlung als konform oder abweichend gilt, liegt nicht in der Handlung selbst begründet. Die Entscheidung ergibt sich aus den Erwartungen, Werten und Weltdeutungen einer jeweiligen Gruppe oder Gesellschaft. Mehr noch: Ein und dasselbe Handeln kann, je nach sozialem Kontext, entweder als konform und sogar erwartet oder aber als abweichend behandelt werden. Aus soziologischer Sicht interessant ist also nicht so sehr das jeweilige Verhalten, sondern der Prozess Grenzziehung zwischen Konformität und Abweichung und das dazugehörige Geschehen.

Kontext-abhängigkeit

Man könnte erwarten, dass es zumindest einen Kernbereich dessen gibt, was in praktisch jeder Gesellschaft als abweichend wahrgenommen wird, beispielsweise Mord, Diebstahl oder Lüge. Doch selbst bei Mord und Diebstahl gibt es keine völlige Eindeutigkeit. Familienfehden um eine vermeintliche »Familienehre«, die im Extrem eine Kette von wechselseitigen Rachemorden nach sich ziehen, sind ein Beispiel dafür, dass selbst Mord in einigen sozialen Kontexten als »nicht abweichend« betrachtet oder gar erwartet werden kann. Auch im Fall von Diebstahl kann es einen Unterschied machen, wem und aus welchen Motiven man etwas stiehlt.

Wandel des Erwünschten

Was zulässig ist und was als Abweichung gilt, ist historisch und von Gesellschaft zu Gesellschaft höchst unterschiedlich, und auch innerhalb einer Gesellschaft können große Widersprüche auftreten. Eine Gesellschaft kann beispielsweise den Konsum harter Drogen tolerieren, aber zugleich eine rigide Kontrolle über die Sexualität von Frauen ausüben. Es lassen sich nur wenige Verhaltensweisen finden, die nicht irgendwann in einer Gesellschaft als erwünscht galten. Der entscheidende Punkt ist, dass keine Handlung als solche abweichend ist, sondern dass sie durch die Erwartungen eines sozialen Umfeldes dazu wird.

Im überwiegenden Teil der Geschichte galt ein Schwangerschaftsabbruch als schwere Straftat, die teils sogar mit der Todesstrafe für die betroffene Frau und ihre Helferinnen oder für Ärzte geahndet wurde. In der Bundesrepublik wurde die Strafbarkeit im Jahr 1974 aufgehoben und durch eine Regelung ersetzt, wonach ein Abbruch in den ersten zwölf Wochen der Schwangerschaft zulässig ist (sog. Fristenregelung des § 218 StGB). Diese rechtliche Revolution war von heftigen Auseinandersetzungen begleitet, und der Konflikt zwischen dem Selbstbestimmungsrecht der Frau (»Mein Bauch gehört mir«, war die Losung der Frauenbewegung seit den 1960er Jahren) und der moralisch-religiösen oder staatlichen Zuständigkeit für sogenanntes »ungeborenes Leben« hält bis heute an. Dennoch hat es Schwangerschaftsabbrüche zu allen Zeiten gegeben, und es gab betroffene Frauen, die ungeachtet aller Strafen und Gefahren diesen Weg wählten. Ein Argument für die Abschaffung der generellen Strafbarkeit war, neben dem Selbstbestimmungsrecht von Frauen, dass sie dazu führt, Schwangerschaftsabbrüche unsachgemäß und ohne medizinische Betreuung vorzunehmen, sodass Frauen schweren Gefahren ausgesetzt sind. Durch die Einführung einer Fristenregelung in Paragraf 218 im Jahr 1974 wurde aus einem strafbaren ein erlaubtes Handeln, und Schwangerschaftsabbrüche konnten nun legal in Krankenhäusern durchgeführt werden. Wie immer man persönlich zu dieser Frage steht, lässt das Beispiel erkennen, wie rechtliche Regelungen abweichendes Verhalten erzeugen oder beseitigen und welche Konsequenzen dies jeweils hat.

Devianz oder Delinquenz – was ist Abweichung? | 12.2.2

Beim Begriff des *abweichenden Verhaltens* oder der *Devianz* denkt man auf Anhieb vielleicht an Kriminalität, Drogenhandel oder Gewalt, und damit scheint er sich auf klar erkennbare Sachverhalte und ein eindeutiges Thema zu beziehen. Doch was ist mit einem jungen Mann in der DDR, der keinen Armeedienst leisten möchte und der daraufhin allerlei staatlichen Sanktionen und Schikanen ausgesetzt ist und darüber hinaus keinen Studienplatz erhält? Und was ist mit einer jungen Frau in einer stark patriarchalen Gesellschaft, die für ihre Selbstbestimmung eintritt und dadurch gegen Traditionen oder sogar gegen geltende Gesetze verstößt, beispielsweise indem sie in einer streng katholischen Familie einen festen Freund hat, ohne verheiratet zu sein, oder in indem sie in Saudi-Arabien allein ein Auto fährt? Oder was ist mit Familien in der Landlosen-Bewegungen in Brasilien, die kleine Parzellen auf den riesigen Ländereien von Großgrundbesitzern besetzen, um sich eine Überlebensgrundlage zu sichern? Oder mit homosexuellen Männern, die noch vor nicht allzu langer Zeit auch in europäischen Staaten wegen »Unzucht« belangt werden konnten und mit massiver öffentlicher Missbilligung zu rechnen hatten, von den sehr viel härteren Strafen in einigen anderen Ländern ganz abgesehen? Unzweifelhaft wird in allen diesen Beispielen gegen geltende Gesetze verstoßen. Und ob ein Außenstehender die jeweiligen Handlungen als moralisch gerechtfertigt und die betreffenden Gesetze als gerecht oder ungerecht empfindet, ändert zunächst einmal nichts an ihrer Geltung und an den Konsequenzen, die das Übertreten für die betroffenen Menschen haben kann. Bei einigen der Beispiele ist auch nicht deutlich, wo die Grenze zwischen Strafbarkeit und Missbilligung verläuft. Es ist außerdem gut vorstellbar, dass die Meinungen darüber, welche Handlungen zu billigen oder abzulehnen sind, auseinandergehen und sich im Laufe der Zeit auch ändern können. Ebenso natürlich die gesetzlichen Regelungen.

offizielle Regeln

akzeptierte Abweichungen

   Bei genauerem Hinsehen ist der Begriff des abweichenden Verhaltens also weit weniger eindeutig, und die Gleichsetzung mit offensichtlich kriminellen Handlungen ist falsch. Zudem sind die eindeutigsten Fälle für ein Durchdenken des Themas möglicherweise auch die uninteressantesten.

   Um den Begriff des abweichenden Verhaltens genauer zu fassen, ist zunächst eine Unterscheidung nützlich: die zwischen *Devianz* und *Delinquenz*. Es gibt Verhaltensweisen, die nach dem Gesetzbuch, nach den offiziellen Spielregeln oder den ungeschriebenen Gesetzen, den allgemein akzeptierten moralischen Normen, nicht zulässig sind: Diebstahl, Körperverletzung oder Steuerhinterziehung werden als Straftat juristisch geahndet; ein Foul wird im Fußball mit Freistoß, Elfmeter oder Platzverweis geahndet; und seine Eltern, Freunde oder Lebensgefährtin zu belügen, gilt gemeinhin als inakzeptabel. Hier haben wird es mit relativ objektiven und allgemeingültigen Kriterien zu tun, die erlaubtes und erwünschtes von unerwünschtem Verhalten unterscheiden. Wer Regeln in dieser Art übertritt, macht sich eines objektiven Vergehens schuldig, und das könnte man als *Delinquenz* bezeichnen. Der Begriff Delinquenz wird im Allgemeinen verwendet, um Verstöße gegen offiziell geltendes Recht zu bezeichnen, also Straftaten oder Kriminalität im engeren Sinn. Der Delinquent ist der überführte Straftäter im Sinn des Gesetzes. Ich habe die Beispiele aus dem kriminellen und rechtlich strafbaren Bereich um einige Beispiele aus anderen Bereichen ergänzt, in denen es ebenfalls objektive Regeln gibt, deren Übertretung objektiv feststellbar ist und die Konsequenzen hat, wenn auch nicht in einem kriminologischen oder strafrechtlichen Sinn. Gleichwohl gibt es durchaus strukturelle Parallelen, die zu der im Folgenden gemachten Unterscheidung passen.

Interessant ist nun, dass es in allen diesen Bereichen, vom offiziellen Strafrecht über die Spielregeln im Fußball bis hin zu den moralischen Normen, Fälle gibt, in denen objektive Gesetzes- oder Regelverletzungen nicht als verwerflich betrachtet werden. Dies mag in manchen Fällen umstritten sein, in anderen würde man auf weite Zustimmung stoßen. Beim Falschparken in überfüllten Großstädten beispielsweise dürfte wohl ungeachtet der objektiven Ordnungswidrigkeit niemand ein Schuldbewusstsein empfinden und sich lediglich daran orientieren, nicht erwischt zu werden. Und einem raubeinigen Verteidigungsspieler würde man keinen moralischen Vorwurf machen, wenn er einen gegnerischen Stürmer nicht anders als durch ein Foul stoppen kann. Das ist sein Job. Wichtig ist, dass das Foul tunlichst vor der Strafraumgrenze stattfindet und nach Möglichkeit nicht die Schwelle zu einer Gelben Karte überschreitet. »Abweichend« würde den Fans das Spielverhalten eines Verteidigers eher erscheinen, wenn er sich sorgsam bemühen würde, jeden Körperkontakt mit dem gegnerischen Stürmer zu vermeiden, um ja kein Foul zu riskieren.

konformes Foulspiel

Die objektive Verletzung einer Regel (Delinquenz) und die Bewertung dieser Regelverletzung als »abweichendes Verhalten« (Devianz) müssen also nicht Hand in Hand gehen. Übertretung ist zwar verboten, gehört aber oft zum Spiel, könnte man sagen. Umgekehrt gibt es Regelverletzungen, die außer von völlig fanatisierten Fans durchgehend auch als verurteilungswürdiges *abweichendes* Verhalten angesehen würden. Etwa ein Faustschlag gegen einen Mitspieler im Rücken des Schiedsrichters oder ein Foul, bei dem es der Verteidiger gezielt darauf anlegt, den anderen Spieler mit den Stollen seiner Schuhe zu verletzen. Hier sind Regelverletzung (Delinquenz) und Ablehnung (Devianz) deckungsgleich.

Das Entsprechende gilt für den Bereich strafbarer Handlungen im engeren Sinn. Diebstahl und Unterschlagung sind verboten. Aber das Bemühen einer Mutter, in Notzeiten ihre Kinder beispielsweise durch Schwarzhandel oder Mundraub zu ernähren, würde man nicht als abweichend bezeichnen, auch wenn es rechtlich geahndet werden kann. Ähnliches gilt etwa für das Verhalten vieler Arbeiter in der DDR, die angesichts einer allgemeinen Mangelwirtschaft aus der laufenden Produktion ihres Betriebes Produkte abzweigten, um diese dann schwarz gegen gefragte Produkte aus anderen Betrieben zu tauschen, die gegen Geld auf dem Markt nicht zu kaufen gewesen wären. Auch hier handelt es sich um ein eindeutig strafbares, also delinquentes Tun, das aber andererseits so verbreitet und akzeptiert war, dass man es schwerlich als abweichend (deviant) bezeichnen würde. In manchen Bereichen war es überhaupt nur auf diese delinquente Weise möglich, die paradoxen Effekte der Planwirtschaft auszugleichen und sich beispielsweise das Baumaterial für eine Hausrenovierung zu beschaffen.

alle tun es

Diese Unterscheidung lässt sich auch auf die Leipziger Montagsdemonstrationen im Jahr 1989 anwenden, an denen zwischen September und November Woche für Woche mehr Menschen teilnahmen. Obwohl es keine genehmigten Demonstrationen waren, formal gesehen also delinquente Handlungen, die das DDR-Regime zu anderen Zeiten sicher hart geahndet hätte, war im Jahr 1989 den Verantwortlichen in der DDR offenbar klar, dass ein hartes Durchgreifen, auch wenn es sich auf geltende Gesetze berufen konnte, weder in der eigenen Bevölkerung noch in den anderen Staaten des Ostblocks akzeptiert worden wäre. Die Demonstrationen waren zwar nach DDR-Recht illegal, aber aus Sicht der allermeisten Menschen eher Ausdruck eines mutigen als eines abweichenden Verhaltens.

historische und aktuelle Beispiele

Es lassen sich auch extremere Beispiele und andere Kombinationen denken. Etwa der Fall politischer Dissidenten in China, die für ihr Engagement für freie Meinungsäußerung nach den geltenden chinesischen Gesetzen mit langjährigen Inhaftierungen in Arbeitslagern bestraft werden. Oder, um ein Beispiel aus der deutschen Geschichte zu wählen, das Verbot der Ehe zwischen Menschen mit jüdischer und nicht-jüdischer Abstammung in den »Nürnberger Rassengesetzen« vom 15. September 1935, mit dem die antisemitische Hetze in die Form eines Gesetzes gegossen und somit zwischenmenschliche Bindungen zu einer Straftat erklärt wurden. Wer gleichwohl zu seinem Ehepartner stand, wurde somit zum Delinquenten. Ob dies auch als abweichendes Verhalten angesehen wird, ist offensichtlich eine ganz andere Frage. Ein verglichen damit harmloses Beispiel ist der »Radikalenerlass« aus dem Jahr 1972, nach dem Personen aus dem öffentlichen Dienst entlassen werden können oder ihnen die Anstellung verweigert werden kann, denen eine ablehnende Haltung gegenüber dem Grundgesetz vorgeworfen oder unterstellt wird, und zwar auch dann, wenn sie sich keine strafbaren Handlungen haben zuschulden kommen lassen. Diese gesetzliche Regelung wurde unter dem Eindruck der Anschläge der »Roten-Armee-Fraktion« und der seit Ende der 1960er Jahren in Teilen radikalisierten Studentenbewegung getroffen, und ihre Anwendung hatte besonders für Lehramtsstudierende, die auf eine Anstellung im öffentlichen Dienst angewiesen waren, ernste Folgen. In einer durch heftige politische Debatten und gereizte Gewaltbereitschaft auf studentischer wie auf staatlicher Seite gekennzeichneten Atmosphäre reichten in der Folge der Haarschnitt und die Kleidung aus, um zum »linken Chaoten« gestempelt zu werden. Das Bestreben zur Kriminalisierung politischer Protestbewegungen findet sich aber auch aktuell, beispielsweise im Umgang mit den Demonstrationen gegen den G-8-Gipfel in Heiligendamm im Jahr 2006. Wobei sich andererseits aber auch gezeigt hat, dass die Eskalation der 1970er Jahre die Öffentlichkeit, aber auch die Justiz, die Politik und die Polizei mindestens in Teilen für die Auswüchse staatlicher Gewalt sensibilisiert hat.

staatliche Restriktionen

Ein brisantes Beispiel ist auch der Rechtsextremismus in Deutschland. Betrachtet man die Verbreitung fremdenfeindlicher und mindestens latent rechtsextremer Einstellungen in einigen ländlichen Regionen Ostdeutschlands, kann man die Frage aufwerfen, ob rechtsextremes Denken hier tatsächlich noch als Abweichung eingestuft werden kann. In einigen extremen Fällen, in denen sich fast ganze Ortschaften an Gewaltexzessen beteiligten oder sie zumindest durch demonstratives Wegsehen ermöglichten und sie in den anschließend einsetzenden öffentlichen Diskussionen argumentativ rechtfertigten, ist für einen außenstehenden Beobachter nicht eindeutig zu erkennen, ob die zweifellos strafbaren (delinquenten) Handlungen in diesem sozialen Milieus tatsächlich abgelehnt, also als deviant eingeschätzt wurden.

Die Überlegungen zum Verhältnis von Delinquenz und Devianz lassen sich in einer Tabelle zusammenfassen. Dabei gilt für alle konkreten Beispiele der Vorbehalt, dass sie sich nicht immer völlig eindeutig in eines der vier Felder einordnen lassen oder dass sich aus unterschiedlichen moralischen, politischen oder religiösen Haltungen heraus andere Zuordnungen ergeben. Das ist jedoch kein Argument gegen die begriffliche Unterscheidung als solche.

Delinquentes und deviantes Handeln

| | | abweichendes Verhalten (Devianz) | |
		ja	nein
delinquentes Verhalten (Kriminalität)	ja	Verbrechen	akzeptierter, üblicher oder sogar gutgeheißener Verstoß gegen Gesetze
	nein	auffälliges oder »anstößiges« Verhalten, das aber nicht strafbar ist	Konformität

Was als kriminelle Tat gilt, ist an sich schon historisch und gesellschaftlich unterschiedlich. Hinzu kommt aber vor allem, dass ein delinquentes, nach objektiven Kriterien verbotenes oder strafbares Handeln, nicht gleichbedeutend mit deviantem, abweichendem Handeln ist. Die Tabelle veranschaulicht die Komplexität und weist auf die soziologisch interessante Frage hin: Wie kann man erklären, wann ein Handeln als abweichend behandelt wird und wann nicht?

12.3 | Abweichung erklären – Theorien abweichenden Verhaltens

verschiedene Perspektiven

Ein als »abweichend« qualifiziertes Handeln kann, so wie jedes andere Handeln auch, auf vielerlei Weise erklärt werden. Es kann die verschiedensten inhaltlichen Anlässe und Gründe geben, aber dennoch ist es möglich, bestimmte Erklärungstypen von ihrem Ansatz her zu unterscheiden. Gerade weil abweichendes Verhalten immer auch ein Feld voller sozialer und politischer Konflikte bezeichnet, ist in den Sozialwissenschaften intensiv um die richtigen Ansätze zu dessen Verständnis gerungen worden. Dabei zeigt sich, dass die verschiedenen Perspektiven jeweils von ganz anderen Definitionen ausgehen und dadurch auch zu unterschiedlichen Erklärungen und Deutungen gelangen. Damit legen sie auch ganz unterschiedliche Strategien zum Umgang mit oder zur Beseitigung von abweichendem Verhalten nahe. Das Thema des abweichenden Verhaltens ist also ein gutes Beispiel, um zu veranschaulichen, dass verschiedene Theorien nebeneinander existieren können, wenn sie von unterschiedlichen Voraussetzungen ausgehen, und dass sie dementsprechend zu jeweils eigenen Konsequenzen gelangen können.

Kann man alle Regeln befolgen?

Insbesondere in der US-amerikanischen Soziologie in der Mitte des 20. Jahrhunderts gab es sozialtechnologische Ansätze, die von dem Ziel geleitet waren, durch planende Eingriffe in verschiedene gesellschaftliche Teilbereiche abweichendes Verhalten schon früh, beispielsweise durch entsprechende Erziehung und Sozialisation, aber auch durch andere sozialreformerische Maßnahmen zu unterbinden. Diesem sozialtechnologischen Denken lag die Vorstellung zugrunde, abweichendes Verhalten sei eine Funktionsstörung der gesellschaftlichen Ordnung und Effizienz.

Zugleich entwickelte sich in den USA aber auch die schärfste soziologische Kritik an dieser Sichtweise. Eines der Gegenargumente solch sozialtechnologischer Ansätze betonte, dass manche Formen abweichenden Handelns zwar problematisch und dysfunktional, andere aber auch Vorläufer sozialen Wandels oder Ausdruck geänderter moralischer Werthaltungen und Lebensentwürfe sein können, deren Unterbindung sich nicht mit dem Bild einer freien und offenen Gesellschaft verbinden lässt. Abweichungen können auch Innovationen oder Lösungen für Probleme bedeuten, die eine Mehrheit noch gar nicht erkannt hat. Eine Gesellschaft, die sich darauf konzentriert, Abweichungen zu vermeiden, verfällt in Erstarrung und in Angst vor Neuerung, sie verliert ihre Flexibilität und die Fähigkeit zu Innovationen. Die sozialtechnologische Deutung von Abweichung als Störung begeht also einen grundsätzlichen Irrtum hinsichtlich des dynamischen Charakters von Gesellschaft.

Vorboten sozialen Wandels

Als Beispiel für eine Gesellschaft, die jede Form von Abweichung zu unterdrücken versuchte, kann man die der ehemaligen DDR betrachten. Die Staatsführung installierte ein Überwachungssystem aus Staatssicherheit und sogenannten Inoffiziellen Mitarbeitern, das alle Bereiche der Gesellschaft durchdrang und nicht nur das Handeln, sondern auch das Denken der Menschen ausspionierte, um bereits potenzielle Abweichungen sanktionieren zu können. Kollegen bespitzelten sich am Arbeitsplatz, Lehrer und Schüler bespitzelten sich gegenseitig, manchmal verriet sogar ein Ehepartner die Gedanken des anderen. Jede Neuerung, jeder Schritt hin zur Eigenständigkeit oder Kreativität wurde damit von Anfang an erstickt.

Noch ein weiteres Argument spricht grundsätzlich gegen die Möglichkeit einer perfekten Konformität. Moderne Gesellschaften sind durch eine Vielfalt an Milieus und sozialen Sphären (Privatleben, Arbeitswelt, Politik, Wissenschaft) gekennzeichnet. Es ist durchaus möglich, dass eine Handlung mit den Erwartungen aus einem Milieu oder einer Sphäre konform, zu den Erwartungen aus einem anderen Zusammenhang aber abweichend ist. Solche Widersprüche sind kein Ausnahmefall, sondern typisch für eine sozial und funktional differenzierte Gesellschaft (vgl. Kapitel 7). Konformität in einem Bereich kann die Abweidung in einem anderen geradezu erzwingen, und es ist wichtig zu erkennen, dass es für diesen Widerspruch keine einfache Lösung gibt. Nur wenn man diese konstitutiven Widersprüche in den Blick nimmt, kann man

widersprechende Erwartungen

verstehen, warum Abweichung manchmal unumgänglich und insofern nicht zwingend ein Missstand ist.

12.3.2 | Abweichung vom statistischen Durchschnitt

Die auf den ersten Blick trivialste und für den Bereich sozialen Handelns kaum ergiebige Definition von Abweichung ergibt sich aus dem mathematischen Verständnis, wonach als Abweichung gilt, was deutlich vom statistischen Durchschnitt, beispielsweise vom Mittelwert, differiert. Auf den zweiten Blick hat diese Definition jedoch durchaus Vorzüge und ermöglicht wichtige Einsichten. Sie unterscheidet nämlich nicht zwischen zwei scharf trennbaren Arten von Handlungen: angepassten und abweichenden. Vielmehr geht sie davon aus, dass sich Handlungen in einem Spektrum zwischen perfekt angepasst und völlig abweichend bewegen und dass es Definitionssache ist, bis zu welchem Grad man Schwankungen als üblich akzeptiert und ab wann man sie als abweichend verurteilt und sanktioniert. Die statistische Auffassung lehrt uns somit zweierlei.

perfekte
Konformität ist
unmöglich

Erstens, dass Konformität und Abweichung sich nicht nach eindeutigen Regeln ergeben, sondern fließende Größen darstellen. Und zweitens, dass es echte Konformität nicht gibt, sondern praktisch alle mehr oder minder stark vom ideal gedachten Durchschnitt abweichen. Der perfekte Durchschnitt, die völlige Konformität, findet sich in niemandem verkörpert, sondern ist bloß ein errechnetes Maß.

Interessant ist auch, dass die Schwankungsbreite zwischen angepasst und abweichend von Gesellschaft zu Gesellschaft unterschiedlich ausfallen kann. In einer mag die Schwankung gering sein, schon minimale Abweichungen fallen daher bereits negativ auf. In einer anderen kann die Streubreite von Handlungen viel größer sein, eine größere Vielfalt wird als üblich akzeptiert und erst extremere Fälle als echte Abweichungen angesehen.

Als Beispiel könnte man an den Umgang mit Sexualität denken. Eine Gesellschaft, die voreheliche und möglicherweise sogar eheliche sexuelle Beziehungen stark reguliert (sei es durch formale Gesetze oder durch moralische oder religiöse Regeln), reagiert bereits auf kleine Abweichungen sehr heftig. In einer Gesellschaft, die ein relativ breites Spektrum an sexuellen Handlungen und Orientierungen toleriert und als legitim betrachtet, beispielsweise voreheliche sexuelle Beziehungen oder Homosexualität, bedarf es für diese Reaktion extremerer Formen der Abweichung..

In der Bundesrepublik galt beispielsweise bis 1962 vorehelicher Geschlechtsverkehr als »Unzucht«, und ein Vermieter, der eine Wohnung an ein unverheiratetes Paar vermietete, konnte wegen »Kuppelei« belangt werden. Diese rechtlichen Regelungen wurden natürlich von einer entsprechend strengen Sexualmoral begleitet. Unter diesen Bedingungen gehörte nicht viel dazu, die Grenze zu abweichendem Verhalten zu überschreiten. Heute hingegen ist es selbstverständlich, beispielsweise während des Studiums eine »Beziehung« zu führen und eine gemeinsame Wohnung zu mieten, ohne einen Trauschein zu besitzen. Fast schon ist es hier eine Abweichung, mit Anfang zwanzig den ersten Freund oder die erste Freundin zu heiraten. Im Bereich sexueller Beziehungen ist die Spannbreite dessen, was als akzeptabel und üblich gilt, also viel breiter geworden, wobei sich auch hier natürlich Unterschiede nach sozialen Situationen und Milieus ergeben. Noch in der ersten Hälfte der 1980er Jahre gab es beispielsweise an einem kleinstädtischen Gymnasium eine Anordnung des Direktors, dass »zu intensives« Küssen auf den Wegen zwischen Bushaltestelle und Schule zu unterlassen sei und Zuwiderhandlungen geahndet würden. In einer Großstadt wäre das wohl kaum vorstellbar gewesen.

Kriminalität als erblicher Defekt oder psychische Krankheit?

12.3.3

Kriminalität oder andere Formen abweichenden Verhaltens als psychische Krankheit oder als ererbte Disposition, also als individuellen, medizinisch zu behandelnden Defekt aufzufassen, ist ganz sicher keine soziologische Deutung. Aber es gibt zwei Gründe, kurz auf solche Theorien hinzuweisen. Erstens, weil im Kontrast zu ihnen besonders gut deutlich wird, was eine soziologische Deutung ausmacht. Und zweitens, weil sich an den Konjunkturen, die solche Ansichten in der Vergangenheit erlebten, etwas über eine Gesellschaft lernen lässt, die solchen medizinischen Deutungen (aus Sicht der Soziologie ideologischen Fehldeutungen) anhängt und sie massenhaft praktisch umsetzt. Die Gefahr besteht darin, dass eine Zeit blind ist dafür, dass das, was sie für richtig und wünschenswert hält, keineswegs das Richtige und »Gesunde« für alle Zeiten ist.

Gefahr vorschneller Diagnosen

Eines der markantesten Beispiele für die Deutung unliebsamer Verhaltensweisen als individuelle Erkrankung oder als pathologischen Defekt des Individuums verbindet sich mit der Technik der Lobotomie. Dabei handelt es sich um eine in den 1930er Jahren entwickelte Operationstechnik, bei der Nervenstränge im Vorderhirn durchtrennt werden. Die von dem portugiesischen Neurologen Antonio Egas Moniz, der 1949 dafür den Nobelpreis für Medizin erhielt, für schwere psychische Erkrankungen entwickelte Technik führt zu einer Ruhigstellung und Apathie der Patienten, was als Erfolg gewertet wurde. Die Methode verbreitete sich weltweit, in den USA wurde sie besonders vom Psychiater Walter Freeman propagiert, aber auch in Europa wurde sie bis in die 1960er Jahre angewandt. Nach und nach nutzte man sie auch zur Behandlung von Soldaten mit Belastungsstörungen oder Traumata oder allgemein für »verhaltensauffällige«, »schwierige« oder »unliebsame« Personen. Einen Eindruck davon vermittelt Ken Keseys Roman »Einer flog über das Kuckucksnest« von 1962 und dessen Verfilmung von 1975. Die Folge der Lobotomie waren Persönlichkeitsverlust und Apathie; es entstanden willenlose Menschen ohne Persönlichkeit, was damals nicht als Problem angesehen wurde.

Im Rückblick ist es unfassbar, dass das Verfahren als medizinische Therapie auch auf Menschen ohne schwere Erkrankung angewandt wurde. Andererseits ist die Lobotomie nur ein besonders gravierendes Beispiel dafür, dass die Psychiatrie im gesamten 20. Jahrhundert genutzt wurde, um unliebsame Personen für »krank« zu erklären, wegzusperren und mit Elektroschocks oder Psychopharmaka um den Verstand zu bringen. In der ehemaligen DDR widerfuhr dies politischen Oppositionellen oder aufmüpfigen Jugendlichen. Aber auch in westlichen Gesellschaften finden sich Beispiele. Objektive Belege für eine medizinische Wirksamkeit gibt es rückblickend nicht.

Ein verglichen damit harmloses Beispiel für Pathologisierung von »schwierigen« Verhaltensweisen ist die aktuelle Konjunktur der diffusen Diagnose »Aufmerksamkeitsdefizit-/Hyperaktivitätsstörung« (ADHS) bei Schulkindern, auf die häufig mit einer Medikation der Kinder reagiert wird. Es ist nicht ausgeschlossen, dass sich rückblickend auch hier Fälle von missbräuchlichen Diagnosen und Anwendungen von Psychopharmaka zeigen werden. Die historischen Erfahrungen mit medizinischen »Irrtümern«, die sozial Unerwünschtes mit Krankem verwechselten, sollten zumindest vorsichtig machen.

12.3.4 | Die Macht über die Regeln: schichtspezifische Ansätze

Dass es einen Zusammenhang zwischen den Lebensbedingungen, der *sozialen Lage*, von Menschen und der Häufigkeit abweichenden Verhaltens gibt, ist eine scheinbar sozialwissenschaftliche These, die Eingang in das Alltagswissen gefunden hat: Soziale Deprivation führe vermehrt zu abweichendem Verhalten. Anders gesagt: Armut mache kriminell. In Wahrheit ist an dieser These mehr Falsches als Wahres. Dennoch hält sie sich hartnäckig, weil sie im Alltagsverständnis eine hohe Plausibilität hat und weil sogar immer wieder statistische Daten über den Zusammenhang beispielsweise zwischen problematischen sozialen Lagen und Gewalt diskutiert werden.

zu einfache Erklärungen

Viele Befunde und Argumente sprechen jedoch dafür, dass es den Zusammenhang gar nicht gibt, sondern dass es nur ein scheinbarer Zusammenhang ist. Dieser scheinbare Zusammenhang aber lässt sich wiederum mit sozialen Faktoren erklären.

Die Annahme, Armut oder prekäre soziale Lagen begünstigten abweichendes Verhalten, beruft sich auf sozialwissenschaftliche Modelle. Demnach gehen materieller Mangel und fehlende Chancen zur Teilhabe am üblichen sozialen Leben (*soziale Deprivation*) auch mit Mängeln in anderen Bereichen, beispielsweise in der Erziehung und der Moral, einher. Die Schlussfolgerung lautet, dass Kinder aus Familien in prekären Lagen unvollständig sozialisiert würden, was wiederum die Erklärung für verstärkt auftretendes abweichendes Verhalten sei.

Die These klingt plausibel, aber es gibt viele Befunde und Argumente, die gegen ihre Stichhaltigkeit sprechen. Gegen die These wird angeführt, dass verschiedene soziale Schichten nicht nur unterschiedliche schichttypische Verhaltensweisen entwickeln, sondern sie auch sehr unterschiedliche Chancen haben, ihre Verhaltenserwartungen als allgemeine Norm durchzusetzen. Konkret gesprochen: Aufgrund der größeren Normierungsmacht der bürgerlichen Mittelschichten wird das spezifische Veralten der Unterschichten eher als abweichend angesehen.

schichtspezifische Formen von Abweichung

Ein weiteres Gegenargument stützt sich darauf, dass es schichtspezifische Formen von Delinquenz gibt, die in einem unterschiedlichen Maß offengelegt und sanktioniert werden. So wird Ladendiebstahl klarer sanktioniert als beispielsweise Steuerhinterziehung oder das »schwarze« Beschäftigen einer Haushaltshilfe; Delikte, zu denen jemand in einer materiell prekären Situation gar nicht in der Lage wäre. Dass es schichtspezifische Formen von Delinquenz und Devianz gibt, bedeutet also nicht, dass es in verschiedenen Schichten unterschiedlich häufig zu Devianz kommt, wohl aber, dass diese möglicherweise unterschiedlich wahrgenommen und sanktioniert wird.

Analoges gilt auch, wenn Teilen der Bevölkerung ein höheres Maß an abweichendem Verhalten, beispielsweise höhere Kriminalitätsraten, unterstellt wird. Solche Annahmen können als Vorurteil wirken, also als eine selbsterfüllende Prophezeiung (vgl. 5.2.2). Denn die möglicherweise existierenden Daten, insbesondere die offizielle Polizeiliche Kriminalstatistik, erfassen ja nicht die Zahl der tatsächlichen, sondern nur der polizeilich erfassten, also die angezeigten Straftaten. Es leuchtet aber unmittelbar ein, dass, erstens, nicht jeder Diebstahl und nicht jede Schlägerei zur Anzeige kommt und dass, zweitens, nicht alle Taten mit der gleichen Wahrscheinlichkeit angezeigt werden. Bestehende Mutmaßungen über das abweichende Verhalten einer Gruppe legen es nahe, deren Handlungen eher als ernstzunehmende kriminelle Tat anzuzeigen, die gleiche Handlung, die von einer Person aus einer anderen sozialen Gruppe vollführt wird, aber anders zu bewerten und nicht anzuzeigen (vgl. dazu auch 12.3.8).

Abweichung wird erlernt: Kriminalitätskarrieren und differenzielle Assoziation | 12.3.5

Eine ganz andere Stoßrichtung verfolgen Erklärungen abweichenden Verhaltens, die sich mit Begriffen wie *Kriminalitätskarrieren* oder *differenzielle Assoziation* bezeichnen lassen. Sie richten sich ebenfalls gegen die Vorstellung, dass abweichendes Verhalten die Folge einer ungenügenden Sozialisation sei, aber sie argumentieren in eine andere Richtung. Im Kern besagt ihr Argument, dass auch Abweichung erlernt werden muss. Abweichung ist kein Zeichen für einen Mangel an Sozialisation, sondern *Resultat einer andern Sozialisation*.

Diese Annahme findet sich in verschiedener Gestalt. Beispielsweise in der Kritik des Strafvollzuges, wie sie in den 1960er und 1970er Jahren geübt wurde. Die Argumentation dabei lautete, Strafanstalten würden Straftäter nicht durch Strafe »bessern«, sondern sie würden sie zu Straftätern erziehen. So seien Gefängnisse der denkbar beste Ort für junge, erstmals straffällig gewordene Menschen, um eine profunde Ausbildung als Kriminelle zu erhalten: Haftstrafen als Einstieg in eine kriminelle Karriere.

Strafanstalten schulen Straftäter

Der Aufenthalt beispielsweise in einem Gefängnis kann als Sozialisationsprozess begriffen werden. Eine Haftstrafe ist nicht nur eine gute Gelegenheit, Kenntnisse über kriminelle Techniken zu vertiefen und Kontakte zu knüpfen, sondern sie ist ein Sozialisationsprozess in einem umfassenden Sinn: ein Ort des Lernens, der Identifikation, der Persönlichkeitsformung und der sozialen Beziehungen. Man spricht von *differenziellem Lernen* und *differenzieller Assoziation* (Sutherland/Cressey 1978). Gefängnisse sind *totale Institutionen*, sie umfassen das gesamte Individuum, die Institution wird für die Insassen zur Welt. Wer sich länger in ihnen aufhält, lernt, dort zu leben, erlernt Erwartungen, Rollen und Verhaltensstrategien, die sich durch die sozialen Beziehungsmuster an einem solchen Ort ausbilden. Es entsteht eine Parallelgesellschaft mit allen gesellschaftlichen Merkmalen. Differenzielles Lernen ist unabdingbar, um an einem solchen Ort akzeptiert zu werden und zu überleben, und wer sich erfolgreich einlebt, durchläuft möglicherweise eine Karriere nach den Maßstäben des jeweiligen Umfeldes.

Die Konsequenz aus diesem Argument sind die seit den 1970er Jahren in vielen westlichen Ländern einsetzenden Bemühungen um ein neues Verständnis von Strafvollzug als *Resozialisierung*. Wie erfolgreich die Strategien der Resozialisierung sind, die ohnehin in verschiedenen Gesellschaften sehr unterschiedliche Ausprägungen aufweisen und teilweise auch abgelehnt werden, ist wiederum ein Thema für empirische Forschung. Entscheidend ist dabei, dass die Theorie des differenziellen Lernens den Blick auf das Problem verändert. Strafvollzug kann, je nach Ausgestaltung, eher als Verstärkung und weniger als Lösung des Problems abweichenden Verhaltens wirken.

12.3.6 | Die Ordnung der Abweichung: Subkulturen und pluralistische Gesellschaften

Den Ansatz der differenziellen Assoziation und die Vorstellung, dass abweichendes Verhalten das Ergebnis von Lernprozessen ist, führt folgerichtig zu der Überlegung, dass es jenseits der Regeln und Erwartungen einer gesellschaftlichen Mehrheit Gruppen und Milieus gibt, die über stabile eigene Erwartungen, Regeln und Sanktionen verfügen, die sich von denen der Mehrheitsgesellschaft stark unterscheiden können. Ein plakatives Beispiel wäre die aus Gangster-Filmen vertraute Ganovenehre. Aber auch im Alltag neigen soziale Milieus oder ethnische Gruppen dazu, einen Angehörigen der eigenen Reihen beispielsweise im Fall einer Straftat zu decken und gegenüber der Polizei lieber keine Angaben zu machen. Ein aus offizieller Sicht abweichendes oder sogar strafbares Handeln, das aber aus der Innensicht der jeweiligen Gruppe Anerkennung sichert – oder zumindest vor den negativen Folgen bewahrt, als »Verräter« gebrandmarkt zu werden.

Binnen- und Außenmoral

Der Begriff der *Subkultur* zielt also darauf ab, dass eine Handlung, die aus Sicht der Mehrheitsgesellschaft als deviantes oder gar delinquentes Verhalten erscheint, aus Perspektive einer anderen Gruppe ein akzeptiertes oder sogar gefordertes Verhalten darstellen kann. Die moralischen Regeln oder Traditionen einer Gruppe stehen in Widerspruch zu den Erwartungen und Normen der umgebenden Gesellschaft, sodass die Handelnden vor der schwierigen Entscheidung stehen, welche Normen sie befolgen wollen. Die Konformität zur einen Seite bedeutet zugleich die Abweichung zur anderen. In abgeschwächter Form kennt derartige Konflikte praktische jede und jeder. Subkulturen können Abweichungen nach außen verbergen, oder sie können sie bewusst als Rituale einsetzen, um Opposition und Protest zu signalisieren (Hall/Jefferson 1976).

Man darf sich vom eingangs gewählten Beispiel der Ganovenehre aber auf keine falsche Fährte locken lassen; eine Subkultur muss keineswegs auf kriminellen Abweichungen beruhen, auch wenn Gesellschaften in unterschiedlichem Maß dazu neigen, Abweichungen zu kriminalisieren. Als Subkulturen lassen sich sehr verschiedene Formen von Vergesellschaftung bezeichnen. Auch alternative Lebensentwürfe, wie die Kommunen der 1970er Jahre oder die Aussteiger der Ökobewegung in den 1980er Jahren, bildeten Subkulturen, die sich selbst als *Vorreiter* oder *Vorbild* der Gesellschaft insgesamt begriffen (Schwendter 1981). Man wollte Lebensformen ausprobieren, die oftmals tatsächlich als Modell für einen späteren sozialen Wandel dienten, der die umgebende Gesellschaft erfasste. Das Prinzip der Subkultur gilt also keineswegs in erster Linie für

Subkulturen als Avantgarde

sogenannte Minderheiten oder mutmaßliche Randgruppen, denen im nächsten Atemzug dann oft noch der Vorwurf gemacht wird, sich nicht hinreichend in eine vermeintliche Mehrheit zu integrieren. Subkulturen sind auch nicht notwendig Überbleibsel traditionaler Lebensweisen, sondern sie sind viel eher das Ergebnis der sozialen Differenzierung und des Wertewandels moderner Gesellschaften.

In modernen Gesellschaften leben Menschen nicht mehr in überkommenen und überschaubaren Gemeinschaften, in die sie von Geburt an eingebunden sind. Neben strukturellem Differenzierungen durch soziale Ungleichheit und Unterschiede in Beruf und Lebensführung treten symbolische Elemente der Lebensgestaltung und Selbstverwirklichung immer mehr in den Vordergrund. Anschaulich wird dies besonders in den großen Städten: Man lebt unter Tausenden von Menschen, aber für das eigene Handeln ist zumeist nur eine überschaubare Gruppe wirklich relevant. Manche leben in Gruppen, die durch ihre Herkunft bestimmt sind (auch diese Möglichkeit gehört zur Vielfalt der Lebensstile); doch die meisten definieren sich über frei gewählte Merkmale, über Interessen oder Tätigkeiten, und suchen sich unter der Masse von Menschen entsprechend Gleichgesinnte als Bezugspersonen. Daraus entstehen Milieus, Lebensstile, Szenen und Subkulturen in großer Vielfalt und wechselnder Gestalt. Menschen gründen ihr Selbstbild auf ihren frei gewählten Lebensstil und orientieren sich dabei nicht an beliebigen anderen aus der Masse an Menschen, sondern an Gleichgesinnten oder jedenfalls an ausgewählten anderen Menschen, die für sie relevant sind. Der Meinung anderer aus der großen Masse stehen sie eher gleichgültig gegenüber. Manchmal nehmen sie auch die Abgrenzung von der sie umgebenden Gesellschaft oder von anderen Milieus oder Gruppen in Kauf oder streben sie sogar bewusst an, weil das zum eigenen Selbstwertgefühl beiträgt.

Als typisch modernes Phänomen lassen sich Subkulturen mit einer experimentellen Lebensweise verstehen, wenn sich damit der Anspruch verbindet, Vorreiter für einen Wandel von Gesellschaft insgesamt zu sein. In der Idee einer *Avantgarde* verbindet sich Protest mit der Vorstellung, ein Modell für die Gestaltung der Zukunft zu entwickeln.

Während der Begriff der Subkultur im engeren Sinne ursprünglich auf Gruppen mit einer Lebensweise abzielt, die sich in praktische allen Aspekten von einer umgebenden Gesellschaft unterscheidet und das auch zum Programm erklärt, hat sich der Begriff nach und nach verwässert. Inzwischen ist nicht eindeutig zu unterscheiden, was man als Subkultur oder eher als *Szene* bezeichnen sollte, deren gemeinsamer Lebensstil sich auf bestimmte symbolische oder kulturelle Elemente wie den Musikgeschmack oder die Kleidung beschränkt. Bei den konsequentesten Anhängern einer Szene wiederum kann dieser Lebensstil nahezu alle Aspekte des Alltags dominieren.

Gerade im Konflikt mit der umgebenden Gesellschaft kultivieren Subkulturen oder Szenen typischerweise einen *Stil*, um ihre Besonderheit zu inszenieren und Zugehörigkeit auszudrücken. Dazu können eine eigene Sprache oder Sprechweise mit speziellen Ausdrücken, besondere Kleidungs- oder Schmuckstücke oder Rituale im Umgang miteinander gehören. Eine etablierte Subkultur

Milieus und
Bezugsgruppen

Szenen

Inszenierung
von Anderssein

entwickelt typischerweise auch eigene Vorstellungen von *Ehre* und unterscheidet zwischen Verpflichtungen nach innen und nach außen.

Wesentlich in Zusammenhang mit dem Thema Konformität und Abweichung ist, dass für das eigene Handeln nicht mehr die Erwartungen und Reaktionen beliebiger oder schlechthin allgemeiner Anderer relevant sind, sondern die Anerkennung oder Missbilligung, die von relevanten Bezugspersonen ausgeht. Damit sind nicht bloß enge Familienangehörige oder Bekannte gemeint, sondern zunehmend die Mitglieder einer frei gewählten Bezugsgruppe aus Gleichgesinnten, aus Menschen, deren Urteil und deren Reaktionen man selbst für relevant hält. Nicht die Reaktion eines Nachbarn oder beliebigen Passanten oder einer Verkäuferin im Supermarkt, sondern der Angehörigen der eigenen Subkultur entscheidet darüber, ob wir das Gefühl haben, uns »richtig« oder abweichend zu verhalten.

kein Zentrum
der Normalität

Die soziale Differenzierung geht in komplexen Gesellschaften typischerweise so weit, dass kaum mehr zu entscheiden ist, an welchem Ort oder durch welche Personen so etwas wie allgemeingültige Urteile über Konformität oder Abweichung zum Ausdruck gebracht werden könnten. Die Vorstellung, dass es ein Zentrum, eine allgemeine Normalität und Richtigkeit oder eine »Mehrheitsgesellschaft« gibt, ist als solche irreführend.

Diese Entwicklung stellt weder ein Problem dar, noch wäre es richtig, sie als Verlust zu beschreiben. Die überkommene Auffassung, dass Gesellschaft mit Einheit, Gemeinsamkeit oder Harmonie zu tun habe, ist sowohl im Alltag als auch im soziologischen Denken verbreitet. Aber es ist dennoch eine irrige Vorstellung, die sogar zum Problem werden kann, wenn sie sich in Vormachtsansprüchen einer Gruppe oder Subkultur gegenüber anderen Gruppen ausdrückt. Es gibt keinen Grund, in der Vielfalt von Lebensweisen und Teilkulturen ein größeres gesellschaftliches Problem zu sehen als in der homogenen Einheit. Ein Problem im Zusammenleben ergibt sich offenkundig immer erst dann, wenn eine Gruppe Dominanz- oder Reinheitsansprüche erhebt und eine Gesellschaft den eigenen Vorstellungen unterwerfen will. Wird eine solche Reinheit und Dominanz tatsächlich realisiert, ist die Gefahr groß, dass eben gerade keine besonders intakte, sondern eine totalitäre Gesellschaftsordnung entsteht, deren Funktionsweise einzig darauf beruht, dass sie keine Abweichung duldet.

Irrtum des
Harmonie-
denkens

Besonders gut lassen sich die Mechanismen der Subkulturbildung an den zahlreichen Jugendkulturen beobachten (Farin 2001, 2006; Hitzler/Bucher/Niederbacher 2005; Göttlich et al. 2007). Die Entstehung einer eigenen Lebensphase »Jugend« zwischen der Kindheit und dem Erwachsenenleben und deren wachsende Ausdehnung hat zum Entstehen von Jugendkulturen in verschiedener Form geführt. Meist kristallisiert sich um einen bestimmten Musikstil eine Subkultur mit einem starken Gruppenbewusstsein heraus, wobei sich die Identität als besondere Gruppe ebenso auf den Wunsch, »anders« zu sein und die Abgrenzung nach außen stützen kann wie auf konkrete inhaltliche Gemeinsamkeiten. Gerade bei Jugendkulturen spielt die demonstrative Abgrenzung nach außen durch Kleidung, Frisur oder Körperschmuck eine wichtige Rolle; dazu gehören auch gruppen- oder subkulturspezifische Handlungsmuster und Werte, die den allgemein üblichen Erwartungen und Normen (zumindest an der Oberfläche) bewusst zuwiderlaufen. Es ist durchaus typisch, dass das Prestige in der eigenen Subkultur in dem Maß steigt, in dem man demonstrativ von den Regeln der umgebenden Gesellschaft abweicht. Ein Schüler, der im Unterricht »normale«

Jeans und T-Shirts trägt und sich nur für Konzert- und Club-Besuche am Wochenende im Punk- oder Gothic-Outfit kleidet, wird in der jeweiligen Szene nicht das gleiche Ansehen erreichen wie ein anderer, der seine Zugehörigkeit auch im Alltag wie eine Art Bekenntnis durch Kleidung, Frisur und andere Merkmale zur Schau trägt und damit demonstriert, dass ihm die Anerkennung der eigenen Subkultur über die verwunderten oder gelegentlich auch abschätzigen Blicke geht, die er im Alltag auf sich zieht. Den plakativen Charakter dieser Beispiele mag man bitte entschuldigen, der beschriebene Mechanismus lässt sich jedenfalls verallgemeinern.

Im Prinzip beruhen viele Gruppenbildungen darauf, dass die Mitglieder eine besondere Solidarität ausbilden und nach internen Regeln Leistungen füreinander erbringen, die von Außenstehenden nicht zu erwarten wären. Solche Subkulturbildungen können verstärkt werden durch interne Erkennungszeichen, wobei die Trachtenjacke und die Anstecknadel eines Jägervereins, der Schmiss im Gesicht eines Burschenschafters und die Piercings und der Irokesen-Haarschnitt eines Punks strukturell die gleiche Funktion erfüllen. Typisch für den Mechanismus der Subkultur ist auch die Vorstellung der »Ehre«, die man sich selbst als Angehöriger einer besonderen Gruppe zuschreibt (auch wenn manche Subkulturen sich vehement gegen diesen Begriff wehren würden). Damit sind Kriterien und Eigenschaften gemeint, die eine besondere Zugehörigkeit nach innen und damit automatisch einen Anspruch auf Exklusivität und eine Abgrenzung nach außen erheben.

Ehre und Requisiten

Wenn man von Subkulturen spricht, schwingt die Annahme mit, es müsse auch eine Mehrheitskultur geben. Doch die Unterscheidung von Mehrheitsgesellschaft und Subkulturen bringt die Verhältnisse in modernen Gesellschaften nur noch unzureichend zum Ausdruck. Es ist typisch für moderne Gesellschaften, dass zwar zahlreiche Subkulturen zu identifizieren sind, dass jedoch die Konturen der »normalen« Mehrheitsgesellschaft immer undeutlicher werden. Typisch sind eher eine große Vielzahl und Vielfalt subkultureller Formationen und die oft mehrfachen und zum Teil auch widersprüchlichen Zugehörigkeiten, die sehr viele Menschen aushalten müssen. Der Rede von der Mehrheitsgesellschaft oder der Leitkultur haftet daher einerseits etwas Verzerrendes und andererseits eine taktische Absicht an: die eigenen Vorstellungen als Mehrheitsmeinung zu deklarieren. Realistischer ist wohl anzuerkennen, dass es einen ständigen Konflikt um Werte, Erwartungen und Regeln gibt, einen Kampf vieler Teile um ein nicht besetztes Zentrum.

Minderheiten ohne Mehrheit

Ordnung in der Unordnung? Ordnungsverluste und Anomie

12.3.7

Eine differenzierte Sicht auf Konformität und Abweichung stammt von Robert K. Merton. Merton unterscheidet zwei Ebenen von Konformität oder Abweichung: die Ebene der als erstrebenswert geltenden *Ziele*, die sich aus den Werten einen Gesellschaft ableiten, und die Ebene der legitimen *Mittel*, die den Normen einer Gesellschaft für anständiges Handeln entsprechen (Merton 1968 [1949]. Interessant sind die Fälle, in denen eine Konformität mit den Zielen

Ziele und Mittel

einer Gesellschaft nicht mit einer Konformität gegenüber den legitimen Mitteln einhergeht (vgl. ausführlich 7.3.3).

Wie immer hat Merton konkrete historische Beispiele vor Augen. So sah sich die jeweils letzte der nacheinander in den Vereinigten Staaten eintreffenden Einwanderergruppen mit dem Problem konfrontiert, dass die lukrativen Einkommensquellen bereits von anderen Gruppen besetzt waren. Wenn eine Einwanderergruppe in dieser Situation auf illegale Praktiken, beispielsweise schwarzgebrannten Alkohol, Schmuggel oder illegales Glücksspiel, zurückgriff, um zu Wohlstand zu kommen, dann interpretiert Merton das nicht einfach als abweichendes Verhalten. Bei genauem Hinsehen teilen diejenigen, die illegale Schwarzmarktgeschäfte betreiben, nämlich die *Ziele* der offiziellen Geschäftsleute. Beide streben nach dem in der amerikanischen Verfassung verheißenen Glück, und beide definieren dies als materiellen Wohlstand. Der neu hinzugekommenen Gruppe fehlt allerdings der Zugang zu legalen *Mitteln*, um diesen Wohlstand zu erreichen. Obwohl es also um kriminelle Praktiken geht, kann man nicht einfach sagen, dass es sich um abweichendes Verhalten handelt.

Ein anderes Beispiel wären riskante oder sogar strafbare Transaktionen von Börsenhändlern. Mit Mertons Unterscheidung würde man dies nicht einfach als kriminelles Verhalten bezeichnen, sondern als ein in Teilen konformes Verhalten, denn ein möglichst hoher Gewinn gilt in diesen Kreisen als vorherrschendes Ziel.

Merton argumentiert, dass kriminelles Handeln nicht unbedingt aus einer Abweichung von geltenden Werten resultieren muss. Vielmehr kann auch eine zu starke Konformität mit dominanten Zielen – in diesem Fall das Gewinnstreben – zu kriminellem Handeln auf der Ebene der verwendeten Mittel führen.

(Randnotiz links: Abweichung im Dienst von Konformität)

12.3.8 | Nicht jeder Diebstahl ist ein Diebstahl: Etikettierung und Stigmatisierung

Als letzte Perspektive auf abweichendes Verhalten soll ein Ansatz vorgestellt werden, der viele der vorangegangenen Argumente aufnimmt und der prototypisch die soziologische Sicht auf soziale Wirklichkeit zum Ausdruck bringt. Der von Howard S. Becker entwickelte *Etikettierungsansatz (labeling approach)* bestreitet, zugespitzt formuliert, dass es so etwas wie abweichendes Verhalten überhaupt gibt. Genauer gesagt: »Abweichung« ist kein Merkmal, das einem bestimmten Verhalten anhaftet so wie eine Farbe oder ein Gewicht. Abweichung ist vielmehr ein Etikett, das einem Verhalten aufgeklebt wird, und ob dies geschieht oder nicht, dafür ist nicht das Verhalten als solches entscheidend, sondern der soziale Kontext und konkret die Reaktion anderer Akteure.

(Randnotiz links: Abweichung ist Deutungssache)

Wenn wir zum Gegenstand unserer Aufmerksamkeit Verhalten nehmen, das als abweichend bezeichnet wird, müssen wir erkennen, dass wir erst dann wissen können, ob eine Handlung als abweichend einzuordnen ist, wenn die Reaktion anderer darauf erfolgt ist. Abweichendes Verhalten ist keine Qualität, die im Verhalten selbst liegt, sondern in der Interaktion zwischen einem Menschen, der eine Handlung begeht, und Menschen, die darauf reagieren. (Becker 1981 : 13)

Wenn ein Jugendlicher in einem Supermarkt eine Flasche Schnaps stiehlt, ist damit noch keineswegs ausgemacht, ob es sich dabei tatsächlich um einen Diebstahl handelt. Wenn der Jugendliche aus einfachen oder schwierigen Verhältnissen stammt, möglicherweise einen Bruder hat, der bereits einmal bei einer Schlägerei aufgefallen ist und selbst die Hauptschule besucht, ist es gut möglich, dass der Inhaber des Supermarkts, die Polizei und die Lehrer des Jungen diesen Diebstahl als Beginn einer kriminellen Karriere ansehen und als etwas, das »zu erwarten« war. Folglich ist es wahrscheinlich, dass der Junge mit ernsten Konsequenzen rechnen muss. Eine Bewährungsstrafe und Sanktionen an der Schule sollen vielleicht als erzieherische Maßnahme wirken und ein Exempel statuieren. In Wirklichkeit führt dies aber dazu, den Jungen öffentlich als Delinquenten zu kennzeichnen und ihm das Stigma eines Kriminellen anzuheften.

wenn zwei das Gleiche tun ...

Handelt es sich bei dem Jungen hingegen um den Sohn des Direktors des örtlichen Gymnasiums, dann werden die Reaktionen möglicherweise anders ausfallen. Ein Kind aus solchen Kreisen habe so etwas doch nicht nötig, wird es heißen, es könne sich doch nur um jugendlichen Übermut oder eine Mutprobe handeln. Und dementsprechend anders sehen die Sanktionen aus. Ein Telefonat zwischen den Eltern und dem Leiter des Supermarktes führt dazu, dass die Anzeige zurückgezogen und überhaupt nicht viel Aufhebens um die Sache gemacht wird, um den Eltern, aber auch dem »an sich ordentlichen« Jungen unnötige Peinlichkeiten zu ersparen.

Ob und in welcher Schwere ein Verhalten abweichend ist, hängt demnach nicht davon ab, ob es objektiv gegen Regeln verstößt, sondern davon, wie dieses Verhalten von anderen Akteuren bewertet wird. Und diese Bewertung hängt nicht bloß von rein persönlichen Vorlieben oder Einschätzungen ab, sondern von sozialen Faktoren, beispielsweise von der Zugehörigkeit zu einer Schicht oder Gruppe, von der sozialen Situation, von Stereotypen und Vorurteilen, von Rollen und den Relationen der Machtpositionen der Beteiligten.

Eine besondere Brisanz gewinnt der Mechanismus der Etikettierung dadurch, dass er nicht nur über die aktuelle Bewertung einer Handlung oder Situation entscheidet, sondern mit dieser Entscheidung auch der Person des Handelnden und seinen zukünftigen Handlungen ein Etikett aufklebt. In unserem Beispiel ist es für den Jungen aus problematischen Verhältnissen, der als Ladendieb gefasst, bloßgestellt und bestraft wird, mit dieser Strafe nicht getan. Künftig wird, wenn beispielsweise in der Klasse etwas abhanden kommt, der erste Verdacht auf ihn fallen. Über die unmittelbaren Konsequenzen seiner Tat hinaus haftet nun an ihm das *Stigma* eines Diebes. Und unter diesem Vorzeichen wird auch sein künftiges Tun beobachtet.

Stigmatisierung

Der Prozess der *Stigmatisierung*, der sich aus der ursprünglichen Etikettierung ergibt, transformiert eine *primäre Devianz*, also eine konkrete Handlung, wie in

primäre und
sekundäre
Devianz

unserem Beispiel einen Ladendiebstahl, in eine *sekundäre Devianz*. Mit diesem von Edwin M. Lemert (1967) entwickelten Begriff ist gemeint, dass die gesamte Person desjenigen, der beispielsweise etwas gestohlen hat, transformiert wird in die eines Straftäters. Seine Tat findet sich nicht nur in den Unterlagen, beispielsweise in einem Führungszeugnis, sondern im Gedächtnis seiner Mitschüler, die ihn nun vielleicht auch in anderen Situationen nicht mehr für ehrlich oder zuverlässig halten. Sekundäre Devianz bedeutet, dass die Handlungen, die der Junge von nun an begeht, nicht mehr die gleichen sind wie vorher, sondern unter dem Argwohn seiner Mitmenschen stehen. Genau das ist es, wovor der Schuldirektor in unserem Beispiel seinen Sohn zu bewahren versucht.

Natürlich findet diese Transformation nicht zwangsläufig statt, und wenn sie stattfindet, können ihre Auswirkungen unterschiedlich schwerwiegend sein. Wenn der erwischte Junge nach der Schule beispielsweise in seinem Ort keine Lehrstelle findet und man ihn schief ansieht, kann er später in eine Stadt ziehen und sich bemühen, dort »ein neues Leben« zu beginnen. Er kann versuchen, seine Vergangenheit zu verbergen, was umso schwieriger ist, je schwerwiegender sein Vergehen und die Strafe dafür ist. Aber auch wenn es ihm gelingt, bleibt er doch potenziell *stigmatisierbar* (vgl. 10.4.3). Es reicht, dass er einem Bekannten aus seiner Vergangenheit begegnet, der das Stigma wieder aufleben lassen könnte. Es wäre dann immer noch eine indirekte Folge des Stigmas, dass er versucht, solche Situationen zu vermeiden, die ihn mit seiner Vergangenheit konfrontieren könnten.

Die Theorie der Etikettierung ist eine anschauliche Umsetzung des früher erörterten Theorems der *Definition der Situation* (vgl. 5.2.1). Etikettierung schafft eine Wirklichkeit, weil der Glaube an das Etikett reale Konsequenzen hat.

12.3.9 | Konformität ist kein erstrebenswertes Ziel

Wir haben die Frage nach dem Verhältnis von konformem und abweichendem Verhalten von vielen Seiten betrachtet. Und dabei hat sich gezeigt, dass abweichendes Verhalten kein Anzeichen für problematische oder krisenhafte soziale Verhältnisse sein muss, sondern dass Abweichung ein »normaler« Teil jeder Gesellschaft ist – und umgekehrt eine Gesellschaft ohne Abweichung keine erstrebenswerte Utopie darstellt. Dennoch ist, egal ob man von Abweichung, Devianz, Delinquenz oder Kriminalität spricht, schon in der Terminologie immer ein pejorativer, ein abwertend-problematischer Unterton angelegt. Die Normalität, von der abgewichen wird, scheint in Harmonie, Ordnung und Konformität zu bestehen.

Normalität der
Abweichung

Dass diese Auffassung zu kurz greift, haben wir bereits daran gesehen, dass in einer größeren und komplexen Gesellschaft praktisch immer verschiedene Ordnungen, Regeln und Erwartungen miteinander in Streit liegen. Dieser Gedanke lässt sich in zwei Argumenten zusammenfassen.

Zum einen beruht Gesellschaft nicht auf Konformität oder Harmonie, auch wenn das im alltäglichen Verständnis so erscheinen mag. Mindestens ebenso stark wie auf Konsens und Kooperation basiert Vergesellschaftung auf Streit, Konflikt und Konkurrenz. Streit vergesellschaftet die konkurrierenden oder kämpfenden Parteien oft stärker miteinander als eine bloße Gleichförmigkeit oder ein harmonischer Gleichklang. Um dies zu sehen, muss man allerdings die Vorstellung aufgeben, Vergesellschaftung erfordere Harmonie und Einheit sowie Sozialität, das für den Menschen unabdingbare Zusammenleben, sei gleichbedeutend mit Konformität und Kooperation (vgl. 7.2).

Konflikt vergesellschaftet

Zum anderen ist Konformität kein erstrebenswerter Zustand. Was hingegen unabdingbar ist, ist der Schutz des Einzelnen. Jedem Individuum muss gewährleistet sein, über sein Leben selbst bestimmen zu können. Die dafür nötige Sicherheit erfordert aber keine Konformität. Dieser Unterschied ist entscheidend. Konformität würde letztlich auf Uniformität, Erstarrung und Unfreiheit hinauslaufen. Sicherheit hingegen bedeutet die Gewährleistung des Freiheit jedes Einzelnen.

Konformität als Gefahr

Die andere Ordnung: Protest und soziale Bewegungen | 12.4

Vergangenheit ist keine Abfolge von Ereignissen, Herrscherfiguren oder Staaten, sondern Geschichte lässt sich auf sehr verschiedene Weise schreiben, je nachdem, wessen Perspektive man einnimmt. Neben der etablierten Ordnung von Herrschern, Kirchen oder Staaten gab es stets unabhängige oder gegenläufige Lebensweisen und Überzeugungen. Nicht jedes Nicht-Mitmachen nahm dabei die Form eines Protests oder eines offenen Konflikts an. Aber Protest und Konflikt spielen eine zentrale Rolle. Rückblickend wird deutlich, dass die Geschichte einer Gesellschaft stets ebenso sehr aus den Entscheidungen der Machthaber wie aus den großen und kleinen Rebellionen der Bevölkerung oder von Bevölkerungsteilen besteht. Viele davon bleiben ohne Folgen und schaffen es kaum in die Geschichtsbücher. Einige erregen Aufsehen – und bewirken dennoch wenig. Und wieder andere verändern alles.

Herrschaft und Widerstand in der Geschichte

Die Geschichte des 20. Jahrhunderts aus der Sicht von Staaten und Herrschaftsordnungen hätte es mit den großen Ereignissen zu tun: den beiden Weltkriegen und den unzähligen kriegerischen Auseinandersetzungen, den Völkermorden, der Entkolonialisierung, dem Kalten Krieg, den Staatsgründungen und den Regierungswechseln oder dem Vordringen der kapitalistischen Marktwirtschaft in der Globalisierung. Aus Sicht des sozialen Wandels von unten und der Protestbewegungen würden andere Zäsuren gesetzt und andere Ereignisse hervorgehoben: die Aufhebung der Leibeigenschaft, die Einführung des Wahlrechts, die Revolutionen von 1918/19, die vielen Schritte der Emanzipation von Frauen, die Etablierung von Arbeitnehmerrechten, die sexuelle Befreiung, die allgemeine Liberalisierung als Folge der 68er-Studentenbewegung, die Sensibilisierung für die Grenzen des ökonomischen Wachstums und gegen Umweltzerstörung durch die Ökologiebewegung seit den 1980er Jahren, das Ende der tota-

erkämpfte Freiheiten

litären politischen Systeme Osteuropas durch die Bürgerbewegungen von 1989, aktuell der Widerstand gegen autoritäre Regime in Tunesien und Ägypten 2011.

12.4.1 | Historische Perspektive: Aufstand, Revolte, Revolution

Auch wenn die meisten der genannten Beispiele aus der jüngeren Vergangenheit stammen, ist sozialer Protest natürlich kein rein modernes Phänomen: *Aufstände* und *Revolten* ziehen sich durch die gesamte Geschichte: Bauernunruhen, Hungeraufstände oder religiöse Bewegungen. Sie gingen aus verschiedensten Motiven hervor und nahmen unterschiedliche Formen an. Doch es gibt auch wichtige Unterschiede zwischen modernen und vormodernen Protestformen, und es ist möglich, allgemeine Typen zu unterscheiden.

Wandel von Protestformen

Im überwiegenden Teil der Geschichte, in vormodernen Gesellschaften, waren Revolten und Aufstände Ausdruck akuter Unzufriedenheit mit einem bestehenden Herrscher oder Aufbegehren gegen unmittelbare Not und Unterdrückung. Typischerweise war ihr Ziel dabei, soweit es überhaupt eine ausdrückliche Programmatik gab, die sich rückblickend rekonstruieren lässt, die *Wiederherstellung* einer guten Ordnung. Der Protest richtete sich gegen Auswüchse und Missstände, zielte aber nicht auf einen Umsturz der bestehenden Ordnung. Die »gute« Ordnung wurde als die ursprüngliche, natürliche oder göttliche Ordnung begriffen, die nach der typischen Überzeugung durch das Versagen, die Grausamkeit oder den Egoismus eines aktuellen Herrschers entstellt worden war.

Orientierung an imaginärer Vergangenheit

Bauernaufstände richteten sich beispielsweise gegen zu hohe Abgaben an die Grundherren oder gegen übertriebene und ungerechte Frondienste, aber sie zielten nicht auf die Abschaffung der Grundherrschaft als solche. Revolten gegen einen Fürsten oder lokalen Grundherren wollten einen als ungerecht empfundenen Herrscher durch einen besseren ersetzen; sie wollten nicht das Prinzip der adeligen Herrschaft als solches ändern. Typisch sind zum Beispiel Fälle, in denen Eingaben gegen lokale Grundherren an den Fürsten oder gegen fürstliche Willkür an den König gerichtet wurden, ein Muster, das sich beispielsweise im russischen Zarenreich regelmäßig findet. Proteste der bäuerlichen Bevölkerung richteten sich insbesondere gegen die Ausdehnung feudaler Ansprüche und die Abschaffung von Gewohnheitsrechten, wie sie sich im Spätmittelalter und der Frühen Neuzeit vollzogen.

moderne Revolutionen

Alle diese Protestformen beriefen sich auf Tradition und Vergangenheit; ihnen fehlte die Vorstellung, eine völlig neue Ordnung errichten zu können oder zu wollen. Das unterscheidet sie von *Revolutionen* im engeren Sinn, die ein Kennzeichen der Moderne sind. Die zentrale Bedeutung der Amerikanischen und später der Französischen Revolution besteht darin, dass sie den Anspruch erhoben, mit der Vergangenheit zu brechen und etwas Neues zu errichten. Insofern kann man sagen, die Moderne habe überhaupt mit diesen Revolutionen begonnen. Ihr Ziel war nicht die Behebung einzelner Missstände, sondern eine vollständige gesellschaftliche Umwälzung: die Beseitigung der monarchischen und feudalen Herrschaftsform, die Befreiung der Menschen, die Etablierung von Gleichheit anstelle feudaler Hörigkeit. Das ist eine ganz andere Qualität als alle Aufstände und Umstürze in der Geschichte davor. Erstmals ging es darum, eine neue und erst noch zu gestaltenden gesellschaftliche Ordnung zu schaffen. Das Ziel lag erstmals nicht mehr in der Vergangenheit (Wiederherstellung einer überkommenen gerechten Ordnung), sondern in der Zukunft, die nun als prinzipiell offen und frei gestaltbar gedacht wurde.

Orientierung an Zukunft

Diese knappe Skizze vereinfacht natürlich die Verhältnisse und übergeht viele Details. Aber im entscheidenden Punkt, dem Unterschied zwischen *vormodernen Aufständen* und *modernen Revolutionen*, ist sie zutreffend. Die Ziele aller weiterer Revolutionen in den vergangenen zweihundert Jahren waren höchst unterschiedlich, gemeinsam ist ihnen aber die Idee, eine bestehende ökonomische und politische Ordnung umstürzen und durch eine neuartige ersetzen zu wollen. Die Voraussetzung für ein solches Tun ist das Bewusstsein, dass sich Geschichte bewegt und dass Menschen durch ihr Handeln diese Geschichte gestalten können. Das ist nichts anderes als die Idee des *Fortschritts*. Eben dieses Bewusstsein brachte sowohl die Revolutionen als auch die Moderne als solche hervor. Die grundsätzliche Schwelle, welche die Epoche der Moderne von aller vorangegangenen Geschichte trennt, wurde bereits in Kapitel 6 in den Abschnitten über die Entdeckung der Gesellschaft und der Geschichte diskutiert. Und im Begriff der Revolution kommt genau diese Entdeckung der Geschichte zum Ausdruck, und zwar handgreiflich, denn Revolutionen setzen Geschichte auch faktisch in Bewegung, sie wollen etwas radikal Neues, das mit der Vergangenheit bricht und den Weg in eine neue Zukunft öffnet.

Neues schaffen

Klassenkonflikte | 12.4.2

Revolutionen sind die radikale Ausdrucksform von Protest in der Moderne. Einer Revolution liegen im Allgemeinen Konflikte und Gegensätze in der Sozialstruktur einer Gesellschaft zugrunde: das Aufbegehren der bürgerlichen Schichten gegen die Herrschaft des Adels zu Beginn der Französischen Revolution und der städtischen Unterschichten gegen die etablierten bürgerlichen Schichten in deren weiterem Verlauf. Die marxistische Theorie und die Politik der kommunistischen Parteien erträumte gegen Ende des 19. Jahrhunderts eine Revolution der Arbeiterklasse, des Proletariats, gegen die Kapitalbesitzer. Stets ging es um Konflikte und Kämpfe entlang von sozialstrukturell markierten Linien: feudale Grundbesitzer gegen städtisches Bürgertum, Arbeiterschaft gegen Unternehmer. Die Ursachen für Konflikte waren also strukturelle Gegebenheiten von Gesellschaften, und auf welcher Seite jemand stand, entschied sich durch seine sozialstrukturelle Lage. Zugespitzt: Konflikte ließen sich als *Klassenkonflikte* begreifen.

materialistische Konfliktlinien

Die weitere Entwicklung in den westlichen Industriegesellschaften hat diese Konfliktlinie jedoch geändert. Seit Ende des 19. Jahrhundert besserten sich die Lebensverhältnisse der Arbeiterschaft, breite Schichten profitierten vom technischen Fortschritt und Wirtschaftswachstum. Dieser Trend setzte sich nach Krisen und Rückschlägen nach 1945 fort. Der Konflikt zwischen den Klassen oder Schichten, beispielsweise zwischen Arbeiterschaft auf der einen und den Besitzern von Kapital und Produktionsmitteln auf der anderen Seite, ist auf eine Weise kanalisiert worden, dass stabile Verhältnisse entstanden sind. Als »Tarifpartner« streiten sich Arbeitgeber und Arbeitnehmer heute zwar um Tarifverträge, aber sie sind sich einig in ihrem Interesse an wirtschaftlichem Wachstum.

Institutionalisierte Konflikte — Eine andere typische Form der dauerhaften Institutionalisierung von sozialstrukturellen Konflikten ist die Ausbildung eines Mehrparteiensystems, in dem jede Klasse von einer Partei vertreten wird. Auch andere gesellschaftliche Großverbände, allen voran die Gewerkschaften, bildeten sich entlang der großen, durch Besitz, Arbeit und Einkommen gebildeten sozialstrukturellen Trennungslinien moderner Industriegesellschaften. Gemeinsam ist aber den klassischen Revolutionen, den Arbeitnehmer- und Arbeitgeberverbänden und dem überkommenen Mehrparteiensystemen (Arbeiterparteien, bürgerliche Parteien, wirtschaftsliberale Parteien), dass sie auf Konfliktlinien entlang sozialstruktureller Gegebenheiten beruhen. Auch wenn sich die Gesellschaften im Zuge der Industrialisierung von Klassengesellschaften zu Mittelschichtgesellschaften wandelten (vgl. Kapitel 8), blieb der Strukturgeber des Konfliktes die materielle Basis.

12.4.3 | Soziale Bewegungen

Im Unterschied zu diesen sozialstrukturellen Konfliktlinien, die sich im gleichen Moment etabliert haben, in dem sich kapitalistische Industriegesellschaften überhaupt entwickelten und die Sphäre der Produktion zur dominanten gesellschaftlichen Arena wurde, sind mit dem gewachsenen Wohlstand in der zweiten Hälfte des 20. Jahrhunderts Formen sozialen Protests entstanden, die sich nicht mehr an den ökonomischen Gegensätzen entzünden und die sich nicht mehr entlang sozialstrukturell gegebener Konfliktlinien erklären lassen.

Die ersten dieser sozialen Bewegungen waren wohl die Studenten- und die Hippie-Bewegung. Besonders an der Hippie-Bewegung, die in den 1960er Jahren in den USA entstand, wird der Unterschied zu den klassischen gesellschaftlichen Konfliktlinien deutlich. Es ging nicht mehr darum, welche Gruppe oder Klasse einen wie großen Anteil vom gesellschaftlichen Reichtum abbekommt, **postmaterialistischer Protest** sondern die materialistische Orientierung der Industriegesellschaften wurde insgesamt kritisiert und abgelehnt. Es waren gerade die gebildeten Kinder aus wohlhabenden bürgerlichen Familien, die diese Bewegung bildeten, nicht die Angehörigen einer benachteiligten Schicht oder Gruppe. Trotzdem kann man die Ziele und die Form ihres Protests nicht durch die soziale Herkunft der Anhängerinnen und Anhänger erklären. Neu war, dass es Konflikte aufgrund subjektiver Wertorientierungen und Lebensentwürfe waren.

Der Kristallisationskern dieser neuen Protestbewegungen war nicht eine durch die gemeinsame ökonomische Lage gegebene Interessengleichheit, wie sie beispielsweise der Grund für die Bildung von Gewerkschaften ist, sondern sie entstanden aus subjektiven Überzeugungen heraus. Es waren nicht die materiellen Lebensbedingungen einer Klasse, die die Menschen zu ihrem Protest motivierten, sondern der freie Entschluss, sich für ein Thema zu engagieren. Der soziologische Sammelbegriff für diese neue Form von Protest ist der der *sozialen Bewegung*. Seit den 1980er Jahren und dem Aufkommen der Anti-Atomkraft-, Friedens- und Ökologie-Bewegung ist auch von »Neuen sozialen Bewegungen« die Rede. Seither lassen sich immer weitere Bewegungen identifizieren, beispielsweise die Bürgerrechtsbewegungen oder die Globalisierungskritik.

> Ökologie- und Friedensbewegung

Allen ist gemeinsam, dass sie sich um politische oder soziale Themen herum kristallisieren und Menschen für ein Anliegen mobilisieren. Im Unterschied zu Gewerkschaften oder klassischen Parteien artikulieren sie nicht die Interessen von Menschen in einer vergleichbaren sozioökonomischen Lage, sondern die Mitglieder einer sozialen Bewegung können sich aus verschiedenen Schichten und auch aus den Anhängern unterschiedlicher Parteien speisen. In diesem Sinn kann man soziale Bewegungen als *postmaterialistisch* bezeichnen, denn auch dann, wenn sie sich beispielsweise für die materiellen Lebensbedingungen in Ländern der Dritten Welt einsetzen, ist das Engagement der Beteiligten nicht durch ihre eigene ökonomische Lage bedingt. Alles das macht sie zu einem genuin neuartigen Phänomen.

Einen institutionellen Niederschlag haben die sozialen Bewegungen unter anderem in der Gründung der Partei »Die Grünen« im Jahr 1980 in Deutschland und weiterer »grüner« Parteien in vielen anderen Ländern gefunden. Deren Mitglieder und Anhänger waren durch gemeinsame thematische Anliegen, insbesondere den Umweltschutz, motiviert, unterschieden sich aber hinsichtlich der sozialen Herkunft und ihrer sonstigen politischen Orientierungen stark voneinander. Im klassischen Parteienspektrum wären sie verschiedenen Parteien zuzuordnen gewesen. Damit wurden »Die Grünen« zur ersten Partei eines neuen Typs, der dem Charakter der neuen sozialen Bewegungen entspricht.

Die Unterscheidung dreier historischer Typen, vormoderne Aufstände, moderne Klassenkonflikte und Neue soziale Bewegungen, ist natürlich sehr grob und müsste in vielen Punkten ergänzt und verfeinert werden. Sie ignoriert beispielsweise eine wichtige Konfliktlinie, die sich seit dem Ende des 19. Jahrhunderts quer zu allen anderen artikuliert: die Frauenbewegung (vgl. Kapitel 11). Das Ziel der Skizze war vor allem, den besonderen Charakter sozialer Bewegungen in der Gegenwart herauszuarbeiten.

> Fazit:
> 3 Typen
> von Protest

Aktuelle Beispiele für Proteste, die sich dem neuen Typus sozialer Bewegungen zuordnen lassen, sind beispielsweise die Bürgerbewegungen in Tunesien und insbesondere in Ägypten Anfang 2011. Sie unterscheiden sich von anderen Konflikten in der Region, die sich entlang überkommener Konfliktlinien wie beispielsweise der zwischen Sunniten und Schiiten entzünden, dadurch, dass sich junge Menschen mit unterschiedlichem sozialen, kulturellen und religiösen Hintergrund gegen autokratische Herrschaft und polizeiliche Willkür engagieren.

12.5 | Lektüreanregungen

Albrecht, Günter/Gronemeyer, Axel/Stallberg, Friedrich W. (Hrsg.) (2011): Handbuch Soziale Probleme, 2. Aufl. Wiesbaden
Thematisch breit angelegtes Handbuch, das als Einstieg in die Beschäftigung mit konkreten Themen dienen kann.

Becker, Howard S. (1981): Außenseiter. Zur Soziologie abweichenden Verhaltens, Frankfurt a. M.
Die klassische Studie zur Etikettierungstheorie (»labeling approach«) in der Tradition des Symbolischen Interaktionismus. Die Einleitung stellt den theoretischen Rahmen dar, dann folgen beispielhafte Studien.

Girtler, Roland (1980): Vagabunden der Großstadt. Teilnehmende Beobachtung in der Lebenswelt der »Sandler« Wiens, Stuttgart
Girtlers Buch ist eine Studie über eine Subkultur von Menschen mit »abweichendem« Lebensstil aus der Innenperspektive dieser Menschen heraus. Girtler hat nach dieser Studie mit der gleichen Methode der teilnehmenden Beobachtung auch Studien über andere Milieus verfasst: den Straßenstrich, die »feinen Leute« usw.

Hitzler, Ronald/Bucher, Thomas/Niederbacher, Arne (2008): Leben in Szenen. Formen jugendlicher Vergemeinschaftung heute, 3., überarb. Aufl. Wiesbaden [= Erlebniswelten 3]
Jugendliche Subkulturen haben sich immer mehr in Szenen verwandelt, in denen symbolische Gemeinsamkeiten, Musik und Mode zu zentralen Elementen des Lebensstils geworden sind.

Lamnek, Siegfried (2007): Theorien abweichenden Verhaltens. Eine Einführung für Soziologen, Psychologen, Pädagogen, Juristen, Politologen, Kommunikationswissenschaftler und Sozialarbeiter. 2 Bde. Tl. 1: Klassische Ansätze. Tl. 2: Moderne Ansätze, 8. überarb. bzw. 3. überarb. u. erw. Aufl. München
Ein in vielen Auflagen erschienenes einschlägiges Lehrbuch, das eine fundierte Übersicht über Theorien abweichenden Verhaltens liefert. Neben den in diesem Kapitel aufgeführten, finden sich noch zahlreiche weitere Theorien.

Merton, Robert K. (1968): Sozialstruktur und Anomie, in: Fritz Sack und René König (Hrsg.), Kriminalsoziologie, Frankfurt a. M., S. 283–313
Neben dem Buch von Howard S. Becker ist Mertons Aufsatz sicher der klassische Beitrag zum Thema, wobei sich seine Bedeutung nicht auf Abweichung und Anomie, Ordnung und Unordnung beschränkt, sondern einen der wichtigsten Beiträge zum Verständnis von Gesellschaft liefert.

Oberwittler, Dietrich/Karstedt, Susanne (Hrsg.) (2006): Soziologie der Kriminalität, Opladen [= Kölner Zeitschrift für Soziologie und Sozialpsychologie; Sonderheft]
Neuerer Band zur Soziologie der Kriminalität, der den Stand der Forschung repräsentiert.

Raithel, Jürgen/Mansel, Jürgen (Hrsg.) (2003): Kriminalität und Gewalt im Jugendalter. Hell- und Dunkelfeldbefunde im Vergleich, Weinheim
Übersichtsband zu Ergebnissen empirischer Forschung über Gewalt aus Sicht von Tätern und Opfern im Jugendalter, der hier als Beispiel für aktuelle Studien zu einem Aspekt abweichenden Verhaltens aufgeführt wird.

Sassen, Saskia (2004): Die Kriminalisierung von Migranten, in: Blätter für deutsche und internationale Politik 49, S. 957–964
Kurzer Aufsatz, der die in öffentlichen Debatten inszenierten Bedrohungsszenarien durch Migranten scharf kritisiert und als klassischen Fall von Etikettierung und Stigmatisierung entlarvt.

Fragen zum Verständnis und zur Reflexion | 12.6

- Überlegen Sie sich ein aktuelles Beispiel für ein Handeln, das als delinquent (offiziell strafbar), aber nicht als deviant (abweichend oder unüblich) angesehen wird.
- In welchem Sinn kann man »abweichendes Verhalten« als normal oder sogar als notwendig bezeichnen?
- Wenn man das in einigen Leistungssportarten verbreitete Doping als »abweichendes Verhalten« betrachtet, mit welchen der erörterten Theorien könnte man es erklären? Und welche Schlussfolgerungen ergäben sich daraus?
- Nehmen Sie aus den Nachrichtenmeldungen des letzten Jahres zwei oder drei Beispiele für sozialen Protest und überlegen Sie, mit welchen Argumenten sie sich welchem der drei Typen von Protestformen zuordnen lassen. Möglicherweise stoßen Sie auch auf Mischformen.

Literatur | **13**

Abraham, Anke (2002): Der Köper im biographischen Kontext. Ein wissenssoziologischer Beitrag, Wiesbaden

Albrow, Martin (2007): Das globale Zeitalter, Frankfurt a. M.

Anderson, Benedict (1988): Die Erfindung der Nation. Zur Karriere eines folgenreichen Konzepts, Frankfurt a. M.

Arendt, Hannah (1967): Vita activa oder Vom tätigen Leben, München

Arlacchi, Pino (2000): Ware Mensch. Der Skandal des modernen Sklavenhandels, München

Armutsbericht (2008): Lebenslagen in Deutschland. Der 3. Armuts- und Reichtumsbericht der Bundesregierung, Berlin

Ashcroft, Bill (Hrsg.) (1995): The Post-Colonial Studies Reader, London

Barbin, Herculine/Foucault, Michel (1998): Über Hermaphrodismus. Hrsg. v. Wolfgang Schäffner und Joseph Vogl, Frankfurt a. M.

Barres, Egon (1978): Vorurteil: Theorie, Forschungsergebnisse, Praxisrelevanz, Opladen

Bauman, Zygmunt (2005): Verworfenes Leben. Die Ausgegrenzten der Moderne, Hamburg

Baur, Nina/Luedtke, Jens (Hrsg.) (2008): Die soziale Konstruktion von Männlichkeit. Hegemoniale und marginalisierte Männlichkeiten in Deutschland, Opladen

Beauvoir, Simone de (1992 [1949]): Das andere Geschlecht. Sitte und Sexus der Frau, Neuübersetzung Reinbek bei Hamburg

Beck, Ulrich (1986): Risikogesellschaft. Auf dem Weg in eine andere Moderne, Frankfurt a. M.

Becker, Howard S. (1981): Außenseiter. Zur Soziologie abweichenden Verhaltens, Frankfurt a. M.

Becker-Schmidt, Regina/Knapp, Gudrun-Axeli (2007): Feministische Theorien zur Einführung, 4., vollst. überarb. Aufl. Hamburg

Beer, Ursula (1990): Geschlecht, Struktur, Geschichte. Soziale Konstituierung des Geschlechterverhältnisses, Frankfurt a. M.

Beer, Ursula (2008): Sekundärpatriarchalismus: Patriarchat in Industriegesellschaften, in: Becker, Ruth/Kortendiek, Beate (Hrsg.): Handbuch Frauen- und Geschlechterforschung. Theorie, Methoden, Empirie, 2., erw. u. aktual. Aufl. Wiesbaden, S. 59–64

Bell, Daniel (1975): Die nachindustrielle Gesellschaft, Frankfurt a. M.

Belliger, Andréa/Krieger, David J. (Hrsg.) (2006): ANThology. Ein einführendes Handbuch zur Akteur-Netzwerk-Theorie, Bielefeld

Belliger, Andréa/Krieger, David J. (Hrsg.) (2006): Ritualtheorien. Ein einführendes Handbuch, 3. Aufl. Wiesbaden

Berger, Peter A./Hradil, Stefan (Hrsg.) (1990): Lebenslagen, Lebensläufe, Lebensstile, Göttingen [= Soziale Welt. Sonderband 7]

Berger, Peter L. (1975): Das Unbehagen in der Modernität, Frankfurt a. M.

Berger, Peter L./Berger, Brigitte (1976): Wir und die Gesellschaft. Eine Einführung in die Soziologieentwicklung an der Alltagserfahrung, Reinbek bei Hamburg

Berger, Peter L./Luckmann, Thomas (1969): Die gesellschaftliche Konstruktion der Wirklichkeit. Eine Theorie der Wissenssoziologie, Frankfurt a. M.

Bilden, Helga/Dausien, Bettina (Hrsg.) (2006): Sozialisation und Geschlecht. Theoretische und methodologische Aspekte, Opladen

Bitterli, Urs (1976): Die »Wilden« und die »Zivilisierten«. Grundzüge einer Geistes- und Kulturgeschichte der europäisch-überseeischen Begegnung, München

Bock, Gisela/Duden, Barbara (1976): Arbeit aus Liebe – Liebe als Arbeit. Zur Entstehung der Hausarbeit im Kapitalismus, in: Frauen und Wissenschaft. Beiträge zur Berliner Sommeruniversität für Frauen. Hrsg. v. Gruppe Berliner Dozentinnen, Berlin, S. 118–152

Bohn, Cornelia (2006): Inklusion, Exklusion und die Person, Konstanz

Bohn, Cornelia/Hahn, Alois (1998): Selbstbeschreibung und Selbstthematisierung. Facetten der Identität in der modernen Gesellschaft, in: Willems, Herbert/Hahn, Alois (Hrsg.) Identität und Moderne Frankfurt a. M., S. 33–61

Bourdieu, Pierre (1982): Die feinen Unterschiede. Kritik der gesellschaftlichen Urteilskraft, Frankfurt a. M.

Bourdieu, Pierre (1983): Ökonomisches Kapital, kulturelles Kapital, soziales Kapital, in: Kreckel, Reinhart (Hrsg.): Soziale Ungleichheiten, Göttingen, S. 183–198 [= Soziale Welt. Sonderband 2]

Bourdieu, Pierre (2000): Die biographische Illusion, in: Hoerning, Erika M./Alheit, Peter (Hrsg.): Biographische Sozialisation, Stuttgart, S. 51–60

Bourdieu, Pierre (2003): Die männliche Herrschaft, Frankfurt a. M.

Brenner, Neil/Abu-Lughod, Janet L. (Hrsg.) (2006): The global cities reader, London

Bude, Heinz/Willisch, Andreas (Hrsg.) (2006): Das Problem der Exklusion. Ausgegrenzte, Entbehrliche, Überflüssige, Hamburg

Burnham, James (1939): The Managerial Revolution, New York

Butler, Judith (1991): Das Unbehagen der Geschlechter, Frankfurt a. M.

Butler, Judith (1994): Phantasmatische Identifizierung und die Annahme des Geschlechts, in: Geschlechterverhältnisse und Politik. Hrsg. v. Institut für Sozialforschung Frankfurt. Redaktion Katharina Pühl, Frankfurt a. M., S. 101–138

Butler, Judith P. (1995): Körper von Gewicht. Die diskursiven Grenzen des Geschlechts, Berlin

Capelle, Wilhelm (Hrsg.) (1968): Die Vorsokratiker. Die Fragmente und Quellenberichte. Übers. u. eingel. v. Wilhelm Capelle, 5. Aufl. Stuttgart

Castells, Manuel (2003): Das Informationszeitalter. Bd. 1: Der Aufstieg der Netzwerkgesellschaft, Wiesbaden

Chomsky, Noam (1969): Aspekte der Syntax-Theorie, Frankfurt a. M.

Chomsky, Noam (1974): Thesen zur Theorie der generativen Grammatik, Frankfurt a. M.

Claessens, Dieter (1962): Familie und Wertsystem. Eine Studie zur »zweiten, sozio-kulturellen Geburt« des Menschen und zur Belastbarkeit der »Kernfamilie«, Berlin

Coleman, James S. (1986): Die asymmetrische Gesellschaft. Vom Aufwachsen mit unpersönlichen Systemen, Weinheim/Basel

Connell, Robert W. (1999): Der gemachte Mann. Konstruktion und Krise von Männlichkeiten, Opladen [= Geschlecht und Gesellschaft 8]

Dackweiler, Regina-Maria (Hrsg.) (2003): Frauen, Macht, Geld, Münster

Dahrendorf, Ralf (1958): Homo Sociologicus. Ein Versuch zur Geschichte, Bedeutung und Kritik der Kategorie der sozialen Rolle, Opladen

Dahrendorf, Ralf (1967): Die Funktion sozialer Konflikte, in: ders.: Pfade aus Utopia, München, S. 263–277

Dann, Otto (1979): Art. »Gleichheit«, in: Brunner, Otto/Conze, Werner/Koselleck, Reinhart (Hrsg.): Geschichtliche Grundbegriffe. Bd. 2, Stuttgart, S. 997–1046

Darwin, Charles (1859): On the Origin of Species by Means of Natural Selection, or the Preservation of Favoured Races in the Struggle for Life, London

Degele, Nina (2003): Happy together: Soziologie und Geschlechterforschung als Verunsicherungswissenschaften, in: Soziale Welt 54, S. 9–30

Degele, Nina (2008): Gender / Queer Studies. Eine Einführung, München

Deile, Volkmar (Hrsg.) (2007): Sklaverei heute, Frankfurt a. M. [= Jahrbuch für Menschenrechte 10.2008]

Douglas, Mary (1974): Ritual, Tabu und Körpersymbolik. Sozialanthropologische Studien in Industriegesellschaft und Stammeskultur, Frankfurt a. M.

Durkheim, Émile (1961 [1895]): Die Regeln der soziologischen Methode, Neuwied

Dürrschmidt, Jörg/Taylor, Graham John (2007): Globalization, Modernity & Social Change. Hotspots of Transition, Houndmills/New York

Elias, Norbert (1976 [1939]): Über den Prozess der Zivilisation. 2 Bde., Frankfurt a. M.

Elias, Norbert (1987): Die Gesellschaft der Individuen, in: ders.: Die Gesellschaft der Individuen, Frankfurt a. M., S. 15–98

Elias, Norbert/Scotson, John L. (1990): Etablierte und Außenseiter, Frankfurt a. M.

Elwert, Georg (1989): Nationalismus und Ethnizität. Über die Bildung von Wir-Gruppen, in: Kölner Zeitschrift für Soziologie und Sozialpsychologie 41, S. 443–464

Enders-Dragässer, Uta/Sellach, Brigitte (1999): Der »Lebenslagen-Ansatz« aus der Perspektive der Frauenforschung, in: Zeitschrift für Frauenforschung 17, H. 4, S. 56–66

Engels, Dietrich (2008): Art. »Lebenslagen«, in: B. Maelicke (Hrsg.): Lexikon der Sozialwirtschaft, Baden-Baden, S. 643–646

Euchner, Walter (Hrsg.) (1991): Klassiker des Sozialismus. 2 Bde., München

Farin, Klaus (2001): generation.kick.de. Jugendsubkulturen heute, München

Farin, Klaus (2006): Jugendkulturen in Deutschland 1950–1989, Bonn

Fausto-Sterling, Anne (1988): Gefangene des Geschlechts? Was biologische Theorien über Mann und Frau sagen, München

Fausto-Sterling, Anne (2000): Sexing the body. Gender politics and the construction of sexuality, New York

Foucault, Michel (1973): Die Geburt der Klinik. Eine Archäologie des ärztlichen Blicks, München

Foucault, Michel (1976): Überwachen und Strafen, Frankfurt a. M.

Foucault, Michel (1977): Der Wille zum Wissen. Sexualität und Wahrheit 1, Frankfurt a. M.

Foucault, Michel (2004): Geschichte der Gouvernementalität. Vorlesungen am Collège de France 1977–1979. 2 Bde., Frankfurt a. M.

Freud, Sigmund (1999 [1930]), Das Unbehagen in der Kultur (1930). In: ders.: Gesammelte Werke XIV, Frankfurt a. M. 421–506

Freud, Sigmund (1999 [1938]), Abriss der Psychoanalyse (1938). In: ders.: Gesammelte Werke XVII, Frankfurt a. M. 63–121

Fuchs, Marek/Lamnek, Siegfried/Luedtke, Jens/Baur, Nina (2008): Gewalt an Schulen. 1994 – 1999 – 2004, 2. Aufl. Wiesbaden

Fuchs, Werner et al. (Hrsg.) (1978): Lexikon zur Soziologie, 2., verb. u. erw. Aufl. Opladen, S. 267

Garfinkel, Harold (1984 [1967]): Passing and the managed achievement of sex status in an inter-sexed person, in: ders.: Studies in Ethnomethodology, Englewood Cliffs, S. 116–185, 285–288

Gehlen, Arnold (1976 [1940]): Der Mensch. Seine Natur und seine Stellung in der Welt, 11. Aufl. Wiesbaden

Gehlen, Arnold (1986 [1957/1961]): Anthropologische und sozialpsychologische Untersuchungen, Reinbek bei Hamburg

Geiger, Theodor (1932): Die soziale Schichtung des deutschen Volkes, Stuttgart

Geiger, Theodor (1949): Die Klassengesellschaft im Schmelztiegel, Köln

Geiger, Theodor (1955): Art. »Schichtung«, in: Bernsdorf, Wilhelm/Bülow, Friedrich (Hrsg.): Wörterbuch der Soziologie, Stuttgart 1955, S. 432–446

Geißler, Rainer (1987): Zur Problematik des Begriffs der sozialen Schicht, in: ders. (Hrsg.): Soziale Schichtung und Lebenschancen in der Bundesrepublik Deutschland, Stuttgart, S. 5–49

Geißler, Rainer (2011): Die Sozialstruktur Deutschlands. Ein Studienbuch zur sozialstrukturellen Entwicklung im geteilten und vereinten Deutschland, 6. Aufl. Wiesbaden

Geulen, Dieter (1977): Das vergesellschaftete Subjekt. Zur Grundlegung der Sozialisationstheorie, Frankfurt a. M.

Geulen, Dieter (2005): Subjektorientierte Sozialisationstheorie. Sozialisation als Epigenese des Subjekts in Interaktion mit der gesellschaftlichen Umwelt, Weinheim

Giddens, Anthony (1979): Die Klassenstruktur fortgeschrittener Gesellschaften, Frankfurt a. M.

Giddens, Anthrony (1996): Leben in einer posttraditionalen Gesellschaft, in: Beck, Ulrich/Giddens, Anthony/Lash, Scott (Hrsg.): Reflexive Modernisierung. Eine Kontroverse, Frankfurt a. M., S. 113–194

Giedion, Sigfried (1982 [1948]): Die Herrschaft der Mechanisierung. Ein Beitrag zur anonymen Geschichte. Hrsg. u. mit einem Nachwort v. Henning Ritter, Frankfurt a. M.

Giesecke, Michael (1991): Der Buchdruck in der Frühen Neuzeit. Eine historische Fallstudie über die Durchsetzung neuer Informations- und Kommunikationstechnologien, Frankfurt a. M.

Giesecke, Michael (2007): Die Entdeckung der kommunikativen Welt. Studien zur kulturvergleichenden Mediengeschichte, Frankfurt a. M.

Gildemeister, Regine/Wetterer, Angelika (1992): Wie Geschlechter gemacht werden. Die soziale Konstruktion der Zweigeschlechtlichkeit und ihre Reifizierung in der Frauenforschung, in: Axeli-Knapp, Gudrun/Wetterer, Angelika (Hrsg.): TraditionenBrüche. Entwicklungen feministischer Theorie, Freiburg i. Br., S. 201–254

Gildemeister, Regine (2008): Soziale Konstruktion von Geschlecht: »Doing gender«, in: Wilz, Sylvia Marlene (Hrsg.): Geschlechterdifferenzen – Geschlechterdifferenzierungen, Wiesbaden, S. 167–198

Gilgenmann, Klaus (1986): Autopoiesis und Selbstsozialisation. Zur systemtheoretischen Rekonstruktion von Sozialisationstheorie, in: Zeitschrift für Sozialisationsforschung und Erziehungssoziologie 6, S. 71–90

Glatzer, Wolfgang/Hübinger, Werner (1990): Lebenslagen und Armut, in: Döring, Dieter/Hanesch, Walter/Huster, Ernst-Ulrich (Hrsg.): Armut im Wohlstand, Frankfurt a. M., S. 31–54

Glorius, Birgit (2007): Transnationale Perspektiven. Eine Studie zur Migration zwischen Polen und Deutschland, Bielefeld

Godelier, Maurice (1987): Die Produktion der großen Männer. Macht und männliche Vorherrschaft der Baruya in Neuguinea, Frankfurt a. M.

Goldhagen, Daniel Noah (1998): Hitlers willige Vollstrecker. Ganz gewöhnliche Deutsche und der Holocaust, Berlin

Göttlich, Udo/Müller, Renate/Rhein, Stefanie/Calmbach, Marc (Hrsg.) (2007): Arbeit, Politik und Religion in Jugendkulturen. Engagement und Vergnügen, Weinheim/München

Gouges, Olympe de (1980): Schriften. Hrsg. von Monika Dillier, Basel

Gross, Peter (1994): Die Multioptionsgesellschaft, Frankfurt a. M.

Gugutzer, Robert (2002): Leib, Körper und Identität. Eine phänomenologisch-soziologische Untersuchung zur personalen Identität, Wiesbaden

Habermas, Jürgen (1990): Strukturwandel der Öffentlichkeit. Untersuchungen zu einer Kategorie der bürgerlichen Öffentlichkeit. Mit einem Vorwort zur Neuauflage 1990, Frankfurt a. M.

Hagemann-White, Carol (1984): Sozialisation: weiblich – männlich?, Opladen

Hall, Stuart/Jefferson, Tony (Hrsg.) (1976): Resistance Through Rituals. Youth Subcultures in Post-War Britain, London

Haraway, Donna Jeanne (1995): Im Streit um die Natur der Primaten. Auftritt der Töchter im Feld des Jägers 1960–1980, in: dies.: Die Neuerfindung der Natur. Primaten, Cyborgs und Frauen, Frankfurt a. M., S. 123–159

Hark, Sabine (Hrsg.) (2000): Dis/Kontinuitäten: Feministische Theorie, Opladen [= Lehrbuch zur sozialwissenschaftlichen Frauen- und Geschlechterforschung 3]

Hartmann, Michael/Kopp, Johannes (2001): Elitenselektion durch Bildung oder durch Herkunft? Promotion, soziale Herkunft und der Zugang zu Führungspositionen in der deutschen Wirtschaft, in: Kölner Zeitschrift für Soziologie und Sozialpsychologie 53, S. 436–466

Hausen, Karin (1976): Die Polarisierung der »Geschlechtscharaktere« – eine Spiegelung der Dissoziation von Erwerbs- und Familienleben, in: Conze, Werner (Hrsg.): Sozialgeschichte der Familie in der Neuzeit Europas, Stuttgart, S: 363–393

Hausen, Karin (1994): Nachwort, in:Fraisse, Geneviève/Perrot, Michelle (Hrsg.): Geschichte der Frauen. Bd. 4: 19. Jahrhundert, Frankfurt a. M., S. 607–621

Hausen, Karin (2001): Geschlechterhierarchie und Arbeitsteilung, Göttingen

Heintz, Bettina (2001): Geschlecht als (Un-)Ordnungsprinzip. Entwicklungen und Perspektiven der Geschlechtersoziologie, in: dies.: (Hrsg.): Geschlechtersoziologie, Wiesbaden, S. 9–29 [= Kölner Zeitschrift für Soziologie und Sozialpsychologie; Sonderheft 41]

Hess, Sabine/Lenz, Ramona (2001): Das Comeback der Dienstmädchen. Zwei ethnographische Feldstudien, in: dies. (Hrsg.): Geschlecht und Globalisierung. Ein kulturwissenschaftlicher Streifzug durch transnationale Räume, Frankfurt a. M., S. 128–165

Hirschauer, Stefan (1999): Die soziale Konstruktion der Transsexualität. Über die Medizin und den Geschlechtswechsel, Frankfurt a. M.

Hitzler, Ronald/Bucher, Thomas/Niederbacher, Arne (2005): Leben in Szenen. Formen jugendlicher Vergemeinschaftung heute, Wiesbaden [= Erlebniswelten 3]

Hobsbawm, Eric/Ranger, Terence (Hrsg.) (1983): The Invention of Tradition, Cambridge

Hoerning, Erika M./Alheit, Peter (Hrsg.) (2000): Biographische Sozialisation, Stuttgart

Honegger, Claudia (1992): Die Ordnung der Geschlechter. Die Wissenschaft vom Menschen und das Weib 1750–1850, Frankfurt a. M.

Horkheimer, Max/Adorno, Theodor W. (1969 [1944]): Dialektik der Aufklärung. Philosophische Fragmente, Frankfurt a. M.

Hradil, Stefan (2001): Soziale Ungleichheit in Deutschland, 8. Aufl. Opladen

Hurrelmann, Klaus (1983): Das Modell des produktiv realitätverarbeitenden Subjekts in der Sozialisationsforschung, in: Zeitschrift für Sozialisationsforschung und Erziehungssoziologie 3, S. 91–103

Hurrelmann, Klaus (2002): Einführung in die Sozialisationstheorie, 8. Aufl. Weinheim

Huster, Ernst-Ulrich/Boeckh, Jürgen/Mogge-Grotjahn, Hildegard (Hrsg.) (2008): Handbuch Armut, Wiesbaden

Inglehart, Ronald (1989): Kultureller Umbruch. Wertewandel in der westlichen Welt, Frankfurt a. M./New York

Israel, Joachim (1985): Der Begriff Entfremdung. Zur Verdinglichung des Menschen in der bürokratischen Gesellschaft, vollst. überarb. Neuausg. Reinbek bei Hamburg

Kessler, Susan/McKenna, Wendy (1978): Gender. An Ethnomethodolocial Approach, Chicago/London

Keupp, Heiner (u. a.) (1999): Identitätskonstruktionen. Das Patchwork der Identitäten in der Spätmoderne, Reinbek bei Hamburg

Klages, Helmut/Hippler, Hans-Jürgen/Herbert, Willi (Hrsg.) (1992): Werte und Wandel. Ergebnisse und Methoden einer Forschungstradition, Frankfurt a. M./New York

Klinger, Cornelia/Knapp, Gudrun-Axeli/Sauer, Birgit (Hrsg.) (2007): Achsen der Ungleichheit. Zum Verhältnis von Klasse, Geschlecht und Ethnizität, Frankfurt a. M.

Knapp, Gudrun-Axeli/Wetterer, Angelika (Hrsg.) (1992): TraditionenBrüche. Entwicklungen feministischer Theorie, Freiburg i. Br.

Kneer, Georg/Nassehi, Armin/Schroer, Markus (Hrsg.) (1997): Soziologische Gesellschaftsbegriffe. Konzepte moderner Zeitdiagnosen, München

Kneer, Georg/Nassehi, Armin/Schroer, Markus (Hrsg.) (2001): Klassische Gesellschaftsbegriffe der Soziologie, München

Kracauer, Siegfried (1971 [1929]): Die Angestellten. Aus dem neuesten Deutschland. Mit einer Rezension von Walter Benjamin, Frankfurt a. M.

Krais, Beate/Gebauer, Gunter (2002): Habitus, Bielfeld

Lahusen, Christian/Stark, Carsten (Hrsg.) (2000): Modernisierung. Einführung in die Lektüre klassisch-soziologischer Texte, München

Landsberger, Henry A. (Hrsg.) (1974): Rural Protest: Peasant Movements and Social Change, London

Lang, Claudia (2006): Intersexualität. Menschen zwischen den Geschlechtern, Frankfurt a. M.

Laqueur, Thomas (1992): Auf den Leib geschrieben. Die Inszenierung der Geschlechter von der Antike bis Freud, Frankfurt a. M.

Latour, Bruno (1995): Wir sind nie modern gewesen. Versuch einer symmetrischen Anthropologie, Berlin

Latour, Bruno (2007): Eine neue Soziologie für eine neue Gesellschaft. Einführung in die Akteur-Netzwerk-Theorie, Frankfurt a. M.

Lemert, Edwin M. (1967): Human Deviance, Social Problems, and Social Control, Englewood Cliffs, NJ

Lengfeld, Holger/Kleiner, Tuuli-Marja (2009): Flexible Beschäftigung und soziale Ungleichheit. Eine Synthese des Stands der Forschung, in: Arbeit. Zeitschrift für Arbeitsforschung, Arbeitsgestaltung und Arbeitspolitik 18, S. 46–92

Lenz, Ilse (Hrsg.) (2008): Die Neue Frauenbewegung in Deutschland: Abschied vom kleinen Unterschied. Eine Quellensammlung, Wiesbaden

Lenz, Karl/Adler, Marina (2010): Geschlechterverhältnisse, Weinheim/München

Leu, Hans Rudolf/Krappmann, Lothar (1999): Subjektorientierte Sozialisationsforschung im Wandel, in: dies. (Hrsg.): Zwischen Autonomie und Verbundenheit. Bedingungen und Formen der Behauptung von Subjektivität, Frankfurt a. M., S. 11–18

Lindemann, Gesa (1993): Das paradoxe Geschlecht. Transsexualität im Spannungsfeld von Körper, Leib und Gefühl, Frankfurt a. M.

Löw, Martina (2001): Raumsoziologie, Frankfurt a. M.

Löw, Martina/Mathes, Bettina (Hrsg.) (2005): Schlüsselwerke der Geschlechterforschung, Wiesbaden

Luhmann, Niklas (1978): Art. »Gesellschaft«, in: Fuchs, Werner/Klima, Rolf u. a. (Hrsg.): Lexikon zur Soziologie,. verb. u. erw. Aufl. Opladen 1978, S. 267

Luhmann, Niklas (1984): Soziale Systeme. Grundriss einer allgemeinen Theorie, Frankfurt a. M.

Luhmann, Niklas (1988): Die Wirtschaft der Gesellschaft, Frankfurt a. M.

Luhmann, Niklas (1993): Das Recht der Gesellschaft, Frankfurt a. M.

Luhmann, Niklas (1995): Kultur als historischer Begriff, in: ders.: Gesellschaftsstruktur und Semantik. Bd. 4, Frankfurt a. M., S. 31–54

Luhmann, Niklas (1997): Die Gesellschaft der Gesellschaft. 2 Bde., Frankfurt a. M.

Luhmann, Niklas (2002): Einführung in die Systemtheorie, Donauwörth

Maase, Kaspar (1997): Grenzenloses Vergnügen. Der Aufstieg der Massenkultur 1850–1970, Frankfurt a. M.

Malson, Lucien/Itard, Jean/Mannoni, Octave (1972): Die wilden Kinder, Frankfurt a. M.

Markefka, Manfred (1995): Vorurteile – Minderheiten – Diskriminierung. Ein Beitrag zum Verständnis sozialer Gegensätze, 7., völlig veränd. u. erg. Aufl. Neuwied

Marx, Karl (1975 [1867]): Der Fetischcharakter der Ware und sein Geheimnis, in: ders.: Das Kapital. Kritik der politischen Ökonomie. Bd. 1. Erstes Kapitel, Abschnitt 4, 29. Aufl. Berlin, S. 85–98

Matthes, Joachim (Hrsg.) (1992): Zwischen den Kulturen? Die Sozialwissenschaften vor dem Problem des Kulturvergleichs, Göttingen [= Soziale Welt. Sonderband 8]

McLuhan, Marshall (1995 [1962]): Die Gutenberg-Galaxis, Bonn

Mead, Margaret (1992 [1949]): Mann und Weib. Das Verhältnis der Geschlechter in einer sich wandelnden Welt, Neuausg., völlig neu durchges. u. bearb. von Elisabeth Conzelmann, Frankfurt a. M.

Merton, Robert K. (1968 [1949]): Sozialstruktur und Anomie, in: Sack, Fritz/König, René (Hrsg.): Kriminalsoziologie, Frankfurt a. M., S. 283–313

Merton, Robert K. (1985 [1968]): Der Matthäus-Effekt in der Wissenschaft, in: ders.: Entwicklung und Wandel von Forschungsinteressen. Aufsätze zur Wissenschaftssoziologie, Frankfurt a. M., S. 147–171

Meuser, Michael (2006): Geschlecht und Männlichkeit. Soziologische Theorie und kulturelle Deutungsmuster, 2., überarb. u. aktualis. Aufl. Wiesbaden

Müller, Hans-Peter (1986): Kultur, Geschmack und Distinktion. Grundzüge der Kultursoziologie Pierre Bourdieus, in: Neidhardt, Friedhelm u. a. (Hrsg.): Kultur und Gesellschaft, Opladen, S. 162–190 [= Kölner Zeitschrift für Soziologie und Sozialpsychologie; Sonderheft 27]

Müller, Hans-Peter (1992): Sozialstruktur und Lebensstile, Frankfurt a. M.

Nowack, Horst/Becker, Ulrich (1985): »Es kommt der neue Konsument«, in: Form. Zeitschrift für Gestaltung, Nr. 111, S. 13–17

Orth, Barbara/Schwietring, Thomas/Weiß, Johannes (Hrsg.) (2003): Soziologische Forschung. Stand und Perspektiven, Opladen

Ortner, Sherry B. (2010 [1974]): Verhält sich weiblich zu männlich wie Natur zu Kultur?, in: Kimmich, Dorothee/Schahadat, Schamma/Hauschild, Thomas (Hrsg.): Kulturtheorie, Bielefeld, S. 117–134

Osterhammel, Jürgen/Petersson, Niels P. (2003): Geschichte der Globalisierung. Dimensionen und Prozesse, München

Polanyi, Karl (1990 [1944]): The Great Transformation. Politische und Ökonomische Ursprünge von Gesellschaften und Wirtschaftssystemen, 2. Aufl. Frankfurt a. M.

Popitz, Heinrich (1986): Phänomene der Macht, Tübingen

Prokop, Ulrike (Hrsg.) (2006): Doku-Soap, Reality-TV, Affekt-Talkshow, Fantasy-Rollenspiele. Neue Sozialisationsagenturen im Jugendalter, Marburg

Rademacher, Claudia/Wiechens, Peter (Hrsg.) (2001): Geschlecht, Ethnizität, Klasse. Zur sozialen Konstruktion von Hierarchie und Differenz, Opladen

Raithel, Jürgen/Mansel, Jürgen (Hrsg.) (2003): Kriminalität und Gewalt im Jugendalter. Hell- und Dunkelfeldbefunde im Vergleich, Weinheim

Ramm, Thilo (Hrsg.) (1955): Der Frühsozialismus, Stuttgart

Rammert, Werner (1990): Telefon und Kommunikationskultur. Akzeptanz und Diffusion einer Technik im Vier-Länder-Vergleich, in: Kölner Zeitschrift für Soziologie und Sozialpsychologie 42, S. 20–40

Robert K. Merton (1995 [1948]): Die self-fulfilling prophecy, in: ders.: Soziologische Theorie und soziale Struktur, Berlin, S. 399–413

Robertson, Roland (1992): Globalization. Social Theory and Global Culture, London u. a.

Robertson, Roland (1995): Glocalization. Time-Space and Homogeneity-Heterogeneity, in: Featherstone, Mike/Lash, Scott/Robertson, Roland (Hrsg.): Global Modernities, London, S. 25–44

Robertson, Roland (Hrsg.) (2007 ff.): Encyclopedia of Globalization, New York

Rousseau, Jean-Jacques (1983 [1755]): Über den Ursprung und die Grundlagen der Ungleichheit unter den Menschen, in: ders.: Schriften zur Kulturkritik (Die zwei Diskurse von 1750 und 1755), 4., erw. Aufl. Hamburg, S. 63–317

Rubin, Gale (1975): The Traffic in Women: Notes on the »Political Economy« of Sex, in: Reiter, Rayna R. (Hrsg.): Towards an Anthropology of Women, New York, S. 157–210

Said, Edward W. (2009 [1978]): Orientalismus, Frankfurt a. M.

Sassen, Saskia (1997): Metropolen des Weltmarkts. Die neue Rolle der Global Cities, 2. Aufl. Frankfurt a. M.

Sassen, Saskia (2008): Das Paradox des Nationalen. Territorium, Autorität und Rechte im globalen Zeitalter, Frankfurt a. M.

Schelsky, Helmut (1953): Wandlungen der deutschen Familie in der Gegenwart, Dortmund

Schröder, Hannelore (Hrsg.) (1979/1981): Die Frau ist frei geboren. Texte zur Frauenemanzipation. 2 Bde. (Bd. 1: 1789–1870. Bd. 2: 1870–1918), München

Schroer, Markus (2006): Räume, Orte, Grenzen. Auf dem Weg zu einer Soziologie des Raums, Frankfurt a. M.

Schroer, Markus/Kneer, Georg (Hrsg.) (2009): Spezielle Soziologien. Ein Handbuch, Wiesbaden

Schulze, Gerhard (1992): Die Erlebnisgesellschaft. Kultursoziologie der Gegenwart, Frankfurt a. M.

Schwendter, Rolf (1981): Theorie der Subkultur. Neuausgabe mit einem Nachwort, sieben Jahre später, 3. Aufl. Frankfurt a. M.

Sennett, Richard (1998): Der flexible Mensch. Die Kultur des neuen Kapitalismus, Berlin

Simmel, Georg (1983 [1917]): Schriften zur Soziologie. Eine Auswahl. Hrsg. und eingeleitet von H.-J. Dahme und O. Rammstedt, Frankfurt a. M.

Simmel, Georg (1989 [1900]): Philosophie des Geldes, Frankfurt a. M. [= Georg Simmel Gesamtausgabe, Bd. 6]

Simmel, Georg (1992 [1908]) Soziologie. Untersuchungen über die Formen der Vergesellschaftung (1908), Frankfurt a. M. [= Georg Simmel Gesamtausgabe, Bd. 11]

Smith, Adam (1989 [1776]): Der Wohlstand der Nationen. Eine Untersuchung seiner Natur und seiner Ursachen, München

Sombart, Werner (1906): Warum gibt es in den Vereinigten Staaten keinen Sozialismus?, Tübingen

Sombart, Werner (1966 [1896]): Sozialismus und soziale Bewegung im neunzehnten Jahrhundert, Frankfurt a. M.

Spencer, Herbert (2007 [1862]): Die ersten Prinzipien der Philosophie, 2., komplett überarb. Aufl.

Stagl, Justin (2002): Eine Geschichte der Neugier. Die Kunst des Reisens von 1550–1800, Wien/ Köln

Statistisches Bundesamt (Hrsg.) (2010): Statistisches Jahrbuch 2010, Wiesbaden

Strauss, Anselm (1968): Spiegel und Masken. Die Suche nach Identität, Frankfurt a. M.

Sutherland, Edwin H./Cressey, Donald Ray (1978): Criminology, 10. Aufl. Philadelphia

Tönnies, Ferdinand (1972 [1887]): Gemeinschaft und Gesellschaft. Grundbegriffe der reinen Soziologie, leicht veränderter Nachdruck der 8. Aufl. v. 1935, Darmstadt

Touraine, Alain (1972): Die postindustrielle Gesellschaft, Frankfurt a. M.

United Nations Development Programme (2010): Human Development Report 2010, New York

Urry, John (2000): Sociology Beyond Societies. Mobilities for the Twenty-first Century, London

Veblen, Thorstein (1958 [1899]): Theorie der feinen Leute, Frankfurt a. M.

Villa, Paula-Irene/Reuter, Julia (Hrsg.) (2009): Postkoloniale Soziologie. Empirische Befunde – theoretische Anschlüsse – politische Interventionen, Bielefeld

Weber, Max (1972 [1921–22]): Wirtschaft und Gesellschaft. Grundriss der verstehenden Soziologie, 5. rev. Aufl. Tübingen

Weber, Max (1988a [1921–22]): Gesammelte Aufsätze zur Religionssoziologie. 3 Bde., 7., 8. bzw. 9. Aufl. Tübingen

Weber, Max (1988b [1904]): Die protestantische Ethik und der Geist des Kapitalismus, in: ders.: Gesammelte Aufsätze zur Religionssoziologie I, Tübingen, S. 17–206

Weber, Max (1988c [1922]): Gesammelte Aufsätze zur Wissenschaftslehre, 7. Aufl. Tübingen

Weber, Max (1988d [1922]): Die drei reinen Typen der legitimen Herrschaft, in: ders.: Gesammelte Aufsätze zur Wissenschaftslehre, 7. Aufl. Tübingen, S. 475–488

Weber, Max (1988e [1904]): Die »Objektivität« sozialwissenschaftlicher und sozialpolitischer Erkenntnis, in: ders.: Gesammelte Aufsätze zur Wissenschaftslehre, 7. Aufl. Tübingen, S. 146–214

Weisser, Gerhard (1956): Art. »Wirtschaft«, in: Ziegenfuß, Werner (Hrsg.): Handbuch der Soziologie, Stuttgart, S. 970–1101

West, Candace/Zimmerman, Don H. (1987): Doing Gender, in: Gender & Society 1 (2), S. 125–151

Whyte, William Foote (1996 [1943]): Die Street Corner Society. Die Sozialstruktur eines Italienerviertels, 3., durchges. u. erw. Aufl. Berlin

Willems, Herbert (2003): Rituale und Zeremonien in der Gegenwartsgesellschft, in: Fischer-Lichte, Erika/Horn, Christian/ Umathum, Sandra/Warstat, Matthias (Hrsg.). Ritualität und Grenze, Tübingen/Basel, S. 399–418 [= Theatralität 5]

William I. Thomas/Thomas, Dorothy (1928): The Child in America, New York (eine auszugsweise deutsche Übersetzung findet sich in: Thomas, William I.: Person und Sozialverhalten, Neuwied 1965, S. 102–116)

Wollstonecraft, Mary (1999): Ein Plädoyer für die Rechte der Frau. Aus dem Engl. neu übertr. von Irmgard Hölscher. Mit einem Nachw. von Barbara Sichtermann, Weimar

World Bank (2002): A Sourcebook for Poverty Reduction Strategies. Hrsg. v. Jeni Klugman. 2 Bde., Washington, DC

World Bank (2010): Weltentwicklungsbericht 2010: Entwicklung und Klimawandel, Düsseldorf

Young, Michael (1958): The Rise of Meritocracy, 1870–2033. An Essay on Education and Equality, London

Zimmermann, Gunter E. (1998): Armut, in: Schäfers, Bernhard/Zapf, Wolfgang (Hrsg.): Handwörterbuch zur Gesellschaft Deutschlands, Opladen, S. 34–49

Zinnecker, Jürgen (2000): Selbstsozialisation. Essay über ein aktuelles Konzept, in: Zeitschrift für Sozialisationsforschung und Erziehungssoziologie 20, S. 272–290

Personenverzeichnis | **14**

Sachverzeichnis | 15